刑事庭审攻防答辩要点

周文涛 主编

中国检察出版社

图书在版编目（CIP）数据

刑事庭审攻防答辩要点 / 周文涛主编 . — 北京：中国检察出版社，2020.7
ISBN 978-7-5102-2429-4

Ⅰ . ①刑… Ⅱ . ①周… Ⅲ . ①刑事诉讼—审判—辩论
Ⅳ . ① D925.218.5

中国版本图书馆 CIP 数据核字（2020）第 065603 号

刑事庭审攻防答辩要点
周文涛　主编

出版发行：	中国检察出版社
社　　址：	北京市石景山区香山南路 109 号（100144）
网　　址：	中国检察出版社（www.zgjccbs.com）
编辑电话：	（010）86423709
发行电话：	（010）86423726　86423727　86423728
	（010）86423730　68650016
经　　销：	新华书店
印　　刷：	北京玺诚印务有限公司
开　　本：	710mm×960mm　16 开
印　　张：	27.25
字　　数：	497 千字
版　　次：	2020 年 7 月第一版　2020 年 7 月第一次印刷
书　　号：	ISBN 978-7-5102-2429-4
定　　价：	89.00 元

检察版图书，版权所有，侵权必究
如遇图书印装质量问题本社负责调换

作者简介

1. 周文涛，男，1980年3月出生，湖北黄冈人，汉族，毕业于华中科技大学，研究生学历，刑法学硕士，中共党员，现任湖北省人民检察院四级高级检察官，曾以402分成绩通过司法考试。

2008年加入检察事业，2010年加入公诉部门工作至今，办理各类重大疑难复杂刑事案件600余件，其中张某某故意伤害刑事抗诉一案于2015年9月被最高人民检察院评为全国刑事申诉优秀案件。个人曾在多项业务竞赛中获得佳绩，曾连续三年被评为优秀公务员，荣立个人三等功2次。

2. 刘国，男，1968年6月出生，黑龙江省鸡西市人，汉族，毕业于黑龙江工业学院，大学学历，中共党员，现任黑龙江省鸡西市人民检察院公诉一处处长，四级高级检察官，鸡西市院教育培训中心兼职教师。

1992年加入检察事业，先后在渎检、反贪、控申、侦监、公诉等岗位工作至今，办理各类案件1000余件，2003年获得黑龙江省"优秀检察官"称号，2007年获得"十佳侦查监督能手"称号，多次荣立个人三等功。

3. 詹文成，男，1982年12月出生，江西婺源人，汉族，毕业于南开大学，本科学历，中共党员，现任江西省人民检察院检察官助理。

2007年加入检察事业,先后在婺源县人民检察院,江西省人民检察院工作。2009年加入公诉部门工作至今,办理各类重大疑难复杂刑事案件500余件。2014年被评为江西省检察业务专家,2017年在第六届全国优秀公诉人竞赛中被评为全国公诉标兵。2018年11月,荣获第七届"江西十大法治人物"提名奖。

4. 李华振,男,1976年出生,汉族,毕业于西南政法大学,研究生学历,法律硕士,中共党员,现任上海市人民检察院检察官,上海市优秀公诉人。2005年加入检察事业至今,办理各类重大疑难复杂刑事案件500余件,有较丰富的办案经验。先后荣获上海检察机关优秀公诉庭、优秀法律文书、上海检察教育培训精品提名课程,在《中国检察官》《检察日报》等发表文章10余篇。

5. 王玉蓊,女,1982年出生,汉族,研究生学历,法律硕士,中共党员,现任湖南省人民检察院员额检察官,全国优秀公诉人,湖南省十佳公诉人,多次在全省公诉人论辩赛以及公诉人与律师论辩赛获奖。2005年进入检察院后一直在公诉岗位工作,有较丰富的办案经验。

6. 梅红,女,1982年7月出生,新疆乌鲁木齐人,汉族,中共党员,2005年7月毕业于兰州财经大学,大学本科管理学学士,2014年毕业于兰州大学,法律硕士。职务:甘肃省人民检察院四级高级检察官。工作经历:2005年7月至2006年12月在定西市邮政局计划财务部工作;2006年12月至2009年11月在定西市人民检察院政治部、反贪局工作;2009年11月至2019年初曾在甘肃省人民检察院纪检组监察处、公诉二处工作,2019年初调整至第五检察部工作。

作者简介

7. 吴晓敏，女，1979年12月出生，湖北宜昌人，汉族，毕业于中南财经政法大学，研究生学历，法学硕士，中共党员，现任江苏省人民检察院四级高级检察官。

吴晓敏同志2005年参加检察工作以来一直从事公诉工作，办理各类重大疑难复杂刑事案件100余件。先后被评为"检察岗位能手""省优秀公诉人""省扫黄打非工作先进个人""全省检察专门人才""省院优秀导师"，被本院嘉奖1次，3次年度考核优秀。

8. 王贤则，男，1990年1月出生，江西南昌人，汉族，研究生学历，法律硕士，中共党员，现任北京市人民检察院检察官助理。2012年7月至2017年8月，任职于北京市海淀区人民检察院工作；2017年8月至今，以全市第一名的成绩遴选至北京市院工作。工作以来，始终在公诉岗位承担审查起诉、审查逮捕任务，其间办理了各类重大疑难复杂案件500余件，无一错案，并取得较好的社会效果。个人曾多次被评为优秀公务员。

9. 赵海英，女，1971年11月出生，毕业于中南财经大学本科，法学学士学位，现任湖北省宜昌市人民检察院检察官。长期从事公诉、侦查监督工作，其间办理过多起大要案。曾立二等功1次，三等功1次，曾获宜昌市先进检察官、宜昌市"巾帼耀检徽"榜样女性、宜昌市"三八"红旗手荣誉称号。

10. 金业凯，男，1986年11月出生，湖北随州人，毕业于湖北警官学院，大学本科学历，法学学士，湖北省随州市人民检察院公诉部检察官助理。2014年1月开始从事检察工作，在各个岗位上均能较好地完成组织赋予的工作和任务，曾多次获得奖励和荣誉：荣获2015年度全省检察机关侦查监督信息化应用"大比武"活动

"优秀选手"称号;荣获2017年度全市政法工作突出个人称号;荣获2017年度"随州楷模"称号;2016、2017年连续两年公务员考核优秀等次。

11. 张智华,男,1987年1月出生,朝鲜族,吉林延吉人,毕业于华东理工大学,研究生学历,国际法硕士,2008年加入中国共产党,曾任延边朝鲜族自治州人民检察院刑事检察部助理检察员,2018年11月赴韩国高丽大学攻读法学博士学位,中朝双语普法公众号"法律之门"的创建者。

2013年加入检察事业,遂加入公诉队伍,先后办理普通刑事案件200余件,重特大刑事案件30多件,参与重特大职务犯罪案件专案组多起。个人曾获延边州检察系统公诉人竞赛优秀辩手、优秀演讲家等称号。

12. 王萍,女,1980年2月出生,宁夏中卫人,汉族,毕业于宁夏大学,研究生学历,法学硕士,中共党员,现任宁夏回族自治区中卫市人民检察院公诉处检察官。2010年加入检察事业,2014年加入公诉部门工作至今,办理各类重大疑难复杂刑事案件百余件。

13. 向燕妮,女,1985年7月出生,湖北巴东人,土家族,毕业于南京工业大学,研究生学历,法学硕士,现任建始县人民检察院公诉部三级检察官。

2011年9月参加检察工作以来,先后在侦查监督科、案件管理办公室等部门工作,2016年3月加入公诉部门工作至今,办理各类刑事案件一百五十余件。个人曾在多项业务竞赛中获得佳绩,荣立州个人三等功1次。

14. 向丹，女，1987年7月19日出生，湖北鹤峰人，土家族，毕业于湖北民族学院，大学本科学历，法学学士，中共党员，现任湖北省恩施市人民检察院检察官助理，已通过国家司法考试。

2011年加入检察事业，2011年至今一直在公诉部门工作，办理各类刑事案件400余件，办理了恩施境内影响较大的李某某等29人涉嫌寻衅滋事案，被害人众多的殷某某涉嫌非法吸收公众存款案，均取得良好的社会效果、法律效果。个人曾在各项活动中取得优异成绩，被三次评为优秀公务员。

15. 何海林，男，1987年2月出生，湖南衡南县人，汉族，本科学历，法学学士，中共党员，现任海南省海口人民检察院第三检察部检察官。2011年从事检察工作，2104年加入侦查监督部门工作至今，办理各类疑难复杂案件300余件，其中办理的许某某买卖国家机关证件案于2017年被海南省人民检察院评为全省十佳法律文书，个人多次在各类专项工作中评为先进个人，获得三等功1次，嘉奖2次。

16. 刘万丽，女，1982年8月出生，山东曹县人，汉族，毕业于湘潭大学，诉讼法学博士研究生，中共党员，现任河南省人民检察院公诉三处检察官助理，河南财经政法大学刑事司法学院兼职讲师。

2008年考入省检察院工作，在公诉部门工作至今，办理了马高潮以危险方法危害公共安全案、孔刚等组织领导黑社会性质组织案等国内、省内影响极其恶劣的重大案件；担任副主编公开出版了业务指导书籍《毒品犯罪办案指南》，在《郑州大学学报》等CSSCI期刊公开发表论文十余篇，以主要执笔人身份多次参与承办高检院重点课题。

17. 马宏武，男，1981年7月出生，回族，宁夏西吉县人，法学本科学历，现任宁夏回族自治区吴忠市红寺堡区人民检察院检察官。

2006年通过司法考试，2011年9月加入检察事业，2015年加入公诉队伍，办理各类重大疑难复杂刑事案件300余件。个人曾在省内刑事申诉业务竞赛中获得佳绩，曾多次被评为优秀公务员、政法综治先进个人。

前 言

本书的编撰者都是司法一线的办案人员。他们的日常工作，要么在阅卷、要么在提审、要么就是在讨论案件，如果这三者都不是，那肯定是在法庭支持公诉。

推进以审判为中心的诉讼制度改革，是当下司法改革的新要求，是党的十八届四中全会部署的重大任务，"以审判为中心"的核心就是以庭审为中心，因此，庭审的重要性不言而喻。对于庭审中的控辩双方来说，庭审的主要活动就是"举证、质证和辩论"，而该活动又是围绕控辩双方的攻防要点逐一开展进行的。对于不同的案件，攻防要点虽有不同，但在编者看来，一个具体罪名下的攻防要点却是有限的，而且也是有规可循的。因此，编者结合十多年的庭审经验将刑事案件庭审答辩攻防要点进行提炼汇总，为司法一线人员提供参考，节省时间和精力，这是编撰此书的初衷。

本书以刑法通说理论观点为基础，通过对每个罪名近200个判决案例的分析研究，结合以往庭审辩论经验，从中甄选出最符合当下司法实践的判例，然后从这些判例中提炼出答辩模板，也就是刑事案件庭审答辩攻防要点。这种攻防答辩要点，也是十多年前，作为公诉新人的我，在不会画瓢时最想找到的葫芦。

本书参考书目及资料主要有：裁判文书网的相关裁判文书、中华人民共和国刑法、《刑法学》（高铭暄、马克昌、赵秉志主编）、《刑法学》（张明楷主编）、《刑事办案法律适用全解》（周文涛主编）、《刑事审判参考》《人民司法》《最高法公报》《两高指导案例》等及相关微信公众号的实务文章，在此对以上著作及文章的作者表示感谢。

本书在体例上分为三编：第一编为刑法总则部分的攻防要点，主要包含第一章犯罪构成庭审辩论常见攻防要点，第二章刑罚运用庭审辩论常见攻防要点。第二编为刑法分则部分个罪的庭审辩论攻防要点，主要围绕着100多个常见罪名展开，这100多个常见罪名的内容对于司法办案来说基本够用，其他罪名在司法办案中相对少见。第三编为刑事诉讼结构（主体）、证据及程序方面的庭审辩论攻防要点。

特别感谢本书的全体作者，他们是：周文涛、刘国、詹文成、李华振、王玉萄、梅红、吴晓敏、王贤则、赵海英、金业凯、张智华、王萍、向燕妮、向丹、何海林、马宏武、刘万丽；全书由周文涛发起、组织编撰并统稿定编。

感谢中国检察出版社第四编辑室主任史朝霞的大力支持，感谢编辑的辛勤工作，没有他们的关怀，本书就不可能有现在的美好形象。虽然编者对本书的文稿从内容到形式进行了数十次的校对、检查和勘正，但难免百密一疏，不足之处敬请不吝批评指正。本书主编周文涛微信号：husterzhou（大师兄），微信公众号：刑法学堂（xingfaxuetang），联系邮箱：xingfaxuetang@qq.com。

周文涛
2019年7月7日
于武汉东湖旁

目 录

第一编　刑法总则部分庭审辩论攻防要点

第一章　犯罪构成庭审辩论攻防要点 3
　　一、自然人犯罪主体 3
　　二、单位犯罪主体 6
　　三、犯罪主观方面 10
　　四、共同犯罪 12
　　五、正当防卫、紧急避险 14
　　六、犯罪预备、犯罪未遂、犯罪中止 17

第二章　刑罚运用庭审辩论攻防要点 22
　　一、累犯 22
　　二、自首 25
　　三、立功 31
　　四、缓刑 34
　　五、时效 35

第二编　刑法分则庭审辩论攻防要点

第一章　危害公共安全类犯罪庭审辩论攻防要点 41
　　一、放火罪 41
　　二、投放危险物质罪 48
　　三、以危险方法危害公共安全罪 52

1

四、交通肇事罪 …………………………………… 60
　　五、危险驾驶罪 …………………………………… 66
　　六、重大责任事故罪 ……………………………… 74

第二章　暴力犯罪庭审辩论攻防要点 ………………… 80
　　一、故意杀人罪 …………………………………… 80
　　二、过失致人死亡罪 ……………………………… 85
　　三、故意伤害罪 …………………………………… 89
　　四、过失致人重伤罪 ……………………………… 93
　　五、强奸罪 ………………………………………… 96
　　六、强制猥亵、强制侮辱罪 ……………………… 106
　　七、猥亵儿童罪 …………………………………… 109
　　八、非法拘禁罪 …………………………………… 114
　　九、绑架罪 ………………………………………… 117
　　十、刑讯逼供、暴力取证罪 ……………………… 120
　　十一、聚众斗殴罪 ………………………………… 123
　　十二、寻衅滋事罪 ………………………………… 127
　　十三、组织、领导参加黑社会性质组织罪 ……… 131

第三章　侵犯财产类犯罪庭审辩论攻防要点 ………… 139
　　一、抢劫罪 ………………………………………… 139
　　二、抢夺罪 ………………………………………… 145
　　三、聚众哄抢罪 …………………………………… 149
　　四、敲诈勒索罪 …………………………………… 153
　　五、盗窃罪 ………………………………………… 158
　　六、故意毁坏财物罪 ……………………………… 167
　　七、破坏生产经营罪 ……………………………… 168

第四章　侵占罪、职务侵占罪、贪污罪庭审辩论攻防要点 … 170
　　一、侵占罪 ………………………………………… 170

二、职务侵占罪 ………………………………………………… 171
　　三、贪污罪 ……………………………………………………… 173

第五章　毒品犯罪庭审辩论攻防要点 …………………………… 178
　　一、毒品犯罪法律适用若干具体问题 ………………………… 178
　　二、走私、贩卖、运输、制造毒品罪与非法持有毒品罪 …… 184
　　三、包庇毒品犯罪分子罪；窝藏、转移、隐瞒毒品、毒赃罪 … 191
　　四、走私制毒物品罪、非法买卖制毒物品罪 ………………… 194
　　五、非法种植毒品原植物罪 …………………………………… 196
　　六、容留他人吸毒罪 …………………………………………… 200

第六章　诈骗类犯罪庭审辩论攻防要点 ………………………… 207
　　一、诈骗类犯罪分类索引及犯罪基本构造 …………………… 207
　　二、诈骗罪 ……………………………………………………… 207
　　三、集资诈骗罪 ………………………………………………… 215
　　四、贷款诈骗罪 ………………………………………………… 220
　　五、票据诈骗罪、金融凭证诈骗罪 …………………………… 223
　　六、信用证诈骗罪 ……………………………………………… 230
　　七、信用卡诈骗罪 ……………………………………………… 232
　　八、有价证券诈骗罪 …………………………………………… 235
　　九、保险诈骗罪 ………………………………………………… 237
　　十、合同诈骗罪 ………………………………………………… 240

第七章　挪用公款罪及贿赂类犯罪庭审辩论攻防要点 ………… 252
　　一、挪用公款罪 ………………………………………………… 252
　　二、受贿罪 ……………………………………………………… 255
　　三、单位受贿罪 ………………………………………………… 265
　　四、行贿罪 ……………………………………………………… 266
　　五、贿赂犯罪其他罪名 ………………………………………… 268

第八章　渎职类犯罪庭审辩论攻防要点 …… 270

一、滥用职权罪、玩忽职守罪 …… 270

二、玩忽职守罪 …… 272

三、故意泄露国家秘密罪、过失泄露国家秘密罪 …… 272

四、徇私枉法罪 …… 273

五、民事、行政枉法裁判罪 …… 275

六、执行判决、裁定失职罪；执行判决、裁定滥用职权罪；枉法仲裁罪 …… 277

七、私放在押人员罪 …… 277

八、失职致使在押人员脱逃罪 …… 280

九、徇私舞弊减刑、假释、暂予监外执行罪 …… 280

十、徇私舞弊不移交刑事案件罪 …… 280

十一、滥用管理公司、证券职权罪 …… 282

十二、徇私舞弊不征、少征税款罪 …… 282

十三、徇私舞弊发售发票、抵扣税款、出口退税罪 …… 284

十四、违法提供出口退税凭证罪 …… 284

第九章　涉税类犯罪庭审辩论攻防要点 …… 285

一、逃税罪 …… 285

二、抗税罪 …… 287

三、逃避追缴欠税罪 …… 288

四、骗取出口退税罪 …… 289

五、虚开增值税专用发票、用于骗取出口退税、抵扣税款发票罪 …… 292

六、虚开发票罪 …… 295

七、伪造、出售伪造的增值税专用发票罪 …… 297

八、非法出售增值税专用发票罪 …… 298

九、非法购买增值税专用发票、购买伪造的增值税专用发票罪 …… 299

十、非法制造、出售非法制造的用于骗取出口退税、抵扣税款发票罪 …… 300

十一、持有伪造的发票罪 ……………………………………………… 301

第十章　黄赌类犯罪庭审辩论攻防要点 …………………………… 306

　　一、赌博罪；开设赌场罪 ……………………………………………… 306

　　二、聚众淫乱罪；引诱未成年人聚众淫乱罪 ………………………… 312

　　三、组织卖淫罪；强迫卖淫罪；协助组织卖淫罪及引诱、容留、
　　　　介绍卖淫罪；引诱幼女卖淫罪 …………………………………… 313

　　四、制作、贩卖、传播淫秽物品罪 …………………………………… 320

第十一章　其他金融类犯罪庭审辩论攻防要点 …………………… 334

　　一、非法吸收公众存款罪 ……………………………………………… 334

　　二、伪造、变造金融票证罪 …………………………………………… 339

　　三、妨害信用卡管理罪 ………………………………………………… 340

　　四、窃取、收买、非法提供信用卡信息罪 …………………………… 342

　　五、内幕交易、泄露内幕信息罪 ……………………………………… 344

　　六、利用未公开信息交易罪 …………………………………………… 348

　　七、违法发放贷款罪 …………………………………………………… 350

　　八、吸收客户资金不入账罪 …………………………………………… 351

　　九、洗钱罪 ……………………………………………………………… 352

第三编　刑事诉讼结构、证据、程序庭审辩论攻防要点

第一章　刑事诉讼结构 …………………………………………………… 361

第二章　刑事诉讼证据 …………………………………………………… 365

第三章　刑事诉讼程序 …………………………………………………… 395

# 第一编　刑法总则部分庭审辩论攻防要点

第一章　犯罪构成庭审辩论攻防要点

一、自然人犯罪主体

1. 辩方提出： 被告人作为单位办事处负责人，为单位筹措资金而向社会不特定人群非法吸收资金，且所吸收的资金均交归单位负责人，被告人仅从中获得提成，应构成单位犯罪。

答辩要点： 被告人应以自然人犯罪论处，理由如下：第一，涉案的办事处属于刑法意义上的单位。根据《全国法院审理金融犯罪案件工作座谈会纪要》关于"单位的分支机构或者内设机构、部门实施犯罪行为的处理"规定：以单位的分支机构或者内设机构、部门的名义实施犯罪，违法所得亦归分支机构或者内设机构、部门所有的，应认定为单位犯罪。不能因为单位的分支机构或者内设机构、部门没有可供执行罚金的财产，就不将其认定为单位犯罪，而按照个人犯罪处理。

第二，被告人朱某某的行为属于公司设立后，以实施犯罪为主要活动的情形。被告人朱某某设立农机专业合作社许昌办事处后，以合作社名义，通过口口相传等公开宣传方式向社会不特定人群非法吸收资金人民币1222万元，造成集资参与人集资经济损失人民币870.2万元；所吸收款项交于农机专业合作社负责人马某某，并从中获得高额提成。根据《关于审理单位犯罪案件具体应用法律有关问题的解释》第2条的规定：个人为进行违法犯罪活动而设立的公司、企业、事业单位实施犯罪的，或者公司、企业、事业单位设立后，以实施犯罪为主要活动的，不以单位犯罪论处。被告人朱某某设立办事处后，仅开展了非法吸收公众存款活动这一项违法犯罪行为，符合司法解释关于不以单位犯罪而应以自然人犯罪论处的规定。

[**参考案例：**（2016）豫1002刑初510号刑事判决书（朱某某非法吸收公众存款）]

2. 辩方提出： 各被告人以员工身份，按照单位负责人的指示开展公司业务，违法所得利润归公司所有，本案应属于单位犯罪。

答辩要点： 各被告人均应以自然人犯罪论处。理由如下：第一，被告人程某某的行为属于公司设立后，以实施犯罪为主要活动的情形。根据《关于审理单位犯罪案件具体应用法律有关问题的解释》第2条的规定：个人为进行违法犯罪活动而设立的公司、企业、事业单位实施犯罪的，或者公司、企业、事业单位设立后，以实施犯罪为主要活动的，不以单位犯罪论处。本案中，被告人程某某设立科技有限公司后一直处于筹备阶段，直到作为技术部门主管的被告人郭某某进入公司并研发数据采集等一系列软件后，公司才以采集并出售公民个人信息为主要经营项目并非法获利，同时招聘其他被告人分工负责出售公民个人信息用于盈利的相关事宜。所以，可以认定被告人程某某的科技有限公司设立后，以实施违法犯罪为主要活动。

第二，作为公司员工的其他被告人明知被告人程某某实施违法犯罪活动，仍为程某某实施违法犯罪行为提供帮助。为打击侵害公民个人信息的犯罪，2009年《刑法修正案（七）》增设了第253条之一，设立了"出售、非法提供公民个人信息罪"和"非法获取公民个人信息罪"两项罪名，2015年《刑法修正案（九）》设立"侵犯公民个人信息罪"后，对侵犯公民个人信息的行为构成犯罪进行了详细的规定。程某某设立公司后，被告人郭某某应聘至公司从事公民个人信息数据的研发、采集，被告人廖某某、陈某某、文某某在履行公司软件开发和维护、市场推广，及日常管理和制订公司规划，推广新产品软件、向各大门户网站推广公司开发经营的各类软件、解决客户在使用公司软件产品中遇到的问题和对提出的疑问进行回复等事项中，均明知公司所经营的项目涉及在网络上非法采集和出售公民个人信息，但为了获取高额利益仍帮助被告人程某某从事该非法活动，致使公民个人信息被严重侵害。因此，被告人程某某设立公司后以实施违法犯罪为主要活动，其他被告人明知程某某实施违法犯罪活动却积极提供帮助，与程某某构成共同犯罪，均应以自然人犯罪论处。

[**参考案例**：（2017）鄂1321刑初223号（程某某、郭某某侵犯公民个人信息）]

3. 辩方提出：被告人朱某某作为公司法人代表，出售假冒注册商标53%VOL500ml贵州茅台白酒、假冒注册商标52%VOL500ml防伪新型五粮液白酒，并附有加盖公司发票专用章的送货单和酒类流通随付单，应当认定为单位犯罪。

答辩要点：被告人朱某某应以自然人犯罪论处，理由如下：第一，被告人朱某某的行为不能体现一人独资有限责任公司意志。但根据《全国法院审理金融犯罪案件工作座谈会纪要》中关于单位犯罪问题的规定：根据《刑法》①和最高人民法院《关于审理单位犯罪案件具体应用法律有关问题的解释》的规定，以单位名义实施犯罪，违法所得归单位所有的，是单位犯罪。虽然被告人朱某某系一人独资公司的法人代表，但该公司2006年9月设立后至案发时一直从事

---

① 本书所指《刑法》为根据《刑法修正案（十）》修正的《中华人民共和国刑法》。

饮料生意，经营及纳税均正常，且财务人员制作及保管的公司所有账册中均未有过酒类生意的记载。第二，在案证据证实违法所得未归属公司。尽管朱某某作为一人独资公司的法定代表人，较难确定违法所得由朱某某支配的行为不属于公司行为；但是朱某某合法设立并正常经营的公司的纳税正常，朱某某实施违法行为所获的违法所得未进入公司账户、未作为纳税依据，而是进入朱某某的个人账户由其个人支配。因此，不能认定为违法所得归属公司所有。

[**参考案例**：(2012)徐刑(知)初字第 8 号（朱某某销售假冒注册商标的商品罪）]

4. 辩方提出：被告人注册设立公司后，以公司名义与其他公司签订投资协议并获得其他公司投资款的行为构成单位犯罪。

答辩要点：被告人的行为应以自然人犯罪论处，理由如下：第一，被告人设立的公司系其实施犯罪的工具。被告人成立公司后税务申报为零，公司基本账户无业务资金往来，无实际生产经营行为，该公司系仅其实施犯罪的工具。第二，被告人设立公司后，以实施违法犯罪为主要活动。被告人在不能具体实施投资的情况下，以公司名义与其他公司签订投资协议并骗取其他公司投资款后由其个人支配，被发现后仍然以同样的理由继续骗取其他公司与其签订投资合同并向其投资，投资款未用于合同约定的项目建设和经营，仍然由其个人支配。根据最高人民法院《关于审理单位犯罪案件具体应用法律有关问题的解释》第 2 条的规定：个人为进行违法犯罪活动而设立的公司、企业、事业单位实施犯罪的，或者公司、企业、事业单位设立后，以实施犯罪为主要活动的，不以单位犯罪论处。

[**参考案例**：(2016)川刑终 67 号（张某甲、张某乙共同诈骗罪二审刑事裁定书）]

5. 辩方提出：经营公司的被告人在无真实货物交易的情况下给某公司虚开销售货物增值税专用发票被该公司抵扣税款，达到虚开税款数额巨大标准。辩方提出应认定为单位犯罪。

答辩要点：被告人应以自然人犯罪论处，理由如下：《全国法院审理金融犯罪案件工作座谈会纪要》中关于单位犯罪问题的规定：根据《刑法》和最高人民法院《关于审理单位犯罪案件具体应用法律有关问题的解释》的规定，以单位名义实施犯罪，违法所得归单位所有的，是单位犯罪。因此，单位犯罪的目的性很明确，即为了单位整体的利益。如果不是为了单位整体的利益而是为了个人利益，尽管以单位的名义实施了犯罪，也只构成自然人犯罪。虚开增值税专用发票的违法所得汇入被告人汪某某的公司账户后，被汪某某转至其私人银行卡及其掌控的代账会计的银行卡上，再通过上述私人银行卡将钱回转至需票公司指定的私人银行卡上。虽然被告人汪某某指使代账会计为需票公司开具增值税专用发票，但其实施上述行为并非为公司整体利益，而是为个人利益所实施。因此，应以自然人犯罪论处。

[**参考案例**]：（2015）鄂孝感中刑终字第00067号（汪某某虚开增值税专用发票、用于骗取出口退税、抵扣税款发票案）]

6.辩方提出：被告人以单位名义与他人订立虚假的公司之间工业用地及房产买卖合同，并虚假转移资金，在民事诉讼调解书作出后以单位名义申请法院执行而构成虚假诉讼的行为应认定为单位犯罪。

答辩要点：被告人的行为应以自然人犯罪论处。《全国法院审理金融犯罪案件工作座谈会纪要》中关于单位犯罪问题的规定：根据《刑法》和最高人民法院《关于审理单位犯罪案件具体应用法律有关问题的解释》的规定，以单位名义实施犯罪，违法所得归单位所有的，是单位犯罪。因此，区分自然人犯罪和单位犯罪的关键是违法所得的归属。如果违法所得归自然人所有，即使以单位名义实施，也应认定为自然人犯罪。被告人的行为并非为单位利益。同案犯在资不抵债的情况下与被告人等人通谋设立公司，并以公司名义与其他公司订立虚假工业用地及房产买卖合同拟进行虚假诉讼，以实现帮他人转移资产和确保被告人等债权实现之目的。所以，被告人等人进行虚假诉讼的违法所得均不是归单位所有，应以自然人犯罪论处。

[**参考案例**]：（2017）浙10刑终1005号（周某某虚假诉讼案）]

二、单位犯罪主体

1.辩方提出：单位财务负责人虽以单位名义办理承兑汇票相关事宜，但无证据证实其将涉案承兑汇票贴现所得用于公司经营，应认定为自然人犯罪。

答辩要点：本案应以单位犯罪论处，理由如下：第一，根据法律规定，以单位名义实施犯罪且违法所得归单位所有的，构成单位犯罪；盗用单位名义实施犯罪但违法所得由个人所有的，构成个人犯罪。根据最高人民法院《关于审理单位犯罪案件具体应用法律有关问题的解释》第2条规定：个人为进行违法犯罪活动而设立的公司、企业、事业单位实施犯罪，或者公司、企业、事业单位设立后，以实施犯罪为主要活动的，不以单位犯罪论处。第3条规定：盗用单位名义实施犯罪，违法所得由实施犯罪的个人私分的，依照刑法有关自然人犯罪的规定定罪处罚。《全国法院审理金融犯罪案件工作座谈会纪要》中关于单位犯罪问题的规定：根据《刑法》和最高人民法院《关于审理单位犯罪案件具体应用法律有关问题的解释》的规定，以单位名义实施犯罪，违法所得归单位所有的，是单位犯罪。第二，申请商业承兑汇票体现了单位意志。被告人郑某某以甲公司名义向银行申请1000万元商业承兑汇票，虽然占股14.53%的郑某某提供了300万元的质押担保,且其身份为公司财务负责人,从占股比例和任职情况来看,郑某某的行为都不能被认为是个人意意。此外,甲公司缴纳了200万元的保证金,占股85.47%的时任甲公司法定代表人黄某某提供了连带保证责任。所以郑某某申请银行开具承兑汇票的行为体现了单位意志。第三,现有证据不能证实违法所得由郑某某个人私分。现有证据证实银行向甲公司开具了承兑汇票,汇票到期后,甲公司缴纳的200万元保证金用于抵扣汇票,甲公司也支付了部分款项。所以不能排除违法所得归甲公司所有的可能。综上,郑某某虽然具体实施了骗取承兑汇票的违法犯罪行为,但该行为体现的是单位意志,违法所得既无证据证实系被郑某某所有,又不能排除违法所得归单位所有的可能,本案应认定为单位犯罪。

[**参考案例**:(2016)浙0382刑初1218号(郑某某骗取贷款、票据承兑、金融票证案)]

2. **辩方提出**:行为人虽以公司名义为他人虚开增值税专用发票,因违法所得进入公司账户后又被取出,不能认定为违法所得归公司所有,应以自然人犯罪论处。

答辩要点:本案应以单位犯罪论处,理由如下:第一,被告人的行为体现单位意志。被告人黄某某作为公司的法定代表人,在经营管理公司期间,违反国家增值税专用发票管理规定,以公司名义为他人虚开增值税专用发票,其行为体现的是单位意志。第二,违法所得归单位所有。一是黄某某与需票方事先约定违法所得归公司所有。二是黄某某以公司名义开具增值税专用发票后,事先约定的利润实际进入公司账户。虽然公司为弥补进项,采用其他方式将进入公司账户的利润取出,但该行为是虚开增值税专用发票的行为实施完毕后,公司作为所有者对其财产的支配,不能成为违法所得由黄某某个人支配的依据,也不能阻断违法所得归公司所有的依据。

[**参考案例**:(2013)松刑初字第81号(黄某某虚开增值税专用发票案)]

3. **辩方提出**:公司法人代表隐瞒公司无履行能力的情况,以公司名义签订供货合同,公司以履行小部分供货义务骗取更多货款,法人代表将所骗的违法所得挪作他用的行为,不能认定违法所得归单位所有,应以自然人犯罪论处。

答辩要点:本案应以单位犯罪论处,理由如下:第一,被告人王某某的行为体现了单位意志。虽然,甲公司系一人独资公司,公司所有决策均由王某某决定。但该公司符合《刑法》所规定的单位犯罪要件,应以单位犯罪对待。王某某作为甲公司的直接责任人,虚构事实、隐瞒甲公司没有实际履约能力,并代表甲公司与乙公司签订供货合同。合同签订后,甲公司收到乙公司支付的预付款后以公司名义实际履行小部分供货行为。并以此行为欲骗取乙公司支付更多货款。因此，王某某的隐瞒事实、以履行小部分供货行为骗取乙公司更多货款的行为体现了单位意志。第二，王某某以公司名义实施的诈骗行为所获得的违法所得归单位所有。乙公司是向甲公司支付的预付款，甲公司以履行小部分供货合同骗取的乙公司货款也是由乙公司支付给甲公司的，所以违法所得归单位所有。第三，王某某将大部分货款用于个人他用的行为属于王某某及甲公司违法犯罪行为实施完毕之后对赃款的处置，不影响王某某及甲公司的定罪。

[**参考案例:**（2015）一中刑终字第0315号（王某某合同诈骗案）]

4. 辩方提出: 自然人独资有限责任公司的法定代表人在明知所生产组装的手机使用的是未授权某商标，依然组织、指导员工组装、生产假冒某注册商标的手机。但该行为的决策过程并未在公司相关文件中记载，不能体现公司意志，本案应以自然人犯罪论处。

答辩要点: 本案应以单位犯罪论处，理由如下：第一，被告人所在公司不属于为实施违法犯罪行为而开设，也不属于公司设立后以违法犯罪为主要活动的情形。被告人所在公司是具有工商、税务登记的合法企业，公司设立后雇用多名工人、开设两条生产线正常开展生产经营。公司除组装某牌手机外，也受他人委托代为加工授权牌子的手机。第二，被告人实施的生产、组装假冒某注册商标手机的行为体现了单位意志。虽然该行为的决策过程未在公司相关文件记载，但公司的法定代表人、厂长、工程师等能代表公司做出决策的主要负责人均参与其中，并分工负责生产、组装假冒某注册商标手机。所以，可以认定该行为体现的是单位意志。第三，违法所得归单位所有。本案中侵权产品加工费均交归公司财务、进入公司账户，且无证据证实被告人将违法所得私分。

[**参考案例:**（2011）深中法知刑终字第1号（周某某、王某某、林某某犯假冒注册商标案）]

5. 辩方提出: 被告人明知南昌分公司无融资业务仍非法吸收公众存款，所吸款项用于团队提成和维系公司实施非法吸收公众存款犯罪活动的日常支出，属于司法解释所规定的公司设立后以实施违法犯罪为主要活动的情形，应以自然人犯罪论处。

答辩要点: 本案应以单位犯罪论处，理由如下：第一，公司不属于为违法犯罪而设的情形，也不属于设立后以实施违法犯罪为主要活动的情形。从公司的设立来看，公司是依法成立后合法经营，不符合《关于审理单位犯罪案件具体应用法律有关问题的解释》第2条所规定的情形。第二，实施违法犯罪行为符合单位意志。从实施危害行为的主体来看，本案系以南昌分公司名义与投资者签订《合作开发（经销商）合同书》、向投资者出具《收据》，并承诺还款，并非被告人以个人名义所实施。从实施违法犯罪行为的目的来看，融资是为解决公司资金出现缺口的问题。第三，违法所得归单位所有，并由单位支配。从所吸收的款项去向来看，本案所吸款项均进入公司账户；从所吸款项用途来看，除用于向团队成员支付提成、给集资人返本付息并支付红利等维系公司继续开展非法吸收公众存款活动外，其余所吸款项用于偿还公司债务、进货。虽然部分所吸款项支出属于犯罪成本，但该犯罪成本仍是为公司解决资金而支出。此外的所吸款项由公司支配。再者，无证据证明被告人将所吸款项归个人支配。

[**参考案例**：（2016）赣0102刑初948号（罗某某非法吸收公众存款案）]

6. 辩方提出：因村委会系群众自治组织，不符合《刑法》规定的单位范畴，所以身为村党支部任书记兼村委会主任的被告人将村集体土地使用权转让给他人的行为，应以自然人犯罪论处。

答辩要点：本案应以单位犯罪论处，理由如下：第一，涉案的村民委员会属于《刑法》规定的单位犯罪中的单位。首先，1999年7月3日起施行的最高人民法院《关于审理单位犯罪案件具体应用法律有关问题的解释》第1条规定:《刑法》第30条规定的公司、企业、事业单位，既包括国有、集体所有的公司、企业、事业单位，也包括依法设立的合资经营、合作经营企业和具有法人资格的独资、私营等公司、企业、事业单位。其次，2010年修订的《中华人民共和国村民委员会组织法》第8条第2款规定：村民委员会依照法律规定，管理本村属于村民集体所有的土地和其他财产，引导村民合理利用自然资源，保护和改善生态环境。《中华人民共和国土地管理法》第10条规定：农村集体所有的土地依法属于村民委员会经营、管理……因此，涉案土地属于江门市蓬江区××镇××村民委员会经营、管理。再次，2009年8月27日第十一届全国人民代表大会常务委员会第十次会议《关于修改部分法律的决定》修正的《全国人民代表大会常务委员会关于〈中华人民共和国刑法〉第九十三条第二款的解释》规定：村民委员会等村基层组织人员协助人民政府从事下列行政管理工作……村民委员会等村基层组织人员从事前款规定的公务，利用职务上的便利，非法占有公共财物、挪用公款、索取他人财物或者非法收受他人财物，构成犯罪的，适用《刑法》第382条和第383条贪污罪、第384条挪用公款罪、第385条和第386条受贿罪的规定。最后，2008年11月21日印发的最高人民法院、最高人民检察院《关于办理商业贿赂刑事案件适用法律若干问题的意见》第2条明确规定《刑法》第163条、第164条规定的"其他单位"包括村民委员会。第二，涉案的违法犯罪行为体现了单位意志。经村民代表会议表决决定将村集体管理的土地使用权转让给他人，体现了村委会这一单位的集体意志。第三，违法所得归单位所有。出让涉案土地后所得款项全部进入村委会账户，由村委会支配,村委会将涉案收入作为公共事务开支就是对其所有的财产的支配。

[**参考案例**:(2017)粤0703刑初325号(李某某非法转让、倒卖土地使用权案)]

7. 辩方提出:麻醉科作为单位内设科室,收受他人贿赂后由科室内部成员私分,违法所得未用于单位,应以自然人犯罪论处。

答辩要点:本案应以单位犯罪论处,理由如下:第一,单位内设科室属于《刑法》所规定的单位犯罪范畴。最高人民法院《关于审理单位犯罪案件具体应用法律有关问题的解释》的规定,以单位名义实施犯罪,违法所得归单位所有的,是单位犯罪。以单位的分支机构或者内设机构、部门的名义实施犯罪,违法所得亦归分支机构或者内设机构、部门所有的,应认定为单位犯罪。第二,麻醉科以科室名义收取回扣,且回扣均是用于科室内部分配的行为体现了单位意志和违法所得归单位所有的单位犯罪的构成要件。虽然所收回扣用于科室内部分配,但该行为属于犯罪既遂后科室对违法所得的处置,不影响科室构成单位犯罪。

[**参考案例**:(2017)云0302刑初432号(陈某某行贿案)]

三、犯罪主观方面

要准确认定行为人的主观方面,必须查明行为人的认识状态,即行为人是否对相应犯罪构成要件中的客观方面(即事实)有着明确的认识,以此为基础,再考察行为人的意志态度,从而判断行为人是否存在犯罪故意或过失,以及是直接故意、间接故意,还是疏忽大意的过失、过于轻信的过失。

1. 辩方提出:共同预谋并实施盗窃后离开,对同伙折返实施的第二次盗窃不知情,其仅参与了事后的销赃行为,不应当认定其对第二次盗窃具有盗窃故意。

答辩要点:被告人杨某某对第二次盗窃具有概括的故意,销赃行为也表明其对全部盗窃活动持认可态度,应当对两次盗窃均负刑事责任。主要理由如下:

首先,被告人杨某某在第一次盗窃中所起作用很大,客观上也为第二次盗窃的实施提供了极大的便利。杨某某与同案被告人在实施盗窃前进行了共谋与踩点,由于其曾经在被盗公司工作过,因此,在组织、策划盗窃的过程中起到了较大的作用,客观上也为第二次盗窃的实施提供了极大的便利。

其次,被告人杨某某对实施盗窃犯罪主观上具有概括的故意,对盗窃的范围持放任的态度,同案被告人的盗窃行为可以认定为在其策划的共同犯罪范围内。概括的故意是指行为人明知自己的行为会发生危害社会的结果,但对危害结果的范围、侵害对象或行为的手段、性质等的认识处于不明确的状态，而希望或放任危害结果发生的心理态度。被告人杨某某作为犯意的提出者，能够明确地认识到其行为会造成他人财物损失的后果，但是对具体盗窃的数量、财物的总价值等危害结果范围的认识是不明确的，具有概括的故意。虽然被告人杨某某于盗窃后返途中离开，对其他被告人折返实施的第二次盗窃不知情，但是由于本案的两次盗窃在时间、地点上具有连续性，两次盗窃具有紧密的联系，应当认定包含在被告人杨某某的概括的故意之内。

最后，积极参与销赃也证明其对全部盗窃活动的认可，该危害后果的发生不但不违背其主观意愿，反而得到其默认。

综上所述，被告人杨某某对同案被告人的第二次盗窃行为虽没有明确、具体的认识，但该盗窃行为完全包含在其实施盗窃的概括故意之中，而非实行过限行为。

[**参考案例**：《刑事审判参考》第1214号案例]

2. 辩方提出：被害人具有重大过错，是被害人先持刀捅扎被告人，被告人在抢刀过程中无意伤到被害人致其死亡，没有伤害他人的主观故意。

答辩要点：虽然被告人王某某拒不供认，辩解是被害人徐某某首先持刀对其扎刺，两人在抢刀过程中被害人自行受伤倒地，因无目击证人证言等直接证据，形成"一对一"作案的局面。但是，通过对尸体检验报告、照片等客观证据的分析，可以从被害人的伤口形态、深度、位置等方面，有力地证明被害人的死因以及损伤机制，进而推断出被告人王某某是在刀尖朝向被害人的情况下，以极大力量向被害人胸腹部捅刺，从而证明了其故意伤害的主观目的和客观行为。

首先，从刀口深度分析。通过分析被害人伤口的长度、部位和皮肤破损状况，可以看出被害人的致命伤，即腹主动脉1.5厘米划伤，系横行伤口，基本处于一个平面，且对皮肤造成的破损深度为左侧较右侧深，能够认定该处划伤可以由近刀尖部形成，证明两人相向站立时刀尖朝向被害人一方。

其次，从伤口位置分析。致命伤即破裂的腹主动脉位于人体近脊柱的前侧，即在腹腔很深的位置，证明尖刀应系被他人用力刺入被害人的腹部。

最后，从伤口形状分析。根据法医学常识，双方互相夺刀时，如果一方具有明显的力量优势，形成的刀伤相对比较稳定；如果双方力量相当，由于对刀的作用力大小和方向不同，加之双方夺刀时的体位变化，形成的刀伤多不稳定，且伤口方向多不一，创道方向也可以发生较大变化。而本案被告人王某某与被害人徐某某，案发时二人的身高、体重和年龄相仿，在双方相向站立且同时发力夺刀的情况下，伤口、创道必然呈现明显的不规则形态。然而从尸体检验照片可以看出，被害人所受致命伤的形态规则、创道稳定，并不符合双方夺刀过程中形成的刀伤特征。

综上所述，被告人王某某在刀尖朝向被害人的情况下，以极大力量持刀向其腹部稳定发力，贯入被害人腹腔很深的位置，其辩解与被害人的伤口深度、位置和形态均不符，明显违背了生活常理和经验法则，从而证明了其故意伤害的主观目的以及客观行为。

[参考案例：《刑事审判参考》第1213号案例]

3. 辩方提出：被告单位主要将银行贷款用于生产和偿还贷款，没有非法占有的目的，不构成贷款诈骗罪，应以骗取贷款罪论处。

答辩要点：虽然被告人武某某以及被告单位某公司有使用虚假资料骗取贷款的欺诈行为，但无充分证据证明其对骗取的贷款具有非法占有的目的。非法占有的目的具有很强的主观性，很难通过客观事实直接证明，但可以在一定程度上对其主观状态予以反映：

首先，分析贷款之前的经济状况。某公司的经济状况和借款缘由可以在一定程度上反映其后期还款能力和借款用途的真实性。本案的某公司是有明确主业的实体公司，虽有负债，但只是略有亏损，缺乏流动资金，确有引资的必要。

其次，分析获取贷款后的款项用途。某公司将700多万元用于生产和支付银行利息等，挪用其他贷款偿还前期债务或者套现使用。有证据证明贷款后生产规模明显扩大，但因金融危机、还原铁行情不好，价格波动大，不能排除银行资金损失与某公司经营性亏损间的关联性，亦无证据证明被告人武某某有将贷款挪作个人使用或有挥霍的行为。

最后，分析款项到期后的还款意愿和实际还款效果。贷款借出时，被告人武某某与银行订立有《最高额保证合同》，为2000万元保理资金承担连带保证责任。贷款逾期后，武某某又书面承诺银行有权追索其名下4套房产，后因银行未办理抵押登记，名下房产出卖后未能实际用于偿还银行贷款，认定被告人武某某故意逃避还款的证据不足。

因此，法院不认定其具有非法占有的目的是正确的。

[参考案例：《刑事审判参考》第1208号案例]

四、共同犯罪

1. 辩方提出：事先没有与诈骗上线就如何实施诈骗进行共谋，仅在客观上为诈骗上线提取了赃款，不构成诈骗罪的共同犯罪。

答辩要点： 本案虽无证据证明提取赃款的被告人林某某等三人与诈骗上线之间存在整体的实施诈骗犯罪的意思联络，但综观全案，三名被告人仅是共谋的形式和内容有别于一般共同犯罪的共谋分工而已，并未改变三人的行为系组成共同犯罪不可缺少的重要组成部分的本质。主要理由如下：

首先，三被告人具有实施诈骗犯罪的共同故意和实行行为。共同犯罪中的共谋不要求必须共同谋议具体犯罪的时间、地点、手段等细节，只要参加犯罪基本问题的谋议，决定实行犯罪即可。共谋中的意思联络也并不要求在所有共同犯罪人之间都必须达成共识，只要实行犯与其他共同犯罪人之间存在意思联络即可。本案被告人林某某已被告知其所取款项系诈骗而来，并为诈骗上线提供了网上购买的银行卡。而其他两名被告人林某某、蓝某某则接受林某某的指使，帮助提取赃款，虽未被明确告知钱款系诈骗而来，但其两人与林某某同处福建安溪地区，对当地许多人从事虚构网络信息进行诈骗获取钱款的行为有较为清晰的认识："这个钱肯定是黑钱，安溪在外面骗钱的情况很多，估计取的钱也是别人在外面骗的钱。"因此，其两人知道或应当知道林某某所指使行为的社会违法性，而不制止，反而继续参与并获利，应当认定三被告人与诈骗上线之间存在一定程度的犯罪联系，具有共同实施诈骗犯罪的主观故意，同时也实施了诈骗犯罪的共同实行行为。

其次，三被告人提取赃款的行为，是诈骗犯罪系列行为的一部分，是实现诈骗目的不可或缺的重要组成部分。本案与其他普通共同犯罪的区别在于各被告人的行为存在差异，具有时间、空间和手段的不同一性。但三被告人的行为仅是适应网络诈骗的特殊需要而导致的不同分工，他们的行为与上线的前期行为都是诈骗目的的实现不可分割的组成部分，缺一不可。不能认为虚构事实让被害人将钱款转入预先设立的账户是诈骗，其他过程都是一种诈骗的辅助性行为。从柯某某等上线通过伪基站发送虚假信息诱骗被害人将钱款汇入林某某购买的银行卡上，到三人提取赃款，将现金汇入柯某某控制的银行卡上，整个过程都是诈骗犯罪的实行行为，这与在共同犯罪中未直接实行犯罪，只是对实行犯罪提供方便条件的帮助行为是有原则区别的。

[**参考案例**：《刑事审判参考》第1203号案例（2015）淮中刑二终字第00030号刑事附带民事裁定书]

2. 辩方提出： 单纯接受财物，并未转达请托事项，没有与国家工作人员形成受贿的通谋，不构成受贿罪的共同犯罪。

答辩要点： 共同犯罪的认定标准是"通谋+行为"，特定关系人是否构成受贿罪共犯，取决于双方有无共同受贿的故意与行为。

首先，被告人与国家工作人员存在受贿通谋。虽然特定关系人与国家工作人员事先未就为请托人谋利并收受财物形成共同的犯意联络，但其对请托人系为感谢或讨好国家工作人员而给予其财物以及国家工作人员利用职务便利为请托人谋取了利益的事实是明知的，在明知的情况下仍收受请托人给予的财物并事先征得国家工作人员的同意或事后进行了告知，后者予以认可，足以认定其与国家工作人员形成了受贿的通谋。

其次，行为人客观上实施了部分受贿行为。就受贿罪而言，受贿由两部分组成：一是为他人谋利，二是收受他人财物。特定关系人收受财物的行为系国家工作人员受贿行为的组成部分，足以认定其共同参与了受贿犯罪的实施。因此，对其以受贿罪共犯论处是符合刑法规定和共同犯罪原理的。

[**参考案例**:《刑事审判参考》第1143号案例]

五、正当防卫、紧急避险

正当防卫起源于西方启蒙思想时期的自然法思想，现代演化为公民的权利（天赋人权）之一，当国家、公共利益、本人或他人的人身、财产和其他权利受到正在进行的不法侵害时，法律允许公民采取各种必要的防卫性措施，因此造成不法侵害人损害的，不负法律责任。设置正当防卫制度是为了保护法益，在性质上是正义对不正义，在价值取向上是正义不向非正义低头，因此不要求"穷尽一切手段""迫不得已"，只要有不法侵害，即使有条件躲避或求助，公民仍然有权利实施正当防卫。正当防卫制度具有震慑犯罪的社会功能，将作出不法侵害行为的人置于随时被不特定公民予以防卫的境地，对不法侵害人而言属于自陷危险，从而警告那些潜在的犯罪分子不要胡作非为，震慑犯罪、保护法益。但是，基于法益的全面保护考量，我国的正当防卫制度确立为两种：一种是一般正当防卫（《刑法》第20条第1款），另一种是特殊正当防卫（《刑法》第20条第3款），后者是针对严重危及人身安全的暴力犯罪进行的防卫，不存在防卫过当的问题；前者是针对其他不法侵害进行的防卫，存在防卫过当的问题。

一般正当防卫成立的条件如下：

1.必须存在不法侵害行为。(1)不法侵害包括犯罪行为、一般的违法行为和其他危害社会的行为。(2)只有那些具有攻击性、破坏性、紧迫性和持续性的不法侵害才有必要成为正当防卫的对象。(3)不法侵害必须客观存在。2.不法侵害必须正在进行。3.必须具有防卫意识（理论上有争议）。4.必须针对不法侵害人本人实施。5.没有明显超过必要限度造成重大损失。

特殊正当防卫成立的条件如下:

一是适用对象必须是严重危及人身安全的暴力犯罪;二是只需考虑防卫行为相当性,无须考虑利益均衡性。

1. 辩方提出: 认定被告人于某某犯故意伤害罪的证据不足,其行为系正当防卫。

答辩要点: 根据我国《刑法》第20条规定,正当防卫必须具备两个条件:首先,该行为具有防卫的性质,且具有防卫的必要性;其次,该行为没有明显超过必要限度造成重大损失。若明显超过必要限度造成重大损失的,属于防卫过当,应当负刑事责任。具体到本案:一是正当防卫所要求的不法侵害客观存在。被害一方长期暴力催逼高利贷,案发当日,被害人等人又对被告人母子实施了限制人身自由的非法拘禁行为,并伴有侮辱和对被告人有推搡、拍打、卡颈部等肢体行为。当民警到达现场后,被告人及其母亲欲随民警走出接待室时,被害人等人阻止他们离开,并对被告人实施推拉、围堵等行为,在被告人持刀警告时仍出言挑衅并逼近,正当防卫所要求的不法侵害客观存在。二是被告人的捅刺行为是为了制止不法侵害。被告人是在人身安全面临现实威胁的情况下为摆脱困境才持刀捅刺,且其捅刺的对象都是在其警告后仍向前围逼的人,可以认定其行为是为了制止不法侵害。三是不法侵害具备防卫的必要性。本案的特殊性在于,对方的暴力催债行为呈现出多个、交替、间隔或者连续实施的状态,对此应当予以一体化的整体评价。被害人长期催逼高利贷,报警后并未收敛反而变本加厉,已经严重影响了被告人一家的正常生活。连日来多次遭受催逼、骚扰,被告人精神高度恐惧、紧张,加之案发当日的非法拘禁、严重侮辱、轻微暴力以及持刀警告仍在持续等,应当从整体上肯定防卫的必要性。四是被告人防卫过当,构成故意伤害罪。防卫过当有两个并列的限定条件:第一,防卫手段与不法侵害相比,明显超过必要限度,手段过于悬殊;第二,所保护的法益与损害的法益在种类或大小上明显失衡。两者缺一不可。具体到本案,被害人一方虽然人数众多,但实施不法侵害的意图是施加压力以催讨债务,在催讨过程中未携带、使用任何器械,在民警走出接待室寻找报警人期间,被告人和讨债人员均可透过接待室玻璃清晰看见停在院内的警车警灯闪烁,应该知道民警并未离开。被告人持刀警告不要逼过来时,被害人等人虽有出言挑衅并向其围逼的行为,但并非实施强烈的攻击行为,即使被捅刺后,也没有人实施暴力还击行为。因此,从不法侵害的性质、手段、紧迫程度和严重程度,防卫的条件、方式、强度和后果等情节综合判定,本案被告人面临的不法侵害并不紧迫和严重,而其却持利刃连捅四人,致一人死亡、二人重伤、一人轻伤,且其中一人系背后捅刺,应当认定被告人的防卫行为明显超过必要限度造成重大损失，构成故意伤害罪。

[**参考案例**：（2017）案刑终151号]

2. 辩方提出：上诉人在被害人等人追砍的情况下打伤李某某，其行为属正当防卫，不构成故意伤害罪，公诉机关适用法律错误，应宣告其无罪。

答辩要点：根据《刑法》第20条规定，赋予了公民正当防卫的权利，认定正当防卫，行为人不仅要维护合法正当利益，同时不法侵害具有现实紧迫性，而且行为人还要具有防卫的意图而非相互斗殴的故意，为赌债等非法利益之争，采用言语挑衅的方式，导致矛盾升级，招致对方多人上门打斗，并积极与之互殴的行为，不属于正当防卫。本案中，被害人李某某驾驶的机动车与上诉人杨某某发生追尾，后被害人电话约多名男子打砸上诉人微型车后持刀对杨某某等人进行追砍，被害人等人持刀追砍各被告人的行为有过中断，之后双方再次发生争执并互殴，最后造成被害人死亡，不属于正当防卫，构成故意伤害罪。

[**参考案例**：（2014）红中刑二初字第22号]

3. 辩方提出：被告人针对被害人持刀威胁生命，对其进行反抗，虽造成被害人死亡，但属于特殊防卫，不构成犯罪。

答辩要点：针对严重危及人身安全的暴力犯罪，防卫人采取正当防卫对不法侵害人造成的最严重的损害后果可以是死亡，但这并不意味着致命的防卫行为可以不受任何约束。当暴力侵害的现实危险性降低至不足以致人重伤、死亡的程度时，防卫人不得采取致命的防卫手段伤害不法侵害人并致其死亡，否则，应当认定为防卫过当并追究刑事责任。本案中，被告人王某某夺过陈某某所持尖刀，即使陈某某仍继续对王某某进行殴打，但现实危险性明显无法与此前持刀殴打相比，此时被告人持刀猛刺陈某某左胸部两刀，最终造成被害人失血过多死亡，明显超过防卫限度，应当认定为故意伤害罪。

[**参考案例**：（2013）金武刑初字第156号]

4. 辩方提出：被害人事先拿出菜刀恐吓索债，被告人为了避免受到伤害，才对其进行反击，并没有主动伤害其故意。

答辩要点：被害人与被告人不能正确处理民事纠纷，双方在民事纠纷的起因上均有不同程度过错。被害人将用布袋包裹好的菜刀拿出来对被告人进行威胁索要欠款，被告人汪某某假想以自己的人身受到威胁，并持弹簧刀刺伤被害人身体，造成被害人重伤的行为超出正当防卫的必要限度，属于防卫过当，依法可以从轻或者减轻处罚。

[**参考案例**：（2016）川1321刑初20号]

5. 辩方提出：上诉人没有撞人的故意，不应该认定其构成故意杀人罪，而是紧急避险或者交通肇事。

答辩要点：法谚有云，紧急时无法律。本案争议关键是自招危险的"自救"过程造成其他合法权益受损是否构成紧急避险。紧急避险，又称"紧急避难"，特点是在两个合法权益发生冲突，为了保护某种较大的权益，在没有其他办法的情况下，不得不损害另一较小的权益。因而不构成犯罪，行为人也不负刑事责任。成立条件为：（1）为了保护公共利益、本人或者他人的合法权益免受危险的损害。（2）客观上具有正在发生的真实危险。（3）迫不得已而采取的行为。（4）不能超过必要的限度而造成不应有的危害。本案中，上诉人覃某某等人持械斗殴，在到达约定斗殴地点后即遭到被害一方的追砍，覃某某在聚众斗殴中招致危险后，驾车冲向人群，致一人死亡。覃某某因具有聚众斗殴故意且因聚众斗殴招致危险，后驾车撞人，其行为依法不构成紧急避险或交通肇事。

[**参考案例**：（2015）渝高法刑终字第00142号]

六、犯罪预备、犯罪未遂、犯罪中止

（一）犯罪预备

1. **辩方提出**：被告人通过微信、打电话的方式向妻子表达要杀害其全家的行为属于犯意表示，并未进入犯罪预备阶段，不构成犯罪。

答辩要点：本案被告人的行为属于犯罪预备，理由如下：第一，被告人提出犯意。被告人通过微信、打电话的方式向妻子表达要杀害其全家的行为属于犯意表示。第二，被告人为实施犯罪准备了工具、制造了条件。被告人从家中携带菜刀，为实施杀人犯罪准备了工具；被告人打车前往被害人家，为实施故意杀人犯罪制造了条件。所以被告人的行为成立犯罪预备。

[**参考案例**：（2017）黑0621刑初220号（宫某某犯故意杀人案）]

2. **辩方提出**：被告人在为犯罪预备阶段由于害怕而中止了犯罪行为，应成立犯罪中止。

答辩要点：本案被告人的行为属于犯罪预备，理由如下：犯罪中止应当为被告人自动放弃犯罪。本案中，有证据证实被告人在两次犯罪中均是因人多不好下手而放弃犯罪，可见犯罪目的是由于被告人意志以外的原因未得逞，并非因被告人自动放弃犯罪行为而未实施终了，不能认定为犯罪中止。且被告人为实施绑架、抢劫犯罪，准备了工具、制造了条件，属于犯罪预备。

[**参考案例**：（2014）曲刑初字第153号（孔某某、蔡某某非法持有枪支案）]

3. 辩方提出：被告人虽准备汽车、购买了伪造的汽车牌照、口罩、假发、胶带等作案工具企图绑架他人，但因被抓获而放弃实施犯罪，被告人的行为属于犯罪预备阶段的中止。

答辩要点：本案被告人的行为属于犯罪预备，理由如下：第一，被告人无自动放弃犯罪的行为，不能成立预备中止。被告人虽供述有放弃犯罪的想法，但其犯罪目的未得逞的原因是被抓获而非自动放弃，不能成立预备中止。第二，被告人为实施绑架犯罪准备犯罪工具，以踩点、跟踪被害人的方式为犯罪制造条件，属于犯罪预备。

[**参考案例**：（2016）苏0583刑初1380号（许某某、陈某某绑架案）]

4. 辩方提出：被告人与他人商量贩卖毒品的行为仅为犯意流露，不构成犯罪。

答辩要点：本案被告人的行为属于犯罪预备，理由如下：第一，被告人不仅具有犯意，并为实施犯罪而积极准备。被告人以贩卖毒品为目的与下线商定价格、数量、次日交付毒资后向下线提供麻古试吸。至此，毒品交易已经完成了预备，只待双方在约定的时间钱货两讫便完成了毒品犯罪的整个过程。第二，被告人的犯罪目的未得逞的原因系被抓获而非其流露犯意后未继续实施犯罪。被告人的犯罪预备行为完成后，携带毒品等待下线前来指定地点完成毒品交易的最后一个环节时被抓获，此过程中被告人始终积极实施毒品犯罪，没有阻止或放弃毒品交易的行为，但因意志以外的因素未能得逞。所以，被告人的行为属于犯罪预备。

[**参考案例**：（2012）邵中刑一终字第148号（刘某某卖毒品案）]

（二）犯罪未遂

1. 辩方提出：被告人被抓获时尚未兜售假发票，应认定为犯罪预备。

答辩要点：本案系犯罪未遂，理由如下：犯罪预备是指为了犯罪准备工具、制造条件，犯罪预备与犯罪未遂的区别在于是否着手实施犯罪。本案中，被告人向不特定人兜售假发票的行为属于出售假发票实行行为的阶段之一，系已经着手实施犯罪，但因意志以外的因素导致犯罪行为未能实施完毕，应认定为犯罪未遂。

[**参考案例**：（2012）浦刑初字第3890号（董某某出售非法制造的发票案）]

2. 辩方提出：被告人发短信要挟他人汇款的行为属于为犯罪制造条件，但因他人报警未得逞，该行为属犯罪预备。

答辩要点：本案系犯罪未遂，理由如下：被告人以非法占有为目的，通过手机发送短信的方式告诉被害人丢失的孩子被其绑架，要挟他人向其支付数额巨大的财物，否则会干掉孩子。该行为属于已经着手实施敲诈勒索犯罪，只是因为被害人报案这一被告人意志以外的因素导致被告人的犯罪行为未能得逞，属于犯罪未遂。

[参考案例：（2010）莆刑终字第 219 号（林某某敲诈勒索案）]

3. 辩方提出：被告人携带撬盗作案工具及管制刀具在某小区住户门前停下，察听房内情况预备动手盗窃时被保安员发现并扭送至公安机关，被告人的行为属于犯罪预备。

答辩要点：本案系犯罪未遂，理由如下：被告人携带作案工具到案发地点，选择好作案目标，查探房内情况准备实施盗窃的行为属于盗窃行为的实施中，只是因被发现这一意志以外的因素未能得逞，属于犯罪未遂。

[参考案例：（2015）深罗法刑一初字第 1490 号（张某某盗窃案）]

4. 辩方提出：被告人虽商议抢劫分工、携带作案工具、选择好出租车司机作为抢劫对象，但没有对司机采取暴力手段，也没有索取财物，是犯罪预备和犯罪中止。

答辩要点：本案构成犯罪未遂，理由如下：第一，犯罪预备是指为犯罪准备工具、制造条件的行为。被告人密谋抢劫出租车司机后准备好作案工具，选择好实施抢劫的出租车，到达犯罪现场后要求司机停车欲实施抢劫犯罪，上述行为属于已经开始着手实施犯罪，超出了犯罪预备的范畴，不属于犯罪预备。第二，犯罪中止是在犯罪过程中自动放弃犯罪或者自动有效地防止犯罪结果的发生。犯罪行为是否中止，一要考察行为人是否已经意识到能够完成犯罪，二要看行为人是否出于本人的真实意思而停止犯罪。被告人在要求司机停车时，因未到达目的地，且所要停车的地点较偏僻，引起司机警觉后司机加速行至有巡警的地点，致使被告人的犯罪目的因意志以外的因素没有得逞。因此，被告人不是自动放弃犯罪，不属于犯罪中止。

[参考案例：（2001）海中法刑终字第 69 号（聂某某等抢劫案）]

（三）犯罪中止

1. 辩方提出：被告人与他人预谋抢劫犯罪后租用车辆、盯梢、以"包夜"名义约出被害人，但因被害人产生警惕而未能得逞后被告人退出犯罪活动，此过程仅属于犯意流露。其他被告人在本案被告人退出后继续实施的抢劫行为与本案被告人无因果关系，因此本案被告人不构成抢劫罪。

答辩要点：本案被告人的行为构成犯罪，且属于犯罪中止，理由如下：第一，被告人的先行为与其他被告人实行终了的抢劫犯罪行为具有一定因果关系。

本案被告人与其他被告人所实施的犯罪预谋、准备作案工具、跟踪盯梢等行为，为其他被告人继续实施抢劫犯罪提供了被害人住址、活动轨迹等便利条件，其他被告人据此实施抢劫犯罪并既遂。因此，本案被告人参与的相应预备行为与其他被告人的抢劫犯罪结果具备一定的因果关系。第二，本案被告人参与的犯罪预备行为与其他被告人抢劫被害人的后果并不具备《刑法》意义上的必然因果关系。因本案被告人与其他被告人均参与了前期的抢劫犯罪预备行为，其他被告人也在犯罪预备阶段也了解了被害人住址、活动轨迹等信息，所以本案被告人在预备阶段的行为虽与其他被告人实施的抢劫后果具有一定的因果性，但却不具备必然的因果关系。因此，本案被告人在犯罪预备阶段慑于法律威严认识到继续实施犯罪的严重后果，自动向其他被告人明确表示放弃继续犯罪并劝说同案犯放弃的行为，属于自动放弃犯罪。虽未有效阻止犯罪结果的发生，但应认定构成犯罪中止。

[**参考案例：**（2013）鄂鹤峰刑初字第00075号（龚某某抢劫案）]

2. 辩方提出：三被告人通过向被害人眼睛喷射催泪气体企图劫取财物，得知被害人系派出所人员后逃跑时被抓获，因被告人意志以外的因素未能实施犯罪，被告人的行为属于犯罪未遂。

答辩要点：被告人的行为属于犯罪中止，不属于犯罪未遂，理由如下：第一，从《刑法》原理上看，犯罪中止、未遂、既遂是犯罪过程中的不同形态。犯罪中止是指在犯罪过程中自动放弃犯罪或者自动有效地防止犯罪结果的发生。犯罪未遂是指已经着手实施犯罪，但由于犯罪分子意志以外的原因而未得逞。犯罪既遂是故意犯罪的完成形态。犯罪中止在犯罪预备、实行阶段都可发生。在犯罪行为实施中未发生危害结果的情形是犯罪未遂还是中止，关键是看被告人是自动放弃犯罪，还是因意志以外的因素而未得逞。第二，本案被告人使用暴力实施抢劫的行为属于犯罪实行行为，但在实行行为中得知被害人身份后心理产生惧怕，自动放弃继续施行犯罪行为，属于犯罪中止。

[**参考案例：**（2004）深罗法刑初字第1905号（陈某某等抢劫案）]

3. 辩方提出：被告人实施强奸犯罪行为时，因被害人使用手推、抓手腕、责骂等反抗方式未能得逞，属于因意志以外的原因致使犯罪目的未能得逞，系犯罪未遂。

答辩要点：本案被告人的行为属于犯罪中止，不属于犯罪未遂，理由如下：第一，从犯罪行为施行的环境来看，不存在阻止犯罪行为的被告人意志以外的因素。本案案发地点为被害人的暂住房，案发时间为凌晨，案发现场无第三人，因此不存在被告人意志以外的因素。第二，从实行行为来看，被害人虽有反抗，但反抗程度不足以对抗被告人继续实施犯罪。在被害人反抗时被告人未升级暴力，而是征询被害人是否同意与其发生性关系，得到否定回答后离开现场，该行为是被告人自动作出。第三，被告人自动中止犯罪后是否有悔罪表示、是否安抚被害人，与强奸犯罪中止的形态认定没有必然关系。因此，被告人在犯罪实行行为中自动放弃犯罪的行为中属于犯罪中止。

[**参考案例:**（2016）浙02刑终599号（方某某强奸案）]

第二章　刑罚运用庭审辩论攻防要点

一、累犯

1. 前罪的犯罪行为跨越 18 周岁前后是否认定为累犯？

答辩要点：《刑法》第 65 条第 1 款规定："被判处有期徒刑以上刑罚的犯罪分子，刑罚执行完毕或者赦免以后，在五年以内再犯应当判处有期徒刑以上刑罚之罪的，是累犯，应当从重处罚，但是过失犯罪和不满十八周岁的人犯罪的除外。"根据上述规定，要构成累犯，犯罪分子犯前罪和后罪时必须均年满 18 周岁。

对于前罪的犯罪行为跨越 18 周岁前后的，是否属于未成年人犯罪，进而是否影响累犯的认定，不能一概而论，而要具体情况具体分析。我们认为：（1）行为人在年满 18 周岁前后实施了不同种犯罪行为，如果其年满 18 周岁后实施的犯罪应当判处有期徒刑以上刑罚，符合累犯条件的，应当认定为累犯；（2）行为人在年满 18 周岁前后实施了同种犯罪行为，如果其年满 18 周岁后实施的犯罪明显应当判处有期徒刑以上刑罚，符合累犯条件的，应当认定为累犯。

2. 累犯认定中的"刑罚执行完毕"应仅限于主刑，附加刑执行的情况，不影响累犯的认定。

答辩要点：累犯认定中的刑罚执行完毕仅限于主刑，附加刑尚未执行完毕或者执行完毕未满 5 年的，不影响累犯的认定。理由如下：

（1）同一法律用语在同一条文中应当作同一理解。所谓同一理解是指同一法律用语具有相同的内涵和外延。《刑法》第 65 条第 1 款规定："被判处有期徒刑以上刑罚的犯罪分子，刑罚执行完毕或者赦免以后，在五年以内再犯应当判处有期徒刑以上刑罚之罪的，是累犯，应当从重处罚，但是过失犯罪和不满十八周岁的人犯罪的除外。"由此可见，"被判处有期徒刑以上刑罚的犯罪分子"中的"刑罚"，其外延是有期徒刑等主刑，并未涉及附加刑。那么"刑罚执行完毕"中的"刑罚"，其外延也理当是有期徒刑、无期徒刑和死刑等主刑，不应当包括附加刑。

（2）同一法律用语在前后条文中具有承接性。《刑法》第 65 条第 2 款规定：

"前款规定的期限,对于被假释的犯罪分子,从假释期满之日起计算。"《刑法》第85条规定:"对假释的犯罪分子,在假释考验期限内,依法实行社区矫正,如果没有本法第八十六条规定的情形,假释考验期满,就认为原判刑罚已经执行完毕,并公开予以宣告。"上述规定表明,被判处有期徒刑或无期徒刑的犯罪分子被假释后,只要假释考验期满,就是刑罚执行完毕,而不论其附加刑是否已执行完毕。根据上述规定,被假释的犯罪分子是否构成累犯,与前罪附加刑的执行无关,那么对于正常执行完刑罚的犯罪分子是否构成累犯也不应当考虑附加刑的执行情况。

(3)主刑的执行完毕时间具有确定性,而类似于罚金刑的附加刑可能会出现长期不能执行到位的情况,从而无法确定累犯构成的时间起点,使得累犯的认定具有不确定性,难以保证个案的公正处理。

3. 前科作为定罪条件后,不能再作为认定累犯的依据。

答辩要点:

(1)前科作为定罪条件后再作为认定累犯的量刑情节,有违禁止重复评价原则。禁止重复评价原则要求只能够对犯罪构成中的每一个犯罪事实和情节做一次评价。虽然我国《刑法》没有对禁止重复评价原则作出明确的规定,但作为现代刑事法律的一项重要原则,禁止重复评价原则已为刑法理论界和刑法实务界所认同。

(2)关于禁止重复评价原则,我们认为在司法实践中应当把握以下几点:一是在定罪阶段,定罪情节只能在该阶段做一次评价;二是在量刑阶段,量刑情节只能在该阶段做一次评价;三是在整个定罪量刑的刑事诉讼阶段,定罪阶段的定罪情节不能在量刑阶段进行重复评价。

(3)如在盗窃等案件的办理过程中会遇到以下情形:行为人曾因盗窃受过刑事处罚,根据2013年"两高"《关于办理盗窃刑事案件适用法律若干问题的解释》第2条第(一)项规定,曾因盗窃受过刑事处罚的其数额较大的标准可以按照盗窃数额较大标准的一半确定。此种情况下,行为人曾因盗窃受过刑事处罚这一前科作为其定罪条件后,不能再重复评价又以该情节作为认定其构成累犯的依据。

4. 未成年人毒品犯罪记录不能作为认定毒品再犯的依据。

答辩要点:

(1)根据《刑法》第65条第1款和第356条的规定,未成年人犯罪不构成累犯,但对未成年人"因走私、贩卖、运输、制造、非法持有毒品罪被判过刑"的情况下,如果再犯毒品犯罪的,是否构成再犯,刑法并无明确规定。

（2）累犯制度的设立是犯罪人无视曾经受到刑罚处罚而在一定时间内再次犯罪，由此表明其人身危险性较大，而应当从重处罚。毒品再犯从重处罚在立法原意上与累犯无异。既然在认定累犯时考虑对未成年人的例外保护，那么对于毒品再犯的认定也应当适用。

（3）《刑事诉讼法》[①]第286条规定："犯罪的时候不满十八周岁，被判处五年有期徒刑以下刑罚的，应当对相关犯罪记录予以封存。"这是《刑事诉讼法》关于未成年人轻罪犯罪记录封存制度的规定，体现了对未成年人"教育、感化、挽救"的刑事政策，防止未成年罪犯被标签化，使得其能够更好地回归社会。既然未成年人毒品犯罪记录已被封存，就不应当作为再犯的依据。

5. 缓刑考验期满5年内又故意犯罪不构成累犯。

答辩要点： 构成累犯的前提条件是前罪的刑罚执行完毕，缓刑考验期满不等于原判刑罚已执行完毕。

（1）《刑法》第76条规定："对宣告缓刑的犯罪分子，在缓刑考验期限内，依法实行社区矫正，如果没有本法第七十七条规定的情形，缓刑考验期满，原判的刑罚就不再执行，并公开予以宣告。"简言之，只要犯罪分子未发生《刑法》第77条规定的情形，缓刑考验期满，原判的刑罚就不再执行。既然原判刑罚没有执行，也就不符合累犯"刑罚执行完毕"的成立要件。

（2）《刑法》第72条将缓刑的适用对象限定在被判处拘役和3年以下有期徒刑的犯罪分子。从执行方式看，无论拘役还是有期徒刑，均剥夺犯罪分子的人身自由，除具备《刑事诉讼法》第265条情形外，必须在监禁机构内执行，所以对于被判处拘役和有期徒刑的犯罪分子"判决执行以前先行羁押的，羁押一日折抵刑期一日"。而根据《刑法》第76条的规定，对宣告缓刑的犯罪分子实行社区矫正，而不剥夺犯罪分子的人身自由，因此其执行程序和方法完全不同于拘役和有期徒刑，不能将缓刑考验期满等同于刑罚执行完毕。

6. 被告人提出上诉，在二审判决之前，因一审判决的羁押期限已届满，法院对其取保候审，在此期间又犯新罪，对新罪不应认定为累犯。

答辩要点：（1）"刑罚执行"的起点。刑罚执行是监狱（或看守所）执行人民法院生效刑事判决、裁定的程序性内容。包括收监、减刑、假释，对罪犯服刑期间又犯罪的处理、暂予监外执行、假释等。人民法院生效的判决、裁定包括：①已过法定上诉期限未提出上诉、抗诉的第一审判决、裁定；②人民法院终审的判决、裁定；③最高人民法院核准的死刑判决和高级人民法院核准的死刑缓期两年执行的判决。可见刑罚执行的起点是判决发生法律效力之时。

[①] 编者注：本书所列《刑事诉讼法》，均指2018年修改后《中华人民共和国刑事诉讼法》。

（2）"刑罚执行完毕"的理解。刑罚执行完毕既包括有期徒刑实际执行完毕，也包括假释期满。在司法实践中对犯罪嫌疑人、被告人采取拘留、逮捕强制措施，必然导致暂时羁押的后果。这种暂时的关押在执行刑罚的时候可以折抵刑期，但并不是在执行刑罚。

（3）因被告人提出上诉，一审判决并未生效，不具有可执行性。二审生效判决后，被告人的刑罚进入可执行阶段。但被告人的羁押期限已经达到生效判决确定的刑期，折抵刑期后，没有需要实际执行的刑期。因此不具备"刑罚执行完毕"后的条件，不应认定为累犯。

二、自首

1. 行为人作为证人被询问时，供述了本人的犯罪事实，应当认定为自首。

答辩要点：（1）该辩点主要涉及对自动投案的认定问题。1998年最高法《关于处理自首和立功具体应用法律若干问题的解释》第1条规定："自动投案，是指犯罪事实或者犯罪嫌疑人未被司法机关发觉，或者虽被发觉，但犯罪嫌疑人尚未受到讯问、未被采取强制措施时，主动、直接向公安机关、人民检察院或者人民法院投案。"2010年最高法《关于处理自首和立功若干具体问题的意见》第1条将"在司法机关未确定犯罪嫌疑人，尚在一般性排查询问时主动交代自己罪行的"视为自动投案。

（2）对于未被司法机关确定为犯罪嫌疑人，在作为他人犯罪案件的证人接受司法机关的询问时，即主动、如实供述本人相应的犯罪事实的，应视为自动投案。原因在于，该行为在一定程度上节约了司法资源，提高了诉讼效率，符合自首制度的设置目的。

2. 被告人向110打电话表示要投案自首，并在住所地等待公安机关传唤的，应认定为自动投案。

答辩要点：（1）1998年最高法《关于处理自首和立功具体应用法律若干问题的解释》第1条对自动投案和7种"视为自动投案"的情形进行了规定。2010年最高法《关于处理自首和立功若干具体问题的意见》第1条对"视为自动投案"补充规定了4种情形，同时设立了兜底条款"其他符合立法本意，应当视为自动投案的情形"。

（2）《刑法》设立自首制度的目的在于鼓励犯罪人自动投案，一方面促使犯罪人悔过自新，不再继续犯罪，另一方面有利于案件侦破与审判，提高诉讼效率，节约司法资源。自动投案一般是指行为人在犯罪之后、归案之前，出于本人意愿而向司法机关等有关单位承认自己实施了犯罪，并自愿将自己置于上述单位或人员的控制下，等待法律的制裁。自动投案的本质属性是投案的主动性和自愿性，在非典型自首案件的认定上，应当结合自首的立法本意进行判断。

（3）对于多次打110表示准备投案，并在住所地等待公安机关传唤，归案后如实供述了犯罪事实的情形，虽然未自行到司法机关投案，但其客观行为表现出其自愿将自己置于司法机关控制之下，接受法律制裁的主观心态，客观上亦达到了加快案件办理、节约诉讼资源的效果，符合上述《意见》中"其他符合立法本意，应当视为投案的情形"的规定，应认定为自动投案。

3. 犯罪嫌疑人在取保候审期间逃匿，后又投案，不属于自动投案的情形。

答辩要点：（1）1998年最高法《关于处理自首和立功具体应用法律若干问题的解释》第1条规定："自动投案，是指犯罪事实或者犯罪嫌疑人未被司法机关发觉，或者虽被发觉，但犯罪嫌疑人尚未受到讯问、未被采取强制措施时，主动、直接向公安机关、人民检察院或者人民法院投案。"因此，尚未受到讯问、未被采取强制措施，是犯罪行为已经被发觉的情形下可能构成自首的前提条件。

（2）犯罪嫌疑人被取保候审，属于已经被采取强制措施的犯罪嫌疑人，不符合犯罪行为已经被发觉情形下自首成立的前提条件。犯罪嫌疑人若在取保候审期间逃匿，即便其后又主动投案，也不符合上述《解释》的规定，不能认定为自动投案。

4. 对于"确已准备去投案"的具体认定问题。

答辩要点：（1）1998年最高法《关于处理自首和立功具体应用法律若干问题的解释》第1条规定："经查实确已准备去投案，或者正在投案途中，被公安机关捕获的，应当视为自动投案。"

（2）应该认为，是否"确已准备去投案"不能仅凭行为人的供述，而是需要一定的客观行为来体现。"确已准备去投案"不能仅仅是行为人内在的心理活动，还要求行为人为投案进行了外在的准备活动，而且该准备活动能够查证属实。比如行为人正在了解投案对象或者场所路线、为投案准备交通工具等行为时被抓获，这些情况一经查实，即可认定为"确已准备去投案"。

5. 电话通知传唤到案情形下，被告人自首的认定问题。

答辩要点：行为人经公安机关电话通知后即到案的，能否认定为自动投案，不能一概而论，而应具体问题具体分析：

（1）司法机关尚未掌握任何指向行为人的犯罪证据，也未确定犯罪嫌疑人，仅电话通知行为人到案进行一般性排查询问时，行为人即主动到案的，应当认定为自动投案。

（2）司法机关虽然通过报案、举报或者控告获得了相关线索，但尚不符合立案条件，在初查过程中以电话通知、传唤的形式让犯罪嫌疑人到案接受调查询问，犯罪嫌疑人即主动到案的，应当认定为自动投案。

（3）司法机关已经掌握较为充分的证据，并确定了犯罪嫌疑人，行为人接到电话通知或传唤后到案能否构成自动投案，需要从两个方面进行分析判断：一是看犯罪嫌疑人投案时人身是否受到控制。如果其人身并未受到控制，其有选择投案与否的余地，其按照要求到公安机关的，符合自动投案的本质特征，应当认定为自动投案；反之则不能认定为自动投案。二是看犯罪嫌疑人是否具有投案的心理。如果行为人到案的目的是将自己置于司法机关的控制之下，以接受司法机关的审查与裁判，应当认定为自动投案；反之则不能认定为自动投案。

6. 犯罪嫌疑人因形迹可疑被盘问，主动交代犯罪事实情况中、对"与犯罪有关的物品"的认定问题。

答辩要点：（1）1998年最高法《关于处理自首和立功具体应用法律若干问题的解释》第1条规定："罪行尚未被司法机关发觉，仅因形迹可疑，被有关组织或者司法机关盘问、教育后，主动交代自己的罪行的，应当视为自动投案。"2010年最高法《关于处理自首和立功若干具体问题的意见》第1条第2款规定："罪行未被有关部门、司法机关发觉，仅因形迹可疑被盘问、教育后，主动交代了犯罪事实的，应当视为自动投案，但有关部门、司法机关在其身上、随身携带的物品、驾乘的交通工具等处发现与犯罪有关的物品的，不能认定为自动投案。"由此可见，形迹可疑型自首的认定涉及两个问题：一是行为人的归案是否具有主动性；二是对但书部分例外情形的判断。

（2）对于但书部分例外情形的判断，应认为，"与犯罪有关的物品"是有关部门、司法机关在"盘问、教育"时的主观判断，并非案件侦破后"物品与犯罪是否关联"的客观标准。具体而言，可以分为三种情况：一是对于不能使人联系到具体犯罪的物品，因对确定犯罪嫌疑并无作用，不属于上述《意见》中"与犯罪有关的物品"；二是对于能够一定程度指向犯罪的物品，因无法与具体的犯罪联系起来，也不属于上述《意见》中"与犯罪有关的物品"；三是对于能够直接指向犯罪的物品，如毒品、尸体等，因其可以直接与相关犯罪联系起来，属于上述《意见》中"与犯罪有关的物品"。

7. 侦查人员通过锁定网络 IP 地址后找到行为人进行调查，行为人便如实交代其犯罪事实的，应认定为自首。

答辩要点：（1）从《刑法》及相关司法解释的规定看，不论是一般自首，还是特别自首，在行为人自首之前，司法机关并没有在行为人和具体犯罪之间建立必然的联系。换言之，司法机关之所以能够将行为人和具体犯罪之间建立必然的联系，最为关键的因素是行为人的自首。故《刑法》从功利性的角度考虑，设立自首制度，对这种将"行为人和具体犯罪之间建立必然联系"的行为予以从轻处罚。

（2）锁定 IP 地址并不意味着司法机关在行为人和犯罪行为之间建立了必然的联系。在网络犯罪中，当犯罪行为与具体的 IP 地址关联后，只是表明两个问题：一是犯罪行为与现实 IP 地址建立了可能的关联，但并不意味着必然的关联。二是即便前述关联确立，亦不能直接建立现实地点与特定行为人之间的关联。

（3）该种情形下，之所以能在其本人和具体犯罪之间建立起必然的关联性，主要基于行为人的如实供述。由于如实供述的行为能够体现出其投案的主动性和自愿性，节约了司法成本，符合自首制度的设立目的，符合 2010 年最高法《关于处理自首和立功若干具体问题的意见》第 1 条"其他符合立法本意，应当视为自动投案的情形"，应当认定被告人自首。

8. 被告人现场等待型自首的认定问题。

答辩要点：（1）2010 年最高法《关于处理自首和立功具体应用法律若干问题的意见》第 1 条规定了现场等待型自首的条件，即"明知他人报案而在现场等待，抓捕时无拒捕行为，供认犯罪事实的"，应当视为自动投案。实践中，对于现场等待型自首的认定，应从自首制度的本质出发，结合主客观方面进行认定。

（2）从立法本意看，之所以对自首从轻处理，是因为犯罪嫌疑人主动将自己交付国家追诉和审判，提高了诉讼效率，节约了司法资源。因此，在判断犯罪嫌疑人是否属于现场等待型自首时，应从两个方面审查犯罪嫌疑人是否具有将自己交付国家追诉和审判的主动性和自愿性：一是主观上犯罪嫌疑人必须是明知他人报警而自愿将自己置于司法机关的控制之下。二是客观上要区分犯罪嫌疑人留在现场是"能逃而未逃"，还是"欲逃而不能"，如果是前者，应认定为自首；如果是后者，由于不能反映出其主观上具有投案的主动性和自愿性，不应视为自动投案。

9. 对被告人如实供述主要犯罪事实的认定问题。

答辩要点：（1）司法实践中，犯罪嫌疑人自动投案后，基于案发时的认知、案发后的记忆、自身想隐瞒等原因，经常出现有些情节未能准确供述的问题，因此界定"如实供述"就成为影响自首认定的重要问题。

（2）1998年最高法《关于处理自首和立功具体应用法律若干问题的解释》规定："如实供述自己的罪行，是指犯罪嫌疑人自动投案后，如实交代自己的主要犯罪事实。"2010年最高法《关于处理自首和立功若干具体问题的意见》规定："如实交代的犯罪情节重于未交代的犯罪情节，或者如实交代的犯罪数额多于未交代的犯罪数额，一般应认定为如实供述自己的主要犯罪事实。"

（3）可以认为，"主要犯罪事实"应当区别以下3种情形进行认定：一是单笔犯罪中，对于影响行为性质的认定和量刑有重大影响的事实必须供述。重大量刑事实一般指应适用的法定刑档次是否升格或降格的事实。二是多次实施同种罪行的，应综合考虑已经交代的犯罪事实与未交代的犯罪事实的危害程度进行评价，无法区分的，一般不认定为如实供述主要犯罪事实。三是共同犯罪中的行为人，除如实供述自己的罪行外，还应当供述所知的同案犯；主犯则应当供述所知其他同案犯的共同犯罪事实，其标准应当为，未供述的犯罪事实不能影响全案犯罪事实以及共犯作用、地位的认定。

10. 被告人服刑期间如实供述未被掌握的同种余罪，刑满释放后被查实且被追究的，应认定为主动供述，以自首论。

答辩要点：（1）"其他罪行的认定"。《刑法》第67条第2款规定："被采取强制措施的犯罪嫌疑人、被告人和正在服刑的罪犯，如实供述司法机关还未掌握的本人其他罪行的，以自首论。"1998年最高法《关于处理自首和立功具体应用法律若干问题的解释》（以下简称《解释》）第2条规定："被采取强制措施的犯罪嫌疑人、被告人和已宣判的罪犯，如实供述司法机关尚未掌握的罪行，与司法机关已掌握的或者判决确定的罪行属不同种罪行的，以自首论。"该《解释》第4条规定："被采取强制措施的犯罪嫌疑人、被告人和已宣判的罪犯，如实供述司法机关尚未掌握的罪行，与司法机关已掌握的或者判决确定的罪行属同种罪行的，可以酌情从轻处罚；如实供述同种罪行较重的，一般应当从轻处罚。"可见，《刑法》和《解释》对"其他罪行"以不同种与同种作为区分是否认定自首的标准，并分别作为法定或酌定从轻情节。

（2）服刑期间供述同种余罪的处理：第一种情形，如果在服刑期间查实的，只能依现行司法解释的规定，按坦白认定。第二种情形，如果在行为人刑满释放后再被查实，且就此仍被追究的，依法就应当成立自首。理由是，刑事诉讼包含侦查、起诉、审判以及刑罚执行等阶段，如果行为人因罪被法院判刑，刑满释放后，其涉及的一个诉讼程序已完整结束。此时行为人已是自由公民，其不再具有犯罪嫌疑人、被告人或罪犯的身份，不再属于对"同种余罪"的追究。因其供述在前，司法机关追究在后，应判定其供述具有主动性，认定为自首。

11. 行为人虽然委托他人报警，但在等待民警的过程中继续实施犯罪行为的，不能认定为自首。

答辩要点：（1）2010年最高法《关于处理自首和立功若干具体问题的意见》规定："明知他人报案而在现场等待，抓捕时无拒捕行为，供认犯罪事实的，应当视为自动投案。"这是因为犯罪嫌疑人作案后虽然没有亲自报警，但在明知他人报案的情况下有机会逃走而未逃走，留在现场等候抓捕，属于能逃而不逃，其人身危险性已经明显降低，这种情形体现了主动、自愿将自己交付法律制裁的意愿，故应当认定为自动投案。

（2）认定行为人是否构成自首，不仅要看其投案行为是否符合法律规定，还要对其是否具有投案主动性和自愿性作出审慎认定。对于投案具有主动意愿的，即使犯罪嫌疑人没有明确的投案行为，也可以认定为自动投案；相反，如果犯罪嫌疑人没有投案的主动性与自愿性，即使其有投案行为，仍不构成自首。

（3）在行为人委托他人报警，但在等待民警的过程中仍继续实施犯罪，这一犯罪行为表明其人身危险性不降反升，并没有真正想将自己置于司法机关控制之下，不具有主动性和自愿性，不构成自首。

12. 被告人将受贿事实辩解为借款，不属于对行为性质的辩解，不构成自首。

答辩要点：（1）2004年最高法《关于被告人对行为性质的辩解是否影响自首成立问题的批复》规定："犯罪以后自动投案，如实供述自己的罪行的，是自首。被告人对行为性质的辩解不影响自首的成立。"

（2）要区分被告人系在如实交代犯罪事实过程中对自己行为性质的辩解，还是为了逃避刑罚或避重就轻有意歪曲事实的界限，关键在于对如实供述自己罪行的把握。应该认为，如实供述要求被告人真实、完整地交代自己的主要犯罪事实，不隐瞒、不伪造，这是认定自首成立与否的根本依据和基本条件。

（3）当被告人得知关联人员被调查的情况下，唯恐自己的受贿问题败露，经与行贿人商量后，伪造了借款、还款的假象，且在接受纪委调查时按照其事先伪造的假象，将受贿款辩解为借款。在此情形下，被告人的辩解是为了逃避刑罚而有意歪曲了自己的行为，属于对基本犯罪事实的歪曲，不属于对行为性质的辩解，不构成自首。

三、立功

1. 被告人规劝同案犯投案，不属于"协助司法机关抓捕其他同案犯"，但应认定为"其他利于国家和社会的突出表现"的立功情形。

答辩要点：（1）规劝同案犯投案的行为不属于1998年最高法《关于处理自首和立功具体应用法律若干问题的解释》第5条"协助司法机关抓捕其他犯罪嫌疑人（包括同案犯）"的情形。理由有二：一是与文理解释不符。抓捕是指司法机关依法对行为人采取捉拿、拘留等措施，以及行为人在犯罪时或者犯罪后被及时发现，群众强制性地将其送到司法机关的行为。而规劝同案犯投案是指，经行为人动员、劝说，同案犯主动到司法机关投案的行为。二是如此认定将出现逻辑矛盾。同案犯在被规劝后自动投案并如实供述罪行，显然构成自首。若行为人规劝则属于"协助抓捕的行为"，则意味着同案犯是被抓捕，即被动到案。这显然存在主动到案与被抓捕之间的逻辑矛盾。

（2）规劝同案犯投案的行为应认定为"其他利于国家和社会的突出表现"的立功情形。对于兜底条款的适用，应当根据行为人的行为是否有益于司法机关的工作，是否及时、有效地发现、揭露与惩罚犯罪，以及是否有益于国家和社会，是否具有突出的意义和价值进行判断。规劝同案犯投案的行为，不仅为司法机关破案减少了人力、物力，节约了司法资源，还及时实现了国家对犯罪分子的刑罚权，符合立功制度的立法本意。

2. 被告单位的法定代表人在案发后揭发他人犯罪经查证属实，可以构成单位立功。

答辩要点：（1）单位可以成立立功。《刑法》及司法解释虽未明确单位是否可以构成立功，但从确立单位犯罪的逻辑结果看，既然单位被拟制为可以追究刑事责任的犯罪主体，那么其也同样可以适用立功这一法定从宽情节。司法解释规定单位可以成立自首也是基于这样的逻辑关系。

（2）单位负责人检举其在履职过程中获取的他人犯罪的情况，经查证属实，其本人及单位均构成立功。单位作为拟制的人，所有意识、行为必须通过单位中的个体反映，单位立功的具体行为同样需要其中的个体实施。当然，并非所有的个人立功行为当然地惠及于单位，个人的立功行为必须能够代表单位的意志，为了单位的利益，符合单位行为的特征，单位才能同时构成立功。

3. 被告人协助办案机关抓捕的情形下，必须要成功抓捕，才能成立立功。

答辩要点：（1）《刑法》第68条规定："犯罪分子有揭发他人犯罪行为，查证属实的，或者提供重要线索，从而得以侦破其他案件等立功表现的，可以从轻或者减轻处罚；有重大立功表现的，可以减轻或者免除处罚。"由此可见，检举揭发型立功必须查证属实，提供线索型立功必须得以侦破其他案件，即不论哪种立功行为，均必须产生对国家和社会有益的实际效果。

（2）1998年最高法《关于处理自首和立功具体应用法律若干问题的解释》第5条对《刑法》第68条规定的立功类型作了细化列举式规定，即除了上述两种类型外，还规定了协助抓捕型等立功。对于其他几种类型的立功，司法解释均对实际效果作出了明确要求，这也是立功作为一种功利制度的应有之义。同理，对于协助抓捕型立功而言，除了必须满足有协助抓捕的行为条件、他人确系罪犯的对象条件外，还必须满足"得以抓获"的结果条件，即只有其他犯罪嫌疑人被成功抓获这一结果的实际出现，才能认定为立功。

4. 毒品犯罪中，供述上下线的联络方式使其被抓获的，不成立立功。

答辩要点：（1）2010年最高法《关于处理自首和立功若干具体问题的意见》第5条规定，犯罪分子提供司法机关尚未掌握的其他案件犯罪嫌疑人的联络方式、藏匿地址，使司法机关抓获其他犯罪嫌疑人的，属于协助司法机关抓捕其他犯罪嫌疑人；犯罪分子提供犯罪前、犯罪中掌握、使用的同案犯联络方式、藏匿地址，司法机关据此抓捕同案犯的，不能认定为协助司法机关抓捕同案犯。2008年最高法《全国部分法院审理毒品犯罪案件工作座谈会纪要》规定：共同犯罪中同案犯的基本情况，包括同案犯姓名、住址、体貌特征、联络方式等信息，属于被告人应当供述的范围。

（2）对合犯供述对应方相关情况，应适用上述原则，不能认定立功。上述规定虽然是对共犯关系下立功的认定，但我们认为，根据毒品上下线对合犯罪的特点，同样应当适用。毒品上下线之间是一种对合关系，由此必然带来的结果是，行为人在供述自己的犯罪事实中会涉及上下线的情况。比如其供述了上线贩卖毒品给自己，这一事实既是上线的贩毒事实，同时也是自己贩毒事实的一部分（用于贩卖的毒品的来源）。因此，毒品犯罪上、下线的联络方式属于被告人应当供述的内容，侦查机关根据被告人提供的联络方式抓捕其上、下线的，不能认定为协助抓捕其他犯罪嫌疑人。

5. 查禁（办）犯罪等职务范围的具体认定问题。

答辩要点：（1）2009年"两高"《关于办理职务犯罪案件认定自首、立功等量刑情节若干问题的意见》规定，据以立功的线索、材料来源于本人因原担任的查禁犯罪等职务获取的，不能认定为立功。2010年最高法《关于处理自首和立功若干具体问题的意见》规定，犯罪分子将本人以往查办犯罪职务活动中掌握的他人犯罪线索予以检举揭发的，不能认定为有立功表现。

（2）按照上述规定，查禁（办）犯罪等职务的范围应当与《刑法》、司法解释，尤其应当与"两高"《意见》中"职务"一词的范围相同。该意见明确"为依法惩处贪污贿赂、渎职等职务犯罪"，所以职务的范围与按照《刑法》第八、九章的定罪处罚职务范围相同。换言之，这里的查禁（办）犯罪等职务并不仅限于侦、诉、审职权和查禁犯罪的职责。公安、检察、审判等司法机关以及工商、税务、海关、监察等行政执法机关工作人员因本人职务获取立功线索的情形，均属于"本人以往查办犯罪职务活动中掌握的他人犯罪线索"不予认定立功的情形。

6. 被告人自首后向公安机关交代同案犯的关押场所并予指认的行为，应当同时认定有立功情节。

答辩要点：（1）1998年最高法《关于处理自首和立功具体应用法律若干问题的解释》（以下简称《解释》）第1条规定："共同犯罪案件中的犯罪嫌疑人，除如实供述自己的罪行，还应当供述所知的同案犯，主犯则应当供述所知其他同案犯的共同犯罪事实，才能认定为自首。"所谓"供述所知的同案犯"，通常是指供述同案犯的姓名、住址、联系方式等身份情况和在共同犯罪中的具体表现、地位和作用。该《解释》第5条规定，犯罪分子到案后协助司法机关抓捕其他犯罪嫌疑人（包括同案犯）的，应当认定有立功表现。

（2）结合司法实践情况，对于司法机关根据被告人自首时交代的情况抓获同案犯的，能否同时认定其有立功表现，可以区分以下情形具体分析：一是被告人自首时交代同案犯的姓名或绰号、性别、年龄、体貌特征、住址、籍贯、联系电话等个人信息的，属于其应当供述的范围，是成立自首所必备的条件。公安机关根据自首被告人交代的同案犯基本信息抓获同案犯的，不能在认定自首之外再认定被告人有立功表现。二是被告人自首时交代了同案犯的姓名、性别、年龄、体貌特征、住址、联系电话等基本信息，又提供了同案犯的可能藏匿地等线索，而该线索是司法机关能够通过正常工作程序予以掌握的，则不能认定被告人有立功表现，仅应认定其有自首情节。三是被告人自首时交代了同案犯的罪行和基本信息，又提供了司法机关无法通过正常工作程序掌握的有关同案犯的线索，而司法机关正是通过该线索将同案犯抓获归案的，不论被告人是否带领公安机关前往现场抓捕，都应当认定其行为对司法机关抓获同案犯起到了必要的协助作用，构成立功。

（3）被告人自首后向公安机关交代同案犯的关押场所并予指认的行为，此种情况下，由于被告人提供的线索是公安机关无法通过正常工作程序予以掌握的，该行为对于公安机关抓获同案犯确实起到了实际作用，应当同时认定有立功情节。

四、缓刑

1. 被告人前罪缓刑判决因系未成年人犯罪已封存，其在缓刑考验期内又犯新罪，应撤销缓刑，数罪并罚。

答辩要点：（1）犯罪记录封存不等于犯罪记录消灭。《刑事诉讼法》第286条规定："犯罪的时候不满十八周岁，被判处五年有期徒刑以下刑罚的，应当对相关犯罪记录予以封存。犯罪记录被封存的，不得向任何单位和个人提供，但司法机关为办案需要或者有关单位根据国家规定进行查询的除外。依法进行查询的单位，应当对被封存的犯罪记录的情况予以保密。"该规定是对未成年罪犯的一种保护措施，但并不是对未成年人前科的消灭措施。

（2）撤销未成年期间被宣告的缓刑，符合法律规定。《刑法》第77条规定："被宣告缓刑的犯罪分子，在缓刑考验期限内犯新罪或者发现判决宣告以前还有其他罪没有判决的，应当撤销缓刑，对新犯的罪或者新发现的罪作出判决，把前罪和后罪所判处的刑罚，依照本法第六十九条的规定，决定执行的刑罚。"该规定具有普适性，即无论是未成年人还是成年人被宣告缓刑，只要在缓刑考验期限内再犯新罪或发现漏罪，均应撤销缓刑，数罪并罚。

2. 外籍罪犯缓刑的适用条件问题。

答辩要点：（1）缓刑适用的一般条件。根据《刑法》第72条规定，对于被判处拘役、三年以下有期徒刑的犯罪分子，如果犯罪情节较轻、有悔罪表现、没有再犯罪的危险、宣告缓刑对所居住社区没有重大不良影响的，可以宣告缓刑。《刑法》第74条规定："对于累犯和犯罪集团的首要分子，不适用缓刑。"可见，我国缓刑的适用条件有3个：前提条件是缓刑适用于被判处拘役、3年以下有期徒刑的犯罪分子；实质要件是犯罪情节较轻、有悔罪表现、没有再犯罪的危险、宣告缓刑对所居住社区没有重大不良影响；排除要件是累犯和犯罪集团的首要分子不适用缓刑。

（2）外籍罪犯适用缓刑的特殊条件。可以认为，从刑罚执行的角度考虑，对外籍罪犯是否适用缓刑，应当考虑其在我国境内有无固定居住地。凡符合缓刑适用条件且在我国境内有固定居住地及稳定职业、收入的，应当适用缓刑；在我国境内无固定居住地及稳定职业、收入的，则不宜适用缓刑。

3. 被告人在缓刑考验期内发现漏罪，因该漏罪被免于刑事处罚，不需撤销前罪缓刑数罪并罚。

答辩要点：（1）《刑法》第77条规定："被宣告缓刑的犯罪分子，在缓刑考验期限内犯新罪或者发现判决宣告以前还有其他罪没有判决的，应当撤销缓刑，对新犯的罪或者新发现的罪作出判决，把前罪和后罪所判处的刑罚，依照本法

第六十九条的规定，决定执行的刑罚。"据此，缓刑犯在缓刑考验期间，再犯新罪或发现有漏罪时，一般应撤销缓刑并数罪并罚。

（2）根据《刑法》第69条、第70条和第71条的规定以及相关法理，数罪并罚的基础是数个刑罚而非数个罪名，由于免予刑事处罚属于非刑罚处分方式，所以有刑判决和免刑判决不存在并罚的基础。因此，在缓刑考验期内发现应被适用免予刑事处罚的漏罪，不应成为撤销前罪缓刑判决的理由。综上，被告人在缓刑考验期内发现漏罪，因该漏罪被免予刑事处罚，不需撤销前罪缓刑数罪并罚。

五、时效

1. 追诉期限中，法定最高刑的确定问题。

答辩要点：（1）法定刑和宣告刑的区别。法定刑是《刑法》在制定时根据犯罪的性质、情节等预先确定的刑罚幅度，其效力来源为最高立法机关，是宣告刑的量刑基准，也是对行为人涉嫌犯罪行为计算追诉期限的根据。宣告刑是审判机关对具体犯罪案件中犯罪人依法判处并宣告应当实际执行的刑罚。

（2）法定最高刑的确定。如果《刑法》规定某一犯罪只有一个法定刑幅度，法定最高刑是指该法定刑幅度的最高刑；如果《刑法》规定的某一犯罪有两个以上量刑幅度，法定最高刑是指具体犯罪行为应当适用的法定刑幅度的最高刑。

对量刑幅度的估量标准和对应法定最高刑的确定，可以参照以下几条原则：第一，数额犯应根据其犯罪数额相对应《刑法》条款的处刑幅度进行估量并确定法定最高刑。第二，情节犯和结果犯，《刑法》一般规定达到基本构罪行为、情节严重、情节特别严重（造成严重后果）等几种情形，或者规定有基本犯罪构成的刑罚和有特殊列举情形的条款以及不同的犯罪结果，在计算追诉期限时，可以根据行为人的犯罪情节或结果来估量应适用的量刑幅度并确定最高刑。第三，对于集团犯罪中的普通参与人与首要分子明确规定了不同量刑幅度的情况，应在甄别身份后根据其涉案情节估量量刑幅度并确定各自的法定最高刑。第四，从犯追诉时效的确定。在共同犯罪中，主从犯追诉时效所适用的法律条款相同，基于共同犯罪追诉的一体性以及保证诉讼程序完整性的要求，不以共犯行为是否轻微、是否可能判处较低刑期而单独计算追诉时效。

2. 追诉期限中，时效延长的适用条件问题。

答辩要点：（1）追诉时效延长的规定。关于追诉时效的延长，1979年《刑法》只规定了一种情形，即"在人民法院、人民检察院、公安机关采取强制措施以后，逃避侦查或者审判的，不受追诉期限的限制"。1997年《刑法》修订时，对追诉时效延长制度进行了修改，增加了一款，即第88条第2款："被害人在追诉期限内提出控告，人民法院、人民检察院、公安机关应当立案而不立案的，不受追诉期限的限制。"现行《刑法》在修订时之所以增加这一规定，主要是为了保证有罪必究，及时有效地保护被害人的合法权益。

（2）司法实践中，认定某一行为是否适用《刑法》第88条第2款规定的情形，须同时具备以下条件：第一，被害人在追诉期限内提出控告。首先，这里的被害人不能狭义地理解为被害人本人，而应包括被害人的近亲属。其次，被害人必须在《刑法》第87条所规定的追诉期限内提出控告。最后，控告是指被害人对侵犯本人合法权益的犯罪行为向司法机关告诉，要求追究侵害人的法律责任的行为。第二，人民法院、人民检察院、公安机关应当立案而不立案是指符合《刑事诉讼法》第112条规定的"有犯罪事实需要追究刑事责任"的立案条件，应当立案侦查的。不予立案是指对符合立案条件的，但人民法院、人民检察院、公安机关却未予立案（《刑事诉讼法》第112条规定的"没有犯罪事实，或者犯罪事实显著轻微，不需要追究刑事责任"的情形除外）不予立案的情况。

3. 变造国家机关证件罪诉讼期限中"犯罪之日"的确定问题。

答辩要点：（1）《刑法》第89条规定："追诉期限从犯罪之日起计算；犯罪行为有连续或者继续状态的，从犯罪行为终了之日起计算。"换言之，如果犯罪没有连续或者继续状态的，追诉期限从犯罪之日起计算；如果犯罪行为有连续或者继续状态的，从犯罪行为终了之日起计算。

（2）由于变造国家机关证件罪既非连续犯也非继续犯，因此其追诉期限应从犯罪之日起计算。问题的关键在于，如何确定变造国家机关证件罪的犯罪之日？从变造国家机关证件罪的构成要件来分析，把握是否构成犯罪的关键要看行为是否严重危及国家机关的信誉和正常管理活动。如果变造国家机关证件后未使用或买卖，其变造的行为就未影响国家机关的正常管理活动，其行为就不能认定构成犯罪。只有当行为人将变造的国家机关证件使用或进行买卖，才会对国家机关的正常活动造成威胁，其行为就应以犯罪论处。从上述分析可以看出，在变造国家机关证件犯罪中，只有当变造国家机关证件的目的行为实施后，其变造行为才具备该罪成立的全部构成要件，其目的行为实施之日即为犯罪之日，此时就是追诉期限起算时间。

4. 挪用资金罪追诉期限的计算问题。

答辩要点：（1）追诉期限的计算。追诉期限是《刑法》规定的，对犯罪人进行刑事追诉的有效期限；在此期限内，司法机关有权追诉；超过了此期限，就意味着国家刑罚权的灭失，也不能适用非刑罚的法律后果，从而导致法律后果消灭。2003年最高法《关于挪用公款犯罪如何计算追诉期限问题的批复》规定，挪用公款行为有连续状态的，犯罪的追诉期限应当从最后一次挪用行为实施完毕之日或者犯罪成立之日起计算。挪用公款数额较大、超过3个月未还的，犯罪的追诉期限从挪用公款罪成立之日起计算。

（2）需要注意的两个问题。

第一，挪用资金罪不是继续犯，追诉期限不能从犯罪行为终了之日起计算。刑法理论一般认为，继续犯是犯罪行为及其所引起的不法状态同时处于持续过程中的犯罪。显然，挪用资金是在一个很短暂的时间内完成的，该行为不存在持续过程，虽然资金被挪用后的状态处于持续之中，但这只是法益被侵害状态的持续，不是犯罪状态的持续。上述《批复》也肯定了此类犯罪不属于继续犯，其追诉期限应从最后一次挪用行为实施完毕之日，或者犯罪成立之日而非犯罪行为终了之日起计算。

第二，挪用资金罪并非当然的连续犯，其追诉期限并非当然地从最后一次挪用行为实施完毕之日起计算。通说认为，连续犯是指行为人出自连续的同一故意，连续实施数个独立成罪的行为，触犯同一罪名的犯罪。行为人是否具有连续意图，是构成连续犯的决定性要素之一。所谓连续意图，是指行为人在着手实施一系列犯罪行为之前，对于即将实行的数个性质相同的犯罪行为的连续性认识，并基于此种决意追求数个相对独立的犯罪行为连续进行状态实际发生的心理态度。对于挪用资金罪是否是连续犯不能一概而论，而应具体问题具体分析，可以从挪用行为的时间间隔、挪用的频度、次数、挪用款项来源等因素进行综合分析，从而作出正确的判断。对于行为人在概括的连续挪用的犯罪意图支配下，连续实施了多次挪用行为的，构成连续犯，其追诉期限应当从最后一次挪用行为实施完毕之日起计算；对于挪用时间间隔较长，无法认定系基于某一特定连续意图支配下实施的犯罪行为的，不能构成连续犯，除符合《刑法》第89条第2款规定情形外，其追诉期限应当分别计算。

第二编　刑法分则庭审辩论攻防要点

第一章　危害公共安全类犯罪庭审辩论攻防要点

一、放火罪

1. 辩方提出：被告人的行为不符合放火罪的构成要件，不构成放火罪。

答辩要点：放火罪是指故意引起火灾，危害公共安全的行为。放火罪侵犯的客体是公共安全，即不特定多数人的生命、健康或重大公私财产的安全。放火罪的客体要件，要有放火的行为，并且行为与发生火灾危害公共安全的后果有因果关系。放火罪属于危险犯，只要行为人实施了放火行为，点着了目的物，引起目的物燃烧，使目的物面临被焚毁的危险，即使目的物没有被焚毁，没有造成其他严重后果，也应认定为犯罪，并且是犯罪既遂。

本案中，被告人王某某与同伴醉酒后驾驶机动车途经某加油站加油，同伴对工作人员说把油箱加满，工作人员正在加油时王某某下车又说只加200元，随即与工作人员发生争执，王某某便拿出打火机对着正在加油的油枪和油箱点火，造成油枪和油箱着火，工作人员拿灭火器将火扑灭，在放火行为被制止之后被告人又对工作人员进行殴打，随后驾车离开加油站。

来加油站加油的人群是不特定人员，加油站符合公共场所的特征。被告人用打火机点燃正在加油的油枪和油箱的行为，主观上有故意，客观上足以使加油站发生爆炸危害公共安全，即不特定多数人的生命、健康或重大公私财产的安全。其行为符合放火罪立罪的构成要件，应以放火罪立罪处罚。

[**参考案例**：(2013) 深中法刑一终字第480号]

2. 辩方提出：被告人的放火行为没有导致被放火对象达到独立燃烧程度，构成犯罪未遂。

答辩要点：被告人的行为以希望或者放任不特定或者多数人的伤亡的故意，实施了放火行为，没有造成严重伤亡实害结果，应认定为《刑法》第114条放火罪，不适用第23条关于未遂犯的规定。

被告人周某某与赵某甲一起登记入住乐清市天豪大酒店1515室，当晚两人发生了性关系，赵某甲随后借故离开。次日上午11时许，周某某电话联系赵某甲让其回酒店被拒，便认为自己感情受到欺骗，欲行报复，遂砸坏房间内台灯、玻璃杯等物品，并先后在房间的两张床上用火柴引燃纸巾，点燃床单、浴袍、被子等物品后离开。后因酒店人员及时发现并灭火，未发生严重后果。本案中被告人为泄私愤，放火焚烧酒店财物，危及周边不特定人员的生命和财产，危害公共安全，尚未造成严重后果，其行为已构成放火罪。放火罪在行为人实施了引燃行为后即已危害到公共安全，构成犯罪既遂。

[参考案例：(2014)浙温刑终字第824号]

3. 辩方提出：被告人的行为没有放火的主观故意，其主观上也认为不会产生危害公共安全的危险，适用《刑法》第115条第1款放火罪结果加重犯的规定不当。

答辩要点：放火罪的主观方面是故意，只要行为人明知自己的放火行为会产生具体的公共危害，并且希望或者放任这种危险结果的发生，就具备了本罪的主观故意。《刑法》第115条第1款规定的犯罪便是结果加重犯，成立《刑法》第115条第1款的规定的放火罪，即可能是对具体的公共危险具有故意，对发生的伤亡实害结果仅具有过失。此外，第115条第1款也是量刑规则，只有发生了致人重伤、死亡或者重大财产损失结果时，才能适用第115条第1款。

本案中被告人莫某某在被害人朱某某家中做保姆，曾以家中买房为由向朱某某家借款10.5万元用于赌博，并于案发前头天晚上，使用手机上网赌博，输光了盗窃朱某某"积家牌"手表典当所得的37500元，为继续筹集赌资，决定采取在朱某某家中放火再帮助灭火的方式骗取朱某某的感激，以便再向朱某某借钱。次日凌晨2时至4时许，莫某某通过手机上网查询"打火机自动爆炸""沙发突然着火""家里窗帘突然着火""放火要坐牢吗""火容易慢燃吗""火灾起点原因容易查吗"等与放火有关的信息。4时55分许，莫某某在朱某某家客厅用打火机点燃书本，引燃客厅沙发、窗帘等易燃物品，导致火势迅速蔓延，造成屋内的朱某某及3个孩子4人被困火场，吸入一氧化碳中毒死亡，并造成××室房屋、家具和邻近房屋部分设施损毁。

本案中被告人首先有故意放火的犯罪意图。案发前被告人欠被害人10.5万余元借款未还，且已有价值近20万元的偷窃财物被典当处于无法赎回状态，在案发当晚赌博输光钱款后，自身经济状况已陷入无法自救的困境。首先，结合被告人的供述想通过放火再进行施救以博得感激再次向被害人借款，足以证明被告人有故意放火的犯罪意图。其次，被告人有放火预谋，其使用手机在案发前曾两次分别搜索"打火机会自燃吗""失火原因"两条关键词信息，案发当日凌晨2时11分至4时18分，该手机又搜索20余条有关打火机燃烧、爆炸，家中窗帘或电线起火以及火灾原因、火灾图片、火燃烧速度、火灾刑事责任等关键词信息。手机搜索记录，是被告人主动所为，足以证明被告人有放火预谋。再次，被告人故意用打火机点火，引燃书本及客厅窗帘、沙发等易燃物，最终引发严重火灾，其点火行为明显属于故意的放火行为。最后，被告人先用打火机点书本，以为书未被点着，在寻找报纸点火的过程中发现窗帘起火的辩解，反映出被告人具有放火的坚定意志。

被告人故意用打火机点书后，唯恐没有起火，又去寻找其他引火物，蓄意形成火灾的意图明显。故意放火严重危害公共安全系常识，其对本案造成的严重后果并非没有预见，而是明知会造成严重后果仍听之任之，故被告人对本案造成的严重后果主观上持放任态度。被告人点火动机虽然并不正当，其主观上也认为不会产生危害公共安全的危险的辩护观点不成立。

本案中被告人故意在高层住宅内放火，造成 4 人死亡及重大财产损失，其行为已构成放火罪。虽然只对具体的公共危险具有故意，对发生的伤亡实害结果仅具有过失，但此情形属于典型的结果加重犯，适用《刑法》第 115 条第 1 款并无不当。

[**参考案例**：(2018) 浙刑终 82 号]

4. 辩方提出：被告人的行为构成破坏交通工具罪。理由是被告人的放火行为，客观上造成了交通工具被破坏。被告人为盗窃而实施的放火行为同时符合放火罪和破坏交通工具罪的犯罪构成，根据法条竞合时特别法条优于一般法条的适用原则，故应定为破坏交通工具罪。

答辩要点：破坏交通工具罪，是指故意破坏火车、汽车、电车、船只、航空器，足以使其发生颠覆、毁坏危险的行为。以放火的方法破坏正在使用中的交通工具，并足以使该交通工具发生颠覆、毁坏危险的，是危害公共安全的行为。在这种情况下，行为人既具备放火罪的犯罪构成，又具备破坏交通工具罪的犯罪构成，形成两罪的竞合，即一行为触犯两罪名。对竞合犯的处断原则，目前我国刑法理论界和司法实务界均主张"从一重处断"，即按照该行为所触犯的数罪名中法定刑最高的那个罪名论处。因放火罪的法定刑较重，故被告人的行为应定性为放火罪。

本案中被告人叶某某、刘某某、石某某、李某某经事先预谋后，于 2001 年 8 月 6 日，携带打火机、纺织袋等作案工具，伺机来到某车站停靠的列车上，采取用明火烧货物外包装袋的方式盗窃铁路运输物资。当 4 人行至停靠该站的某道某列列车时，被告人叶某某、刘某某发现该次列车的某号棚车有可盗窃物品，遂指使被告人石某某望风，叶某某、刘某某钻入该车车底，点燃货物外包装袋，因该棚车装可发性聚苯乙烯，遇火燃烧并向车外蔓延，3 人见状后立即逃离现场，致使火势进一步扩大，某号棚车及并列的棚车先后着火，造成 133

袋聚苯乙烯烧损,价值人民币 26600 元;该车棚烧损面积达 53.27 平方米,损害程度构成大破;相邻的另一号车棚烧损面积达 33.6 平方米;某车站 6 道 2 根 25 米钢轨报废,报废材料价款人民币 8750 元。

用放火的方式破坏交通工具其主观故意上应是直接故意,它所要追求的是交通工具损坏的结果,换言之,其犯罪目的直接指向交通工具本身。行为人实施放火行为的目的是为了盗窃,放火所直接指向的是货物列车上所装载的物而非列车本身。被告人完全能够预见到采取放火的方式盗窃铁路运输物资可能产生的足以危害公共安全的后果,但却放任这种结果的发生,主观上具有放火的间接故意。因为行为人能够预见到其行为足以危及公共安全的结果却仍放任这种结果的发生,故符合(间接故意)放火罪的犯罪构成。当点燃可发性聚苯乙烯后,火势向车外蔓延时,被告人这时有义务及时扑救却逃离现场,致使酿成火灾。行为人所实施的放火行为,虽也存在造成交通工具毁坏的危险,客观上也造成了交通工具一定程度的毁坏,但不符合破坏交通工具罪的直接故意特征。故定放火罪而非破坏交通工具罪更符合本案的行为特点。

[参考案例:《刑事审判参考》第 239 号叶某某等放火案]

5.辩方提出:二被告人没有具体实施放火行为不构成放火罪。

答辩要点:放火罪侵犯的客体是公共安全,即不特定多数人的生命、健康或者重大公私财产的安全。也就是说放火行为一经实施,就可能造成不特定多数人的伤亡或者使不特定的公私财产遭受难以预料的重大损失。

教唆犯是指本人不亲自实行犯罪,而是通过各种方式向他人灌输犯罪思想,以便使他人实行犯罪行为,达到自己的犯罪目的。主观上,希望或者放任他人产生犯罪意图去实施犯罪,既可以是直接故意,也可以是间接故意。对于间接教唆他人犯罪的,只要被教唆人实施了所教唆的罪,对于间接教唆的也应按照教唆犯处罚。在客观方面,具体表现为授意、怂恿、刺激等方法。对于教唆犯,应当按照他所教唆的罪定罪,而不能笼统地定为教唆罪。

本案中,被告人郭某某与邻居发生纠纷后,即告知了被告人朱某某,并直接授意被告人朱某某殴打被害人。后朱某某以购花为名到被害人店内找茬,由于被害人示弱而未能得逞。郭某某得知此事后,在朱某某面前明确表示咽不下这口气,恨不得杀了被害人一家,或者放火烧了他家花棚。朱某某表示就是烧也不能由郭某某出面。郭某某的怂恿、刺激方式,对可能引起朱某某放火焚烧花棚的犯罪意图是明知的,但其采取了放任态度,以致发生了朱某某指使他人放火的结果,因此,郭某某的行为已构成放火罪的教唆犯。本案另二位被告人在朱某某的指使下,持汽油将花棚焚烧,已使公私财产遭受损失,作为提议和指使者的朱某某系放火罪的主犯,应对全部犯罪结果承担责任,故被告人郭某某与朱某某均是放火罪的共犯。

[参考案例：(2010)徐刑终字第0108号]

6. **辩方提出**：被告人的行为属于犯罪中止。

答辩要点：根据《刑法》的规定，在犯罪过程中，自动放弃犯罪或者自动有效地防止犯罪结果发生的，是犯罪中止。犯罪中止有以下两个特征：(1)中止的及时性是指犯罪中止必须发生在犯罪过程中。(2)中止的自动性是指犯罪分子在自己认为有可能将犯罪进行到底的情况下，出于本人意愿而自动地放弃了犯罪。如果犯罪分子在犯罪过程中遇到了自认为无法克服的困难，不可能把犯罪继续进行下去，而不得不停止犯罪，应视为未遂，而不是自动中止。

2011年2月15日上午，被告人王某甲来到其兄王某乙经营的"某渔具日杂"商店，向王某乙提出借款人民币3万元，王某乙没有同意。王某甲不停纠缠，又向随后赶来的父母提出借钱，均未果。本案中被告人王某甲遂从该店内拿出4瓶工业酒精，将酒精浇在处于闹市区且存有大量易燃商品的"某渔具日杂"商店内，同时将部分酒精洒在自己及父母身上，先后拿出两个打火机欲点燃酒精，连点十余次均未点燃，后被赶赴现场的公安局民警制止。

被告人在实施放火过程中，在多人劝阻下仍强行点火，直至被公安民警制服。没有自动放弃犯罪的行为，不构成犯罪中止。被告人在犯罪过程中，由于意志以外的原因而未得逞，是犯罪未遂。

[参考案例：(2011)益法刑一终字第48号]

7. **辩方提出**：被告人的放火行为并未危害公共安全，构成故意毁坏财物罪。

答辩要点：故意毁坏财物罪是指故意为毁灭或者损坏公私财物数额较大或者有其他严重情节的行为。

2014年12月29日凌晨0时18分许，本案中被告人王某某酒后为排解个人情绪，故意在公司车间、仓库利用汽油等点燃物品，引发火灾，导致该公司的车间、仓库大面积失火，生产设备、大量成品、半成品鞋及原材料、化工材料等物被烧毁。经鉴定，该次火灾直接损毁财物价值人民币611978元。被告人王某某就职公司的厂房为5层框架结构，呈"L"形，建筑整体坐东朝西，东面与一鞋厂相邻，南面与另一厂房以连廊相接，西面为牧横路、牧南村综合楼，北面为厂房。该公司办公楼二楼系老板住处，五楼是注塑车间，注塑车间东边为仓库，仓库的东面与厂区宿舍楼接驳，宿舍楼住着一百多名公司员工。

故意毁坏财物罪与放火罪之间的区别是是否危害公共安全，被告人酒后为排解个人情绪，故意在公司车间、仓库放火，主观上有故意，客观上烧毁了就职的该公司财物，致使该公司财产遭受重大损失，同时其行为足以危害鞋厂和另一厂房安全，对住在宿舍楼的一百多名公司员工生命造成威胁，危及公共安全，即不特定多数人的生命、健康或重大公私财产的安全。符合放火罪的构成要件，应认定为放火罪，故本案也不应定为故意毁坏财物罪。

[**参考案例**：（2015）浙台刑一终字第504号]

8. 辩方提出：被告人的行为不构成放火罪，应构成过失致人死亡罪。

答辩要点：过失致人死亡罪必须是过失，即应当预见自己的行为可能发生他人死亡的危害结果，因为疏忽大意而没有预见，或者已经预见而轻信能够避免，以致发生他人死亡的危害结果。客观上必须实施了致人死亡的行为，并且已经造成死亡结果，行为与死亡结果之间必须存在因果关系。

本案中被告人因琐事与妻子争执后，持汽油在屋内泼洒，明知其房屋与多户邻居相连或相邻，且还有另外3人就在身旁，身上也沾有汽油，仍不顾他人劝阻，持汽油放火，故意引发火灾，危害公共安全，致1人死亡，3人重伤。本案中被告人主观上有故意，客观上实施了放火行为，并积极追求危害结果的发生，危害了公共安全，即不特定多数人的生命、健康或重大公私财产的安全，其行为符合放火罪的犯罪特征，已构成放火罪。

[**参考案例**：（2015）闽刑终字第206号]

9. 辩方提出：被告人的行为构成故意伤害罪，不构成放火罪，不应实行数罪并罚。

答辩要点：被告人实施了故意伤害致他人死亡行为后为了逃避罪责、销毁罪证而故意放火，危害公共安全的，应实行数罪并罚。

本案中被告人梁某某与被害人于某乙原是男女朋友关系，后二人分手。时隔一年二人恢复联系，被害人于某乙向梁某某提出感情复合问题，梁某某因已有女朋友而未答应，两人数次就感情纠纷事宜商议未果。案发当时凌晨2点，被害人于某乙给梁某某打电话以不来其住处便自杀相威胁，梁某某便乘出租车于4时许赶到于某乙的住所××小区××栋××房，二人再次因感情复合问题发生争吵，进而梁某某动手殴打被害人于某乙，导致于某乙死亡。5时许，梁某某用打火机将该××房的被单、布帘等物品点燃，随即拿上于某乙的手机逃离现场。

本案中被告人梁某某故意伤害被害人致死后为逃避侦查又故意放火将被害人房间内的被单、布帘等物品点燃，烧毁公民财物，危害公共安全，即不特定多数人的生命、健康或重大公私财产的安全，其行为又已构成放火罪。应对被告人以犯故意伤害罪及放火罪实行数罪并罚。

[**参考案例**：（2016）粤刑终792号]

10. 辩方提出：被告人的行为构成以危险方法危害公共安全罪，不构成放火罪。

答辩要点：所谓其他危险方法是指放火、决水、爆炸以及投放危险物质以外的，但与放火、决水、爆炸以及投放危险物质相当的危害公共安全的犯罪方法。《刑法》第114条将放火、决水、爆炸、投毒或者以其他危险方法5种方式并列，因此"以危险方法"的方式属于兜底条款，在不符合该条列举的4种具体方式的情形下才适用。以危险方法危害公共安全罪在客观方面表现为以其他危险方法危害公共安全的行为。《刑法》规定，放火罪是危害公共安全罪的具体罪名之一，是指故意放火焚烧公私财物，危害公共安全的行为。放火罪是一种故意犯罪，其侵犯的客体是公共安全，即不特定的多数人的生命、健康或者重大公私财产的安全。

被告人任某甲多次找镇政府领导要求退还其父移民赔偿款，镇长任某乙明确答复按照规定不能退还。案发当时，任某甲再次来到任某乙办公室索要赔偿款，被拒绝后，任某甲将事先准备的一瓶汽油浇在自己身上，多次拿出打火机威胁不答应其要求立即点燃，被赶来的民警制止并带离。本案中任某甲向镇政府领导索要的是根据相应政策其不应再领取的移民补偿款，其主观上是一种非法占有的故意，客观上实施了往自身倾倒汽油欲点火自焚的行为，其在倾倒汽油的过程中，部分汽油流到了办公室的木质地板上，对在场其他人员的生命、公共财产也造成了威胁，其目的行为和手段行为分别符合敲诈勒索罪和放火罪的构成要件，属于牵连犯，根据刑法原理，应择一重罪处罚，因放火罪的法定刑较重，故原审被告人的行为应定性为放火罪。

[**参考案例**：（2015）吕刑终字第415号]

11. 辩方提出：被告人在抢劫行为结束后，认为被害人已经死亡，其放火行为系毁尸灭迹，没有危害公共安全的故意，故仅构成抢劫罪。

答辩要点：本案被告人魏某某在抢劫过程中使用暴力致人重伤昏迷，但在主观上认为被害人已经死亡，实施放火行为其为毁尸灭迹，故意放火行为，危害公共安全时，应同时构成放火罪。

被告人魏某某听说同村村民刘某某代收了电费款后，遂萌生抢劫之念。案发当晚，魏某某携带农用三轮车半轴、刮脸刀片、皮手套等作案工具，翻墙进入刘某某家，发现刘某某在东屋睡觉，便打开西屋窗户，用刮脸刀片划破纱窗后钻入西屋，翻找钱款未果，又至东屋寻找，刘某某被惊醒。魏某某持农用三轮车半轴朝刘某某头部猛击，见刘某某不动，在认为刘某某已死亡的情况下，便用刘某某家的钳子把写字台抽屉锁撬开将里面的3700元电费款拿走。为毁灭罪证、掩盖罪行，魏某某用随身携带的打火机点燃一纤维编织袋扔在刘某某所盖的被子上，又将西屋炕上的被子和床单点燃，导致刘某某颅脑损伤后吸入一氧化碳窒息死亡。同时，魏某某为毁灭罪证而实施的放火行为，符合放火罪的犯罪构成要件，构成了放火罪。本案中被告人以非法占有为目的，持械入户抢劫他人财物，其行为已构成抢劫罪；为毁灭罪证放火焚烧公民财物，危害公共安全，符合放火罪的犯罪构成要件，应以抢劫罪和放火罪进行并罚。

[参考案例:《刑事审判参考》总第51集第401号]

二、投放危险物质罪

1. 辩方提出：被告人的行为构成过失投放危险物质罪。

答辩要点：过失投放危险物质罪，是指过失投放毒害性、放射性、传染病病原体等物质，危害公共安全，致人重伤、死亡或者使公私财产遭受重大损失的行为。本罪在主观方面表现为过失。即行为人对其行为可能造成危害公共安全的严重后果已经预见，而轻信能够避免，或者对这种严重后果应当预见，由于疏忽大意没有预见，包括过于自信的过失和疏忽大意的过失。这一特征是本罪区别于投放危险物质罪的关键所在。

因受害人梁某某家的猪总到被告人韩某某家玉米地糟蹋玉米，韩某某多次找到梁某某让其把猪圈起来，梁某某置之不理。韩某某便将煮熟的土豆弄碎拌上十几天前买的杀鼠剂，投放到自家玉米地靠大道的地头上，将梁某某家母猪毒死。

本案中被告人在自家承包田被他人饲养的猪损毁后，不去积极寻求补救措施，而是蓄意报复，故意在位于公路旁边的承包农田地边放置毒害性物质将他人饲养的猪毒死，给公共安全造成危害，其行为已构成投放危险物质罪。被告人明知投放危险物质会造成不特定多数人的伤亡或者公私财产损失，而采取放任的态度，足以危害公共安全，造成他人财产损失，符合故意犯罪的构成要件，故被告人的行为构成投放危险物质罪。

[参考案例：(2014)绥中法刑一终字第35号]

2. 辩方提出：被告人的行为构成投放危险物质罪，而非故意杀人罪。

答辩要点：投放危险物质罪所侵犯的直接客体是国家对投放毒害性、放射性、传染病病原体等物质的禁止性管理秩序及社会公众的人身安全及公私财产安全。投放危险物质罪与故意杀人罪的区别。第一，主观方面的区别。投放危险物质罪的故意是指行为人明知自己的投毒行为会造成对公共安全的破坏，而希望或放任这种结果发生的心理状态；故意杀人罪的故意是指行为人明知自己的行为会造成他人的死亡，而希望或放任这种结果发生的心理状态。第二，客体上的区别。投放危险物质罪所侵犯的客体是公共安全，即多数人的生命和财产安全，包括特定多数人和不特定多数人；故意杀人罪所侵犯的客体是他人的生命权利。

被告人甘某某因与被害人戴某某的妹妹情感琐事纠纷欲讨说法不成,遂至被害人戴某某及其妻子用于做饭的简易厨房处,用注射器将毒药敌畏、氧乐果注射入放置在该处的食用辣椒中,后因被害人戴某某发现而未造成严重后果。被告人明知将含剧毒毒药敌畏、氧乐果投放到特定的被害人夫妻使用的简易厨房里,会造成被害人个人生命危险这一后果,并希望或放任这种结果的发生,是符合故意杀人罪的主观方面的特征的。被告人在客观上仅对被害人的生命构成威胁,而不及于不特定多数人的生命安全。因此符合故意杀人罪的客体要件,故应以故意杀人罪定罪。

[参考案例:(2015)泉刑终字第1585号]

3. 辩方提出:被告人的行为构成非法捕捞水产品罪,不构成投放危险物质罪。

答辩要点:非法捕捞水产品罪是指违反保护水产资源法规,在禁渔区、禁渔期或者使用禁用的工具、方法捕捞水产品,情节严重的行为。禁用的方法,是指采用爆炸、放电、放毒等使水产品正常生长、繁殖受到损害的破坏性方法。使用炸鱼、毒鱼等危险方法非法捕捞水产品罪,同时危害公共安全罪,触犯《刑法》第114条、第115条的,属于想象竞合,择一重罪处罚。因投放危险物质罪的法定刑较重,故被告人的行为应定性为投放危险物质罪。

被告人杨某某、农某某、李某某3人相约去毒鱼,来到该县某水库上游河段约一公里处,杨某某将事先准备好的一瓶"敌杀死"农药全部倒入河里,随后3人一起往河道下游打捞被毒死的鱼。经鉴定,被告人杨某某等3人投放的"敌杀死"农药成分为甲氰菊酯。

因某水库上游河段是某水厂的水源,案发后,该水厂被迫停止供水1日,尚未造成人员伤、亡的严重后果。

本案被告人明知其投放的"敌杀死"系有毒物质,对人畜有危害后果,且其投放"敌杀死"的河流属人畜共用的公共水源,该投毒行为可能造成不特定人的生命、健康损害或公私财产损失,被告人行为威胁广大群众的生产生活安全,符合投放危险物质罪的犯罪构成,故被告人的行为已构成投放危险物质罪。

[参考案例:(2013)百刑终字第268号]

4. 辩方提出:被告人的行为构成非法猎捕、杀害珍贵、濒危野生动物罪,不构成投放危险物质罪。

答辩要点:非法猎捕、杀害珍贵、濒危野生动物罪的行为是违反国家有关野生动物保护法规,猎捕、杀害国家重点保护的珍贵、濒危野生动物。本罪的客体是国家重点保护的珍贵、濒危野生动物。主观上是故意,是指明知是珍贵、濒危野生动物而予以猎捕、杀害的主观心理状态。

我国司法解释规定使用爆炸、投毒、设置电网等危险方法破坏野生动物资源，构成非法猎捕、杀害珍贵、濒危野生动物罪或者非法狩猎罪；同时又构成《刑法》第114条或者第115条规定之罪的，依照处罚较重的规定定罪处罚。这是关于本罪的想象竞合犯的规定，对此应从一重罪处断。投放危险物质罪法定刑较重，故被告人的行为应定性为投放危险物质罪。

本案中被告人想药几只野鸭子食用，便将拌有"扁毛霜"的玉米粒撒一暂时性水面附近，投放毒物的地点不但行人经常路过，国家Ⅱ级重点保护动物鸳鸯也经常在此栖息，此行为已危害了公共安全，致使国家Ⅱ级重点保护动物9只鸳鸯死亡的事实，其行为符合投放危险物质罪的构成。

[参考案例：（2017）黑08刑终102号]

5. 辩方提出：被告人的行为属于犯罪未遂。

答辩要点：已经着手实行犯罪，由于犯罪分子意志以外的原因而未得逞的，是犯罪未遂。犯罪既遂是指实施终了的犯罪行为，达到了行为人预期的目的。

但投放危险物质罪是危险犯，指行为人实施的危害行为造成法律规定的危险状态作为既遂标志的犯罪。这类犯罪不是以造成物质性的和有形的犯罪结果为标准，而以法定的客观危险状态的具备为要件。其成立并不需要出现不特定多数人中毒的实际结果，只要其行为足以危害公共安全，即有危害公共安全的危险即可。

本案中被告人张某某为排挤某市不孕不育医院餐厅的经营者，产生投毒之念。意欲让就餐的人饭后产生拉肚子等不良反应，认为饭菜不卫生，以达到自己承包该餐厅的目的。

2016年6月中旬的一天，被告人张某某事先到药店购买了一瓶泻利通（30粒），倒入瓶中用水化开，趁餐厅无人之际，将准备好的药倒入餐厅的辣子罐和醋壶中。因就餐人发现辣子气味不对，厨师将辣子倒掉，再无他人食用。同年7月4日，被告人张某某见未达到预期效果，便购买了一瓶"玉无忧"除草剂，将部分倒入之前装泻利通的瓶子，再次窜至该餐厅，将除草剂倒入食堂的辣子罐、醋壶和饼子上。医生田某某就餐时食用了该醋，发生恶心、呕吐，其根据医学常识及时服用了药物，未造成严重后果。同年8月16日，被告人张某某又一次携带"玉无忧"除草剂窜至该餐厅，将除草剂倒入橱窗里的饼子上，被该院副院长李某某及时发现。

本案中被告人主观上具有投毒故意，曾经3次投毒，客观上实施了投毒行为，其行为虽未造成严重后果，但足以危害不特定多数人的生命、健康的安全，属于犯罪既遂。其行为构成投放危险物质罪。

[参考案例：（2017）晋08刑终273号]

6. 辩方提出：被告人的行为构成故意伤害罪，不构成投放危险物质罪。

答辩要点：首先，投放危险物质罪所侵犯的客体是公共安全，即多数人的生命和财产安全，包括特定多数人和不特定多数人；故意伤害行为危害的一般是特定的人。其次，投放危险物质行为的危害后果是危害了公共安全，已经造成或者可能造成致不特定的多人重伤、死亡，故意伤害行为的危害后果在既遂的情况下一般是剥夺了特定人的生命、伤害了特定人的健康。

本案被告人郑某某在公司棒材车间钳工组工作期间，与同事关系不和，后被调离该车间，遂对棒材车间钳工组同事产生怨恨，为了泄私愤在拍拍网上购买砒霜后，趁钳工组车间无人之机，3次潜入工人的休息室，在休息室的饮用水中投放砒霜，且致多人中毒。被告人在网上购买砒霜，且多次投毒，主观上有投毒的故意，行为上致多人中毒，威胁了不特定多数人的人身安全，符合投放危险物质罪的犯罪构成。

[**参考案例**：（2014）三刑终字第77号]

7. 辩方提出：被告人的行为无罪。原因：1.投毒药的地点是自家果园，封闭空间，地处偏僻，不属于公共场所。2.投放毒药的目的是除鼠害，不具有危害公共安全的主观故意。

答辩要点：投放危险物质罪所侵犯的直接客体是国家对投放毒害性、放射性、传染病病原体等物质的禁止性管理秩序及社会公众的人身安全及公私财产安全，本罪的主观上要求为故意。

本案中被告人王某某因不满其果园东面养殖场内的猪、羊时常跑到其果园糟蹋苹果，先后二次在果园靠近养殖场位置投放了注射有溴敌隆母液的馒头，导致养殖场跑到其果园的一头猪、一只羊先后误食馒头死亡，被告人还向果园内的一个苹果注射了溴敌隆母液，致养殖场员工邹某某误食苹果中毒就医。本案中被告人的果园并非封闭空间，周边有养殖场和四周为供人通行的道路，其主观上明知可能造成人畜进园误食导致伤亡的危害后果仍不计后果在果园投放毒药，已经危害了公共安全。明知其果园内所投放的是高毒杀鼠剂，应当预见到可能会有人畜进园误食而发生伤亡后果却仍放任而为，连续投放3次，客观上造成了被害人所饲养的猪羊各被毒死一只、养猪场工人中毒的后果，其行为符合投放危险物质罪的构成要件。

[**参考案例**：（2016）鲁10刑终160号]

8. 辩方提出：被告人的行为不构成投放危险物质罪，应认定为污染环境罪。

答辩要点：污染环境罪是指自然人和单位违反国家规定，排放、倾倒或者处置有放射性的废物、含传染病病原体的废物、有毒物质或者其他有害物质，严重污染环境的行为。排放、倾倒或者处置的共同点是，将危险废物、有毒物质或者其他有害物质置于大气或者水土之中。本罪的对象为危险废物，主观上为过失。

投放危险物质罪侵犯的客体要件即不特定多数人的生命、健康或重大公私财产的安全，主观上是故意，属于行为犯。在客观方面表现为行为人实施了投放毒害性、放射性、传染病病原体等物质，危害公共安全的行为。

被告人王某某、史某某共谋后，为非法牟利，在明知废水中含有毒害性物质的情况下，从山东某化工有限公司运出含有有毒物质乙腈的脱硫液1897吨，通过被告人冯某某找到排放地点，并趁天黑之机，在被告人冯某某的帮助下，将其排放到鄄城县董口镇浮桥附近的黄河内，严重危害到以黄河水作为饮用水源的济南市、聊城市、德州市、淄博市、滨州市、东营市、青岛市等地区城乡居民的身体健康。本案被告人在没有任何污水处理能力的情况下承揽污水处理业务，雇用罐车运输污水往黄河里排放，非法牟利，将大量工业废液排放到黄河中，该废液中含有的化学需氧量、氨氮远远超过山东省污水排放标准，黄河是中华民族的母亲河，黄河鄄城段以下的广大沿黄地区的城乡居民依靠黄河水作为饮用水水源。大量高浓度污水排放到黄河内，严重污染了作为饮用水水源黄河水。被告人在主观上明知废水中含有毒害性物质的情况下，在客观方面表现为行为人实施了投放毒害性物质，危害公共安全的行为，其行为特点符合投放危险物质罪的犯罪特征。

[**参考案例**：（2013）菏刑一终字第74号]

三、以危险方法危害公共安全罪

1. 辩方提出：被告人的行为构成非法携带枪支、弹药、管制刀具、危险物品及以危险方法危害公共安全罪。

答辩要点：以危险方法危害公共安全罪是一个概括性罪名，是故意以放火、决水、爆炸以及投放危险物质以外的并与之相当的危险方法，足以危害公共安全的行为。该罪侵犯的客体是公共安全，主观表现为故意。

非法携带枪支、弹药、管制刀具、危险物品危及公共安全罪是指，行为人违反国家规定携带枪支、弹药、管制刀具、危险物品进入公共场所、公共交通工具，侵害不特定人人身安全的危害公共安全的行为。客观方面，首先，必须有非法携带枪支、弹药和危险物品之行为；其次，必须是进入公共场所或者公共交通工具；最后，危及公共安全必须是情节严重的。主观方面，必须是故意，即明知自己携带了枪支、弹药和危险物品而故意进入公共场所或公共交通工具，又不听劝告交出统一管理，造成严重后果。

案发当日凌晨1时20分许，被告人邹某某驾驶轿车携带其事先准备好的汽油、打火机和检举材料到达贵州省委北大门门口处，欲以自焚的方式进行控告检举。1时35分许，其手持油桶和检举材料下车时，因形迹可疑被省委巡逻武警盘查，邹某某遂立即将手中的汽油桶举起，往其身上淋汽油，巡逻武警见状遂立即与站岗哨兵合力将邹某某制服。缴获汽油一桶、打火机一个，检举材料一份。

本案中被告人邹某某携带汽油、打火机和检举材料到省委大门口，欲以自焚的方式进行控告检举。因形迹可疑被盘查时，便立即将手中的汽油桶举起，往其身上浇汽油，巡逻武警见状遂立即与站岗哨兵合力将其制服。从作案现场看，浇淋汽油的附近位置，分别有各种车辆5辆，居民房和一加油站等，邹某某作为一个有完全刑事责任的成年人，应该明知其行为足以危害公共安全，却积极追求，其行为也足以危害公共安全。被告人的行为符合以危险方法危害公共安全罪的犯罪构成要件，依法应以该罪定罪处罚。

[**参考案例：**（2016）黔01刑终565号]

2. **辩方提出：** 被告人的行为构成妨害公务罪。

答辩要点： 妨害公务罪是指以暴力、威胁方法阻碍国家机关工作人员、人大代表依法执行职务，或者在自然灾害中和突发事件中，使用暴力、威胁方法阻碍红十字会工作人员依法履行职责，或故意阻碍国家安全机关、公安机关依法执行国家安全工作任务，虽未使用暴力，但造成严重后果的行为。本罪主观上是故意，即行为人必须明知上述人员正在依法执行公务而加以阻碍，才能构成本罪。

被告人王某某饮酒后驾驶黑色皇冠轿车沿公共交通道路逆行时，被正在执法的公安局交警巡警支队泉山大队民警金某某拦停。王某某停车后拒不下车配合执法，反而将金某某顶在汽车引擎盖上，沿机动车道逆行至某路，后左拐某路南的非机动车道向西高速行驶至银监局门口左拐继续向南行驶，途中遇电动车、自行车、行人众多，金某某警帽被风吹走，其多次示意王某某停车未果。后王某某驾车至如意路水玲珑饭店门口停车，金某某从引擎盖上下来站在汽车前方继续执法时，同车人高某某从皇冠轿车副驾座位下车将金某某推至一旁，王某某趁机驾车逃离现场。

被告人王某某酒后驾驶轿车为逃避交警执法检查，将交警顶在引擎盖上，在人流密集的城市公共交通道路和非机动车道上逆行，时速曾高达97余千米，主观上明知其行为会危害公共安全，客观上已经给不特定多数人的人身、财产安全造成危害，其行为的危险性已经达到与放火、决水、爆炸、投放危险物质相当的程度，其行为同时触犯了以危险方法危害公共安全罪。

被告人王某某为逃避交警查处酒驾，实施驾车顶撞交警后逃离现场的行为同时触犯了妨害公务罪、以危险方法危害公共安全罪两个罪名，择一重罪以危险方法危害公共安全罪定罪处罚，可以完整评价被告人实施的全部行为。

[参考案例：（2017）苏03刑终122号]

3. 辩方提出：被告人的行为构成交通肇事罪。

答辩要点：交通肇事罪侵犯的客体是交通运输安全，主观上是过失，客观方面表现为在交通运输活动中违反交通运输管理法规，因而发生重大事故，致人重伤、死亡或者使公私财产遭受重大损失的行为。

交通肇事罪与以危险方法危害公共安全罪最明显的区别就在于犯罪的主观方面不同，前者是过失，后者是故意。以危险方法危害公共安全罪在客观方面表现为行为人用驾车等危险方法危害不特定多数人的人身和财产安全的行为，该罪为行为犯，如果造成严重后果，则是《刑法》第115条规定的加重处罚标准。两罪构成方面的特殊要求也有差异。由于交通肇事罪是驾车人违反交通管理法规及规章而引发的犯罪，所以其在犯罪构成上有着特别的要求，它要求事故必须是发生在交通道路上。而以驾车方法危害公共安全罪则无此要求，只要驾车人以驾车的危险方法足以危害不特定多数人的人身和财产的公共安全，即可以构成该罪。另外，以驾车方法危害公共安全罪较多与交通肇事联系在一起，如驾车人醉酒后在大街上撞了人，此时发生的是肇事行为，如果该行为人继续驾车横冲直撞，其后的行为就是危害公共安全的行为，因为其主观方面发生了变化，由过失转化到间接故意。

本案中被告人吸食毒品后，驾驶车辆无故将广场上的商场停车场门口的一个道闸撞坏，后驶入城市主干道，驾车冲撞一公交车后部又倒车将被害人的轿车撞坏，随即又驾车向前冲撞上述公交车，造成公交车后部受损。被告人吸食毒品后其行为会失控但有一定的认知，其明知驾车在公共场所会危及公共安全，仍然在吸毒后继续驾车行驶，主观上放任了危害结果的发生，具有危害公共安全的故意，客观上其行为也足以危害公共安全。故被害人吸毒后以危险方法驾驶机动车，危害公共安全利益，其行为已构成以危险方法危害公共安全罪。

[参考案例：（2014）大刑二终字第604号]

4. 辩方提出：被告人的行为构成过失以危险方法危害公共安全罪。

答辩要点：过失以危险方法危害公共安全罪是指过失以放火、决水、爆炸以及投放危险物质以外的危险方法危害公共安全，致不特定的多数人重伤、死亡或者使公私财产遭受严重损失的行为。该罪在主观方面表现为过失，包括过于自信的过失和疏忽大意的过失，即行为人对其使用其他危险方法导致可能发生的危害公共安全的严重结果已经预见，但轻信能够避免；或者应当预见这种严重结果可能发生，因为疏忽大意而没有预见，以致发生了这种严重结果。这两种过失对发生危害公共安全的严重后果均持否定态度，既不希望也不放任其发生。该罪属于结果犯，不同于以危险方法危害公共安全罪这种行为犯，只有造成严重后果才能以该罪论处。

被告人潘某某携带从网上购买的气枪及铅弹，晚上8点驾车到温州市鹿城区会展路温州市公安消防局对面的树林里，在树上挂上靶面，朝会展路方向进行射击练习。

潘某射击的铅弹穿过树林、人行道、车道后击中会展路对面消防局大门牌匾和柱子，消防局值班排长叶某某、战士陈某某等人遂持手电筒晃照，走向对面的树林方向查看。当叶某某行至树林边人行道时，被树林中射出的铅弹击中头部。经鉴定，被害人叶某某系遭铅弹击伤致右额顶部形成盲管创，该盲管创创道长度大于或等于6.5cm，伤势评定为轻伤。

本案被告人潘某某热衷于从网上购买并组装枪支后进行打靶练习，并在交通道路旁向道路连续射击多发有杀伤力的子弹。从潘某某选择晚上8时向交通道路射击，距离仅80米且无明显遮挡的情况看，称自己轻信不会产生危险后果没有合理依据，潘某某认为已经确保不会产生危害才进行射击的辩解不能成立，其行为对于经过该路段高速行驶的车辆及行人具有极大的危害性，又没有采取有效措施防止危害后果的发生，且确实造成了轻伤后果，应当认定其放任了危害结果的发生，主观故意属间接故意。故其行为构成以危险方法危害公共安全罪。

[**参考案例**：（2014）浙温刑终字第449号]

5. 辩方提出：被告人的行为构成敲诈勒索罪，不构成以危险的方法危害公共安全罪。

答辩要点：敲诈勒索罪，是指以非法占有为目的，对被害人使用威胁或要挟的方法，强行索要公私财物的行为。本罪侵犯的客体是复杂客体，不仅侵犯公私财物的所有权，还危及他人的人身权利或者其他权益。

本案中6被告人为索取钱财，置他人生命财产安全于不顾，在快速公路上驾车找寻、跟踪、追逐碰撞进而追逐逼停行驶中的他人车辆的行为，由于其行为本身的高度危险性及其他不可控因素的影响，严重危害被害车辆驾乘人员的生命财产安全的同时，也严重危害到同时段、同地段行驶的不特定的其他来往车辆驾乘人员的生命财产安全，其危害后果具有不确定性，即6被告人的行为具有危害公共安全性。由于该市内环快速路与高速公路具有同样的车速快、车流量大的特点，6被告人的"碰瓷"行为的危险程度，应当是现代社会中危险概率高、具有高度盖然性的危险行为，足以与"放火、决水、爆炸和投放危物质"等危害公共安全的行为的危险性相当,即6被告人的行为具有高度危险性,属"其他危险方法"。

本案中有证据证实6名被告人主观上对选定侵害车辆驾乘人员生命健康和财产的后果有明确的认知,是直接故意;同时,对"碰瓷"行为可能会严重侵害选定目标车辆以外的不特定第三人的生命财产有明确的认知,但为了达到自己的目的,仍然决意实施"碰瓷"行为,听之任之地自觉放任危害不特定的第三人的结果发生,属典型的间接故意,符合以危险方法危害公共安全罪的主观故意要求。

虽然其主观目的和敲诈勒索罪一致,是为了非法强索他人财物,采取了在快速路上驾车故意碰撞行驶中的他人车辆,人为制造交通事故,其实施的手段具有高度危险性,对同时段、同地段行驶的不特定的其他来往车辆驾乘人员的生命财产安全可能造成的危害后果具有不确定性。故其行为符合以危险方法危害公共安全罪的构成要件。故6被告人的行为不构成敲诈勒索罪。

[参考案例:(2015)渝五中法刑终字第00398号]

6.辩方提出:被告人的行为主观上是为保护国家利益、社会公共利益或者他人的人身、财产安全,制止正在发生的违法犯罪行为而实施驾车追赶的行为是见义勇为,其行为针对特定目标,对于公共安全不构成威胁,不构成以危险方法危害公共安全罪。

答辩要点:以危险方法危害公共安全罪在客观方面表现为,以其他危险方法危害公共安全的行为。所谓其他危险方法是指放火、决水、爆炸以及投放危险物质以外的,但与上述危险方法相当的危害公共安全的犯罪方法。

本案中案发当日凌晨3点半钟左右,被告人驾车行驶时,发现路上有人从三轮车上搬货物到一辆面包车上,于是开车上前欲问个明白。面包车上的几人见此情形便马上开车离开。被告人认为面包车上的人属偷盗者,于是驾车追了上去,被告人超速驾驶车辆在公共道路上追赶、碰撞他人驾驶的车辆,作为心智正常的成年人,应当明知其行为极可能引发道路交通事故,会发生危及不特定多数人的生命、健康或公共财产安全的严重后果,但仍实施追赶、碰撞行为,可见被告人主观上对其行为可能引起的严重后果持放任的态度。

客观上,被告人超速驾驶车辆在正常使用中的公共道路上追赶、碰撞他人车辆的行为,不仅可能造成双方人身、财产的损坏,还可能对其他在道路上通行的不特定人员的人身、财产安全造成威胁,其行为符合以危险方法危害公共安全罪的犯罪构成要件,构成以危险方法危害公共安全罪。被告人提出其行为是见义勇为与客观事实不符故不予采纳。

[参考案例:(2014)清中法刑二终字第45号]

7. 辩方提出：被告人的行为构成故意伤害罪，不构成以危险方法危害公共安全罪。

答辩要点：故意伤害罪侵犯的客体是他人的身体权，所谓身体权是指自然人以保持其肢体、器官和其他组织的完整性为内容的人格权。本罪在客观方面表现为实施了非法损害他人身体的行为。主观方面表现为故意。即行为人明知自己的行为会造成损害他人身体健康的结果，而希望或放任这种结果的发生。

本案中被告人周某甲因其在客车上饮酒，并多次大声打电话影响乘客休息，驾驶员制止时与其发生口角，于是周某甲在高速行驶的客车上殴打驾驶员并强打客车方向盘，导致高速行驶的客车失控而偏离正常行驶车道，严重危及客车和乘客安全，驾驶员成某甲用车上敲车轮的铁棍朝周某甲头上击打，致其头上流血，方制止周某甲。周某甲作为完全刑事责任能力人，应当预见到在高速行驶的客车上殴打司机、抢夺方向盘的行为会导致客车发生事故，从而对客车上的乘客的生命安全造成严重威胁，但放任自己的行为，主观上有故意。虽然其行为尚未造成严重后果，但其行为已构成以危险方法危害公共安全罪。而故意伤害罪伤害的对象具有特定性，并且是一种结果犯。故被告人的行为不构成故意伤害罪。

[**参考案例**：（2016）湘11刑终89号]

8. 辩方提出：被告人具有自首情节。

答辩要点：《刑法》第67条规定：犯罪以后自动投案，如实供述自己的罪行的，是自首。对于自首的犯罪分子，可以从轻或者减轻处罚。根据最高人民法院《关于处理自首和立功具体应用法律若干问题的意见》第1条的规定，明知他人报案而在现场等候，抓捕时无拒捕行为，供认犯罪事实的，应当视为自动投案式的自首。

被告人苏某某在厦门市海沧区东孚镇凤山村前场物流园，为阻止执法人员拆除其违章建筑，在现场先点燃一个液化气瓶后将该气瓶放倒滚向执法人员，后又扛起第二个液化气瓶，打开气阀后冲向执法人群，并将该气瓶扔向执法人员，后被现场执法人员控制并报警。苏某某以打开、点燃液化气瓶扔向人群的危险方法危害公共安全，尚未造成严重后果，其行为已构成以危险方法危害公共安全罪。本案中被告人在现场被执法人员抓获后已不具备逃跑的条件，其虽系自行驾车到公安机关接受调查，但仍有执法人员随车前往，始终处于被控制状态，并非在知道他人报警后主动在现场等候的情形，不具备投案的主动性，故其不具有自动投案的特征，不成立自首。

[**参考案例**：（2014）厦刑终字第273号]

9. 辩方提出：被告人的行为构成寻衅滋事罪，不构成以危险方法危害公共安全罪。

答辩要点：寻衅滋事罪，是指肆意挑衅，随意殴打、骚扰他人或任意损毁、占用公私财物，或者在公共场所起哄闹事，严重破坏社会秩序的行为。该罪侵犯的客体是公共秩序。而以危险方法危害公共安全罪在客观方面表现为以其他危险方法危害公共安全的行为。

本案被告人张某某伙同他人共11人驾驶摩托车在公路上行驶，因被害人郭某某驾驶丰田牌小轿车走在其前面，便以郭某某故意不让其超车为借口，11人驾驶摩托车追逐并找机会向郭某某驾驶的丰田小轿车射击，乘坐郭某某驾驶的丰田牌小轿车的有其亲属韦某某、梁某某等人。在合浦县某甲乡某甲村委会某甲村路口及公馆镇某乙村委会某乙村路段，先后向郭某某驾驶的丰田小轿车射击，致该小轿车左前、后门玻璃及后挡风玻璃被打碎，后厢盖有弹着痕。张某某伙同其他被告人用具有杀伤力的气枪向车辆内不特定的多数人开枪射击，这一行为客观上足以导致车辆内不特定人员死亡，导致正在公路上行驶的车辆发生倾覆，危及道路公共交通安全，也就是说该行为属于《刑法》所要求的足以危及公共安全的其他危险行为，其行为与随意殴打他人或是追逐、拦截等寻衅滋事行为不同，已构成以危险方法危害公共安全罪。

[**参考案例：**（2015）北刑一终字第20号]

10. 辩方提出：动物的饲养者无罪，本案将民事侵权纠纷作为刑事案件处理，被告人养狗是看家护院，没有伤害他人的故意，动物追咬他人的行为并无现实危害性，无法与放火、决水、爆炸等危险方法相提并论。

答辩要点：《刑法》第114条将放火、决水、爆炸、投毒或者以其他危险方法5种方式并列，因此"以危险方法"的方式属于兜底条款，在不符合该条列举的4种具体方式的情形下才适用。

被告人吴某某承包的枣园紧临公共交通道路，其饲养了1只藏獒和两只狼狗为其看护枣园，从2010年至2013年的4年间，吴某某饲养的3条狗先后将9人咬伤。其明知藏獒、狼狗等烈犬极具攻击性和危险性，但未尽合理的管理和控制义务，在藏獒、狼狗等伤人后，虽对藏獒采取了一定的拴养措施，但对狼狗未进行有效控制，仍未能避免烈犬伤人，3年间，藏獒咬伤2人，狼狗咬伤7人，已经对不特定多数人的生命安全造成现实危害，其对饲养的烈犬危害公共安全持放任态度，属间接故意。被告人的行为构成是危险方法危害公共安全罪。辩护人提出饲养狗无现实危害，狗咬人系民事纠纷的上诉请求，与本案查明的事实不符，不予采纳。

[**参考案例：**（2015）兵一刑终字第00016号]

11. 辩方提出：被告人的行为构成故意毁坏财物罪，不构成以危险方法危害公共安全罪。

答辩要点：故意毁坏财物罪故意毁灭或者损坏公私财物，数额较大或者有其他严重情节的行为。行为人可能是出于对财物所有人的打击报复或嫉妒心理或其他类似有针对性的心理态度，毁坏财物使所有人的财产受到损失就是其犯罪目的。

以危险方法危害公共安全罪是一个概括性罪名，是故意以放火、决水、爆炸以及投放危险物质以外的并与之相当的危险方法，足以危害公共安全的行为。该罪侵犯的客体是公共安全，主观表现为故意。

本案被告人察觉其被公安民警认定其系犯罪嫌疑人，欲实施抓捕时，驾车逃离时先后撞到停放在路边的两辆轿车与一辆厢式货车，并将实施抓捕的民警撞倒。为逃避抓捕在公共道路上采取强行倒车、冲挤、剐蹭等手段驾驶机动车辆行驶，其行为已经严重危及不特定多数人的生命、健康及公私财产安全，被告人是一心智正常的成年人，应该明知该行为会危及公共安全和不特定多数人的生命、健康，仍然放纵其行为。故该行为应认定为以危险方法危害公共安全罪。

[**参考案例**：（2014）淮刑终字第 00102 号]

12. 辩方提出：被告人的行为构成故意杀人罪。

答辩要点：故意杀人罪是以杀人的故意，对特定的人员实施的加害行为，行为人应当预见其行为对他人人身可能会造成人员死亡的危害后果，客观上积极实施该危害行为的行为。

本案中被告人驾驶车辆与他人发生争执后，故意谎报警情，当交警对其悬挂的假牌照车辆进行扣押时，被告人驾驶车辆撞击交警和警车，在驾车逃跑过程中冲撞公安机关设置的拦截卡，致使多辆车辆被毁坏，多人受伤。该行为危害了不特定多数人身体健康和公私财产安全，符合以危险方法危害公共安全罪的犯罪特征，故被告人的行为不构成故意杀人罪，应以危险方法危害公共安全罪追究其刑事责任。

[**参考案例**：（2016）内 04 刑终 7 号]

13. 辩方提出：被告人的行为构成爆炸罪，不构成以危险方法危害公共安全罪。

答辩要点：爆炸罪与以危险方法危害公共安全罪侵犯的客体均是公共安全，主观上要求是故意。但爆炸罪是刑法明确规定的罪名。以危险方法危害公共安全罪，是指故意以放火、决水、爆炸、投放危险物质以外的并与之相当的危险方法，客观上足以危害公共安全的行为。

本案被告人为达到个人目的，在居民聚集的宿舍楼内，采取点火燃烧煤气罐的行为来要挟政府，但其打开液化气罐造成液化气体大量泄漏并扬言要点燃的行为已对当时在现场及周围的人员人身、财产安全造成现实的危险，属于故意以放火、决水、爆炸、投放危险物质以外的并与之相当的危险方法、足以危害公共安全的行为，其行为符合以危险方法危害公共安全罪的构成要件，应当以该罪追究其刑事责任。

[参考案例：（2014）鄂咸宁中刑终字第 2 号]

四、交通肇事罪

1. 辩方提出：《道路交通事故认定书》的结论存在问题，不应认定行为人承担事故的主要责任。

答辩要点：《道路交通事故认定书》是公安交通管理部门依照交通法规，对交通事故的当事人有无违章行为，以及对违章行为与交通事故损害后果之间的因果关系进行定性、定量评断时所形成的文书材料。其目的是分清事故责任，依法对肇事者作出正确恰当的处分，同时也为以后事故损害赔偿处理提供法律依据。《道路交通事故认定书》是交警部门出具的技术性法律文书，同时也是公安机关对交通事故损害赔偿进行调解的依据；《道路交通事故认定书》是人民检察院对于交通肇事者是否提起公诉追究刑事责任的证据；交通事故认定书是人民法院定罪量刑和确定损害赔偿的证据。根据交通事故认定书所载明的内容，显示其具有书证的特性，具有较高的证明效力。同时决定了该认定书不具有行政可诉性，不服认定书的结论不能提起行政诉讼。也决定了法院在审理交通事故案件时，应该和其他证据一样进行真实性、客观性、合法性审查，如有其他证据足以推翻该认定书时，法院无须经过重新认定即可不予采信。

本案中有证人证言、被告人的供述等证据能够佐证《道路交通事故认定书》结论公正、客观，事故责任认定在主体、依据、程序等方面，均符合法律的规定；《道路交通事故认定书》已认定该起交通事故的主要原因系因被告人驾驶机动车未能与前车保持足以采取紧急制动措施的安全距离，被告人承担交通事故的主要责任，该结论的作出于法有据，可作为证据予以采信。

[参考案例：（2016）京 03 刑终 639 号]

2. 辩方提出：被告人杨某某的行为与被害人的死亡没有因果关系，行为人不构成交通肇事罪。

答辩要点：交通肇事罪是指违反交通运输管理法规，因而发生重大事故，致人重伤、死亡或者使公私财产遭受重大损失的行为。

本案中被告人杨某某驾驶白色桑塔纳小型轿车（无号牌）由东向西行驶至北京市大兴区庞安路魏石路交叉路口时，与同方向行驶的宁某某驾驶的农用三轮车（无号牌，旁边乘坐其妻张某某）后部相撞，致使张某某被甩出车下倒地，事故发生后杨某某驾车逃逸，宁某某即下车救助张某某，适有一辆机动车由东向西驶来，将宁某某及倒地的张某某撞出、碾压，该肇事车辆逃逸。后被害人宁某某、张某某经抢救无效死亡。

交通事故责任书认定，杨某某对张某某的死亡负全部责任。

根据案发时间、地点，结合普通人的认知水平，倒在机动车道上的张某某被另外一辆机动车碾压，并不能中断被告的交通肇事行为与被害人张某某死亡的因果关系，被告人应当对张某某的死亡承担刑事责任，其行为符合交通肇事罪的构成要件。

故被告人违反道路交通安全法律法规，驾驶机动车发生重大交通事故致人死亡，且肇事后逃逸，负事故的全部责任，其行为已构成交通肇事罪。

[**参考案例**：（2016）京 02 刑终 555 号]

3. 辩方提出：被告人没有逃避侦查；本案已过追诉时效，不应追究其刑事责任。

答辩要点：追诉时效，是指《刑法》规定的对犯罪分子追究刑事责任有效期限的制度。超过法定追诉期限，司法机关或有告诉权的人不得再对犯罪人进行追诉，已经追诉的，应撤销案件或不起诉，或终止审判。

2006 年 6 月 25 日中午，被告人张某某驾驶渝 BC×××× 轻型货车从某县普子镇装了 11 头生猪开往另一县城，车上搭乘陈某某、李某某、胡某某 3 人，行至小地名"雷公盖桃子坪"处时，车辆驶出路面翻下陡坡，致陈某某当场死亡。交通责任事故认定，张某某承担此次事故的全部责任。案发县公安局将该案立案侦查。

2006 年 7 月 3 日，某县公安局民警在某县人民医院住院部将被告人张某某传唤到案，后办理了取保候审的强制措施。张某某出院后下落不明，某县公安局民警于 2006 年 8 月 4 日向张某某邮寄送达了传唤通知书，张某某仍未到案。2014 年 10 月 19 日，某县公安局民警得知张某某在家中，遂将其抓获归案。

本案中证人证言以及被告人的供述，均能证明被告人在取保候审期间未经公安机关批准擅自外出，造成本案长期未能侦查终结，其具有逃避侦查的行为。

《刑法》第 88 条规定"在人民检察院、公安机关、国家安全机关立案侦查或者在人民法院受理案件以后，逃避侦查或者审判的，不受追诉期限的限制"，本案在 2006 年 6 月 25 日由公安机关立案侦查，因被告人违反取保候审的相关规定擅自外出，逃避侦查，才导致案件一直未能侦查终结，依照上述法律规定，对被告人追究刑事责任并不受追诉期限的限制。

[**参考案例**:（2015）渝四中法刑终字第00049号]

4. 辩方提出：被告人的行为是过失，受害人未确认是否安全就横过马路，对事故的发生有一定的过错。

答辩要点：交通肇事罪的主观方面表现为过失，包括疏忽大意的过失和过于自信的过失，这种过失是指行为人对自己的违章行为可能造成的后果而言。

被告人闫某某驾驶晋K×××××东风牌自卸货车，由某县黄岭煤矿拉煤到和顺县城由北向南行驶，行至国道207线1011km+856.5m处，与由东向西横过马路的被害人杜某某发生相撞，造成杜某某当场死亡的交通事故。某县公安局交警大队认定闫某某承担此事故的全部责任。

本案中被告人违反道路交通运输管理法规，在道路上行驶，致一人死亡的交通事故发生，且负事故全部责任，其行为确已构成交通肇事罪。被告人作为一名司机，在没有交通信号的道路上驾车行驶，遇到行人时，应当减速慢行，在确保安全、畅通的原则下通行，其所提受害人有过错的意见，无事实和法律依据。

[**参考案例**:（2015）晋中中法刑终字第12号]

5. 辩方提出：被告人郑某某的行为构成交通肇事罪，不构成故意杀人罪。

答辩要点：最高人民法院《关于审理交通肇事刑事案件具体应用法律若干问题的解释》第6条规定，行为人在交通肇事后为逃避法律追究，将被害人带离事故现场后隐藏或者遗弃，致使被害人无法得到救助而死亡或者严重残疾的，应当分别依照《刑法》第232条、第234条第2款的规定，以故意杀人罪或者故意伤害罪定罪处罚。

案发当日凌晨1时许，被告人郑某某驾车途经案发路段时，碰撞到在道路右侧非机动车道上行走的被害人杨某某、向某某夫妇，致杨某某当场死亡，向某某被撞后翻至轿车顶部。郑某某在明知车辆已撞人的情况下驾车逃逸。在车辆行驶的过程中，郑某某发现了车顶上的向某某。郑某某继续开车前行一段路程后在路边停车，并指使同行人员将车顶上的向某某拉下来放到路边阴暗处后，郑某某即驾车逃离现场。凌晨1时50分许，被害人向某某被送至某市第三人民医院抢救，终因抢救无效于当日9时许死亡。

本案中被告人在交通肇事后致一人当场死亡，另一人被撞后翻至轿车顶部。被告人逃逸途中发现车顶上还有被害人的情况下，为逃避法律追究，仍继续驾驶车辆将被害人带至离事故现场约500米的较远处，并指使同行人员将被害人从车顶拖拉下后遗弃至路边阴暗处，且当时系深夜1时许下着雨，没有路灯，致使被害人无法得到及时救助，后被他人发现后经送医院抢救无效于当日9时许死亡。被害人因被告人的先行肇事行为而陷于死亡的现实危险下，被告人有救助被害人的义务，因此其生命安全完全依赖被告人或其他人的及时救护，但被告人在如此危急的情形下，不但没有将被害人送往医院进行救治，反而将其遗弃在没有路灯的阴暗处，使被害人完全丧失了被抢救的机会，因此被告人的行为系不作为的故意杀人行为，构成故意杀人罪，对其辩护人不构成故意杀人罪的辩解意见不予采纳。根据最高人民法院《关于审理交通肇事刑事案件具体应用法律若干问题的解释》第6条的规定，被告人的行为已构成交通肇事罪和故意杀人罪。

[**参考案例**：（2014）浙温刑终字第1308号]

6. 辩方提出：被告人的行为构成交通肇事罪，不构成故意伤害罪。

答辩要点：故意伤害罪的主观方面表现为故意。即行为人明知自己的行为会造成损害他人身体健康的结果，而希望或放任这种结果的发生。在一般情况下，行为人事先对于自己的伤害行为能给被害人造成何种程度的伤害，不一定有明确的认识和追求。无论造成何种程度的结果都在其主观犯意之内，所以，一般可按实际伤害结果来确定是故意轻伤还是故意重伤。

2007年案发当晚，被告人张某某酒后驾驶黑色桑塔纳轿车，行驶至案发路段，撞上站在路边说话的陈某某、夏某某、杜某某，造成陈某某当场死亡，杜某某右胫骨骨折，同时将夏某某撞飞至肇事车辆顶部，张某某明知车顶有人的情况下仍驾驶肇事车辆向前行驶，行驶途中夏某某从车上摔下来。而张某某继续驾车行驶至某县南环路段S333线214km+750m处时，因撞在路边杨树上致使肇事车熄火，张某某弃车而逃。

本案中被告人张某某违反交通管理法规，酒后驾驶车辆，造成重大交通事故，致一死二伤的严重后果，在肇事后逃逸，其行为已构成交通肇事罪。张某某将另一名被害人夏某某撞飞至肇事车辆顶部的情况下，仍驾驶肇事车辆行驶，行驶途中被害人夏某某从车上摔下来，导致重伤结果的发生。当张某某已意识到车顶上有人而继续驾车行驶，主观上应明知自己的行为会造成损害他人身体健康的结果，而希望或放任这种结果的发生，结果导致他人重伤结果的发生，其行为又构成了故意伤害罪。故被告人张某某的行为符合交通肇事罪和故意伤害罪的犯罪特征，应数罪并罚。

[**参考案例**：（2009）南刑二终字第61号]

7. 辩方提出：被告人的行为属交通肇事中的"逃逸"行为，不构成妨害作证罪。

答辩要点：被害人的行为构成妨害作证罪。以贿买的方式指使他人冒名顶罪的行为不是交通肇事中的"逃逸"行为。最高人民法院《关于审理交通肇事刑事案件具体应用法律若干问题的解释》第3条规定"交通运输肇事后逃逸"，是指行为人在发生交通事故后，为逃避法律追究而逃跑的行为。《刑法》意义上的"逃逸"表现为逃离现场。

被告人陈某某酒后乘坐由万某某（另案处理）驾驶的鄂B×××××号小轿车，行驶途中便换由陈某某驾驶该车。当陈某某驾车行至案发路段时，与同向右侧在非机动车道内骑自行车的被害人张某某（男，殁年55岁）发生碰撞，致被害人张某某当场死亡。事故发生后，陈某某逃离现场。次日，陈某某指使万某某顶替其到公安机关投案，并承诺给其5万元表示感谢。后万某某到公安机关投案并作出虚假供述。

本案被告人在事故发生后逃离现场，其具有刑法意义上的逃逸情节，应以该档法定刑予以量刑。而被告人以贿买方式指使他人冒名顶罪的行为是一种积极行为，且与抢救伤者没有关联，故不应将其性质等同于刑法意义上的"逃逸"行为，不能将其认定为交通肇事罪的量刑情节。

被告人以贿买的方式指使他人冒名顶罪的行为构成妨害作证罪。妨害作证罪，是指采用暴力、威胁、贿买等方法阻止证人作证或者指使他人作伪证的行为。本罪所保护的法益是司法活动的客观公正性。我国刑法理论一般认为，当事人也可以成为妨害作证罪的主体，在司法实践中主要是与案件有利害关系的人，如犯罪嫌疑人、犯罪人的亲戚、朋友等。如果是犯罪嫌疑人、被告人本人采取非法手段妨害作证的，也构成本罪。根据罪刑法定原则，本案被告人为了逃避法律追究所实施的逃离现场的行为应根据《解释》第3条规定认定为交通肇事中的"逃逸"，以贿买方式指使他人顶罪、作伪证的行为应依据《刑法》第307条第1款的规定，认定为妨害作证罪。因此，应以交通肇事罪与妨害作证罪两罪并罚追究其刑事责任。

[**参考案例：**（2016）鄂02刑终65号]

8. 辩方提出：被告人的行为符合交通肇事"逃逸"致人死亡，不构成故意杀人罪。

答辩要点：最高人民法院《关于审理交通肇事刑事案件具体应用法律若干问题的解释》第5条规定，"因逃逸致人死亡"，是指行为人在交通肇事后为逃避法律追究而逃跑，致使被害人因得不到救助而死亡的情形，被害人死亡的结果仅仅是因为行为人交通肇事后的逃逸行为造成，其中没有加入其他的加害行为。

本案被告人张某某醉酒驾车载曹某某、杨某某、苗某某行驶至匡山东路公厕门口处时，其所驾车车头右侧与前方同向行走的杨某甲、杨某乙身体相撞后，车前右侧底部又将被撞摔倒的杨某甲推擦着向前行驶，在此过程中，张某某一边驾车行驶一边在拨打、接听电话,张某某、曹某某、杨某某、苗某某均知道车子撞到人,行人庞某某见该车的保险杠下推着一个人前行,遂打电话报警,杨某甲在肇事车前右侧底部被推擦前行163.2米后被甩出车底部,后120救护车将杨某甲送往某县第一人民医院救治,后转往某军区总医院治疗,杨某甲经抢救无效死亡,经鉴定,杨某甲的死亡原因系交通事故致腹部脏器损伤并肢体严重损伤呼吸循环衰竭,杨某乙伤情为轻微伤。张某某驾车逃逸后于当日1时许被民警抓获。

经某县交通警察大队认定,张某某承担事故的全部责任,其血液中乙醇含量为179mg/100ml。

本案中,被告人张某某明知其所驾车撞到了行人,但其为了逃避责任继续驾车逃逸,在逃逸过程中其所驾车前右侧底部推擦被撞摔倒被害人前行163.2米,导致被害人严重受伤,经抢救无效死亡。故被害人的死亡是由于被告人逃逸时驾车推擦所致,属于被告人交通肇事后因逃逸实施的又一加害行为,不符合最高人民法院关于交通肇事后逃逸致人死亡的立法本意。故辩护人提出对本案应以交通肇事罪逃逸情形定性的辩护意见,与本案查明的事实及法律规定不符。

被告人将被害人撞倒后又将其推擦前行163.2米,致被害人抢救无效死亡,其主观心理状态已从交通肇事时的过失转变为对被害人死亡结果发生放任的故意,属间接故意,被告人的行为符合故意杀人罪的构成要件,应当以故意杀人罪追究其刑事责任。

[参考案例:(2014)昆刑终字第176号]

9. 辩方提出:被告人具有自首行为。

答辩要点:交通肇事后保护现场、抢救伤者,并向公安机关报告的,应认定自动投案,构成自首。交通肇事后逃逸后自动投案,如实供述自己的罪行,也应认定为自首。

被告人赵某某驾驶货车,沿驻新路从新蔡县自东向西行驶至新蔡县砖店镇周寺27km+280m处,撞上了在路边施工的田某某、管某某二人,致田某某当场死亡,管某某受伤。肇事后,赵某某驾车逃离现场,后被公安机关抓获归案。赵某某负此事交通事故的全部责任。

本案中被告人交通肇事后逃逸,被公安机关抓获归案,显然不具有自首情节,但归案后自愿认罪、积极赔偿等情节,可以作为对其依法量刑的酌定情节。

[参考案例:(2012)驻刑少终字第28号]

10. 辩方提出:被告人刘某某不属于交通肇事后逃逸,其对行为性质的辩解不影响自首的成立应认定为自首。

答辩要点:交通肇事后逃逸后自动投案,如实供述自己的罪行,应认定为自首。需要指出的是根据最高人民法院《关于被告人对性质的辩解是否影响自首成立问题的批复》规定，行为人因对性质的辩解而否认肇事后逃逸的，不影响成立自首。

交通肇事后逃逸应具有两方面内容，一是逃离现场，不履行救助义务；二是为逃避法律追究而逃跑。肇事后没有停车救助被害人，而是驾车逃离现场，被告人其行为属于交通肇事后逃逸。其事后报警投案，不影响其交通肇事逃逸的构成。《刑法》禁止交通肇事后逃逸，主要目的在于最大限度地保护被害人利益，要求肇事者在第一时间及时救助被害人，同时接受法律追究。

案发当时被告人刘某某驾驶制动及右前大灯不合格中型半挂货车，沿某市静海区港静线由西向东行驶至滨石高速跨线桥上时，撞上前方顺行方向被害人张某某驾驶的无号牌汽油三轮车，致张某某摔至桥下，当场因胸腹腔脏器联合损伤死亡。事故发生后，刘某某驾车逃离事故现场。当日21时50分许，刘某某拨打电话报警，并于22时返回现场，后民警将其带至公安机关。公安机关认定，刘某某负事故全部责任。

本案中，被告人投案后初次供述，没有供述其驾车离开事故现场的情节，而是称因为下坡刹不住车才离开现场几百米，显然被告人不是对其驾车离开事故现场这一性质的辩解，而是有意隐瞒了其交通肇事后逃逸这一重要情节，且其没有如实供述主要犯罪事实，依法不构成自首。

[**参考案例：**（2017）津01刑终628号]

五、危险驾驶罪

1. 辩方提出：被告人非超载车辆所有人、管理人，未取得报酬，纯是为朋友帮忙，其行为不构成危险驾驶罪。

答辩要点：超员、超速型危险驾驶罪是指从事校车业务或者旅客运输，严重超过额定乘员载客，或者严重超过时速行驶的行为。机动车辆所有人、管理人对严重超员、超速行驶负有直接责任的，以本罪论处。

被告人王某某驾驶东风牌小型普通客车搭载学生，行驶途中被公安局民警查获。经当场核查，该车核载7人，经现场清点，该车实际载客15人，其中13名为幼儿，载客超过额定乘员114%。

本案中被告人王某某接受朋友委托请求，从事校车业务，明知绝大多数为幼儿，载客超过额定人数的114%，属于严重超载，仍予运送，其行为具有重大安全隐患，已构成危险驾驶罪，应依法惩处。其非超载车辆所有人、管理人，未取得报酬的辩护理由不成立。机动车辆所有人、管理人强令、指使驾驶员严重超员、超速行驶的，或者明知驾驶人员严重超员、超速行驶而放任的，以本罪论处。

[参考案例：（2017）皖 12 刑终 455 号]

2. 辩方提出：被告人的行为属于犯罪后中止行为。

答辩要点：犯罪过程中，自动放弃犯罪或者自动有效地防止犯罪结果的发生，是犯罪中止。

被告人张某某醉酒后驾驶小型轿车沿银川市金凤区上海××路口时，将车停下睡觉，后被执勤民警查获。经该市公安局物证鉴定所鉴定，被告人张某某血液中乙醇含量为 245mg/100ml，属于醉酒驾驶。

被告人醉酒驾驶机动车，其血液中乙醇含量达 200mg/100ml 以上，属于应从重处罚情节。危险驾驶罪是行为犯，只要是被告人醉酒后驾驶机动车在道路上行驶，其行为已构成危险驾驶罪，故被告人醉酒驾驶一段距离后主动将车停在路口，属犯罪后中止行为的辩护理由不能成立。

[参考案例：（2017）宁 01 刑终 251 号]

3. 辩方提出：国家没有制定并公布关于危险驾驶罪中严重超载的标准，其在不知情的情况下超载，行为人不构成危险驾驶罪。

答辩要点：2015 年 11 月 1 日起施行的《刑法修正案（九）》第 8 条第（三）项明确规定"从事校车业务或者旅客运输，严重超过额定乘员载客，或者严重超过时速行驶的，处拘役，并处罚金"。公安部于 2015 年 11 月 20 日制定下发的《严重超员、严重超速危险驾驶刑事安全立案标准（试行）》通知中第 1 条第（一）项明确"驾驶大型载客汽车，载客超过额定乘客 50% 以上或者超过额定成员 15 人以上的，可以立案侦查"。

被告人白某某驾驶大型卧铺客车从湖南省常德市总站出发驶往江苏省南京市。在途经湖南省澧县湘运车站、二广高速公路湖北省公安县夹竹园镇服务区等地时，白某某陆续收揽乘客。当天下午，白某某驾车行驶至二广高速荆州长江大桥路段时，被交警查获。经核实，该大型卧铺客车核载 38 人，实载 60 人，超过额定乘员 55%。

本案中被告人作为 1991 年起持有 A1A2 型驾驶证的驾驶员，应当自觉学习并遵守交通管理法规，在道路上从事旅客运输，驾驶核载 38 人大型卧铺客车时，时载 60 人，超过额定乘客 55%，其行为构成危险驾驶罪，故其辩护理由不能成立。

[参考案例：（2016）鄂 10 刑终 74 号]

4. 辩方提出：被告人张某某既没权力控制货物的运载重量，又没驾驶超载车辆，不构成危险驾驶罪。

答辩要点：违规运输危险化学品，是指违反危险化学品安全管理规定运输危险化学品，危害公共安全的行为。本类型的危险驾驶罪属于具体危险犯。

根据自 2011 年 12 月 1 日起施行《危险化学品安全管理条例》规定，从事危险化学品道路运输的，应当取得危险货物道路运输许可，并向工商行政部门办理登记手续，危险化学品道路运输企业、水路运输企业应当配备专职安全管理人员。危险化学品道路运输企业、水路运输企业的驾驶人员、船员、装卸管理人员、押运人员、申报人员、集装箱装箱现场检查员应当经交通部门考核合格，取得从业资格。危险化学品的装卸作业应当遵守安全作业标准、规程和制度，并在装卸管理人员的现场指挥或者监控下进行。通过道路运输危险化学品的，应当按照运输车辆的核定载质量装载危险化学品，不得超载，如此等等。违反上述《条例》的规定，并且危及公共安全的，成立本罪。机动车辆所有人、管理人对上述违规行为负有直接责任。

被告人张某某为公司负责押运危险化学品的管理人员，明知运载危险化学品的轻型厢式货车严重超载（超过核定载质量的 584.5%），仍于当日 14 时 30 分，与驾驶员即被告人王某某驾驶该车搭载搬运工钟某某，从霞浦县大沙工业园区沿沈海高速、大唐火电厂专线公路往大唐火电厂方向行驶，行经大唐火电厂专线公路福安市湾坞镇半屿村路口时，因超速行驶，与由路某某驾驶、搭载史某某和张某甲的福安 00876 二轮电动车相撞，造成被害人路某某、史某某受伤和被害人张某甲经抢救无效死亡、两车不同程度损坏的道路交通事故。本案被告人作为持证上岗的危险品押运人员，其负责危险品的装货、清点及运输过程中的安全，案发当日其明知车辆超载危险化学品，仍放任上路行驶，并随车押运，违反管理职责，其对超载危险化学品的车辆处于危及公共安全的状态负有直接责任，构成危险驾驶罪，故该辩护意见不能成立。

[**参考案例**：(2016)闽 09 刑终 431 号]

5. **辩方提出**：被告人行为危险驾驶罪，不构成以危险方法危害公共安全罪。

答辩要点：危险驾驶罪和以危险方法危害公共安全罪在主观方面都是故意，危害的客体都是公共安全，而且两者都是危险犯，在客观行为方面也存在一定的重合，因此，对两者的界定需要着重从危害程度方面进行界定。虽然两者都是危险犯，但危险驾驶罪是抽象危险犯，只要发生醉驾以及追逐竞驶、情节恶劣的行为，就满足抽象危险犯的客观要求，成立危险驾驶罪，而以危险方法危害公共安全罪是具体危险犯，"危险方法"必须是足以造成他人重伤、死亡或者使公私财产遭受重大损失的物质性结果的行为。危害公共安全的具体危险，是指对不特定或者多数人的生命、身体等造成侵害的紧迫危险，没有发生侵害结果实属偶然；是否存在这种具体危险，需要以行为当时的具体情况为根据做出判断。

本案中被告人温某某醉酒驾驶机动车在交通道路上与他人驾驶车辆第一次碰撞发生事故后,不但未停车,且继续行驶,在与他人驾车追逐过程中与停放在道路南侧的另一机动车第二次碰撞发生交通事故后仍继续超速行驶,在道路交叉口右转弯后继续行驶并与相向行驶于道路另一侧的车辆第三次碰撞发生交通事故,致被告人温某某及被害人王某某、宋某某、马某某受伤住院,多方车辆不同程度损坏的道路交通事故。同时综合考虑案发时间、地点以及持续醉酒驾车行驶的情形,温某某对其行为造成的危害不特定多数人生命或财产安全的后果在主观上持放任态度,属于间接故意。

被告人温某某醉酒驾驶套牌机动车,与其他机动车连续碰撞并多次发生交通事故,致3人轻伤和财产损失234592元,危害公共安全。符合以危险方法危害公共安全罪的构成特征,其行为确已构成以危险方法危害公共安全罪。故辩护人提出的构成危险驾驶罪的辩护意见不予采纳。

[**参考案例**:(2017)晋11刑终355号]

6. 辩方提出:被告人酒后曾找代驾驾车,主观上没有酒后驾车的故意,其驾车行为只是应保安要求挪动车辆,其行为不构成危险驾驶罪。

答辩要点:醉酒驾驶及飙车行为是《刑法修正案(八)》被引入《刑法》的,主要惩罚醉酒驾驶行为本身,不要求有严重后果。即要构成该罪要实施危险驾驶行为且只能实施危险驾驶行为。该罪是故意犯罪,即明知自己已经醉酒仍驾驶机动车的行为。

被告人苗某某醉酒后驾驶埃尔法牌小型普通客车在太原市小店区山西省送变电公司门口被民警查获。经依法鉴定,送检的苗某某血样中检出乙醇成分,含量为191.17mg/100ml。

被告人辩护理由中提到"饮酒后欲将车交于代驾驾驶",表明其虽然认识到醉酒驾驶行为具有危险性,但置这种危险状态于不顾驾驶机动车辆,故应当认定其具有危险驾驶的主观故意。被告人违反道路交通安全法,在道路上醉酒驾驶机动车,其行为构成危险驾驶罪。

[**参考案例**:(2016)晋01刑终240号]

7. 辩方提出:被告人的行为构成危险驾驶罪,不构成妨害公务罪。

答辩要点:《中华人民共和国道路交通安全法》第119条第(三)项规定,"机动车"是指以动力装置驱动或者牵引,上道路行驶的供人员乘用或者用于运送物品以及进行工程专项作业的轮式车辆。包括汽车及汽车列车、摩托车及轻便摩托车、拖拉机运输机组、轮式专用机械车和电动车等。第(四)项规定,"非机动车",是指以人力或者畜力驱动,上道路行驶的交通工具,以及虽有动力装置驱动但设计最高时速、空车质量、外形尺寸符合有关国家标准的残疾人机动轮椅车、电动自行车等交通工具。

被告人薛某某饮酒后驾驶电动三轮车沿徐州市二环西路由南向北行驶至段庄环岛北侧上坡处，适遇徐州市公安局交通巡逻警察支队机动大队民警按照徐州市公安局对市区机（电）动三、四轮车专项整治方案的统一部署进行执法检查。

执勤民警孙某某等人发现薛某某驾驶电动三轮车行驶即要求其停车检查，薛某某为逃避检查而未停车。民警孙某某为实施检查遂从左侧车门将上半身伸入其车内欲拔掉该车钥匙以制止其行为，被告人薛某某仍驾驶车辆前行，车辆左转向撞上道路中间的交通隔离立柱，致孙某某受伤。经诊断，孙某某左第6、7肋骨骨折，经法医鉴定，被害人孙某某左肋部的损伤程度构成轻伤二级。

被告人薛某某被其他执勤民警当场控制，后经抽血送检，血液中检出乙醇成分，含量为175.4mg/100ml。

本案中涉案红色鋆龙牌60V无刷电动三轮车无人力骑行能力、整备质量为725kg、最高时速35km，上述参数指标均超出国家标准规定的非机动电动车的标准，但是目前我国相关法律、行政法规、规章并未明确规定超标电动车属于机动车，故被告人醉酒驾驶超标电动三轮车的行为不符合危险驾驶罪的犯罪构成，不应认定为危险驾驶罪。

被告人在交通民警执法时，拒不停车接受检查，显属违法，在民警孙某某身体进入车内欲拔掉车钥匙制止被告人违法行为时，薛某某仍驾驶车辆前行，导致车辆撞上道路中间交通隔离立柱、孙某某左第6、7肋骨骨折的严重后果，被告人醉酒后妨害交通警察执行公务的行为符合妨害公务罪的构成要件。故被告人酒后驾驶超标电动三轮车，拒不配合交通警察执法，并驾车造成交通警察轻伤二级的后果，其行为已构成妨害公务罪。

[**参考案例**：（2015）徐刑终字第00028号]

8. 辩方提出：被告人明知他人报警后仍留在现场等候处理事故，应认定为自首。

答辩要点：行为人醉酒驾驶机动车发生交通事故后打电话报警，或者明知他人报警而在现场等候公安机关处理，应认定为自首。因为此时行为人报警的主要目的是保护现场、抢救伤者，接受公安机关到场处理，表明其有将自身置于司法机关管辖、接受惩罚的意愿。另外，根据最高人民法院《关于处理自首和立功若干具体问题的意见》的规定，交通肇事后保护现场、抢救伤者，并向公安机关报告的，应认定为自动投案。

被告人汤某某饮酒后驾驶小轿车，从某市江北区九街附近出发，经渝澳大桥、菜园坝大桥行驶至南岸区风临路铜元局派出所路段时,碰撞到停放在路边的一辆小轿车,造成两车受损的交通事故。经鉴定,汤某某血液中乙醇含量为191.7mg/100ml;经认定,汤某某负事故全部责任。

本案中发生交通事故后,被撞车辆车主看见流动警务车经过,遂跑到公路对面向民警报警,被告人虽在现场等候民警处理事故,但未主动向民警交待酒后驾驶的事实,而是民警发现汤某某身上有酒味,怀疑其系醉酒驾驶,才对其进行酒精测试,查明系醉酒后驾驶机动车,其不具有主动投案性,不能认定自首。

[**参考案例:**(2015)渝五中法刑终字第00489号]

9. 辩方提出:被告人仅构成寻衅滋事罪,不构成危险驾驶罪。

答辩要点:行为人在道路上醉酒驾驶轿车先后到了4个地方,并分别在所到的4个地方实施了寻衅滋事行为。被告人的行为应为危险驾驶和寻衅滋事两个行为,这与醉酒后在道路上连续驾驶机动车同时构成交通肇事或者以危险方法危害公共安全等犯罪的行为不同。

案发上午10时许,被告人楚某某酒后驾驶黄色雪佛莱汽车行驶至商城县鲇鱼山乡美人岗路东宏源小区售楼部,持砖头将该售楼部门窗玻璃砸毁,随后,楚某某又驾车至商城县双椿铺镇高某甲家及高某乙家,用砖头将高某甲家窗户玻璃砸毁,用脚将高某乙家木门门栓踹断。经价格认证中心鉴定:被损毁财物价值共计人民币2659元。

当日下午13时许,被告人楚某某酒后窜至商城县公安局鲇鱼山乡派出所,无故将民警林某某、宋某某、杨某某打伤。

林某某受伤后,在商城县人民医院住院治疗56天,支出医疗费25672.47元,经诊断,林某某系外伤性蛛网膜下腔出血;脑震荡;口腔多处挫裂伤、擦伤及左下牙齿断裂(一枚);头面部及颈背部软组织损伤。住院期间,林某某前往中国人民解放军总医院检查治疗,支出医疗费2090.49元。

案发当日上午10时至11时许,被告人楚某某酒后驾驶黄色雪佛莱汽车先后到达宏源小区售楼部、高某甲、高某乙家及鲇鱼山乡派出所等地。经公安局物证鉴定所鉴定:从楚某某的血液中检测出乙醇含量为94.3mg/100ml。被告人楚某某属于醉酒驾驶。

被告人在本案中有两个行为,一个是危险驾驶行为,另一个是寻衅滋事行为,两个行为均已构成犯罪,危险驾驶行为不是寻衅滋事行为的原因行为和手段行为,后一行为也不是前一行为的目的行为和结果行为,两个行为不具有牵连关系和吸收关系,因此,其辩护人提出被告人危险驾驶的行为被其他犯罪行为吸收的辩护意见不能成立,其行为分别触犯了危险驾驶罪和寻衅滋事罪两个罪名，两个行为之间没有牵连和吸收关系，应予以数罪并罚。

[**参考案例:**（2014）信刑终字第192号]

10. 辩方提出: 涉案停车场不具有公共性，也不具有通行性，不属于法律规定的"道路"，被告人行为不符合危险驾驶罪的犯罪客体要件，不构成危险驾驶罪。

答辩要点:《道路交通安全法》第119条规定，道路是指公路、城市道路和虽在单位管辖范围但允许社会机动车通行的地方，包括广场、公共停车场等用于公众通行的场所。

被告人杨某某饮酒后驾驶小型轿车在茅箭区珠海街教育宾馆院内路段移动车辆时与明某某停放在院内的小型普通轿车发生刮擦，造成财产损失道路交通事故。

经司法鉴定法医毒物检验鉴定，在杨某某的血液中检出乙醇含量为268mg/100ml，为醉酒后驾驶机动车。

本案中的涉案停车场，从物理位置看，三面房屋封闭，一面设有栏杆有保安值守，用于进出；从使用人群看，允许旅客、食客及经保安允许的其他人员驾车使用。其一，只要在该宾馆吃饭住宿或者经保安同意（如交停车费）均可停车，使用者是不特定人群，具有公众性，应理解为"虽在单位管辖范围但允许社会机动车"使用。其二，该停车场虽然只有一个口用于进出，但机动车进出该停车场已属通行，故涉案停车场属于法律规定的"道路"。辩护人提出的"不构成危险驾驶罪"的辩护理由不能成立。

[**参考案例:**（2017）鄂03刑终248号]

11. 辩方提出: 被告人的行为不构成危险驾驶罪。理由是：公安局下属派出所未经行政授权，自行联系镇中心卫生院派护士到该所对被告人提取血样，且其制作的血样提取视频没有反映血样固定过程，与提取笔录记载的内容不符，无法排除送检的血样是他人血样的可能。

答辩要点: 根据公安部规定，派出所受理辖区内五类刑事案件：民警现场抓获的；犯罪嫌疑人向派出所投案自首的；群众将犯罪嫌疑人扭送到派出所的；派出所民警获得线索可直接破案的；其他案情简单的案件。且根据《市公安局"所队合一"警务改革实施方案》的要求，显然该派出所处理辖区内交通事故类简单案件，不需另行行政授权。

根据《查处酒后驾驶操作规程》第2条第（五）项规定，"当事人对检验结果有异议或者饮酒后驾驶车辆发生交通事故的，应当立即固定不少于两份的血液样本，或者由不少于两名交通警察或者一名交通警察带领两名协管员将当事人带至县级以上医院固定不少于两份的血液样本"。可见，"将当事人带至县级以上医院固定不少于两份的血液样本"只是选择性的要件,该水陆派出所接群众"110"报警后,在辖区内现场发现被告人涉嫌醉酒驾驶,即就近联系该镇中心卫生院对被告人提取血样,并不违反法律、法规、规章的强制性规定。

该派出所制作的当事人血样提取登记表证实,2016年1月10日15时许,派出所联系该镇中心卫生院护士张某某至该所提取了被告人的两份血液样本,1号样本盛装容器粘贴标签编号为K84644225,2号样本盛装容器粘贴标签编号为K84644199,由护士张某某、当事人周某某、办案人官某某和朱某某签字确认。

该派出所提取被告人血液样本未违公安部公交管(2011)190号《关于公安机关办理醉酒驾驶机动车犯罪案件的指导意见》的相关规定。该《规定》第1条第1款规定,"严格血样提取条件……检查中发现机动车驾驶人有酒后驾驶机动车嫌疑的,立即进行呼气酒精测试,对涉嫌醉酒驾驶机动车、当事人对呼气酒精测试结果有异议,或者拒绝配合呼气酒精测试等方法测试以及涉嫌饮酒后、醉酒驾驶机动车发生交通事故的,应当立即提取血样检验血液酒精含量"。本案中,因被告人拒绝配合呼气酒精测试,公安机关及时对被告人采取提取血样方法检验其血液酒精含量是适当的。

该《规定》第1条第2款规定,"及时固定犯罪证据"。对查获醉酒驾驶机动车嫌疑人的经过、呼气酒精测试和提取血样过程应当及时制作现场调查笔录;有条件的,还应当通过拍照或者录音、录像等方式记录;现场有见证人的,应当及时收集证人证言……

本案中,公安民警对查获经过进行了录音录像,对护士张某某将被告人血样提取至试管的过程进行了录音录像,对提取的血样当场登记封装并由有关人员签字,对封装周某某血样的试管进行了拍照,提取周某某血液样本程序符合规定。

武汉福田爱民司法鉴定中心武福爱〔2016〕毒鉴字第43号法医毒物司法鉴定检验报告书证实,从送检的被告人的血样中检出乙醇成分,其含量为209.1mg/100ml。

根据中华人民共和国国家标准《车辆驾驶人员血液、呼气酒精含量阈值与检验》车辆驾驶人员血液酒精含量临界值:饮酒驾车≥20mg/100ml;醉酒驾车≥80mg/100ml。

因此,被告人血液酒精含量符合醉酒驾驶标准。

被告人醉酒后驾车构成危险驾驶罪,应当依法追究其刑事责任。

[**参考案例:**(2017)鄂96刑终32号]

六、重大责任事故罪

1. 辩方提出：被告人唐某某不具体负责施工电梯的安装、拆除工作，对重大责任事故罪不承担责任。

答辩要点：重大责任事故罪是指在生产、作业中违反有关安全管理的规定，因而发生重大伤亡事故或者造成其他严重后果的行为。

本罪行为主体是自然人，包括对生产、作业负有组织、指挥或者管理的负责人、管理人、管理人员、实际控制人、投资人等人员。至于企业的性质，则不影响本罪的成立。

某建筑工程有限公司中标承建某小区8—13号楼，被告人唐某某作为该公司现场负责人，负责全面工作。该工程租赁某机械化施工有限公司的施工电梯，由被告人周某某负责安装、拆除。

被告人唐某某通知某机械化施工有限公司将施工电梯报停，该公司仅办理了《建筑起重机械拆卸告知表》，却未按规定至建设主管部门办理拆卸告知和使用注销手续。当唐某某通知周某某拆卸10号楼的施工电梯时，周某某安排工人至现场拆卸，唐某某未按规定落实相关的警戒措施，周某某虽然曾到现场察看，也未就设置安全警戒措施进行落实磋商，当日仅拆卸了部分电梯。又过了几日，现场拆卸工人由周某某安排至其他工地施工，致使电梯拆卸作业中断2日。案发下午，该工地外墙涂料施工人员代某某、谢某甲、谢某乙、陈某某、李某某违规使用10号楼施工电梯，致使电梯在运行过程中突然下坠，造成上述5人死亡。

被告人唐某某在对施工电梯的拆除布置和管理上，未落实施工电梯拆卸的安全防范措施，未在施工现场的危险部位设置明显的安全警示标志，未落实专职安全生产管理人员监督检查施工电梯的安装、拆卸、使用情况，未及时排查整治施工现场的安全隐患。唐某某与另一被告人周某某在这起造成5人死亡的重大伤亡事故中，责任相当，不应区分主次。

[**参考案例**：（2014）常刑终字第26号]

2. 辩方提出：被告人崔某某不具备重大责任事故罪主体身份，不构成犯罪。

答辩要点：重大责任事故罪行为主体是自然人，包括对生产、作业负有组织、指挥或者管理的负责人、管理人、管理人员、实际控制人、投资人等人员。

2013年11月11日，东方某公司与某公司签订《建筑工程施工合同》一份，被告人殷某某、崔某某代表各自的公司在合同上签字。合同约定由某公司承揽东方某公司改扩建厂房工程。后崔某某在未组建该工程项目部的情况下，指派无施工管理资质的陈某某前往工地担任工程现场总负责人。殷某某组织了开工仪式，并让该改扩建工程在没有取得施工许可证的情况下开始施工。于同年 12 月，扩建 7 号厂房基础施工已基本完成。同月，被告人周某某驾驶起重机到达施工现场，被告人秦某某到现场安排周某某起吊 7 号厂房工地基坑内的模板进行挪移作业，在未安排专业起重机指挥人员和司索人员的情况下秦某某先行离开。

周某某将吊车停靠在东方某公司 1 号仓库（以下简称 1 号仓库）东侧的路面上，吊车四角支撑完毕后，周某某明知吊车正上方为 220kV 高压线且在未配备专业指挥人员和司机人员的情况下，将吊臂转到正东方向开始作业，7 时 50 分前后，在进行模板挪移作业时，起重机吊臂与其上空的 220kV 高压线路发生放电，产生的电火球窜入该 1 号仓库，引燃仓库内租赁户存储的火灾危险性为丙类的物资后引起火灾，造成巨额财产损失。后经价格认证中心鉴定，该起事故造成存放于 1 号仓库内西蒙电气产品存货损失共计人民币 11793623 元。

本案涉案公司由崔某某实际负责日常工作，涉案建筑工程施工合同系其代表公司签订。

被告人崔某某作为施工单位日常工作实际负责人，未尽到管理职责，未安排有资质的项目负责人到场管理，承建工程在未组建工程项目部、未取得施工许可证的情况下开工，埋下重大安全事故隐患，对事故的发生负有直接领导责任。火灾事故导致严重财产损失，其行为符合重大责任事故罪的构成要件，依法应以重大责任事故罪追究刑事责任。

[**参考案例：**（2016）苏 06 刑终 102 号]

3. 辩方提出： 被告人余某某将收购站转包给他人经营后，不再是该收购站的实际控制人，不构成重大责任事故罪。

答辩要点： 最高人民法院、最高人民检察院《关于办理危害生产安全刑事案件适用法律若干问题的解释》第 1 条规定："刑法第一百三十四条第一款规定的犯罪主体，包括对生产、作业负有组织、指挥或者管理职责的负责人、管理人员、实际控制人、投资人等人员，以及从事生产、作业的人员。"

2013 年，被告人余某某投资近 80 万元自建废品收购站，包括修路、建房、购买地磅及铲车等，余某某系该废品收购站实际控制人、投资人，收购站建好后，未制定过任何安全制度。

2015 年初，被告人余某某将收废品营业执照及相关场地、机器等出租给没有相关资质人员高某某经营，每年收取 60000 元租金。同年 9 月 10 日，高某某在经营期间，收到无标识生锈爆破箱，高某某在未检查的情况下，指挥小工切割，从而发生爆炸，造成高某某、袁某某、董某某当场死亡，任某某被炸伤。经鉴定，从所送炸点周围的尘土中均检测硝铵炸药的主要离子成分硝酸根离子和铵根离子。任某某综合评定为重伤二级。

本案中，被告人余某某是废旧物收购站的投资人，其将营业执照、场地随意出租给无相关资质废品收购人员，因而发生重大伤亡事故，其应是重大责任事故罪的犯罪主体，构成重大责任事故罪。

[参考案例：（2016）黔 02 刑终 298 号]

4. 辩方提出：被告人的违规操作行为与被害人死亡结果不存在必然的因果关系，被告人无罪。

答辩要点：赵某某（另案处理）受林某某的委托组织施工人员为林某某在北京市房山区韩某村某号盖房。赵某某向李某某租赁一混凝土泵车进行房顶浇筑。被告人于某某在未确保安全的情况下操作混凝土泵车，在浇筑过程中因泵车臂架第 1、2 节连接处突然发生断裂，导致臂架前端 2—5 节整体向下塌落，将正在臂架下方平整水泥的工人张某某砸死；同时，塌落的臂架致使手扶臂架末端软管的工人高某某头部受到撞击死亡。

被告人于某某违规操作系导致二被害人死亡的重要原因，本案的发生虽存在其他因素的参与，但并不阻断被告人于某某违法行为与伤亡后果之间的因果关系，于某某应当在其过错范围内承担相应的刑事责任。于某某在作业中违反有关安全管理规定，发生重大伤亡事故，致二人死亡，其行为已构成重大责任事故罪，依法应予惩处。

[参考案例：（2018）京 02 刑终 163 号]

5. 辩方提出：被告人没有参与案发时的作业，不构成重大责任事故罪。

答辩要点：重大责任事故罪，是指在生产、作业中违反有关安全管理的规定，因而发生重大伤亡事故或者造成其他严重后果的行为。

本罪的犯罪主体为对企业生产、作业负有组织、指挥或者管理职责的负责人、管理人员、实际控制人。

被告人陈某某与周某某（已死亡）共同出资，未经相关职能部门审批，合伙非法经营小炼油厂从事提炼、加工、销售柴油等油品业务。案发当日，吴某某驾驶一辆油罐车到陈某某经营的炼油厂购买柴油时，陈某某在没有任何安全保障的前提下安排所属 2 名员工（另案处理）从事泵油作业，在操作过程中违反安全规程，导致发生爆炸事故，造成周某某当场死亡、吴某某受伤（经鉴定，吴某某的伤情属轻伤），以及油罐车、3 个储油罐等财物被烧毁的重大事故。

根据本案证据被告人陈某某及其同伙周某某经营涉案炼油厂有较长时间，且在没有任何审批手续的情况下，从事非法经营活动。在没有安全保障的前提下，指挥工人从事危险作业，导致事故发生。陈某某作为涉案炼油厂的合伙人之一亦应对本案的重大事故承担责任，辩护人所提出的其没有参与案发时的作业的辩解及辩护意见不能成立。被告人在生产、作业中违反有关安全管理的规定，因而发生重大伤亡事故，致一人死亡、一人轻伤，其行为已构成重大责任事故罪。

[**参考案例**：（2013）穗中法刑一终字第588号]

6. 辩方提出：被害人违反《道路交通安全法》，撞上了被告人驾驶的挖掘机，是导致其死亡的重要原因，被告人杜某某应宣告无罪。

答辩要点：重大责任事故罪，是指在生产、作业中违反有关安全管理的规定，因而发生重大伤亡事故或者造成其他严重后果的行为。

被告人杜某某未取得特种车辆操作证驾驶无号牌履带式挖掘机，在公路上施工作业时，因未按规范安全操作，未确保施工安全，在明知没有设置明显安全警示标志且无人指挥的情况下施工作业，致使挖掘机挖斗翻转时碰撞李某某驾驶路过的无号牌普通两轮摩托车，致李某某当场死亡。

被告人杜某某在未取得挖掘机操作许可证的情况下，使用挖掘机生产作业，并违反业务规则、安全法规，既未设置警示标志，又无现场指挥人员，因而发生重大伤亡事故，致一人死亡，其行为已构成重大责任事故罪。被害人违反《道路交通安全法》的行为，并不影响被告人重大责任事故罪的犯罪构成。

[**参考案例**：（2014）六刑终字第00119号]

7. 辩方提出：被告人张某某作为汽车起重机的所有人，案发时不在施工现场，没有参与吊装作业，其作为自然人不是重大责任事故罪的适格主体，不构成重大责任事故罪。

答辩要点：本罪的犯罪主体为对企业生产、作业负有组织、指挥或者管理职责的负责人、管理人员、实际控制人。

被告人张某某系吊车所有人，张某某接某公司库管员李某甲电话让其到该公司货场内进行吊装业务，张某某派遣有特种作业资质的被告人吴某某驾驶吊车开赴货场内实施吊运。吴某某到达货场内最后一处吊运点，某公司员工何某某、聂某某在吊臂下方给需要吊运的搅拌机挂钢丝绳。钢丝绳固定好后，吊车驾驶员吴某某在明知吊运点上方有高压电线的情况下开始吊运，聂某某和何某某站在地面扶着被吊起的搅拌机。后吊臂在转动过程中触碰到上方高压电线，聂某某和何某某当场被电击死亡，站在旁边的某公司总经理李某乙触电倒地，吊车车轮被点燃。

重庆市安全生产监督管理局认定本次事件属生产安全责任事故。直接原因是吊车驾驶员吴某某明知吊运点上方有高压电线、被吊物下方有人，仍然冒险作业，吊臂在旋转时触碰到上方的高压电线导致吊臂下方的聂某某、何某某、李某乙触电倒地。

被告人张某某是汽车起重机的所有人，其购置汽车起重机从事生产经营活动，负有组织、指挥、管理职责，并有保障作业安全的法定义务，依法符合重大责任事故罪的犯罪主体身份。其雇用他人从事吊装作业，未按照安全生产的要求配备作业指挥人员、安全生产管理人员，不对作业人员进行安全教育培训，在不具备安全生产的条件下施工，是造成本次事故的间接原因，依法应当承担相应的刑事责任，案发时其是否在作业现场不影响罪名成立。

[**参考案例：**（2018）渝01刑终453号]

8. 辩方提出：被告人的行为构成强令违章冒险作业罪。

答辩要点：《刑法修正案（六）》于2006年6月29日颁布，在保留重大责任事故罪的同时，把强令违章冒险作业规定为单独罪名，修改为"在生产、作业中违反有关安全管理的规定，因而发生重大伤亡事故或者造成其他严重后果的，处三年以下有期徒刑或者拘役；情节特别恶劣的处三年以上七年以下有期徒刑"。

2005年5月18日凌晨2时许，被告人常某某组织本组村民孙某某、徐某某、武某某等人到私自购买的本组钒土矿口非法开采钒土，在开矿过程中发生塌方事故，造成孙某某受伤抢救无效死亡，徐某某、武某某不同程度受伤的重大伤亡事故。

本案的案发时间是2005年，应适用《刑法》第134条之规定，以重大责任事故罪来认定。就本案而言，即便被告人的行为构成强令违章冒险作业罪，依据《刑法》第12条"从旧兼从轻"的处罚原则，对被告人的行为仍按照重大责任事故罪予以定罪处罚。

[**参考案例：**（2009）南刑再字第19号]

9. 辩方提出：被告人不是实际施工人，不应承担事故主要责任。

答辩要点：最高人民法院、最高人民检察院《关于办理危害生产安全刑事案件适用法律若干问题的解释》第1条规定："刑法第一百三十四条第一款规定的犯罪主体，包括对生产、作业负有组织、指挥或者管理职责的负责人、管理人员、实际控制人、投资人等人员，以及从事生产、作业的人员。"

被告人李某某在其经营的厂区内，未经有关部门审批违章拆除、扩建厂房，并委托郭某某施工队、卢某某施工队进行钢结构、土建工程施工，雇用并安排被告人刘某某、李某某负责现场工程质量及施工队伍管理，郭某某、卢某某在均无相关施工资质的情况下承揽工程。5月在管理部门下达《责令限期改正通知书》《责令停止施工通知书》后仍然继续施工。施工中，卢某某使用不符合标准的水泥灌制桩基。同年11月发现厂房存在6根柱子地基下沉的安全隐患后处置不当，致使同年12月3日发生在建厂房坍塌事故，造成5人死亡、4人受伤

（其中1人重伤、3人轻伤）。

  被告人李某某作为项目投资方和建设方，在未办理《建设工程施工许可证》以及安全、质量监督手续的情况下，聘请无建筑工程施工资质人员承建工程施工，未组织制订安全专项施工方案，未确认是否具备混凝土浇筑的安全生产条件及施工应急救援预案等安全保证措施，组织他人冒险作业，以致发生重大伤亡事故，其行为对于事故发生负有主要责任。

[**参考案例**：（2017）鲁01刑终390号]

第二章 暴力犯罪庭审辩论攻防要点

一、故意杀人罪

1. 辩方提出：被告人主观没有杀人故意，不应构成故意杀人罪，应认定为故意伤害罪。

答辩要点：故意杀人罪在主观上须有非法剥夺他人生命的故意，包括直接故意和间接故意。即明知自己的行为会发生他人死亡的危害后果，并且希望或者放任这种结果的发生。2010年4月14日最高人民法院刑三庭《在审理故意杀人、伤害及黑社会性质组织犯罪案件中切实贯彻宽严相济刑事政策》指出：……实践中一些致人死亡的犯罪是故意杀人还是故意伤害往往难以区分，在认定时除从作案工具、打击的部位、力度等方面进行判断外，也要注意考虑犯罪的起因等因素。

本案中，被告人持刀向被害人背部捅刺十多刀，作案工具具有杀伤性，打击部位为致命部位，打击力度更是伤口直达胸腔，致使被害人心肺刺破急性大出血而死亡，其犯罪的起因是因为被原女友拒绝继续保持同居关系后仍纠缠不休，持刀捅刺原女友，被他人制止时，为排除杀人的阻碍，捅刺他人十多刀，其故意杀人的主观故意明显。客观上持刀捅刺并造成一死一伤的后果，其行为符合故意杀人罪的构成要件。应以故意杀人罪定罪处罚。

[**参考案例**：（2013）浙刑三终字第00104号]

2. 辩方提出：被告人仅为故意杀人的行为人准备、提供刀具，且提供刀具时仅知道行为人是要去斗殴，提供刀具的行为不构成故意杀人罪。

答辩要点：共同犯罪的帮助故意，是指帮助他人（主要是指实行犯）犯罪的故意。帮助犯在其主观上也具有双重的心理状态。在认识因素中，一方面，认识到实行犯所实行的是犯罪行为和这种犯罪行为将要产生的危害结果；另一方面，认识到自己所实行的行为是帮助实施犯罪的行为，即以自己的帮助行为，为实行犯实施和完成犯罪创造便利条件。在意志因素中，一方面希望或者放任自己的行为能为实行犯提供方便；另一方面，希望或者放任通过自己的帮助，实行犯能够顺利地完成犯罪或者造成一定的犯罪结果。

第二编 刑法分则庭审辩论攻防要点

本案中,被告人明知实行行为人携带足以致人死亡的工具欲与他人斗殴,仍积极参与,准备工具,驾驶车辆与其一同前往,足见其与实行行为人具有共同的犯罪故意和行为,虽然在实行与他人互殴过程中并未实施具体的加害行为,但亦没有采取措施对其准备刀具等先前行为所产生的危险加以制止,并有效避免严重后果的发生,属于故意杀人罪的共犯,依法构成故意杀人罪。

[**参考案例:**(2016)吉刑终145号]

3. 辩方提出: 被告人驾驶车辆在案发时保持既有车速行进,同时须兼顾前方车辆行驶情况,无法预见驾驶室右侧道路情况,对被害人死亡后果持否定态度,不存在放任故意,其行为构成交通肇事罪。被害人在车流量较大的转盘处选用最不恰当的方式执法,本案死亡后果系由被害人违规执法和被告人逃避检查共同造成,被害人存在重大过错。

答辩要点: 故意杀人罪在主观上须有非法剥夺他人生命的故意,包括直接故意和间接故意。即明知自己的行为会发生他人死亡的危害后果,并且希望或者放任这种结果的发生。公安部门制定的旨在保护交警执法人身安全的工作规范,不能作为认定交警执法违法的依据。

本案中,被告人作为重型货车驾驶员,明知交警通过攀爬车门及拍打车门、车窗的方式要求其配合检查,应当意识到拒不配合检查可能造成他人伤亡的后果,其拒不按照交警指示行车的行为,显然具有放任造成他人伤亡的故意。被告人不追求被害人死亡结果的发生,并不说明被告人曾努力避免被害人死亡结果的发生,故被告人不追求被害人死亡结果的发生,不影响对其具有放任故意的认定。被害人的执法行为虽然不完全符合《交通警察道路执勤执法工作规范》的相关规定,但公安部制定这一工作规范的目的在于保护交警执法过程中的人身安全,并未否定被害人执法行为的合法性。相反,被告人在明知交警不顾安全执法的情况下,更应主动配合交警执法,更具有对执法交警人身安全的注意义务。

被告人在驾驶严重超载的重型自卸货车路经交通要道时,拒不配合执勤交通警察检查,在明知执勤交警已经接触车辆的情况下,仍顾自行驶,造成车辆碾压执勤交警致死,其行为已构成故意杀人罪。

[**参考案例:**(2016)浙刑终216号]

4. 辩方提出: 被告人挣脱警用约束绳,趁被害人不备,用该警用约束绳从被害人背后勒住其颈部,并将其强行拖拽致其瘫软、昏迷倒地。被告人虽有妨害公务的行为,且具有暴力成分,但其主观上没有杀人的故意,且未造成严重后果,其行为构成妨害公务罪,不构成故意杀人罪。

答辩要点: 主观故意是行为人实施犯罪行为时的一种主观心理状态,包括认识因素和意志因素两个层面。要准确认定行为人的主观故意,首先必须查明行为人的认识状态,即行为人是否对相应犯罪构成要件中的客观方面也就是事实有着明确的认识,以此为基础,再考察行为人的意志态度,从而判断行为人是否存在犯罪故意以及何种故意(直接故意还是间接故意)。故意杀人罪的主观故意中认识的界定,应当从以下方面进行判断:(1)行为人认识到自己是在实施剥夺他人生命的行为;(2)行为人认识到其行为将会产生致他人死亡的结果。

本案中,被告人采用警用约束绳趁被害人不备从其身后勒住其脖子,并进行拖拽,致其晕厥的行为可能会使被害人面临窒息并导致其死亡结果发生,这是生活常识,正常的成年人一般都能预见,这一点也可以从案发现场监控录音录像中,3名证人强烈的呼喊表现予以印证。而被告人作为心智健全、具有完全刑事责任能力的成年人,与常人无异,不存在对此种情况认识上的障碍。在此前提下,被告人不顾被害人的反抗而决意实施勒其脖子并拖拽的行为,主观上具有故意杀人的事实性认识,其行为体现其放任被害人死亡结果的可能发生,反映出其主观上具有非法剥夺被害人生命的故意,其行为完全符合故意杀人法定构成要件,依法应认定被告人犯故意杀人罪。

[**参考案例:**(2016)粤0507刑初365号]

5. 辩方提出: 被告人虽然是聚众斗殴的邀约人,但故意杀人行为实行者是其邀约的同案犯,属于实行过限,被告人构成聚众斗殴,不构成故意杀人。

答辩要点: 实行过限,指在共同犯罪中,原共同犯罪中某一个或数个共同犯罪人,实施了超过原共同谋定的故意范围以外的犯罪行为。实行过限的犯罪行为由过限行为实施者自己承担,对过限行为没有共同故意的原共同犯罪人,不对过限行为负刑事责任。

本案中,被告人邀约了多人持械聚众斗殴,明知多人持刀对被害人乱砍可能导致其死亡,仍然放任多人乱砍并导致了被害人死亡结果的发生,对死亡结果有间接故意,被邀约的人的行为未超出被告人的犯罪故意,其虽然没有直接动手实施杀人行为,亦应当以故意杀人罪定罪处罚。

[**参考案例:**(2017)湘3101刑初308号]

6. 辩方提出: 被告人仅有寻衅滋事的动机,没有杀人故意,不构成故意杀人罪。

答辩要点:(1)被告人的行为不构成寻衅滋事罪。寻衅滋事罪是指无端挑衅,随意殴打、骚扰他人,情节恶劣;强拿硬要、任意侵害公私财物,情节严重;或者在公共场所起哄闹事,造成公共秩序严重混乱的行为。寻衅滋事罪在主观上的基本特征表现为公然藐视法律和道德规范,无端挑衅,破坏公共秩序,以寻求精神刺激,填补精神空虚。在客观方面表现为无事生非、无理取闹,扰乱公共秩序。

在本案中，被告人自称与其姘居的"坐台小姐"被人强行带走，而纠集多人，携带自制手枪、尖刀等凶器，显然不是无事生非，不是出于寻求精神刺激、显摆取乐等流氓动机，而是有目的、有计划的杀人、报复行动，且报复目标明确。其所携带的自制手枪、尖刀等凶器的杀伤力也远远超出寻衅滋事行为所能及的暴力范围。其间，受被告人纠集的同案犯开枪朝对方射击，将邻桌就餐的无辜者打死，致人死亡的结果亦非寻衅滋事罪所能涵盖。因此，无论在主观上还是在客观行为上，被告人的行为均不具备寻衅滋事罪的基本特征，故不构成寻衅滋事罪。

（2）被告人的行为构成故意杀人罪。同案犯的开枪杀人行为是否系共同犯罪中的实行过限？所谓实行过限，又称共同犯罪中的过剩行为，是指实行犯实施了超过共同犯罪故意的行为。根据主客观相统一的刑法理论，行为人在对《刑法》所规制的危害后果具有罪过时才承担刑事责任。在实行过限的情况下，由实行犯对过限行为单独承担责任，其他共同犯罪人对过限行为不负刑事责任。本案中，被告人纠集7人，携带自制手枪、尖刀等凶器，并在现场指挥报复他人，在其同伙持枪顶住他人的情况下，仍不予约束或制止。被告人在明知其所纠集的同伙持枪行凶而不予制约，在主观上对该持枪行凶的行为至少是容忍的。故其同案犯开枪致人死亡的行为并未明显超出被告人采用暴力手段报复他人的故意范围，该行为不属实行过限，被告人应对同案犯的开枪杀人行为承担刑事责任，其行为构成故意杀人罪。

[**参考案例**：（2009）浙刑三终字第159号]

7. 辩方提出：被告人接公安机关通知后到案，如实供述了自己的罪行，应当认定自首情节。

答辩要点：自首是指犯罪后自动投案，如实供述自己的罪行的行为。最高人民法院《关于处理自首和立功若干具体问题的意见》规定，犯罪嫌疑人自动投案时虽然没有交代自己的主要犯罪事实，但在司法机关掌握其主要犯罪事实之前主动交代的，应认定为如实供述自己的罪行。最高人民法院《关于处理自首和立功具体应用法律若干问题的解释》第1条规定："仅因形迹可疑被有关组织或者司法机关盘问、教育后，主动交代自己罪行的，应当视为自动投案。"

如果司法人员只是根据经验、直觉认为行为人可能是作案人，而没有切实、具体的证据作为判断基础，则不能认为行为人具有犯罪嫌疑，仅属于形迹可疑；如果司法人员掌握了指向行为人犯罪的具体证据，如在其身上或住处发现赃物、作案工具、被害人血迹等，则可以认为行为人具有犯罪嫌疑，而不仅仅是形迹可疑。行为人在因形迹可疑受到盘问、教育时主动交代自己所犯罪行的，应当认定为自首；相反，在被确定为犯罪嫌疑人的情况下经讯问而交代犯罪事实的，不属于自动投案，不构成自首。本案被告人在供述犯罪事实前的行为可分为两个阶段，在到公安机关接受调查前，公安人员怀疑被害人可能被害，且被告人有作案嫌疑，但这种怀疑主要来自经验和直觉，并没有切实、具体的证据来支持，故被告人的行为更多地符合形迹可疑的特征。在被告人到公安机关后，公安机关一边安排民警与其谈话，一边安排技术人员对其所驾驶轿车进行勘查。结果发现，被告人的轿车后备箱被水冲洗过，并有浓烈的血腥气味，后备箱底部有暗红色斑迹，经提取作血迹预试验，确定系人血。在此情况下，公安人员遂开始对被告人进行讯问，但其仍试图隐瞒犯罪事实，后经思想教育，才供述了杀害被害人的犯罪事实。可见，在被告人交代所犯罪行前，公安机关已经掌握了认定被告人具有犯罪嫌疑的一定具体证据，虽然这时对从其轿车内检出的血迹尚未通过 DNA 鉴定确认系被害人的血迹，但结合被害人不正常失踪、被告人欠其巨额债务、发案时间段内行为反常等情况，足以认定被告人具有重大作案嫌疑，而不再是单纯的形迹可疑。被告人此时交代所犯罪行，显然不属于因形迹可疑而自动投案，不能认定为自首。至于其带领公安人员找到被害人的尸体，此情节系其应当如实供述所犯罪行的一部分，属于判断认罪态度好坏的依据，但不能据此认定其有自首表现。

[**参考案例**：刑事审判参考第 69 期 565 号]

8. 辩方提出：被告人患有轻度精神发育迟滞，请量刑时予以从轻处罚。

答辩要点：《刑法》第 18 条规定，精神病人在不能辨认或者不能控制自己行为的时候造成危害结果，经法定程序鉴定确认的，不负刑事责任。

本案中，司法鉴定意见书证实被告人患有轻度精神发育迟滞，其智商自幼比周围人差，该鉴定同时证实被告人作案时实质性辨认及控制能力存在，具有完全责任能力，且其杀人的主观动机仅仅是因为赔偿了被害人家 5000 元钱，并非因为遭遇不公，故被告人患有轻度精神发育迟滞不是从轻处罚的理由，该辩护理由不能成立。

[**参考案例**：（2016）赣 05 刑初 1 号]

9. 辩方提出：被害人对本案存在一定的过错，被告人行为属于临时起意的激情犯罪。

答辩要点："激情犯罪"与预谋犯罪相对应，属于"激情犯罪"的激情杀人也不同于预谋杀人，激情杀人是行为人由于被害人的严重过错而受到了强烈精神刺激，在激愤的精神状态下当场实施杀人行为，即行为人本无任何杀人故意，但在被害人的刺激、挑逗下而失去理智，因失控而实施故意杀人行为，激情状态与实行行为之间无间隔的冷静时间。

本案中，被告人提出延至当月底还款后，被害人在临近月底前曾多次打电话给被告人，被告人均未接电话，被害人遂用手机发短信给被告人，要求被告人还款，否则到期时上门索要，并未提及带人伤害对方家人；被告人在与被害人的通话中，将自己家庭地址告诉被害人，其事先已知晓被害人前来索款，并到案发现场等候被害人；案发前，被害人系独自一人乘出租车前来，且无证据证明被害人在案发现场有辱骂或者刺激被告人的言行。因此，被害人向被告人索要欠款的行为按常理不至于引起本案的发生，更无《刑法》意义上的过错，辩护人关于被害人有过错的辩护意见不能成立。

被告人的杀人意图产生于其未至案发现场前，且事先准备杀人工具并携带至案发现场，自其产生犯罪意图到实施杀人行为之间具有一定的时间和空间的间隔，且被害人没有明显或者较大的过错，也无证据证明被告人在案发现场受到强烈的精神刺激，故被告人的犯罪行为不符合激情杀人的构成要件。

[**参考案例：**（2017）苏 0803 刑初 176 号]

10. 辩方提出： 本案系家庭矛盾激化引起的犯罪，被告人认罪态度好，请求对被告人从轻处罚。

答辩要点：《全国法院维护农村稳定刑事审判工作座谈会纪要》第 2 段第（一）项规定：关于故意杀人、故意伤害案件要准确把握故意杀人犯罪适用死刑的标准。对故意杀人犯罪是否判处死刑，不仅要看是否造成了被害人死亡结果，还要综合考虑案件的全部情况。对于因婚姻家庭、邻里纠纷等民间矛盾激化引发的故意杀人犯罪，适用死刑一定要十分慎重，应当与发生在社会上的严重危害社会治安的其他故意杀人犯罪案件有所区别。

本案系感情纠纷而引发的民间矛盾，对于因婚姻家庭、邻里纠纷等民间矛盾激化引发的故意杀人犯罪，应当与在社会上发生的严重危害社会治安的其他故意杀人犯罪案件有所区别，被告人认罪态度好，建议合议庭采纳该辩护意见。

二、过失致人死亡罪

1. 辩方提出： 被告人与被害人在被害人父亲承包的鱼塘旁守鱼棚内玩耍，被告人拿着被害人父亲已装填了火药和铁砂并且"扳机"已打开的火药枪玩耍时，将枪口对向被害人，不慎枪响，击中被害人炳某某头部致其死亡。被害人之父私藏枪支，对本案的发生承担责任，被告人不承担全部责任。本案是出于意料之外、不能预见、无法回避的客观发生的意外不幸事件，并不是疏忽大意的过失行为。

答辩要点： 过失致人死亡罪，是指行为人应当预见自己的行为可能发生他人死亡的危害结果，因为疏忽大意而没有预见，或者已经预见而轻信能够避免，以致发生他人死亡的危害结果。客观上必须实施了致人死亡的行为，并且已经造成死亡结果，行为与死亡结果之间必须存在因果关系。

本案中，被告人系年满18周岁的成年人，应当知道玩耍火药枪的危害，稍有不慎就会造成人员伤亡，而将枪口朝向被害人，以致发生了死亡的结果，属于疏忽大意而没有预见的过失致人死亡，其行为构成过失致人死亡罪。枪支的来源及被害人之父应承担的法律责任不属本案审判的范围。

[参考案例：（2001）乐刑终字第57号]

2. 辩方提出：被告人驾驶电动三轮车在非机动车道内与被害人驾驶的皮卡刮擦。二人因此发生争执，被害人朝被告人面部击打一拳，被告人朝被害人头面部还击一拳，后二人厮打在一起。其间，被害人将被告人摔倒在地并用脚踢，被告人朝被害人头面部还击几拳。被害人返回皮卡车驾驶室时倒地不起，后被送往医院抢救无效于当日死亡。经鉴定，被害人系心源性猝死，生前与他人发生纠纷（争吵、情绪激动、厮打）为心源性猝死诱因。对于被害人死亡的结果，被告人主观不具有预见能力也不负有预见义务，建议宣告被告人张某某无罪。

答辩要点：被告人因琐事发生争执后未理性解决，继而双方互殴，并诱发他人心源性疾病发作猝死，系因过失行为导致他人死亡的后果，其行为已构成过失致人死亡罪。

[参考案例：（2017）宁01刑终347号]

3. 辩方提出：被告人由于疏忽大意发生了交通事故，应当认定为交通肇事罪，原判过失致人死亡罪不当。

答辩要点：最高人民法院《关于审理交通肇事刑事案件具体应用法律若干问题的解释》第8条规定，"在公共交通管理的范围外，驾驶机动车辆或者使用其他交通工具致人伤亡或者致使公共财产或者他人财产遭受重大损失，构成犯罪的，分别依照刑法第一百三十四条、第一百三十五条、第二百三十三条等规定定罪处罚。"

本案中，被告人在未投入使用的道路上发生了交通事故，而非在实行公共交通管理的范围内发生交通事故，应以过失致人死亡罪追究刑事责任，上诉人关于其行为构成交通肇事罪的上诉理由无事实和法律依据。

[参考案例：（2017）粤03刑终205号]

4. 辩方提出：上诉人是正常履行职务中发生过失致人死亡的行为，和被害人之间素不相识，两人没有发生任何纠纷或者利益的冲突。在被害人倒地后与同事积极采取措施进行救助，积极配合公安机关的调查，且投案自首。如果不能认定情节较轻，不利于担负着国家利益的人员去履行自己的职务，可能造成一些负面影响。

答辩要点：被告人作为保安员的履职行为并非系判断过失致人死亡情节轻重与否的依据，且救助行为只是事后的一个酌定情节，根据本案具体事实，难以认定为过失致人死亡的情节较轻，故对辩护人认为被告人行为属情节较轻的意见不应采纳。二审期间，上诉人家属积极补偿，得到被害人家属谅解，可视为上诉人有悔罪表现，建议综合考虑上诉人犯罪事实的性质、情节和对社会危害程度以及悔罪表现等因素，依法可对其适用缓刑。

[**参考案例**：(2012)沪二中刑终字第807号]

5. 辩方提出：被告人醉酒后，在公共场合与妻子发生抓扯，多次殴打妻子，最后将妻子摔死，应构成过失致人死亡而不是故意伤害致人死亡。

答辩要点：犯罪主观方面是故意还是过失，要结合具体情况讨论。客观行为方面，被告人如果实施了多个殴打行为，需要结合各行为是否对被害人造成明显伤害，行为之间是否连续，被告人实施殴打行为时，是否有所克制。主观过错方面，对殴打行为有直接的故意，但并不代表对伤害或死亡有所积极追求或放任的主观心态。因果关系及刑事责任方面，虽然被害人的死亡结果与被告人的殴打行为有直接因果关系，但该结果并不在被告人殴打行为主观故意的认识范围，依据主客观相一致的原则，也可认定被告人的行为构成过失致人死亡罪。

本案中，被告人柯某某饮酒后因其妻子在饭局中未招呼应酬客人致其面子受损即在公共场合当众殴打其妻子，致其妻子倒地颅脑受损后抢救无效死亡，其行为应构成过失致人死亡罪。客观行为方面，被告人殴打其妻子有3个行为，先是扫腿，而后扇耳光、推搡、摔打，最后用力摔倒。从其妻子反抗的情形看，被告人前两个行为并未给其妻子造成明显伤害，致其妻子颅脑损伤死亡在于最后的用力摔倒，而该行为是在其被妻子锁住脖子行走数米后为摆脱采取的。被告人实施的3个行为之间有所间断，并非持续加害，表明柯某某虽然饮酒后因颜面问题迁怒于妻子，但对其行为有一定克制；主观过错方面，被告人对殴打妻子的行为有直接的故意，但其与被害人系夫妻关系，其殴打的动因系其妻子未招呼应酬客人致其面子受损，并无其他重大冲突矛盾，从其上述客观行为、主观动机及与被害人的关系来看，致其妻子伤害或死亡并非其殴打所积极追求或放任的结果，即致其妻子死亡的结果并非其故意的内容。被告人应当预见其用力摔倒妻子可能致其重伤甚致死亡的后果，而在饮酒后鲁莽草率之下没有预见，导致其妻子倒地颅脑受损后抢救无效死亡，主观上有重大过失；因果关系及刑事责任方面，虽然被害人的死亡结果与被告人的殴打行为有直接因果关系，但该结果并不在柯某某殴打行为主观故意的认识范围，依据主客观相一致的原则，应当认定被告人的行为构成过失致人死亡罪。

[参考案例:（2015）中区法刑初字第01710号]

6. 辩方提出：过失致人死亡故意伤害致人死亡被告人认为其行为构成过失致人死亡罪而不是故意伤害罪，且认为自己的行为只是被害人死亡的一个诱因。

答辩要点：过失致人死亡与故意伤害致人死亡两罪虽然在客观方面都造成了被害人死亡的结果，在主观方面都没有杀人的动机和目的，也不希望或者放任死亡结果的发生，在致人死亡这个后果上均属过失。但两罪的根本区别在于：故意伤害致死虽然无杀人的故意，但有伤害的故意；而过失致人死亡既无杀人的故意也无伤害的故意。

在本案中，被害人周某某的陈述、证人证言以及上诉人黄某某的供述能相互印证，一致证实上诉人黄某某与被害人周某某在工作中发生纠纷并引起打斗，在此过程中，上诉人黄某某用膝盖发力顶向周某某的腹部的事实，即可证实上诉人黄某某有伤害被害人周某某的故意，故本案应定性为故意伤害罪。

[参考案例:（2011）穗中法刑一终字第311号]

7. 辩方提出：被告人所实施的伤害行为与被害人的死亡结果不构成必然联系，医方的诊疗过错是被害人死亡的主要因素，该介入因素中断了伤害行为与被害人的死亡结果的因果关系。

答辩要点：鉴定意见对此已作出明确认定，即关于因果关系分析，认为钝性暴力作用头部属于加速性损伤，其损伤部位局部作用暴力最大，损伤重，本例外伤虽局部暴力有限，但与死亡存在时间上的关联性，外伤后可发生头部血管痉挛收缩，继发基底血管供应区脑组织缺血梗阻，而被害人的死因系脑干、小脑梗塞，最终结论为外伤与被害人的死亡后果存在因果关系。被告人对于被害人的死亡结果主观上存在过失，客观上承担次要责任，其行为已构成过失致人死亡罪。

[参考案例:（2014）深中法刑一终字第880号]

8. 辩方提出：被害人因琐事与被告人发生纠纷，存在过错。

答辩要点：被告人因琐事与被害人发生争执，而击打被害人一拳，应当预见自己的行为可能造成被害人伤亡的后果，却由于疏忽大意未能预见，致使被害人倒地后头颅枕部受伤致颅脑损伤死亡，其行为已触犯刑律，构成过失致人死亡罪。现有证据证实被害人不具有法律意义上的过错，因此关于被害人存在过错的辩解与事实不符。

9. 辩方提出：对起诉书指控的事实无异议，但对起诉书指控的过失致人死亡的罪名提出异议，认为被告人的行为应当构成重大责任事故罪。

答辩要点：辩护人出示的建筑工程施工安全操作规程形式与来源合法，内容真实有效，被告人在作业中违反有关安全管理的规定，因而发生重大伤亡事故，致使一人死亡，其行为已构成重大责任事故罪。

[**参考案例**：（2013）海刑初字第02399号]

三、故意伤害罪

1. **辩方提出**：被告人是正当防卫，不应构成故意伤害罪。从一般防卫看，被告人身材单薄，虽持有刀具，但相对11名身体粗壮且多人有犯罪前科的不法侵害人，仍不占优势，被害人等人还对被告人的要害部位颈部实施了攻击，故被告人的防卫行为没有超过必要限度；从特殊防卫看，被告人的母亲与讨债一方签订的书面借款合同约定月息2%，而对方实际按10%收取，在被告人母亲按书面合同约定利息还清借款后，讨债人员仍然以暴力方式讨债，根据最高人民检察院《关于强迫借贷行为适用法律问题的批复》，被害人等人构成抢劫罪，被告人捅刺抢劫者的行为属特殊防卫，不构成犯罪。

答辩要点：评判防卫是否过当，应当从不法侵害的性质、手段、紧迫程度和严重程度，防卫的条件、方式、强度和后果等情节综合判定。

本案中，被害人一方虽然人数较多，但其实施不法侵害的意图是施加压力以催讨债务，在催债过程中未携带、使用任何器械；在民警进入接待室前，被害人一方对被告人母子实施的是非法拘禁、侮辱和对被告人拍打面颊、揪抓头发等行为，其目的仍是逼迫他们尽快还款；在民警进入接待室时，双方没有发生激烈对峙和肢体冲突，当民警警告不能打架后，被害人一方并无打架的言行；在民警走出接待室寻找报警人期间，被告人和讨债人员均可透过接待室玻璃清晰看见停在院内的警车警灯闪烁，应当知道民警并未离开；在于某持刀警告不要逼过来时，被害人等人虽有出言挑衅并向于某围逼的行为，但并未实施强烈的攻击行为。即使4人被于某捅刺后，被害人一方也没有人对被告人实施暴力还击行为。因此，被告人面临的不法侵害并不紧迫和严重，而其却持利刃连续捅刺4人，致1人死亡、2人重伤、1人轻伤，且其中1人被背后捅伤，应当认定被告人的防卫行为明显超过必要限度造成重大损害。

根据《刑法》规定，正当防卫明显超过必要限度造成重大损害的，属于防卫过当，应当负刑事责任，应以故意伤害罪追究被告人的刑事责任。

[**参考案例**：（2017）鲁刑终151号]

2. **辩方提出**：上诉人和被害人系朋友关系，上诉人不具备故意伤害被害人的动机。从行为方式和客观环境考虑，上诉人具有"疏忽大意没有预见"的过失。案发当日，被害人醉酒突然辱骂上诉人，才导致上诉人生气并殴打被害人，但仅仅是一时激愤实施了殴打行为，并无伤害的主观故意，且为一般殴打行为，内心并不希望和放任伤害被害人身体的结果发生。被害人被车辆碾压后，上诉人立即查看，并留在现场寻求他人帮助，为被害人联系救护车，积极协助抢救被害人直至被害人被送往医院后到交警大队自首，由此可见上诉人具有避免危害发生的意愿。由于特定的意外因素导致张某某的死亡构成意外事故，因此让上诉人承担故意伤害罪（致死）的法律责任，无法体现法律的公正。

答辩要点：故意伤害是指故意地非法损害他人身体健康的行为。在主观方面表现为故意，即行为人明知自己的行为会造成损害他人身体健康的结果，而希望或放任这种结果的发生。

本案中，上诉人在他人的劝阻下结束殴打行为，且在被害人已离开的情况下，又跑过去在车辆来往频繁的道路上殴打被害人，致被害人倒地时被过往的一车辆碾压，最后导致被害人死亡的结果，其故意伤害的主观故意明显，并非疏忽大意的过失，其行为已构成故意伤害罪，该上诉理由不能成立。

[**参考案例：**（2017）吉24刑终105号]

3. 辩方提出：被告人因不满医院治疗效果，为发泄不满情绪，在公共场所（医疗机构候诊室）持械行凶，其伤害的3名护士中只有1名参与治疗，故其伤害行为具有随意性，且造成医疗机构诊疗秩序严重混乱，其行为符合寻衅滋事罪的构成要件，其行为应构成寻衅滋事罪。

答辩要点：最高人民法院、最高人民检察院《关于办理寻衅滋事刑事案件适用法律若干问题的解释》（以下简称《解释》）第1条第2款、第3款规定："行为人因日常生活中的偶发矛盾纠纷，借故生非，实施刑法第二百九十三条规定的行为的，应当认定为'寻衅滋事'，但矛盾系由被害人故意引发或者被害人对矛盾激化负有主要责任的除外。行为人因婚恋、家庭、邻里、债务等纠纷，实施殴打、辱骂、恐吓他人或者损毁、占用他人财物等行为的，一般不认定为'寻衅滋事'"。

本案中，被告人在医院美容科做了胡须移植手术后，手术部位皮肤发炎、长痘，其对术后效果不满，两次到该医院美容科向医务人员"要说法"，对医务人员称发炎是正常现象、涂点消炎药可好的解释也不满意，属于典型的医疗纠纷，与上述《解释》规定的婚恋、家庭、邻里、债务等纠纷的性质类似，而非在就诊过程中因言语不和等日常琐事与医务人员偶发矛盾。被告人出于积怨报复行凶，属于有预谋的故意伤害，而非借故生事的寻衅滋事。从犯罪对象来看，被告人殴打对象是为其治疗的医务人员，或者是其误认为参与治疗的医务人员，作案对象相对特定，不认定为"寻衅滋事"。

综上，本案被告人因不满医治效果而蓄意报复，持刀捅伤医院3名护士，其行为认定为故意伤害罪更为准确。

[**参考案例**：刑事审判参考第100期第1026号，肖某某故意伤害案]

4. 辩方提出：本案是由民事纠纷引起的故意伤害致死案件，被告人主观恶性小且情节轻微的，建议在法定刑以下判处刑罚。

答辩要点：《刑法》第234条规定，故意伤害他人身体致人死亡的，处十年以上有期徒刑、无期徒刑或者死刑。我国刑事立法体现罪刑相适应原则，实施宽严相济的刑事司法政策。司法实践中，对于由民事纠纷引起的故意伤害致人死亡的案件，被告人已构成故意伤害罪且不具有法定减轻处罚情节的，如果其主观恶性和社会危害性相对较低，犯罪情节轻微，在审判机关量刑时可依照《刑法》第63条第2款之规定，根据案件的特殊情况，经最高人民法院核准，可以在法定刑以下判处刑罚。

本案中，被告人与被害人因琐事发生口角，被告人向正在梯子上的被害人投掷土块或砖块，导致被害人从梯子上跌落、死亡的行为构成故意伤害罪。鉴于被告人王某某主观恶性较小，伤害手段一般，犯罪情节轻微，可以以故意伤害罪在法定刑以下判处有期徒刑3年适当。

[**参考案例**：（2004）刑复字第239号]

5. 辩方提出：本案存在实行过限的情况，被告人即使存在殴打行为，也只是打了被害人几拳，属于轻微伤害，同案犯持刀伤害被害人行为已超出被告人的预料，属于过限行为，因此被害人重伤的结果应由过限的行为人承担。

答辩要点：实行过限，指在共同犯罪中，原共同犯罪中某一个或数个共同犯罪人，实施了超过原共同谋定的故意范围以外的犯罪行为。实行过限的犯罪行为由过限行为实施者自己承担，对过限行为没有共同故意的原共同犯罪人，不对过限行为负刑事责任。

本案中，被告人等人主观上有共同的伤害他人的故意，客观上实施了共同的伤害行为，均构成故意伤害的共同犯罪，同案犯持刀伤害被害人的行为并未超出被告人与之共同伤害故意的限度，因此均应对被害人的重伤后果承担刑事责任。

[**参考案例**：（2016）浙03刑终1190号]

6. 辩方提出：被告人没有伤害和杀害被害人的想法，被害人害怕私情暴露名誉受损，草率跳楼，超出了被告人的预想，也超出了一般人的预想，是意外事件，被害人跳楼与被告人的踹门行为没有因果关系，被告人没有直接造成被害人死亡的后果，因此，被告人不构成故意伤害罪，只构成非法侵入住宅罪。

答辩要点：被告人怀着报复念头，深夜携刀秘密侵入被害人的住宅，已经对被害人造成恐慌；随后被告人持刀相向，并实施语言威胁、强制脱衣等行为，直接进行人身威胁，着手实施进一步犯罪；在被害人寻机反锁房门、开窗呼救后，被告人激烈冲撞、踹击房门，通过被其破坏的门洞拉扯被害人的项链、头发、用刀向门洞内挥舞捅刺等，在这特定时空，被告人的暴力行为让被害人感觉到了巨大恐怖，促使被害人出于本能仓皇逃生，在被害人没有其他逃生路径的情况下，选择了跳楼。被告人对被害人实施的危害行为都是在被告人自由意志支配下进行的，并已对被害人造成实际的伤害，被告人行为特别激烈，表明其对自己正在实施的行为意志坚决。对本案犯罪起因、犯罪时空环境、犯罪手段以及被告人对被害人没有实施抢救行为等多重因素进行综合分析，能合乎常理地得出结论：被告人主观上存有伤害被害人的故意。

在讨论因果关系时不能苛求被害人在生命面临重大威胁时仍能保持理性，被害人慌乱中感觉别无选择而跳楼逃生，情有可原，其跳楼行为不中断被告人的伤害行为与被害人死亡间的因果关系。

综上，建议合议庭对被告人及其辩护人提出的其没有伤害故意，被害人死亡与其行为没有因果关系，被害人跳楼导致死亡属于意外事件，因而不构成故意伤害罪的辩护意见不予采纳。

[**参考案例**：（2014）丹刑初字第73号]

7. 辩方提出：被告人的行为不构成故意伤害罪，而是构成寻衅滋事罪。

答辩要点：随意殴打型寻衅滋事罪与故意伤害罪，在后果上均存在致人轻伤的结果，但故意伤害罪规定在《刑法》第四章侵害公民人身权利、民主权利罪中，寻衅滋事罪规定在《刑法》第六章妨害社会管理秩序罪中，体现了《刑法》在保护客体上的侧重点不同。

在主观上二者的区别在于：寻衅滋事罪中行为人具有为寻求刺激、发泄情绪、逞强耍横的动机随意殴打他人的，其主要是对正常的社会公共秩序的侵害，反之仅具有伤害他人身体健康的故意则应当认定为故意伤害。

在客观行为上两者的区别主要体现在殴打行为是否具有随意性，具有随意性则应当认定为寻衅滋事，所谓随意，即从一般人的理性角度考察，行为人殴打他人的行为不具有被一般人所理解或者接受的原因或者动机。

在具体案件的判断中，角色置换是一种可取的判断方法，即将一般人置换在行为人的位置是否会对被害人实施殴打，或者将其他人置换于被害人的位置，行为人是否会对其他人实施殴打，得出肯定结论的应当认定为寻衅滋事罪。

本案中，两名被告人仅是在被害人向被告人甲敬酒过程中，不小心将酒杯碰倒，以及与被告人乙在喝酒时发生口角，两名被告人即对被害人进行殴打。因此，二被告人的行为是典型的因偶发矛盾纠纷，借故生非，随意殴打他人的行为，应当被认定为寻衅滋事罪。

[参考案例：（2016）黔0322刑初148号]

8. 辩方提出：该损害结果的发生系被害人主动挑衅造成的，其有过错，对被告人的处理意见应当从轻认定。

答辩要点：在被告人进店购物时，被害人店主夫妇确有不当语言，但并非有意挑起纠纷，其不当语言只是一般的言语过失，而被告人在已离开摊位后，仅因该不当语言，又返回店内，持刀向男店主腹部猛刺一刀，致其重伤，危及生命，情节恶劣，不具备从轻情节。

[参考案例：（2007）西刑一终字第30号]

9. 辩方提出：被告人的行为构成交通肇事罪，不构成故意伤害罪。

答辩要点：行为人明知被害人在车头上却仍然强行开动汽车，并刹车将被害人甩下，对造成他人伤害的结果持放任的态度，造成被害人重伤经抢救无效死亡，符合故意伤害罪的构成要件，对其应当依据《刑法》第234条故意伤害罪之规定惩处。

[参考案例：（2012）东中法刑一初字第473号]

10. 辩方提出：被告人具有自首情节，应当从轻处罚。

答辩要点：《刑法》第67条对自首和准自首作出了界定：犯罪以后自动投案，如实供述自己的罪行的，是自首；被采取强制措施的犯罪嫌疑人、被告人和正在服刑的罪犯，如实供述司法机关还未掌握的本人其他罪行的，是准自首。可以看出，自首与准自首在适用主体上存在区别，准自首只适用于被采取强制措施的犯罪嫌疑人、被告人和正在服刑的罪犯。行为人在行政拘留期间，主动向公安机关交代尚未被掌握的罪行的，虽然其因行政拘留失去人身自由，但是符合"犯罪后主动地将自己交给国家进行追诉"的自首本质，因此构成自动投案，再加上其非准自首的适用主体，故其构成自首。

四、过失致人重伤罪

1. 辩方提出：被害人受重伤应为意外事件，被告人的阻止劝架行为不构成过失致人重伤罪。

答辩要点：被告人乙对被害人在其供职的面点店内长时间过量饮酒主观上已经明知，被告人乙和其他店内工作人员也劝阻过被害人，当被告人甲以掌击打被害人时，被告人乙出面制止，以推开被害人的方式阻止他人继续对被害人击打，使被害人倒地，造成头部受重伤的后果，被告人乙推被害人的行为与被害人受重伤的后果具有因果关系，根据当时的案发情况及被告人乙当时实际的认识能力，其对所采取的行为发生危害结果的可能性能够预见，只是其由于疏忽大意而导致了未能实际预见，其行为符合过失致人重伤罪的构成要件。

2. 辩方提出：被告人驾车在道路上将行人撞倒的行为构成交通肇事罪，不构成过失致人重伤罪。

答辩要点：根据交通事故认定书、刑事摄影照片、现场勘验笔录、原审被告人供述、被害人陈述、证人证言等证据证实，事发地点位于某化学工业园区某路上，该道路系某厂区道路，该厂对厂区道路有相关的管理规定，同时配备保卫人员对进出厂区的车辆进行实际的管理，该道路不属于公共交通管理范围。被告人在该区域道路上驾驶机件不符合技术标准且严重超载的重型自卸车辆，因对路面情况疏于观察而撞倒他人，致人重伤，不构成交通肇事罪，应当以过失致人重伤罪追究刑事责任。

[参考案例：（2014）宁刑终字第183号]

3. 辩方提出：被告人开铲车帮助推自卸车的行为是工地负责人安排的，应构成重大责任事故罪，不构成过失致人重伤罪。

答辩要点：被告人用铲车推工地的自卸车，虽是主动帮助他人的行为，但因不明他人停车原因，也不明确自卸车的车下情况，过失致人重伤。其行为不符合在生产作业中违反有关安全管理规定的情形，不属于重大责任事故，认定其构成过失致人重伤罪定罪准确。

[参考案例：（2015）鄂襄阳中刑申字第00021号]

4. 辩方提出：被害人右下肢截肢并不是被告人的过失行为造成的，两者之间没有直接的因果关系，现有证据不足以证明被告人的行为已构成过失致人重伤罪。

答辩要点：本案现有证据证实，被告人与被害人驱车行至事发地高速公路路段时，因琐事发生争执并下车发生拉扯，其间，被告人致被害人身体倒地被驶来的集卡车碾压致重伤。被告人关于其与被害人当时相距三四十米之远，其与被害人之间无身体接触，被害人是自行倒地的辩解，与目击证人关于其分别目睹一男一女在高速公路上拉扯、推搡，女方倒地被碾压的证言不符。被告人及辩护人的辩护意见，无事实和法律依据，不能成立。

[参考案例：（2011）沪一中刑终字第917号]

5. 辩方提出：被告人的行为构成过失致人重伤，不构成故意伤害。

答辩要点：故意致人重伤罪和过失致人重伤罪的根本区别在于其主观犯罪意图是出于故意还是过失。所谓"故意犯罪"是指明知自己的行为会造成某种后果发生，行为人希望或者放任这种结果发生的行为。所谓"过失犯罪"，是指应当预见自己的行为可能发生危害社会的结果，因为疏忽大意而没有预见或者已经预见而轻信能够避免，导致结果发生。

本案中，被告人身为幼儿教师，明知采用衣服挥甩的方式驱开学生的过程中会致人受伤，仍轻信能避免，致被害人重伤。在案发后，被告人吴某某和黄某某对被害人积极施救，其主观上符合过失犯罪的法律构成要件，故其行为构成过失致人重伤罪。

[参考案例：（2016）湘04刑申3号]

6. 辩方提出：打架中误伤第三人行为构成过失致人重伤罪。

答辩要点：被告人主观上有伤害他人的故意，客观上已实施伤害他人的行为，其在实施伤害他人的行为过程中误伤到其他人，此并没有超出其故意犯罪的主观心态，其行为完全符合故意伤害罪的犯罪构成特征要件。

[参考案例：（2015）浔刑初字第304号]

7. 辩方提出：被告人是出于防卫的目的才刺伤被害人的，构成假想防卫进而构成过失致人重伤。

答辩要点：被告人之前听到被害人打电话，后又被被害人拉着电动车不让其走并将其电动车拉倒，此时被告人其人身及其财产均未受到现实的重大威胁，被告人完全有时间有条件通过合法的途径来解决，但是，被告人却紧接着拿出刀来对被害人连刺数刀，致其腰部、手部、脸部多处受伤。客观事实说明，被告人此时的主观心态并非防卫，而是泄愤，因此，被告人的行为完全符合故意伤害罪的主客观构成要件，其行为构成故意伤害罪并非过失致人重伤罪。

[参考案例：（2014）官刑一初字第162号]

8. 辩方提出：被告人过失致人重伤后有自首情节，应当从轻处罚。

答辩要点：被告人在案发后并没有实施报警等主动投案的行为，被公安机关在其家中抓获归案，不能认定为自首，辩护人的该辩护意见不能成立。

[参考案例：（2016）皖0321刑初334号]

9. 辩方提出：被害人作为成年人应该知道在收割机附近拾麦具有危险性，且被告人已提醒被害人不要靠近收割机，被害人存在过错。

答辩要点：被告人无证驾驶联合收割机，在行驶过程中疏忽观察，其过错是造成事故的直接原因，且交警大队非道路事故成因分析意见书已认定被害人无过错，曾经提醒过被害人不要靠近，不是其可以疏忽观察的理由。

[参考案例：（2015）太刑初字第00066号]

五、强奸罪

1. 辩方提出：被告人仅在被害人自愿的情况下抚摸她胸部，证实被告人强奸的证据不足。

答辩要点：在案酒店监控录像、微信聊天记录这两项客观证据，足以证实被告人积极追求与被害人发生性关系，而非如被告人辩解的对与被害人发生性关系持无所谓的态度；被害人关于"被告人违背其意愿欲强行与其发生性关系，已抠摸其阴道，其系通过接通朋友电话后求助而脱险"的陈述，能得到其朋友关于"电话里听见被害人喊不要过来、不要碰我、我是未成年人，你不要碰我、我朋友已经报警了，后来听到被告人哭了"的证言印证，亦能得到被告人的朋友关于"其听到女孩子说不要、不要之类的话，被告人离开后，其看女孩子在那边哭，就问女孩子到底发生了什么事，女孩子说她朋友已经报警了，还说被告人不断地摸她，手都已经伸到她的内裤里面了，并且想和她发生性关系"的证言印证；再考虑被害人与被告人系初识，证人更是被告人的朋友，根据在案证据，被告人及证人均无故意构陷被告人的动机，故本案根据酒店监控录像、微信聊天记录、被害人的陈述、证人证言，已能形成完整的证据锁链，足以证实被告人强奸（未遂）之事实。

[**参考案例**：（2015）浙杭刑终字第 1222 号]

2. 辩方提出：被告人无强奸主观故意，客观上没有实施强奸行为，其行为不构成强奸罪。

答辩要点：该罪在主观方面表现为故意，并且具有奸淫的目的。客观方面是犯罪分子意图与被害妇女发生性交的行为。

本案被害人向被告人提出分手时，被告人即以发生性关系为条件。被告人与被害人在约定的地点碰面后，被告人以事先偷拍的性爱视频及裸照发给被害人的同学相威胁，迫使被害人上车。在车上，被告人两次提出与被害人发生性关系遭到拒绝后，即对被害人进行打骂、恐吓，并强行摸被害人胸部。因此，被告人主观上具有强行与被害人强行发生性关系的故意，客观上实施了打骂、恐吓等试图使被害人服从的行为，其强奸行为未完成系因被害人进行了明显的反抗并通过电话、短信等方式向他人求救后，被告人意识到强奸无法得逞的情况下，才放弃了强奸。因此，被告人称自己主观上无强奸他人的故意、客观上无强行与本案被害人发生性关系的行为的辩护理由不能成立。

[**参考案例**：（2015）渝二中法刑申字第 00009 号]

3. 辩方提出：被告人并没有使用暴力等手段当场威胁被害人，被害人系自愿与其发生性行为的，被告人的行为不构成强奸罪。

答辩要点：胁迫强奸不必当场，受胁迫后应邀自行前往也可以构成强奸罪。

本案的被告人得知其妻子与被害人的丈夫发生性关系后，遂与其妻子商量让被害人与被告人发生一次性关系来作为"补偿"。当日上午，被告人及其妻子喊被害人到家中，被告人欲与被害人发生性关系，遭到被害人的反抗而未得逞。被告人提出若不答应，则要叫人来打其丈夫。当日下午，被害人来被告人家商量解决办法，在被告人及其妻子答应此事不让其他人知道的情况下，被害人答应了被告人的要求。后被害人到地里施肥，让被告人跟随到地里，两人即在他人的玉米地中发生了性关系。被告人通过语言威胁、恫吓，对被害人实施精神压力，迫使被害人不得不答应其性要求，其行为已违背妇女的意志，构成强奸罪。

[**参考案例**：（2006）石刑初字第 164 号]

4. 辩方提出：被害人系酒后"半推半就"，被告人与之发生性行为没有违背被害人的意志，其行为不构成强奸罪。

答辩要点：被害人与被告人发生性行为时是否"醉酒"是本案的核心问题。而"醉酒"是一种精神状态，具有环境的特定性和状态的特殊性，因此需要结合事件发生的时间、地点、环境和受害人前后表现及告发情况和其他证据综合分析认定。

本案中，被告人在侦查机关多次供述中均表明，在被告人家中，被害人靠在被告人的肩头，神志不清醒，迷迷糊糊，并说"我喝多了"，随后闭上眼睛，像要睡着。被告人让被害人躺下睡觉，并脱掉了被害人的上衣，继而二人发生性行为。而被害人在案发后表示，与被告人饮酒后自己神志不清，对于在被告人家中发生的事情记忆呈片段性，并于案发后向公安机关报案，明确表示没有发生性行为的意愿。可见被害人在与被告人发生性行为时，呈现了酒后反应迟缓，判断能力减弱，神志不清，记忆模糊的醉酒状态，其性防卫能力明显削弱。因此，被告人及其辩护人用被害人平日的酒量做出案发时其清醒自愿的推定理由不成立。被告人无视国家法律，在被害人醉酒状态，性防卫能力削弱的情况下，将其奸淫，其行为已构成强奸罪。

[**参考案例**：（2012）靖刑初字第 53 号]

5. 辩方提出：被告人没有使用暴力或言语威胁与被害人发生性关系，其行为不构成强奸罪。

答辩要点：关于是否违背妇女意志，首先被害人有无反抗行为并非认定强奸罪的必要条件，它只是判断是否违背妇女意志的客观条件之一，由于犯罪分子在实施强奸时所采用的手段和所造成的客观条件不同，对被害人的强制程度也有所不同，故被害人的反抗形式也有所区别。

本案中，被告人在被害人至其暂住地提出分手时说出"我们一起去死、就算死也要做个风流鬼"等话语使被害人产生了严重恐惧心理，被告人在侦查阶段有多次供述称"她不愿意、推了我胸口、踹了我一脚、朝电话喊救命"，上述供述与被害人陈述相一致，且有证人的证言"她在电话里大喊救我"及相关报警记录相互印证，足以认定违背了被害人的意志。

6. 辩方提出：根据有关法律规定丈夫不能成为强奸罪的犯罪主体。

答辩要点：夫妻之间既已结婚，即相互承诺共同生活，有同居的义务。这虽未见诸法律明确规定或者法律的强制性规定，但已深深植根于人们的伦理观念之中，不需要法律明文规定。只要夫妻正常婚姻关系存续，即足以阻却婚内强奸行为成立犯罪，这也是司法实践中一般不能将婚内强奸行为作为强奸罪处理的原因。因此，在一般情况下，丈夫不能成为强奸罪的主体。但是，夫妻同居义务是从自愿结婚行为推定出来的伦理义务，不是法律规定的强制性义务。因此，不区别具体情况，对于所有的婚内强奸行为一概不以犯罪论处也是不科学的。例如在婚姻关系非正常存续期间，如离婚诉讼期间，婚姻关系已进入法定的解除程序，虽然婚姻关系仍然存在，但已不能再推定女方对性行为是一种同意的承诺，也就没有理由从婚姻关系出发否定强奸罪的成立。

本案中，被告人两次主动向法院诉请离婚，希望解除婚姻关系，一审法院已判决准予被告人与被害人离婚，且双方当事人对离婚均无争议，只是离婚判决书尚未生效。此期间，被告人与被害人之间的婚姻关系在被告人主观意识中实质已经消失。因为是被告人主动提出离婚，法院判决离婚后其也未反悔提出上诉，其与被害人已属非正常的婚姻关系。也就是说，因被告人王某某的行为，双方已不再承诺履行夫妻间同居的义务。在这种情况下，被告人在这一特殊时期内，违背被害人的意志，采用扭、抓、咬等暴力手段，强行与被害人发生性行为，严重侵犯了被害人的人身权利和性权利，其行为符合强奸罪的主观和客观特征，构成强奸罪。

[**参考案例：**（1998）青刑初字第36号]

7. 辩方提出：被告人与未满刑事责任年龄的人轮流强奸同一幼女，因未满刑事责任年龄的人不构成犯罪，故被告人的行为不成立轮奸。

答辩要点：所谓轮奸，是指两个以上的行为人基于共同认识，在一段时间内，先后连续、轮流地对同一名妇女（或幼女）实施奸淫的行为。轮奸作为强奸罪中的一种情形，其认定关键，首先是看两个以上的行为人是否具有在同一段时间内，对同一妇女（或幼女），先后连续、轮流地实施了奸淫行为，并不要求实施轮奸的人之间必须构成强奸共同犯罪。换言之，轮奸仅是一项共同的事实行为，只要行为人具有奸淫的共同认识，并在共同认识的支配下实施了轮流奸淫行为即可，而与是否符合共同犯罪并无必然关系。实践中，轮奸人之间通常表现为构成强奸共同犯罪，但也不排除不构成强奸共同犯罪的特殊情形。

本案中，虽然另一参与轮奸人，因不满14周岁，被排除在犯罪主体之外，二人之间不构成强奸共同犯罪（共同实行犯）。但对本案被告人而言，其具有伙同他人在同一段时间内，对同一幼女，先后连续、轮流地实施奸淫行为的认识和共同行为，因此，仍应认定其具备了轮奸这一事实情节。换一角度说，未满刑事责任年龄的人对被害人实施奸淫行为时虽不满14周岁，依法不负刑事责任，但不能因此否认其奸淫行为的存在。相反，被告人与其对同一幼女轮流实施了奸淫行为，却是客观存在的事实。因此，即使同案犯不负刑事责任，亦应认定被告人的行为构成强奸罪，且属于"轮奸"情节。

[**参考案例**：刑事审判参考案例第280号：李某某奸案]

8. 辩方提出：行为人没有实施强奸妇女的行为，不构成强奸罪。

答辩要点：行为人虽然没有亲自实施强奸、猥亵妇女的行为，但其强迫他人实施上述行为的，其属于间接实行犯，应当按照实行正犯来处理。强奸罪或强制猥亵妇女罪的行为人为满足性欲、追求性刺激，均亲自直接实施强奸或猥亵行为，但在特殊情况下，行为人不必直接实施实行行为，而让其他人代为实施强奸或猥亵行为，亦能达到宣泄性欲，或者追求其他目的的效果，如打击报复、羞辱被害人等。这种情况下，未直接实施实行行为的行为人实际上是利用其他人作为犯罪工具，其虽然没有亲自直接实施强奸、猥亵行为，但行为人本人仍然构成间接实行犯，应当按照实行正犯来处理。

本案两名被告人为追求精神刺激，用暴力胁迫的方式，利用行为人作为犯罪工具，强迫行为人与被害人先后发生性交行为和猥亵行为供其观看，其虽然没有亲自实施强奸、猥亵被害人的行为，但其强迫行为人实施上述犯罪行为，实际是将无犯罪意图的行为人作为犯罪工具实施了其本人意欲实施的犯罪行为，因此，对二人应当按实行正犯来处理。

[**参考案例**：《刑事审判参考》总第61集案例第485号：谭某某、罗某某强奸、抢劫、盗窃案]

9. 辩方提出：被告人与被害人发生性行为时不知道被害人未满14周岁，其行为不构成强奸罪。

答辩要点：行为人明知是不满14周岁的幼女而与其发生性关系，不论幼女是否自愿，均应依照《刑法》第236条第2款的规定，以强奸罪定罪处罚；行为人确实不知对方是不满14周岁的幼女，双方自愿发生性关系，未造成严重后果，情节显著轻微的，不认为是犯罪。

本案被告人甲以出高价引诱被告人乙为其介绍处女或学生，并由被告人乙介绍幼女被害人，在支付 3000 元嫖资后，与被害人发生性关系的事实，不仅有被害人陈述、证人证言、辨认笔录、被害人户籍证明、被告人乙的供述等证据在案佐证，且上述证据与被告人甲在侦查阶段的供述相互印证。被告人甲在侦查阶段供述，其对被告人乙的要求就是要找处女，其可以出高价，不考虑嫖资的行情。被告人乙供称，被告人甲让她为其介绍学生或处女，每提供一个处女，给其 5000 元。

另从被告人甲的年龄、阅历、警察身份、嫖宿处女或学生的嗜好以及支付嫖资数额综合分析，应认定其在主观方面知道或者应当知道奸淫的被害人系不满 14 周岁的幼女。

[参考案例：(2014) 兰刑一终字第 44 号]

10. 辩方提出：被告人没有参与强奸，没有与被害人发生性行为，不构成强奸罪。

答辩要点：构成共同犯罪必须符合以下几个条件：一是犯罪主体必须是在二人以上。作为自然人构成的共同犯罪的主体，必须是达到刑事责任年龄、具有刑事责任能力的人。二是犯罪客观方面必须具有共同的犯罪行为，即各共同犯罪人的行为都是指向同一的目标彼此联系，互相配合，结成一个有机的犯罪行为整体。三是犯罪主观方面必须具有共同的犯罪故意。

本案中，两名被告人的行为都是围绕一个共同的目的，就是使其中一名被告人顺利奸淫被害人。谭某某提供了一系列的帮助行为，才使得李某某的强奸行为得逞。因此谭某某是共犯。

被告人为达到此目的实施了购买麻醉药三唑仑并实施在可乐饮料中下药等帮助行为，积极帮助他人实施了强奸的犯罪行为，应以强奸罪共犯论处。

[参考案例：(2015) 大刑二终字第 595 号]

11. 辩方提出：二被告人只是在进行嫖娼行为，并未违背妇女意志。

答辩要点：区分嫖娼与强奸妇女的关键在于发生性行为是否基于妇女的自由意志。不能单纯地根据妇女有无反抗来判断是否违背妇女意志，更不能以被害人的职业或行为作风好坏作为判断标准。

"是否违背妇女意志"要看行为人采取的客观行为。通常表现为通过暴力、胁迫，或者其他使妇女不能抗拒、不敢抗拒、不知抗拒的手段。

使妇女不能抗拒的常见手段为采取暴力，即对妇女进行殴打、捆绑、按倒、卡脖子等行为，从而危害被害人的人身安全和人身自由。

使妇女不敢抗拒的常见手段为采取胁迫，即通过手持凶器进行恐吓、扬言对其行凶报复、毁坏名声、加害亲属、揭发隐私来达到使妇女不敢抗拒的目的。此外，利用上下级从属关系（包括利用封建迷信、职务上从属关系、教养关系等），以及迫使被害人处于孤立无援的环境中，让被害人不得不忍辱屈从的，都属于让被害人不敢抗拒的手段。

使妇女不知抗拒或无法抗拒的常见手段有，利用妇女患有重病或熟睡之机对其进行奸淫，或者利用酒精、药物等方式对让被害人陷入不知抗拒的状态。也包括假借治病之名对妇女进行奸淫等行为。

在本案中，被害人在与二被告人同行途中已经明确表示要求回家，这就意味着拒绝卖淫或发生性关系。而二被告人显示不允许其下车，后到了其中一被告人家里之后拿出戒具和匕首给被害人看，这一行为除了应注意二被告人的主观目的，还应当看到在当时情况下，拿出戒具和匕首对被害人所产生的精神强制作用。这说明二被告人的行为违背了妇女意志，构成强奸罪。

[**参考案例**：《人民法院案例选》2000年第1辑]

12. 辩方提出：被告人并未采取任何暴力或胁迫手段，是被害人将被告人误认为是自己男友而发生的性关系，并未违背被害人的自由意志。

答辩要点：构成强奸罪的关键是在违背了被害妇女的自由意志情况下与之发生性行为。达到违背被害人自由意志的方式有很多，暴力或胁迫只是最为常见的方式。其中，暴力手段是达到让被害人不能抗拒的目的，胁迫手段是达到让被害人不敢抗拒的目的。而还有一些手段是让被害妇女达到不知抗拒或无法得知需要抗拒的状态，例如利用醉酒、麻醉药物、药物刺激等方式让被害人陷入不知抗拒的状态。

本案中，被害人在熟睡之际被误闯入其宿舍的被告人惊醒，误以为被告人是自己的男友，从而刚开始没有拒绝与其发生性行为直至发现被告人不是自己男友。被告人在明知被害人是误将自己当成其男友，却继续冒充相应身份，使被害妇女陷入不知反抗的状态，属于违背被害人的自由意志，构成强奸罪。

[**参考案例**：《人民法院案例选》1992年至1999年合订本]

13. 辩方提出：在《刑法》修改前原奸淫幼女罪既遂标准是接触，强奸罪既遂标准是插入。奸淫幼女罪名已取消，只有强奸罪，故被告人的行为应认定为强奸未遂，结合被告人认罪态度较好的情节，应比照既遂犯从轻或减轻处罚。

答辩要点：原奸淫幼女罪名的取消，并未改变强奸幼女既遂的认定标准。被害人周某某系幼女，两性生殖器官进行了接触，应认定为既遂。即，对强奸罪的既遂标准，因对象的不同而有所区别。以妇女为对象的强奸罪既遂应采用插入说，即以生殖器的插入与否作为既遂标准。但对于以幼女为对象的强奸罪既遂，应采用接触说，即只要行为人的生殖器接触幼女生殖器就构成既遂。其原因在于：

（1）生理原因：

鉴于幼女的生理特殊构造，对于幼女实际中很难"插入"，如果采取"插入说"作为既遂的标准，导致幼女下体受到撕裂的后果可能仍然不能认定犯罪既遂，这对保护幼女权利是不利的。

（2）法理分析：

随着1984年最高法、最高检、公安部《关于当前办理强奸案件中具体应用法律若干问题的解答》（以下简称《解答》）于2013年被废止，有些人错误地认为其中规定的强奸幼女犯罪既遂标准"接触说"也随之取消，应当和强奸妇女的犯罪既遂"插入说"统一。

形成这种错误观点的原因在于：第一，没有理解《解答》废止的原因；第二，对此类案件主观上的犯罪意图缺乏区分标准；第三，没有正视幼女和妇女在生理上的客观区别，而一味地要求采取统一标准。

首先，2013年废除《解答》的原因并非因为《解答》中的"接触说"不合时宜，而是因为《解答》中的情形和当时已经对强奸犯罪规定加重情节的《刑法》相冲突，在立法技术上职能将整个《解答》全部废止。但这并不意味着《解答》里的其他精神全部不能适用。

其次，最高法一直以来坚持在处理强奸幼女案件时适用"接触说"。1957年发布且至今有效的《最高人民法院1955年以来奸淫幼女案件检查总结》中明确提出，在办理性侵案件中要明确区别对待幼女和妇女，并且要将犯罪者主观上的犯罪意思和客观上的犯罪行为结合起来考察。因此，犯罪意图是与幼女发生性行为，并对幼女实施了性交行为，就是既遂的奸淫幼女罪。如果犯罪意图是用生殖器对幼女的外阴部进行接触，并且有了实际接触的，也按既遂的奸淫幼女论罪论处，但认为比实施了性交行为情节较轻。

至于犯罪者意图猥亵，而对幼女实施性交行为以外的满足性欲的行为（如抠、摸、舔幼女阴部，令幼女摸、含、舔自己的生殖器等），则按猥亵幼女论处。

综上，在处理对幼女进行性侵的案件中，要结合考虑行为人的主观目的和客观行为。如果其主观目的就是同幼女发生性行为，只要双方生殖器实际接触，就应按照强奸罪既遂论处，确实未实际插入的，可以酌情从轻处罚。

与此同时，即便行为人对主观目的进行辩解说并不具有插入意图，但如果客观上性器官之间已经发生了接触、摩擦、顶撞等行为，也不可能是猥亵行为，而应当认定为已经属于性交行为。这是鉴于幼女生理特征，且处于社会价值目的从而对幼女采取的特殊标准。

（3）类似判例均采用"接触说"：

① 山东省东营市中级人民法院（2005）东刑一初字第15号：辩护人认为，奸淫幼女罪名已取消，只有强奸罪，故被告人的行为应认定为强奸未遂。法院判决认为，原奸淫幼女罪名的取消，并未改变强奸幼女既遂的认定标准。

② 重庆市第四中级人民法院（2011）渝四中法刑终字第113号：法律规定奸淫幼女只要双方生殖器接触即构成既遂。

③ 湖北省孝感市中级人民法院（2015）鄂孝感中刑监字第00005号：而认定与幼女发生性行为，构成强奸罪，仍以"接触说"作为既遂的认定标准，这一原则并未被废止或取消。

④ 浙江省杭州市中级人民法院（2015）浙杭刑终字第436号：强奸幼女的既遂标准是生殖器接触即为既遂。

[**参考案例：**（2005）东刑一初字第15号]

14. 辩方提出： 被告人何某某与被害人徐某某发生3次性关系均得到了被害人的同意，被告人是在第二次发生性关系后才知道被害人不满14周岁，因此对前两次性行为不能认定为强奸行为。

答辩要点： 就本案而言，诸多证据或者信息表明，作为一个已满18周岁、具有正常认知判断能力的男子，何某某并非根本不可能知道被害人是不满14周岁的幼女，而只要稍加谨慎、注意，完全可以认识到对方可能是幼女；此外，何某某在确然知道被害人实际年龄不满14周岁时，仍然继续与被害人发生性关系，反映出何某某在整个与被害人交往并发生性关系的过程中，对被害人是否系幼女持无所谓的放任态度。暂且不论被害人身体发育状况、言谈举止、衣着、生活作息规律等外在特征是否确实更像已满14周岁，仅依现有证据并没有充足理由将何某某归属于"根本不可能判断出被害人是幼女的极其特殊的例外情形"。

《刑事诉讼法》规定的有罪判决证明标准是案件事实清楚，证据确实、充分，这是对事实认定和证据审查一般，也是最高的要求。但司法实践经验表明，对犯罪构成的不同事实要素，在证明程度上是可以存在差异的。特别是诸如毒品犯罪、奸淫幼女等性侵害犯罪，实务部门对主观构成要素证明标准的把握，相对其他犯罪而言，可能略显宽松，这是由此类犯罪的特殊性决定的，同时也受到从严惩治此类犯罪的刑事政策的导向影响。在此类案件中，案件事实认定并不是一项纯粹的探寻客观事实真相的科学求证活动，而是以追寻客观真相为指引，同时又受价值取向、价值判断影响的事实重构和再现的过程。

就奸淫幼女犯罪主观明知要件的立法定位和司法证明标准而言，无论是一些国家采取严格责任标准，还是一些国家对"明知"认定实务操作中一般采取相对比较宽松的证明标准，均体现了在被告人人权保障与保护幼女公共政策之间的权衡，选择的结果通常是向特殊保护幼女的公共政策适度倾斜，尽可能堵塞惩治犯罪的漏洞。

最高人民法院、最高人民检察院、公安部、司法部2013年联合下发的《关于依法惩治性侵害未成年人犯罪的意见》(以下简称《性侵意见》)第19条"知道或者应当知道对方是不满十四周岁的幼女，而实施奸淫等性侵害行为的，应当认定行为人'明知'对方是幼女"的规定，再次肯定了"明知"被害人幼女系构成该类强奸罪的主观要件。《性侵意见》对"明知"问题所作的规定，体现了我国最高司法机关对这一主流政策价值取向的认同与坚守。

[**参考案例**:《刑事审判参考》总第98集第978号]

15. 辩方提出：被告人在强奸行为之后继续实施强制猥亵行为的，应被强奸行为所吸收，不宜数罪并罚。

答辩要点：首先，被告人张某某和施某某分别实施了强奸罪和强制猥亵罪，且不存在吸收关系，应数罪并罚。

强奸罪的既遂标准是插入说，而不是辩方提出的"性满足"说。被告人张某某和施某某一起用暴力、胁迫等行为制服被害人，之后张某某的生殖器插入了被害人生殖器并对其实施了奸淫行为，此时强奸行为已经既遂。张某某发现被害人有经血而停止奸淫行为，至此强奸行为结束。在这一阶段，二被告人有通过暴力、胁迫等方式，在违背被害人意志的情况下强行与之发生性关系的主观目的，并在客观上完成了奸淫行为，实施了强奸并结束了相应行为，满足强奸罪的构成要件，成立强奸罪。

之后，张某某和施某某又为了发泄性欲，对被害人实施猥亵行为，这是在强奸既遂后产生新的犯意的基础上实施的新的犯罪行为，因此构成新的犯罪，即构成强制猥亵罪。

虽然本案强奸行为和强制猥亵行为侵犯的是同一个被害人，但这并不能影响其犯罪构成的独立性。如果猥亵行为发生在强奸行为之前以及强奸过程之中，那么是可以被强奸行为所包容或吸纳的。其原因在于，这种强制猥亵可以视为强奸罪的预备行为，或在施行强奸行为中自然而然地附随行为来理解。但在强奸之后再实施强制猥亵，这显然不是自然上的附随行为，即强奸之后一定会猥亵肯定是不成立的，不存在必然延伸关系，即不存在吸收或牵连关系。所以，对二被告人的行为应当定两罪，而不是强奸一罪。

其次，被告人施某某的行为不属于强奸罪的中止。

犯罪中止必须是主客观的统一，主观上行为人必须自动彻底地放弃了犯罪意图，客观上行为人必须放弃了犯罪行为或有效地防止了结果的发生。在共同犯罪中，由于各行为人之间属于相互联结、相互补充状态，各行为人采取的行为形成有机整体，进而与犯罪结果发生整体上的因果关系。因此在共同犯罪中的行为人想达到犯罪中止结果，仅仅放弃自己的犯罪行为是不够的，还要必须同时有效制止其他共同犯罪行为人的犯罪行为，进而防止犯罪结果的发生。即，共同犯罪着手后，单个的共同犯罪行为人只是消极地放弃自己的实行行为是不够的，即便其放弃了自己的行为，但未能积极有效地阻止其他犯罪行为人，未能有效防止共同犯罪结果的发生，就不能构成犯罪中止。

就本案而言，施某某与张某某一样，具有强行奸淫被害人的意图，并与张某某一同对被害人实施了暴力、胁迫行为，已经与张某某就强奸行为形成共同犯罪，所以在张某某的生殖器插入被害人生殖器时，张某某的强奸行为既遂，同时作为共犯的施某某的强奸行为也既遂。施某某之后有无对被害人实施奸淫，只是犯罪情节上的问题，属于量刑上考虑的问题，并不影响其强奸罪既遂的成立。即，就本案而言，根本不存在所谓犯罪中止行为。

[**参考案例**：《刑事审判参考》总第19集第125号]

16. 辩方提出：被告人唐某某与杨某某一起对被害人实施轮流奸淫行为，但杨某某奸淫得逞、唐某某未得逞，因此应该属于轮奸未遂。

答辩要点：所谓轮奸是通过法律明确规定的强奸罪的加重量刑情节，属于量刑问题。而所谓既遂或未遂，是对犯罪形态的判断，是定罪上需要考虑的问题，因此所谓轮奸未遂这种说法本身即是有问题的。

在多名行为人基于强制侵犯被害人性自主权的目的，一起对被害人轮流进行奸淫，则形成共同犯罪。即只要其中一人奸淫既遂，则其他人一同构成强奸罪既遂。并且进行轮流奸淫的目的本身是客观存在的，因此其量刑情节也应认定为轮流奸淫。当然，在具体量刑中可以结合具体案情，酌定考虑未能进行具体奸淫行为的情节，对相应行为人酌定从轻处罚。

[**参考案例**：《刑事审判参考》总第36集第281号]

17. 辩方提出：被告人董某某与系被告人滕某某儿媳的被害人发生性关系的行为属于通奸行为，与被告人滕某某的强奸行为无关，不能认定为强奸罪共犯。

答辩要点：多个行为人，通过意思联络，在认识到共同行为会发生的怎样的结果的情况下，实施了互为联系、互为补充与配合、形成一个统一的犯罪活动，就构成共同犯罪。其行为状态可以表现为共同犯罪行为人一起实施实行行为，也可以表现为存在一定的分工，有的是实行、有的是帮助、有的是教唆等。

本案中，被告人滕某某告诉了董某某自己想要与被害人发生性关系但被害人不同意的事实，并明确道出自己想要利用董某某与被害人发生性关系时以捉奸为名迫使其与自己发生性关系的犯罪意图，董某某对此答应并与被害人进行了通奸行为。即，被告人董某某的通奸行为是被告人滕某某强行奸淫被害人的重要组成部分，为滕某某进行强奸行为提供了帮助，在董某某和滕某某共同预谋的支配下，相互配合、相互联系，形成一个统一的犯罪活动整体，形成强奸罪的共犯。

[**参考案例**：《刑事审判参考》总第 50 集第 395 号]

18. 辩方提出：被告人与被害人是通奸关系，被告人不构成强奸罪。

答辩要点：在实践中需要明确区分好通奸与强奸的区别。需要注意以下几点情形：

第一，男女俩人先是通奸，后因为关系恶化，或事情败露，为了推卸责任、嫁祸他人从而把通奸关系说成强奸的，不能认定为强奸。

第二，首次发生性行为确实是在违背女方意愿的情况下进行的，但女方在那时并未告发，并与男方一直保持性关系的，一般不宜认定为强奸。

第三，强奸女性后，对被害女性实施各种肉体或精神上的威胁，例如告诉公众、告诉丈夫等，迫使被害人忍辱屈从的，应认定为强奸罪。

第四，男女二人原先是通奸关系，但后来在女方不愿意继续通奸之后，男方继续纠缠不休，对女性实施暴力或精神上威胁，例如告诉公众、告诉丈夫、破坏其名誉等，迫使被害人屈从的，以强奸罪论处。

本案中，被告人陈某某与被害人梁某某原先存在通奸关系，但梁某某在 2015 年 5 月明确向被告人提出结束二人的情人关系，说明其意志已经发生转化，不再希望保持与被告人之间的不正当性关系。之后被告人采取将被害人的裸照发送给他人的手段对被害人进行威胁、恐吓，对被害人造成精神上的强制，使得被害人不敢反抗，属于强奸罪构成要件中的胁迫行为。被告人采取胁迫手段与被害人发生性关系，违背了被害人的意志，属于强奸行为。

[**参考案例**：（2015）穗黄法刑初字第 866 号]

六、强制猥亵、强制侮辱罪

1. 辩方提出：被告人作案手段一般、未使用暴力，是一般猥亵、侮辱妇女行为。

答辩要点：要将强制猥亵、侮辱妇女行为与非强制性猥亵、侮辱妇女行为区分开来，本法只惩罚以强制方法猥亵、侮辱妇女的行为，对于非强制性的猥亵、侮辱妇女行为不能视作犯罪。

本案中，被告人违背妇女意志，采用胁迫等方法跟随、抓摸妇女乳房、以向妇女显露生殖器手淫等下流手段，猥亵、侮辱妇女，其行为确已构成强制猥亵、侮辱妇女罪。

[**参考案例**：（2012）澄少刑初字第 177 号]

2. 辩方提出：被告人没有实施强制行为，被害人案发时出于意识清醒的状态，属于自愿，并且被告人与被害人之间的关系亲密，属于正常交往，因此其行为不构成强制猥亵罪。

答辩要点：经查，在案证据中两位被害人的陈述、多名证人的证言、微信聊天记录、通话记录、监控录像、通话录音、被告人手机中拍摄的照片以及其在侦查阶段的供述相互印证可以证明，被告人与二被害人仅仅是网友关系，并不熟识，被告人利用约被害人见面或吃饭的机会在被害人的饮料、食物中投放药物，致使二被害人在不知反抗、无法反抗的情况下，被告人违背被害人意志实施猥亵行为，其行为已构成强制猥亵罪，故被告人及辩护人的相关辩护意见不能成立，被告人违背被害人的意志，通过投放催情药的方式，在被害人不知反抗、无法反抗之际两次实施强制猥亵行为，其行为已构成强制猥亵罪。

[**参考案例**：（2018）京 01 刑终 176 号]

3. 辩方提出：被告人的行为应定强制猥亵罪或强奸罪一罪，不应数罪并罚。

答辩要点：强奸行为与强制猥亵行为触犯了不同罪名，均可独立构成犯罪。所谓强奸，是指违背妇女意志，使用暴力、胁迫或者其他手段，强行与妇女发生性交的行为；而强制猥亵是指违背妇女意志，使用暴力、胁迫或者其他手段，对妇女强行实施除性交目的以外的下流行为。行为人基于强制猥亵妇女和强制性交的主观故意，分别实施了强制猥亵和强奸的客观行为并造成不同的犯罪后果，则应当构成强制猥亵罪和强奸罪，数罪并罚。

本案中，被告人先出于猥亵的目的而对被害人实施摸舔胸部、亲吻嘴唇、抠摸阴道等行为强制猥亵，在猥亵过程中又产生强奸的犯罪故意，并对被害人实施强奸行为，应当以强制猥亵和强奸罪数罪并罚。

[**参考案例**：（2016）浙 0502 刑初 982 号]

4. 辩方提出：被告人未实施暴力胁迫，被害人系被告人店中服务员，其系自愿，被告人不构成犯罪。

答辩要点：本案属于利用从属关系以工作相威胁，对妇女实施猥亵的行为，构成强制猥亵妇女罪。

本案中，被害人一审当庭陈述，其在挣脱被告人过程中遭打耳光，后被告人强行摸其下身致出血，并以不发工资威胁其不能告诉别人，当晚其给姐姐打电话称欲辞职，追问之下告知事发经过。证人关于被害人给其打电话的内容与被害人陈述印证一致，且医院诊断证明被害人处女膜破裂及阴部擦伤，能够证明被害人不是自愿。被告人利用与被害人工作上的从属关系，在店门关闭、被害人孤立无援的特定环境下，以扇耳光、不发工资等手段对被害人实施猥亵，其行为符合强制猥亵罪的构成要件。

[参考案例:（2016）豫01刑终120号]

5. 辩方提出：被告人称其实施的暴力行为是为了劫财不是为了达到猥亵目的，其没有猥亵的意图，是因被害人携带的钱财少，恼羞成怒才用手指抠摸害人下体，其行为不构成强制猥亵罪。

答辩要点：强制猥亵罪的主观方面为直接故意，一般具有性刺激、性满足的目的，但并非仅限于该目的。

本案被告人在实施猥亵行为时明知自己该行为不是为了劫财而是为了猥亵被害人，其动机无论是在侦查阶段供述的出于性刺激、性满足的目的，还是庭审时所称出于报复被害人的目的，均不影响其强制猥亵罪的构成。

[参考案例:（2016）浙09刑终122号]

6. 辩方提出：本案案发地点火车卧铺车厢，时间为凌晨，不属于公共场所，本案不适用《刑法》第237条第2款，不应按照强制猥亵罪加重情节判处。

答辩要点：《刑法》第237条：以暴力、胁迫或者其他方法强制猥亵妇女或者侮辱妇女的，处5年以下有期徒刑或者拘役。聚众或者在公共场所当众犯前款罪的，处5年以上有期徒刑。

本案行为人虽然是在凌晨的火车卧铺车厢内实施猥亵行为，但由于卧铺车厢是服务大众的活动场所，人员流通性大，且易被不特定的案外人感知，因此符合"公共场所当众"加重情节。

[参考案例:（2012）呼铁中刑初字第1号]

7. 辩方提出：被告人被抓获后未逃跑，在现场等待，后被公安机关口头传唤到案，符合司法解释关于自动投案的规定，应认定为自首。

答辩要点：根据《刑法》第67条的规定，自首是指犯罪后自动投案，向公安、司法机关或其他有关机关如实供述自己的罪行的行为。

根据查明的事实，被告人在案发后被群众抓获，后群众报警，公安人员到现场将被告人抓获归案，因此被告人的行为不属于自动投案，不构成自首，故辩护人的该辩护意见与查明的事实不符。

[参考案例:（2017）粤0103刑初1036号]

8. 辩方提出：被告人具有自首情节，且获得被害人谅解，可以依法从轻处罚。

答辩要点：被采取强制措施的犯罪嫌疑人、被告人和正在服刑的罪犯，如实供述司法机关还未掌握的本人其他罪行的，以自首论。

本案被告人因抢劫被抓后主动交代公安机关未掌握的强制猥亵事实，具有自首情节，依法可对犯强制猥亵罪从轻处罚。被告人实施抢劫时暴力情节相对较轻，没有对被害人造成伤害，被告人的亲属代为赔偿被害人经济损失，取得被害人的谅解，可酌情对被告人从轻处罚。

[**参考案例**：（2017）津0101刑初346号]

七、猥亵儿童罪

1. 辩方提出：仅有被害人陈述证据不足，且被害人陈述相互矛盾不合常理，应作出无罪判决。

答辩要点：被告人认可案发当日被害人李某某在其家中玩耍，与被害人陈述的案发时间及作案地点均一致；被害人作为年仅7岁的女童，所陈述事实客观，符合其年龄特征，其陈述与被告人和被害人的通话录音、医院病历及证人证言等证据均能相互印证，证实被告人对被害人进行猥亵的事实，因此，本案事实清楚，证据确实、充分，被告人及辩护人的上述辩护意见不符合事实。

[**参考案例**：（2017）鲁09刑终198号]

2. 辩方提出：指控被告人构成猥亵儿童罪的法律依据不充分，猥亵儿童的手段一般是指"抠摸、舌舔、吸吮、亲吻、搂抱、手淫、鸡奸"等与儿童身体直接发生接触的行为，诱骗儿童裸聊等没有接触儿童的淫秽行为是否构成犯罪，法律无规定也无可参考的指导案例。

答辩要点：猥亵儿童罪是指以刺激或满足性欲为目的，用性交以外的方法对儿童实施的淫秽行为，本案被侵犯的客体是儿童的隐私权和人格权，被告人与被害人之间虽然没有肢体接触，但是其主观上以刺激或满足性欲为目的，客观上冒充女童的生理老师对被害人造成心理上的强制，诱骗被害人在网络视频内脱光衣服自行实施猥亵行为并观看他本人的淫秽行为，该行为侵犯儿童的人格权和隐私权，对被害人身心健康造成了实际侵害后果，其主观故意和客观行为符合猥亵儿童罪的构成要件，应认定为猥亵儿童罪。

[**参考案例**：（2015）泰兴刑初字第182号]

3. 辩方提出：教室是特定群体活动的场所，是本班学生的教学场所，与公共场所人员随意流动性不同。教室不是"校园"，被告人猥亵场所非《刑法》意义上的公共场所。

答辩要点：根据 2013 年 10 月 23 日最高人民法院、最高人民检察院、公安部、司法部印发《关于依法惩治性侵未成年人犯罪的意见》第 23 条"在校园、游泳馆、儿童游乐场等公共场所对未成年人实施强奸、猥亵犯罪，只要有其他多人在场，不论在场人员是否实际看到，均可以依照刑法第二百三十六条第三款、第二百三十七条的规定，认定为在'公共场所'当众强奸妇女，强制猥亵、侮辱妇女，猥亵儿童"。

本案中，教室作为校园的重要组成部分，是学生上课的地方，经常有学生出入，属《刑法》第 237 条中的"公共场所"，为保护未成年人的身心健康，对被告人猥亵儿童的行为应从重处罚，辩护人的上述辩护意见不能成立，建议合议庭不予支持。

[**参考案例**：（2015）六金刑初字第 00071 号]

4. 辩方提出：被告人因吸食毒品产生幻觉，误将被害人当作自己妻子，主观上无猥亵儿童的故意。

答辩要点：被告人辩解称自己因吸毒产生幻觉，错将被害人当作自己的妻子，经查，被告人系经常吸毒人员，吸毒是法律明文禁止的行为，作为具备辨认、控制能力的行为人，应当知道大量吸毒会产生兴奋、狂躁、幻觉等，并有可能发生犯罪行为。被告人因吸食毒品而导致的精神障碍不属于《刑法》意义上的精神病人，对其不适用《刑法》第 18 条的规定，应当对其猥亵行为承担刑事责任。

[**参考案例**：（2017）湘 0691 刑初 12 号]

5. 辩方提出：被告人未对被害儿童造成直接身体伤害，也未造成其他严重后果，酌情可以从轻处罚。

答辩要点：最高人民法院、最高人民检察院、公安部、司法部《关于依法惩治性侵害未成年人犯罪的意见》第 25 条规定，对不满 12 周岁的儿童实施猥亵行为及猥亵多名未成年人的，均应从重处罚。

本案被告人虽未对被害人造成直接身体伤害，但其通过网络视频对多名不满 12 周岁的儿童实施猥亵，符合规定中针对未成年人实施猥亵犯罪从重处罚的两种情形，且被告人通过网络视频猥亵的行为更具有欺骗性和隐蔽性，应认定为社会危害性和主观恶性较大，予以从重处罚。

[**参考案例**：（2015）泰兴刑初字第 182 号]

6. 辩方提出：被告人没有触碰、按摸女生的胸部等敏感部位，没有猥亵学生的主观故意，现有证据不足以认定被告人存在利用纠正学生坐姿借机猥亵女学生的行为，请求法院判其无罪。

答辩要点： 首先，被告人作为一名已婚已育的成年男性及具有数十年教龄的教师，明知胸部、臀部等部位之于女性所代表的性象征意义以及五年级女生可能开始进入身体发育期的生理规律，日常教育教学活动中本应当尽量避免接触女生的胸部等敏感部位，却长期刻意为之，而其归案后持完全否认的行为足以说明主观上明知上述触碰、按摸女生胸部等部位的行为并非正常教学目的所必需，为师德、法律所不容，结合其在课堂上发表带有色情意味低俗言论所反映的品格，可以认定其所实施一手按背一手按胸方式纠正女生坐姿等行为并非出于善良动机，具有寻求性刺激的主观目的。

其次，被害人对被告人借纠正坐姿之机触碰身体敏感部位的行为均表现出明显的羞耻感、厌恶感，并给予措辞激烈的负面评价，部分被害人亦有向校长或家长反映被被告人触碰胸部等敏感部位的经历，女性的性羞耻心遭受到侵害。

综上，被告人的行为具有猥亵他人的主观动机。

7. 辩方提出： 起诉书指控的9名被害人中，被告人只对其中3位同学有不良行为，其在工作中表现良好、成绩显著、没有犯罪前科，取得被害人及家属谅解，要求法院从轻处理。

答辩要点： 被告人对9名被害人实施猥亵行为除了有被害人本人陈述外，还有被害人的证言相互印证，加之从常理分析，从学生与老师这种特殊关系而言，学生不可能杜撰如此之情节加害于自己的老师，除非事实客观存在。

被告人身为人民教师，本应教书育人、为人师表，但却利用教师身份在较长时间内多次猥亵多名学生，给被害人带来了身体和精神上的双重伤害，对其健康成长带来了极其不利的影响，被告人的行为性质恶劣，社会影响极坏，虽有部分被害人家长对其予以谅解，不足以对其从轻处罚，被告人虽在庭审中认罪，但否认其实施猥亵行为的部分事实，证明被告人并未真诚悔罪，依法应对被告人从重处罚。

[**参考案例：**（2016）黔26刑终44号]

8. 辩方提出： 被告人系初犯，主观恶性不大，可以从轻处罚。

答辩要点： 初犯并非法定从轻处罚情节。

本案中，猥亵儿童的行为本身就是一种加重处罚的情形，不应当因为主观恶性或系初犯等情况减轻处罚，故对于辩护人提出被告人是初犯，其主观恶性不大，犯罪情节一般，可对其从轻处罚的辩护意见，公诉人不能认同。

[**参考案例：**（2016）桂02刑终540号]

9. 辩方提出： 被告人主动跟中学校长说清事实，并要求报案的行为构成自首。

答辩要点： 根据《刑法》第67条的规定，自首是指犯罪后自动投案，向公安、司法机关或其他有关机关如实供述自己的罪行的行为。

本案被告人在要求校长报案时,并未承认自己的猥亵行为,没有如实供述,不能认定为自首。

[**参考案例:**(2014)鄂五峰刑初字第00034号]

10. 辩方提出:被告人具有坦白情节,可以从轻处罚。

答辩要点:被告人虽当庭如实供述自己的罪行,可以从轻处罚,但被告人系与被害人有共同家庭生活关系的人员,依据最高人民法院、最高人民检察院、公安部、司法部《关于依法惩治性侵害未成年人犯罪的意见》,针对未成年人实施强奸、猥亵犯罪的,应当从重处罚,与未成年人有共同家庭生活关系的人员犯本罪的,更要依法从严惩处。

[**参考案例:**(2017)湘0691刑初12号]

11. 辩方提出:被告人(老师)只是抚摸了被害人(学生)的胸部,并未使用暴力,不构成强制猥亵。

答辩要点:强制猥亵罪和强奸罪在客观方面的核心区别在于有无生殖器的插入[①],所以在其行为达到违背被害人意志方面是一样的。即不能单纯地根据妇女有无反抗,或者有无暴力或胁迫来判断是否违背被害人意志,更不能以被害人的职业或行为作风好坏作为判断标准。

"是否违背被害人意志"要看行为人采取的客观行为。通常表现为通过暴力、胁迫,或者其他使被害人不能抗拒、不敢抗拒、不知抗拒的手段。

使被害人不能抗拒的常见手段为采取暴力,即对被害人进行殴打、捆绑、按倒、卡脖子等行为,从而危害被害人的人身安全和人身自由。

使被害人不敢抗拒的常见手段为采取胁迫,即通过手持凶器进行恐吓、扬言对其行凶报复、毁坏名声、加害亲属、揭发隐私来达到使被害人不敢抗拒的目的。此外,利用上下级从属关系(包括利用封建迷信、职务上从属关系、教养关系等),以及迫使被害人处于孤立无援的环境中,让被害人不得不忍辱屈从的,都属于让被害人不敢抗拒的手段。

使被害人不知抗拒或无法抗拒的常见手段有,利用被害人患有重病或熟睡之机对其进行奸淫,或者利用酒精、药物等方式让被害人陷入不知抗拒的状态。也包括假借治病之名对被害人进行猥亵等行为。

本案中被告人为寻求性刺激,利用师生间的从属关系和教师的职权对受害女学生进行精神上的挟制,进而实施猥亵女学生的行为,就属于《刑法》第

---

① 强奸罪的客观构成要件要区分行为对象,对于年满14周岁的女性来说是生殖器的插入即为既遂,对于未满14周岁女童来说只要生殖器接触即为既遂。

237 条中规定的"其他方法",构成强制猥亵罪。

[**参考案例**:(1999)桂市刑再终字第 10 号]

12. 辩方提出:被告人苏某某并未参与其他被告人对被害人(10 周岁至 15 周岁男童和男性)进行猥亵的行为,其只是为了拍摄淫秽视频从而牟利,并没有猥亵被害人的故意。

答辩要点:最高人民法院、最高人民检察院、公安部、司法部《关于依法惩治性侵害未成年人犯罪的意见》中明确规定,介绍、帮助他人奸淫幼女、猥亵儿童的,以强奸罪、猥亵儿童罪的共犯论处。

本案中被告人苏某某先是为牟取非法利益,利诱程某某、周某某、万某某、曾某某等多名 10 周岁至 15 周岁的男孩,在上海市闵行地区的宾馆、酒店房间内拍摄淫秽片,并由苏某某通过网络,以数十元至上百元不等的价格销售给被告人邱某某、沈某某等人。之后通过网络认识到邱某某、沈某某二人之后,先后两次将系儿童的程某某、周某某介绍给邱某某,将俩人带到邱某某入住的饭店,由邱某某对上述两名儿童实施猥亵;将万某某介绍给沈某某,并为其登记入住酒店,由沈某某对万某某实施猥亵。之后从邱某某、沈某某二人处收取费用。

被告人苏某某以牟利为目的,制作、贩卖淫秽物品,其行为已构成制作、贩卖淫秽物品牟利罪。苏某某利诱多名不满 14 周岁的儿童供被告人邱某某、沈某某猥亵,其行为均已构成猥亵儿童罪,属共同犯罪。苏某某兼犯两罪,依法应当数罪并罚。

13. 辩方提出:被告人因涉嫌强制猥亵妇女到案后如实供述司法机关尚未掌握的猥亵儿童事实的,应构成自首。

答辩要点:在认定自首问题上,强制猥亵罪与猥亵儿童罪应当视为同种罪行。

首先,根据最高人民法院 1998 年出台的《关于处理自首和立功具体应用法律若干问题的解释》,到案后供述同种罪行的不认定为自首。

其次,根据最高人民法院 2010 年下发的《关于处理自首和立功若干具体问题的意见》(以下简称《意见》)规定,所谓"同种罪行"包括三种情形:第一,罪名相同的罪行;第二,属于同一选择性罪名的罪行;第三,法律或者事实上密切关联的罪行。

强制猥亵罪和猥亵儿童罪既不是罪名相同的罪行,也不是同一选择性罪名,但属于法律或者事实上密切关联的罪行。其原因在于两罪在犯罪构成要件上具有相似性和包容性:

第一,两罪名在主观上都为了寻求性刺激、获得性满足;

第二,两罪名在客观上都采取了违背被害人意志的、侵犯被害人性自治权的行为。虽然猥亵儿童罪不要求行为人采用暴力、胁迫手段，且即便是在儿童自愿或同意的情况下做出的猥亵行为，也都认定为猥亵儿童罪，但这是因为考虑到儿童对性的认识和辨识能力还没有形成，猥亵儿童罪的犯罪人通常就是利用儿童的这一点达到自己目的，所以儿童的所谓自愿或同意通常是因为受骗或小恩小惠的利诱而形成的，这种特征与强制猥亵罪中导致被害人不知反抗的本质是一样的。

不仅如此，具体分析本案的话不难发现，本案被告人在近5年时间里，都是在同一地区，通过实施路边拦截、尾随被害人进入其住处、用暴力或胁迫手段抚摸被害人的胸部或阴部的方式实施猥亵行为、满足自己低级的获得性满足的目的。为了犯罪易于得逞，其选择的被害人基本都是年纪较小、反抗能力弱的女性，其在选择犯罪对象制订犯罪计划时，并不特别考虑对方是否为幼女，而是为了猥亵而猥亵，并不是存在特别的、单独的实施猥亵儿童的主观目的。即，本案除了法理在认定强制猥亵罪和猥亵儿童罪上的密切关联性之外，在具体事实上也是密切关联的同种罪行，因此不能将其认定为自首。

[参考案例：《刑事审判参考》总第98集第986号]

八、非法拘禁罪

1. 辩方提出： 被告人的行为不符合非法拘禁罪构成要件之主客观相统一，被害人没有离家外出活动的原因并非完全是因为受到被告人的人身限制，其限制行为也显著轻微，不应按犯罪处理。

答辩要点： 非法拘禁罪是指以拘押、禁闭或者其他强制方法，非法剥夺他人人身自由的犯罪行为。非法拘禁行为，只有达到相当严重的程度，才构成非法拘禁罪犯罪。因此，应当根据情节轻重、危害大小、动机为私为公、拘禁时间长短等因素，综合分析，来确定非法拘禁行为的性质。

本案中，被告人与被害人在没有办理结婚证的情况下同居生活并育有一子一女，后两人因矛盾而分居生活。被告人因怀疑被害人与他人有不正当关系，将王某某非法拘禁在其家中长达4日，其间被告人多次殴打被害人，并强行将被害人的头发剪掉。其行为完全符合非法拘禁的犯罪构成要件，构成非法拘禁罪。

[参考案例：（2013）林少刑初字第132号]

2. 辩方提出： 被告人在本案中是从犯，应当从轻处罚。

答辩要点： 经查，被害人欲爬窗逃离叫救命时，被告人在其同案犯将被害人拉下来按在地上时，对被害人进行了踢打。被告人与同案各被告人在案中均行为积极，作用相当，只是分工不同，不应认定为从犯，根据被告人的犯罪事实、犯罪情节以及对社会的危害程度在法定刑幅度内量刑并无不当。

[**参考案例：**（2016）赣05刑终23号]

3. 辩方提出：被害人欠债不还，对损害结果发生具有一定的过错。

答辩要点：为索取债务非法扣押、拘禁他人，指的是为索取合法债务的情形。《刑法》第238条第3款明确规定，"为索取债务而非法扣押、拘禁他人的"，依照非法拘禁罪的规定处罚。

当事人之间存在债务纠纷，应通过合法途径解决，换言之，即使存在债务纠纷，也并不必然导致相关当事人遭受非法拘禁，亦即不能将债务纠纷视为被害人被非法拘禁的过错行为。

[**参考案例：**（2012）西刑初字第69号]

4. 辩方提出：被告人为索取债务而拘禁被害人，犯罪情节轻微。

答辩要点：最高人民法院《关于对为索取法律不予保护的债务，非法拘禁他人行为如何定罪问题的解释》对索取非法债务的情形进行了规定：行为人为索取高利贷、赌债等法律不予保护的债务，非法扣押、拘禁他人的，依照《刑法》第238条的规定定罪处罚。

被告人为索取债务，强制拘禁他人并剥夺其人身自由60余小时，其行为构成非法拘禁罪，应予惩处。被告人在拘禁他人过程中具有殴打情节，且索取不法高额债务，依法应当从重处罚。

[**参考案例：**（2016）鲁0686刑初57号]

5. 辩方提出：被害人在租住屋内是自由的，被害人没有说过要离开租住屋，各被告人没有拘禁被害人的事实，不构成非法拘禁罪。

答辩要点：4名被告人共同故意实施犯罪，系共同犯罪。在共同犯罪中，被告人甲为开展非法传销活动诱骗被害人来到出租屋并收缴被害人手机的行为，被告人乙指挥同伙并参与限制被害人人身自由的行为，被告人丙、丁积极实施限制被害人人身自由的行为，均起主要作用，均是主犯，依法均应当按其所参与的全部犯罪进行处罚。

[**参考案例：**（2013）北刑初字第92号]

6. 辩方提出：被告人为索取债务非法拘禁他人，未造成重伤以上后果，仍应以非法拘禁罪处罚。

答辩要点：《刑法》第238条第2款规定，犯前款罪，致人重伤的，处3年以上10年以下有期徒刑；致人死亡的，处10年以上有期徒刑。使用暴力致人伤残、死亡的，依照本法第234条故意伤害罪、第232条故意杀人罪的规定定罪处罚。

被告人在索取债务过程中，强行将被害人带至被告人家中，逼迫其写下欠条,非法剥夺他人人身自由,并将被害人殴打致轻伤,但未造成被害人伤残的后果,故不转化为故意伤害罪,仍应以非法拘禁罪追究刑事责任,其具有殴打情节,应从重处罚。

[参考案例:(2014)松刑初字第834号]

7. 辩方提出: 本案被告人也系传销受害人,应当从轻处罚。

答辩要点: 被告人虽同系传销受害者,但其在加入传销组织后积极参与,并对被害人实施非法拘禁长达23天,从受害者转化为加害者,其没有从轻处罚的情节。

[参考案例:(2015)州刑一终字第89号]

8. 辩方提出: 被告人非法拘禁被害人的时间不足24小时,没有殴打、侮辱等情节,不构成非法拘禁罪。

答辩要点: 被告人为索取债务非法拘禁他人,限制他人人身自由,其行为已构成非法拘禁罪,依法应予惩处。辩护人关于被告人非法拘禁被害人的时间较短,不构成非法拘禁罪的辩护意见,无法律依据。

[参考案例:(2015)昌刑初字第86号]

9. 辩方提出: 被告人没有非法限制被害人人身自由,他人非法拘禁行为与其无关,其没有非法拘禁的主观故意。

答辩要点: 被告人为帮助其母亲讨债而联系人员,其对帮助讨债的人要将被害人带离并采用剥夺被害人人身自由的手段来索债是明知的,且采取了放任的态度,因此,被告人及其母对她们纠集的人员对被害人实施非法拘禁,构成犯罪的行为,应按共同犯罪依法承担刑事责任。

[参考案例:(2013)浙杭刑终字第656号]

10. 辩方提出: 被告人具有自首的从轻、减轻情节。

答辩要点: 如实供述自己的罪行,是指犯罪嫌疑人自动投案后,如实交代自己的主要犯罪事实。犯有数罪的犯罪嫌疑人仅如实供述所犯数罪中部分犯罪的,只对如实供述部分犯罪的行为认定为自首。共同犯罪案件中的犯罪嫌疑人,除如实供述自己的罪行,还应当供述所知的同案犯,主犯则应当供述所知其他同案犯的共同犯罪事实,才能认定为自首。犯罪嫌疑人自动投案并如实供述自己的罪行后又翻供的,不能认定为自首;但在一审判决前又能如实供述的,应当认定为自首。

本案被告人虽主动到公安机关投案,但到案后对辱骂和殴打被害人情节予以否认,属对主要犯罪事实不予供述,不符合自首的构成要件,依法不能构成自首。

[参考案例:(2018)豫17刑终65号]

九、绑架罪

1. 辩方提出：指控被告人预谋及参与绑架证据不足，不能排除合理怀疑，依据疑罪从无的刑法原则，应认定被告人无罪。

答辩要点：根据3名同案犯的供述及被害人的陈述，可以认定被告人在客观方面参与了绑架行为，在主观方面，其两次听到同案犯与被害人的通话内容，已明知是绑架而参与其中，且其中两名同案犯的供述皆能印证被告人系谋划绑架行为的主谋之一，故其与辩护人的无罪辩护观点与事实不符。

[参考案例：(2015) 神刑初字第 00444 号]

2. 辩方提出：被告人劫持被害人只是为了抢劫被害人身上的财物，并没有实施向被害人家属勒索钱财的行为，本案宜认定为抢劫罪。

答辩要点：绑架罪和抢劫罪都使用暴力、胁迫或者其他手段加害或威胁被害人，同样都有非法获取他人财物的目的。二者的区别主要在于：（1）犯罪的手段不同。前者是绑架并控制他人后以加害被绑架人相威胁，要求被绑架人的亲属或其他关系人给付财物，后者则是当场劫取财物。（2）索取财物的时间、地点不同。前者是先有绑架行为，后有勒索财物行为，后者是当场劫取或强迫被害人交出财物。（3）索取财物的数额不同。前者要按照犯罪嫌疑人的要求将一定数额的财物送到一定地点，犯罪嫌疑人可以漫天要价，具有随意性，后者则一般都是限于被害人随身携带的财物。（4）实现犯罪目的的方式不同，前者是通过把绑架人作为人质胁迫被绑架人的亲属或其他利害关系人出钱赎人，犯罪目的必须通过被绑架人以外的第三人实现，后者则是直接从被害人身上劫取财物，不与第三人发生关系。

本案中，两名被告人一直以勒索人民币 200 万元为目标，且为实施绑架而准备了车辆、尖刀、绳子、封箱带等作案工具，并按照事先预谋，有针对性地选择开名车的女性被害人实施犯罪；意图通过非法拘押他人，剥夺他人人身自由的手段，以达到索取他人财物的目的，与绑架犯罪构成相符合。被告人及其辩护人认为被告人的行为系抢劫的辩解和主张，缺乏相应的事实和证据证明。

[参考案例：(2011) 静刑初字第 257 号]

3. 辩方提出：被告人当时吸毒过量，神智不清，无谋财及绑架女友的故意，其行为不构成绑架罪。

答辩要点：被告人持刀挟持被害人的行为，已让抓捕其的警察出于对被害人安危考虑而放弃抓捕，符合人质型绑架的情形，构成法律规定的绑架罪。其自愿吸食毒品导致神智不清，不属于刑法意义上的精神病人，其应对吸食毒品后所实施的犯罪行为承担全部刑事责任，故被告人认为其不构成绑架罪的上诉理由无法律依据。

[**参考案例**：(2017)苏05刑终824号]

4. 辩方提出：被告人绑架目的在于勒索而并非杀害被绑架人，其主观恶性相对于故意杀害被绑架人而言，相对较小，且案发后认罪态度较好，希望法院酌情从轻处罚。

答辩要点：被告人以勒索钱财为目的，绑架他人并故意杀害被绑架人，其行为已构成绑架罪。被告人对年幼的被害人采取捂嘴、勒颈足以致死的方式致其机械性窒息后吸入污水，窒息死亡，系绑架杀害被绑架人，故被告人主观上无故意杀人的理由不能成立，依法应予惩处。

[**参考案例**：(2013)宜刑初字第000217号]

5. 辩方提出：被告人的行为仅构成非法拘禁，不构成绑架罪。

答辩要点：非法拘禁罪与绑架罪都有非法剥夺他人人身自由的行为表现，但前者仅以剥夺他人人身自由为目的，后者则以严重危及被害人人身安全为特质，通常表现为直接加害被害人人身，并借此勒索他人财物或提出非法要求。为非法取酬而暴力劫持他人交雇主处置的行为，不仅严重侵害被害人人身安全，而且以人质为筹码向第三人（即雇主）勒索钱财，其行为符合绑架罪的主客观事实特征，应当认定为绑架罪。

[**参考案例**：(2010)沪一中刑初字第180号]

6. 辩方提出：本案被害人死亡属意外事件，不属《刑法》中的"绑架致人死亡"情形。

答辩要点：案发当日最高气温为34.9℃，地面最高温度为53.9℃；被告人作为成年人，将年仅4岁的被害人带至采石场，用胶带纸贴住被害人的嘴，并用布条绑住双脚，应当明知他的行为可能会致被害人死亡，而放任死亡后果的发生，对被害人死亡后果属间接故意，应属《刑法》中的"绑架致人死亡"范畴，辩护人关于"被害人意外死亡"的辩护意见与客观事实不符、与常识常理不符。

[**参考案例**：(2005)赣刑一终字第40号]

7. 辩方提出：绑架勒索本身就是以获取被绑架人或其亲友财物为目的，因此，在控制被绑架人后携走其随身或其所控制范围内属于被绑架人的财物，无论数额大小，对绑架人而言，是再自然不过的事。反之，则是不可理喻的。对这种情况如以抢劫罪和绑架罪并罚，实质上是将一个暴力劫持或拘禁行为既用作绑架罪的构成要件，又用作抢劫罪的构成要件，有违"禁止重复评价"的刑法原理。最高人民法院《关于对在绑架过程中以暴力、胁迫等手段劫取被害人财物的行为如何适用法律问题的答复》中，对此竞合性的犯罪"应在绑架罪和抢劫罪中择一重罪处罚"。

答辩要点：支持型答辩：3名被告人预谋实施了绑架被害人向其儿子索要财物并在进入被害人家控制被害人后在其家中翻找财物，取得黄金戒指一枚、黄金项链一条、珍珠项链一条、珍珠手链二条、金镶玉一块等财物，3被告人的行为分别触犯绑架罪和抢劫罪两罪名。依照最高人民法院《关于审理抢劫、抢夺刑事案件适用法律若干问题的意见》，绑架过程中又当场劫取被害人随身携带财物的，同时触犯绑架罪和抢劫罪两罪名，应择一重罪定罪处罚。就绑架罪与抢劫罪的比较，抢劫罪的最低法定刑低于绑架罪，而最高法定刑相同。应该是绑架罪重于抢劫罪。从实施的具体犯罪行为而论，对周某乙的绑架犯罪的危害性大于抢劫犯罪，绑架犯罪所应当判处的刑罚应当重于对其抢劫犯罪应当判处的刑罚。故该行为应以绑架罪定罪处罚。

[**参考案例**：（2015）信刑初字第32号]

不支持型答辩：辩护人所提最高人民法院《关于审理抢劫、抢夺刑事案件适用法律若干问题的意见》中，关于绑架过程中又当场劫取被害人随身携带财物的，同时触犯绑架罪和抢劫罪两罪名，应择一重罪定罪处罚的规定，并不适用于本案，因为3被告人并非在绑架过程中劫取财物，而是在抢劫后再绑架勒索。应当数罪并罚。

[**参考案例**：（2010）浙嘉刑初字第42号]

8. 辩方提出：3被告人的行为应构成敲诈勒索罪。

答辩要点：首先，针对敲诈勒索罪威胁的暴力构成要件，应认定是行为人将要实施的暴力行为，而不应是当时、当场实施的。而本案中被告人则是当场即对被害人使用暴力进行殴打，故不符合敲诈勒索罪的威胁方式。其次，敲诈勒索罪并不要求将被害人掳走或者予以控制，而本案中被告人使用暴力强行将被害人控制，并持续时间长达几十个小时。再次，敲诈勒索罪实施威胁的对象和索取财物的对象是同一个，而本案中被告人明确要求被害人联系家属索要财物，其犯罪敲诈对象亦不符合敲诈勒索罪的要求。最后，3被告人虽辩称其是认为被害人的钱财来路不明才想对被害人进行敲诈，但3被告人主观上有勒索财物的故意，客观上实施了绑架他人的行为并要求被害人让家属准备钱款的行为，应以绑架罪追究其刑事责任。

[**参考案例**：（2017）云01刑终632号]

9. 辩方提出：被告人的犯罪目的没有实现，系犯罪未遂，可从轻处罚。

答辩要点：绑架罪是指为实现勒索财物或者其他目的，使用暴力、胁迫或者其他方法，绑架他人的行为。绑架罪未遂应当以绑架行为是否已实际控制了被害人，并将其置于自己实际支配之下为标准，如果是否定的，那就是绑架罪未遂。

本案中,被告人以勒索财物为目的绑架他人,其犯罪行为已实施完毕,之后因被害人挣脱绑缚而未具体实施勒索财物并不影响绑架犯罪行为的完成,因而被告人系绑架既遂并非未遂。

[参考案例:(2014)巫法刑初字第00022号]

10. 辩方提出:被告人系从犯,应从轻处罚。

答辩要点:从犯系主犯的对称,是共犯种类之一。指共同犯罪中起次要或辅助作用的分子。起辅助作用,指为犯罪的实施创造有利条件,如提出建议、提供工具、排除障碍等。起次要作用,指在主犯的指挥下进行某种具体犯罪活动,或在一般共同犯罪中实施某种情节轻微的犯罪行为。按照《刑法》规定,对犯罪后的帮助行为,事先有通谋的,以共犯论处;对于从犯,应当比照主犯从轻、减轻或免除处罚。

本案被告人伙同他人在绑架被害人的共同犯罪中行为积极、主动,起主要作用,按法律规定不属从犯。

[参考案例:(2011)许中刑二终字第122号]

十、刑讯逼供、暴力取证罪

1. 辩方提出:被告人的行为仅造成被害人轻微受伤的后果,没有造成轻伤以上结果出现,不构成刑讯逼供罪。

答辩要点:公安机关工作人员采用香烟烧烤皮肤的恶劣手段对犯罪嫌疑人逼取口供的,构成刑讯逼供犯罪。虽然行为人仅造成了被害人轻微伤的损伤结果,但采取的是香烟烧烤被害人皮肤的恶劣手段目的是逼取口供。故即便没有造成轻伤以上结果出现,依然要追究其刑事责任。

[参考案例:(2010)日开刑初字第51号]

2. 辩方提出:见习民警不是刑讯逼供罪的犯罪主体。

答辩要点:《刑法》明确规定刑讯逼供罪的犯罪主体为司法工作人员,司法工作人员是指有侦查、检察、审判、监管职责的工作人员。负有侦查职责的司法工作人员主要是公安机关、国家安全机关等的工作人员。案发时被告人系苏州市公安局苏州工业园区分局某派出所见习民警,属于公安机关的工作人员,并参与了审讯活动,具有侦查职责,可以构成刑讯逼供罪的共犯,符合刑讯逼供罪特殊主体。故辩方认为作为见习民警不符合刑讯逼供罪的犯罪主体的理由不能成立。

[参考案例:(2014)虎刑监字第00002号]

3. 辩方提出：本案应定性为刑讯逼供罪，被告人不需要对被害人死亡结果承担责任，理由如下：（1）从殴打被害人部位、工具及持续时间看，其主观上没有刑讯逼供致被害人死亡的故意；（2）医生当时对被害人检查后认为仅是血液循环不畅，未建议送医治疗，可见当时被害人伤势未达轻伤以上；（3）法医学尸体检验报告认定，被害人死亡有被害人自身心脏病理改变及天气等因素，被殴打不是唯一因素。

答辩要点：《刑法》第247条规定，司法工作人员对犯罪嫌疑人、被告人实行刑讯逼供或者使用暴力逼取证人证言的，处3年以下有期徒刑或者拘役。致人伤残、死亡的，依照本法第234条规定的故意伤害罪、第232条规定的故意杀人罪定罪，从重处罚。

本案4名被告人为获取口供，对被害人刑讯逼供，致其无法站立行走后，被告人为避免他们打伤被害人一事被人知晓，在天气寒冷的夜晚，将无法站立行走的被害人用车运出放至公路边凉亭，且根据法医学尸体检验报告，被害人死亡原因考虑为创伤性休克死亡，原有心脏病理改变、天气寒冷等因素可对其死亡有一定的促进作用，据上足以认定，4被告人主观上为获取口供有故意伤害被害人身体健康的故意，客观上亦实施了持械殴打及扔弃行为，最终造成被害人死亡的结果，4被告人属刑讯逼供伤害致人死亡，应以故意伤害罪追究4被告人刑事责任。

4. 辩方提出：被告人甲没有在对被害人的审讯过程中起组织和领导作用，也没有对被害人实施过殴打，不能认定为主犯。

答辩要点：经查，多名被告人供述及两名证人的证言均证实被告人甲召集了派出所6名刑侦人员等人开会，在会上对夜间审讯的地点、班次、时间及人员进行了安排，可以认定被告人甲在对被害人的审讯过程中起到组织、领导作用，同时同案2名被告人的供述均证实被告人甲对被害人实施过殴打。故被告人甲及其辩护人关于被告人甲没有起到组织、领导作用及未对被害人实施过殴打的辩护意见不能成立。

[**参考案例**：（2014）浙台刑一终字第494号]

5. 辩方提出：被害人在被抓捕时，被群众围攻殴打，在侦查讯问中被被告人及其工作组成员殴打，公诉机关提供的证据不能证明被害人的脾破裂是被告人殴打所致，本案事实不清，证据不足，应宣告被告人无罪。

答辩要点：经查，被害人的4次陈述和辨认笔录，供述了其被刑讯逼供的经过。被告人给被害人戴脚镣手铐、用煤火钳子敲打其脚面、脚趾、其他人扇他的脸、踩他的腿以及逼供原因等细节的陈述，与3名证人的证言相互印证，亦与检察技术鉴定书证实被害人的双足踝软组织损伤相吻合。上述证据足以证实被告人参与并实施了刑讯逼供行为，符合刑讯逼供罪的构成要件。

被害人是否被群众殴打、是否供认抢夺行为不影响对刑讯逼供罪的认定。

[参考案例：（2008）豫法刑再字第15号]

6. 辩方提出： 被告人具有自首、立功情节，积极赔偿被害人的损失并取得谅解，被告人的犯罪情节轻微，主要是为完成工作，考虑到被告人在部队表现良好，积极配合调查，主观恶性不大，建议对被告人免予刑事处罚。

答辩要点： 被告人身为司法工作人员，在对犯罪嫌疑人进行讯问过程中实施刑讯逼供，其行为已构成刑讯逼供罪。被告人犯罪后自动投案，如实供述自己的罪行，系自首，可以从轻或者减轻处罚；且被告人已赔偿被害人的损失，并取得被害人的谅解，酌情从轻处罚。但被告人采用扇耳光、踹腿、上提、下压手铐、拉韧带；用打火机焚烧被害人的头发、腋毛、胸毛、肚脐下的阴毛等刑讯逼供的行为，具有社会危害性，即使存在以上从轻情节，以不足以免予刑事处罚。

[参考案例：（2016）闽05刑终1477号]

7. 辩方提出： 被告人对公诉机关指控的犯罪事实没有异议，但辩解自己的行为不构成暴力取证罪，应按故意伤害罪定性，请求法院从轻处罚。

答辩要点： 暴力取证罪是指司法工作人员使用暴力逼取证人证言的行为。暴力取证罪侵犯的客体是公民的人身权利和国家司法机关的正常活动，犯罪对象为案件当事人以外的证人，本案被害人并非证人身份；暴力取证罪在客观方面表现为司法工作人员具有使用暴力逼取证人证言的行为，主观方面具有明确的逼取证言的目的。

本案中，被告人没有实施逼取证言的行为，而是因与被害人发生言语冲突、肢体接触后，实施了故意伤害被害人的行为。故本案应定性为故意伤害罪。

被告人到案后如实供述其犯罪事实，且积极赔偿被害人经济损失并取得被害人谅解，犯罪情节轻微，可以免于刑事处罚。

[参考案例：（2014）平刑初字第350号]

8. 辩方提出： 公诉人关于被害人系轻伤的法医鉴定不应被采信；被害人作清宫手术的事是不真实的。

答辩要点： 卫生院手术证明及诊断证明书证实被害人于案发后到该院作了清宫手术。检察院出具的检察技术鉴定书，结论为被害人属于损伤致孕妇流产，构成轻伤。

被告人身为公安干警，在询问证人的过程中，使用暴力逼取证人证言，其行为已构成暴力取证罪。其辩解称请求宣告无罪的理由不能成立。

[参考案例：（2009）南刑一终字第018号]

9. 辩方提出：3被告人暴力取证的行为没有造成冤假错案，其犯罪情节轻微，请求免予刑事处罚。

答辩要点：被告人身为司法工作人员，在调查取证过程中，当场使用暴力手段逼取证人证言，致一人轻伤，其行为侵犯了证人的人身权利及司法活动的正当性，构成暴力取证罪。暴力取证的行为有无造成冤假错案不是构成本罪的要件，也不是认定犯罪情节的唯一因素，还应当结合伤情、社会影响等因素综合判断。本案中，被告人暴力取证的行为虽然没有造成冤假错案，但造成了被害人轻伤的危害后果，犯罪情节不至于轻微到能够免予刑事处罚的程度。

[**参考案例**：(2015)仙刑初字第830号]

10. 辩方提出：被告人有自首情节，应当从轻处罚。

答辩要点：被告人在作案后，在单位领导追问下，虽承认对被害人使用暴力逼取证言，但并无投案的目的和接受法律制裁的意愿，这在检察机关首次传唤其到案接受询问时，其拒不交代暴力取证的犯罪事实的行为中可得到具体的反映，故无自动投案的事实，其行为依法不应认定为自首。

[**参考案例**：(2011)光刑初字第55号]

十一、聚众斗殴罪

1. 辩方提出：本案有关证人证言、被害人陈述等证据，不足以认定参与聚众斗殴的人员是被告人邀集的，亦没有确实充分证据证实受害人是被被告人邀集的人员捅伤的。

答辩要点：经查，6名证人及本案被害人等均证实被告人一方与被害人一方因验票发生争执，不久后发生肢体冲突。被告人叫来四五个人，其中一个人提着一袋工具，分给之前和其一起的小青年，被告人案发前对酒吧老板讲"今晚若发生打架，跟你酒吧没有关系，是我自己的事，我们这帮人出来打架都没有输过"，上述证言在其他细节上能与本案其他证人证言、被害人陈述相互印证，形成证据锁链，足以认定被告人系聚众斗殴的首要分子。

邀集他人斗殴的方式并不限于使用手机通话联系，参加斗殴的人员也不限于均由首要分子邀集在聚众斗殴致人伤亡的犯罪中，伤亡人员无论由哪一方造成，首要分子应当对该犯罪后果负责。

[**参考案例**：(2016)闽08刑终318号]

2. 辩方提出：被告人的行为属于正当防卫，不构成聚众斗殴。

答辩要点：《刑法》第20条赋予了公民正当防卫的权利。认定正当防卫，行为人不仅要维护合法正当的利益，同时不法侵害具有现实紧迫性，而且行为人还要具有防卫的意图而非相互斗殴的故意。

本案中，被告人为赌债等非法利益之争，采用言语挑衅的方式，导致矛盾升级，招致对方多人上门打斗，并积极与之互殴的行为，不属于正当防卫，应以聚众斗殴罪处罚。

[**参考案例：**（2012）苏中刑终字第0091号]

3. 辩方提出：被告人系聚众斗殴首要分子的事实不清、证据不足，被告人去现场目的是阻止拉油并非殴斗，被告人到现场后也未参与斗殴，故并非聚众斗殴的组织、策划者。

答辩要点：经查，被告人在公安机关的多次供述及亲笔供词证实，其在生意被抢后，和同案人预谋分别纠集人员阻止他人干活，被告人打电话纠集多人于深夜来到现场，之后和对方等人相遇双方发生打斗，后多人受伤。

同案人的供述与被告人供述相互印证，且有5名被邀约人的供述、鉴定意见等证据在案佐证，足以认定被告人与他人产生生意纠纷是本案的起因，为阻止对方干活分别组织多人于深夜来到现场，主观上应当预见到双方会发生斗殴，被告人在现场亦未阻止同案人斗殴，主观上持放任态度。故被告人系首要分子并无不当。

[**参考案例：**（2015）青刑一终字第36号]

4. 辩方提出：指控被告人犯聚众斗殴罪定罪不当，应认定为寻衅滋事罪。

答辩要点：聚众斗殴罪是指行为人出于报复、争霸一方等其他不正当目的，纠集多人成帮结伙的相互进行殴斗的行为。该罪与行为人出于耍威风、取乐、寻求精神刺激等不健康目的，在公共场合无事生非、起哄闹事，随意殴打、追逐、拦截、辱骂、恐吓他人，强拿硬要、任意损毁、占有公共财物，破坏公共秩序的寻衅滋事罪不同。

本案中，被告人甲为阻止2名被告人乙、丙在××路××号店铺进行装修，纠集了被告人丁等多人，携带木棍至上述店铺门口，与被告人乙、丙发生争执，且长时间对峙，继而相互斗殴。

由此可见，被告人甲在案发前已确定了对象，有明确的目的，且有纠集人员等的事前准备，对发生斗殴的结果有预见，且实际发生了斗殴，其行为符合聚众斗殴罪的构成要件。

[**参考案例：**（2016）沪01刑终1176号]

5. 辩方提出：本案定性为故意伤害更为贴近案情，构成聚众斗殴的双方都必须实施了"聚众"及"斗殴"的行为，而本案的受害一方并没有"斗殴"的行为表现，他们只是被动的"挨打"，另外同来的两位被告人既没有参与斗殴，也未遭受对方的殴打，单方的殴打行为是不构成此罪的，因此本案以故意伤害罪追究各被告人的刑事责任更为妥当。

答辩要点：聚众斗殴罪是指拉帮结伙，人数一般达 3 人以上，有聚众斗殴故意的互相殴斗的行为。聚众斗殴通常表现为为报复他人、争霸一方或其他不正当动机而成帮结伙的斗殴，往往造成严重后果。一方有互殴的故意，并纠集 3 人以上，实施了针对对方多人或其中不特定一人的殴斗行为，而对方没有互殴故意的，对有互殴故意的一方也可以认定为聚众斗殴。

本案 3 名被告人曾因与被害人在电话中发生口角而结下私仇，为报复他人而成帮结伙与对方相约在车站门口斗殴，该行为侵害的客体是社会公共秩序，所侵害的客体也不因其斗殴发生的时间在晚上而改变；3 名被告人主观方面表现为出于私仇或其他不正当目的，而客观方面实施了持械斗殴伤害对方的行为，且被告方人数达到 3 人以上，完全符合聚众斗殴罪的犯罪构成要件。

[参考案例：（2015）双刑初字第 113 号]

6. **辩方提出**：被告人并未持械打斗，同案犯也并非其纠集的，同案犯的持械斗殴行为与其没有关系，故不应认定其为持械聚众斗殴。

答辩要点：被告人在斗殴中明知己方人员持砍刀、钢管等工具殴打对方，其参与时虽未持械，但其实施拳打脚踢的殴打行为属于协助、配合己方人员的持械斗殴行为，具有主观上认可"持械斗殴"的共同故意，应认定其为持械斗殴。

[参考案例：（2014）浙杭刑终字第 478 号]

7. **辩方提出**：被告人用破旧雨伞伞柄参与斗殴，不构成"持械"聚众斗殴。

答辩要点：杀伤力比较大很容易造成严重伤害结果的物品（如破底啤酒瓶）；杀伤力不明的普通物品，一般以实际使用是否造成伤害为准，实际造成伤害的证明有一定杀伤力，可以考虑认定为"械"。实际未造成伤害的说明还不足以认定为"械"。

本案中，被告人在斗殴过程中使用破旧雨伞伞柄击打被害人，该雨伞伞柄虽本身为生活用品，但在斗殴过程中被作为凶器使用，且实际造成了被害人受伤的后果，故对该犯罪工具应认定为持械聚众斗殴中的"械具"。

[参考案例：（2017）皖 08 刑终 71 号]

8. **辩方提出**：被告人没有携带棍棒参与斗殴，其使用的棍棒系在斗殴的过程中获得的，应区分与一般的持械聚众斗殴，不应认定为持械聚众斗殴，量刑上从轻处罚。

答辩要点：虽事先未持械，但斗殴时从对方手中抢到器械并斗殴使用的，认定持械聚众斗殴，同伙知情的情况下也构成共同持械聚众斗殴。

本案中被告人抢夺木棍殴打被害人，其行为构成持械聚众斗殴，3 名同案犯在明知被告人持械的情况下，仍然积极参与斗殴，其3人行为亦应当认定为持械聚众斗殴的共犯。

[参考案例:（2016）苏0802刑初195号]

9. 辩方提出：被告人对公诉机关指控的基本事实无异议，辩称其只是拿着工具在路上走，没有斗殴，其行为不属于聚众斗殴，应当以非法携带管制器具而处以治安处罚。

答辩要点：犯罪未遂的特征包括三方面：行为人已经着手实施犯罪、犯罪未能得逞、犯罪未得逞是由于行为人意志以外的原因。行为犯具有犯罪未遂的可能性，因为行为犯与举动犯不同，行为犯从行为人着手实施犯罪实行行为到实行行为实施完毕存在一个发展过程，行为人有可能在这个发展过程中由于意志以外的原因而未能将犯罪实行行为实施完毕，在这种情形下，就形成行为犯的未遂状态。聚众斗殴罪作为行为犯同样存在犯罪未遂的可能性。行为人实施完聚众行为即表明已经着手实施犯罪，行为人实施斗殴行为即是犯罪既遂，如果行为人实施完聚众行为后，因为意志以外的原因而未能实施斗殴行为，应当认定为犯罪未遂。

本案中，被告人于某丁、于某甲、黄某某纠集被告人于某戊、于某乙、黎某甲、于某己、于某丙、陀某某、黎某乙等人斗殴，拿着枪型木制物，并用红色塑料袋包裹，到达约定地点，后因对方逃跑导致双方没有交手，斗殴行为未实际发生。于某丁等人构成持械聚众斗殴，因斗殴行为未实际发生，10名被告人的行为属于犯罪未遂。被告人黎某乙辩称其行为属于非法持有管制刀具的意见不成立。

[参考案例:（2015）佛城法刑初字第275号]

10. 辩方提出：被告人具有自首的从轻处罚情节。

答辩要点：根据《刑法》第67条的规定，自首是指犯罪后自动投案，向公安、司法机关或其他有关机关如实供述自己的罪行的行为。最高人民法院关于处理自首和立功具体应用法律若干问题的解释规定，自动投案后又逃跑的，不能认定为自首。

本案中，被告人多次投案后逃跑，其并不愿意主动接受国家的审查和追诉，其聚众斗殴犯罪不应当认定为自首，被告人张某某外逃期间再次故意犯罪，主观恶性较大，没有真正地悔罪认罪。

[参考案例:（2018）冀08刑终11号]

十二、寻衅滋事罪

1. 辩方提出：被告人因到北京非法上访的行为已被北京和平顶山的公安机关行政拘留过，不应被追究寻衅滋事罪的刑事责任。

答辩要点：被告人为达到个人信访目的，多次到北京天安门及中南海地区上访，已被训诫多次和行政拘留，被告人明知上述地区不是信访接待场所，更不允许信访人员携带危险品滞留，但其不听劝阻，仍多次携带汽油、打火机等危险品到上述地区进行非法上访活动，严重扰乱了该地区的公共场所秩序，其行为符合寻衅滋事罪的犯罪构成，应当对其追究刑事责任。

一事不再罚原则中的"一事"指符合一个行政违法构成要件的行为；"不再罚"指除非法律有特别规定，行政主体只能给予一个行为一次行政处罚。《中华人民共和国行政处罚法》第28条规定："违法行为构成犯罪，人民法院判处拘役或者有期徒刑时，行政机关已经给予当事人行政拘留的，应当依法折抵相应刑期。"因此，就其行为已进行了行政拘留措施并不影响其刑事责任的成立，但应当依法折算相应刑期。

[参考案例：（2015）平刑终字第289号]

2. 辩方提出：被告人的行为不属于编造虚假信息并散布，也不属于明知是编造的虚假信息并散布。

答辩要点：编造虚假信息，或者明知是编造的虚假信息，在信息网络上散布，或者组织、指使人员在信息网络上散布，起哄闹事，造成公共秩序严重混乱的，依照《刑法》第293条第1款第（四）项的规定，以寻衅滋事罪定罪处罚。

经查，被告人在信息网络上所发布的涉案微博内容或无中生有，为被告人本人捏造、编造；或虚假信息所涉及内容有一定来源，但经被告人进行过实质性篡改，以原创的方式发布；或虚假信息虽曾在信息网络上流传，但已经涉案被害人澄清，被告人仍然增添内容在信息网络上予以散布。

被告人作为网络从业人员，对所发信息的真实性不仅没有尽到基本的核实义务，反而一贯捏造、编造虚假事实，足以证明其主观上明知涉案信息的虚假性。其客观上亦实施了捏造、编造虚假信息的行为，依法构成寻衅滋事。

[参考案例：（2013）朝刑初字第2584号]

3. 辩方提出：被告人的行为构成故意毁坏财物罪，不构成寻衅滋事罪。

答辩要点：故意毁坏财物罪的犯罪客体是公私财物所有权，具有明确的侵害对象。而本案行为人为发泄嫉妒、仇富和内心不平衡的情绪，用自制铁锥戳破停在路边或停车场汽车的轮胎，任意损毁公私财物，其侵犯的对象具有不特定性，侵害了社会公共秩序，该行为与具有明确特定对象，侵害的客体为公私财物和所有人所有权的故意毁坏财物罪具有区别，不符合故意毁坏财物罪的构成要件，而应当属于寻衅滋事罪的情形之一。因此，行为人为发泄情绪，随意损毁他人汽车轮胎，不应构成故意毁坏财物罪，应当构成寻衅滋事罪。

[**参考案例：**（2013）仪刑初字第 0267 号]

4. 辩方提出：被告人的行为不构成抢劫罪，构成寻衅滋事罪。

答辩要点：抢劫罪，是以非法占有为目的，对财物的所有人、保管人当场使用暴力、胁迫或其他方法，强行将公私财物抢走的行为。

本案中，在案证据证实被告人系酒后无故对郭某某进行殴打，因担心上来劝架的刘某某找人报复，将其手机拿走，其主观上没有非法占有目的，不构成抢劫罪。被告人法制观念淡薄，酒后无故滋事，强拿硬要他人财物，情节严重，其行为妨害了社会管理秩序，其行为符合《刑法》所规定的寻衅滋事罪的犯罪构成要件，依法应以寻衅滋事罪追究刑事责任。

[**参考案例：**（2011）朝刑初字第 2537 号]

5. 辩方提出：被告人的行为构成故意伤害（轻伤），不应当以寻衅滋事罪定罪处罚。

答辩要点：寻衅滋事行为不仅侵犯个人法益，而且侵犯社会法益。所以，寻衅滋事罪的法定刑重于故意伤害罪（致人轻伤）的基本法定刑。在一行为同时触犯寻衅滋事罪与故意伤害罪的情况下，以想象竞合犯从一重罪论处。但寻衅滋事罪名所包含的，不是单一行为类型，而是多样行为类型，且以情节恶劣、情节严重、造成严重混乱等为构成要件，所以在量刑的设置上不仅要考虑入罪标准，同时，也要考虑与其他罪名的平衡，综合把握寻衅滋事罪与其他罪名的量刑起点和基准刑。本案中，被告人的行为同时构成寻衅滋事罪与故意伤害罪（轻伤）的，应当以寻衅滋事罪论处。

[**参考案例：**（2010）湖刑初字第 236 号]

6. 辩方提出：被告人甲的行为超出了被告人乙的犯意，被告人乙不构成故意伤害，仅构成寻衅滋事。

答辩要点：共同犯罪首先要形成共同的犯意，在共同犯意形成之后，伴随着作案环境的变化，有些行为人受个人心理素质、自控能力、犯罪诱因、法律后果等因素的影响，而对原有的共谋犯意作出调整、修正甚至改变，有的仍停留在原有犯意基础上，有的则产生了超越共同犯意以外新的犯意，对危害结果具有新的追求或放任。

本案中，打斗开始不久，被告人甲见明显打不过对方（作案环境发生改变），就掏出随身携带的折叠刀（作案手段发生改变），随意捅刺，致一死两伤

（新的危害结果的积极追求）。此时，其原有的共谋犯意发生明显改变，即由单纯的逞强好胜转化为故意伤害他人身体健康，超越了原有的认识因素和意志因素，产生了新的犯意。而此时的被告人乙，由于事先并不知晓甲身上带有折叠刀，打斗过程中各自为战，也不知甲已将折叠刀掏了出来，其对故意伤害他人身体致人死亡和轻伤的犯罪后果未有明确的认识，也不希望这种结果的发生，其共谋犯意未发生改变，仍停留在原有的犯意基础上。因此，两人对于超出的犯意是不同时具备的，乙仍是寻衅滋事的犯意，而甲转化为故意伤害的犯意，即存在部分转化。

[**参考案例：**（2013）枣刑三初字第1号]

7. 辩方提出：被告人在铁轨上持刀扬言自杀的行为不至于造成公共场所秩序严重混乱，不应构成寻衅滋事罪。

答辩要点：根据"两高"《关于办理寻衅滋事案件适用法律若干问题的解释》第5条的规定，在车站、码头等公共场所起哄闹事，应当根据公共场所的性质、公共安全的重要程度、公共场所的人数、起哄闹事的时间、公共场所所受影响的范围与程度等因素，综合判断是否构成"造成公共场所秩序严重混乱"。结合本案而言，轨道交通是城市主要的交通运输方式之一，每天有数百万乘客流量。轨道交通的正常运营秩序，对保障广大乘客出行安全、顺畅，具有十分重要的意义。

被告人的行为造成当日轨道交通三、四号线的运营秩序严重混乱，导致三号线停运近66分钟，并对多个轨交站点和列车车次的正常运营秩序造成严重影响。三号线列车取消3列次，加开5列次，晚点4列次，清客2列次，四号线列车晚点4列次，加开4列次。上海地铁第三运营有限公司退票896张，共计人民币3792.8元，赠票8张，共计人民币120元，发放致歉信1058张。此外，为处置上述突发情况，上海市公安局宝山分局出动警力48人，治安辅助力量20人，宝山消防支队出动消防车1辆，消防战士7人。上海市公安局城市轨道交通和公交总队出动警力23人，保安4人。法院综合以上情况认为被告人的行为造成公共场所秩序严重混乱，应当构成寻衅滋事罪。

[**参考案例：**（2014）沪铁刑初字第102号]

8. 辩方提出：被告人构成投放虚假危险物质罪，不构成寻衅滋事罪。

答辩要点：首先，被告人的行为不构成投放虚假危险物质罪。因为：其一，在犯罪主观方面，本案现有证据不能证明被告人明知或应知社会上存在的"扎针"传播艾滋病的传言，不能证明被告人用铁锥扎人的目的是故意制造社会恐慌。其二，在犯罪客观方面，被告人持铁锥扎人的行为不符合《刑法修正案（三）》第8条规定的投放虚假危险物质罪的"投放"行为。被告人所使用的犯罪工具是一把实心的锥子，不可能存放任何物质，不存在"投放"问题。

其次，被告人的行为构成寻衅滋事罪。理由是：第一，被告人的行为具有相当的社会危害性。具有相当的社会危害性是犯罪的一个基本特征。本案被告人在公交车上用锥子扎青年女性的腿部，虽然没有给被害人的身体造成严重的后果，也未达到轻伤的标准。但在当时的特定背景下，被告人的行为不仅给被害人而且对社会的影响甚大。由于当时社会上流传"扎针"传播艾滋病一事，造成社会群体尤其是女性群体产生恐慌心理，生怕自己成为被害人。本案被告人在公交车这一人多拥挤较为敏感的场所用锥子扎人，与社会上传闻的扎针事件极为相似，容易被人误以为是有人"扎针"传播艾滋病。被害人在事发后，虽经澄清，仍承受较大的心理压力，甚至被亲属、朋友、同事误解、疏远。公交车上的乘客事发后向外传播，作为"扎针"传闻例证，客观上对社会的恐慌心理起到了推波助澜的作用。因此，被告人的行为具有较大的社会危害性。第二，被告人的行为符合寻衅滋事罪的特征。寻衅滋事是指肆意挑衅，随意殴打、骚扰他人或者任意损毁、占用公私财物，或者在公共场所起哄闹事，严重破坏社会秩序的行为，属于扰乱公共秩序类犯罪。《刑法》规定了寻衅滋事罪的四种犯罪情形，较为全面地包括了各种寻衅滋事的行为方式，即随意殴打他人；追逐、拦截、辱骂他人；强拿硬要或者任意损毁、占有公私财物；在公共场所起哄闹事，造成公共场所秩序严重混乱的。只要作为人有上述行为之一，且情节恶劣或者后果严重的，就符合寻衅滋事罪的客观要件。本案被告人由于被女友抛弃而产生不健康的心理，无端滋事，用锥子扎伤他人，侵害他人身体，与"随意殴打他人"扰乱社会秩序属同一类型。尽管其伤害后果并不严重，但由于被告人是在特定的背景下，使用特定的方法，并选择在特定的地点——公共汽车这一人员集中的地方作案，不仅给被害人造成了较大的心理压力，在案发时引起公共汽车秩序的混乱，且案发后，客观上产生了恶劣的社会影响，亦属于"情节恶劣"。

[**参考案例：**《刑事审判参考》总第78集第206号：杨某某投放虚假危险物质案]

9. 辩方提出：被告人行为构成敲诈勒索罪，不构成寻衅滋事罪。

答辩要点：寻衅滋事罪，是指在公共场所无事生非，起哄闹事，随意殴打、追逐、拦截、辱骂他人，强拿硬要，任意损毁、占用公私财物，破坏公共秩序，情节恶劣或者情节严重、后果严重的行为。其中强拿硬要是指违背他人意志强行取得他人财物的行为，虽然具有一定的强制性，但不需要达到足以压制被害人反抗的程度。而敲诈勒索罪则是数额犯，以胁迫、要挟手段取得的公私财物必须达到数额较大才构成犯罪。综上，可以从压制被害人反抗程度和获取财物数额大小两个方面，来区分寻衅滋事中的强拿硬要与敲诈勒索行为。

本案中，被告人家系低保户，被告人以过年政府只给 300 元钱太少为由，携带两把斧头进入市行政中心后楼七楼，攀爬到七楼走廊护栏上以跳楼自杀相威胁，并三次爬上七楼护栏围墙做出欲跳楼的姿势，要求市委主要领导出来见面并索要 1000 元或 2000 元钱供其过年消费。其间，被告人一直手持斧头对抗前往劝解的保安和市委政法委工作人员，后市公安局民警乘其不备将其抓获。

被告人索要钱财行为并没有压制被害人到不敢反抗的程度，索要钱财也非数额巨大，其行为不构成敲诈勒索罪。被告人携带凶器恐吓他人，情节恶劣，强拿硬要公私财物，情节严重，其行为已构成寻衅滋事罪。

[**参考案例：**（2015）洪刑初字第 61 号]

10. 辩方提出：被告人在法庭上如实供述，具有自首情节，依法应当从轻处罚。

答辩要点：自首是指犯罪后自动投案，向公安、司法机关或其他有关机关如实供述自己的罪行的行为。最高人民法院《关于处理自首和立功具体应用法律若干问题的解释》规定，犯罪嫌疑人自动投案并如实供述自己的罪行后又翻供的，不能认定为自首；但在一审判决前又能如实供述的，应当认定为自首。

本案中，被告人到案后未能如实供述伙同他人的事实，最终是在庭审中予以供述的，不符合如实供述罪行的条件，故不能认定被告人自首。

[**参考案例：**（2014）和刑初字第 00124 号]

十三、组织、领导参加黑社会性质组织罪

1. 辩方提出：认定被告人犯组织、领导黑社会性质组织罪缺乏事实和法律依据；认定被告人指使他人故意伤害致人死亡与事实不符；被告人没有组织领导所谓的黑社会性质组织，亦没有授意他人教训被害人，即使授意，其主观故意也只限教训被害人，被授意的人致被害人死亡已超出被告人的故意范围，不应由其来承担责任。

答辩要点：黑社会性质组织的组织者、领导者应对其组织、领导的黑社会性质组织所犯的全部罪行承担责任。所谓"其所组织、领导的黑社会性质组织所犯的全部罪行"，既包括在其直接组织、策划、指挥下实施的犯罪，也包括其他成员为了该组织的利益策划实施的犯罪，或者其他成员实施犯罪得到其同意或者经其认可的。对于其他成员为报私仇或个人私利而实施的犯罪，其没有起组织、领导作用的，不属于黑社会性质组织所犯的罪行，只应由具体实施犯罪的行为人承担刑事责任。黑社会性质组织的内部组织结构较为严密，一般具有一定的层次性，组织者、领导者之间也有不同的等级。在司法实践中，应当区

分组织者、领导者在黑社会性质组织所犯的全部罪行中所处的地位和所起的作用，分别情况确定其应承担的刑事责任。

本案中，张某某出于非法目的，以提供经济资助等手段收买利用姚某某、王某某，对姚某某、王某某手下还有张某乙、潘某某等骨干成员及下面还有成员的情况十分清楚，王某某手下的一些所谓的内部保安还系其提议招来，配发通信工具及衣鞋等也经其同意。由其为首形成的该犯罪组织结构紧密，人数较多，骨干成员基本固定，有纪律约束，实施犯罪活动时可以随叫随到，一呼即应。该组织在张某某等人组织、指挥下，大肆进行行凶报复，寻衅滋事，故意伤害，毁坏财物，非法拘禁等活动，在当地称王称霸，破坏社会生活秩序；张某某还组织十余家公司，大肆进行金融诈骗、非法经营、虚开增值税专用发票等活动，非法聚敛钱财，破坏经济秩序。为提高其政治地位，张某某又不惜重金购买各种政治头衔，花巨资行贿、腐蚀、拉拢多名国家工作人员，为其本人、组织成员的非法活动提供保护和便利。张某某组织领导黑社会性质组织符合最高人民法院《关于审理黑社会性质组织犯罪案件具体应用法律若干问题的解释》的规定。

张某某黑社会性质组织的所谓教训，就是持刀公然对他人行凶，张某某亦明知这样做可能伤及他人，带来严重后果而指使姚某某教训陶某某。郭某某等人在张某某的指使下，公然持刀对陶某某行凶，又对前来追赶、抓捕凶手的群众行凶并致一人死亡，一人重伤，该后果与张某某的指使行为有因果关系。

据此认定张某某应对被害人死、伤承担责任并无不当。

[**参考案例**：（2001）浙刑一终字第118号]

2. 辩方提出：被告人不是"赌博公司"的人，是赌场管理人员让其到赌场当了几天"钉子"，没有参加黑社会性质组织。

答辩要点：组织、领导、参加黑社会性质组织罪是故意犯罪。对于组织者和领导者而言，只要其是以实施有组织的违法犯罪活动为目的，成立的组织符合黑社会性质组织的特征，就应当认定为黑社会性质组织。对于参加者而言，行为人虽然不明知所参加的组织是黑社会性质组织，但只要行为人在主观上明知该组织是从事违法犯罪活动的组织，或者当时并不明知是从事违法犯罪活动的组织，但在加入后发现是从事违法犯罪活动的组织，仍不退出并积极从事违法犯罪活动的，就应当认定其主观上具有参加黑社会性质组织的犯罪故意。

本案中，被告人主观上明知该组织是从事违法犯罪活动的组织，仍不退出并积极从事违法犯罪活动的，就应当认定其主观上具有参加黑社会性质组织的犯罪故意。

[**参考案例**：（2001）洪刑初字第163号]

3. 辩方提出： 涉案组织并非黑社会性质组织，只构成普通刑事犯罪。

答辩要点： 涉案组织黑社会性质组织应当同时具备组织特征、经济特征、行为特征及非法控制特征。非法控制特征也被称为危害性特征，是指通过实施违法犯罪活动，或者利用国家工作人员的包庇或者纵容，称霸一方，在一定区域或者行业内，形成非法控制或者重大影响，严重破坏经济、社会生活秩序。非法控制特征是黑社会性质组织最本质、最核心的特征。可以从以下三个方面理解和把握黑社会性质组织的非法控制特征：（1）关于对实现途径的理解和把握，黑社会性质组织所形成的非法控制或者重大影响是通过实施违法犯罪活动或者利用国家工作人员的包庇或者纵容来实现的。（2）关于对"一定区域或者行业"的理解和把握，首先，黑社会性质组织的"非法控制"并不表现为对一定区域内领土的占领，而是表现为对这个区域内生活的人以及这个区域内的经济、社会生活秩序有了非法的控制和重大的影响。其次，黑社会性质组织的非法控制必将表现为对某一行业的非法控制。（3）关于对"非法控制或者重大影响"的理解和把握，"非法控制"，顾名思义是指干预已经达到足以控制一定范围内的经济、社会生活的程度；而"重大影响"，是指虽然对于一定区域、一定行业内的社会、经济生活尚未达到任意操控的程度，但已有相当的能力进行干预和施加影响。综上，涉案组织符合黑社会组织特征构成要件。

[**参考案例：**（2009）揭中法刑一终字第 14 号]

4. 辩方提出： 黑社会性质组织组织者、领导者对于组织成员部分犯罪不知情，不应承担相应刑事责任。

答辩要点： 区分组织犯罪和成员个人犯罪，主要根据以下标准：（1）是否由组织者、领导者直接组织、策划、指挥、参与实施。（2）是否基于组织意志实施。组织成员实施的犯罪行为是得到了组织者、领导者认可或者默许的，抑或是按照组织的纪律、惯例、共同遵守的约定而实施的犯罪活动。（3）是否为了组织利益实施。实施犯罪活动的目的是为犯罪组织谋取利益，而不是为了追求个人利益或其他个人目的。对于组织成员为了组织利益而实施的犯罪，并不要求组织者、领导者知情。如组织成员为组织争夺势力范围、排除竞争对手、确立强势地位、谋取经济利益、维护非法权威而实施的违法犯罪活动。反之，如果是组织成员仅仅为了个人利益，在组织意志之外单独实施的违法犯罪活动，组织、领导者并不知情，则不应认定为该黑社会性质组织实施的犯罪活动，而应认定为组织成员个人犯罪。

本案中，多名证人证明被告人乙是跟随被告人甲做事的或是被告人甲的得力助手，被告人乙常与被告人甲关系密切。被告人乙在被告人甲经营的某甲游戏赌博机室和某乙游戏赌博机室开张后，按被告人甲的授意常带朋友去赌博，作媒吸引其他客人去赌博,并收取两间游戏赌博机室的收入交给被告人甲调用。足以证实被告人乙在明知被告人甲犯罪集团已形成较稳定的犯罪组织,人数较多,并通过实施违法犯罪活动获取经济利益并用于维持集团运作的情况下,追随被告人甲,为被告人甲利用某酒店实施组织卖淫的犯罪活动中参与酒店管理,协调员工之间的矛盾提供便利和经济帮助,为被告人甲犯罪集团提供财务帮助。

[参考案例:(2015)江中法刑一初字第87号]

5. 辩方提出:被告人乙未单独或与被告人甲共同发起、创建黑社会性质组织,没有在组织中起决策、指挥、协调、管理作用,也没有带领、引导、领导行为,其和被告人甲之间没有经济合作之外的其他经济联系,所做经济决策不必听取其的命令,经济合作中的利益分配和风险承担根据股权的多少依照民事法律原则进行,被告人乙的行为不构成领导黑社会性质组织罪。

答辩要点:司法实践中,认定被告人是否有参加黑社会性质组织行为时,一般可以将是否举行专门的参加仪式作为重要的认定依据。但当前的实践中多数黑社会性质组织在发展成员时并无此类程序,这就要求在审判时要按照2009年和2015年的相关会议纪要规定,结合以下两个方面审慎认定:第一,是否参与实施了黑社会性质组织的违法犯罪活动;第二,与涉案黑社会性质组织之间有无相对固定的从属关系。

本案中,被告人乙虽长期与被告人甲共同经营生意,且颇受被告人甲手下"马仔"尊重,但没有证据证明其接受某一组织成员的管理或者对某一组织成员起着领导作用,也就是在被告人甲黑社会性质组织内既无上级,也无下属。虽然被告人乙经营某娱乐城达7年之久,客观上为被告人甲黑社会性质组织的发展提供了重要的帮助、支持,但其主观上并没有为黑社会性质组织存在、发展服务的意图,除了出面经营娱乐城之外,被告人乙未曾介入被告人甲黑社会性质组织的决策、指挥、协调、管理等内部事务,也未参与其他有组织的违法犯罪活动。因此,其与被告人甲的经济合作实际上只是二人相互帮助、各为其利。这一点,从被告人甲与被告人乙共同投资经营公交路线后因无利可图便很快撤资的事实也可看出。被告人乙确曾利用被告人甲黑社会性质组织的成员为其解决纠纷,但相关同案被告人均否认自己是被告人乙的下属,且有其他证据表明被告人乙借助该犯罪组织势力是经过被告人甲事先默许的,其既无自行决定的行为,也无自行决定的权力。因此,被告人乙与该黑社会性质组织之间并不存在相对固定的从属关系,不应认定其领导或者参加了被告人甲黑社会性质组织。

[参考案例:2017年《刑事审判参考》总第107集第1152号]

6. 辩方提出:被告人行为并不符合黑社会性质组织犯罪特征。

答辩要点:黑社会性质组织必须同时具备"组织特征""经济特征""行为

特征"和"危害性特征"。（1）组织特征。黑社会性质组织一般较为稳定，人数较多，有明确的组织者、领导者，骨干成员基本固定。组织特征的证明需要立足组织的成员、组织的结构及组织的存续时间等方面。（2）经济特征。为支持组织的活动，黑社会性质组织通常有组织地通过违法犯罪活动或者其他手段获取经济利益，具有一定的经济实力。经济特征的证明需要立足组织的收入来源、组织的资金流转等方面。（3）行为特征。黑社会性质组织通常是以暴力、威胁或者其他手段，有组织地多次进行违法犯罪活动，为非作恶，欺压、残害群众，但实践中的表现形式各不相同。为合理认定组织实施的违法犯罪，并合理区分组织的违法犯罪与组织成员个人的违法犯罪，审判机关需要结合黑社会性质组织实施的具体违法犯罪行为综合分析。（4）危害性特征。称霸一方，在一定区域或者行业内，形成非法控制或者重大影响，从而严重破坏经济、社会生活秩序，是黑社会性质组织的危害性特征，也是其区别于一般犯罪集团的关键所在。

本案中，被告人蒋某某自2010年以来，招集、网罗了被告人刘某甲、刘某乙、刘某丙、武某某、张某某等多人，形成了以其为首，以刘某甲、刘某乙为骨干成员，以刘某丙、武某某、张某某为一般参加者，人员较多，较为稳定的犯罪组织，被告人蒋某某通过参与网吧经营管理、插手市区土建工程、勒索他人财物等方式获取经济利益，具有一定经济实力，通过给组织成员提供日常花销、免费旅游购物等方式对组织成员进行控制，通过有组织地实施聚众斗殴、寻衅滋事、故意伤害、敲诈勒索等犯罪行为，称霸一方，欺压残害群众，在本市中心区域形成恶劣的社会影响，严重破坏社会、经济、生活秩序，被告人蒋某某及其组织成员刘某甲、刘某乙、刘某丙、武某某、张某某的行为符合黑社会性质组织犯罪必须具备的组织特征、经济特征、行为特征和危害性特征，且上述犯罪构成事实有被告人及同案参与人供述、证人证言、被害人陈述、鉴定意见、发破案经过、辨认笔录、视听资料、相关书证等证据材料予以证实，足以认定。

[**参考案例**：（2013）鼓刑初字第0077号]

7. 辩方提出：被告人通过赔偿经济损失取得被害方谅解，在量刑时应当从轻考虑。

答辩要点：对于被告人通过赔偿经济损失取得被害方谅解的，在量刑时应当与案件性质、后果、被告人的主观恶性、人身危险性以及其他量刑情节等因素放在一起综合考虑。也就是说，对于非因民间纠纷而引发，危害对象不特定的严重危害社会治安的暴力犯罪案件，原则上不能因被害人谅解而从轻处罚；对于被告人未能真诚认罪、悔罪，再犯可能性较大，又无法定从轻情节的，也不能因被害方谅解便予以从宽处理。

本案中，以被告人为首的黑社会性质组织在江西省樟树市市区、观上镇及其周边地区长期为非作恶。为争夺当地赌博行业的控制权、强行介入工程项目，该组织配备了霰弹枪、手枪6支以及砍刀、自制爆炸物等作案工具，并在被告人的授意、指挥之下实施故意杀人、故意伤害、寻衅滋事等各类犯罪30余起，致1人死亡，多人受伤，社会危害极其严重。被告人系在缓刑考验期内继续组织、领导黑社会性质组织实施违法犯罪活动，且其归案后对犯罪事实避重就轻，在大量证据面前，始终否认组织、领导黑社会性质组织犯罪、故意杀人犯罪等严重罪行，认罪态度较差，充分说明其主观恶性较深、人身危险性较大。被告人所犯罪行极其严重，其不仅没有法定从轻情节，且属于缓刑考验期内再犯罪，归案后未能真诚认罪悔罪，家属代赔款项来源存疑，被害人家属虽表示谅解，但不足以据此对被告人从轻处罚。

[参考案例：2017年《刑事审判参考》第1161号]

8.辩方提出：黑社会性质组织组织者、领导者检举揭发构成立功，量刑时应从轻处罚。

答辩要点：对于因揭发检举而构成立功或者重大立功的黑社会性质组织的组织者、领导者所具有的各种量刑情节以及全案的量刑平衡之外，还应着重审查以下两点：一是认罪态度。黑社会性质组织的组织者、领导者若能如实供述罪行，则检举揭发可以表明其人身危险性降低，对其从宽处理不违反立功制度设立初衷。反之，对于在证据面前拒不供认或者避重就轻的，则不宜从宽处理。二是检举线索的来源。由于组织者、领导者在黑社会性质组织中居于核心地位，有获取他人犯罪线索的便利条件，故审判时应当防止组织者、领导者利用这种优势地位获利甚至逃避处罚。

本案中，被告人拒不供认罪行，对于马某某等人的受贿线索，其在一审期间也并未检举，而是等到一审宣判后才向司法机关反映，其目的不言自明。这些情况都可以说明被告人并未认罪悔罪，检举揭发只是其妄图逃避处罚的一种手段，其人身危险性并没有丝毫降低。同时，以被告人为首的黑社会性质组织在广东省廉江市长期、多处非法采矿，并大量实施其他违法犯罪活动，廉江市公安局局长马某某等人明知该组织从事非法采矿活动，不仅不予查处，还与被告人合作采矿办厂，充当该犯罪组织的"保护伞"，任由该犯罪组织为非作恶、发展壮大。被告人为了与马某某等人搞好关系，除通过入股分红构建利益共同体外，还经常请吃请喝以笼络感情。被告人所检举的马某某等人的受贿线索，就是在这些吃喝宴请活动中获知的。该线索与该黑社会性质组织寻求非法保护紧密相关，属于利用组织者、领导者地位获取的"关联性"线索。综上，被告人虽有立功情节，根据本案的犯罪事实、性质、情节和对社会的危害程度，不应当对被告人从轻处罚。

[**参考案例**：2017 年《刑事审判参考》第 1162 号]

9. 辩方提出：被告人实施的犯罪的不是黑社会组织犯罪。

答辩要点：黑社会性质组织必须同时具备"组织特征""经济特征""行为特征"和"危害性特征"。黑社会性质组织一般较为稳定，人数较多，有明确的组织者、领导者，骨干成员基本固定。组织特征的证明需要立足组织的成员、组织的结构及组织的存续时间等方面。

本案中，关于组织特征，各被告人相互之间只是具有一定的亲属关系，平时一人或一家有事，其他人都会去帮忙，本案证据不能证实孙某甲、闫某某、孙某乙、孙某丙、孙某丁等人组成了组织结构比较紧密，有比较明确的组织者、领导者，骨干成员基本固定，有较为严格的组织纪律的黑社会性质的组织，不符合黑社会性质组织的组织特征的要求。

[**参考案例**：（2014）林刑初重字第 2 号]

10. 辩方提出：各被告人之间并没有形成严密的组织关系，本案仅一起寻衅滋事犯罪和一起聚众斗殴犯罪是恶势力惯常实施犯罪，另一起非法持有枪支犯罪不属于恶势力惯常实施的犯罪。

答辩要点：是否实施了恶势力惯常实施的罪名，仅仅是判断是否是恶势力犯罪的依据之一，还应结合恶势力犯罪特征来综合判断。根据最高人民法院、最高人民检察院、公安部、司法部下发《关于办理黑恶势力犯罪案件若干问题的指导意见》的规定，如何认定"恶势力"一般应把握如下几点：（1）组织特征：一般为三人以上，纠集者相对固定，或者团伙虽无稳定纠集者，但其成员相对固定，且多名成员相互纠集实施违法犯罪活动明显超过"多次"标准的，应当视为纠集者相对固定；纠集者是指在该团伙的违法犯罪活动中起组织、策划、指挥作用的违法犯罪分子；团伙成员是指明知纠集者具有违法犯罪意图，仍按照纠集者的组织、策划、指挥，积极参与实施恶势力违法犯罪活动的违法犯罪分子；"经常纠集在一起"是指纠集者在二年内三次纠集三人以上团伙成员实施违法犯罪活动。（2）行为特征：主要表现为以暴力或威胁等手段实施强迫交易、故意伤害、非法拘禁、敲诈勒索、故意毁坏财物、聚众斗殴、寻衅滋事等，也可能伴随实施开设赌场、组织卖淫、强迫卖淫、贩卖毒品、运输毒品、制造毒品、抢劫、抢夺、聚众扰乱社会秩序、聚众扰乱公共场所秩序、交通秩序以及聚众"打砸抢"等。（3）危害性特征：主要表现在一定区域或者行业内多次实施违法犯罪活动，虽未达到（黑社会性质组织）称霸一方、形成非法控制或重大影响的程度，但"扰乱经济、社会生活秩序，造成较为恶劣的社会影响"。"多次实施违法犯罪活动"是指实施三次以上同种或不同种性质的违法或犯罪活动，但至少应有二次以上实施强迫交易、故意伤害、非法拘禁、敲诈勒索、故意毁坏财物、聚众斗殴、寻衅滋事等违法或犯罪活动；"扰乱经济、社会生活秩序，造成较为恶劣的社会影响"，应当结合遭受侵害的人数、违法犯罪手段、规模、人身伤害后果、违法所得数额、造成经济损失数额、引起社会秩序混乱的程度以及对人民群众安全感的影响程度等因素综合把握。

从本案查明的事实可以看出，被告人陈某某、刘某某、李某甲、李某乙、符某某等在三个月内经常纠集在一起实施了非法持有枪支、聚众斗殴、寻衅滋事等多起违法犯罪事实，陈某某、刘某某多次犯罪均参加，为固定纠集者，李某甲、符某某与陈某某、刘某某互相纠集，李某乙、唐某某、邓某某明知陈某某等纠集者有违法犯罪意图，仍按照纠集者的组织、策划、指挥，积极参与实施恶势力违法犯罪活动，造成被害人赵某某人身伤害、财产损失等，尤其以上人员多次持枪实施违法犯罪活动，并随时随地随意开枪射击，给人民群众的生命财产安全造成严重的危害，严重影响了社会生活秩序。综上分析，陈某某等人的行为完全符合《关于办理黑恶势力犯罪案件若干问题的指导意见》第14条规定的恶势力认定标准，应当认定为恶势力。

[**参考案例**：（2018）琼9003刑初346号]

第三章　侵犯财产类犯罪庭审辩论攻防要点

一、抢劫罪

1. 辩方提出：被告人主观上无非法占有他人财产的故意，其行为不构成抢劫罪。

答辩要点：抢劫罪是指以非法占有为目的，以暴力、胁迫或者其他方法，强取公私财物的行为。① 一般情形下，行为人主观上具有非法占有的目的是抢劫罪重要构成要件之一。②

本案中，被告人伙同他人使用暴力、胁迫手段强行抢走的10万元钱款系被告人和妻子的家庭共同财产。对于以家庭共同财产为侵害对象的行为能否构成犯罪，最高人民法院《关于审理盗窃案件具体应用法律若干问题的解释》第1条第（四）项规定："偷拿自己家的财物或者近亲属的财物，一般可不按犯罪处理；对确有追究刑事责任必要的，处罚时也应当与在社会上作案的有所区别。"根据上述规定，其并未否定盗窃自家财物或者近亲属财物的行为不构成犯罪，而且既然盗窃自家财物的行为尚可构成犯罪，"举轻以明重"，那么抢劫夫妻共同财产的行为无论性质还是危害程度较之盗窃家庭共同财产都有过之而无不及，抢劫夫妻共同财产的行为同样也可以构成犯罪。

如上所述，本案被告人抢劫的10万元钱款系被告人和妻子的共同共有财产。所谓共同共有，是指两个或两个以上的人，对全部共有物不分份额地享有平等的所有权，共同共有人对共有物处分时，必须取得一致意见。而本案被告人未经其妻子的同意处置夫妻共有财产的行为，无疑是侵犯了其妻子的财产权利，且从本案案情来看，被告人意图与其妻离婚，伙同多人施暴于其妻，强行抢走财物，自己却佯装受害者，情节恶劣，手段卑鄙，无论从抢劫的动机、手段、情节还是数额来看，被告人的行为都不属于《刑法》第13条"但书"所规

---

① 张明楷：《刑法学》（第5版），法律出版社2016年版，第972页。
② 例外情形：根据《刑法》第289条规定，在实行聚众"打砸抢"行为过程中，毁坏公私财物的，即使没有非法占有的目的，对首要分子也应以抢劫罪定罪处罚。

定的"情节显著轻微危害不大,不认为是犯罪"的情形。综上,被告人主观上有非法侵犯占有他人财产的故意,客观上采取了暴力、胁迫等强制方法,其行为符合抢劫罪的构成要件,故上述辩护意见不成立。

[**参考案例**:刘某某等抢劫案]

2. 辩方提出:被告人未实施抢劫行为,不构成抢劫罪。

答辩要点:根据《刑法》第269条关于抢劫罪的规定如下:犯盗窃、诈骗、抢夺罪,为窝藏赃物、抗拒抓捕或者毁灭罪证而当场使用暴力或者以暴力相威胁的,依照本法第263条的规定定罪处罚。这一规定属于法律拟制,理论上将上述规定的情形称为事后抢劫或准抢劫。

本案中,有被害人谢某某陈述及辨认笔录、证人谭某某、张某某的证言、到案经过及被告人的供述等证据证实,被告人伙同他人以非法占有为目的,诈骗被害人谢某某的财物,当被害人谢某某发现被骗,要求归还被骗钱财并为此欲阻止不让被告人及其同伙逃走时,被告人及其同伙当即以用石头砸、用刀伤害来威胁被害人谢某某,使被害人谢某某不能以及不敢予以反抗,从而劫得被害人谢某某财物,结合上述法律规定,被告人行为属犯诈骗罪,为抗拒抓捕而当场使用暴力或者以暴力相威胁的事后抢劫情形,应依照抢劫罪定罪处罚。

[**参考案例**:(2012)南市刑二终字第171号]

3. 辩方提出:被告人行为不构成抢劫罪,应认定为寻衅滋事罪。

答辩要点:抢劫罪是指以非法占有为目的,以暴力、胁迫或者其他方法,强取公私财物的行为。寻衅滋事罪是指肆意挑衅,随意殴打、骚扰他人或任意损毁、占用公私财物,或者在公共场所起哄闹事,严重破坏社会秩序的行为。其客观表现形式有以下四种:(1)随意殴打他人,情节恶劣的;(2)追逐、拦截、辱骂、恐吓他人,情节恶劣的;(3)强拿硬要或者任意损毁、占用公私财物,情节严重的;(4)在公共场所起哄闹事,造成公共场所秩序严重混乱的。在司法实践中,强拿硬要型的寻衅滋事情形中,行为人也非法占有了他人财物,也可能采用了一定的暴力、胁迫等方法,在客观上也可能对他人的人身权利和公私财产权利造成了侵害,此时,这种强拿硬要型的寻衅滋事极易和抢劫罪在定性上产生混淆。

最高人民法院《关于审理抢劫、抢夺刑事案件适用法律若干问题的意见》中关于抢劫罪与寻衅滋事罪的界限规定:寻衅滋事罪是严重扰乱社会秩序的犯罪,行为人实施寻衅滋事的行为时,客观上也可能表现为强拿硬要公私财物的特征。这种强拿硬要的行为与抢劫罪的区别在于,前者行为人主观上还具有逞强好胜和通过强拿硬要来填补其精神空虚等目的,后者行为人一般只具有非法占有他人财物的目的;前者行为人客观上一般不以严重侵犯他人人身权利的方法强拿硬要财物，而后者行为人则以暴力、胁迫等方式作为劫取他人财物的手段。据此，强拿硬要型的寻衅滋事罪与抢劫罪主要有以下方面的区别：（1）两者主观故意内容不同。强拿硬要型寻衅滋事行为人主观上主要是为了耍弄威风，追求精神上的刺激，非法占有他人财物只是作为寻衅公共秩序的一种手段而已；抢劫罪的行为人主观上是为了非法占有他人的财物。（2）两者侵犯的客体不同。强拿硬要型寻衅滋事侵害的是社会公共秩序，抢劫罪侵害的是公民的人身权利和公私财产权利。（3）两者客观方面具体表现不同。第一，犯罪地点不同。强拿硬要型寻衅滋事犯罪地点多发生在公共场所，行为人在公共场所以强制方法随意拿走他人财物；抢劫罪犯罪地点多发生在偏僻处所，行为人在强拿硬要他人财物时，一般顾忌被害人周围的人员，其不希望抢劫行为被他人所见。第二，占有财物的暴力强弱程度不同。强拿硬要型寻衅滋事一般只用轻微的暴力或暴力威胁，一般没有实施抢劫行为所要求的严重侵犯人身权利方法来索取财物，被害人还是可以反抗或求救，不会有致人重伤或死亡危险；而抢劫的暴力或暴力威胁较大，通常会使用凶器，使得被害人一般无法反抗，反抗则有重伤或死亡的危险。第三，占有财物的目标数额不同。强拿硬要型寻衅滋事一般只是"小拿小要"；抢劫中"强拿硬要"则以最大限度地获取财物为目的。第四，从行为人与被害人的关系看，强拿硬要型寻衅滋事的行为人与被害人可能认识，也可能不认识；抢劫行为人与被害人基本上是陌生的，被害人一般不知行为人的身份情况。

本案中，被告人与朋友在某夜总会唱歌，偶遇被害人后对其进行殴打，找其索要1000元现金，并强行用手表去换被害人金项链。综观本案，本案案发地点位于某夜总会，属公共场所，且被告人是在被害人的朋友等多人在场的情况下，公然找被害人索要钱财，且被告人作案后立即返回现场，上述行为表现与抢劫罪一般避人耳目，得到财物立即藏匿等行为特征不符，再结合本案被告人具有一贯逞强好斗的行为表现来看，被告人的行为更符合为寻求精神刺激，无事生非，强拿硬要他人财物，公然藐视法律和公共秩序的寻衅滋事罪的特征，故应当以寻衅滋事罪定罪处罚。

[**参考案例：**（2009）郑刑二终字第192号]

4. 辩方提出： 被告人没有针对被害人实施暴力，其行为构成抢夺罪。

答辩要点： 抢夺罪是指以非法占有为目的，当场直接夺取他人紧密占有的数额较大的公私财物或者多次抢夺的行为。在实施抢夺的过程中往往也会伴随暴力行为，但抢夺行为中的暴力不是直接针对被害人的，而是直接针对和作用于财物，直接使财物脱离被害人的持有、控制。

本案中，有被害人詹某某的陈述及辨认笔录、证人李某某和黄某某的证言、检查笔录、指认照片、门诊病历、CT检查申请单、被告人在侦查阶段的供述等证据证实，被告人在抢夺被害人的手提包时，因被害人意识到被抢而抓紧手中的包不放手，被告人遂采取强拉硬拽的方式将手提包带扯断致使被害人摔倒在地无法反抗后抢走手提包，此时，被告人为取得财物而强行拖拽的暴力行为，已不仅作用于被害人的财物，而且直接作用于被害人，且已对被害人造成人身伤害，暴力程度达到了足以压制被害人反抗的程度，其行为符合抢劫罪的构成要件，应以抢劫罪定罪处罚，故上述辩护意见不成立。

[**参考案例**：(2013)渝一中法刑终字第00021号]

5. 辩方提出：被告人行为构成强迫交易罪，不构成抢劫罪。

答辩要点：最高人民法院《关于审理抢劫、抢夺刑事案件适用法律若干问题的意见》关于以暴力、胁迫手段索取超出正常交易价钱、费用的钱财的行为定性的规定如下：从事正常商品买卖、交易或者劳动服务的人，以暴力、胁迫手段迫使他人交出与合理价钱、费用相差不大钱物，情节严重的，以强迫交易罪定罪处罚；以非法占有为目的，以买卖、交易、服务为幌子采用暴力、胁迫手段迫使他人交出与合理价钱、费用相差悬殊的钱物的，以抢劫罪定罪处刑。在具体认定时，既要考虑超出合理价钱、费用的绝对数额，还要考虑超出合理价钱、费用的比例，加以综合判断。

本案中，被告人及同案犯在作案时并未向被害人强行提出以一定价格收购其财物，也未实际支付货款，而是采取暴力方法，当场夺取被害人的财物，其行为不符合强迫交易罪的客观构成要件，该辩护意见与法律规定不符，不予采纳。

[**参考案例**：(2007)赣中刑二终字第7号]

6. 辩方提出：被告人行为不构成入户抢劫，应从轻处罚。

答辩要点：《刑法》第263条关于抢劫罪的规定如下："以暴力、胁迫或者其他方法抢劫公私财物的，处三年以上十年以下有期徒刑，并处罚金；有下列情形之一的，处十年以上有期徒刑、无期徒刑或者死刑，并处罚金或者没收财产：(一)入户抢劫的；(二)在公共交通工具上抢劫的；(三)抢劫银行或者其他金融机构的；(四)多次抢劫或者抢劫数额巨大的；(五)抢劫致人重伤、死亡的；(六)冒充军警人员抢劫的；(七)持枪抢劫的；(八)抢劫军用物资或者抢险、救灾、救济物资的。"最高人民法院《关于审理抢劫案件具体应用法律若干问题的解释》第1条关于入户抢劫规定如下："刑法第二百六十三条第(一)项规定的'入户抢劫'，是指为实施抢劫行为而进入他人生活的与外界相对隔离的住所，包括封闭的院落、牧民的帐篷、渔民作为家庭生活场所的渔船、为生活租用的房屋等进行抢劫的行为。"最高人民法院《关于审理抢劫、抢夺刑事案件适用法律若干问题的意见》关于入户抢劫规定："认定'入户抢劫'时，应当注意以下三个问题：一是'户'的范围。'户'在这里是指住所，其特征表现为供他人家庭生活和与外界相对隔离两个方面，前者为功能特征，后者为场所特征。一般情况下，集体宿舍、旅店宾馆、临时搭建工棚等不应认定为'户'，但在特定情况下，如果确实具有上述两个特征的，也可以认定为'户'。二是'入户'目的的非法性。进入他人住所须以实施抢劫等犯罪为目的。抢劫行为虽然发生在户内，但行为人不以实施抢劫等犯罪为目的进入他人住所，而是在户内临时起意实施抢劫的，不属于'入户抢劫'。三是暴力或者暴力胁迫行为必须发生在户内。入户实施盗窃被发现，行为人为窝藏赃物、抗拒抓捕或者毁灭罪证而当场使用暴力或者以暴力相威胁的，如果暴力或者暴力胁迫行为发生在户内，可以认定为'入户抢劫'；如果发生在户外，不能认定为'入户抢劫'。"

本案中，被告人为实施抢劫而进入被害人贾某某家，因该场所系被害人家庭居住生活的地方，且与外界相对隔离，完全符合上述规定中关于"户"的特征，应认定为"入户抢劫"，故上述辩护意见不成立。

[参考案例：（2012）西刑二终字第00109号]

7. 辩方提出：被告人主观上对被害人死亡的后果没有预见，客观上被害人死亡是汽车撞击所致，被告人的抢劫行为与被害人死亡结果之间不具有直接因果关系，故不宜适用"抢劫致人死亡"的法律规定。

答辩要点：《刑法》第263条关于抢劫罪的规定如下："以暴力、胁迫或者其他方法抢劫公私财物的，处三年以上十年以下有期徒刑，并处罚金；有下列情形之一的，处十年以上有期徒刑、无期徒刑或者死刑，并处罚金或者没收财产：（一）入户抢劫的；（二）在公共交通工具上抢劫的；（三）抢劫银行或者其他金融机构的；（四）多次抢劫或者抢劫数额巨大的；（五）抢劫致人重伤、死亡的；（六）冒充军警人员抢劫的；（七）持枪抢劫的；（八）抢劫军用物资或者抢险、救灾、救济物资的。"根据上述规定，"抢劫致人死亡"属于抢劫的结果加重情形。

本案中，首先，被告人主观上对被害人死亡的危害结果发生具有预见可能性。本案案发地点位于全封闭高速公路，被告人在高速公路上持刀实施抢劫，其应当能够预见到被害人极有可能会下车呼救，被害人下车呼救时可能因慌不择路不遵守交通规则，从而发生被高速公路上高速行驶的车辆撞击的事故，被告人对此明显可能发生的危害后果应当有预见的可能。其次，客观上，被告人的抢劫行为是被害人下车呼救最终被车撞死的直接原因。被告人采用刀具威胁、掐脖子等手段实施抢劫行为，已经对被害人造成实际的身体伤害和精神威胁，在此种情形下，被告人的暴力抢劫行为是巨大且唯一的推动力量，促使被害人出于本能仓皇逃生求救，并正巧被高速运行的汽车所撞，最终产生了被害人死亡的结果。此外，第三者卜某某的驾驶行为不中断被告人抢劫行为与被害人死亡之间的因果关系，在本案的特定情况下，即使没有卜某某驾驶因素的介入，照样存在被害人发生交通伤亡事故的危险。卜某某被动偶然介入本案，其驾驶行为没有明显过失，只是碰巧将可能发生的交通事故转化为现实，这个巧合现象的发生完全是由被告人的抢劫行为所引起和决定的，卜某某驾驶行为的介入并不中断被告人抢劫行为与被害人死亡之间的因果关系。综上，本案属于《刑法》第263条第（五）项规定的"抢劫致人死亡"的结果加重情形，故上述辩护意见不成立。

[**参考案例：**（2012）丹刑初字第189号]

8. 辩方提出： 被告人行为属抢劫未遂，应从轻处罚。

答辩要点：《刑法》第23条关于犯罪未遂的规定如下：已经着手实行犯罪，由于犯罪分子意志以外的原因而未得逞的，是犯罪未遂。对于未遂犯，可以比照既遂犯从轻或者减轻处罚。最高人民法院《关于审理抢劫、抢夺刑事案件适用法律若干问题的意见》关于抢劫罪的既遂、未遂的认定规定如下：抢劫罪侵犯的是复杂客体，既侵犯财产权利又侵犯人身权利，具备劫取财物或者造成他人轻伤以上后果两者之一的，均属抢劫既遂；既未劫取财物，又未造成他人人身伤害后果的，属抢劫未遂。

本案中，被告人以非法占有为目的，当场使用暴力手段强行劫取他人财产，致他人轻微伤，其行为已构成抢劫罪。根据上述意见规定，因本案被告人既未劫得财物，又未致被害人轻伤以上后果，故其行为属于抢劫未遂，可以比照既遂犯从轻或者减轻处罚。

[**参考案例：**（2009）平刑终字第102号]

9. 辩方提出： 被告人没有邀集同伙对被害人实施暴力行为，不应认定为主犯。

答辩要点：《刑法》第26条关于主犯的规定如下：组织、领导犯罪集团进行犯罪活动的或者在共同犯罪中起主要作用的，是主犯。对于第3款规定以外的主犯，应当按照其所参与的或者组织、指挥的全部犯罪处罚。

本案系共同犯罪，其中，同案犯陈某某供述是被告人邀约其实施抢劫，在抢劫过程中，被告人持菜刀威胁、殴打了被害人；同案犯陈某甲供述被告人对被害人进行了搜身；同案犯陈某乙供述被告人殴打了被害人；同案犯陈某丙供述被告人对被害人进行了殴打、搜身，综合本案现有证据，能够证实在共同抢劫过程中，被告人对被害人实施了持刀威胁、殴打并对其搜身的行为，故上述辩护意见中提到的被告人没有邀集同伙和对被害人实施暴力行为与审理查明的事实不符，且综观被告人在本案中的行为，应认定其在共同抢劫中起到了主要作用,应将其认定为主犯。

[参考案例:(2010)怀中刑二终字第 35 号]

10. **辩方提出**:被告人没有动手抢劫,只是负责开车,作用相对较小,是从犯。

答辩要点:《刑法》第 27 条关于从犯的规定如下:在共同犯罪中起次要或者辅助作用的,是从犯。对于从犯,应当从轻、减轻处罚或者免除处罚。

本案中,被告人与同伙何某某在作案前达成共同抢劫的犯意,在实施抢劫过程中被告人与同伙何某某相互配合,共同完成抢劫行为,而且被告人驾驶摩托车进行飞车抢劫,并致一被害人受伤。被告人与同伙何某某在共同实施的抢劫犯罪中,均起主要作用,均是主犯,应当按照其参与的全部犯罪予以处罚。但在实施抢劫过程中,被告人负责开车接应和开车载同伙何某某进行飞车抢劫,其作用与同伙何某某比较相对较小,应认定为是作用相对较小的主犯。

[参考案例:(2012)钦刑二终字第 46 号]

二、抢夺罪

1. **辩方提出**:被告人将自己抵押的车辆开走,不构成抢夺罪。

答辩要点:抢夺罪是指以非法占有为目的,当场直接夺取他人紧密占有的数额较大的公私财物,或者多次抢夺的行为。

本案中,被告人乘人不备将抵押在债权人处的车辆开走,致使债权人的债权无法实现,其通过抢夺抵押物的方式,非法占有他人的财物数额巨大,其行为构成抢夺罪。

[参考案例:(2014)浙温刑终字第 1467 号]

2. **辩方提出**:被告人行为不构成抢夺罪,应认定为盗窃罪。

答辩要点:抢夺罪是指以非法占有为目的,乘人不备、公然夺取公私财物的行为。盗窃罪是指以非法占有为目的,秘密窃取公私财物的行为。抢夺罪与盗窃罪主观上都具有非法占有的目的,两者主要区别在于客观行为方式不同。抢夺罪采取的是一种公然夺取的方式,而盗窃罪采取的是一种秘密窃取的方式。

本案中,首先,从被告人的供述来看,其称是在被害人专注于打游戏时而临时起意窃取被害人手机,希望不被发现,因此其具有秘密窃取被害人财物的主观故意,至于其得手后未注意被害人的反应以及加速跑出网吧,亦是为了其盗窃行为不被被害人发现或者即使被被害人发现而能及时逃脱,不影响对其具有秘密窃取被害人财物的主观故意的认定;其次,从被害人的陈述来看,其称当发现被告人时,被告人已经拿了手机把手缩回去,其始终认为手机是被偷走的。综合上述证据来看，被害人在发现自己财物被侵害时的感受和判断反映出被告人的行为更符合秘密窃取而非公然夺取的客观特征，故被告人的行为宜认定为盗窃罪。

[参考案例：（2012）沪一中刑终字第329号]

3. 辩方提出：被告人临时起意抢夺，不应认定为犯罪情节严重。

答辩要点：最高人民法院、最高人民检察院《关于办理抢夺刑事案件适用法律若干问题的解释》规定：抢夺公私财物，数额接近本解释第1条规定的"数额巨大""数额特别巨大"的标准，并具有本解释第二条规定的情形之一的，可以分别认定为"其他严重情节"或者"其他特别严重情节"。根据上述规定，对于利用行驶的机动车辆抢夺的，应以抢夺罪从重处罚，或者认定为"其他严重情节"或者"其他特别严重情节"。

本案中，被告人到案后并未供述其是在去超市买东西回来途中临时起意抢夺，而是供述其特地从一个四川朋友处借了摩托车准备实施抢夺，且另一同案犯亦证实事先和被告人共同预谋抢夺的事实。综上，被告人关于临时起意抢夺的辩解无事实依据。此外，本案被告人利用行驶的机动车辆抢夺他人数额较大的财物，根据上述法律规定，属从重处罚情节，故上述辩护意见不成立。

[参考案例：（2009）沪一中刑终字第799号]

4. 辩方提出：被告人并未实际取得或占有财物，系犯罪未遂。

答辩要点：《刑法》第23条关于犯罪未遂的规定如下：已经着手实行犯罪，由于犯罪分子意志以外的原因而未能得逞的，是犯罪未遂。对于未遂犯，可以比照既遂犯从轻或者减轻处罚。

抢夺罪是指以非法占有为目的，当场直接夺取他人紧密占有的数额较大的公私财物，或者多次抢夺的行为。① 抢夺罪属于结果犯，结果犯是不仅要实施具体犯罪构成客观要件的行为，而且必须以发生法定的犯罪结果，才构成既遂的犯罪。因此，认定抢夺罪既遂未遂犯罪形态的标准，主要是看抢夺的犯罪行为客观上是否对法益即被害人的财产所有权造成实际损害。

本案中，有被害人的陈述及辨认笔录、证人曲某某的证言等证据证实被告人抢夺被害人项链的事实，虽被告人扯断被害人项链后在逃跑过程丢失，没有实际取得项链，但对被害人而言，其已丧失对项链的控制并承受了实际损失，故被告人的行为系犯罪既遂，上述辩护意见不成立。

[参考案例：（2011）深中法刑二终字第945号]

---

① 张明楷：《刑法学》（第5版），法律出版社2016年版，第994页。

第二编 刑法分则庭审辩论攻防要点

5. 辩方提出：被告人在共同犯罪中起次要作用，系从犯。

答辩要点：《刑法》第 27 条关于从犯规定如下：在共同犯罪中起次要或者辅助作用的，是从犯。对于从犯，应当从轻、减轻处罚或者免除处罚。

本案中，被告人与同案犯唐某某系共同犯罪，在共同犯罪中，同案犯唐某某负责驾驶摩托车，被告人实施抢夺，二人相互配合，均为飞车抢夺的实行犯，且二人地位作用相当，无明显主从之分，故不宜区分主从犯。

[**参考案例**：（2014）洪刑二终字第 9 号]

6. 辩方提出：被告人不构成累犯。

答辩要点：根据《刑法》第 65 条、第 66 条规定，累犯分为一般累犯和特殊累犯。第 65 条关于一般累犯规定如下：被判处有期徒刑以上刑罚的犯罪分子，刑罚执行完毕或者赦免以后，在五年以内再犯应当判处有期徒刑以上刑罚之罪的，是累犯，应当从重处罚，但是过失犯罪和不满十八周岁的人犯罪的除外；第 66 条关于特殊累犯规定如下：危害国家安全犯罪、恐怖活动犯罪、黑社会性质的组织犯罪的犯罪分子，在刑罚执行完毕或者赦免以后，在任何时候再犯上述任一类罪的，都以累犯论处。

根据上述规定，对于一般累犯的成立必须满足以下条件[①]：第一，前罪和后罪都必须是故意犯罪，若前后两罪或是其中一罪是过失犯罪，则不成立累犯。第二，实施前罪和后罪时都必须年满 18 周岁，即犯后罪时不满 18 周岁的，不能认定为累犯，同样，犯前罪时不满 18 周岁，犯后罪时已满 18 周岁的，也不得认定为累犯。第三，前罪被判处有期徒刑以上刑罚，后罪是应当判处有期徒刑以上刑罚。其中，前罪被判处有期徒刑以上刑罚是指法院最后确定的宣告刑为有期徒刑以上刑罚。后罪应当判处有期徒刑以上刑罚，是指根据后罪的犯罪事实和情节，应当判处有期徒刑以上刑罚。第四，后罪发生的时间，必须在前罪所判处刑罚执行完毕或者赦免以后的五年以内。对于特殊累犯的成立需满足以下条件：第一，前罪和后罪都必须是危害国家安全、恐怖活动、黑社会性质的组织犯罪；第二，必须是在刑罚执行完毕或者赦免以后再犯罪。至于前后两罪所判处的刑罚种类以及前后两罪相隔时间，都不影响特殊累犯的成立。

本案中，首先，被告人所犯罪行不属于危害国家安全犯罪、恐怖活动犯罪以及黑社会性质的组织犯罪范畴，因此不成立特殊累犯。其次，被告人曾因犯抢夺罪被判处有期徒刑刑罚，虽是在上述刑罚执行完毕刑满释放后被发现涉嫌本起犯罪，但因本起犯罪发生的时间在前罪判决宣告之前，属于漏罪，根据上

---

① 张明楷：《刑法学》（第 5 版），法律出版社 2016 年版，第 558-561 页。

述一般累犯的相关规定，本案不符合一般累犯的成立条件。综上，本案被告人依法不构成累犯。

[参考案例:（2009）郑刑一终字第162号]

7. 辩方提出：被告人的行为构成自首，应对其从轻或减轻处罚。

答辩要点：《刑法》第67条关于自首规定如下：犯罪以后自动投案，如实供述自己的罪行的，是自首。对于自首的犯罪分子，可以从轻或者减轻处罚。最高人民法院《关于处理自首和立功具体应用法律若干问题的解释》规定：自动投案，是指犯罪事实或者犯罪嫌疑人未被司法机关发觉，或者虽被发觉，但犯罪嫌疑人尚未受到讯问、未被采取强制措施时，主动、直接向公安机关、人民检察院或者人民法院投案；如实供述自己的罪行，是指犯罪嫌疑人自动投案后，如实交代自己的主要犯罪事实。最高人民法院《关于处理自首和立功若干具体问题的意见》规定：犯罪嫌疑人自动投案时虽然没有交代自己的主要犯罪事实，但在司法机关掌握其主要犯罪事实之前主动交代的，应认定为如实供述自己的罪行。根据上述规定，行为人构成自首需同时满足自动投案和如实供述自己罪行两个条件，两者缺一不可。

本案中，被告人虽能自动投案，但其到案后对自己的主要犯罪事实始终不予如实供述，结合上述法律规定，其行为不符合自首的构成要件，故不能认定为自首。但考虑到本案被告人系有正当职业的出租车司机，案发时正当班，并非无业游民，因看到被害人处于醉酒状态，为占便宜临时起意实施了犯罪行为，系初犯、偶犯，其与那种有预谋、有准备的实施犯罪的行为应有所区别，其主观恶性、社会危害程度均相对较小，且本案被告人系犯罪未遂，涉案赃款赃物均当场追回，未给被害人造成实际损失，综上，被告人的行为虽不能认定为自首，但可考虑上述情节对其从轻或减轻处罚。

[参考案例:（2010）郑刑一终字第98号]

8. 辩方提出：被告人协助公安机关抓获他人，具有立功表现。

答辩要点：《刑法》第68条关于立功的规定如下：犯罪分子有揭发他人犯罪行为，查证属实的，或者提供重要线索，从而得以侦破其他案件等立功表现的，可以从轻或者减轻处罚。

本案中，被告人虽协助公安机关抓获李某某，但根据现有证据尚无法认定李某某构成犯罪，李某某犯罪行为尚未查证属实，故不能认定被告人具有立功表现。

[参考案例:（2017）闽06刑终212号]

9. 辩方提出：被告人由于醉酒实施犯罪行为，社会危害性较小，可对其从轻处罚。

答辩要点:《刑法》第 18 条第 4 款关于醉酒的人刑事责任能力规定如下:醉酒的人犯罪,应当负刑事责任。

本案中,经查,被告人实施抢夺行为时处于醉酒状态,根据上述法律规定,醉酒的人犯罪,依法应当负刑事责任。此外,法律并没有关于对醉酒的人从轻处罚等方面的规定,根据罪刑法定原则,不能以被告人醉酒而对其从轻处罚。在决定是否对被告人从轻处罚时还需结合其他法定或酌定的犯罪情节予以综合考量判断。

[**参考案例:**(2014)中中法刑二终字第 111 号]

三、聚众哄抢罪

1. 辩方提出:被告人主观上不具有非法占有的目的,不构成聚众哄抢罪。

答辩要点:聚众哄抢罪是指以非法占有为目的,聚众哄抢公私财物,数额较大或者有其他严重情节的行为。[①] 行为人主观上具有非法占有目的是构成该罪的重要条件之一。

本案中,首先,被告人组织实施哄抢的行为客观上严重侵犯了被害人的合法财产权益,妨碍了财产所有人的占有利益;其次,被告人即使认为存在林木权属纠纷,也应当通过正当合法途径解决,而不能以非法手段侵犯他人财产权益;此外,被告人在公安机关的供述及其他哄抢参与人的证言均证实,被告人与被害人协商或是向政府反映只是表象,非法占有他人财物才是被告人真正目的。综上,应认定被告人主观上具有非法占有他人财产的直接故意,故上述辩护意见不成立。

[**参考案例:**(2015)永中法刑二终字第 75 号]

2. 辩方提出:被告人未组织召集实施哄抢行为,并非首要分子,其行为不构成聚众哄抢罪。

答辩要点:《刑法》第 268 条关于聚众哄抢罪规定如下:聚众哄抢公私财物,数额较大或者有其他严重情节的,对首要分子和积极参加的,处三年以下有期徒刑,拘役或者管制,并处罚金;数额巨大或者有其他特别严重情节的,处三年以上十年以下有期徒刑,并处罚金。《刑法》第 97 条关于首要分子的范围规定如下:本法所称首要分子,是指在犯罪集团或者聚众犯罪中起组织、策划、指挥作用的犯罪分子。根据上述规定,在聚众哄抢犯罪中,并非所有参加聚众哄抢的行为人都能成为本罪主体,而只能是在聚众哄抢犯罪中起组织、策

---

① 张明楷:《刑法学》(第 5 版),法律出版社 2016 年版,第 999 页。

划、指挥作用的首要分子和积极参加者才能成为本罪主体。

本案中，被告人庭前在公安机关的供述证实了其因卖树补偿一事与被害人协商未果，遂煽动、组织、指挥本组群众公然哄抢被害人木材的行为，上述辩护意见显然与被告人庭前供述内容不一致，且不能合理说明被告人翻供的原因和理由。此外，综合本案其他被告人供述、相关证人证言等证据，均能证实被告人实施了组织、召集、指挥他人聚众哄抢的行为，均能证实被告人系本案的首要分子，应以聚众哄抢罪追究其刑事责任，故上述辩护意见与本案查明的事实不符，不予采信。

[**参考案例**：（2015）永中法刑二终字第 75 号]

3. 辩方提出：被告人参与聚众哄抢的事实不清、证据不足，不能认定构成聚众哄抢罪。

答辩要点：2012 年《刑事诉讼法》第 53 条规定：对一切案件的判处都要重证据，重调查研究，不轻信口供。只有被告人供述，没有其他证据的，不能认定被告人有罪和处以刑罚；没有被告人供述，证据确实、充分的，可以认定被告人有罪和处以刑罚。证据确实、充分，应当符合以下条件：（1）定罪量刑的事实都有证据证明；（2）据以定案的证据均经法定程序查证属实；（3）综合全案证据，对所认定事实已排除合理怀疑。

本案中，虽被告人到案后一直辩解自己未参与聚众哄抢，但本案同案犯董某某供述了被告人和其一起哄抢元岭料场内机器设备事实经过，证人王某某亦证实了被告人哄抢机器设备的经过，并指证被告人不但参与了哄抢，而且在案发现场自己同李某某通电话过程中，李某某还让被告人接听了电话。证人贾某某和余某某也分别辨认出被告人即是雇用自己进行切割机器设备的人。综合上述证据，能够证实被告人积极参与聚众哄抢的事实，且经庭审质证，上述证据系侦查机关合法取得，同案犯及证人笔录均是在案发后及时讯问或询问取得，叙述客观、详细，证据之间相互印证，形成完整证据链，能够证实被告人实施聚众哄抢的事实，故上述辩护意见不成立。

[**参考案例**：（2009）鲁刑初字第 236 号]

4. 辩方提出：被告人的行为构成破坏生产经营罪，不构成聚众哄抢罪。

答辩要点：《刑法》第 268 条关于聚众哄抢罪的规定如下：聚众哄抢公私财物，数额较大或者有其他严重情节的，对首要分子和积极参加的，处三年以下有期徒刑、拘役或者管制，并处罚金；数额巨大或者有其他特别严重情节的，处三年以上十年以下有期徒刑，并处罚金。《刑法》第 276 条关于破坏生产经营罪规定如下："由于泄愤报复或者其他个人目的，毁坏机器设备、残害耕畜或者以其他方法破坏生产经营的，处三年以下有期徒刑、拘役或者管制；情节严重的，处三年以上七年以下有期徒刑。"

本案中，被告人出于个人目的，阻止被害人耕种承包的集体预留机动地，破坏生产经营，造成被害人经济损失2万余元，被告人实施的行为侵犯的客体系他人的生产经营活动，客观上实施了破坏生产经营的行为，符合破坏生产经营罪的构成要件，构成破坏生产经营罪。

[参考案例：（2016）吉03刑终221号]

5. 辩方提出：被告人系合法维权行为，属民法调整范畴，不构成聚众哄抢罪。

答辩要点：《刑法》第13条关于犯罪概念的规定如下：一切危害国家主权和推翻社会主义制度，破坏社会秩序和经济秩序，侵犯国有财产或者劳动群众集体所有的财产，侵犯公民私人所有的财产，侵犯公民的人身权利、民主权利和其他权利，以及其他危害社会的行为，依照法律应当受刑罚处罚的，都是犯罪，但是情节显著轻微危害不大的，不认为是犯罪。根据上述规定，犯罪具有以下基本特征：一是具有严重社会危害性；二是具有刑事违法性；三是具有应受刑罚惩罚性。

本案中，被害人基于林场持有的《国有山林权证》而合法购得该山林权证上载明的林木，依法应受法律保护。被告人在明知被害人已购得上述林木的情况下，以该林区土地存在权属纠纷为由，不采取合法正当的途径，而是策划、鼓动村民两次哄抢林木，哄抢数额巨大，严重侵犯了被害人的财产所有权，造成其巨大经济损失，具有刑事违法性和严重的社会危害性。本案涉案林木系林场营造，成林后被告人单方面主张该林木属于本村所有，从而引发争议，这一争议并不能成为被告人聚众哄抢被害人合法购得林木的理由，也不能成为免除被告人刑事责任的理由。综上，被告人行为具有刑罚可罚性，应依法追究其刑事责任，故上述辩护意见不成立。

[参考案例：（2014）红中刑一终字第111号]

6. 辩方提出：被告人在聚众哄抢中作用较小，其不是主犯。

答辩要点：《刑法》第26条关于主犯规定如下：组织、领导犯罪集团进行犯罪活动的或者在共同犯罪中起主要作用的，是主犯。对于第3款规定以外的主犯，应当按照其所参与的或者组织、指挥的全部犯罪处罚。

本案中，同案犯曾某甲、李某甲、黄某甲的供述，被害人陈某甲、陈某乙的陈述，证人梁某某、霍某某、宋某某、曾某乙、杜某某、李某乙、黄某乙、陈某丙的证言等证据证实被告人在作案前参与密谋，在作案中积极参加哄抢，综观被告人的上述行为，应认定其在聚众哄抢中起到了主要作用，系主犯，依法应当按照其所参与的全部犯罪处罚，上述辩护意见与本案查明的事实不符，故不能成立。

[参考案例：（2014）容刑初字第204号]

7. 辩方提出：被告人的行为构成自首，应对其从轻或减轻处罚。

答辩要点：《刑法》第67条关于自首规定如下：犯罪以后自动投案，如实供述自己的罪行的，是自首。对于自首的犯罪分子，可以从轻或者减轻处罚。最高人民法院《关于处理自首和立功具体应用法律若干问题的解释》规定：自动投案，是指犯罪事实或者犯罪嫌疑人未被司法机关发觉，或者虽被发觉，但犯罪嫌疑人尚未受到讯问、未被采取强制措施时，主动、直接向公安机关、人民检察院或者人民法院投案；如实供述自己的罪行，是指犯罪嫌疑人自动投案后，如实交代自己的主要犯罪事实。最高人民法院《关于处理自首和立功若干具体问题的意见》规定：犯罪嫌疑人自动投案时虽然没有交代自己的主要犯罪事实，但在司法机关掌握其主要犯罪事实之前主动交代的，应认定为如实供述自己的罪行。根据上述规定，行为人构成自首需同时满足自动投案和如实供述自己罪行两个条件，两者缺一不可。

本案中，经查，被告人系案发后被公安机关抓获归案，并未自动投案，上述辩护意见与查明的事实明显不符，故不能成立。

[参考案例：（2014）红中刑一终字第111号]

8. 辩方提出：被告人在聚众哄抢中只是开车，没有动手，应予以从轻处罚。

答辩要点：《刑法》第268条关于聚众哄抢罪规定如下：聚众哄抢公私财物，数额较大或者有其他严重情节的，对首要分子和积极参加的，处3年以下有期徒刑、拘役或者管制，并处罚金。

本案中，首先，有证据证实被告人积极参与聚众哄抢，数额较大，其行为构成聚众哄抢罪。但在聚众哄抢犯罪中，被告人只是积极参与，开车接送参与人员，没有实施具体的哄抢行为，总体来看其在整个犯罪过程中所起作用相对较小，可酌情从轻处罚。其次，被告人到案后如实供述自己犯罪事实，认罪态度较好，依法可从轻处罚。此外，鉴于被哄抢财物已全部返还，未对被害人造成损失，可酌情从轻处罚。综合本案犯罪事实与上述量刑情节，可对其予以从轻处罚。

[参考案例：（2013）郴刑二终字第82号]

9. 辩方提出：被告人在一审宣判时提出要上诉，但法院未将其列为上诉人。

答辩要点：《刑事诉讼法》第227条规定：被告人、自诉人和他们的法定代理人，不服地方各级人民法院第一审判决、裁定，有权用书状或者口头向上一级人民法院上诉。被告人的辩护人和近亲属，经被告人同意，可以提出上诉。第219条规定：不服判决的上诉和抗诉的期限为10日，不服裁定的上诉和抗诉的期限为 5 日,从接到判决书、裁定书的第二日起算。

本案中,经查,一审法院宣判时,原审被告人表示不上诉并签名,并且在上诉期限内原审被告人也未表示要上诉或提出上诉,其已过上诉时效期限,已丧失上诉权,故上述辩解意见不成立。

[参考案例:(2013)郴刑二终字第 82 号]

四、敲诈勒索罪

1. 辩方提出:被告人没有威胁被害人,且主观上无非法占有被害人财产的故意,故不构成敲诈勒索罪。

答辩要点:敲诈勒索罪是指以非法占有为目的,对被害人使用威胁或要挟的方法,强行索要公私财物的行为。敲诈勒索罪客观方面表现为行为人采用威胁、要挟、恫吓等手段,迫使被害人交出财物,主观方面表现为直接故意,具有非法强索他人财物的目的。

本案中,案发起因是被害人应某某与被告人之妻发生争执而将其打伤。后被告人找到被害人应某某索赔,被害人应某某的陈述及证人胡某某的证言证实在索赔过程中被告人用言语威胁过被害人,被害人应某某的陈述、证人胡某某、叶某某和蒋某某的证言亦证实被告人在索赔过程中对被害人使用了暴力,且被告人索赔数额巨大,远超被告人之妻伤势应需费用,被告人主观上非法占有的故意明显,综上,被告人的行为完全符合敲诈勒索罪的主客观方面构成要件,应以敲诈勒索罪定罪。

[参考案例:(2011)浙舟刑终字第 52 号]

2. 辩方提出:被告人所获钱财系公司给其的离职补偿款,本案属劳动争议纠纷,被告人的行为不构成敲诈勒索罪。

答辩要点:敲诈勒索罪是指以非法占有为目的,对被害人使用威胁或要挟的方法,强行索要公私财物的行为。敲诈勒索罪(既遂)的基本结构是:对他人实行威胁(恐吓)——对方产生恐惧心理——对方基于恐惧心理处分财产——行为人或第三者取得财产——被害人遭受财产损失。①

本案中,首先,有《新员工入职登记表》《离职协议》等证据材料证实被告人张某某于 2014 年 4 月 24 日入职上海某科技集团有限公司,同年 5 月 7 日,被告人张某某因被该公司解聘,遂与公司发生劳资纠纷,当天被告人张某某与公司签订了《离职协议》,双方就劳动争议已达成协议,即由公司支付被告人张

---

① 张明楷:《刑法学》(第 5 版),法律出版社 2016 年版,第 1015–1016 页。

某某劳动报酬人民币7000元，双方解除劳动关系，据此，辩护人所称被告人所获钱财系公司给其的离职补偿款，本案属劳动争议纠纷的辩解明显与查明事实不符；其次，公司负责人郑某某的陈述及手机短信、电话录音等证据材料证实被告人张某某向郑某某提出用8000元换回公司U盾，郑某某为了不影响公司的正常业务运转，遂被迫同意给付被告人张某某8000元，由此可以看出，被告人张某某主观上有非法占有的目的，对公司使用了威胁方法，公司为了保证正常运转不得已交付钱财，被告人的行为完全符合敲诈勒索罪的构成要件；最后，被告人张某某辩称其并非故意将公司U盾带走，那么按照其所说，其理应及时返还公司财物。综上，该辩护意见不成立。

[**参考案例：**（2014）沪二中刑终字第1258号]

3. 辩方提出：被告人虽表面上实施了两次敲诈，但实则是受一个犯意支配，应认定为一次敲诈行为，犯罪金额不能累计计算。

答辩要点：《刑法》第274条关于敲诈勒索罪的规定如下："敲诈勒索公私财物，数额较大或者多次敲诈勒索的，处三年以下有期徒刑、拘役或者管制，并处或者单处罚金；数额巨大或者有其他严重情节的，处三年以上十年以下有期徒刑，并处罚金；数额特别巨大或者有其他特别严重情节的，处十年以上有期徒刑，并处罚金。"2013年"两高"《关于办理敲诈勒索刑事案件适用法律若干问题的解释》第3条关于多次敲诈勒索的规定如下：二年内敲诈勒索3次以上的，应当认定为刑法第274条规定的"多次敲诈勒索"。根据上述规定，可以看出对敲诈勒索次数的认定对于构罪与否以及量刑轻重具有重要意义。

本案中，被告人给被害人发送的两条敲诈勒索短信时间前后间隔将近一年，勒索的内容一个是以举报设备、资料作假相威胁，一个是以不能通过安监局检查相威胁，从表面上看似乎是两次独立的犯罪行为，犯罪金额应累加计算。但从实质来看，两条敲诈勒索短信的事由均是围绕公司生产设备作假、有安全隐患的问题，且从整个案发过程来看，被告人于2015年3月23日第一次发送敲诈勒索短信后，因被害人不予理会，被告人并未继续坚持其勒索50万元的要求，认为当时手中掌握的资料对被害人的威胁性小，而索要金额过大，成功概率小，便未再予坚持，这一点可从被告人2015年6月26日发送给被害人的未提及索款事宜的短信可以看出，但被告人也并未放弃对被害人继续实施敲诈的想法，而是一直在寻找相关证据，在被告人后来拍摄两张有关设备的照片后，遂于2016年2月23日通过自行降低敲诈金额的方式再次发送短信对被害人进行敲诈勒索，即将敲诈勒索金额从之前要求的50万元修正为20万元，以增加成功概率，这应该视为是之前敲诈行为的延续，故本案中两次发送不同敲诈事宜和不同敲诈金额短信的行为应视为是一个犯意支配下的一次敲诈勒索行为，本案的敲诈勒索金额也应认定为20万元，而不是两次累加70万元。

[参考案例：(2016)粤04刑终545号]

4. 辩方提出：被告人并未实际取得或占有已敲诈的钱款，未达到犯罪预期的目的和结果，系犯罪未遂。

答辩要点：《刑法》第23条关于犯罪未遂的规定如下：已经着手实行犯罪，由于犯罪分子意志以外的原因而未能得逞的，是犯罪未遂。对于未遂犯，可以比照既遂犯从轻或者减轻处罚。

敲诈勒索罪是指以非法占有为目的，对被害人使用威胁或要挟的方法，强行索要公私财物的行为。敲诈勒索罪属于结果犯，结果犯是不仅要实施具体犯罪构成客观要件的行为，而且必须以发生法定的犯罪结果，才构成既遂的犯罪。因此，认定敲诈勒索罪既遂未遂犯罪形态的标准，主要是看敲诈勒索的犯罪行为客观上是否对法益即被害人的财产所有权造成实际损害。对于行为人使用了威胁或要挟手段，使得被害人产生恐惧情绪，并基于此向行为人交付了财物，行为人从而非法取得财物的，应成立敲诈勒索的既遂。

本案中，被害人基于被告人的威胁和要挟将钱款放于被告人指定地点，被告人到指定地点发现被害人放于此处的钱款后，因担心被人发现，遂将该钱款藏匿于厕所的便池内，以便附近无人时取走，此时，被害人已丧失对该钱款的控制，被告人已实际得到并控制了该钱款，其实施敲诈勒索的犯罪行为已经完成，应属犯罪既遂。

[参考案例：(2000)邢刑终字第177号]

5. 辩方提出：被害人在报案且公安机关已经介入调查后，自行决定支付的钱款不应认定为犯罪既遂。

答辩要点：敲诈勒索罪（既遂）的基本结构是：对他人实行威胁（恐吓）——对方产生恐惧心理——对方基于恐惧心理处分财产——行为人或第三者取得财产——被害人遭受财产损失。被害人基于恐惧心理而处分财产是敲诈勒索罪重要构罪条件之一。

本案中，被害人在收到敲诈勒索的短信后报警，为了将被告人引出来，自行往被告人指定的银行卡上存入1万元，虽然该1万元不是公安机关授意被害人支付的，但也并非被害人基于恐惧、害怕心理而被迫交出的，其遭受财产损失与被告人的敲诈勒索行为之间没有必然的因果关系，不符合敲诈勒索罪（既遂）的基本构造，因此该1万元不应认定为犯罪既遂。

[参考案例：(2016)粤04刑终545号]

6. 辩方提出：被告人系犯罪中止，应予以减轻处罚。

答辩要点：《刑法》第24条关于犯罪中止的规定如下：在犯罪过程中，自动放弃犯罪或者自动有效地防止犯罪结果发生的,是犯罪中止。对于中止犯,没有造成损害的,应当免除处罚;造成损害的,应当减轻处罚。

本案中,在被告人张某某提出敲诈勒索被害人的犯意后,另一被告人刘某某表示赞同,且两被告人从预谋到实施敲诈勒索的整个过程,互相联系,相互配合,积极实施犯罪,二被告人成立共同犯罪,虽在案发当天,被告人刘某某打电话让被害人把钱款送到指定地点时,同时给被告人张某某打了传呼,因被告人张某某患病没有听到而未能回话且到现场,但不能据此就认定被告人张某某主观上有自动放弃犯罪、中止犯意的想法,此外,被告人张某某客观上也未实施中止犯罪的行为,尤其在共同犯罪过程中,其也未主动劝说过同案犯放弃犯罪或是采取有效措施防止犯罪结果的发生,综上,被告人张某某的行为不属于犯罪中止。

[**参考案例**:(2000)邢刑终字第 177 号]

7. 辩方提出:被告人在共同犯罪中起次要作用,系从犯。

答辩要点:《刑法》第 27 条关于从犯的规定如下:在共同犯罪中起次要或者辅助作用的,是从犯。对于从犯,应当从轻、减轻处罚或者免除处罚。

本案中,被告人李某某与另一被告人姚某某以非法占有为目的,事先共同预谋,明确分工,且在案发过程中,被告人李某某对被害人实施殴打行为,并以公开裸体视频相要挟,逼迫被害人写下 50 万元的欠条,并事后分得赃款 10 万元,综合本案的犯罪事实,本案二被告人在共同敲诈勒索犯罪中所起作用相当,不宜区分主、从犯,故该辩护意见不成立。

[**参考案例**:(2016)鄂 28 刑终 174 号]

8. 辩方提出:被告人揭发同案犯犯罪事实,积极协助公安机关将其抓获,具有立功表现。

答辩要点:《刑法》第 68 条关于立功的规定如下:犯罪分子有揭发他人犯罪行为,查证属实的,或者提供重要线索,从而得以侦破其他案件等立功表现的,可以从轻或者减轻处罚。最高人民法院《关于处理自首和立功具体应用法律若干问题的解释》(以下简称《解释》)第 1 条第(二)项关于"如实供述自己的罪行"规定:共同犯罪案件中的犯罪嫌疑人,除如实供述自己的罪行,还应当供述所知的同案犯,主犯则应当供述所知其他同案的共同犯罪事实。最高人民法院《关于处理自首和立功若干具体问题的意见》(以下简称《意见》)规定:犯罪分子提供同案犯姓名、住址、体貌特征等基本情况,或者提供犯罪前、犯罪中掌握、使用的同案犯联络方式、藏匿地址,司法机关据此抓捕同案犯的,不能认定为协助司法机关抓捕同案犯。

本案中,根据上述《解释》的规定,被告人到案后揭发同案犯犯罪事实的行为属于如实供述自己的罪行,并不属于揭发他人的犯罪行为,且根据上述《意见》的规定,犯罪分子仅仅是提供同案犯姓名、住址、体貌特征等基本情况,或者提供犯罪前、犯罪中掌握、使用的同案犯联络方式、藏匿地址,司法机关据此抓捕同案犯的,不能认定为协助司法机关抓捕同案犯,综上,本案被告人揭发同案犯犯罪事实,积极协助公安机关将其抓获的行为,不能被认定为具有立功表现。

[参考案例:(2000)邢刑终字第177号]

9. 辩方提出:被害人对本案发生具有过错,应酌定对被告人从轻处罚。

答辩要点:刑法意义上的被害人过错是指被害人出于故意,实施违背社会伦理或违反法律的行为,侵犯了被告人的合法权利或者正当利益,引发被告人实施犯罪或者激化加害行为危害程度的情形,其构成需满足以下条件:(1)过错方系被害人,被告人的犯罪行为针对的是有过错行为的被害人;(2)被害人必须出于故意,单纯的过失行为不能认定为被害人的过错;(3)被害人须实施了较为严重的违背社会伦理或违反法律的行为;(4)被害人的过错行为须侵犯了被告人的合法权利或者正当利益;(5)被害人的过错行为须引起被告人实施了犯罪行为或者激化了加害行为的危害程度。1999年最高人民法院《全国法院维护农村稳定刑事审判工作座谈会纪要》规定:对于被害人一方有明显过错或对矛盾激化负有直接责任,或者被告人有法定从轻处罚情节的,一般不应判处死刑立即执行。这个文件首次明确将被害人过错引入刑事量刑体系。2013年"两高"《关于办理敲诈勒索刑事案件适用法律若干问题的解释》第6条第2款规定:被害人对敲诈勒索的发生存在过错的,根据被害人过错程度和案件其他情况,可以对行为人酌情从宽处理;情节显著轻微危害不大的,不认为是犯罪。这一规定也明确了被害人过错是敲诈勒索罪的酌定量刑情节。

本案中,被告人姚某某与李某某系同居关系,被害人高某某系国家工作人员,且属有妇之夫,与被告人姚某某长期保持不正当两性关系,后被告人姚某某和李某某两人合谋以此为由敲诈被害人高某某。被害人高某某作为国家工作人员,与他人保持不正当两性关系的行为虽违背社会公德,属于违纪行为,但由于被告人姚某某、李某某二人并非合法夫妻关系,被害人高某某与被告人姚某某之间的不正当两性关系,并未侵犯被告人姚某某和李某某的正当合法权益,未造成刑法意义上的损害,被害人高某某的先行不当行为与被告人姚某某、李某某合伙敲诈勒索犯罪行为之间不存在关联性,故被害人高某某对于敲诈勒索的发生不存在过错。

[参考案例:(2016)鄂28刑终174号]

10. 辩方提出：被告人驾驶的车辆并非作案工具，判决没收不符法律规定。

答辩要点：本案中，首先，被告人的车辆在敲诈勒索当场没有用作恐吓被害人的工具，事后离开时面包车也没有成为逃避法律追究的逃逸工具。在整个犯罪过程中，被告人的面包车都没有对敲诈勒索行为起到直接性、促进性的作用。其次，面包车是被告人之前购买作其他用途的，并非专用于敲诈勒索，被告人也并非每次进行敲诈勒索都驾驶这辆面包车。综上，故被告人的面包车不宜作为敲诈勒索的犯罪工具而予以没收。

[**参考案例**：（2013）东中法刑二终字第31号]

五、盗窃罪

1. 辩方提出：行为人盗窃时对盗窃对象价值认识错误，在判处刑罚时，不应当对超出认识范围的财产承担刑事责任。

答辩要点：行为人在实施盗窃时对盗窃对象产生了价值认识错误，在确定量刑时应根据主客观相统一的犯罪构成原理及罪责刑相适应的量刑原则，对其错误认识部分不计入盗窃数额之内。

[**参考案例**：（2013）佛顺法刑初字第778号]

2. 辩方提出：行为人伪造证明材料，将借来的车辆冒名质押给他人，后又从质押权人处窃回车辆的行为，在认定损失上应以实际损失作为犯罪数额。

答辩要点：行为人伪造证明材料冒名质押他人物权，但质押权人以合理的价格通过交付的方式善意取得的，根据《物权法》第106条的规定，质押权人有权取得该质押物的质押权。此时质押权人并未遭受任何损失，相反所有权人可以向行为人请求赔偿。随后行为人通过盗窃的方式将质押物从质押权人处窃回车辆，导致质押权人因质押物灭失，无法主张对行为人的债权，形成损失。因此行为人盗窃质押物的行为应构成盗窃罪。在犯罪数额方面，盗窃罪是结果犯，应当以给公私财产所有权造成的直接损害为数额标准。

[**参考案例**：《刑事审判参考》总第48集第751号，孙某某盗窃案]

3. 辩方提出：行为人在网络上利用出现系统故障的第三方支付平台，故意输入错误信息，无偿获取游戏点数如何定性存在争议，应作出有利于行为人的处理；同时行为人以网络游戏点数等虚拟财产为犯罪对象的犯罪行为，对其犯罪数额计算没有相关法律依据。

答辩要点：行为人利用出现故障的人工智能系统获取财物属于盗窃行为，从许霆案讨论来看，一般认为，行为人从出现故障的ATM中恶意取走钱款，ATM因为未能识别银行卡信息和指令、完全违背其智能操作系统和管理者的要求，吐出存款，不能视为银行的真实意思表示，故而不能认定为诈骗，只能认定为盗窃。本案中的"易宝支付"平台类似于出故障的ATM。出现故障的"易宝支付"未能正确识别支付代码，其下达的发货指令不能看作其管理者和操作系统正常的意思表示和财产处分行为，因此行为人的行为不构成诈骗罪。

关于犯罪数额的计算，最高人民法院1998年3月17日印发的《关于审理盗窃案件具体应用法律若干问题的解释》（以下简称《解释》）第5条列举了多种被盗物品的价值计算方法，但未涉及游戏点数的价值计算。司法实践中，对游戏点数等互联网上的财产的价值计算方法主要有：（1）以社会必要劳动时间为准计算互联网财产的价值；（2）根据用户真实货币的投入计算互联网财产价值；（3）根据市场交易价格来确定互联网财产价值；（4）网络运营商对互联网财产的定价；（5）根据受害者的直接损失和间接损失来确定互联网财产价值。同时还应考虑：（1）如果行为人将窃取、骗取的互联网财产转卖给第三人的，其销赃数额高于按照前述方法计算的犯罪数额的，则按销赃数额计算；（2）如果给被害人造成的损失明显大于依前述方法计算的犯罪数额的，则损失数额可以作为量刑情节参考。

［参考案例］：《刑事审判参考》总第85集第766号，邓某某盗窃案］

4. 辩方提出：本案行为人是已满14周岁但不满16周岁的未成年人，不能成为转化型抢劫罪的犯罪主体。

答辩要点：首先，已满14周岁不满16周岁的未成年人，依法对盗窃罪不负刑事责任，因此，不具备转化型抢劫罪的基础。其次，从现有司法解释的规定也可以推导出相对刑事责任能力年龄的人不能成为转化型抢劫罪的犯罪主体。最高人民法院《关于审理未成年人刑事案件具体应用法律若干问题的解释》（以下简称《解释》）第10条第1款规定："已满十四周岁不满十六周岁的人盗窃、诈骗、抢夺他人财物，为窝藏赃物、抗拒抓捕或者毁灭罪证，当场使用暴力，故意伤害致人重伤或者死亡，或者故意杀人的，应当分别以故意伤害罪或者故意杀人罪定罪处罚。"可见，相对刑事责任年龄的人实施了转化型抢劫的行为，形式上符合转化型抢劫罪的要件，只对暴力行为造成重伤或死亡结果的以故意伤害罪或者故意杀人罪定罪处罚。

［参考案例］：《刑事审判参考》总第86集第777号，王伟华抢劫案］

5. 辩方提出：行为人以出售为目的，盗挖价值数额较大的行道树的行为不能认定为盗窃罪，应以盗伐林木罪定罪处罚。

答辩要点：根据我国森林保护法的规定，行道树属于森林法保护的林木范畴，属于盗伐林木罪的保护客体，因此不能根据行道树的性质来区分盗窃罪和盗伐林木罪。盗伐林木罪打击的是对森林树木的盗伐行为，但如果是以出售为目的的盗挖行为,不能被认为是盗伐。根据最高人民法院《关于审理破坏森林资源刑事案件具体应用法律若干问题的解释》第9条规定"将他人所有并已经伐倒的树木,或将已经采挖离地的活体树木直接窃为己有"的行为,应认定为盗窃罪,可知司法解释将盗伐林木罪的行为限定在盗伐。盗伐行为直接造成林木死亡,对森林资源和生态环境造成破坏,盗挖行为并不直接立即造成林木的死亡,行为人更多的是追求盗挖林木的活体价值,因此,侵害的是林木所有人的财产权,本案行为人讲林木盗挖后出售,追求的是被盗林木的活体价值,侵犯了林木所有人的财产权,这是该行为的主要危害性所在,故应以盗窃罪定罪处罚。

[**参考案例**:《刑事审判参考》总第86集第785号(李某某盗伐林木案)]

6. 辩方提出:行为人盗窃移动公司代理商经营的手机SIM卡,代理商在行为人盗窃既遂后从移动公司获取销售手机SIM卡的返利应当在认定盗窃数额中扣除。

答辩要点:根据最高人民法院1998年出台的《关于审理盗窃案件具体应用法律若干问题的解释》(以下简称《解释》)第5条的规定,被盗物品的价格,应当以被盗物品价格的有效证明确定。对于不能确定的,应当区别情况,根据作案当时、当地的同类物品的价格以人民币核价计算。对于流通领域的商品,按市场零售价的中等价格计算;属于国家定价的,按国家定价计算;属于国家指导价的,按指导价的最高限价计算。单位和公民的生产资料、生活资料等物品,原则上按购进价计算;但作案当时市场价高于原购进价的,按当时市场价的中等价格计算。第5条虽然规定以被盗物品价格的有效证明确定被盗物品价值,未考虑个别情况下返利对个体定价的调整影响,但其精神主旨贯彻了实事求是和存疑有利于行为人的认定原则。同时,刑事案件中对被盗物品的估价属于资产评估的一种,资产评估的基本原理应当同样适用于对被盗物品的估价。根据国际通行的《国际评估准则》的界定,资产评估中的市场价值是指资产在评估基准日公开市场上最佳使用状态下最有可能实现的交换价值的估计值。资产评估的基本方法有市场比较法、成本法、收益法三种。在刑事案件中,资产评估往往是行为人定罪量刑的重要依据,因不具有可期待性,以估测被评估资产的未来预期收益为方法的收益法不适用于刑事案件,价格认证机构通常采取市场比较法或者成本法评估涉案物品的价值。由于手机SIM卡的市场销售价格各不相同,且代理商可能以涉及商业秘密为由拒绝提供手机SIM卡的具体销售信息,因此以市场法进行估价鉴定在技术条件上存在障碍,采用成本法进行价格鉴定更接近于客观事实。因此本案在确定盗窃数额时,应扣除移动公司获取销售手机 SIM 卡的返利。

[**参考案例**:《刑事审判参考》总第 87 集第 796 号（汪某某盗窃案）]

7. 辩方提出：承运人预谋非法占有被承运货物，在履行承运合同过程中偷偷将承运货物调包的行为应定性为盗窃行为。

答辩要点：承运人运送货物时调包并以次充好，同时使用了盗窃手段和诈骗手段。理论界的主流观点认为，对骗偷兼有的行为的定性，关键要看行为人取得财物主要是通过偷还是骗。如果主要是通过秘密窃取手段而取得财物的，即使之前使用了一些欺骗手段，也应当认定构成盗窃罪；如果行为人主要是通过骗的手段而取得财物的，即使行为人在骗的过程中使用了偷的手段，也应当认定构成诈骗罪。实践中有的行为人采取了一系列以假乱真、隐瞒真相的措施和手段，所有调包过程基本上都是在被害人不知情的情况下秘密进行的。在这种情况下，很难认定行为人主要是通过秘密窃取手段还是诈骗手段取得财物的。因此，盗窃罪和诈骗罪的本质区别在于被害人对财物是否有转移占有的意思和行为，行为人取得财物是否基于被害人产生的错误认识，并以此进行了财产处分。在被害人不知情的情况下秘密进行的调包行为，是认定盗窃罪还是诈骗罪，关键要看被害人有无转移占有财产的意思和行为。如有则成立诈骗罪；如无则成立盗窃罪。如果被害人根本没有将财物交付行为人，而是行为人偷偷将被害人的财物进行了调包，在此之后即使行为人接续有虚构事实、隐瞒真相的行为，也因被害人没有转移交付的行为而只能定性为盗窃。但如调包没有成功，而主要是依靠后续的欺骗手段，使被害人之后交付财物的，则应当定性为诈骗。本案中，由于承运人与货主签订合同后已经取得了对货物的控制权，即被害人有转移占有财产的意思和行为，因此承运人盗窃手段实际上侵犯了自己的占有，并不构成盗窃罪。货主仍然可以通过合同来追责并获得补偿，并不会遭受损失。真正使货主遭受损失的，是最后的交货环节，由于以次充好的欺骗手段使得货主形成错误认识，并使得承运人取得控制权，因此符合诈骗的特征。由于本案实际上是在履行合同过程中发生的诈骗行为，因此应认定为合同诈骗罪。

[**参考案例**:《刑事审判参考》总第 89 集第 807 号（张某某等合同诈骗案）]

8. 辩方提出：被害人陈述的被盗财物与行为人供述不一致的，应作出有利于被告的处理，因此认定被告人盗窃罪的事实不清、证据不足。

答辩要点：司法实践中，作案时间长、盗窃次数多的流窜盗窃案件比较常见。这类案件一般缺乏目击证人，涉案的赃款赃物大多已被挥霍、变卖，行为人关于作案经过的记忆已经模糊不清，给法院审查、判断证据和认定事实带来较大的难度。尤其是在认定盗窃财物的种类、数量、新旧程度时，往往缺乏赃款赃物等客观性证据，被害人陈述和行为人供述常常出现不一致的情况。关键在于如何审查判断和采信证据。一般来说，对行为人供述和辩解的审查，应当结合控辩双方提供的所有证据以及行为人本人的全部供述和辩解进行。行为人庭前供述和辩解出现反复，但庭审中供认的，且庭审中的供述与其他证据能够印证的，可以采信庭审中的供述；行为人庭前供述和辩解出现反复，庭审中不供认，且无其他证据与庭前供述印证的，不能采信庭前供述。具体到本案，首先，被害人与行为人并不认识，也没有积怨，其陈述符合其经济条件和社会背景，且当日报警，能够得到盗窃现场证据印证。其次，行为人在侦查阶段拒不承认，在侦查机关出示指纹等证据后承认部分事实，在法庭阐明可以酌情从轻处罚后，行为人蔡某某当庭供认实施盗窃行为，但又辩解数额少于被害人陈述。这种情况下，行为人的供述与辩解与从侦查一开始就作出的如实供述存在很大区别，且其辩解没有其他证据予以印证，存在虚假可能性，不予采信。最后，本案被害人陈述的被盗财物符合各自的职业背景，没有超出一般人的经验和常识范围。在被害人品格上，被害人无不良记录，与行为人不相识，不存在诬告陷害的可能。综合判断，被害人的陈述对于证明各自被盗的财物具有较强的证明作用，应当予以采信。故本案应当以被害人陈述的损失作为盗窃数额。

[**参考案例**：《刑事审判参考》总第91集第848号（姜某某盗窃案）]

9. 辩方提出：行为人诱骗他人点击虚假链接而实际通过预先植入的计算机程序窃取财物应认定为诈骗罪。

答辩要点：盗窃是指以非法占有为目的，秘密窃取公私财物的行为；诈骗是指以非法占有为目的，采用虚构事实或者隐瞒真相的方法，骗取公私财物的行为。对既采取秘密窃取手段又采取欺骗手段非法占有财物行为的定性，应从行为人采取主要手段和被害人有无处分财物意识方面区分盗窃与诈骗。如果行为人获取财物时起决定性作用的手段是秘密窃取，诈骗行为只是为盗窃创造条件或作掩护，被害人也没有"自愿"交付财物的，就应当认定为盗窃；如果行为人获取财物时起决定性作用的手段是诈骗，被害人基于错误认识而"自愿"交付财物，盗窃行为只是辅助手段的，就应当认定为诈骗。在信息网络情形下，行为人利用信息网络，诱骗他人点击虚假链接而实际上通过预先植入的计算机程序窃取他人财物构成犯罪的，应当以盗窃罪定罪处罚；行为人虚构可供交易的商品或者服务，欺骗他人为支付货款点击付款链接而获取财物构成犯罪的，应当以诈骗罪定罪处罚。故对辩方意见不予采纳。

[**参考案例**：最高人民法院指导案例27号（臧某某等盗窃、诈骗案）]

10. 辩方提出：行为人利用互联网实施盗窃犯罪，涉及侵入计算机网络服务器的窃取数据行为，破译MD5值的破解密码行为，使用已破解的密码及相对应的卡号在网上商城购买实体卡、电子卡券的消费行为，应以非法获取计算机系统数据罪定罪处罚。

答辩要点：网络盗窃犯罪，顾名思义，是指利用计算机网络实施盗窃犯罪的行为。根据《刑法》第287条规定，利用计算机实施盗窃，以盗窃罪定罪处罚。网络盗窃犯罪行为人利用编程、加密、解码或其他计算机网络技术，通过计算机网络实施网络盗窃犯罪，可能同时触犯非法侵入计算机信息系统罪、非法获取计算机信息系统数据罪等。由此可见，网络盗窃犯罪中存在盗窃罪与非法侵入计算机系统类犯罪的法条竞合关系。如果能够认定行为人实施了窃取数据行为，即侵入某网上商城计算机网络服务器窃取卡号和MD5值，那么要对行为人实施侵入行为是否具有非法占有目的进行区分。行为人如果没有非法占有目的的，只是非法侵入网上商城的计算机信息系统，获取该系统中存储的卡号和密码，此行为则符合非法获取计算机信息系统数据罪的构成要件。行为人如果以非法占有为目的，意图将所窃取卡中的财产占为己有，而采用以非法侵入网上商城的计算机信息系统的方式，获取该系统中存储的卡号和密码，并将卡号或密码贩卖给他人或自己消费使用，那么窃取卡中财产并占有的行为和非法获取计算机信息系统数据的行为存在牵连关系。即非法侵入网上商城数据库获取卡号和MD5值并对MD5值进行破解是手段行为，行为人为占有卡中的财物，将卡号和MD5值出售或将卡中的财产消费是目的行为。同时，根据《刑法》规定，符合盗窃罪与非法侵入计算机系统类犯罪的法条竞合关系，应以盗窃罪定罪处罚。消费行为是本案盗窃犯罪的核心行为，行为人是否窃取卡号和MD5值、是否对MD5值进行破解，均不影响对其盗窃行为的认定。网络盗窃犯罪侵犯的对象具有《刑法》保护的财产属性。

[**参考案例**：一审：（2015）东刑初字第00943号、二审：（2016）京02刑终33号]

11. 辩方提出：行为人进入合租房内的他人房间后临时起意盗窃行为，不应认定为入户盗窃。

答辩要点：认定入户盗窃须以非法入户为标准。合租房是承租人日常起居的场所，具有独立生活的特质和相对隔离的特点，可以认定为刑法意义上的"户"。在这个前提之下，对于合租房中实施盗窃的行为，就要考察其入户的非法性问题。各合租人彼此之间相互熟悉，可以随意进出他人的房间，在这种情况下，行为人进入他人房间的行为客观上并不违背居住人的意愿，不具有非法性。换言之，即行为人如不实施盗窃的行为，则其行为不具有非法进入的特征，因此不应认定为入户盗窃。

[**参考案例**：一审：（2015）浦刑初字第180号、二审：（2015）宁刑二终字第178号]

12. 辩方提出：行为人利用系统漏洞盗取上网流量转卖他人，目前没有相关法律规定，不应认定为犯罪。

答辩要点： 利用公司内部网络系统漏洞，使用本公司其他员工工号登录单位内部网络系统非法办理上网流量包并倒卖给他人，本质上侵犯了公司财产所有权，且实质上给被害单位造成了损失，其行为符合盗窃罪构成要件，应以盗窃罪追究刑事责任。

[参考案例：（2014）西刑初字第169号、二审（2014）二中刑终字第515号]

13. 辩方提出： 信用卡持有人利用支付系统漏洞套取银行资金的行为构成盗窃还是信用卡诈骗罪存在疑问。

答辩要点： 恶意透支信用卡，在发卡银行未催收的情况下，不构成信用卡诈骗罪。持卡人利用支付系统漏洞持续套取资金的行为本身违背发卡行的意愿，且具有秘密性，持卡人以明确禁止的信用卡转账还信用卡的方式套取商业银行特别巨大资金用于个人存款、偿还债务和个人消费，本质上具有非法占有的目的，因此对该行为应以盗窃罪追究刑事责任。

[参考案例：一审：（2014）赣中刑二初字第2号、二审：（2014）赣刑二终字第41号]

14. 辩方提出： 行为人的行为同时具备扒窃、数额较大、多次盗窃等多个客观要件且均达到追诉标准，不能评价为构成三次盗窃罪。

答辩要点： 扒窃过程中，即使从客观上看行为人的行为已被知晓，但行为人主观认为未被他人发觉，其手段仍具有秘密性。在同时具备扒窃、数额较大、多次盗窃等多个客观要件时，应将其中一个客观要件作为定罪要件，其他客观要件转化为量刑情节。

[参考案例：一审：（2014）温鹿刑初字2030号、二审：（2015）浙温刑终字第394号]

15. 辩方提出： 出质人窃回质押物并向质权人索赔的行为如何定性存在争议。

答辩要点： 出质人窃回质押财产并向质权人索赔的行为，兼具盗窃与诈骗性质。窃回质押财产，数额较大的，构成盗窃罪，一般应以质押财产的价值认定为盗窃数额；以质押财物失窃为由向质权人索赔，数额较大的，又构成诈骗罪。出质人窃回质押财产并向质权人索赔的行为，成立盗窃罪与诈骗罪的牵连犯，应从一重处。

[参考案例：《人民司法·案例》2015年第4期]

16. 辩方提出： 行为人具有合理入户的理由，其入户后盗窃不能认定为入户盗窃，行为人如实供述罪行应当认定为坦白。

答辩要点： 入户盗窃是指行为人以盗窃为目的而进入他人生活的与外界相对隔离的住所。行为人虽否认其系为盗窃而入户，但综合全案证据可以认定其在入户之时即具有盗窃意图。行为人在司法机关已经掌握其主要犯罪事实，并且出示相关证据之后，不得已供述自己罪行的，不认定为如实供述自己罪行，对其不适用《刑法》第 67 条第 3 款之规定。

[参考案例：(2012) 沪二中刑终字第 632 号]

17. 辩方提出：将行为人窃得品牌计算机机箱上微软正版证明标签（以下简称"COA 标签"）的行为定性为犯罪没有依据。

答辩要点：COA 标签的使用价值，体现在 COA 标签的两大功能上，即激活功能、证明功能。首先，COA 标签具有价值性，COA 标签包含了无差别的人类劳动，包括体力劳动和脑力劳动。其次，COA 标签具有可支配性，即财产能为人力所控制和支配。因为预装许可的 COA 标签贴在机身上，一旦用户购买电脑及 COA 标签，就可以使用该标签的序列号，具有占有、使用、收益、处分自己的 COA 标签的权利，其他人除非购买该电脑及 COA 标签，否则无法对他人的 COA 标签行使权利。最后，COA 标签具有流通性。COA 标签有两种流通方式，即一是由微软公司出售给硬件生产商，硬件生产商将 COA 标签随同电脑直销或经销给终端用户，获得钱款，终端用户可以将电脑与 COA 标签再整体转让给他人；二是由微软公司合作伙伴或本地经销商将正版零售盒装产品出售给终端用户，终端用户可以将该零售盒装产品再出售给他人。因此，COA 标签具有同现金交易的价值，具有流通性。综上，秘密窃取 COA 标签的行为，侵犯了被害者对 COA 标签的所有权，窃取数额达到较大者，构成盗窃罪。被窃 OEM 版 COA 标签的价格应当按照电脑销售商销售不带 OEM 版 COA 标签的裸机和销售带 OEM 版 COA 标签的电脑之间的差价进行认定。

[参考案例：(2011) 浦刑初字第 3274 号]

18. 辩方提出：行为人系交通协管员，其利用工作便利窃取违章罚款行为构成职务侵占罪。

答辩要点：交通协管员从事的是具有社会服务性质的劳务活动，而非公务活动，故不属于国家工作人员；其通过盗用民警账号和密码非法进入公安内部管理系统，并对违章记录进行非法处理的行为，是利用了工作便利，而非利用职务上的便利。以这种方式秘密窃取了本应上缴国家的违章罚款，致使国家财产遭受损失，应以盗窃罪定罪处罚。

[参考案例：一审：(2011) 穗从法刑初字第 405 号、二审：(2012) 穗中法刑二终字第 134 号]

19. 辩方提出：(1) 上海某公司出具的"企业短信通系统记录"上标注着"仅供参考，不作证据"，表明该记录只能作为参考，没有证据效力，故应将此份证据予以排除；(2) 行为人利用计算机互联网秘密窃取他人公司账号、密码并予以非法利用群发短信广告，造成他人财产损失的行为不符合秘密窃取，不构成盗窃罪，应构成侵犯商业秘密罪。

答辩要点：（1）虽然上海某公司在其出具的"企业短信通系统记录"上标注"仅供参考，不作证据"的字样，但其不是认证的主体，一审法院经过法定程序确认了"企业短信通系统记录"的证据资格和证据效力，将该记录作为定案证据合法有效，可以作为法院定案证据，符合《刑事诉讼法》的相关规定；（2）行为人为了获取非法利益，通过秘密窃取其他公司账号、密码的方法帮助他人发布短信广告，其行为符合盗窃罪的构成要件，应以盗窃罪论处。侵犯商业秘密罪，是指采取不正当手段，获取、披露、使用或者允许他人使用权利人的商业秘密，给商业秘密权利人造成重大损失的行为。《刑法》第219条第3款的规定，商业秘密是指不为公众所知悉，能为权利人带来经济利益，具有实用性并经权利人采取保密措施的技术信息和经营信息。

上海某公司等6家公司的账户、密码并非技术信息和经营信息，不是商业秘密，芦某某也未获取上海某公司的技术信息和经营信息，故芦某某的行为不构成侵犯商业秘密罪。非法侵入计算机信息系统罪，是指违反国家规定，侵入国家事务、国防建设、尖端科学技术领域的计算机信息系统的行为。该罪侵入的计算机信息系统只限于国家事务、国防建设、尖端科学技术领域。而行为人侵入的上海某公司企业信息化平台并不属于国家事务、国防建设、尖端科学技术领域，故芦某某的行为也不构成非法侵入计算机信息系统罪。

[**参考案例：**（2012）沪二中刑终字第71号]

20. 辩方提出：行为人有偿转让QQ号码后又通过申诉途径取回构成侵犯通信自由罪，不构成盗窃罪。

答辩要点：行为人有偿转让QQ号码，使该QQ号码具有了一定的经济价值，行为人在被害人不知情的情况下，秘密将该QQ号码索回，虽侵犯了被害人利用该QQ号码通信的自由，但尚不属侵犯通信自由罪要求的情节严重之构成要件；行为人通过秘密手段将转让的QQ号码索回并实际控制之行为，侵犯了被害人的财产权，其行为符合盗窃罪的构成，应以盗窃罪定罪处罚。

[**参考案例：**（2011）郑刑二终字第251号]

21. 辩方提出：行为人盗窃后持枪抗拒抓捕，且使用枪支造成他人轻伤的行为只能在认定为转换型抢劫中对持枪行为进行评价，不能将持枪行为评价为持枪抢劫。

答辩要点：在实施转化型抢劫的暴力行为过程中伴随有持枪的情形，故属于持枪抢劫，并致他人轻伤，情节严重，该行为的社会危害性明显大于普通的抢劫行为的社会危害性，故属于持枪抢劫。

[**参考案例：**一审：（2009）汇刑初字第536号、二审：（2009）沪一中刑终字第726号]

22. 辩方提出：盗窃罪量刑不能唯数额论，应结合具体案情，特殊情形可以认定犯罪情节轻微，不予刑事处罚。

答辩要点：根据《刑法》第37条的规定，对于犯罪情节轻微不需要判处刑罚的，可以免予刑事处罚。在审理盗窃案件中，数额是确定案件的情节严重程度和社会危害性的主要依据，但不是唯一依据，还应综合考虑案件其他情节及行为人的主观恶性和人身危险性等因素。如果盗窃犯罪的案情特殊，综合判断情节确属轻微的，即使犯罪数额达到了特别巨大，也可以免予刑事处罚。

[**参考案例**：《最高人民法院公报》2011年第5期]

23. 辩方提出：行为人骗取机会窃取钱财构成盗窃罪还是诈骗罪存在争议。

答辩要点：在盗窃和诈骗行为交织的案件中，区分盗窃罪和诈骗罪的关键应当在于被害人是否基于认识错误而处分财产。因此要看直接取得财物的方法是窃取还是被害人基于认识错误的自愿处分行为。行为人用欺骗的方法导致被害人对财物占有的松弛，从而乘机取走财物的，应当认定为盗窃。因为在这类案件中，被害人并没有处分财物的意思，行为人使用的欺骗方法是一种掩盖行为，是为了给盗窃行为提供机会，其直接取得财物的方法仍然是窃取。

六、故意毁坏财物罪

1. 辩方提出：行为人的行为应认定为故意毁坏财物罪还是寻衅滋事罪存在争议。

答辩要点：寻衅滋事罪的毁坏财物只是手段，犯罪行为通常没有确定的犯罪目标，表现在犯罪对象选择上的任意性，故意对某对象犯罪成为主导犯罪行为实施的最主要动因。故意毁坏财物罪中表现为针对特定所有人的财物进行毁坏的故意，行为人犯罪主观方面的针对性超过了其为破坏的行为欲望，成为决定行为人犯罪行为方式的关键。因此，应从行为人的行为手段、方式和目的等综合判断构成何种罪名。

2. 辩方提出：行为人的行为不构成故意毁坏财物罪，应以破坏生产经营罪定罪处罚。

答辩要点：破坏生产经营罪与故意毁坏财物罪在行为上有相似之处，因为行为人通过毁坏机器设备、残害耕畜破坏生产经营的同时，必然毁坏公私财物，尽管如此，两者仍有本质区别：（1）主观的目的不同。破坏生产经营罪采用毁坏机器设备、残害耕畜等手段，虽然会造成财物的毁坏，但这不是行为人的目的，行为人的目的是通过上述手段来毁坏生产经营，进而达到自己泄愤报复或者其他个人的不法目的。毁坏机器设备、残害耕畜等仅仅是实现其目的的手段；而故意毁坏财物罪其目的就是将公私财物加以毁坏，使其部分甚或全部丧失价值或使用价值。（2）所侵害的对象不同。破坏生产经营罪的对象是特定的财物，即与生活经营活动直接相关的已经投入使用的机器设备、服役期间的耕畜等。而正是通过这些直接关系到生产经营活动的财物的毁坏进而实现破坏生产经营的意图。倘若与生产经营无关，如在仓库中备用或闲置不用的财物，即使是机器设备，亦不能成为本罪对象，但可以构成故意毁坏财物罪的对象，故意毁坏财物还包括生活资料。（3）直接客体不同。破坏生产经营罪所侵害的是国有的、集体的以及个人的生产经营正常活动；而故意毁坏财物罪则是公私财物的所有权。

七、破坏生产经营罪

1. 辩方提出：行为人的目的是维护自身的权益，只是方式方法过当，其行为虽构成犯罪，但应以故意毁坏财物罪定罪处罚，公诉机关指控的损失价值明显过高。

答辩要点：行为人的行为目的是通过犁耙破坏甘蔗正常生长的方式阻止左村屯的群众对该一带土地的正常经营，从而达到要回土地的目的，并非纯粹毁坏财物，而故意毁坏公私财物罪在主观上只是毁坏公私财物，不具有非法占有的目的；客观上，行为人虽然只是毁坏了甘蔗的根，但是甘蔗作为一种农作物，毁坏了甘蔗的根也就破坏了甘蔗的正常生长，故行为人侵犯的不仅是他人财产的所有权，同时也侵犯了他人的正常生产经营秩序。因此，行为人主观上具有破坏他人正常生产和管理的犯罪故意，客观上实施了组织、破坏他人生产和管理的行为，故其行为符合了破坏生产经营罪的构成要件。关于辩护人提出价格鉴定价值偏高问题，本案价格认证中心在所属行政辖区内，具有对涉案财物的价格鉴定的资质，参与估价的人员也具有价格鉴定师的资质，其在案发后第4天就亲临现场计算核实，故其所作出的价格鉴定结论书比较符合本案实际，应予以采信。

[**参考案例**：（2013）象刑初字第12号]

2. 辩方提出：行为人以铁丝网围土地的行为是保护自己的正当权益，不构成破坏生产经营罪。

答辩要点：施工工地建设施工手续完备，其正常的生产经营活动依法应受到保护，行为人出于个人目的，伙同他人用铁丝网将工地运输通道出入口堵上，并在施工通道上铺土种菜,阻止建筑施工,使施工方被迫停工,破坏了他人的生产经营活动,其行为构成破坏生产经营罪。

[**参考案例**:(2018)辽刑申49号]

3. 辩方提出:行为人系为维护生存环境,采取堵路的方式是依法维权,不构成破坏生产经营罪。

答辩要点:行为人认为被害人的生产破坏当地的环境,应向有关部门反映、解决,其采取堵路方式不是依法维权,触犯《刑法》依然要受到刑事处罚。

[**参考案例**:(2010)南刑一终字第049号]

第四章 侵占罪、职务侵占罪、贪污罪庭审辩论攻防要点

一、侵占罪

1. 辩方提出：行为人的行为构成侵占罪还是盗窃罪存在争议。

答辩要点：侵占罪与盗窃罪同属侵犯财产罪，其主体都是一般主体。其区别主要表现在：盗窃罪是秘密窃取公私财物的行为，在盗窃时，财物并不在行为人控制之下；而侵占罪则是行为人实施侵占行为时，被侵占之物当时已在他的实际控制之下。

2. 辩方提出：行为人的行为对象不是构成侵占罪的客体。

答辩要点："合法持有他人财物"是侵占罪成立的前提，"合法持有他人财物"既说明了持有的对象物范畴也说明了持有行为的法律性质，犯罪对象只限于三种财物：一是代为保管的他人财物；二是他人的遗忘物，遗忘物不等于遗失物，也不同于遗弃物；三是他人的埋藏物。

3. 辩方提出：侵占罪属于"告诉才处理"被告人的行为不应被追诉。

答辩要点：首先，侵占罪属于"告诉才处理"，即绝对自诉案件，除非被害人具有《刑法》第98条规定的受强制、威吓无法告诉时，公诉机关才有权告诉，否则公诉机关没有起诉权，法院也不能就此作出有罪判决。被害人有证据证明的轻微刑事案件，和被害人有证据证明对行为人侵犯自己人身、财产权利的行为应追诉而公安机关或人民检察院不予追诉的行为人的案件，公诉机关享有起诉权。其次，公诉机关发现指控的犯罪属于"告诉才处理"案件后，要求撤回起诉的，法院依法可以裁定准许，被害人可以自行决定是否提起自诉。最后，公诉机关坚持不撤回起诉的，法院可以裁定终止审理。

[**参考案例**：《刑事审判参考》总第68集第558号]

4. 辩方提出：行为人盗窃家庭成员代为保管的他人财物不构成犯罪。

答辩要点：侵占罪的犯罪主体是代为保管他人财物的保管人。本案中，首先，被害人委托行为人的父母加工产品，行为人将原料偷走，此时行为人不符

合侵占罪的主体身份要件，不构成侵占罪。其次，行为人偷取的是其父母实际控制的财物，符合盗窃罪的特征。再次，被害人仍可以通过与行为人父母的合同追回损失，且不存在拒不归还的情况，即便无法追回，也应由行为人父母承担违约责任。最后，由于被害人盗窃家庭成员的财物，一般可不按犯罪处理；对确有必要追究刑事责任的，处罚时也应与社会上作案的有所区别。

[**参考案例**：《刑事审判参考》总第70集第583号，杨某某侵占案]

二、职务侵占罪

1. **辩方提出**：行为人与电信分公司签订了《电信业务委托代理协议书》，不存在劳动合同关系，是平等的民事主体，不是该公司的职工，其行为也不是职务行为，占有公司资金也未与公司结算，是一种民事纠纷，因此不构成犯罪。

答辩要点：行为人与电信分公司签订了电信业务委托代理协议后，取得了电信分公司的代办员资格，对外一直以电信分公司代办员的身份开展电信业务，客户也是基于对电信分公司的信任与其代办员办理电信业务，行为人占有的资金是客户上交该公司的业务款。行为人电信业务员的身份符合职务侵占罪的主体，非法占有资金是利用职务上的便利实施的侵占行为，其行为构成职务侵占罪。

[**参考案例**：(2009)洞刑初字第63号]

2. **辩方提出**：行为人没有签订劳动合同，不具有公司职员身份，不符合职务侵占罪的主体要件。

答辩要点：首先，《刑法》注重实质合理性，评判一个人是否具有某单位工作人员身份，要看该人是否承担一定工作职责或从事一定业务活动，而用工合同及其是否到期及是否具有劳动合同，只是主体身份的形式考察内容。因此即便合同已到期或无劳动合同，也符合职务侵占罪的主体要件。其次，非法占有活动既利用了职务的便利，也使用了一般盗窃手法的，要看主行为是侵占还是盗窃。本案中行为人利用职务身份，自由出入仓库是主行为，利用自己职务掌握的两把钥匙和破坏其他两把锁是次行为，主行为符合利用职务便利条件。最后，实践中利用职务便利也往往是通过非法占有财物道理上的一环，但这并不影响认定行为人具有管理权限。

[**参考案例**：《刑事审判参考》总第65集第516号，刘某某职务侵占案]

3. **辩方提出**：临时工、劳务派遣人员不符合职务侵占罪的主体要件。

答辩要点：首先，职务侵占罪所指的职务，并非在单位内部拥有职位，而是指承担一定工作职能，并利用了职务上的便利，即便是合同工、临时工都不影响其符合该罪的主体要件。其次，本罪利用职务上的便利，是指单位人员利用主管、管理、经手单位财物的便利条件，其中经手是指因工作需要合法持有单位财物的便利，而不包括因工作关系熟悉作案环境、容易接近单位财物等方便条件。最后，铁路托运的物资虽所有权仍属于货主，但由运输公司合法占有控制，运输公司工作人员利用职务便利非法占有的，构成职务侵占罪。

[**参考案例**:《刑事审判参考》总第 7 集第 452 号，贺某某职务侵占案]

4.辩方提出：行为人利用职务上的便利，在设定的游戏角色身上，通过修改数据生成极品"武器、装备"出售给其他玩家进行获利的行为如何定性没有依据，不应认定为犯罪。

答辩要点：第一，"武器、装备"等虚拟财产是玩家投入时间、金钱、精力积累取得的，具有实用价值，可以转让并收取转让费用，属于《刑法》保护的对象。第二，修改数据本身并不属于复制、发行，并不构成侵犯著作权罪，修改数据后并用于出售的"武器、装备"并不是软件本身，而是软件运行后产生的结果，因此也不构成侵犯著作权罪。第三，商业秘密属于能为权利人带来市场竞争力和竞争优势的不为他人所知的信息，本案生成的"武器、装备"并不会为侵权人带来市场竞争力和优势，因此不具备商业秘密的特征，不构成侵犯商业秘密罪。第四，本案"武器、装备"不属于限制经营产品，不构成非法经营罪。第五，本案生成的"武器、装备"虽影响了软件服务的运营，但并未达到严重程度，不构成破坏计算机信息系统罪。第六，行为人出售经修改的"武器、装备"，并未欺骗玩家其实际效果，不构成诈骗罪。玩家的损失是因为单位发现后收回赃物。第七，"武器、装备"本身属于游戏公司所有，不论行为人是否有修改数据点行为，行为人利用职务便利获取原始"武器、装备"并出售的行为，应属于侵占公司的财物，构成职务侵占罪。

[**参考案例**:《刑事审判参考》总第 58 集第 461 号，王某某、金某某、汤某某职务侵占案]

5.辩方提出：行为人以公司代理人的身份，通过骗取的方式将收取的公司货款据为己有，构成职务侵占罪。

答辩要点：第一，行为人取得了被害公司的一次性的固定事项授权，不属于被害公司的员工，并不担任任何职务或承担任何工作，因此不符合职务侵占罪的主体要件。第二，行为人在履行与被害公司的经销协议过程中，虚构事实、隐瞒真相，符合诈骗的行为特征，构成合同诈骗罪。第三，行为人非法占有货款后失去联系，拒不还款，非法占有目的明显。综上，构成合同诈骗罪。

[**参考案例**:《刑事审判参考》总第 81 集第 716 号，杨某某合同诈骗案]（注：注意本条观点与本罪名第 1 条案例辩点相区别，本条与第 1 条的区别在

于授权是否是一次性、特定事项，代理权限是否代表公司主要业务，等等，如果授权是一个时间段代理公司主要业务，则具有实质上的职务身份关系，应以职务侵占罪定罪处罚。）

6. 辩方提出：承运人利用职务便利窃取托运物品的行为如何定性存在争议。

答辩要点：委托人在将财物交由受托人代为保管之前进行了包装、封缄或者上锁，这种行为表明委托人已排除了受托人对封存财物的控制与支配。委托人尽管将整个包装物交给了受托人，但并没有失去对封存财物的控制，其对于包装物内财物的占有支配权依然存在。由于盗窃罪的特征之一就是占有的他人性，也就是说盗窃罪的对象必须是他人占有的财物。因此，如果受托人以非法占有为目的，对包装物进行破坏并取出其中的财物，就属于侵害了委托人的占有，应以盗窃罪论处。

[**参考案例**：《人民司法·案例》2009年第10期9号]

三、贪污罪

1. 辩方提出：被告人属非国家工作人员，其行为应属职务侵占犯罪。

答辩要点：贪污罪是指国家工作人员利用职务上的便利，侵吞、窃取、骗取或者以其他手段非法占有公共财物的行为。贪污罪的人主体身份必须是国家工作人员，包括在国家机关中从事公务的人员、国有公司、企业、事业单位、人民团体中从事公务的人员和国家机关、国有公司、企业、事业单位委派到非国有公司、企业事业单位、社会团体从事公务的人员，以及其他依照法律从事公务的人员。此外，受国家机关、国有公司、企业、事业单位、人民团体委托管理、经营国有财产的人员，也属于贪污罪的主体。

2003年1月至2013年9月，被告人胡某某在担任原湖南某机械厂职工医院和某医院挂号室收费员期间，利用职务上的便利，先后采取撕毁发票存根联，以少交钱到财务和采取篡改发票存根联上的金额，以"大头小尾"的手段侵吞公款，数额共计人民币632291.1元。

湖南某机械厂职工医院原是湖南某机械厂的二级经营单位，为全民所有制非营利性单位。2005年8月29日，湖南某机械厂于被娄底市中级人民法院宣告破产。经涟源市人民政府复函同意，湖南某机械厂职工医院于2007年3月16日召开职工大会决议：湖南某机械厂职工医院重组为某医院。2008年4月17日，湖南某机械厂破产清算组与某医院签订《资产转让协议》，将原湖南某机械厂职工医院全部资产（不含国有土地使用权）转让给某医院，但由各种原因所致，该《资产转让协议》并未履行，至破产终结，某医院的全部资产既没有移交地方管理，也未被收购，一直暂由重组企业代为管理。

胡某某是某机械厂职工医院的合同制工人，该机械厂职工医院虽然于2007年重组为某医院，但资产一直未移交或被收购，案发前仍属国有资产。胡某某是国有企业的合同制聘用人员，根据单位的安排从事收费工作，其与单位之间形成了事实上的委托关系，对收取的款项有妥善管理的职责，属于《刑法》第382条第2款规定的"受委托管理、经营国有财产"的人员，其利用担任收费员的职务便利分别采取撕毁发票存根联，以"大头小尾"的手段侵吞公款60多万元的行为符合贪污罪的犯罪构成，应以贪污罪定罪处罚。

[**参考案例**]：（2014）娄中刑二终字第118号

2. 辩方提出：被告人未从事立法解释中法定的七项公共事务，也未被授权从事，不存在准国家工作人员的身份，故不构成贪污罪。

答辩要点：《刑法》第93条第2款规定的"其他依照法律从事公务的人员"是指从事下列管理工作的人员：（1）救灾、抢险、防汛、优抚、扶贫、移民、救济款物的管理；（2）社会捐助公益事业款物的管理；（3）国有土地的经营和管理；（4）土地征用补偿费用的管理；（5）代征、代缴税款；（6）有关计划生育、户籍、征兵工作；（7）协助人民政府从事的其他行政管理工作。村民委员会等村基层组织人员从事前款规定的公务，利用职务上的便利，非法占有公共财物、挪用公款、索取他人财物或者非法收受他人财物，构成犯罪的，适用《刑法》第382条和第383条贪污罪、第384条挪用公款罪、第385条和第386条受贿罪的规定。

该案基本案情为：大通回族土族自治县某镇人民政府下发了关于转发《大通县清理核实其他公益性乡村债务实施方案》的通知，并通知各村委会的负责人参加会议，当时担任大通回族土族自治县某镇某村村委会主任的被告人张某甲及党支部书记的被告人陈某甲参加了此次会议。会后因某村不存在清理债务的情况，张某甲、陈某甲与村会计陈某乙商量以欠被告人王某甲砂石款的名义从镇政府套取该项资金。后张某甲找到王某甲将此事告知王某甲，并答应给其好处费，得到王某甲的同意。其间，会计陈某乙根据镇政府清理公益性债务的要求，伪造了虚假记账凭证、现金日记账等相关材料虚构清偿款人民币156932.64元，并由大通回族土族自治县某镇某村村委会盖章、张某甲签字后上报。后大通回族土族自治县财政局通过直接支付方式支付给王某甲人民币156932.64元。被告人张某甲、陈某甲、王某甲伙同会计陈某乙将该款项私分。

根据全国人大常委会《关于〈中华人民共和国刑法〉第九十三条第二款的解释》，是从基层组织人员所从事的工作性质角度来确定其主体。本案中，被告人张某甲、陈某甲作为村民委员会等村基层组织人员，在该县清理核实其他公益性乡村债务过程中，以村民委员会名义申请人民政府拨付偿债资金，仍然利用的是村基层组织的职务便利，与公务行为密切联系，属于法律规定的从事公务的人员，故被告人的辩解及辩护人的辩护理由不能成立。

[参考案例：（2015）宁刑二终字第45号]

3. **辩方提出**：被告人具有自首情节，应当减轻处罚。

答辩要点：最高人民法院、最高人民检察院《关于办理职务犯罪案件认定自首、立功等量刑情节若干问题的意见》第3条第（三）项规定：没有自动投案，在办案机关调查谈话、讯问、采取调查措施或者强制措施期间，犯罪分子如实交代办案机关掌握的线索所针对的事实的，不能认定为自首。

本案中审计部门将该犯罪线索移交检察机关，检察机关采取调查措施之后，被告人才如实交代检察机关掌握的线索所针对的犯罪事实，故其不具有自动投案的情节，根据最高人民法院、最高人民检察院《关于办理职务犯罪案件认定自首、立功等量刑情节若干问题的意见》，其行为不能认定为自首；故辩护人关于被告人具有自首情节，适当减轻处罚的辩护意见不能成立。

[参考案例：（2017）藏25刑终1号]

4. **辩护提出**：被告人的行为构成贪污罪，但属于未遂。

答辩要点：犯罪既遂指行为人所故意实施的行为已经具备了某种犯罪构成的全部要件，是指犯罪行为已经结束。犯罪未遂是指已经着手实施犯罪行为，由于意志以外的原因未得逞。

被告人王某某在担任某县某镇某村党支部书记期间，在协助某镇人民政府从事公路征地补偿款的登记申报、发放过程中，利用职务便利，将在南水北调移民期间国家已经补偿的房屋，再次进行申报登记，骗取补偿款72554元。王某某和本村文书一起将赔偿款取出，并将涉案赔偿款全部以王某某儿子的名义以定期存单的方式存于银行，交于村文书保管。该公共财物已由被告人实际控制，被告人的贪污犯罪已经完成，存单由村文书保存并不影响其贪污犯罪的完成，故未遂的辩护意见不能成立。

[参考案例：（2017）豫13刑终791号]

5. **辩方提出**：被告人协助政府从事公务活动无正式文件及报酬，不符合贪污罪的主体身份。

答辩要点：《刑法》第93条第2款规定的"其他依照法律从事公务的人员"包括从事管理以下事务的人员：（1）救灾、抢险、防汛、优抚、扶贫、移民、救济款物的管理；（2）社会捐助公益事业款物的管理；（3）国有土地的经营和管理；（4）土地征用补偿费用的管理；（5）代征、代缴税款；（6）有关计划生育、户籍、征兵工作；（7）协助人民政府从事的其他行政管理工作。村民委员会等村基层组织人员从事前款规定的公务，利用职务上的便利，非法占有公共财物、挪用公款、索取他人财物或者非法收受他人财物，构成犯罪的，适用《刑法》第382条和第383条贪污罪、第384条挪用公款罪、第385条和第386条受贿罪的规定。

2012年4月，为做好某水库工程涉及的村移民搬迁安置工作，该区移民工作局成立了该村移民工作组，配合做好实物核量、制定土地补偿费及土地分配办法、组织移民搬迁等工作。被告人张某某作为该村党支部书记，被委任为移民工作组副组长，协助配合上级政府和移民局全面开展移民工作。在核量工作组核量自家果树时，张某某利用该职务形成的便利，通过核量人员虚报自家不在补偿范围内的96棵梨树和191棵嫁接枣树，骗取国家移民补偿款共计人民币216220元。

张某某作为村党支部书记，又被委任某水库该村移民工作组副组长，足以证实其协助政府进行某水库的安置补偿工作，属于协助人民政府从事行政管理工作的村委会人员，系依照法律从事公务的人员，符合贪污罪主体的构成要件。尽管移民工作组副组长无正式文件及报酬，但依现有证据能够证实被告人系村党支部书记协助政府从事占地安置补偿工作的事实，被告人符合贪污罪主体身份并无不当。

[参考案例：(2014)锦刑二终字第00227号]

6. 辩方提出：被告人的行为属于犯罪中止。

答辩要点：《刑法》规定在犯罪过程中，自动放弃犯罪或者自动有效地防止犯罪结果发生的，是犯罪中止。而《刑法》第23条规定，已经着手实行犯罪，由于意志以外的原因未得逞的，属于未遂。在犯罪未遂中，犯罪未能得逞是由于行为人意志以外的原因，犯罪的实际结果违背行为人的本意，即欲为而不能为。在犯罪中止中，行为人出于自己的意志而主动放弃当时可以继续实施和完成的犯罪，即能为而不为。这是犯罪中止与犯罪未遂的根本区别。

被告人身为村委会主任，在协助人民政府从事新型农村合作医疗工作中，属于其他依照法律从事公务的人员，以国家工作人员论，其利用经手发放村民新农合惠农卡的便利，偷刷212名村民的新农合门诊统筹基金，共计34070元，其行为已构成贪污罪。被告人偷刷212名村民的新农合门诊统筹基金之后，尚未到该县新型农村合作医疗管理办公室报账即被查获，而非其自动放弃犯罪或者自动有效地防止犯罪结果的发生。故被告人提出是犯罪中止的辩护意见不能成立。

[参考案例：(2013)桂市刑二终字第113号]

7. 辩方提出：被告人没有贪污的主观故意，其行为不构成贪污罪。

答辩要点：贪污罪的主观方面表现为故意犯罪，过失不构成本罪。客观方面表现为利用职务之便，侵吞、窃取、骗取或者以其他手段非法占有公共财物的行为。

2011年，丹江口市某区启动南水北调中线工程移民内安工作，同年3月，被告人陈某某开始担任某区某村文书，某村书记张某某（另案处理）和陈某某均为该村移民内安工作组成员，协助移民工作组抓好该村内安移民安置相关工作。同年9月，经某区南水北调中线工程移民工作指挥部安排，在某村顾家沟、分水岭建设移民安置点，征用土地过程中，由张某某和陈某某等村干部负责对土地进行现场确认、上报。在此期间，张某某提议，以在陈某某父亲名下虚列顾家沟安置点征用土地面积的方式给陈某某搞点儿"辛苦费"，陈某某表示同意。后张某某在陈某某父亲名下虚列果园面积3.5亩，每亩补偿标准16920元，共补偿陈某某59220元。后该款项由移民指挥部转入陈某某父亲个人账户，该款项均被用于陈某某家庭开支。

本案中被告人陈某某身为农村基层组织人员，在协助移民工作组抓好该村内安移民安置相关工作中虽没有直接参与骗取土地补偿费，但当另一被告人张某某提议以其父亲名义虚列安置点征用土地面积的方式给被告人搞点儿"辛苦费"时，陈某某予以默许，而且陈某某在得知骗取的土地补偿款打入其父的账户后也未提出异议，并且作为家庭生活开支予以使用，陈某某在主观上有与被告人张某某共同贪污的故意，客观方面也有与被告人张某某等人共同贪污的行为，其具备贪污罪的主客观要件。

[参考案例：（2016）鄂03刑终324号]

8. 辩方提出：被告人主体身份是非国家工作人员不符合贪污罪的犯罪构成。

答辩要点：《刑法》第382条第3款规定"与前两款所列人员勾结，伙同贪污的，以共犯论处"该条的前两款所列人员为国家工作人员。2000年7月8日最高人民法院《关于审理贪污、职务侵占案件如何认定共同犯罪几个问题的解释》第1条规定："行为人与国家工作人员勾结，利用国家工作人员的职务便利，共同侵吞、窃取、骗取或者以其他手段非法占有公共财物的，以贪污罪共犯论处。"

被告人黄某某伙同丈夫赵某某，利用其担任某县商务局副局长分管屠宰办公室的职务便利，利用"刘彬"的名义设立"某县生猪定点屠宰厂"，在没有检查出病害猪的情况下，伪造材料，申报套取国家病害猪无害化处理补贴款人民币273000元。其行为已构成贪污罪，且系共同犯罪。

[参考案例：（2017）豫02刑终16号]

第五章 毒品犯罪庭审辩论攻防要点

一、毒品犯罪法律适用若干具体问题

会议认为，2008年印发的《全国部分法院审理毒品犯罪案件工作座谈会纪要》（以下简称《大连会议纪要》）较好地解决了办理毒品犯罪案件面临的一些突出法律适用问题，其中大部分规定在当前的审判实践中仍有指导意义，应当继续参照执行。同时，随着毒品犯罪形势的发展变化，近年来出现了一些新情况、新问题，需要加以研究解决。与会代表对审判实践中反映较为突出，但《大连会议纪要》没有作出规定，或者规定不尽完善的毒品犯罪适用问题进行了认真研究讨论，就下列问题取得了共识。

（一）罪名认定问题

贩毒人员被抓获后，对于从其住所、车辆等处查获的毒品，一般均应认定为其贩卖的毒品。确有证据证明查获的毒品并非贩毒人员用于贩卖，其行为另构成非法持有毒品罪、窝藏毒品罪等其他犯罪的，依法定罪处罚。

吸毒者在购买、存储毒品过程中被查获，没有证据证明其是为了实施贩卖毒品等其他犯罪，毒品数量达到《刑法》第348条规定的最低数量标准的，以非法持有毒品罪定罪处罚。吸毒者在运输毒品过程中被查获，没有证据证明其是为了实施贩卖毒品等其他犯罪，毒品数量达到较大以上的，以运输毒品罪定罪处罚。

行为人为吸毒者代购毒品，在运输过程中被查获，没有证据证明托购者、代购者是为了实施贩卖毒品等其他犯罪，毒品数量达到较大以上的，对托购者、代购者以运输毒品罪的共犯论处。行为人为他人代购仅用于吸食的毒品，在交通、食宿等必要开销之外收取"介绍费""劳务费"，或者以贩卖为目的收取部分毒品作为酬劳的，应视为从中牟利，属于变相加价贩卖毒品，以贩卖毒品罪定罪处罚。

购毒者接收贩毒者通过物流寄递方式交付的毒品，没有证据证明其是为了实施贩卖毒品等其他犯罪，毒品数量达到《刑法》第348条规定的最低数量标准的，一般以非法持有毒品罪定罪处罚。代收者明知是物流寄递的毒品而代购毒者接收，没有证据证明其与购毒者有实施贩卖、运输毒品等犯罪的共同故意，毒品数量达到《刑法》第348条规定的最低数量标准的，对代收者以非法持有毒品罪定罪处罚。

行为人利用信息网络贩卖毒品、在境内非法买卖用于制造毒品的原料或者配剂、传授制造毒品等犯罪的方法，构成贩卖毒品罪、非法买卖制毒物品罪、传授犯罪方法罪等犯罪的，依法定罪处罚。行为人开设网站、利用网络聊天室等组织他人共同吸毒，构成引诱、教唆、欺骗他人吸毒罪等犯罪的，依法定罪处罚。

（二）共同犯罪认定问题

办理贩卖毒品案件，应当准确认定居间介绍买卖毒品行为，并与居中倒卖毒品行为相区别。居间介绍者在毒品交易中处于中间人地位，发挥介绍联络作用，通常与交易一方构成共同犯罪，但不以牟利为要件；居中倒卖者属于毒品交易主体，与前后环节的交易对象是上下家关系，直接参与毒品交易并从中获利。居间介绍者受贩毒者委托，为其介绍联络购毒者的，与贩毒者构成贩卖毒品罪的共同犯罪；明知购毒者以贩卖为目的购买毒品，受委托为其介绍联络贩毒者的，与购毒者构成贩卖毒品罪的共同犯罪；受以吸食为目的的购毒者委托，为其介绍联络贩毒者，毒品数量达到《刑法》第348条规定的最低数量标准的，一般与购毒者构成非法持有毒品罪的共同犯罪；同时与贩毒者、购毒者共谋，联络促成双方交易的，通常认定与贩毒者构成贩卖毒品罪的共同犯罪。居间介绍者实施为毒品交易主体提供交易信息、介绍交易对象等帮助行为，对促成交易起次要、辅助作用的，应当认定为从犯；对于以居间介绍者的身份介入毒品交易，但在交易中超出居间介绍者的地位，对交易的发起和达成起重要作用的被告人，可以认定为主犯。

两人以上同行运输毒品的，应当从是否明知他人带有毒品，有无共同运输毒品的意思联络，有无实施配合、掩护他人运输毒品的行为等方面综合审查认定是否构成共同犯罪。受雇于同一雇主同行运输毒品，但受雇者之间没有共同犯罪故意，或者虽然明知他人受雇运输毒品，但各自的运输行为相对独立，既没有实施配合、掩护他人运输毒品的行为，又分别按照各自运输的毒品数量领取报酬的，不应认定为共同犯罪。受雇于同一雇主分段运输同一宗毒品，但受雇者之间没有犯罪共谋的，也不应认定为共同犯罪。雇用他人运输毒品的雇主，及其他对受雇者起到一定组织、指挥作用的人员，与各受雇者分别构成运输毒品罪的共同犯罪，对运输的全部毒品数量承担刑事责任。

（三）毒品数量认定问题

走私、贩卖、运输、制造、非法持有两种以上毒品的，可以将不同种类的毒品分别折算为海洛因的数量，以折算后累加的毒品总量作为量刑的根据。对于刑法、司法解释或者其他规范性文件明确规定了定罪量刑数量标准的毒品，应当按照该毒品与海洛因定罪量刑数量标准的比例进行折算后累加。对于刑法、司法解释及其他规范性文件没有规定定罪量刑数量标准，但《非法药物折算表》规定了与海洛因的折算比例的毒品，可以按照《非法药物折算表》折算为海洛因后进行累加。对于既未规定定罪量刑数量标准，又不具备折算条件的毒品，综合考虑其致瘾癖性、社会危害性、数量、纯度等因素依法量刑。在裁判文书中，应当客观表述涉案毒品的种类和数量，并综合认定为数量大、数量较大或者少量毒品等，不明确表述将不同种类毒品进行折算后累加的毒品总量。

对于未查获实物的甲基苯丙胺片剂（俗称"麻古"等）、MDMA 片剂（俗称"摇头丸"）等混合型毒品，可以根据在案证据证明的毒品粒数，参考本案或者本地区查获的同类毒品的平均重量计算出毒品数量。在裁判文书中，应当客观表述根据在案证据认定的毒品粒数。

对于有吸毒情节的贩毒人员，一般应当按照其购买的毒品数量认定其贩卖毒品的数量，量刑时酌情考虑其吸食毒品的情节；购买的毒品数量无法查明的，按照能够证明的贩卖数量及查获的毒品数量认定其贩毒数量；确有证据证明其购买的部分毒品并非用于贩卖的，不应计入其贩毒数量。

办理毒品犯罪案件，无论毒品纯度高低，一般均应将查证属实的毒品数量认定为毒品犯罪的数量，并据此确定适用的法定刑幅度，但司法解释另有规定或者为了隐蔽运输而临时改变毒品常规形态的除外。涉案毒品纯度明显低于同类毒品的正常纯度的，量刑时可以酌情考虑。

制造毒品案件中，毒品成品、半成品的数量应当全部认定为制造毒品的数量，对于无法再加工出成品、半成品的废液、废料则不应计入制造毒品的数量。对于废液、废料的认定，可以根据其毒品成分的含量、外观形态，结合被告人对制毒过程的供述等证据进行分析判断，必要时可以听取鉴定机构的意见。

（四）死刑适用问题

当前，我国毒品犯罪形势严峻，审判工作中应当继续坚持依法从严惩处毒品犯罪的指导思想，充分发挥死刑对于预防和惩治毒品犯罪的重要作用。要继续按照《大连会议纪要》的要求，突出打击重点，对罪行极其严重、依法应当判处死刑的被告人，坚决依法判处。同时，应当全面、准确贯彻宽严相济刑事政策，体现区别对待，做到罚当其罪，量刑时综合考虑毒品数量、犯罪性质、情节、危害后果、被告人的主观恶性、人身危险性及当地的禁毒形势等因素，严格审慎地决定死刑适用，确保死刑只适用于极少数罪行极其严重的犯罪分子。

1. 运输毒品犯罪的死刑适用

对于运输毒品犯罪，应当继续按照《大连会议纪要》的有关精神，重点打击运输毒品犯罪集团首要分子，组织、指使、雇用他人运输毒品的主犯或者毒枭、职业毒犯、毒品再犯，以及具有武装掩护运输毒品、以运输毒品为业、多次运输毒品等严重情节的被告人，对其中依法应当判处死刑的，坚决依法判处。

对于受人指使、雇用参与运输毒品的被告人，应当综合考虑毒品数量、犯罪次数、犯罪的主动性和独立性、在共同犯罪中的地位作用、获利程度和方式及其主观恶性、人身危险性等因素，予以区别对待，慎重适用死刑。对于有证据证明确属受人指使、雇用运输毒品，又系初犯、偶犯的被告人，即使毒品数量超过实际掌握的死刑数量标准，也可以不判处死刑；尤其对于其中被动参与犯罪，从属性、辅助性较强，获利程度较低的被告人，一般不应当判处死刑。对于不能排除受人指使、雇用初次运输毒品的被告人，毒品数量超过实际掌握的死刑数量标准，但尚不属数量巨大的，一般也可以不判处死刑。

一案中有多人受雇运输毒品的，在决定死刑适用时，除各被告人运输毒品的数量外，还应结合其具体犯罪情节、参与犯罪程度、与雇用者关系的紧密性及其主观恶性、人身危险性等因素综合考虑，同时判处二人以上死刑要特别慎重。

2. 毒品共同犯罪、上下家犯罪的死刑适用

毒品共同犯罪案件的死刑适用应当与该案的毒品数量、社会危害及被告人的犯罪情节、主观恶性、人身危险性相适应。涉案毒品数量刚超过实际掌握的死刑数量标准，依法应当适用死刑的，要尽量区分主犯间的罪责大小，一般只对其中罪责最大的一名主犯判处死刑；各共同犯罪人地位作用相当，或者罪责大小难以区分的，可以不判处被告人死刑；二名主犯的罪责均很突出，且均具有法定从重处罚情节的，也要尽可能比较其主观恶性、人身危险性方面的差异，判处二人死刑要特别慎重。涉案毒品数量达到巨大以上，二名以上主犯的罪责均很突出，或者罪责稍次的主犯具有法定、重大酌定从重处罚情节，判处二人以上死刑符合罪刑相适应原则，并有利于全案量刑平衡的，可以依法判处。

对于部分共同犯罪人未到案的案件，在案被告人与未到案共同犯罪人均属罪行极其严重，即使共同犯罪人到案也不影响对在案被告人适用死刑的，可以依法判处在案被告人死刑；在案被告人的罪行不足以判处死刑，或者共同犯罪人归案后全案只宜判处其一人死刑的，不能因为共同犯罪人未到案而对在案被告人适用死刑；在案被告人与未到案共同犯罪人的罪责大小难以准确认定，进而影响准确适用死刑的，不应对在案被告人判处死刑。

对于贩卖毒品案件中的上下家，要结合其贩毒数量、次数及对象范围，犯罪的主动性，对促成交易所发挥的作用，犯罪行为的危害后果等因素，综合考虑其主观恶性和人身危险性，慎重、稳妥地决定死刑适用。对于买卖同宗毒品的上下家，涉案毒品数量刚超过实际掌握的死刑数量标准的，一般不能同时判处死刑；上家主动联络销售毒品，积极促成毒品交易的，通常可以判处上家死刑；下家积极筹资，主动向上家约购毒品，对促成毒品交易起更大作用的，可以考虑判处下家死刑。涉案毒品数量达到巨大以上的，也要综合上述因素决定死刑适用，同时判处上下家死刑符合罪刑相适应原则，并有利于全案量刑平衡的，可以依法判处。

一案中有多名共同犯罪人、上下家针对同宗毒品实施犯罪的，可以综合运用上述毒品共同犯罪、上下家犯罪的死刑适用原则予以处理。

办理毒品犯罪案件，应当尽量将共同犯罪案件或者密切关联的上下游案件进行并案审理；因客观原因造成分案处理的，办案时应当及时了解关联案件的审理进展和处理结果，注重量刑平衡。

3. 新类型、混合型毒品犯罪的死刑适用

甲基苯丙胺片剂（俗称"麻古"等）是以甲基苯丙胺为主要毒品成分的混合型毒品，其甲基苯丙胺含量相对较低，危害性亦有所不同。为体现罚当其罪，甲基苯丙胺片剂的死刑数量标准一般可以按照甲基苯丙胺（冰毒）的2倍左右掌握，具体可以根据当地的毒品犯罪形势和涉案毒品含量等因素确定。

涉案毒品为氯胺酮（俗称"K粉"）的，结合毒品数量、犯罪性质、情节及危害后果等因素，对符合死刑适用条件的被告人可以依法判处死刑。综合考虑氯胺酮的致瘾癖性、滥用范围和危害性等因素，其死刑数量标准一般可以按照海洛因的10倍掌握。

涉案毒品为其他滥用范围和危害性相对较小的新类型、混合型毒品的，一般不宜判处被告人死刑。但对于司法解释、规范性文件明确规定了定罪量刑数量标准，且涉案毒品数量特别巨大，社会危害大，不判处死刑难以体现罚当其罪的，必要时可以判处被告人死刑。

(五)缓刑、财产刑适用及减刑、假释问题

对于毒品犯罪应当从严掌握缓刑适用条件。对于毒品再犯,一般不得适用缓刑。对于不能排除多次贩毒嫌疑的零包贩毒被告人,因认定构成贩卖毒品等犯罪的证据不足而认定为非法持有毒品罪的被告人,实施引诱、教唆、欺骗、强迫他人吸毒犯罪及制毒物品犯罪的被告人,应当严格限制缓刑适用。

办理毒品犯罪案件,应当依法追缴犯罪分子的违法所得,充分发挥财产刑的作用,切实加大对犯罪分子的经济制裁力度。对查封、扣押、冻结的涉案财物及其孳息,经查确属违法所得或者依法应当追缴的其他涉案财物的,如购毒款、供犯罪所用的本人财物、毒品犯罪所得的财物及其收益等,应当判决没收,但法律另有规定的除外。判处罚金刑时,应当结合毒品犯罪的性质、情节、危害后果及被告人的获利情况、经济状况等因素合理确定罚金数额。对于决定并处没收财产的毒品犯罪,判处被告人有期徒刑的,应当按照上述确定罚金数额的原则确定没收个人部分财产的数额;判处无期徒刑的,可以并处没收个人全部财产;判处死缓或者死刑的,应当并处没收个人全部财产。

对于具有毒枭、职业毒犯、累犯、毒品再犯等情节的毒品罪犯,应当从严掌握减刑条件,适当延长减刑起始时间、间隔时间,严格控制减刑幅度,延长实际执行刑期。对于刑法未禁止假释的前述毒品罪犯,应当严格掌握假释条件。

(六)累犯、毒品再犯问题

累犯、毒品再犯是法定从重处罚情节,即使本次毒品犯罪情节较轻,也要体现从严惩处的精神。尤其对于曾因实施严重暴力犯罪被判刑的累犯、刑满释放后短期内又实施毒品犯罪的再犯,以及在缓刑、假释、暂予监外执行期间又实施毒品犯罪的再犯,应当严格体现从重处罚。

对于因同一毒品犯罪前科同时构成累犯和毒品再犯的被告人,在裁判文书中应当同时引用刑法关于累犯和毒品再犯的条款,但在量刑时不得重复予以从重处罚。对于因不同犯罪前科同时构成累犯和毒品再犯的被告人,量刑时的从重处罚幅度一般应大于前述情形。

(七)非法贩卖麻醉药品、精神药品行为的定性问题

行为人向走私、贩卖毒品的犯罪分子或者吸食、注射毒品的人员贩卖国家规定管制的能够使人形成瘾癖的麻醉药品或者精神药品的,以贩卖毒品罪定罪处罚。

行为人出于医疗目的,违反有关药品管理的国家规定,非法贩卖上述麻醉药品或者精神药品,扰乱市场秩序,情节严重的,以非法经营罪定罪处罚。

二、走私、贩卖、运输、制造毒品罪与非法持有毒品罪

1. 辩方提出：被告人事先未与其他被告人预谋向下线贩卖毒品，毒品交易时未在现场，下线给付的系修车款而非毒品预付款，查获的毒品与被告人无关，被告人不构成犯罪。

答辩要点：被告人犯贩卖毒品罪的事实清楚，证据确实、充分，理由如下：第一，本案系侦查机关事先获知线索后寻踪而至。侦查机关出具的情况说明证实本案各被告人商议贩卖毒品的线索前期已为侦查机关所掌握，后据此展开侦查活动并经布控抓获各被告人，当场查获毒品冰毒。第二，客观证据证实被告人与下线之间在案发期间存在异常交集和异常行为。通话记录证实被告人与下线、与其他被告人之间在案发前联系频繁；且被告人与下线之间银行卡交易频繁，交易数额与其他被告人所供毒资数额相吻合。此外，其他被告人在毒品交易时持假驾驶证驾驶套牌车辆。第三，直接证据证实客观证据显示的异常交集和异常行为均为确保毒品交易顺利进行而进行。其他被告人供述证实各被告人商定从广州购买冰毒在兰州贩卖牟利，并商定交易数量、价格、准备毒品、使用银行卡转账等关键情节，同时准备假驾照、给所用汽车套牌，具体实施贩卖毒品事宜。故各被告人犯贩卖毒品的事实清楚，证据确实、充分。

[**参考案例**：（2015）甘刑二终字第 10 号（闫某某等人贩卖毒品案）]

2. 辩方提出：没有证据证明行为人实施贩卖毒品犯罪，行为人携带数量较大的毒品吗啡并藏匿于隐蔽处的行为应认定为非法持有毒品罪。

答辩要点：本案被告人应以贩卖毒品罪定罪量刑，理由如下：第一，非法持有毒品罪是对行为人持有数额较大的毒品行为的一种降格处理。非法持有毒品罪是行为人明知国家禁止非法持有毒品而持有，是故意犯罪。行为人非法持有毒品的故意因持有动机、目的多种多样而不限。司法实践中，在没有证据证明行为人实施走私、贩卖、运输、制造毒品或窝藏毒品的犯罪行为，行为人持有的毒品数量又超过《刑法》所规定的较大数量时，以非法持有毒品罪定罪量刑。如果有证据证实行为人以走私、贩卖、运输、制造、窝藏为目的，则以走私、贩卖、运输、制造毒品罪或窝藏毒品罪定罪量刑。第二，被告人以贩卖为目的的事实清楚，本案不存在降格处理的情形。证人常某某证言、苟某某供述印证证明苟某某委托证人常某某联系买主购买毒品"黄皮"（吗啡），并商定价格、数量、交易时间和地点。因此，苟某某主观上有贩卖毒品的目的，客观上实施了贩卖毒品的行为，在交易地点又扣缴到毒品，其行为符合贩卖毒品罪的构成要件，应以贩卖毒品罪定罪量刑。

[**参考案例**：（2013）甘刑二终字第 48 号（苟某某贩卖毒品案）]

3. 辩方提出： 被告人在常某某询问是否有毒品且可以帮忙联系买家交易时，同意由常某某联系，在常某某告知交易地点、时间和价格后携带毒品前往交易地点进行交易，才引发了本案。所以本案属于典型的特情引诱犯罪，应当依法从轻处罚。

答辩要点： 本案不属于特情引诱犯罪，理由如下：2008年《全国部分法院审理毒品犯罪案件工作座谈会纪要》（以下简称《大连会议纪要》）将特情介入分为特情贴靠、犯意引诱、数量引诱和间接引诱。（1）特情贴靠是指对已持有毒品待售或者有证据证明已准备实施大宗毒品犯罪者，采取特情贴靠、接洽而破获的案件，不存在犯罪引诱，应当依法处理。（2）犯意引诱是指"行为人本没有实施毒品犯罪的主观意图，而是在特情诱惑和促成下形成犯意，进而实施毒品犯罪"。对因"犯意引诱"实施毒品犯罪的被告人，根据罪刑相适应原则，应当依法从轻处罚，无论涉案毒品数量多大，都不应判处死刑立即执行。行为人在特情既为其安排上线，又提供下线的双重引诱，即"双套引诱"下实施毒品犯罪的，处刑时可予以更大幅度的从宽处罚或者依法免予刑事处罚。（3）数量引诱是指"行为人本来只有实施数量较小的毒品犯罪的故意，在特情引诱下实施了数量较大甚至达到实际掌握的死刑数量标准的毒品犯罪"。考虑到特情引诱因素放大了行为人的罪行后果，由行为人承担全部法律后果有违罪责刑相适应原则，因此，应当依法从轻处罚，即使毒品数量超过实际掌握的死刑数量标准，一般也不判处死刑立即执行。（4）间接引诱是指行为人受到特情引诱实施毒品犯罪的过程中，同时又引起第三人实施相关毒品犯罪。对行为人受特情间接引诱实施毒品犯罪的，参照前述三种类型依法处理。

本案案发原因不属于法律规定的特情引诱的情形，有以下三个方面的理由：一是本案中是谁先提议进行毒品交易不影响被告人实施毒品犯罪的主观故意。证人常某某证实被告人先委托其联系毒品买家，其再向侦查机关举报，举报后按照侦查机关安排告诉被告人毒品交易的价格、数量后被告人携带毒品前往交易。被告人供述证实常某某称可以联系毒品买家后其让常某某联系，在常某某告知交易地点、时间和价格后携带毒品前往交易地点。证供一致地证实被告人有毒品待售、欲售，在有人准备购买毒品时欣然同意进行毒品交易。所以，被告人有实施毒品犯罪的主观故意，且该主观故意并非由常某某引诱所发。二是被告人实施了毒品犯罪的客观行为。常某某提出买家欲购买的毒品数量和价格后，被告人携带相应的毒品前往约定地点进行交易；在交易地点被侦查机关查获毒品。所以，被告人实施的毒品犯罪行为并非因常某某而起，常某某的介入仅促使该毒品交易完成了给付，并不影响认定被告人以贩卖为目的携带毒品向他人贩卖的事实。三是本案不存在毒品数量引诱。本案中证供一致地证实常某某提出毒品交易数额为 1 千克，而常某某又证实自己根据侦查机关的安排告知被告人毒品交易的数额和价格。但被告人供述证实其欲出售的是 2 千克的毒品交易，常某某证实被告人称有几千克的毒品欲出售。所以常某某根据侦查机关的安排所提出的 1 千克毒品交易包含在被告人欲售的毒品数量之中。因此本案不存在毒品数量引诱。

综述，本案符合《大连会议纪要》中关于特情介入案件的处理问题规定的第一种情形，即对已持有毒品待售或者有证据证明已准备实施大宗毒品犯罪者，采取特情贴靠、接洽而破获的案件，不存在犯罪引诱，应当依法处理。

[**参考案例：**（2013）甘刑二终字第 48 号（苟某某贩卖毒品案）]

4. 辩方提出：被告人完成交易后即被侦查机关抓获并扣缴交易毒品，不能排除本案存在犯意引诱和数量引诱的合理怀疑，根据存疑有利于被告人原则，本案被告人不构成贩卖毒品罪。

答辩要点：本案被告人构成贩卖毒品罪的事实清楚，证据确实、充分，理由如下：有关特情规定的论述参见上一案例。本案不符合特情规定的相关情形，可以从以下三个方面来分析：一是被告人存在毒品交易的行为，属于从事贩卖毒品的涉毒者。《电子证据检查工作记录》证实被告人和同案犯张某某手机号分别对应的微信号之间存在毒品交易的对话，《通话记录》佐证了二人之间关于毒品交易的频繁通话情况。二是被告人实施了贩卖毒品罪的客观行为。在案证据证实被告人通过手机微信向吴某甲提出贩卖毒品的犯意，吴某甲介绍买家吴某乙后，被告人为达成毒品交易而将毒品样品带给吴某乙、吴某甲等人试吸；并和吴某乙就毒品交易的数量、价格等事项达成合意；后携带毒品返回后双方完成毒品交易。该过程证实了被告人主动提出犯意、通过亲自送毒品样品给他人试样而为毒品交易做好准备，商定毒品种类、数量及价格等事宜后随即取来毒品完成交易。三是侦查机关寻踪而至并不影响认定被告人贩卖毒品罪的事实。侦查机关掌握本案线索并寻踪而至，但并未安排他人提出犯意引诱被告人贩卖毒品，也不存在被告人欲贩卖少量毒品而侦查机关安排他人提出购买指定数量毒品。所以侦查机关在掌握被告人和他人进行毒品交易的线索后进行布控，并根据具体抓捕条件对被告人实施抓捕的行为也不属于司法解释所规定的特情引诱情形，而是侦破案件的方式之一。综述，本案被告人犯贩卖毒品罪的事实清楚，证据确实、充分。

[**参考案例：**（2016）渝刑终 159 号（张某某贩卖毒品案）]

5. 辩方提出：被告人崔某某、王某某、严某某和张某某分别出资人民币 10 万元、1 万元、3 万元、4 万元共计筹集毒资 18 万元，张某某使用该 18 万元购得 6000 粒麻古后由崔某某、王某某、严某某运输至武汉贩卖，途中三人被抓获。被告人崔某某、王某某、严某某在共同犯罪中均起次要作用，系从犯。

答辩要点：被告人崔某某、王某某在共同犯罪中起主要作用，系主犯，理由如下：第一，被告人崔某某、王某某与他人合谋贩毒后，为购买毒品而积极筹措毒资。各被告人供述证实合谋后分别筹集毒资，且被告人崔某某筹集的毒资占毒资总额的绝大部分；虽然王某某筹集的毒资占毒资总额的比例较小，但筹集毒资比例大小只是各被告人分配毒品利润的依据，并不影响王某某积极筹措毒资为实施毒品犯罪做准备的认定。第二，被告人崔某某、王某某积极实施毒品交易的实行行为。被告人崔某某、王某某拿到毒品后，崔某某提供运毒工具，王某某积极联系购买毒品的下线，崔某某、王某某亲自运送毒品前往武汉准备实施毒品交易。在整个贩卖毒品犯罪中，崔某某、王某某所起作用对各被告人实施以贩卖为目的的毒品交易的发生发展是主要作用，综上崔某某、王某某是主犯。

[**参考案例**：（2014）湘高法刑一终字第163号（王某某、崔某某、严某某贩卖毒品案）]

6. 辩方提出：身为吸毒者的被告人以贩养吸，实际贩卖的数量应以贩卖毒品罪定罪处罚，未被贩卖的数量应以非法持有毒品罪定罪处罚。

答辩要点：本案被告人应以贩卖毒品罪一罪定罪处罚，理由如下：从办理毒品的相关法律规定来看，对以贩养吸的被告人，应以有证据证实的贩卖数量及查获的毒品数量作为其贩卖毒品的数量。2015年最高人民法院《全国法院毒品犯罪审判工作座谈会纪要》（以下简称《武汉会议纪要》）规定：对于有吸毒情节的贩毒人员，一般应当按照其购买的毒品数量认定其贩卖毒品的数量，量刑时酌情考虑其吸食毒品的情节；购买的毒品数量无法查明的，按照能够证明的贩卖数量及查获的毒品数量认定其贩毒数量；确有证据证明其购买的部分毒品并非用于贩卖的，不应计入其贩毒数量。相较于2008年最高人民法院《全国法院毒品犯罪审判工作座谈会纪要》（以下简称《大连会议纪要》）规定，《武汉会议纪要》有三方面变化：一是改变了适用主体，将《大连会议纪要》规定的"以贩养吸的被告人"修改为"有吸毒情节的贩毒人员"，便于认定主体身份。二是改变了认定原则，将认定重心放在"进口"而非"出口"，即对于有吸毒情节的贩毒人员，一般应当将其购买的毒品数量全部认定为其贩卖的毒品数量，并据此确定适用的法定刑幅度，只在量刑时酌情考虑其吸食毒品的情节。三是提高了证明标准，对于不计入贩毒数量的例外情形，要求必须是"确有证据证明"。

从案件事实来看，本案被告人符合《武汉会议纪要》应当按照能够证明的贩卖数量及查获的毒品数量认定其贩毒数量的规定。一是被告人系有吸毒情节的贩毒人员,被告人系吸毒人员,且无正常的经济来源,又曾贩卖过毒品,并与下家曲某某供述印证证实先后两次贩卖给曲某某毒品4.65克并获利的事实。二是被告人不具有"确有证据证明其购买的部分毒品并非用于贩卖的,不应计入其贩毒数量"的情形。被告人供述购买的毒品既有自吸,又有贩卖;部分已被自吸或卖掉;剩下的有人买就卖,没人买就自吸。加之被告人无正常经济来源,不具备购买数额较大的毒品用于自吸的经济条件。所以,不能达到"确有证据证明其购买的部分毒品并非用于贩卖的"的标准。

综述,按照《武汉会议纪要》,对作为有吸毒情节的贩毒人员的被告人,应当按照其贩卖数量及查获的毒品数量认定其贩毒数量,即以贩卖毒品罪一罪定罪处罚,贩卖毒品的数量是其已经贩卖的数量和被查获的数量,也就是以已经贩卖给曲某某的4.65克和被查获的11.71克作为其贩卖毒品的数量。

[**参考案例**:(2017)吉0203刑再1号(宋某某贩卖毒品、非法持有毒品案)]

7. 辩方提出:涉案毒品未流入社会,应对被告人从轻处罚。

答辩要点:涉案毒品未流入社会不属于对被告人从轻处罚的情节,理由如下:第一,从毒品犯罪侵害的法益来说,毒品未流入社会不属于对被告人从轻处罚的情节。毒品犯罪侵害的法益具有复合性,因为毒品犯罪既侵害了国家对毒品的管理秩序,也侵害了人民群众的身心健康,还破坏了稳定良好的社会秩序,所以毒品犯罪的社会危害性极大。辩方所提因涉案毒品未流入社会,所以毒品犯罪的社会危害性小的观点是认为毒品对具体个人尚未造成实际危害,却忽略了毒品犯罪行为对另外两个法益的侵害。此外,毒品犯罪属于抽象危险犯的一种,毒品犯罪所侵害的法益之一——人民群众的身心健康不特指特定个体的健康,还有社会公众的公共健康。因此,毒品犯罪无论是处于毒品制造的源头,还是中转运输环节,抑或是贩卖流通环节,都已经切实对社会公众的公共健康和具体的个体健康产生了危险性,也侵犯了法律所保护的三重法益。所以,即使涉案毒品未流入社会,也不应对被告人从轻处罚。第二,从打击毒品犯罪来说,毒品未流入社会不属于对被告人从轻处罚的情节。毒品犯罪本身就具有极大的隐蔽性,侦查取证的难度较大。在毒品犯罪中尤以贩卖毒品犯罪为甚,与被告人存在利害关系的上家、下家等涉案人员出于自保或利益权衡多数会极力包庇被告人,使得侦查取证难以获得有价值的进展。若将毒品是否流入社会作为量刑情节之一,会增加侦查机关花费更多的警力去查证毒品犯罪的下家,容易因取证不能而放纵毒品犯罪,不利于保持对毒品犯罪的打击力度。第三,从《刑法》的立法本意来说,毒品未流入社会不属于对被告人从轻处罚的情节。《刑法》将毒品犯罪规定为行为犯的立法本意在于预防,即用严厉的刑罚手段来阻止毒品犯罪向下游延伸,从而阻止毒品犯罪侵害更多的法益。对行为犯量刑的主要因素是行为本身的危害性,而不是行为所造成的实际损害结果。第四,从司法解释的精神来看,毒品未流入社会不属于对被告人从轻处罚的情节。最高人民法院关于毒品犯罪会议纪要等相关规定对贩卖毒品的被告人根据数量加情节来量刑;且减轻或从轻量刑的情形中并未将毒品未流入社会的情形纳入其中。但在增加刑罚的量刑情节中却纳入了毒品流入社会应当从重处罚的精神。因此,毒品未流入社会不属于从轻处罚的情形,但毒品流入社会属于从重处罚的情形。第五,从买卖交易的社会属性来看,毒品未流入社会不属于对被告人从轻处罚的情节。商品脱离生产者进入第一个待买卖者处,就会通过买卖行为进入商品流通环节,这个过程本身就具有社会属性。毒品从生产者手中流通至第一个涉毒者毒品买卖交易的过程,就是毒品在社会上流通的过程,不能认为毒品没有流入社会。因此,即使毒品尚未实际进入毒品交易链条的最后一环,它都通过买卖行为处于流通环节,都处于流入社会,是毒品犯罪的既遂状态。所以不应对被告人从轻处罚①。因此,涉案毒品未流入社会不属于对被告人从轻处罚的理由。

[**参考案例**:(2014)湘高法刑一终字第163号(王某某、崔某某、严某某贩卖毒品案)、(2015)渝高法刑终字第00146号(尚某某贩卖毒品案)]

8. 辩方提出:被告人涉案毒品尚未交付何某某,系犯罪未遂。

答辩要点:毒品交易双方约定交易地点后尚未见面,在途中即被抓获的,对于卖方,仍应认定为犯罪既遂,因为他是为卖而买到毒品。《人民法院案例选》2008年第3辑中关于周某某等贩卖毒品、转移毒品案毒品犯罪的既未遂裁判要旨认为,将毒品带入约定的交易地点的,不论交易行为是否完成,均应以贩卖毒品罪的既遂论处。

本案中,被告人梁某某与何某某经电话联系谈妥交易地点、交易价格及交易数量,且已到达交易地点,准备将毒品交付购毒者何某某。足以证实被告人梁某某因贩卖而已经买到毒品,构成犯罪既遂。

[**参考案例**:(2015)渝高法刑终字第00037号]

9. 辩方提出:被告人未将毒品运送至目的地,且运输距离较短,系运输毒品不成功,应认定为犯罪未遂。

答辩要点:本案应认定为犯罪既遂,理由如下:运输毒品罪的既未遂是以毒品是否起运为准,而不是以毒品是否到达目的地来认定。因此,只要行为人将毒品起运即已完成了毒品的运输,构成运输毒品犯罪的既遂;行为人运输毒

---

① 根据《人民检察》2015年第12期安徽省人民检察院李强、李明革《"毒品未流入社会"不宜作为酌定从轻量刑情节》文章整理。

品距离的长短、是否到达目的地均不影响认定运输毒品罪既遂。本案中，被告人携带毒品欲乘飞机前往某地，在机场接受安全检查时被查获，说明其已将毒品起运，尽管被告人尚未将毒品运输到目的地即被查获，但不影响其构成运输毒品犯罪的既遂。

[**参考案例**：《人民法院案例选》2008年第1辑（塔奴杰·某某某运输毒品案）]

10. 辩方提出：走私、运输毒品的被告人系被蒙骗，主观上对毒品不明知，不应构成犯罪。

答辩要点：本案被告人符合司法解释所规定的推定明知的情形，理由如下：第一，法律规定了推定明知。最高人民法院2008年12月印发的《全国部分法院审理毒品犯罪案件工作座谈会纪要》第10条明确列举规定了10种可以推定被告人主观明知的具体情形：（1）执法人员在口岸、机场、车站、港口和其他检查站点检查时，要求行为人申报为他人携带的物品和其他疑似毒品物，并告知其法律责任，而行为人未如实申报，在其携带的物品中查获毒品的；（2）以伪报、藏匿、伪装等蒙蔽手段，逃避海关、边防等检查，在其携带、运输、邮寄的物品中查获毒品的；（3）执法人员检查时，有逃跑、丢弃携带物品或者逃避、抗拒检查等行为，在其携带或者丢弃的物品中查获毒品的；（4）体内或者贴身隐秘处藏匿毒品的；（5）为获取不同寻常的高额、不等值报酬为他人携带、运输物品，从中查获毒品的；（6）采用高度隐蔽的方式携带、运输物品，从中查获毒品的；（7）采用高度隐蔽的方式交接物品，明显违背合法物品惯常交接方式，从中查获毒品的；（8）行程路线故意绕开检查站点，在其携带、运输的物品中查获毒品的；（9）以虚假身份或者地址办理托运手续，在其托运的物品中查获毒品的；（10）有其他证据足以认定行为人应当知道的。因此，具有上述10种情形之一的，行为人不能作出合理解释的，可以推定其主观明知是毒品，但有证据证明确属被蒙骗的除外。第二，本案被告人的行为符合司法解释所规定推定主观明知是毒品的情形。被告人张某某为获取不同寻常、不等值报酬，为他人携带应当申报而未申报的物品进入中国境内，从其携带的物品中查获毒品，其既不能作出合理解释，又没有证据证明其确属被蒙骗。所以，其属于推定主观明知是毒品而为他人走私，应以走私毒品罪定罪处罚。

[**参考案例**：（2010）粤高法刑二终字第98号（张某某走私毒品案）]

11. 辩方提出：身为吸毒人员的被告人在运输毒品过程中被查获数量较大的毒品，应以非法持有毒品罪定罪量刑。

答辩要点：本案被告人应以运输毒品罪定罪处罚，理由如下：第一，司法解释规定吸毒人员运输毒品中被查获数量较大的毒品应以运输毒品罪定罪处罚。2015年5月18日印发的《全国法院毒品犯罪审判工作座谈会纪要》（以下简称

《武汉会议纪要》）规定：吸毒者在运输毒品过程中被查获，没有证据证明其是为了实施贩毒等其他犯罪，毒品数量达到较大以上的，以运输毒品罪定罪处罚。据此规定，只要吸毒者运输毒品达到数额较大就以运输毒品罪定罪处罚，无须在数量较大之上再考虑是否超过被告人合理吸食量问题。第二，本案查获的毒品数量符合数量较大的标准。《关于审理毒品犯罪案件适用法律若干问题的解释》第2条规定：鸦片2百克以上不满1千克、海洛因或者甲基苯丙胺10克以上不满50克即属于数量较大。本案中被告人在运输毒品过程中被当场抓获后扣缴到上百克毒品冰毒。虽然其系吸毒人员，但现有证据无法证明其具有实施走私、贩卖、制造毒品等目的，亦无法证实其具有为他人运输的目的，但由于被查获的毒品处于运输状态之中，且数量达到较大以上，所以应以运输毒品罪定罪处罚。本案裁判时间虽然早于《武汉会议纪要》印发时间，但裁判结果完全符合该纪要的规定。

[**参考案例**：（2014）浙杭刑初字第118号（张某某走私、贩卖、运输、制造毒品案）]

三、包庇毒品犯罪分子罪；窝藏、转移、隐瞒毒品、毒赃罪

1. **辩方提出**：行为人并不知道其包庇的对象系毒品犯罪分子，主观上不具有犯罪故意。

答辩要点：认定行为人是否主观明知要结合行为人与包庇对象的交往经历、熟悉度及在案的其他证据综合认定。本案中根据在案证人证言及行为人供述等证据可以证实行为人在同案毒品犯罪分子被抓时，明知其包庇的对象系被抓的毒品犯罪分子同伙，仍故意帮助其逃避公安机关抓捕，主观上具有明显的犯罪故意。

[**参考案例**：（2017）新2301刑初466号]

2. **辩方提出**：协警不属于《刑法》规定的国家机关工作人员，不能适用《刑法》第349条第2款规定的"从重处罚"的规定。

答辩要点：行为人系协警，具有协助公安民警查禁犯罪活动的职责，在其依法执行公务期间，属于依照法律从事公务的人员，应以国家机关工作人员论。

3. **辩方提出**：行为人系酒店经营管理者，没有证据证明其明知酒店内有毒品犯罪分子及其在公安机关检查酒店前通风报信；行为人在共同犯罪中不是主犯，追缴其经营酒店的收入是错误的。

答辩要点：在案证人证言、毒品犯罪分子及公安机关出警检查等证件足以证实行为人明知酒店里有从事毒品贩卖等犯罪活动，在公安机关检查前通风报

信，掩盖其罪行，为毒品犯罪活动提供便利和庇护的事实。酒店股东及管理者，明知酒店内有毒品犯罪活动并指使他人通风报信，提供便利和庇护，在共同犯罪中起主要作用，是主犯，其犯罪所得应当予以追缴。

[参考案例：（2015）穗中法刑一终字第74号]

4. 辩方提出：行为人系酒店聘用的销售经理，不是股东，其行为仅是执行公司上级指令，将公安人员检查酒店的通知转达，认定其犯包庇毒品犯罪分子罪事实不清、证据不足，不应没收其个人合法财产。

答辩要点：行为人系酒店聘用的实际管理者，其明知酒店内有毒品犯罪活动，仍为之通风报信，提供便利和庇护，在共同犯罪中起主要作用，是主犯，其犯罪所得应当予以没收。

[参考案例：（2015）穗中法刑一终字第74号]

5. 辩方提出：（1）行为人被指控犯制造毒品罪证据不充分，行为人的供述材料和签名存在一定疏忽和失真性；（2）本案证人即是本案同案犯又是利害关系人，在行为人是否帮忙清洗制毒工具的问题上，其证词并不具备客观性、真实性和关联性，证人的供述不能采信而且是孤证，除此之外，没有其他证据证实行为人犯制造毒品罪；（3）行为人在案中的行为和作用应更符合包庇毒品犯罪分子罪的特征。

答辩要点：第一，公安机关对行为人所作讯问笔录符合法定程序，在讯问之前已经明确告知有关的诉讼权利和义务，在讯问过程中，行为人能明确回答制毒事件、工具、步骤及其提供的帮助行为，由此可见，公安人员所讯问的内容是明确的，而行为人也是在明确问题内容的情况下所作出的回答，回答的内容与所问问题贴切，不存在答非所问的情况，故也不存在辩护人所认为的其供述材料和签名存在一定疏忽和失真性的情况；第二，同案人（证人）虽与行为人存在一定的利害关系，但不能因为有利害关系而否定其供述的客观性、真实性和关联性，同案犯的供述能否采信应考查其与其他证据能否相互印证，本案中，第一，同案犯供述能与行为人供述相互吻合，也能与现场勘查所发现的大量毒品、制毒原材料、制毒和吸毒工具的情况相互印证，故原同案犯所作的供述客观真实，足以采信，而上述证据之间已经形成一个完整的证据链，足以证实行为人制造毒品的犯罪事实；第三，本案中，行为人如实供述了另一制造毒品犯罪嫌疑人，不存在包庇制造毒品犯罪嫌疑人的情况，而且案发现场为制毒现场，也不存在窝藏、转移、隐瞒毒品或者犯罪所得的财物的情况，也没有证据证实行为人实施了上述行为，故行为人的行为不符合包庇毒品犯罪分子罪的构成要件。

[参考案例：（2011）深中法刑一终字第521号]

6. 辩方提出：行为人只是帮助他人开车，并不知道车上运输的是毒品，在帮助开车时，只是知道此人被公安追捕，但并不知道是因毒品犯罪被追捕，其主观上不具备包庇毒品犯罪分子的故意，也不存在帮助转移罪证的主观故意。

答辩要点：根据行为人、同案犯的供述和证人证言能够认定行为人与犯罪嫌疑人在毒品犯罪被监禁期间认识，释放后两人进行了多次毒品交易，证明行为人对此人是毒品犯罪分子是明知的，对其从事毒品犯罪是有确切的认知。在犯罪嫌疑人打电话告知其公安在抓人但没有抓到的情况下，仍按照犯罪嫌疑人的要求将运输毒品的车辆开走，帮助犯罪嫌疑人逃避抓捕，该行为构成包庇毒品犯罪分子罪。

[**参考案例**：（2017）粤刑终1400号]

7. 辩方提出：（1）行为人并不知道他人放在其家里的是毒品，即使知道是毒品而同意放在家中，该行为应当构成包庇毒品犯罪分子罪；（2）侦查机关在侦查阶段刑讯逼供。

答辩要点：非法持有毒品罪是指明知是毒品而非法持有，数量较大的行为，侵犯的客体是国家对毒品的管理制度，犯罪对象是毒品。而包庇毒品犯罪分子罪是指明知是走私、贩卖、运输、制造毒品的犯罪分子，而向司法机关作假证明掩盖其罪行或者帮助其毁灭罪证，使其逃避法律制裁的行为，其侵犯的客体是司法机关的正常活动，犯罪对象是走私、贩卖、运输、制造毒品的犯罪分子。本案中，第一，行为人同意为他人收藏150克毒品，并由其将毒品分别放在卧室和卫生间的事实，行为符合非法持有毒品罪的构成要件（如果主观目的是为了帮助毒品犯罪分子逃避处罚，符合窝藏毒品罪的构成要件）；第二，对于刑讯逼供，本案在押人员健康档案表明行为人身体状况无异常，同监室的证人证言、审讯光盘对此予以佐证。

[**参考案例**：（2017）辽04刑终335号]

8. 辩方提出：行为人只是帮朋友保管毒品，并不是毒品的拥有者，不能对毒品进行贩卖、消费，构成窝藏、转移毒品罪，不构成非法持有毒品罪。

答辩要点：窝藏、转移毒品罪的客观方面要求行为人窝藏的毒品必须是行为人本人以外的其他毒品犯罪分子的毒品。窝藏、转移毒品罪的主观方面要求行为人为包庇走私、贩卖、运输、制造毒品的犯罪分子而窝藏、转移毒品，意图使其逃避法律制裁。

非法持有毒品罪的主观方面则只是一般的明知自己是在实施非法持有毒品的行为。非法持有毒品罪的立法目的在于对那些当场查获非法持有数量较大的毒品，在无法查明行为人非法持有主观故意的前提下予以定罪量刑。本案行为人系应他人之要求，妥善保管他人所持有的毒品，行为人对该毒品无处分权，也确实未消费，其所窝藏的毒品是行为人本人以外的其他毒品犯罪分子的毒品，其主观方面有明确的为包庇其他毒品犯罪分子而窝藏、转移毒品的故意，不符合非法持有毒品罪的主观标准。

[**参考案例:**（2015）衡中法刑二终字第77号]

9. 辩方提出： 行为人构成非法持有毒品罪还是转移毒品罪存在争议。

答辩要点： 非法持有毒品罪无论是主观上还是客观上均要求行为人对毒品达到控制与支配的程度。本案行为人应他人的要求，将毒品转移至他人指定的地点，在转移毒品过程中存在对毒品一定时间内的支配和控制，但并不意味着其对该批毒品享有实际上的支配和控制权限。故其客观行为应认定为实施了转移毒品行为，主观上有接受他人安排为他人转移毒品的故意，其行为应定性为转移毒品罪，该定性符合主客观相一致的原则。

[**参考案例:**（2017）粤18刑终308号]

四、走私制毒物品罪、非法买卖制毒物品罪

1. 辩方提出：（1）本案没有查获到全部毒品实物，不能证明行为人生产的制毒物品数量为232.464吨；（2）判决采信的多份证据中存在非法证据，应当予以排除。本案多份笔录中存在只有一名讯问人的情形，侦查人员同时间段同时讯问两名证人或者犯罪嫌疑人；（3）本案犯罪事实始发于2015年7月，在《刑法修正案（九）》实施之前，且《刑法修正案（九）》关于"非法生产、买卖、运输制毒物品罪"的量刑明显重于修订前1997年《刑法》第350条"非法买卖制毒物品罪"的量刑，根据刑法确定的"从旧兼从轻"的原则，本案应当适用1997年《刑法》，不适用《刑法修正案（九）》，应以"非法买卖制毒物品罪"罪名定罪。一审判决适用2016年4月11日起施行的《最高人民法院关于审理毒品犯罪适用法律若干问题的解释》是错误的。

答辩要点： 第一，本案虽没有查获全部制毒物品，但查获的已销售和未销售的涉案物品均检出溴代苯丙酮成分，行为人及其他行为人亦未否认，综合全案证据对制毒物品数量可以认定；第二，本案相关笔录在制作过程中有不规范行为，但公安机关已经予以补正或作出合理解释，可以采用；第三，本案发生于《刑法修正案（九）》施行前，持续至《刑法修正案（九）》施行后，行为人生产、买卖、运输制毒物品处于连续或持续状态。在《刑法修正案（九）》施行（2015年11月1日）前上诉人共生产、买卖、运输制毒物品121吨，在《刑法修正案（九）》施行（2015年11月1日）后行为人共生产、买卖、运输制毒物品111.464吨。根据从旧兼从轻的原则，对行为人2015年11月1日以前的生

产、买卖、运输制毒物品的行为,应当依照修改前《刑法》以买卖、运输制毒物品罪定罪处罚;对行为人 2015 年 11 月 1 日以后的生产、买卖、运输制毒物品行为,应当依照修改后《刑法》以生产、买卖、运输制毒物品罪定罪处罚。行为人构成生产、买卖、运输制毒物品罪一罪,犯罪数量为 232.464 吨。

[参考案例:(2017)鄂 06 刑终 257 号]

2. 辩方提出: 行为人长期在外打工,因回家修老宅临时受雇到涉案场地从事生产除草剂的工作,时间仅十余天,主观上对生产和转移的物品系制毒物品并不认知,与同案人之间并无制造制毒物品的共同的犯罪故意,故其行为不构成非法生产制毒物品罪的共同犯罪。

答辩要点: 生产工厂处于隐秘地带、生产车间工人集中管理、生产时散发的刺鼻气味等都是显而易见的,行为人一直参与生产,在接到老板转移产品的通知时,其积极配合,在转移途中遇公安人员时,弃车逃跑,因此虽然没有证据证明其主观上有制造制毒物品的共同犯罪故意,但客观上其对他人开办工厂生产制毒物品是心知肚明的,但仍帮助实施,属于共同犯罪的帮助犯。

[参考案例:(2017)赣 02 刑终 144 号]

3. 辩方提出:(1)行为人系外国人,其不知道生产的是制毒物品,请求对其作出无罪判决;(2)本案制毒物品鉴定意见没有阿拉伯语译文,在给行为人送达鉴定意见时没有翻译人员在场翻译,且送达鉴定意见通知书上没有翻译人员签名,故申请对本案所有的鉴定意见作为非法证据予以排除。

答辩要点: 第一,行为人明知要生产的物品在中国禁止买卖,仍委托他人了解制毒物品的信息并约定生产事宜,在生产 80 桶含有 a-氰基苯丙酮(3-氧-2-苯基丁腈)成分的制毒物品后,采取虚假包装和虚假报关的方式逃避检查,将制毒物品销往黎巴嫩,此事实有同案犯供述及鉴定意见证明,其本人也有相关供述,足以证明其主观上明知系中华人民共和国管制的物品,仍在中华人民共和国境内隐秘生产、买卖、运输含有 a-氰基苯丙酮(3-氧-2-苯基丁腈)成分的制毒物品,并销往境外,其行为符合生产、运输、买卖、走私制毒物品罪的构成要件;第二,公安机关向行为人送达鉴定意见,在翻译人员全程见证和翻译下,向行为人宣读并出具了制毒物品鉴定意见的内容,并由行为人亲自签名确认文书的内容,对此过程公安机关制作了全程录音录像;在一审开庭举证阶段,公诉机关当庭宣读了制毒物品的鉴定意见,到庭的翻译人员也当庭向行为人翻译了鉴定意见的内容;即在侦查阶段和一审审理阶段,都有翻译人员向行为人宣读翻译制毒物品的鉴定意见。因此针对制毒物品鉴定意见无翻译文本、送达鉴定意见通知书上无翻译人员签名的情况,公安机关出具的情况说明与实际相符。公安机关在向行为人告知、送达鉴定意见时没有影响到行为人的知情权、申请提供翻译等实质权利，不属于"可能严重影响司法公正"的情形。

[**参考案例**：（2017）湘 31 刑终 208 号]

4. 辩方提出：行为人的行为不构成生产、买卖制毒物品罪，是买卖制毒物品的预备行为，应当减轻处罚。

答辩要点：犯罪预备是指为犯罪准备工具、制造条件的行为；犯罪未遂是指已经着手实施犯罪，由于犯罪分子意志以外的原因而未得逞的犯罪形态。是否"着手"实施犯罪，即是否开始实施《刑法》分则条文规定的某种犯罪行为，是犯罪预备与犯罪未遂区别的根本标志。犯罪预备是"准备实行犯罪"，遭到意志以外的原因的阻止，未能开始实施犯罪。而犯罪未遂是"已经着手实施犯罪"，由于遭到意志以外的原因没有既遂。本案行为人为谋取暴利而筹备建造厂、安装设备、购买原料、试生产、进行预售，其目的就是生产溴代苯丙酮后出售，其犯罪行为从筹建工厂一直到被公安机关查获从未停止，是已经着手实施生产、买卖制毒物品，只是由于意志以外的原因而没能生产出成品，故其辩解不成立。

[**参考案例**：（2017）内 04 刑终第 20 号]

五、非法种植毒品原植物罪

1. 辩方提出：（1）行为人对罂粟系国家禁止种植的植物主观不明知；（2）检察机关在庭审中补充的证据依法不能作为本案定案依据；（3）村干部不具有侦查权，其清点毒品原植物数量和所作证言违背了《刑事诉讼法》规定，不能作为证据采用。

答辩要点：第一，结合行为人工作、生活履历来看，行为人原在部队曾担任卫生员，后又从事近十年村医，故对药物的辨识能力应强于常人，且本案证人证实行为人被查处时对种植罂粟的非法性系明知，故行为人称不明知罂粟系毒品的上诉理由不能成立，不予采信；第二，本案一审法院在审理过程中从简易程序转为普通程序，原公诉机关对证据重新出示的行为符合法律规定，依法可以作为定案依据；第三，根据《刑事诉讼法》第 52 条关于"必须保证一切与案件有关或者了解案情的公民，有客观地充分地提供证据的条件，除特殊情况外，可以吸收他们协助调查"的规定，村干部协调公安机关侦查工作符合法律规定。

[**参考案例**：（2016）黔 06 刑终 32 号]

2. 辩方提出：鉴定意见只是抽检不能证明上诉人种植的 1690 株植物全部为

罂粟；及审出院对上诉人量刑过重，应适用缓刑。

答辩要点：由于本案被检物为同种物品，采取抽检符合法定程序，此外本案证据有现场勘验笔录、提取笔录、计量笔录、扣押物品清单、鉴定意见、证人证言、上诉人原供述等证据相互印证，足以证实陈某某非法种植毒品原植物罂粟的数量为1690株，故此上诉理由及辩护意见不成立；非法种植毒品原植物罂粟共计1690株，依法应处五年以下有期徒刑、拘役或者管制，原审法院鉴于其归案后如实供述自己的罪行，已对其从轻处罚的量刑并无不当，故此上诉理由及辩护意见不成立。

[**参考案例**：(2015)黔六中刑三终字第00117号]

3. 辩方提出：本案案卷材料没有反映出鉴定机构及鉴定人员有鉴定资质，该鉴定意见不能被采用，因此鉴定对象是不是罂粟植株也无法认定；罂粟的株数在以100株为一组时，未准确计数，因此认定罂粟植株数量错误；在侦查人员达到疑似种植罂粟苗现场时行为人已开始自动铲除，依法应从轻处罚。

答辩要点：本案中国科学院昆明植物研究所标本馆出具的《植物鉴定证明》的性质是检验报告，出具该检验报告的两名专业人员具有相关资质，该检验报告可作为本案的参考，《植物鉴定证明》证实的内容与行为人承认其种植的是罂粟苗的供述能相互印证，能认定行为人非法种植的就是罂粟；侦查人员在到达疑似非法种植罂粟的现场时，要求行为人在现场目睹侦查人员以每100株为一组数罂粟株数的过程，铲除罂粟结束时侦查人员又要求行为人对21组及47株罂粟苗进行清点，行为人进行了清点并在相关笔录上签字确认，如果行为人对罂粟株数有异议，应当场提出，即使当场未提出，也可在相关笔录签字时拒绝签字；行为人当庭供述"已开始自动铲除"的情况与在案其他证据不能相互印证，应不予采纳。

[**参考案例**：(2017)川04刑终56号]

4. 辩方提出：行为人自动拔除罂粟，系自动放弃犯罪，预防犯罪结果发生，是犯罪中止，依法应减轻处罚。

答辩要点：犯罪中止指犯罪分子在实施犯罪过程中，自动放弃犯罪或者自动有效地防止犯罪结果的发生的行为。本案行为人在公安机关对其进行传唤后，出于减轻罪责的目的对种植罂粟进行拔除，并非行为人本人主动自愿对所种植罂粟自动铲除，行为人该行为不符合犯罪中止的规定，辩护理由不能成立，不予采纳。

[**参考案例**：(2017)陕04刑终177号]

5. 辩方提出：(1)公安机关对死亡、自动铲除的植株计算在内是错误的，现场勘查和清点不科学，未根据种植的行距、窝距清点，只是估计，上诉人未到场指认、确认，清点过程无见证人。(2)罂粟果和罂粟浆不是毒品。本案没有毒品，只有罂粟果和罂粟浆，行为人没有非法持有毒品的故意，只知道收获的是罂粟浆和罂粟果，不明知是毒品，行为人只有种植、收获行为，触犯两个罪名，是牵连犯，应按照较重罪名处罚，而非数罪并罚，故不构成非法持有毒品罪。（3）本案程序违法，在公安侦查阶段和一审庭审审理阶段均未切实保障行为人翻译权利，《权利义务告知书》未告知享有翻译的权利，在公安人员对行为人制作笔录时翻译人员既是审讯人员又是记录人员，且行为人无法听懂讯问人员所翻译的内容，在侦查阶段和一审时要求换翻译未果，所作笔录不能采信。

答辩要点： 第一，本案侦查机关对案发现场进行勘查，整个过程有见证人见证，对各地块种植的罂粟株数进行清点和销毁，整个过程由政府工作人员 2 名进行监督。各行为人在公安机关进行现勘时均未归案，客观上不能在清点现场，且各行为人清点时不在现场，并不影响对清点株数的认定。行为人陆续归案后，部分行为人和同案参与人对地块进行指认，可以确定种植的罂粟的地块，现场勘查、清点、指认程序合法，指认笔录和各上诉人供述笔录所指各自参与种植地块和所知的其他参与人参与种植的地块相互印证，结合现勘清点的各地块株数，据此认定各自参与种植株数，符合法律规定。第二，收割罂粟乳汁后即非法持有该毒品的行为系行为人实施的非法种植毒品原植物行为的当然发展结果，非法持有毒品的行为被非法种植毒品原植物行为所吸收，本案只构成非法种植毒品原植物罪。第三，为保障行为人使用本民族语言进行诉讼的权利，在本案侦查和一审审理阶段，侦查机关、法院经征询原审行为人意见，均为其配备彝语翻译人员并顺畅进行讯问和审理，侦查人员虽系翻译，但不属于 2012 年《刑事诉讼法》第 253 条第（四）项 "其他违反法律规定的诉讼程序，可能影响公正审判的" 应当裁定撤销原判，发回原审人民法院重新审判的情形，故辩护人该辩解意见不能成立。

[**参考案例：**（2014）乐刑终字第 30 号]

6. 辩方提出： 以行为人所供述的行距和株距作为其在 2013 年、2014 年所种的罂粟株数的计算依据不合理；原审法院将自 2013 年至 2015 年 3 年的罂粟株数累积计算作为对行为人的量刑依据不合法。

答辩要点： 行为人自 2013 年至 2015 年连续 3 年种植 1119.5 ㎡罂粟，3 年的罂粟均割取津液，罂粟植株均已灭失，原审法院根据相互印证的证据及有利于行为人的原则，计算并认定行为人每年种植的罂粟株数，由于行为人 3 年种植行为并未被处罚过，故将 3 年种植的罂粟的累计数额作为对行为人所犯罪行的量刑依据符合法律规定。

[**参考案例：**（2017）内 07 刑终 30 号]

7. 辩方提出： 本案搜查笔录由侦查机关制作，制作笔录人未参与搜查，搜查笔录与清点笔录时间有矛盾，且见证人也是后来补签，该清点铲除笔录存在违法且不能排除合理怀疑，不能作为定案的依据，即不能作为认定行为人种植毒品原植物数量的依据，应以行为人供述的 800 株定罪量刑。

答辩要点：公安机关在清点铲除笔录由一人代签上有一定的瑕疵，原始记录也未入卷，但公安民警及见证人出庭对清点方式、铲除方式的具体过程作出了详细解释，能够证明行为人种植的毒品原植物 3806 株。以上证据相互间具有证明同一事实的关联性，并未损害行为人的合法权益，并不影响证据的合法性和真实性且能排除合理怀疑。根据最高人民法院《关于适用〈中华人民共和国刑事诉讼法〉的解释》第 73 条规定，物证、书证的收集程序、方式有瑕疵，经补正或者作出合理解释的，可以采用。因此该证据予以确认，对辩护人的主张依法不予支持。

[参考案例：（2014）张刑终字第 19 号]

8. 辩方提出：(1) 公安机关没有按照规范程序在 2017 年 2 月 16 日销毁 5030 株疑似毒品原植物罂粟前，从中随机提取样品检材；(2) 同年 2 月 24 日在烧毁现场提取的 16 株相对完整的疑似毒品原植物罂粟没有在现场进行封存，且时隔 8 天，未派专人保护现场，不排除有他人将罂粟植株丢在销毁现场的可能性，因此不能保证从中提出的 16 株疑似毒品原植物罂粟是从被告种植 5030 株疑似毒品原植物罂粟中提取的；(3) 本案鉴定人农业局不具有司法鉴定资质，其聘请的 3 名高级农艺师不具有司法鉴定资格，且鉴定人员没有看到、接触到实物，而是通过观看录像资料和照片进行鉴定，程序不合法。

答辩要点：第一，本案是在群众明确举报行为人种植罂粟的情况下，公安民警赶到行为人家，行为人对其非法种植毒品原植物罂粟的事实作了供述并带领民警到其种植罂粟的现场作了指认，民警根据其指认作了现场勘验、辨认笔录，行为人对现场查获的毒品原植物及铲除、清点、销毁的情况分别作了确认，其丈夫及其他证人也对行为人非法种植罂粟的事实及现场查获情况作了相应的证实，该案的证据能够形成一个完整的证据链，共同指向行为人非法种植毒品原植物罂粟 5030 株这一客观事实。第二，本案送检检材系视频资料，而不是实物，鉴定意见确实存在瑕疵。但罂粟原植物作为植物的一种，其鉴定方法有别于其他类别的毒品鉴定方法，通过其外形、根、茎、叶、花、果、种子等方面是可以作出鉴定的，且该鉴定意见只是众多证据中的一种，不能把它割离开来看，更不能因为一点瑕疵就全盘否认其证据的效力，因此，行为人的辩解与查明的事实及法律规定不符，不能成立。

[参考案例：（2017）云 06 刑终 343 号]

9. 辩方提出：种植大麻的总株数应减除 1/2 的雄性大麻株数，种植总面积也应减除 1/2，因为只有雌性大麻才能制造毒品，雌雄株比例一般为 1∶1。

答辩要点： 根据本案鉴定报告中华人民共和国公安部公物证鉴字（2016）4701 号、4693 号、4694 号、4695 号物证检验报告证实，行为人在两地种植的疑似毒品原植物大麻植株均检出雌性大麻异性 DNA 片段，并未检出雄性大麻 DNA 片段，不能证实该两处地块存在雄性大麻植株，且计算大麻种植数量需减除雄性植株数量的辩解没有法律依据，故行为人的辩解没有事实及法律依据。

[**参考案例：** （2017）冀 09 刑终 318 号]

六、容留他人吸毒罪

1. 辩方提出： 被告人虽在侦查阶段作有罪供述，但现有证据不足以证实其构成容留他人吸毒罪。

答辩要点： 2012 年《刑事诉讼法》第 55 条规定：对一切案件的判处都要重证据，重调查研究，不轻信口供。只有被告人供述，没有其他证据的，不能认定被告人有罪和处以刑罚；没有被告人供述，证据确实、充分的，可以认定被告人有罪和处以刑罚。

证据确实、充分，应当符合以下条件：(1) 定罪量刑的事实都有证据证明；(2) 据以定案的证据均经法定程序查证属实；(3) 综合全案证据，对所认定事实已排除合理怀疑。

本案中，首先，被告人在公安机关的供述程序合法，内容客观真实，且进行了同步录音录像，被告人在侦查阶段的有罪供述应予以采信。其次，被告人容留他人吸毒的事实有被容留人员的证言以及被告人在侦查阶段的供述予以证实，证言与供述之间相互吻合，且又有相关辨认笔录、鉴定意见、物证以及相关证人证言等间接证据亦予以印证，足以认定被告人构成容留他人吸毒罪。

[**参考案例：** （2015）潍刑一终字第 186 号]

2. 辩方提出： 被告人主观上没有容留他人吸毒的故意，客观上采取了一定禁毒措施，故对他人容留吸毒的行为不承担刑事责任。

答辩要点： 《中华人民共和国禁毒法》第 27 条规定：娱乐场所应当建立巡查制度，发现娱乐场所内有毒品违法犯罪活动的，应当立即向公安机关报告。《中华人民共和国禁毒法》第 65 条规定：娱乐场所及其从业人员实施毒品违法犯罪行为，或者为进入娱乐场所的人员实施毒品违法犯罪行为提供条件，构成犯罪的，依法追究刑事责任；尚不构成犯罪的，依照有关法律、行政法规的规定给予处罚。娱乐场所经营管理人员明知场所内发生聚众吸食、注射毒品或者贩毒活动，不向公安机关报告的，依照前款的规定给予处罚。根据上述规定，对于娱乐场所经营管理人员发现娱乐场所内有聚众吸食、注射毒品或者贩卖毒品等违法犯罪活动的，具有立即向公安机关报告的法定义务。

《刑法》第14条关于故意犯罪的规定如下：明知自己的行为会发生危害社会的结果，并且希望或者放任这种结果发生，因而构成犯罪的，是故意犯罪。故意犯罪，应当负刑事责任。根据上述规定，故意犯罪包括直接故意与间接故意两种形态，其中，希望并积极追求危害结果发生的为直接故意；对危害结果的发生持放任态度的为间接故意。无论是直接故意还是间接故意，构成犯罪的，均应承担刑事责任。

本案中，被告人明知有吸毒人员在其经营管理场所吸食毒品，未按照《中华人民共和国禁毒法》的规定向公安机关及时报告，虽采取了一定管理措施，但其态度和行为均不坚决，主观上对他人吸食毒品持放任态度；被告人本可以禁止他人在其经营管理场所吸食毒品，但出于利益上的考虑，没有采取有效措施坚决制止或向公安机关及时报告，其放任的态度间接地促进了容留他人吸毒的行为，其应当对容留他人吸毒行为承担刑事责任。

[**参考案例**：（2005）穗中法刑一终字第464号]

3. 辩方提出：被告人从未邀约他人吸毒，而是他人主动找其吸毒，其行为不构成容留他人吸毒罪。

答辩要点：根据《刑法》第354条规定，容留他人吸毒罪是指为他人吸食、注射毒品提供场所的行为，既可以是行为人主动提供，也可以是行为人应吸毒人员的要求提供或吸毒人员主动找来时被动提供场所。

本案中，被告人明知他人吸食毒品仍然提供场所，主观上具有容留他人吸毒的直接故意，客观上实施了多次容留他人吸毒的行为，其行为已构成容留他人吸毒罪。至于是否被告人主动邀约吸毒人员前来吸毒不影响其犯罪行为的成立，故该辩护意见不成立。

[**参考案例**：（2018）川07刑终28号]

4. 辩方提出：被容留吸毒人员与被告人系同居关系，认定被告人容留吸毒事实不当。

答辩要点：容留他人吸毒罪客观方面表现为行为人为他人吸毒提供吸毒场所的行为。提供的吸毒场所系由行为人管理和控制，对于被容留的吸毒人员而言，则无权利支配和管控。同时，对于吸毒场所管控力的拥有者可以是多人，多人对该场所的管控权可以并存。

本案中，经查，吸毒人员张某某所作证言与被告人供述内容一致，均证实被告人与张某某于2012年10月相识，后两人确立恋爱关系，2013年3月两人同居，共同居住在被告人父亲位于青岛市市北区××路××号××小区的房屋内。被告人对上述房屋具有管控权毋庸置疑,结合上文分析,对某一场所管控权的拥有者可以是多人,那么,本案中,截至案发 2013 年 11 月,张某某基于和被告人的恋人关系,已和被告人形成了较为稳定、持续的同居关系,张某某虽对上述房屋没有处分权限,但我们认为对该房屋也是具有一定的管控力的(偶尔同居是否具有管控力实践存在争议),故张某某在该房屋内吸食毒品并不能认定是被告人给其提供场所即容留其吸食毒品行为。

[参考案例:(2014)青刑一终字第 139 号]

5.辩方提出:被告人容留不同人员吸毒的行为发生在同一天,应当合并认定为一次,不能认定为多次。

答辩要点:根据最高人民法院《关于审理毒品犯罪案件适用法律若干问题的解释》第 12 条第 1 款第(二)项的规定,"二年内多次容留他人吸食、注射毒品的,应当以容留他人吸毒罪定罪处罚。"可见,容留他人吸毒的次数是判断行为人是否构成容留他人吸毒罪的一个重要情节,对于容留次数的认定,直接关系着行为人构罪与否和量刑轻重。

关于"多次"的认定,最高人民法院《关于审理抢劫、抢夺刑事案件适用法律若干问题的意见》规定,"对于行为人基于一个犯意实施犯罪的,如在同一地点同时对在场的多人实施抢劫的;或基于同一犯意在同一地点实施连续抢劫犯罪的,如在同一地点连续地对途经此地的多人进行抢劫的;或在一次犯罪中对一栋居民楼房中的几户居民连续实施入户抢劫的,一般应认定为一次犯罪。"

6.辩方提出:被告人只是免费邀请他人共同吸食毒品,主观上并无任何牟利,不构成容留他人吸毒罪。

答辩要点:根据《刑法》第 354 条规定,容留他人吸毒罪是指为他人吸食、注射毒品提供场所的行为,其主观上并未要求行为人具有牟利的目的,行为人既可以是有偿提供场所,也可以是无偿提供。

本案中,被告人在旅馆开房提供场所,并免费提供毒品,同时邀请多名吸毒人员共同吸食,其行为符合最高人民法院《关于审理毒品犯罪案件适用法律若干问题的解释》第 12 条第 1 款第(一)项"一次容留多人吸食毒品"的规定,其行为构成容留他人吸毒罪。

[参考案例:(2013)永中法刑一终字第 87 号]

7.辩方提出:被告人与他人共同租住涉案房屋,容留他人吸毒系共同犯罪,被告人起次要作用,系从犯,对其减轻处罚。

答辩要点:《刑法》第 25 条关于共同犯罪规定如下:共同犯罪是指二人以上共同故意犯罪。按照传统刑法理论,构成共同犯罪必须二人以上具有共同的犯罪故意,具有共同的犯罪行为,各行为人的行为都指向同一犯罪,相互联系,相互配合，形成一个统一的犯罪活动整体。

本案中，经房屋出租人及相关证人证言证实，涉案房屋系被告人单独租住，辩方提出的被告人与他人共同承租涉案房屋与查明的事实不符，且被告人与他人也无容留他人吸毒的犯意联络，无共同犯罪故意，无共同犯罪行为，故不能认定被告人与他人系共同犯罪。

[**参考案例：**（2013）百刑终字第239号]

8. 辩方提出：被告人犯前罪时系未成年人，其不构成累犯。

答辩要点：根据《刑法》第65条、第66条规定，累犯分为一般累犯和特殊累犯。第65条关于一般累犯规定如下：被判处有期徒刑以上刑罚的犯罪分子，刑罚执行完毕或者赦免以后，在5年以内再犯应当判处有期徒刑以上刑罚之罪的，是累犯，应当从重处罚，但是过失犯罪和不满十八周岁的人犯罪的除外；第66条关于特殊累犯规定如下：危害国家安全犯罪、恐怖活动犯罪、黑社会性质的组织犯罪的犯罪分子，在刑罚执行完毕或者赦免以后，在任何时候再犯上述任一类罪的，都以累犯论处。

根据上述规定，对于一般累犯的成立必须满足以下条件[①]：第一，前罪和后罪都必须是故意犯罪，若前后两罪或是其中一罪是过失犯罪，则不成立累犯；第二，实施前罪和后罪时都必须年满18周岁，即犯后罪时不满18周岁的，不能认定为累犯，同样，犯前罪时不满18周岁，犯后罪已满18周岁的，也不得认定为累犯；第三，前罪被判处有期徒刑以上刑罚，后罪是应当判处有期徒刑以上刑罚。其中，前罪被判处有期徒刑以上刑罚是指法院最后确定的宣告刑为有期徒刑以上刑罚。后罪应当判处有期徒刑以上刑罚，是指根据后罪的犯罪事实和情节，应当判处有期徒刑以上刑罚；第四，后罪发生的时间，必须在前罪所判处刑罚执行完毕或者赦免以后的5年以内。对于特殊累犯的成立需满足以下条件：第一，前罪和后罪都必须是危害国家安全、恐怖活动、黑社会性质的组织犯罪；第二，必须是在刑罚执行完毕或者赦免以后再犯罪。至于前后两罪所判处的刑罚种类以及前后两罪相隔时间，都不影响特殊累犯的成立。

本案中，首先，被告人所犯罪行不属于危害国家安全犯罪、恐怖活动犯罪以及黑社会性质的组织犯罪范畴，因此不成立特殊累犯。其次，根据被告人所犯前罪的刑事判决书和被告人的户籍资料等证据予以证实，被告人犯前罪时系未满18周岁的未成年人，其虽在前罪所判有期徒刑刑罚执行完毕后5年内再犯应当判处有期徒刑以上刑罚之罪，但根据上述一般累犯的相关规定，本案也不

---

① 张明楷：《刑法学》（第5版），法律出版社2016年版，第558-561页。

符合一般累犯的成立条件。综上，本案被告人依法不构成累犯。

[**参考案例**：（2015）宁刑终字第315号]

9. 辩方提出：被告人的行为构成自首，应对其从轻或减轻处罚。

答辩要点：《刑法》第67条关于自首的规定如下：犯罪以后自动投案，如实供述自己的罪行的，是自首。对于自首的犯罪分子，可以从轻或者减轻处罚。最高人民法院《关于处理自首和立功具体应用法律若干问题的解释》规定：自动投案，是指犯罪事实或者犯罪嫌疑人未被司法机关发觉，或者虽被发觉，但犯罪嫌疑人尚未受到讯问、未被采取强制措施时，主动、直接向公安机关、人民检察院或者人民法院投案；如实供述自己的罪行，是指犯罪嫌疑人自动投案后，如实交代自己的主要犯罪事实。最高人民法院《关于处理自首和立功若干具体问题的意见》规定：犯罪嫌疑人自动投案时虽然没有交代自己的主要犯罪事实，但在司法机关掌握其主要犯罪事实之前主动交代的，应认定为如实供述自己的罪行。根据上述规定，行为人构成自首需同时满足自动投案和如实供述自己罪行两个条件，两者缺一不可。

本案中，被告人是在公安机关已经掌握其主要犯罪事实的情况下自动投案，但由于其在归案后第一次接受讯问时未如实供述自己的主要犯罪事实，结合相关法律规定，其行为不符合自首条件，该辩护意见不成立。

[**参考案例**：（2017）闽01刑终1259号]

10. 辩方提出：被告人在强制隔离戒毒期间向公安机关交代容留他人吸毒的行为构成自首，应对其从轻或减轻处罚。

答辩要点：最高人民法院《关于处理自首和立功若干具体问题的意见》关于"自动投案"的具体认定规定如下：具有以下情形之一的，也应当视为自动投案：(1) 犯罪后主动报案，虽未表明自己是作案人，但没有逃离现场，在司法机关询问时交代自己罪行的；(2) 明知他人报案而在现场等待，抓捕时无拒捕行为，供认犯罪事实的；(3) 在司法机关未确定犯罪嫌疑人，尚在一般性排查询问时主动交代自己罪行的；(4) 因特定违法行为被采取劳动教养、行政拘留、司法拘留、强制隔离戒毒等行政、司法强制措施期间，主动向执行机关交代尚未被掌握的犯罪行为的；(5) 其他符合立法本意，应当视为自动投案的情形。

本案中，被告人杨某某因吸毒被采取强制隔离戒毒措施期间，公安机关在办理张某某涉嫌容留他人吸毒案件过程中，向作为该案证人的杨某某进行询问时，被告人杨某某主动交代了其3次容留他人吸毒的事实，而该犯罪事实尚未被公安机关掌握，故根据上述《意见》的规定，被告人杨某某属在强制隔离戒毒期间，主动向公安机关交代尚未被掌握的犯罪行为，应当视为自动投案。

[参考案例：（2017）晋01刑终887号]

11. 辩方提出：被告人在公安机关举报他人犯罪行为及提供他人联系方式，积极协助公安机关办案，应认定为立功。

答辩要点：《刑法》第68条关于立功的规定如下：犯罪分子有揭发他人犯罪行为，查证属实的，或者提供重要线索，从而得以侦破其他案件等立功表现的，可以从轻或者减轻处罚。

本案中，对于被告人举报揭发的他人犯罪行为及提供的他人联系方式，经公安机关侦查，无法查实被举报人的真实身份及地址，根据现有证据不能认定被告人有立功表现。

[参考案例：（2013）百刑终字第239号]

12. 辩方提出：被告人到案后有协助公安机关抓捕其他犯罪嫌疑人的立功表现，请求从轻处罚。

答辩要点：《刑法》第68条关于立功规定如下：犯罪分子有揭发他人犯罪行为，查证属实的，或者提供重要线索，从而得以侦破其他案件等立功表现的，可以从轻或者减轻处罚。根据上述规定，犯罪分子构成立功需揭发的是他人的犯罪行为。

本案中，被告人被公安机关抓获后，主动供述其他吸毒人员吸毒的事实，并协助公安机关通过电话联系到其他吸毒人员，使得公安机关顺利抓获其他吸毒人员并对其实施行政处罚。因本案中被抓获的系其他吸毒人员，其吸毒行为不构成犯罪，抓获的其他吸毒人员并非犯罪分子，故不能认定被告人具有立功表现。

[参考案例：（2016）渝02刑终365号]

13. 辩方提出：被告人协助公安机关抓获他人，属于重大立功。

答辩要点：《刑法》第68条关于立功的规定如下：犯罪分子有揭发他人犯罪行为，查证属实的，或者提供重要线索，从而得以侦破其他案件等立功表现的，可以从轻或者减轻处罚；有重大立功表现的，可以减轻或者免除处罚。根据最高人民法院《关于处理自首和立功具体应用法律若干问题的解释》第7条规定，犯罪分子有检举、揭发他人重大犯罪行为，经查证属实；提供侦破其他重大案件的重要线索，经查证属实；阻止他人重大犯罪活动；协助司法机关抓捕其他重大犯罪嫌疑人（包括同案犯）；对国家和社会有其他重大贡献等表现的，应当认定为有重大立功表现。前款所称"重大犯罪""重大案件""重大犯罪嫌疑人"的标准，一般是指犯罪嫌疑人、被告人可能被判处无期徒刑以上刑罚或者案件在本省、自治区、直辖市或者全国范围内有较大影响等情形。

本案中,被告人揭发他人贩卖毒品的犯罪事实,并协助公安机关将其抓获,具有立功表现,但并非构成重大立功。

[参考案例:(2015)石刑终字第122号]

14. 辩方提出:被告人不认识被容留的吸毒人员,且不是由被告人邀约,应酌定从轻处罚。

答辩要点:《刑法》第354条关于容留他人吸毒罪规定如下:容留他人吸食、注射毒品的,处3年以下有期徒刑、拘役或者管制,并处罚金。最高人民法院《关于审理毒品犯罪案件适用法律若干问题的解释》第12条第3款规定:容留近亲属吸食、注射毒品,情节显著轻微危害不大的,不作为犯罪处理;需要追究刑事责任的,可以酌情从宽处罚。

根据上述规定,构成容留他人吸毒罪并不要求行为人与被容留吸毒人员认识或由其邀约,一般情形下,被告人是否认识被容留吸毒人员,不能作为其从轻处罚的理由。除非根据上述解释的特殊规定,若被容留吸毒人员系被告人的近亲属,可酌情从宽处罚。

本案中,被告人与被容留吸毒人员不认识,不能作为对其从轻处罚的理由,该辩护意见不成立。

[参考案例:(2018)粤14刑终11号]

第六章 诈骗类犯罪庭审辩论攻防要点

一、诈骗类犯罪分类索引及犯罪基本构造

类型		罪名	法条
普通型		诈骗罪	第266条
特殊型	金融诈骗型	集资诈骗罪	第192条
		贷款诈骗罪	第193条
		票据诈骗罪、金融凭证诈骗罪	第194条
		信用证诈骗罪	第195条
		信用卡诈骗罪	第196条
		有价证券诈骗罪	第197条
		保险诈骗罪	第198条
	扰乱市场型	合同诈骗罪	第224条

1. 主观方面：必须具有非法占有的目的，即非法占有财物与财产性利益。非法占有财产性利益又包括非法取得财产性利益或者非法享受财产性利益。

2. 客观方面：行为人实施欺骗行为—对方陷入或者继续维持错误认识—对方基于认识错误处分（或交付）财产—行为人取得或者使第三者取得财产—被害人遭受财产损失。

二、诈骗罪

1. 辩方提出：行为人的行为不具有非法占有的目的，不构成诈骗犯罪。

答辩要点："非法占有为目的"不仅是诈骗罪的构成要素之一，更是区分诈骗罪与民事纠纷（欺诈）的根本界限。所谓非法占有为目的，是指以将公私财物非法转为自己或第三者不法所有为目的。"以非法占有为目的"应当主要从以下三个方面进行判断：（1）行为人事前有无归还能力，如行为人的资产负债情

况等;(2)行为人事中有无积极归还或者消极不归还行为或者表现,如行为人编造事实或者隐瞒真相拖延归还被害人的财产等;(3)行为人事后处分财物及对他人财产损失的态度,如行为人是否通过实施诈骗行为排除被害人对其财产的控制并将其财产转归行为人或第三人名下,是否将被害人的财物用于双方约定的用途,抑或是消费、还债等个人用途,是否具有转移财产、隐匿财产、拒不交代财物的真实去向等欲使被害人财物无法收回的行为等。

本案中,行为人以非法占有为目的,在身负巨额债务又无正常经营、因丧失偿还能力而被查封生产设备的情况下,仍以印刷厂资金周转为由骗取多名被害人借款,数额特别巨大,其行为构成诈骗罪。

[**参考案例**:](2017)浙01刑终224号]

2. 辩方提出:原判以2014年4月设备拍卖作为丧失偿还能力的依据,认定行为人诈骗财物的时间节点错误。

答辩要点:根据主客观相一致的原则,"以非法占有为目的"的认定必须坚持在客观基础上的主观判断,即在查明客观事实的前提下,根据一定的经验法则或者逻辑规则,推定行为人的主观目的。结合金融诈骗类犯罪的相关司法解释,并充分考虑诈骗罪与金融诈骗类犯罪的共性,我们认为,应当从行为人借款时有无归还能力,并结合行为人的资产负债情况、事后处分财物及对他人财物损失的态度等综合进行评价。司法实践中,非法占有目的的时间节点应当结合证据并综合考量上述事实的基础上认定的。

本案中,行为人在2012年9月仅涉案借款本金债务已近700万元,而其公司多年以来无正常生产经营,此时又因丧失偿还债务能力而在相关民事诉讼中被法院查封设备,之后以印刷厂资金周转为由大量借款,后期借款及偿还能力与实际生产经营状况已明显不符,足以认定具有非法占有款项之故意,因此,以2012年9月设备查封作为非法占有目的的时间节点有事实和证据支持。

[**参考案例**:(2017)浙01刑终224号]

3. 辩方提出:行为人准备成立新公司是事实,并无假借成立新公司之名骗取垫资款的故意,亦没有将取得垫资款据为己有,其行为不构成诈骗罪。

答辩要点:诈骗罪(既遂)的基本构造为行为人实施欺骗行为—对方(受骗者)产生(或继续维持)错误认识—对方基于错误认识处分财产—行为人或第三者取得财产—被害人遭受财产损害。一般而言,被害人基于错误认识处分财产的行为与行为人或第三者取得财产的结果同时发生,两者之间不仅具有时间上的先后性,而且具有逻辑上的相斥性——处分意味着未取得,取得意味着已处分。一般认为,根据处分对象的不同,取得财产的判断标准亦有所区别。就财物而言,取得财产的最低限度是取得财物的占有,占有的取得当然不具有法律的效力，只是一种事实上的支配、控制；就财产性利益而言，取得财产意味着行为人或第三者获得（或享用）了财产性利益，存款债权便属于后者。

在本案中，行为对象具有财物与财产性利益的交叉属性：被害人基于错误认识，将垫资款项打入行为人的个人银行账户，但为预防不测，被害人始终实际掌控着打入垫资款项的银行卡和用于开卡的身份证，行为人实质上并不能处置该垫资款项，反而是被害人可以利用银行卡、用于开卡的身份证和自己的身份证等实际处置该笔款项，因此该笔款项的实际占有者仍为被害人，行为人只是名义占有者，但其并无实质处分权。此时，并不能认定行为人已经取得了财产。行为人为了实现其实际处置该笔款项的目的，借助了国家公权力即法院强制执行措施，意图根据《民事诉讼法》第242条的规定，由法院通过执行措施将被害人的钱款扣划给执行申请人，只有当法院通过强制执行措施将该钱款扣划给执行申请人，行为人才实际取得了被害人的财产。人民法院基于公权力将涉案财物予以扣押、冻结时，财产已经超出被害人和行为人的占有范畴，在名义上的占有人和私法上的实际占有人之间，又加入了公法上的占有人，且后者权力明显强于前两者权利。此时，作为实际占有人的被害人丧失了对财物的占有，但是失去占有并不意味着损害的发生，也不意味着犯罪的既遂。

本案中，人民法院根据执行申请人的申请，对于被申请执行人的银行款项既可以冻结，也可以划拨，不论哪一种方式，其结果均会导致涉案财产脱离被害人和行为人的控制，但并不意味着被害人必然遭受财产损害。而本案中，法院只是冻结相应款项，涉案财物尚处于国家公权力控制之下，被害人只是暂时失去了处分权，并未实际遭受财产损害。被害人得知款项被冻结后立即报案，相关法院并未将已冻结的款项发放给申请执行人，也未进行其他处理，因此，行为人的诈骗行为处于未完成状态，属于因案发等意志以外的因素未完成，系未遂。

综上，行为人在明知无力偿还巨额债务的情况下，意图通过虚构注册公司的事实骗取他人垫付资金以偿还债务，当其无法实际占有涉案财产时，又假借国家公权力强制执行相应财产，以达到诈骗资金偿还债务的非法目的，其行为已构成诈骗罪（未遂）。

[参考案例：《刑事审判参考》总第102集第1065号]

4. 辩方提出：行为人向被害人借款后长期支付高额利息，且其向被害人借款时有房产和一百余万元的债权，具有还款能力，其没有将所借款项用于非法用途及挥霍，不构成诈骗罪。

答辩要点："以非法占有为目的"不仅是诈骗罪的构成要素之一，更是区分诈骗罪与民事纠纷（欺诈）的根本界限。根据《刑法》总则关于故意犯罪的一般规定以及诈骗罪的客观要素，诈骗罪的故意内容应为：明知自己的诈骗行为会发生侵害公私财产的危害结果，并且希望或者放任这种结果的发生，即诈骗罪的故意是认识因素和意志因素的统一。同时要坚持在客观基础上的主观判断，即在查明客观事实的前提下，根据一定的经验法则或者逻辑规则，推定行为人的主观目的，即是否具有非法占有的目的。并结合行为人在事前、事中、事后客观行为表现进行判断，即事前有无归还能力、事中有无归还或者消极不归还行为或者表现、事后处分财物及对他人财产损失的态度综合认定。

本案中，行为人使用伪造的房屋产权证作为抵押向被害人进行借款，被害人基于相信行为人提供抵押的房屋产权证明的真实性，而将款借给行为人，其行为符合诈骗罪虚构事实隐瞒真相的客观要件。行为人虽然辩称其向被害人借款时有房产和一百余万元的债权，具有还款能力，但行为人还以同样手段骗取其他被害人借款数额特别巨大，已明显资不抵债，其向被害人借款用于还债行为导致其最终不能归还财物给被害人，足以认定行为人具有非法占有目的。故行为人的行为符合诈骗罪的构成要件。

[参考案例：(2017)内 01 刑终 123 号]

5. 辩方提出：行为人的企业符合领取中央关闭小企业补助资金条件，其已经垫付了职工安置费，并非以非法占有为目的的诈骗行为。

答辩要点：诈骗罪是以非法占有为目的，用虚构事实或者隐瞒真相的方法，骗取数额较大公私财产的行为。套取国家专项资金的使用人不符合国家专项资金政策的基本条件，在申报过程中以非法占有为目的，弄虚作假，虚构并不存在的企业或项目，伪造关键性申报材料，符合诈骗罪构成要件的，应当对使用人以诈骗罪定罪处罚。

本案中，行为人经营的砖厂是否符合领取中央关闭小企业补助资金条件是定罪的关键。本案行为人经营的砖厂在国家下发取缔关闭通知之前已停止生产并结清所雇用的工人工资，不存在关闭企业职工安置的情形，在国家相关政策出台后，行为人虚假捏造工人名单，领取中央关闭中小企业补助资金并用于偿还个人债务，具有非法占有的故意，应构成诈骗罪。

[参考案例：(2016)晋 07 刑终 245 号]

6. 辩方提出：行为人借款后向被害人支付利息和本金，主观上没有非法占有目的，应属民间借贷纠纷，其行为不构成诈骗罪。

答辩要点：区分借贷式诈骗与民间借贷纠纷的关键在于行为人主观上是否具有非法占有公私财物之目的。在司法实践中，认定行为人主观上是否具有非法占有目的，应当坚持主客观相一致的原则，既要避免单纯根据结果客观归罪，也不能偏听偏信行为人的辩解，而应当结合行为人的具体行为表现及其他客观因素加以综合分析判断。具体应当考虑以下几个因素：一是行为人借款前是否具有还款能力。如果行为人借款前已债台高筑，或没有任何财产和正当职业，却大量向人借款，则即使借款时有出具借条，仍可以判断其具有非法占有目的。二是行为人借款时是否采取了诈骗手段。诈骗案件中，行为人为了诈骗得逞，在借款时往往会采用虚构事实或隐瞒真相的手段，或虚构借款用于某种投资或盈利性活动，或承诺高额的利息，导致被害人产生错误的认识，从而使被害人误信其能连本带息还款。三是行为人借款后的实际用途。诈骗犯罪的行为人在骗得财物后通常不打算归还，因此会在获得财物后肆意挥霍，如用于赌博、还债、放高利贷等。四是行为人不能归还借款的原因。诈骗犯罪的行为人在借款到期后，如果是能归还而拒不返还，或者是因将借款用于挥霍、赌博、吸毒等违法犯罪活动而造成无法归还的，可推断其主观上具有非法占有目的。五是审查行为人不能归还借款后的态度。诈骗犯罪的行为人对欠款的事实或以各种理由搪塞应付，或转移资金、逃避隐藏，拒不返还。

本案中，行为人在其已因赌博而欠下巨额债务，又无稳定收入来源的情况下，以高利息为诱饵，虚构放贷给他人的事实，诱骗3被害人将钱借给其使用。行为人在骗得资金后，除少部分以利息或本金名义归还被害人外，将其余资金全部用于赌博，导致无法归还。行为人与被害人之间虽然名义上是借贷关系，但实质上行为人是以借为名骗取他人财物，其行为已构成诈骗罪。

[**参考案例**：（2018）粤5102刑初11号；（2018）粤51刑终59号]

7. 辩方提出：借款型诈骗案件中，已归还的利息应当在诈骗数额中扣除。

答辩要点：案发前已付利息应折抵未还本金，从而确定最终的诈骗数额，具体理由如下：

一是案发前已给付的利息不属于犯罪成本。目前，刑法理论和实务界对犯罪成本不应从犯罪数额中扣除基本已经达成共识。犯罪成本是指行为人为达到犯罪目的在实施犯罪行为后所付出的经济代价，包括直接成本、机会成本和风险成本。在诈骗犯罪目的实现后，陆续支付部分利息，其主观上不具有非法占有全部所骗款项的故意。故可将已支付利息认为是其以利息的形式支付部分款项的行为。因此，其所支付的利息不属于犯罪成本。当诈骗类犯罪行为人在案发前将利息支付给被害人时，其主要存在两种不同的主观心态：其一，给被害人一些甜头，为再次诈骗创造条件；其二，确实想返还财物。其他犯罪中的犯罪成本一般是让案外人受益，而借贷型诈骗中受益人恰恰是被害人，行为人给付被害人的利息实际上是减少了被害人的损失，而诈骗数额是以被害人实际损失数额为准。因此，无论行为人是何种心态，但客观上都归还了被害人财物。从这个角度看，案发前支付的利息不应作为犯罪成本，而应折抵未还本金以确定最终的诈骗数额,从而体现罪刑相适应的原则。

二是借贷型诈骗应结合其自身特点进行综合评论。对于借贷型诈骗犯罪而言,其结合借贷这一行为具有自身的特点,借贷行为包括本金、利息的给付、还款时间等因素,往往是经过一个长期持续的过程犯罪行为才最终形成,其犯罪构成之一是以非法占有为目的,判断行为人是否具有非法占有的目的,也需要一个综合的评价。

三是与之相似的集资诈骗的相关司法解释支持案发前已付利息可全部用于折抵未还本金以确定诈骗数额。根据最高人民法院《关于审理非法集资刑事案件具体法律若干问题的解释》第5条第3款规定,行为人为实施集资诈骗活动而支付的利息,本金未归还可予折抵本金。最高人民法院、最高人民检察院、公安部《关于办理非法集资刑事案件适用法律若干问题的意见》第5条第1款也规定,集资参与人本金尚未归还的,所支付的回报可予折抵本金。根据上述司法解释的规定,对于本金未还清的,集资诈骗罪的诈骗数额是所借本金扣除已还本金及已付所有利息后的数额;而对于本金已还清的,案发前所付利息应当作为违法所得予以追缴。在对借贷型诈骗罪犯罪数额的认定上,在此类犯罪的相关法律或司法解释未就案发前已付利息对诈骗数额产生何种影响作出具体规定之前,可以参照上述规定,将案发前已付全部利息折抵未付的本金,以确定最终的诈骗数额。

[**参考案例**:(2015)晋法刑初字第215号]

8. 辩方提出:行为人利用自己准备的特定赌具控制赌博输赢行为不应认定为诈骗罪,而应当认定为赌博罪。

答辩要点:诈骗是指行为人以非法占有为目的,采用虚构事实或者隐瞒真相的方式,骗取他人财物的行为。诈骗的实质在于被害人基于行为人的欺诈行为产生错误认识,进而"自愿"处分财物。而赌博遵循的是一种射幸规则,其输赢带有相当大的不确定性和偶然性,是行为人所不能掌控的。赌博活动有时虽然也掺杂一些欺诈行为,特别是在利用赌博骗取钱财的犯罪案件中,赌博行为与欺诈行为交织在一起,导致定性困难。对于设置圈套诱骗他人参赌获取钱财的行为,不能简单机械地套用《关于设置圈套诱骗他人参赌获取钱财的案件如何定罪问题的电话答复》和《关于设置圈套诱骗他人参赌又向索还钱财的受骗者施以暴力或者暴力相威胁的行为应如何定罪问题的批复》,而应当结合赌博罪和诈骗罪的基本特征,根据欺诈行为在整个犯罪过程中的地位和作用进行分析。

司法实践中,根据欺诈行为在犯罪过程中的地位和作用不同,可以将利用赌博骗取钱财的犯罪行为分为圈套型赌博犯罪和赌博型诈骗犯罪。圈套型赌博犯罪,即《关于设置圈套诱骗他人参赌获取钱财的案件如何定罪问题的电话答复》(以下简称《批定》)和《关于设置圈套诱骗他人参赌又向索还钱财的受骗者施以暴力或者暴力相威胁的行为应如何定罪问题的批复》(以下简称《批定》)中规定的犯罪类型,是指通过采用设置圈套的方式诱骗他人参赌的犯罪,行为人实施犯罪的目的在于通过赌博进行盈利,虽然行为人在赌博过程中采用了一些欺诈的行为,但是该欺诈行为是为了诱骗他人参赌,保证赌博的顺利进行而实施的,赌博的输赢主要还是靠行为人掌握的娴熟的赌博技巧,并且依靠一定偶然性来完成,行为人并不必然控制赌博输赢。对于此种类型的犯罪行为,应当以赌博罪定罪处罚;而赌博型诈骗犯罪又称为"诈赌"犯罪,其与圈套型赌博犯罪的相同之处在于行为人在赌博过程中也采用了欺诈的手段,但是二者具有本质的区别。在赌博型诈骗犯罪中,行为人在主观上是以非法占有为目的的,客观上采用了欺诈的手段弄虚作假,支配、控制赌局的输赢,单方面确定赌博胜败的结果,使被害人基于错误认识,误认为自己运气不佳而"自愿"交付财物给行为人。此种行为属于以赌博之名,行诈骗之实的行为,实质上符合诈骗罪的构成要件。

本案中,行为人以非法占有为目的,事先购买了诈赌所用的透视扑克牌和特制隐形眼镜,并提前将扑克牌放入赌博的场所。在赌博过程中,行为人佩戴特制隐形眼镜,能够看到其他人手中的扑克牌和桌面上的扑克牌的点数,并根据牌的点数大小决定是否加注,行为人采用欺诈的手段已经掌控了赌局输赢的结果,被害人是在完全不知情的情况下"愿赌服输",而"自愿"按照赌博规则将钱财交与行为人。因此,行为人的行为不符合上述《答复》和《批复》中规定的情形,而是属于典型的赌博型诈骗犯罪,符合诈骗罪的构成要件,应当以诈骗罪定罪处罚。

[**参考案例**:《刑事审判参考》总第 90 集指导案例第 837 号]

9. 辩方提出:行为人指使他人让符合农机补贴条件的农民与农机主管部门签订购机补贴协议,购得享受政府补贴的农机具后,行为人再从农民手上低价受让,并倒卖赚取差价的,其行为不构成犯罪。

答辩要点:诈骗罪构成要件包括,主观上行为人具有非法占有为目的;客观上行为人实施欺骗行为,受骗者产生错误认识,受骗者基于错误认识处分财产,行为人或第三者取得财产,被害人遭受财产损失。

本案中,一是行为人主观上具有非法占有的目的。如果符合农机补贴条件的农民为了生产经营的需要自己购买了享受政府补贴的农机,后面又不想再继续使用,将该农机出售给行为人,行为人通过倒卖赚取差价,则不能认定行为人主观上具有非法占有的目的。但是,行为人以符合农机补贴条件的农民名义,与农机主管部门签订购机补贴协议，主观上就是为了低价购得农机具，从而骗取国家的农机购置补贴款。二是行为人采取了欺骗的手段。相关政府部门受到了欺瞒，并不知道真正购买享受政府补贴农机的主体不是符合农机补贴条件的农民，而是不符合农机补贴条件的行为人。三是行为人骗取了财物，即国家发放的农机补贴款。行为人表面上似乎没有直接取得国家的农机补贴款，但经过省级财政部门与农机销售商结算农机补贴款后，行为人已实质占有农机补贴款。四是行为人的行为具有应受刑罚惩罚性，不宜仅行行政处理。本案中，真正购买享受政府补贴农机的主体并非符合农机补贴条件的农民，而是行为人。行为人以欺骗手段倒卖多台农机，违法所得数额巨大或者较大，具有严重的社会危害性，司法机关对其行为追究刑事责任是适当的。

综上，行为人以非法占有为目的，采取欺骗手段，以符合农机补贴条件的农民名义，与农机主管部门签订购机补贴协议，以低价购得农机具并出售，骗取国家的农机购置补贴款，其行为构成诈骗罪。

[**参考案例**：《刑事审判参考》总第 102 集]

10. 辩方提出：行为人利用异地刷卡消费反馈时差，要求银行工作人员将款项存入指定贷记卡，当同伙在异地将该贷记卡上的款项刷卡消费完毕，又谎称存款出错，请求将该款项存入另一借记卡，再取出的行为，应定性为信用卡诈骗罪。

答辩要点：诈骗罪的基本模式是行为人以非法占有为目的，采取虚构事实或者隐瞒真相的方法实施欺诈行为，使对方产生认识错误，对方基于该认识错误交付财物，进而造成损失。据此，判断一行为是否构成诈骗罪，客观上要看行为人是否实施了欺诈行为给被害人造成经济损失，主观上要看行为人是否具有非法占有目的。

本案中，行为人的行为不构成信用卡诈骗罪。行为人作案时利用了他人的信用卡账户，并持卡取走了从银行骗取的钱，诈骗行为与信用卡有密切关系。但是，根据《刑法》第 196 条的规定，构成信用卡诈骗罪仅限于 4 种情形：使用伪造的信用卡或者以虚假的身份证明骗领的信用卡取财物；使用作废的信用卡骗取财物；冒用他人信用卡骗取财物；恶意透支的。显然，行为人的行为不符合前两种情形。尽管行为人取钱时所持银行卡系他人所有，但这种使用事先得到了持卡人的同意或者授权，故不属于"冒用他人信用卡"。至于恶意透支，由于行为人所实施的原本不是透支行为，故不存在进一步评价是否属于恶意透支行为的余地。行为人从银行骗得资金后，通过自动取款机或者银行柜台将钱取出，是其犯罪行为的自然延续部分，理论上称为不可罚的事后行为，不用再单独评价是否构成犯罪。

本案符合诈骗罪的特征,理由如下:

一是行为人的行为符合诈骗罪的客观特征。行为人利用异地刷卡消费反馈到银行电脑有一至二分钟时间延迟的漏洞,隐瞒其存入他人名下的钱已被同伙在异地刷卡取走的真相,让银行营业员将钱转存入他人的另一个银行卡账户内,随后迅速把这些钱取走。该犯罪行为包含了前后两个紧密相关的环节。行为人往银行卡中存钱后通知同伙在异地刷卡消费,因卡内已实际存入现金,该刷卡消费行为具有正当性,也不会给银行造成损失,故独立地看,不具有违法性。但是,当行为人在其同伙完成刷卡消费行为后,要求营业员办理存款冲正业务,将客观上已经被消费的钱存入另一个银行卡账户,实际上是将银行的自有资金存入了行为人指定的账户中,由此给银行造成损失。显然,正是行为人实施了隐瞒真相的诈骗行为,导致银行营业员陷入认识错误,认为行为人的钱没有被转移,进而实施财物处分行为,将本属于银行的钱存入了行为人指定的另一银行卡账户,直接造成银行的损失。故这种作案过程完全符合诈骗罪的客观特征。

二是行为人的行为符合诈骗罪的主观特征。从主观方面看,行为人具有非法占有为目的。有辩护人提出,行为人系受持卡人委托,利用银行信用卡的冲正、撤销业务帮持卡人获取银行资金,持卡人也出具了还款保证书,保证归还对银行的欠款,而行为人所获得的仅仅是手续费,故行为人不具有非法占有的目的,不构成犯罪。但是,如果持卡人确实急需资金而采取这种骗取银行资金打算日后归还银行欠款的做法,则其付出的代价太大,手续费甚至超过了民间高利贷的利息,极不合常理,且采取欺骗手段获取银行的资金也不是正常地向银行申请贷款或者利用信用卡透支的行为,故不能认定持卡人具有还款意图。同时,即使辩护人提供的所谓还款保证书确系持卡人出具,但借此并不能证实行为人不明知持卡人具有非法占有的目的。实际上,这种骗取银行资金的做法,原本就是行为人与持卡人共同预谋的结果,让持卡人出具还款保证书也不能否定行为人与持卡人具有共同的非法占有的目的。由此可见,行为人的行为完全符合诈骗罪主客观两方面的构成特征,应当认定为诈骗罪。

[**参考案例**:《刑事审判参考》总第 76 集 650 号]

三、集资诈骗罪

1. 辩方提出:行为人的行为构成非法吸收公众存款罪,而非集资诈骗罪。

答辩要点:根据《刑法》第 176 条的规定,非法吸收公众存款罪是指违反国家规定,非法吸收公众存款或者变相吸收公众存款,扰乱金融秩序的行为。非法吸收公众存款罪和集资诈骗罪都以非法集资为外在的表现形式,二者的根本区别在于：一是犯罪目的的不同。集资诈骗罪的犯罪目的是非法占有所募集的资金；而非法吸收公众存款罪的目的则是企图通过吸收公众存款的方式，进行盈利，在主观上并不具有非法占有公众存款的目的。这是两罪最本质的区别。二是犯罪行为的客观表现虽有非法集资的共同外在表现形式，但具体实施方法也有根本不同。集资诈骗罪的行为人必须使用诈骗的方法；而非法吸收公众存款罪则不以行为人是否使用了诈骗方法作为犯罪构成要件之一，尤其是在吸收存款或者募集资金的目的上并不遮掩盈利的意图。三是侵犯的客体不同。集资诈骗罪侵犯的是复杂客体，不仅侵犯了国家的金融秩序，而且侵犯了出资的财产所有权；非法吸收公众存款罪侵犯的是单一客体，即国家的金融管理秩序，有些情况下，非法吸收公众存款的行为人由于经营不善造成亏损，无法兑现其在吸收公众存款时的承诺，甚至给投资人、存款人造成了重大经济损失，但是，这种损失与行为人目的就是侵犯公私财物的所有权不同。

本案中，行为人在2012年成立了陕西某担保有限公司后，假冒公司和个人名义非法集资，并将其经手的账目销毁，且拒不交代赃款去向，依据最高人民法院《关于审理非法集资刑事案件具体应用法律若干问题的解释》第4条第1款、第2款第（一）项、第（六）项、第（七）项之规定，足以认定行为人主观上具有非法占有的目的，其行为应构成集资诈骗罪。

[**参考案例：**（2017）陕01刑终15号]

2. 辩方提出： 行为人虽构成集资诈骗罪，但应认定为单位犯罪。

答辩要点： 单位行为与个人行为的区分，应从单位是否真实、依法成立，是否属于单位整体意志支配下的行为，是否为单位谋取利益，是否以单位名义等方面来加以具体判断。所谓以单位名义实施犯罪，是指单位的决策机构按照单位的决策程序来实施危害社会的行为；所谓违法所得归单位所有，是指因犯罪行为所产生的非法利益归单位所有。是否为单位谋取非法利益，是区分单位犯罪与个人犯罪的明显标志之一。而最高人民法院《关于审理单位犯罪具体应用法律有关的解释》（法释[1999]14号）第2条"个人为进行违法犯罪活动而设立的公司、企业、事业单位实施犯罪的，或者公司、企业、事业单位设立后，以实施犯罪为主要活动的，不以单位犯罪论处。"

本案中，行为人自成立陕西某担保有限公司及陕西某工程履约担保有限公司以来，以实施非法集资犯罪为主要活动，根据最高人民法院《关于审理单位犯罪案件具体应用法律有关问题的解释》第2条之规定，本案依法不构成单位犯罪，对行为人的犯罪行为应以个人犯罪论处。

[**参考案例：**（2017）陕01刑终15号]

3.辩方提出: 行为人主观上没有以非法占有为目的,客观上没有以诈骗方法向社会公众募集资金,不构成集资诈骗罪。

答辩要点: 非法集资罪主观上由故意构成,且以非法占有为目的组成。即犯罪行为人在主观上具有将非法聚集的资金据为己有的目的。所谓据为己有,既包括将非法募集的资金置于非法集资的个人控制之下,也包括将非法募集的资金置于本单位的控制之下。通常情况下,这种目的具体表现为将非法募集的资金所有权转归自己所有,或任意挥霍,或占有资金后携款潜逃等。客观上行为人必须实施了使用诈骗方法非法集资,数额较大的行为。所谓非法集资,是指公司、企业、个人或其他组织未经批准或违反法律、法规,通过不正当的渠道,向社会公众或者集体募集资金的行为。最高人民法院《关于审理非法集资刑事案件具体应用法律若干问题的解释》(2010年12月13日,法释〔2010〕18号)第4条规定,以非法占有为目的,使用诈骗方法实施本解释第2条规定所列行为的,应当依照刑法第192条的规定,以集资诈骗罪定罪处罚。使用诈骗方法非法集资,具有下列情形之一的,可以认定为"以非法占有为目的":"(一)集资后不用于生产经营活动或者用于生产经营活动与筹集资金规模明显不成比例,致使集资款不能返还的;(二)肆意挥霍集资款,致使集资款不能返还的;(三)携带集资款逃匿的;(四)将集资款用于违法犯罪活动的;(五)抽逃、转移资金、隐匿财产,逃避返还资金的;(六)隐匿、销毁账目,或者搞假破产、假倒闭,逃避返还资金的;(七)拒不交代资金去向,逃避返还资金的;(八)其他可以认定非法占有目的的情形。"

本案中,行为人谎称手头有高盈利低风险的境外黄金期货交易投资项目,以高息保本为诱饵,向社会公众募集资金人民币250余万元,用于生产经营活动的仅28.8万元,用于生产经营活动与筹集资金规模明显不成比例,且行为人明知自己无经济来源,仍挥霍巨资购买奢侈品、高档电子产品、钻戒等,致使集资款不能返还;行为人主观上具有非法占有的目的,客观上使用诈骗方法非法集资,其行为已构成集资诈骗罪。

[**参考案例:**(2015)浙杭刑终字第406号]

4.辩方提出: 行为人主观上不存在非法占有的故意,没有与集资诈骗主犯一起挥霍、滥用集资款,客观上亦没有参与集资,也没有协助集资,其行为不构成犯罪。

答辩要点: 集资诈骗罪中的非法占有为目的,应当区分情形进行具体认定。行为人对部分非法集资具有非法占有目的的,对该部分非法集资行为所涉集资款以集资诈骗罪定罪处罚;非法集资共同犯罪中部分行为人具有非法占有目的,其他行为人没有非法占有集资款的共同故意和行为的,对具有非法占有目的的行为人以集资诈骗罪定罪处罚。

本案中,行为人明知他人向社会公众非法集资,而给其提供银行账户、协助银行转账等帮助,行为人与他人构成非法集资的共同犯罪。但现有证据不足以证明行为人明知他人具有非法占有的目的而帮助其非法集资并与其一起挥霍、滥用集资款,根据相关司法解释的规定,非法集资共同犯罪中部分行为人具有非法占有的目的,其他行为人没有非法占有集资款的共同故意和行为的,对具有非法占有目的的行为人以集资诈骗罪定罪处罚。认定犯罪应当根据主客观相一致的原则,故对行为人明知他人非法集资而提供帮助的行为,应当认定为非法吸收公众存款罪。

[参考案例:(2016)湘08刑终79号]

5. 辩方提出:被害人是与涉案公司签订的借款合同,是单位意志的体现,应当认定单位构成集资诈骗罪。

答辩要点:单位犯罪是公司、企业、事业单位、机关、团体等法定单位,经单位集体研究决定或由有关负责人员代表单位决定,为本单位谋取利益而故意实施的,或不履行单位法律义务、过失实施的危害社会,而由法律规定为应负刑事责任的行为。根据最高人民法院《关于审理单位犯罪案件具体应用法律有关问题的解释》(法释[1999]14号)有关规定,不认定为单位犯罪的情形有:一是个人为进行违法犯罪活动而设立的公司、企业、事业单位实施走私犯罪的,不以单位犯罪论处。二是公司、企业、事业单位设立后,以实施犯罪为主要活动的,不以单位犯罪论处。单位是否以实施犯罪为主要活动,应根据单位实施走私行为的次数、频度、持续时间、单位进行合法经营的状况等因素综合考虑认定。三是盗用单位名义实施犯罪,违法所得由实施犯罪的个人私分的,依照刑法有关自然人犯罪的规定定罪处罚。

本案中,行为人设立公司后,以实施集资诈骗犯罪为主要活动,虽然多数犯罪活动都是以单位的名义实施的,但是最终的犯罪所得是归于当事人个人所占有支配,未曾进入单位的账户,因此,根据单位犯罪的相关司法解释,应当认定该犯罪行为主体为自然人而非单位。本案行为人未经有关部门的批准,在明知无法归还本息的情况下,以高额回报为诱饵,虚构集资用途非法集资,向不特定公众宣称集资款用于开发、研制产品,实际并没有进行实质性的研发工作,大多进入了私人账户,进行肆意挥霍。因此,应当认定行为人有集资诈骗的行为。

[参考案例:《最高人民法院公报》2009年第10期(总第156期)]

6. 辩方提出:现有证据无法证明行为人逃匿是为了将财务据为己有其行为不构成非法集资罪。

答辩要点:非法集资主观要求将诈骗的财物据为己有的目的,所谓据为己有，既包括将非法募集的资金置于非法集资的个人控制之下，也包括将非法募集的资金置于本单位的控制之下。在通常情况下，具体表现为将非法募集的资金的所有权转归自己所有或任意挥霍，或占有资金后携款潜逃等。

本案中，行为人逃匿不是为了非法占有钱财，是为了自己人身安全的躲避行为。并且在法院之后的审理中查明，现有证据不能证明行为人携带该集资款逃匿，且行为人还发了告知函给部分被害人，委托律师处理债务事宜，另外，现有证据也不能证明行为人所借的该三笔资金没有用于生产经营活动，且行为人存在从事家电、水泥等经营活动。故不能简单以行为人有逃匿行为认定行为人具有非法占有的目的，应当结合行为人逃匿后行为的客观表现综合判定。因此行为人的行为不构成非法集资罪。

[**参考案例**：（2016）赣11刑终318号]

7. 辩方提出：向行为人出借款项的既有其亲友，亦有通过朋友介绍来的其他人，属于特定借款对象，不属于集资诈骗罪中所指的"社会上不特定对象"，故不能认定行为人构成集资诈骗罪。

答辩要点：最高人民法院、最高人民检察院、公安部《关于办理非法集资刑事案件适用法律若干问题的意见》中，关于"社会公众"的认定问题，明确了下列情形不属于最高人民法院《关于审理非法集资刑事案件具体应用法律若干问题的解释》第1条第2款规定的"针对特定对象吸收资金"的行为，应当认定为向社会公众吸收资金：（1）在向亲友或者单位内部人员吸收资金的过程中，明知亲友或者单位内部人员向不特定对象吸收资金而予以放任的；（2）以吸收资金为目的，将社会人员吸收为单位内部人员，并向其吸收资金的。

本案中，集资诈骗事实40余名被害人中既有行为人的朋友，亦有经其朋友介绍而来的其他人；既有亲耳听行为人宣传其在做煤炭生意、有高额利润可作回报后出借资金的，亦有听朋友宣传介绍后主动找到行为人出借资金的；众多被害人之所以借款给行为人正是基于轻信顾某某亲自或通过中间人向社会不特定对象传播的"其做煤炭生意，利润很高"的虚假信息。行为人集资过程中明知集资款并非来源最初的亲朋好友，而是另有其人，集资对象已波及社会公众，却对借款人范围不加限制，对集资范围扩大之势不加阻止，其客观行为上表现为对集资款"来者不拒"。故行为人集资针对的是社会上的不特定对象，其以非法占有为目的，虚构自己做煤炭生意等事实并许以高额利息，使用诈骗方法非法集资，符合集资诈骗罪的构成要件。

[**参考案例**：（2013）苏刑二终字第0035号]

四、贷款诈骗罪

1. 辩方提出：行为人甲与行为人乙向浙江民泰商业银行杭州某支行贷款时，具有偿还能力，贷款手续合法，没有贷款诈骗的故意，故不构成贷款诈骗罪。

答辩要点：贷款诈骗罪（既遂）的构造为：行为人实施欺骗行为—金融机构工作人员产生认识错误—基于认识错误发放贷款—行为人或第三者取得贷款—金融机构遭受财产损失。欺诈方法是指：(1) 编造引进资金、项目等虚假理由的；(2) 使用虚假的经济合同的；(3) 使用虚假的证明文件的；(4) 使用虚假的产权证明作担保或者超出抵押物价值重复担保的；使用虚假证明，将犯罪所得赃物作为自己的所有物向金融机构作抵押从而取得贷款的，属于使用虚假的产权证明作担保骗取贷款；(5) 以其他方法诈骗贷款的。行为人虽然没有使用前4种方法，客观上的贷款条件与程序等完全符合相关规定，但行为人在贷款过程中，以非法占有为目的，隐瞒了通过事后转移贷款、担保物或者携款潜逃等拒不归还贷款的意图，从而骗取贷款的，属于以其他方法骗取贷款。骗取贷款罪与贷款诈骗罪区别的关键要素即是否具有非法占有的目的，判断行为人主观上具有非法占有目的，必须同时具有以下客观事实：其一，行为人是通过欺诈的手段来取得贷款的；其二，行为人到期没有归还贷款；其三，行为人贷款时即明知不具有归还能力或者贷款后实施了某种特定行为，如携款逃跑，肆意挥霍贷款，转移资金、隐匿财产以逃避返还贷款；等等。只有在借款人同时具备上述三个条件时，才能认定借款人在主观上具有非法占有目的。

本案中，二行为人在背负巨额债务的情况下，隐瞒自身真实经济状况和偿还能力，并采用虚构贷款用途、提供虚假的购销合同和伪造的借款人及保证人资产证明文件的手段，向浙江民泰银行杭州某支行申请贷款，骗取该行贷款100万元，事后将贷款用于归还前债，仅支付利息3万余元，造成被害单位损失96万余元。二行为人主观上均具有非法占有贷款的共同故意，客观上实施了虚构贷款用途、准备虚假贷款材料的行为，诈骗银行贷款，其行为构成贷款诈骗罪。

[**参考案例**：(2014) 浙刑二终字第50号]

2. 辩方提出：犯罪单位与自然人共同实施贷款诈骗犯罪，但《刑法》未规定贷款诈骗犯罪可以由单位构成，根据罪刑法定原则，故不能以贷款诈骗罪追究直接负责的主管人员和其他直接责任人员的刑事责任。

答辩要点：《刑法》未将单位规定为贷款诈骗罪的主体，对单位实施的贷款诈骗行为，根据2001年《全国法院审理金融犯罪案件工作座谈会纪要》有关要求，不能以贷款诈骗罪定罪处罚，也不能以贷款诈骗罪追究直接负责的主管人员和其他直接责任人员的刑事责任。对于单位以非法占有为目的，利用签订、履行借款合同诈骗银行或其他金融机构贷款，符合《刑法》第 224 条规定的合同诈骗罪的构成要件的，应以合同诈骗罪定罪处罚。

本案中，行为人甲、行为人乙为犯罪单位某公司直接负责的主管人员，行为人丙利用与行为人甲的亲属关系以个人身份参与，在行为人甲的授意、指使下，行为人丙积极参加并与犯罪单位的相关负责人员行为人乙进行配合，才使得犯罪单位某公司诈骗银行贷款的行为顺利得逞，故足以认定行为人丙个人与某公司构成共同犯罪。应当以合同诈骗罪追究刑事责任。

[**参考案例**：《刑事审判参考》总第 39 集第 305 号]

3. 辩方提出：行为人用于贷款的抵押物全部真实存在及没有出卖抵押物、不具有非法占有目的，不构成贷款诈骗罪。

答辩要点：要认定行为人是否具有非法占有的目的，必须首先明确"非法占有"的内涵。刑法意义上的"非法占有"，不仅是指行为人意图使财物脱离相对人而非法实际控制和管领，而且意图非法所有或者不法所有相对人的财物，为使用、收益、处分之表示。因此，不能单纯以行为人使用欺诈手段实际获取了贷款或者贷款到期不能归还，就认定行为人主观上具有非法占有贷款的目的，而应坚持主客观相一致的原则，具体情况具体分析，在对行为人贷款时的履约能力、取得贷款的手段、贷款的使用去向、贷款无法归还的原因等方面及相关客观事实进行综合分析的基础上，判断行为人是否具有非法占有贷款的目的，以准确界定是贷款欺诈行为还是贷款诈骗犯罪。

本案中，行为人以非法占有为目的，向贷款人提供部分虚假抵押物，骗取中国农业银行某支行、中国农业发展银行某支行贷款共计人民币 300 万元，贷款之后，未经贷款人同意，出卖抵押车辆，且在公司经营出现困难时，行为人并没有积极采取措施归还贷款，而是未经贷款人同意，出卖抵押财产并更换姓名藏匿到外地，造成贷款无法归还。足以认定其具有非法占有的目的，符合贷款诈骗罪的构成要件。

[**参考案例**：（2016）内 09 刑终 77 号]

4. 辩方提出：小额贷款公司未取得金融许可证，不是金融机构，而是一般的工商企业，因此不能认定行为人构成贷款诈骗罪。

答辩要点：关于小额贷款公司的性质认定，一是小额贷款公司是依法经营小额贷款金融业务的有限责任公司或者股份有限公司。发放贷款的业务是金融业务，小额贷款公司的主营业务是发放贷款。根据中国银行保险监督管理委员会、中国人民银行联合下发的《关于小额贷款公司试点的指导意见》（以下简称《指导意见》)第1条第1款的规定,小额贷款公司是由自然人、企业法人与其他社会组织投资设立,不吸收公众存款,经营小额贷款业务的有限责任公司或股份有限公司。所以,发放贷款是小额贷款公司的主营业务,甚至是小额贷款公司的唯一经营业务。中国人民银行的相关规定已经明确可小额贷款公司为金融机构。小额贷款公司依法从事金融业务,依法取得中国人民银行赋予的金融机构编码。《中国人民银行关于印发〈金融机构编码规范〉的通知》规定:"本规范规定了金融机构的编码对象、编码结构和表示形式,使每个编码对象获得一个唯一的代码,以适应金融机构信息系统建设和数据交换的需求。"同时,《金融机构编码规范》中规定,"Z—其他1—小额贷款公司"。小额贷款公司同样适用金融机构的金融统计制度。中国人民银行下发的《关于2010年中资金融机构金融统计制度有关事项的通知》明确规定:"境内其他金融机构:除上述机构之外的其他金融机构。包括小额贷款公司等金融机构。"同时,《关于2010年中资金融机构金融统计制度有关事项的通知》还明确要求小额贷款公司适用金融机构的金融统计制度。是否取得金融许可证并不影响小额贷款公司金融机构性质的认定。《金融机构管理规定》已被2010年10月26日发布的《中国人民银行、中国银行保险监督管理委员会公告(2010)第15号——废止131件规范性文件、宣布失效76件规范性文件的公告》所废止。所以,该《金融机构管理规定》的相关内容不能再作为认定金融机构的依据。金融许可证制度不适用于小额贷款公司。《金融许可证管理办法》系中国银行保险监督管理委员会于2007年修改发布的。《指导意见》系中国银行保险监督管理委员会、中国人民银行于2008年发布的。该两项规定的发布部门均包括中国银行保险监督管理委员会,根据新法优于旧法的原则,小额贷款公司作为创新金融的试点,《指导意见》未规定金融许可证制度适用于小额贷款公司,所以不能以小额贷款公司未取得金融许可证而否认小额贷款公司的金融机构性质。而事实上中国银行保险监督管理委员会在《指导意见》中已经明确允许小额贷款公司经营小额贷款业务。综上所述,小额贷款公司系依法设立的经营小额贷款金融业务的其他非银行金融机构。

本案中,中国人民银行上海分行的金融业机构信息年度验证合格通知书和中国人民银行上海总部金融服务二部的金融机构信息变更通知书均载明被害单位某小额贷款公司的金融机构代码即为Z0016。根据金融业机构信息年度验证合格通知书、金融机构信息变更书、上海市金融服务办公室批复等证据,足以证实某小额贷款公司系依法设立的从事贷款金融业务的其他金融机构,符合贷款诈骗罪和骗取贷款罪的对象特征。

[**参考案例:**《刑事审判参考》总第97集第962号]

5. 辩方提出:行为人以单位名义骗取银行巨额贷款用于高风险的期货炒作

和以新贷还前贷,不能因此认定该单位具有非法占有目的。

答辩要点:最高人民法院2001年1月21日印发的《全国法院审理金融犯罪案件工作座谈会纪要》(以下简称《审理金融犯罪纪要》),明确了可以认定为具有非法占有目的的七种情形,即"(1)明知没有归还能力而大量骗取资金的;(2)非法获取资金后逃跑的;(3)肆意挥霍骗取资金的;(4)使用骗取的资金进行违法犯罪活动的;(5)抽逃、转移资金、隐匿财产,以逃避返还资金的;(6)隐匿、销毁账目,或者搞假破产、假倒闭,以逃避返还资金的;(7)其他非法占有资金、拒不返还的行为。"司法实践中,如果行为人通过诈骗的方法非法获取资金,造成数额较大的资金不能归还,同时具有上述情形之一的,应认定行为人主观上具有非法占有的目的,其行为属于诈骗性质。

本案中,行为人在本单位因经营状况逆转而发生资金周转困难、没有偿还能力的情况下,不顾亏损的现实,先后以某公司、某经营部的名义,多次签订虚假合同从银行取得130笔贷款,总金额高达1.4亿多元,用于炒卖高风险的期货和以新贷还旧贷,最终造成1760余万元的损失。其行为符合《审理金融犯罪纪要》规定的第一种情形,据此应当认定行为人非法占有的目的。

[**参考案例**:《刑事审判参考》总第25集第169号]

五、票据诈骗罪、金融凭证诈骗罪

1. 辩方提出:行为人将自己保管的被害人的财产非法据为己有,属于侵占而非票据诈骗。

答辩要点:所谓票据诈骗罪,是指以非法占有为目的,以金融票据作为工具骗取数额较大财物的行为。首先,本案不存在对财物进行保管的前提。作为财产犯罪的侵占罪,不同于侵犯经济秩序犯罪,其所侵占的对象应当是具体的财产或者财产凭证。在本案中,行为人接受委托办理的事项是公司设立登记,其代为保管的是公司设立登记所需和所形成的证章,而非注册资金,这两点是存在差别的,不能以对于公司有关证章的保管的认定,来替代对于公司具体财产的保管的认定。实际上,公司的注册资金也无须任何人具体保管。其次,行为人不是基于对物的保管关系实现对物的直接侵占。财产犯罪表现为对对象物的直接侵占、骗取或者毁损,因而具有直接性,作为财产犯罪的侵占罪自不例外。在本案中,一方面,因非直接保管着公司资金或者资金凭证,行为人仅依据手中所保管的公司证章,并不能实现对公司注册资金的非法占有;另一方面,行为人主要是通过上述第二个阶段即骗领、签发、使用支票行为实际取得公司资金的,这与侵占罪通过拒不退还或者拒不交出合法持有物的取得他人财物方式是完全不同的。

行为人在委托事项完成后，利用保管深圳市某技术有限公司工商登记、经营证章的便利条件，通过开领、签发、使用支票等手段取得深圳市某技术有限公司的注册资金49万元并携款潜逃，具备票据诈骗罪的一般特征，应无疑问。行为人利用其保管的深圳市某技术有限公司相关证章擅自签发支票并加以使用，从而将该公司49万元注册资金非法据为己有的行为，实际上同时触犯了伪造金融票证罪和票据诈骗罪两个罪名，但因两者存在手段和目的之间的牵连关系，按照牵连犯的一般适用原则，本案应以票据诈骗罪一罪处理。

[参考案例]：《刑事审判参考》总第39集第307号]

2. 辩方提出：行为人以非法占有银行贷款为目的，采取隐瞒真相的方法，明知无还款能力，仍利用已实际贴现的银行汇票作质押骗取安徽农行某支行贷款用于归还公司债务，其行为符合贷款诈骗罪的构成要件，因刑法对贷款诈骗未规定单位犯罪，故认定行为人的行为构成合同诈骗罪。

答辩要点：以非法占有为目的，使用已经贴现的真实票据质押贷款的行为，属于《刑法》第194条第1款第（三）项规定的"冒用他人的汇票"进行诈骗活动，应当以票据诈骗罪定罪处罚。根据刑法第194条第3款第（三）项的规定，冒用他人的汇票是构成票据诈骗罪的其中一种情形。冒用他人汇票是指擅自以合法持票人的名义，支配、使用、转让自己不具备支配权利的他人的汇票行为。"冒用"通常有三种表现形式：一是使用以非法手段获取的汇票，如以欺诈、偷盗或者胁迫等手段取得的汇票，或者明知是以上述手段取得的汇票而使用；二是没有代理权而以代理人名义使用或者代理人超越代理权限而使用；三是擅自使用他人委托代为保管的或者捡拾他人遗失的汇票。

本案中，行为人以欺骗的手段从他人手中取得已经贴现过的承兑汇票，其票据的取得是非法的；在贷款过程中，行为人明知该汇票已被贴现，自己对该汇票不具有支配权，而向安徽农行某支行隐瞒了事实真相，擅自以本公司作为合法持票人，使用不具备支配权的承兑汇票办理质押贷款，应视为《刑法》第194条第1款第（三）项规定的"冒用他人的汇票"。对于以非法占有为目的，冒用他人的汇票进行诈骗活动，构成犯罪的，应当以票据诈骗罪定罪处罚。本案的票据质押贷款是以某公司的名义进行的，所得款项用于归还某公司债务，属于单位犯罪，行为人属于犯罪单位中直接负责的主管人员。

[参考案例]：《刑事审判参考》总第49集第387号]

3. 辩方提出：行为人在路上捡到的现金支票，只能算不当得利，不构成犯罪。

答辩要点：票据诈骗罪的行为要素之一，即冒用他人的支票，擅自以合法持票人的名义使用自己没有支配权利的他人票据的行为。行为人所冒用的票据的来源，不影响冒用他人票据的性质。冒用他人票据进行诈骗活动，骗取数额较大财物；票据诈骗罪的责任要素除故意外，还要求具有非法占有为目的。

本案中，行为人在捡到他人遗失的支票后，冒用他人的支票到信用社取款，其行为符合《刑法》第194条第1款第（三）项规定的情形，属于"冒用他人支票进行金融票据诈骗活动"，其行为已构成票据诈骗罪，并非属于不当得利。行为人实施犯罪后，因意志以外的原因而未得逞，系犯罪未遂，依法比照既遂从轻处罚。

[参考案例：（2011）榕刑终字第321号]

4. 辩方提出：行为人虽然开具空头转账支票，但借款当时具有偿还能力，主观上不具有非法占有的目的，该笔借款属民间借贷范畴，其行为不构成票据诈骗罪。

答辩要点：构成签发空头支票进行诈骗行为，应当符合以下几个条件：一是行为人主观上是故意的。二是行为人必须实施了签发空头支票的行为。这里所说的"空头支票"，简单地说，出票人签发的支票金额超过其在银行现有的存款金额，这样的支票就是空头支票。三是行为人的目的是骗取财物，这是区分罪与非罪的界限。

本案中，行为人在负债远大于资产的情况下，明知自己没有偿还能力，仍然向被害人借款，主观上具有非法占有的故意；客观上上诉人行为人采用了欺骗的手段，在明知自己名下的宁波某有限公司没有实际经营、没有资产的情况下，以开具空头转账支票的方式得到被害人的认可从而骗得资金，其行为构成票据诈骗罪。

[参考案例：（2013）浙甬刑二终字第540号]

5. 辩方提出：行为人盗窃银行承兑汇票并使用构成盗窃罪，而非金融票据诈骗罪。

答辩要点：所谓票据诈骗罪，是指以非法占有为目的，以金融票据作为工具骗取数额较大财物的行为。盗窃罪是指以非法占有为目的，盗窃公私财物数额较大的行为。

本案中，行为人盗窃银行承兑汇票并使用，骗取数额巨大财物的行为，构成票据诈骗罪而非盗窃罪。理由如下：（1）从银行承兑汇票的特点看，行为人盗窃的物品系有保护措施的财产性权利。银行承兑汇票虽然具有与现金相类似的支付结算功能，但它并不能完全等同于现金。银行承兑汇票是一种记名、可挂失、不能即时兑现、有较多保护措施的有价证券。最高人民法院《关于审理盗窃案件具体应用法律若干问题的解释》第5条第（二）项对被盗物品是有价证券的作出以下规定：①不记名、不挂失的，票面价值已定并可即时兑现的有价证券，按票面数额和可得利益计算盗窃数额。②票面价值未定并可即时兑现的有价证券，已兑现的，按实际兑现的财物价值计算；未兑现的，作为情节考虑。③不能即时兑现的记名有价证券，或者能即时兑现但已被销毁、丢弃，而失主可以通过挂失、补领、补办手续等方式避免实际损失的，票面数额不作为定罪标准，但可作为量刑情节。依照该规定，行为人盗窃银行承兑汇票，票面的数额不应作为定罪的标准。（2）从所侵犯的法益看，盗窃行为未使失票人的财产权利直接受损，使用行为仅侵犯了受票人的财产权利及金融管理秩序。行为人盗窃汇票后以票据权利人的名义使用票据的行为使接收交付汇票的人受到财产损失，该行为损害了国家对金融票据的管理制度和正常秩序，符合票据诈骗罪的客体特征。（3）行为人的行为符合票据诈骗罪的客观要件特征。根据刑法规定，行为人的行为符合"冒用他人的汇票"情形。行为人明知自己不是所窃汇票的权利人，却仍向受票人明确表示票据为其所有，其以权利人的身份取得转让对价，完全符合冒用他人汇票的情形。齐备票据诈骗罪的客观要件。（4）对于混合使用盗窃、骗取手段的行为定性，刑法理论界和实务界一般均以获取财物的关键行为作为定罪的标准。本案行为人盗窃银行承兑汇票时并未实现对银行承兑汇票项下款项的控制，其获取巨额财产的关键手段是其盗窃后的骗取行为，因此应当以票据诈骗罪定罪，而不宜认定为盗窃罪。

[参考案例：《刑事审判参考》总第77集第653号]

6. 辩方提出：行为人的行为不构成金融凭证诈骗罪，且部分款项用于支付存款单位利息差，部分用于公司的银行贷款和支付公司的经营开支、购买汽车等，非个人所占有。

答辩要点：根据《刑法》第194条第2款规定的金融凭证诈骗罪，是指以非法占有为目的，使用伪造、变造的委托收款凭证、汇款凭证、银行存单等其他银行结算凭证的行为。构成本罪的条件：一是行为人使用的银行结算凭证必须是伪造、变造的。二是行为人实施的对象必须是委托收款凭证、汇款凭证、银行存单等其他银行结算凭证。这里所说的"银行结算凭证"，是指办理银行结算的凭据和证明。三是行为人必须实施了"使用"伪造、变造的银行结算凭证的行为。

本案中，行为人采用变造银行存单、伪造汇票中资金转让内容的手段诈骗存款单位钱款的行为，已构成金融凭证诈骗罪。行为人虽然是某实业有限公司经理，但进行金融凭证诈骗活动却是以其个人名义实施的；从其变造存单、填写资金转让内容、私刻他人名章等犯罪行为看，均与某实业有限公司没有关系，属个人行为；行为人诈骗来的钱款一部分用于支付存款单位息差、中间人的好处费。一部分用于归还某实业有限公司的银行贷款和支付公司的经营开支、购买汽车等。行为人将部分赃款用于某实业有限公司，应视为个人诈骗犯罪违法所得的使用。即使用于公益事业，只要是以个人名义，也是为个人谋名、谋利。因此，本案不具备单位犯罪的特征，属个人犯罪。

[参考案例:《刑事审判参考》总第1集第4号]

7. 辩方提出：行为人利用工作便利窃取他人的存款信息资料并据此实施换折、非法提取存款的行为，应当认定为盗窃罪，而非金融凭证诈骗罪。

答辩要点：刑法评价一种行为的性质，区分此罪与彼罪，评价的根据是直接侵害法益的行为而非其他作为预备或条件的行为。在既有窃取行为又有诈骗行为的情况下，是构成诈骗类犯罪还是构成盗窃罪，主要看的是行为人实现对财产侵害的关键行为的方式，也就是说，如果直接导致被害人财产损失的是窃取行为，就以盗窃罪论处，如果是诈骗行为直接导致被害人财产损失的，就应当以诈骗类犯罪定罪处罚。

本案中，行为人窃取他人的存款信息资料并据此换折的行为，虽然体现出一定的秘密性，即是在利用工作便利趁其他工作人员不备之机偷偷进行的，但该行为只是为非法占有存款创造了条件，并不等于实际占有了相应的财产，该行为只是为了下一步实施非法提取存款做了准备，尚未对存款造成实际侵害。直接造成财产法益侵害的行为是行为人利用伪造的存折支取他人存款的行为，在行为人非法取得财产的过程中并无秘密窃取的特征，其使用伪造的存折提款的行为是一种虚构事实、隐瞒真相诱使信用社陷入认识错误并"自愿"交付存款的诈骗行为。本案行为人是否构成金融凭证诈骗罪，不仅要看行为人是否实施了使用伪造、变造的银行结算凭证骗取钱款的行为，还要看行为人主观上是否具有非法占有的目的。行为人取款得手后，将部分诈骗所得用于购买轿车供个人使用，并携带剩余赃款出逃，足以认定其主观上具有非法占有的目的，其行为已经构成金融凭证诈骗罪。需要说明的是，本罪侵犯的客体是复杂客体，既侵犯国有金融凭证的管理制度，同时又对公私财产的所有权造成损害。本案储户的存折虽经行为人伪造并被提取了存款，但原存折仍是合法有效的存折，储户凭其存折当然能够依法向信用社主张提款的权利，而信用社在储户到期提款时也必须无条件向其支付存款本息。因此，本案中实际上遭受财产损失的是信用社而不是储户，信用社才是本案的被害人。

[参考案例:《刑事审判参考》总第54集第425号]

8. 辩方提出：行为人利用窃取的他人存款信息资料伪造银行存折的行为构成伪造金融票证罪，而非金融凭证诈骗罪。

答辩要点：伪造金融票证罪与金融凭证诈骗罪最为重要的区别，即是否以非法占有为目的。本案中,行为人利用窃取的他人存款信息资料伪造银行存折的行为,依法构成伪造金融票证罪,其后使用该伪造的存折到信用社取款的行为亦构成金融凭证诈骗罪,两个行为具有手段行为与目的行为的牵连关系,属于刑法理论上的牵连犯。对于牵连犯的处理,在刑法没有明确规定的情况下,刑法理论和司法实践中一般采用择一重罪论处的原则。比较两个罪应当适用的法定刑幅度,显然金融凭证诈骗罪重于伪造金融票证罪,故对行为人应以金融凭证诈骗罪论处。

[**参考案例**:《刑事审判参考》总第 54 集第 425 号]

9. 辩方提出:行为人乙、行为人丙只是为行为人甲的诈骗行为创造机会、提供帮助,未分取诈骗所得赃款,主观上也不具有非法据为己有的目的,故行为人乙、行为人丙不能与行为人甲构成金融凭证诈骗罪的共同犯罪。

答辩要点:对于本案问题的回答有赖于对共同犯罪故意的正确理解。作为共同犯罪主观要件的共同犯罪故意,指的是各共同犯罪人通过犯意联络,明知自己与他人配合共同实施犯罪会造成某种危害结果,并且希望或者放任这种危害结果发生的心理态度。可见,各共同犯罪人之间的犯意联络及对行为危害结果的预见是构成共同犯罪故意的实质性内容,而对危害结果的态度却可以有希望或者放任两种不同形式。也就是说,在共同犯罪故意的认定中,并不要求各共同犯罪人的犯罪故意内容完全一致,也并不要求各共同犯罪人分别独自具备某具体犯罪的主观要件的全部内容,如特定目的等,而只以各共同犯罪人的犯意相互连接,共同形成某一具体犯罪的主观要件整体为满足。实际上,各个共同犯罪人由于其地位、角色的不同,他们的犯罪故意内容往往是有所不同的。比如,组织犯的组织故意、实行犯的实行故意、教唆犯的教唆故意、帮助犯的帮助故意,均有其各自不同的特点。对于帮助故意的认定,只要求证明帮助犯明知他人将要实行犯罪,并积极提供帮助、创造便利条件即可,至于有无特定的犯罪目的、犯罪结果是否其所积极追求的,均不影响帮助故意的认定。

本案中,被告人行为人甲变造存单、吸引存款并归个人使用具有明显的骗取他人存款的目的,符合金融凭证诈骗罪的主观构成。行为人乙、行为人丙虽然没有个人非法占有他人钱款的目的,但在为行为人甲开具小额存单时故意拉长"元"字的第二笔或"万"字的第一笔,为行为人甲变造存单留出添加字、数的空间,尤其是行为人丙在出具了第一笔添字存单后怕暴露,又和行为人甲合谋吊空存单第二联,为行为人甲变造存单提供方便。对于这种行为可以帮助行为人甲实现非法占有他人存款的后果,二人完全清楚,却仍然予以积极配合。这种行为本身说明,行为人乙、行为人丙具有明显的帮助行为人甲实施骗取他人钱款的故意。因此，行为人甲与行为人乙、行为人丙构成金融凭证诈骗罪的共同犯罪，行为人甲为主犯，行为人乙、行为人丙为帮助犯即从犯。

[**参考案例**:《刑事审判参考》总第 25 集第 168 号]

10. 辩方提出：网上银行企业客户账户查询、转账授权书不具有货币给付和资金清算作用，也不属于其他银行结算凭证，因而不是金融凭证。行为人伪造企业网上银行转账授权书骗取资金的行为，不构成金融凭证诈骗罪，而构成诈骗罪。

答辩要点：金融凭证诈骗罪，是指使用伪造、变造的委托收款凭证、汇款凭证、银行存单以及其他银行结算凭证骗取财物，数额较大的行为。本罪的犯罪对象是银行结算凭证，包括委托收款凭证、汇款凭证、银行存单以及其他银行结算凭证。其中银行的委托收款凭证，是指收款人在委托银行向付款人收取款项时所填写、提供的凭据和证明。根据《支付结算办法》的有关规定，办理票据、信用卡和汇兑、托收承付、委托收款等转账结算业务所使用的凭证，均属银行结算凭证。此外，银行办理现金缴存或支取业务使用的有关凭证也属银行结算凭证，如现金结款单是客户到银行办理现金缴存业务的专用凭证，也是银行和客户凭以记账的依据，它证明银行与客户之间发生了资金收付关系，代表相互间债权、债务关系的建立，属于银行结算凭证。因此，只要是在金融活动中具有货币给付和资金清算作用，并表明银行与客户之间已受理或已办结相关支付结算业务的凭据，均应认定为银行结算凭证。网上银行的金融业务，虽然操作形式与传统银行柜台表现有异，但无论是功能运行还是产生的结果，都与传统的银行金融业务具有同等功效。

就本案而言，所涉及的《中国工商银行网上银行企业客户账户查询、转账授权书》是用于网上电子银行进行收付、结算的唯一的、排他的重要依据，是用于特定主体（金融机构、存款人）之间以特定的格式记载双方的特定权利、义务的书面文件，同时也是双方记账的重要凭证，符合上述金融凭证中的委托收款凭证的特征，属于新兴电子银行业务中出现的一种非传统型的银行会计凭证，具有金融凭证所具有的转账、支付等功能，因而应属于金融票证的范畴。

本案中，行为人采取诱骗企业到银行存款，办理网上银行业务后，私刻存款企业印鉴、银行印鉴，伪造存款企业网上银行转账授权书，将存款企业下挂到某公司名下作为分支机构再利用网上银行骗取银行资金，且诈骗数额特别巨大，其行为已构成金融凭证诈骗罪。

[**参考案例**:《刑事审判参考》总第 54 辑第 424 号]

六、信用证诈骗罪

1. 辩方提出：行为人系经营失误而无法偿还贷款，不构成信用证诈骗罪。即使认定为犯罪，也应为单位犯罪。

答辩要点：信用证诈骗罪，是指以非法占有为目的，采用虚构事实或隐瞒真实情况的手段，利用信用证诈骗财物的犯罪行为。

本罪侵犯的客体，是双重客体，既侵犯了他人的财产所有权，又侵犯了国家的金融管理制度。本罪在客观方面表现为行为人利用信用证进行诈骗活动，具有以下四种表现形式：(1) 使用伪造、变造的信用证或者附随的单据、文件的；(2) 使用作废的信用证的；(3) 骗取信用证的；(4) 以其他方法进行信用证诈骗活动的。本罪在主观方面必须出于故意，并且具有非法占有的目的。

本案中，行为人以无注册资金的公司进行经营活动，本身就具备一定的欺诈故意，加之以伪造信用证附随客检证明骗取打包贷款后，不组织合同条款规定的生产，而将贷款偿还其个人债务或用以挥霍；信用证到期不出货，也不归还贷款，却多次以空头支票搪塞，从中可反映出行为人主观上具有非法占有故意。客观上行为人在上述信用证通知行及代理出口企业对信用证客检条款提出异议，且开证方不愿预先提供客检证明的情况下，采用伪造跟单信用证附随文件的欺诈手法骗取打包贷款，应当认定构成信用证诈骗罪。

信用证诈骗罪属于行为犯，其实际危害后果并不是此罪的成立要件。为单位牟取非法利益并由单位集体或负责人员决定而实施的是单位犯罪。本案中，行为人虽为公司负责人员，但其公司不是依法成立的私营企业，骗取"打包贷款"后，绝大部分用于个人还债及挥霍使用，其诈骗行为不构成单位犯罪，应以个人犯罪处罚。

[**参考案例**：(2011) 浙绍刑终字第 288 号]

2. 辩方提出：行为人等以非法占有为目的，在签订、履行合同过程中，共同虚构事实、隐瞒真相，骗取被害单位财物数额特别巨大的行为，构成合同诈骗罪而非信用证诈骗罪。

答辩要点：信用证诈骗罪与合同诈骗罪是法条竞合关系，一般应择一重罪处。第一，在构成要件上，信用证诈骗罪与合同诈骗罪都是以非法占有为目的，使用虚构事实或者隐瞒真相的方法，骗取数额较大的公私财物的行为。但是，具体犯罪行为不同，侵犯的犯罪客体不同，罪名都不容混淆。信用证诈骗罪在客体上侵犯了国家对信用证管理制度，在客观上限于利用信用证进行诈骗活动，骗取数额较大的公私财物的行为。合同诈骗罪侵犯的客体是国家对合同管理制度，客观上限于在签订、履行合同过程中进行诈骗的行为。对于混合使用合同、骗取开立信用证手段的行为定性,刑法理论界和实务界一般均以获取财物的关键行为作为定罪标准。

本案中,行为人明知自身无履约能力,却谎称可开立国内信用证付款方式购买机械设备,为达到让被害单位发送46台机械设备的目的,行为人通过承诺支付高额中介费用,纠集并在他人帮助下,以篡改合同条款、私自扫描某甲公司印章等手段,骗取某乙公司向被害单位发出购买46台机械设备的信用证,行为人实施假冒收货人、私刻某乙公司印章、伪造某乙公司介绍信等手段,骗取46台机械设备。本案行为人签订合同时并未实现对被害单位财物的控制,其获取巨额财物的关键手段是骗取开立信用证给被害单位来达到骗取财物的目的,因此应当以信用证诈骗罪定罪,而不应认定为合同诈骗罪。

[参考案例:(2014)闽刑终字第21号]

3. **辩方提出**:行为人没有利用信用证进行诈骗,没有非法占有货物的目的,因此行为人的行为不构成信用证诈骗罪。

答辩要点:信用证诈骗罪是指以非法占有为目的,采用虚构事实或隐瞒真实情况的手段,利用信用证诈骗财物的犯罪行为。行为人主观上出于故意且具有非法占有为目的,客观上实施了使用伪造的信用证或者附随的单据,致使他人陷入错误认识而"自愿"交付财物的行为。

本案中,行为人以非法占有为目的,在明知没有实际履行能力的情况下,使用伪造的提单等信用证附随单据及文件,隐瞒真相,骗取对方当事人财物数额特别巨大,其行为已构成信用证诈骗罪。

[参考案例:(2008)沪一中刑初字第326号]

4. **辩方提出**:行为人在提供足额担保的情况下,用合法取得的信用证向银行办理贷款,未骗取信用证项下款项,不构成信用证诈骗罪且本案系单位犯罪。

答辩要点:首先,信用证诈骗罪的客体是国家的金融管理秩序,使用骗取的信用证进行诈骗活动,并不限于行为人利用信用证的支付功能直接骗取信用证项下的款项,也包括了利用信用证的信用功能,将骗取的信用证用于抵押、质押或担保等进而骗取贷款;其次,信用证诈骗包括使用伪造、变造的信用证或者附随的单据、文件进行诈骗活动及骗取信用证进行诈骗活动等情形。

本案中,行为人虚构贸易业务,让他人代为开具信用证,并提交伪造提单等货运单据,骗得银行押汇款,之后逃避返还资金并潜逃,符合信用证诈骗罪客观方面特征,其是否提供担保不影响该罪成立。行为人单位虽系信用证押汇业务的申请主体,但行为人在未经其他公司股东同意的情况下,私自决定以公司名义办理信用证押汇业务,且实际的受益人亦为行为人个人,应认定为个人犯罪。

[参考案例:(2014)甬鄞刑初字第425号]

七、信用卡诈骗罪

1. 辩方提出：行为人没有冒用他人信用卡的行为，只是以代办信用卡或者提高信用卡额度为幌子从被害人的储蓄卡内骗取资金，由于储蓄卡不是信用卡，故行为人不构成信用卡诈骗罪。

答辩要点：根据《刑法》第 196 条规定，信用卡诈骗罪是指以非法占有为目的，违反信用卡管理法规，利用信用卡进行诈骗活动，骗取财物数额较大的行为。利用信用卡，一般是指使用伪造的、作废的信用卡或者冒用他人的信用卡、恶意透支的方法进行诈骗活动。2009 年 12 月 15 日最高人民法院、最高人民检察院共同发布了《关于办理妨害信用卡管理刑事案件具体应用法律若干问题的解释》（2018 年 10 月 19 日修正，以下简称《解释》），该司法解释第 5 条第 2 款对"冒用他人信用卡"规定了四种具体情形，其中包括：以窃取、收买、骗取或者以其他非法方式获取他人信用卡信息资料，并通过互联网、通信终端等使用的行为。

本案中，行为人冒用他人信用卡实施诈骗的行为侵犯了国家对信用卡的管理制度和他人财产所有权。以欺骗的方式非法获取被害人信用卡信息资料后，通过支付宝的互联网终端将被害人钱款转出后占为己有。这种犯罪行为，骗取被害人钱款时不需要被害人提供信用卡卡片，犯罪手段极为隐蔽，危害性很大，其行为符合上述《解释》第 5 条第 2 款第（三）项的规定，应当认定信用卡诈骗罪。

[**参考案例**：（2014）沪二中刑终字第 1234 号]

2. 辩方提出：行为人盗窃信用卡并使用，应当认定为盗窃罪。

答辩要点：全国人大常委会《关于〈中华人民共和国刑法〉有关信用卡规定的解释》明确规定。刑法规定的"信用卡"，是指由商业银行或者其他金融机构发行的具有消费支付、信用贷款、转账结算、存取现金等全部功能或者部分功能的电子支付卡。当然，该卡应当是真实、有效的。因此，《刑法》第 196 条第 3 款中的"盗窃信用卡并使用"中的"信用卡"应当是已被激活、能正常使用的信用卡，即具备消费、支付、转账、存取等全部或者部分功能。无效卡、伪造卡、变造卡、涂改卡均不能归入其中。该款立法意图在于将盗窃信用卡并使用的性质界定为事后不可罚的行为，这里的信用卡本身已经具有了财产的价值属性，能够直接转化成相应价值的资金或者财物。最高人民法院曾于 1986 年 11 月 3 日在对下级法院的答复中明确："被告人盗窃信用卡后有仿冒卡主签名进行购物、消费的行为，是将信用卡本身所含的不确定价值转化为具体财物过程，是盗窃犯罪的继续，应定盗窃罪。"本案中，发卡行邮寄给申领人的信封中的卡片因未激活,还不具备信用卡的基本功能,属于广义上的无效卡范畴,故盗窃未激活的信用卡超出了《刑法》第 196 条第 3 款规定的"信用卡"外延。

司法实践中,针对记名载体物财物价值的不同兑现方式,可视不同情形作相应认定:(1)盗窃不记名、不挂失的财产权利载体物,因能即时兑现财产权利,行为人窃取后,就拥有了对相对应财物的控制权,以盗窃罪论处。(2)盗窃记名的票据、金融凭证、信用卡,行为人不论是否采取其他欺骗行为,在兑现时,须冒充权利人行使权利从而取得载体物财产价值,且"冒用"情形是票据诈骗罪、金融凭证诈骗罪、信用卡诈骗罪客观方面均要求的行为。行为人如果冒充权利人兑现财产价值,则以上述金融诈骗罪定罪量刑。(3)盗窃除(2)以外记名的权利载体物,如果采用伪造银行预留印鉴、印章,仿冒持票人签名等形式兑现财产价值的,由于其后续欺骗行为是取得财产的关键行为,以票据诈骗罪追究刑事责任;如果盗窃的是印鉴齐全的载体物,兑现时无须另行提供身份证明等资料,将其兑现行为视为实现窃取物价值的事后不可罚行为,则以盗窃罪处理。

本案行为人的行为属于上述第二类行为。信用卡作为一种记名的、使用时必须附随一定印鉴、身份证件、密码的金融凭证,行为人盗窃未激活的信用卡后,并不能无条件地获取财物。兑现财物须实施冒名激活、冒名使用的欺诈行为,故行为人的行为应当认定为信用卡诈骗罪。

[**参考案例**:人民法院案例选 2014 年第 3 辑]

3. 辩方提出:行为人利用病毒程序拦截被害人的手机短信,获取网上购物支付"验证码",进而"盗刷"被害人银行卡的行为,行为人的行为构成盗窃罪。

答辩要点:根据《刑法》第 196 条规定,信用卡诈骗罪是指以非法占有为目的,违反信用卡管理法规,利用信用卡进行诈骗活动,骗取财物数额较大的行为。利用信用卡,一般是指使用伪造的、作废的信用卡或者冒用他人的信用卡、恶意透支的方法进行诈骗活动。所谓"冒用他人信用卡",是指非持卡人以持卡人的名义使用持卡人的信用卡骗取财物的行为。由于刑法并未对行为人取得他人信用卡的方式以及冒用的具体手段作出具体规定,2009 年 12 月最高人民法院、最高人民检察院发布的《关于办理妨害信用卡管理刑事案件具体应用法律若干问题的解释》(以下简称《解释》)第 5 条第 2 款主要从以下三个方面对此进行了具体规定:第一项是拾得他人信用卡并使用的行为,司法实践中通常表现为三种情形,一是拾得他人遗留在 ATM 里的信用卡并使用的;二是拾得他人的信用卡及其密码并使用的;三是拾得他人的信用卡后,通过猜配密码使用的。第二项是骗取他人的信用卡并使用的行为。行为人骗取他人信用卡不等于骗取了信用卡所记载的钱款,只有使用了该信用卡才能取得他人的财产。因此,此种行为应当认定为冒用他人信用卡的信用卡诈骗行为。第三项是窃取、收买、骗取或者以其他非法方式获取他人信用卡信息资料,并通过互联网、通信终端等使用的行为。另外,对于盗窃他人信用卡并使用的行为,因《刑法》第 196 条第 3 款已规定,盗窃信用卡并使用的,以盗窃罪定罪处罚,所以对于此种犯罪行为不能认定为信用卡诈骗罪中的"冒用他人信用卡"。

本案中,行为人通过钓鱼网站、病毒程序,在被害人不知情的情况下窃取被害人的银行卡信息及身份信息,之后通过互联网购物终端以快捷支付方式"盗刷"被害人的银行卡变现使用的行为,完全符合上述《解释》第 5 条第 2 款第(三)项的规定,属于以无磁交易方式"冒用他人信用卡"。因此,行为人构成信用卡诈骗罪。

[**参考案例**:(2015)渝四中法刑终字第 00037 号]

4. 辩方提出:行为人作为持卡人,只要在银行两次催收后的 3 个月内有一次归还透支款的行为,无论归还多少金额,均不符合"经发卡银行两次催收后超过 3 个月仍不归还"的法律规定,故此前银行的所有催收归于无效,银行应重新对持卡人进行催收,未经重新催收,不能认定行为人构成信用卡诈骗罪。

答辩要点:催收的效力仅在两种情况下终止:一是持卡人归还全部透支款,催收目的全部实现,催收效力终止;二是持卡人与银行另行达成还款协议,催收效力因银行的允诺而终止。除上述两种情形外,无论持卡人有多少次还款行为,也无论还款金额为多少,银行对于尚未归还部分的催收效力均继续发生作用,不需对该部分金额进行重新催收;银行对于已归还部分的催收效力则因催收目的实现而终止,该部分金额应从犯罪金额中予以扣除。因此,待法定期限届满,持卡人对已经银行催收而尚未归还的部分金额构成恶意透支,当这部分金额达到刑事追诉标准的,构成信用卡诈骗罪。理由如下:一是还款后一律重新催收可能导致持卡人恶意规避刑事责任。按照任意金额的还款推翻催收效力的观点,若持卡人透支 10 万元,在银行第二次催收后的 3 个月内归还 1 元,则催收失效,银行须重新催收;在银行重新催收后又归还 1 元,银行又须重新催收。如此恶性循环,既不合理地增加了银行的成本,也给持卡人钻法律空子的机会,深谙于此的恶意透支"老手"甚至可以通过定期归还极小金额的欠款而永远不被刑事追诉,从客观上使恶意透支型信用卡诈骗罪的适用被架空。更为严重的是,在这一过程中,透支金额可能持续增加,导致金融风险进一步扩大,不符合本罪的立法目的。二是持卡人部分还款仅导致该部分催收效力的终止。持卡人部分还款对催收的效力,可从法律规定催收不还的目的及部分还款行为本身来评判。恶意透支本质上是一种源于金融业固有风险的投机行为,应限制使用刑罚,故科以刑罚时通过非法占有目的及催收不还加以限定。非法占有目的产生于透支前或透支时,此时恶意透支仅是一种潜在的风险,并不受到刑法追究;而催收不还使不确定的金融风险变成确定的债权债务关系,直接侵犯了财产权和金融管理秩序,从而导致刑罚的发动。可见,法律规定催收不还的目的是将此作为区分一般违法意义上的恶意透支和刑法意义上恶意透支的界限,前者系民事纠纷,后者则要接受刑事处罚。

本案中,被告人金某某以非法占有为目的,恶意透支,进行信用卡诈骗活动,数额巨大。虽然银行催收后,归还少量欠款,但并未影响银行对于尚未归还部分的催收效力均继续发生作用,因此行为人未归还部分已达到数额巨大,应当以信用卡诈骗罪追究其刑事责任。

[**参考案例**:(2012)沪一中刑终字第 76 号]

5. 辩方提出:行为人是信用卡的实际使用人,而非信用卡合法持有人,信用卡诈骗罪处罚的应当是信用卡的持有人,而非实际使用人,因此,行为人不构成信用卡诈骗罪。

答辩要点:对恶意透支型的信用卡诈骗罪,刑法规定的主体是"持卡人",但立法者并未限定为登记持卡人还是实际持卡人。从实践看,申领人为登记持卡人,借用人为实际持卡人,两者都属于合法持卡人,都可以纳入《刑法》第 196 条的"持卡人"范畴。因此,恶意透支型信用卡诈骗罪的主体不应当仅限于持卡人,还可以包括使用人。具体分以下两种情形认定:一是持卡人与使用人具有共同犯罪故意和犯罪行为的,以恶意透支型信用卡诈骗罪的共犯论处。根据共同犯罪的理论,如果有证据证明持卡人主观上也具有非法占有的目的,默许使用人的恶意透支行为,符合恶意透支的成立要件,则应当追究使用人和持卡人共同犯罪的刑事责任,认定为恶意透支型信用卡诈骗罪的共犯。二是持卡人无共同犯罪故意的,应当对使用人以恶意透支型信用卡诈骗罪论处。在持卡人缺乏共同犯罪故意,或者无法查明持卡人具有共同犯罪故意的情形下,由于持卡人既无犯罪故意,又无犯罪行为,不能构成犯罪,只能对使用人以信用卡诈骗罪论处。

本案中,行为人以非法占有为目的,对持有的信用卡超过规定期限透支,并且经发卡银行多次催收,超过规定的期限仍不予归还,数额较大,其行为已经构成信用卡诈骗罪。本案中的持卡人主观上缺乏非法占有的目的,也没有实施恶意透支的行为,不应当构成犯罪。

[**参考案例**:范某某信用卡诈骗案《人民司法》]

八、有价证券诈骗罪

1. 辩方提出:行为人没有非法占有为目的,其行为符合骗取贷款罪。

答辩要点：有价证券诈骗罪，是指行为人在主观上具有以非法占有为目的，使用伪造、变造的国库券或者国家发行的其他有价证券，进行诈骗活动，数额较大的行为。

本罪侵犯的客体是国家对有价证券的管理秩序及公私财产所有权。客观方面表现为行为人使用伪造、变造的国库券或者国家发行的其他有价证券，进行诈骗活动，数额较大的行为。本条所称"使用"，是指行为人将伪造、变造的国库券或者国家发行的其他有价证券用于兑换现金、抵销债务等获取财物或者财产性利益的活动。主观方面是故意，并且具有以非法占有为目的。骗取贷款罪，是指以欺骗手段取得银行或者其他金融机构贷款，给银行或者其他金融机构造成重大损失或者有其他严重情节的行为，本罪不要求以非法占有为目的。

本案中，行为人通过他人伪造了署名中国建设银行股份有限公司某支行、面值为人民币2600万元的凭证式国债收款凭证。为了利用所伪造的国债收款凭证做质押从银行骗取贷款，行为人通过他人到中国建设银行某分行欲使用伪造的国债收款凭证实施质押贷款，因经该行工作人员核实，发现行为人持有的面值为2600元的凭证式国债收款凭证系伪造，行为人实施犯罪未遂。行为人以非法占有为目的，明知是他人伪造的有价证券而予以使用，进行诈骗活动，其行为构成有价证券诈骗罪，而非骗取贷款罪。

[**参考案例**：（2013）昌刑初字第312号]

2. 辩方提出：行为人实施的是一般诈骗行为，应构成诈骗罪，而非有价证券诈骗罪。

答辩要点：诈骗罪是指以非法占有为目的，采用虚构事实或者隐瞒真相的方法，骗取公私财物，数额较大的行为。有价证券诈骗罪，是指使用伪造、变造的国库券或者国家发行的其他有价证券，进行诈骗活动，数额较大的行为。二者有着很多相同的特点，如在主观方面都是故意，都有非法占有公私财物的目的，主体都是自然人等，同时有价证券诈骗和一般诈骗在客观方面也有很多相似的特点，都是虚构事实，隐瞒事实真相、诈骗钱财等。有价证券诈骗罪与一般的诈骗罪存在明显差异：一是侵害的客体不同。有价证券诈骗罪侵害的是复杂客体，即国家的有价证券管理制度和公私财产所有权；而一般诈骗罪侵害的是单一客体，即公私财产所有权。二是客观方面的表现不同。两者在客观方面的具体表现形式有所不同。有价证券诈骗犯罪行为仅仅表现为，使用伪造、变造的有价证券实施诈骗，而一般诈骗不是使用这种形式，多以编造谎言骗取钱财，其表现形式更具多样化。

本案中，行为人积极帮助他人购买伪造的国库券收款凭证，诈骗银行资金，数额特别巨大,其行为已构成有价证券诈骗罪。

[**参考案例**:(2014)黔盘刑初字第 406 号]

3. 辩方提出:行为人窃取、变造已付讫的国库券再骗兑的行为应当定性为有价证券诈骗罪,而非诈骗罪。

答辩要点:所谓有价证券,泛指表示一定面额财产的证券,如汇票、支票、股票、公债券、国库券、提单等。其特征为:(1)表示财产权,证券上记载是权利人或执票人财产权的内容;(2)证券券面所表示的权利与证券不可分离,权利的行使和转移,以背书或交付证券为条件。有价证券还可以分为记名有价证券和无记名有价证券。根据 1999 年 3 月 18 日国务院发布的《中华人民共和国国库券条例》的精神,国库券属于一次性按期偿还本金付清利息的证券。其虽然不得作为货币流通,但可以用于抵押,在国家批准的交易场所,还可以转让。因此,国库券应属于一种不记名有价证券。虽然有价证券券面所表示的权利与证券不可分离,但是权利的行使与转移,是以背书或交付为条件的,也就是说,执票人一旦向银行交付国库券,银行据券兑付后,该国库券所表示的有价证券属性即行消灭,剩下的只不过是盖有付讫章的一张废券。因此付讫二字不仅表明有价证券所表现的权利已被执票人实现,而且也表明此券已丧失了它的原有有价属性,即可兑付性。确定国库券在盖了付讫章后是否仍有有价属性,不应以是否造成损失为标准。就其基本含意而言,损失是指财产利益的减少或者灭失。已付讫的国库券丢失、被盗,国家、银行的财产实际没有丢失、被盗。银行的损失实际是一种内部核销凭证不存在而无法予以核销的损失,充其量只是银行账面上的损失,国家并未有实际财产的损失。盖有"付讫"章的国库券已不再是有价证券,因为它已经失去了有价证券可以转让、兑付的基本特征。

行为人将银行盖有付讫章的国库券,从银行金库内盗出后,携至宿舍内用化学药剂清洗掉券面上的付讫二字。再持经变造了的国库券在市内数家储蓄所、信用社共兑得现金,其实质是将盗得的已失效(作废)有价证券进行变造,使其与尚未兑付的国库券在形式上完全相同,以此隐瞒事实真相的方法,欺骗兑付银行,诈骗银行兑付款。这一行为,完全符合诈骗罪的特征。行为人在本案中实施诈骗犯罪的手段,又触犯了《刑法》第 178 条伪造、变造国家有价证券罪的规定,按照处理牵连犯的原则,本案应以诈骗罪定罪处刑。

[**参考案例**:《刑事审判参考》总第 62 集第 45 号]

九、保险诈骗罪

1. 辩方提出:保险诈骗罪只有既遂才构成,行为人未领到保险金,因此不构成保险诈骗罪。

答辩要点：根据《刑法》第198条的规定，保险诈骗罪是指投保人、被保险人或者受益人，违反保险法规定，用虚构事实或者隐瞒真相的方法，骗取保险金，数额较大的行为。《刑法》第198条第1款列举的五种骗取保险金数额较大的情况，均为既遂行为，构成保险诈骗罪。对保险诈骗未得逞即未遂，需要定罪处罚。首先，保险诈骗罪确是结果犯，但所谓结果犯仅是就犯罪既遂标准而言的。已经着手实施保险诈骗，但因意志以外的原因未得逞的，系保险诈骗未遂。既遂犯需要定罪处罚，至于未遂犯，根据《刑法》第23条的规定，可以比照既遂犯从轻或减轻处罚。可见，我国刑法对未遂犯的处置原则是一般需要定罪处罚，只不过可以比照既遂犯相应从轻或减轻处罚而已。

本案中，行为人已通过其妻子着手向保险公司索赔，只是因为公安机关及时破案而未得逞，构成保险诈骗罪未遂犯，根据上述原则需要定罪处罚。根据1996年12月16日最高人民法院《关于审理诈骗案件具体应用法律若干问题的解释》（以下简称《解释》）第1条第6款规定，"已经着手实行诈骗行为，只是由于行为人意志以外的原因未获取财物的是诈骗未遂，诈骗未遂情节严重的，也应当定罪并依法处罚"。该《解释》虽已失效，但《解释》的精神实质在于说明，诈骗未遂情节严重的，如以数额巨大的财物为诈骗目标等，应当定罪处罚，至于诈骗目标数额较小等情节并不严重的诈骗未遂情形，可不予再追究刑事责任。本案行为人意图进行保险诈骗目标数额巨大，应属情节严重，应予以定罪处罚。

［**参考案例**：《刑事审判参考》总第38集第296号］

2.辩方提出：行为人既不是投保人、被保险人或者受益人，也不是保险事故的鉴定人、证明人、财产评估人，不具有保险诈骗犯罪的主体资格和构成共犯的主体资格，故不构成保险诈骗罪。

答辩要点：根据《刑法》第198条的规定，保险诈骗罪是指投保人、被保险人或者受益人，违反保险法规定，用虚构事实或者隐瞒真相的方法，骗取保险金，数额较大的行为。至于实施保险诈骗的方法和手段，《刑法》规定了5种，行为人只要实施了其中之一种，即可构成本罪（同时实施了其中两种以上行为的，仍为一罪，不实行并罚）。保险诈骗罪主体自残后骗保或者请他人"代手"伤残自己后骗保的，均符合上述第（五）项的本质特征。但从共同犯罪角度看，任何人明知被保险人意欲自伤后骗取保险金而仍为其提供帮助行为的，包括帮助其故意制造保险事故（本案表现为自残）的，尽管该帮助人未参与帮助其进行索赔等事项的，根据共同犯罪的一般原理，仍可成立保险诈骗罪的共犯。

本案中，行为人虽不具备保险诈骗罪主体的特殊身份，但其明知他人意欲实施保险诈骗仍答应并帮助其故意制造保险事故（帮助自残），共同实施保险诈骗制造条件，应可成立保险诈骗罪（预备）的帮助犯。根据刑法总则规定的共同犯罪的一般原理，"保险事故的鉴定人、证明人、财产评估人故意为保险诈骗行为人提供虚假的证明文件，为其进行保险诈骗提供条件的，应构成保险诈骗罪的共犯"，其他明知保险诈骗行为人意欲进行保险诈骗而为其提供其他条件或帮助的人，同样也能够成立保险诈骗罪的帮助犯。行为人只实施了一个行为，即帮助行为人实施自残的行为。该行为又因同时具备两种不同的性质（一方面是故意伤害了他人的身体健康，另一方面是为他人进行保险诈骗制造了条件）而触犯了两个罪名即故意伤害罪和保险诈骗罪（犯罪预备中的帮助犯），系想象的竞合犯。按照想象的竞合犯的从一重处断原则，显然对行为人应定故意伤害罪一罪即可，而不宜作双重评价，以故意伤害罪和保险诈骗罪进行并罚。

[**参考案例**：《刑事审判参考》总第38集第296号]

3. 辩方提出：行为人只有补办保险的意思表示，但并没有与他人合谋犯罪，且其没有实施虚构保险标的的客观行为，故行为人不构成保险诈骗罪。

答辩要点：所谓事后投保，简单地说就是先出险后投保，即投保人原先并没与保险人就保险对象订立保险合同以确立保险利益，只是在某一特定事故发生后，事故责任人为转嫁其应当或者可能将要承担的该事故所造成的经济损失，才以投保人的身份隐瞒事故真相向保险人投保，将该事故转化为保险标的，从而骗取保险金的行为。事后投保的诈骗与事前投保的诈骗并无本质区别，都是将保险合同作为形式载体，使得保险人产生了错误认识，目的行为都是非法占有保险金。那么，这种通过订立虚假保险合同关系的方式虚构保险标的，将黑手指向保险金的犯罪行为，必须接受《刑法》第198条设置的保险诈骗罪的规制。

本案中，行为人以非法占有为目的，在发生死亡事故后，为骗取保险金，故意虚构保险标的，请求他人为其补办保险手续，从而骗取保险金人民币80000元，数额巨大。其行为已构成保险诈骗罪。

[**参考案例**：（2006）通中刑二终字第0111号]

4. 辩方提出：行为人有挂靠单位，所有保险的相关费用虽然由挂靠者个人支出，但行为人所在的挂靠单位是保险合同的投保人，行为人不符合保险诈骗罪的犯罪主体，因此行为人不构成保险诈骗罪。

答辩要点：挂靠车辆的实际所有者作为实际投保人和被保险人，对于保险标的具有直接的保险利益关系，完全可以成为保险诈骗罪的主体。一是挂靠者作为隐名被保险人和实际投保人，是保险合同权利义务的实际承受者。依民事公示公信原则，民事权利属于公示于外在的主体，但特殊情况下，同时存在权利的隐名主体，同样受法律保护。保险合同的投保人或被保险人同样有可能同时存在形式上的显名主体和实质上的隐名主体。二是对保险标的享有的保险利益实际属于挂靠者。保险利益是指对保险标的具有的法律上承认的利益。财产保险的目的在于填补被保险人所遭受意外财产损失的损害，因此"损害是利益的反面"常作为判断保险利益归属的方法，即谁会因为保险事故的发生而受到损害谁就是保险利益的归属方。挂靠者作为车辆的实际所有者和经营者，与车辆有着切身的利害关系，一旦投保车辆发生意外事故，直接财产的损失承受者就是挂靠者。因此，挂靠单位对保险车辆只具有形式上的保险利益，挂靠者对投保车辆才存在着实质的保险利益。三是挂靠者是实际的投保人和被保险人。根据保险法的规定，投保人是指对保险标的具有保险利益与保险人签订合同并向保险人交付保险费的人。虽然挂靠单位是与保险人签订合同的名义主体，但挂靠者却是实际隐名合同主体。挂靠者不以自己名义投保，是因为现实需要而与挂靠单位签订协议将车辆登记于挂靠单位名下所致。

本案中，行为人实质上符合"具有保险利益""交纳保险费"的要件，是实际上的投保人。被保险人是受保险合同保障，享有赔偿请求权的人，财产保险须为保险财产所有人或经营管理人。行为人是保险财产即机动车辆实际上的所有人及经营管理人，与保险财产存有保险利益，在发生保险事故时享有实质上的借助显名被保险人的名义获得赔偿的请求权，因此行为人属于实质被保险人。综上，行为人作为保险标的的实际投保人和被保险人，对于保险标的具有直接的保险利益关系，完全可以成为保险诈骗罪的主体。

本案中，行为人利用挂靠单位从保险公司骗得盗窃险保险金的行为，属于隐名被保险人（实际投保人）利用显名被保险人（名义投保人）名义实施的保险诈骗行为，构成保险诈骗罪的间接正犯。

[参考案例:《刑事审判参考》总第61集第479号]

十、合同诈骗罪

1. 辩方提出：行为人的行为系表见代理行为，其作为公司工作人员，利用职务上便利，挪用客户交来的货款归个人使用，数额较大，其行为构成挪用资金罪。

答辩要点：界定行为人行为性质的关键在于其非法占有款项的归属性质，如果行为人占有的该款项应属其所在单位即煤气公司所有，则行为人的行为可能构成挪用资金罪；如果该款项的性质仍属于客户纸箱厂支付给行为人个人的货款，则谭某的行为属于合同诈骗性质。

一是行为人的行为不构成挪用资金罪。行为人的行为不能成立表见代理，行为人收取的客户纸箱厂的预付款不属于煤气公司所有。表见代理，是指行为人虽无代理权或超越代理权，但善意相对人客观上有充分理由相信行为人具有代理权，而与其为民事法律行为，该民事法律行为的后果直接由被代理人承担。首先，行为人为了使纸箱厂与其签订合同，消除其关于定价过低的疑惑，故意欺骗纸箱厂，称其公司卖出的液化气来源系走私，故低于市场价格。而纸箱厂信服了谭某某解释的理由并与其签订了买卖协议。其主观上存在谋取不正当利益、损害国家利益的恶意，不属于善意相对人。其次，液化石油气的零售价格由国家制定，批发价由企业自己制定，但是不能超过国家规定的最高限价，纸箱厂没有对此原因进行认真核实而出于谋取不正当利益的动机就简单轻信，因此纸箱厂在签订合同过程中主观上具有重大过失。最后，行为人冒用其所在公司名义与纸箱厂签订的液化气买卖协议不成立表见代理，且事后煤气公司也没有对该协议效力进行追认，故行为人与纸箱厂所签协议的效力不及于煤气公司，其收取的纸箱厂的合同货款不属于煤气公司所有。

二是煤气公司从未实际掌控纸箱厂的全部货款。纸箱厂所付款项并未直接汇入煤气公司的账户，而是全部由行为人个人收取。行为人收取纸箱厂的货款后，再向煤气公司以正常价格购买液化石油气交付给纸箱厂。煤气公司收到的是行为人支付的货款，而并非纸箱厂直接支付的货款。纸箱厂购买液化石油气的货款，全部由行为人个人控制和掌握，煤气公司从未实际掌控过纸箱厂的货款。综上，行为人占有的款项在案发时既非其所在单位所有，也未受其单位实际控制，该款项系其个人非法占有的纸箱厂所按合同交付的货款，因此，行为人侵占该款项的行为没有侵害到其所在单位煤气公司的利益，而侵害的是纸箱厂的财产利益，故其行为不能构成职务侵占罪或挪用资金罪。

三是行为人的行为构成合同诈骗罪。根据《刑法》第224条的规定，合同诈骗罪是指以非法占有为目的，在签订、履行合同过程中，采取虚构事实或者隐瞒真相等欺骗手段，骗取对方当事人的财物，数额较大的行为。本案行为人具有非法占有纸箱厂货款的目的，其行为符合合同诈骗罪的构成要件。依据本案现有证据可以认定行为人具有非法占有的目的，理由在于，行为人以市场价格购入石油气，转手以明显低于市场价格卖出的行为，不但不能获取交易收入反而自己要赔钱，其在明知自己这种行为难以为继，终将导致无法完全履行合同的情况下，仍然以先履行部分合同的方法，诱骗纸箱厂继续签订和履行瓶装液化石油气买卖协议，收取预付款，显然具有非法占有货款的目的。行为人已经明知自己没有能力填补预收货款与履行合同成本之间的巨额差价，反而继续以更低的价格为诱饵，诱使纸箱厂多次签订合同，扩大预收货款金额。据此，完全可以认定行为人主观上具有非法占有纸箱厂货款的目的。

综上所述，行为人明知自己没有履行合同的能力，以非法占有为目的，以先部分履行合同的方法欺骗纸箱厂，制造自己有能力履行合同的假象，不断诱骗纸箱厂继续签订合同支付预付款，最终给纸箱厂造成47万余元损失，完全符合合同诈骗罪的犯罪构成要件。

[**参考案例**]:《刑事审判参考》总第70集第577号

2. 辩方提出：行为人处分被兼并企业财产的行为是公司正常经营活动，是与被兼并企业职工之间系经济纠纷，不构成合同诈骗罪。

答辩要点：行为人以欺骗方法对集体企业实施"兼并"，恶意处分被兼并企业的财产并据为己有，其行为符合合同诈骗罪的特征，应以合同诈骗罪定罪处罚。《刑法》第224条规定，"有下列情形之一，以非法占有为目的，在签订、履行合同过程中，骗取对方当事人财物，数额较大的"，构成合同诈骗："（一）以虚构的单位或者冒用他人名义签订合同的；（二）以伪造、变造、作废的票据或者其他虚假的产权证明作担保的；（三）没有实际履行能力，以先履行小额合同或者部分履行合同的方法，诱骗对方当事人继续签订和履行合同的；（四）收受对方当事人给付的货物、货款、预付款或者担保财产后逃匿的；（五）以其他方法骗取对方当事人财物的。"

本案中，行为人通过签订"兼并"协议控制被兼并企业财产后恶意处分的行为，是否构成合同诈骗罪，关键取决于以下两个因素的认定：一是行为人在签订、履行兼并合同过程中是否采取了欺骗手段，二是行为人是否具有非法占有的目的。首先，行为人不具有履行兼并合同的能力，其与对方当事人签订兼并协议，属于《刑法》第224条规定的"以其他方法骗取对方当事人财物"。行为人之所以能将被兼并企业的财产占为己有，不仅假借了"兼并"协议，更与其在签订、履行合同过程中实施的一系列虚构事实、隐瞒事实真相的手段紧密相连。行为人的行为符合合同诈骗罪的客观构成要件。其次，行为人主观上具有非法占有的故意。根据有关司法解释和司法实践经验，判定行为人是否具有非法占有的目的，主要应当结合签订合同时有无履约能力、签订和履行合同过程中有无采取欺骗手段、有无实际履行行为、违约后是否愿意承担责任以及未履行合同的具体原因等因素加以综合判断。本案中，行为人不仅没有履行兼并合同的能力，而且在以零价格实施"兼并"后，并未按照兼并合同约定履行义务，而是恶意处分被兼并企业财产，将大部分私自转移并据为己有，后又携款潜逃外地，并更名改姓企图外逃出境。其行为充分证明其主观上无任何履行兼并协议规定义务的诚意。因此，应当认定行为人主观上具有非法占有被"兼并"企业财产的主观故意。

综上所述，行为人明知自己不具备兼并企业的条件和履行合同的能力，而以欺骗手段骗取被兼并企业与其签订合同；在合同签订后，毫无履行合同诚意，恶意处分被兼并企业的财产并将大部分据为己有，并携款潜逃，其行为应构成合同诈骗罪。且其以单位名义实施犯罪，违法所得由行为人所占有，不属于单位犯罪。

[**参考案例:**《刑事审判参考》总第29集第211号]

3. 辩方提出: 行为人采用虚构资金用途、隐瞒公司真实情况、以虚假的产权证明作担保等手段，通过向银行贷款的方式骗取担保人财产的行为，构成贷款诈骗罪。

答辩要点: 本案争议的焦点就是行为人通过银行贷款的方式骗取江苏某公司承担担保责任1705万元，究竟构成贷款诈骗罪还是合同诈骗罪。根据《刑法》第224条的规定，合同诈骗罪是指以非法占有为目的，在签订、履行合同过程中，骗取对方当事人的财物，数额较大的行为，其侵犯的是复杂客体，即公私财产所有权和社会主义市场秩序，犯罪对象为对方当事人的财物。根据《刑法》第193条的规定，贷款诈骗罪，是指以非法占有为目的，诈骗银行或者其他金融机构的贷款，数额较大的行为，其侵犯的也是复杂客体，即金融机构的财产所有权和国家正常的金融秩序，犯罪对象为金融机构的贷款。按照我国刑法学界的通说，在一定条件下，犯罪客体对认定犯罪的性质、分清此罪与彼罪的界限，具有决定性的意义，而犯罪对象往往是犯罪客体的表现形式。因此，通过区别犯罪客体和犯罪对象，可以准确界定通过向银行贷款骗取担保人财产的行为性质。通过向银行贷款的方式骗取担保人财产的行为，表面上看是骗取银行贷款，实际上侵害的是担保人的财产权益，犯罪对象并非银行贷款而是担保合同一方当事人的财产，对此种行为应以合同诈骗罪论处。

本案中，行为人假借公司名义的所有经营都是依靠借款及向银行贷款，公司从未有盈利记录，其所还借、贷款，均系以借还贷或以贷还借，现尚有借、贷款不能归还，且行为人除了用于其个人购买房屋、汽车等开销外，不能说明款项的实际去向，至案发也不能归还上述欠款，因此，行为人主观上具有非法占有的目的。在没有偿还能力的情况下，被告人隐瞒公司真实情况，采用虚假抵押等手段，骗得江苏某公司为其担保向银行贷款，均应认定构成合同诈骗罪。

[**参考案例:**《刑事审判参考》总第45集第352号]

4. 辩方提出: 行为人与被害单位之间不存在合同关系，口头约定不能代替书面合同即不具备合同的形式，故不能据此认定行为人构成合同诈骗罪。

答辩要点: 准确界定《刑法》第224条合同诈骗罪中"合同"的范围，是合同诈骗罪司法认定中的一个先决问题，对于区分合同诈骗与一般诈骗两者界限也具有决定性意义。对于这里的"合同"，应结合合同诈骗罪的侵犯客体并结合立法目的，进行具体理解和把握。第一，关于合同类型。合同诈骗罪规定于刑法分则第三章破坏社会主义市场经济秩序罪之第八节"扰乱市场秩序罪"中，不仅侵犯他人财产所有权，而且侵犯国家合同管理制度，破坏了社会主义市场经济秩序，因而合同诈骗罪中的"合同"，必须能够体现一定的市场秩序。以维护正常市场秩序为宗旨的现行合同法基本涵盖了绝大部分民商事合同，对各种民商事合同行为进行了规范和调整，其对于各种民商事合同的规定应作为刑事法中认定合同成立、生效履行等相关概念的参考，对于合同诈骗罪中的"合同"不应再以典型的"经济合同"为限，同时，不能认为凡是行为人利用了合同法所规定的合同进行诈骗的，均构成合同诈骗罪，与市场秩序无关以及主要不受市场调整的各种"合同""协议"，通常情况下不应视为合同诈骗罪中的"合同"。第二，关于合同形式。在合同法中，除法律、法规有明确规定之外，合同的订立既可以采用书面形式，也可以采用口头形式或者其他形式。口头合同与书面合同均为合法有效合同，同样受到法律的保护。在界定合同诈骗罪的合同范围时，不应拘泥于合同的形式，在有证据证明确实存在合同关系的情况下，即便是口头合同，只要发生在生产经营领域，侵犯了市场秩序的，同样应以合同诈骗罪定罪处罚。对于利用口头合同进行诈骗的，因不具有合同诈骗的双重侵犯客体，则不能以合同诈骗罪定罪处罚。

在本案中，行为人与被害单位口头协议的事项为有偿代办托运，属于市场交易行为，符合合同诈骗罪中合同性质的要求。本案所涉口头合同具有确定的权利、义务内容，具备了特定标的、履行方式、劳务费等合同基本要件，且合同已经部分实际履行，结合此前双方已有的代办托运合作关系，足以证明该口头合同的真实存在。行为人以非法占有为目的，在签订、履行合同过程中，收受对方当事人给付的货物后逃匿，骗取财物数额特别巨大，其行为已构成合同诈骗罪。

[**参考案例：**《刑事审判参考》总第39集第308号]

5. 辩方提出： 行为人主观上不具有非法占有的故意，客观上未实施诈骗的行为，行为人代表单位进行正常的经营活动，不构成犯罪。

答辩要点： 合同诈骗罪是指以非法占有为目的，在签订、履行合同过程中，骗取对方当事人财物数额较大的行为。

合同诈骗罪在客观方面表现为在签订、履行合同过程中，虚构事实、隐瞒真相，骗取对方当事人财物，且数额较大的行为。行为人明知自己没有履行合同的实际能力，故意制造假象使与之签订合同的人产生错觉，"自愿"地与行骗人签订合同，从而达到骗取财物的目的。本罪主观方面只能是故意的，并且具有非法占有公私财物的目的。行为人主观上的非法占有目的，既包括行为人意图本人对非法所得的占有，也包括意图为单位或第三人对非法所得的占有。

本案中，行为人采取欺骗手段与他人签订合同，取得委托投资国债回购款后，擅自改变委托用途，部分款项用于其单位的事务开支，鉴于是在不具有实际履约能力或者有效担保的情况下将委托款用于消费支出，对该部分款项应当认定具有非法占有的目的。故行为人的行为构成合同诈骗罪，且为单位犯罪，因其单位已注销，故仅对行为人以合同诈骗罪追究刑事责任。

[**参考案例**：《刑事审判参考》总第35集第271号]

6. 辩方提出：行为人在租赁车辆的过程中，并未使用虚假的身份欺骗承租人，在抵押车辆时也并未伪造汽车的行驶证明等文件，行为人签订租车合同的行为只是一种合同欺诈行为，将租来的车质押借款的行为是一种民事上的无权处分行为，只是由于客观原因造成租赁物难以归还。故行为人不构成犯罪。

答辩要点：合同诈骗罪是以非法占有为目的，在签订、履行合同的过程中，骗取对方当事人财物，数额较大的行为。其表现形式主要有：（1）以虚构的单位或者冒用他人的名义签订合同；（2）以伪造、变造、作废的票据或者其他虚假的产权证明作担保的；（3）没有实际履行能力，以先履行小额合同或者履行部分合同的方法，诱骗对方当事人继续签订和履行合同的；（4）收受对方当事人给付的货物、货款、预付款或者担保财产后逃匿的；（5）以其他方法骗取对方当事人财物的。民事欺诈行为是指行为人故意欺骗他人，使对方陷入认识错误，从而为意思表示的行为。民事欺诈行为是意思表示不真实的民事行为。

合同诈骗罪与民事欺诈行为的主要区别是：（1）在合同诈骗中，行为人的主要目的是通过对方履行合同义务而非法占有对方的财产，自己不履行或者只履行部分合同义务。而在民事欺诈行为中，行为人的主观目的虽然也是获取一定的非法利益，但是行为人的主要目的是履行合同，而且这种非法利益的取得是要通过全部履行合同义务来实现，行为人必须支付一定的对价。（2）合同诈骗罪是非法占有他人财物数额较大，侵犯市场经济秩序的应受刑罚处罚的行为。民事欺诈行为发生在订立合同阶段，是一种意思表示不真实的民事行为，受民事法律的调整。

合同诈骗犯罪行为是犯罪嫌疑人以非法占有为目的，在根本没有履行合同的意思和能力的情况下，以签订、履行合同为幌子骗取公私财物；而一般的合同纠纷是行为人有履行或基本履行合同的意思和能力，只是由于客观原因而未能完全履行。区分二者的关键在于对行为人非法占有的主观目的的认定。对下列情形可以认定为具有非法占有的目的：（1）明知没有履行合同的能力而与他人签订合同骗取大量钱财的;(2)获取他人为履行合同而支付的款物后逃跑或肆意挥霍的;(3)利用他人为履行合同而支付的款物进行违法犯罪活动的;(4)获取他人为履行合同而支付的款物后转移、隐匿财产或抽逃资金,以逃避归还钱款等。

本案中,行为人虚构事实,隐瞒真相,与被害人签订了汽车租赁合同并交纳了租金,取得了车辆的使用权,其并不具备履行租赁合同的真实意思,而是为达到非法占有他人财物的目的,随即又采用欺骗手段,使被害人与另一被害人相信其有车辆的处分权,与其签订了质押合同,实现了将车辆质押获得借款的意图,随后逃匿。前后两次行为依照《刑法》第224条第(四)项、第(五)项之规定,均构成合同诈骗罪。从本案行为人前后两次实施的合同诈骗行为来看,是基于一个概括的犯罪故意,连续实施两个独立的犯罪行为,触犯同种罪名的犯罪,从罪数理论上属于连续犯,故应当认定行为人的行为构成合同诈骗罪。

[**参考案例**:(2007)厦刑终字第422号]

7. 辩方提出:行为人在经营过程中缺乏资金,开承兑汇票前,采取假的供销合同和伪造证明性合同书、虚构事实的虚假手段达到了套取宁夏某信用社承兑汇票资金的目的,套取资金部分用于经营活动,所以行为人的行为有欺诈的性质但不具有非法占有的目的和事实。行为人的行为只能属于欺诈的民事行为,故不构成犯罪。

答辩要点:行为人提供虚假购销合同与宁夏某农信社签订承兑汇票合同办理贴现后到期无法偿还,致使反担保人甲公司受损,行为人具有签订合同诈骗他人财物的故意和非法占有他人财物的目的,符合合同诈骗罪的特征,已构成合同诈骗罪。

首先,反担保人能够成为主合同债务人的相对方,能够成为主合同债务人诈骗的对象。反担保是确保担保人对债务人追偿权的实现而设置的新的担保,是对担保的担保,是从属于担保的担保。《担保法》第4条规定:"第三人为债务人向债权人提供担保时,可以要求债务人提供反担保。反担保适用本法担保的规定。"无论是对于担保合同还是对于反担保合同,担保既是为了保证债权人能够对债务人享有的债权得到履行,也是为了保证债务人能够向债权人履行债务,因此,担保合同的对象应该是主合同的双方而不是单方,与债权人签订担保合同不影响与债务人存在担保合同的效力;而在担保人代替主合同债务人承担担保责任使主合同权利义务消灭后,依法因主合同的债权人债权让渡而享有追偿权时,担保人才与主合同债权人脱离关系,而主合同的债务人才能成为唯一相对方。反担保亦同。既然反担保人始终能够成为主合同债务人的相对方,就能够成为主合同债务人诈骗的对象。

其次，行为人具有间接、变相地非法占有反担保人甲公司担保财产的目的。

最后，行为人具有概括的非法占有他人财物的犯罪故意和不确定的犯罪对象，不影响对其合同诈骗罪的定性。值得注意的是，行为人在诈骗的对象和故意的内容方面具有一定的特殊性，即其合同诈骗的对象和犯罪故意属于概括性的对象和犯罪故意。行为人诈骗的对象和犯罪故意的内容并非具体明确的，而是相对确定又具体移动可变的，这是由于主从合同连带责任的不确定性所决定的。但是相对确定的，并非绝对不确定，其犯罪对象和犯罪故意的内容最终的确定要看谁最终蒙受了损失。谁蒙受了损失，谁就成为其非法占有的受害方。行为人通过一系列担保合同最终使甲公司蒙受了损失，所以行为人的犯罪对象就最终确定为甲公司。根据法定符合说原理，行为人诈骗对象和犯罪故意内容的相对不确定性并没有超过其诈骗合同相对方财物所可能指向的对象与故意内容的范围，符合合同诈骗罪的构成特征，应认定构成合同诈骗罪。

[**参考案例**:《刑事审判参考》总第 76 集第 645 号]

8. 辩方提出：行为人在签订和履行合同过程中，未实施诈骗行为，且不具有非法占有为目的，故不构成合同诈骗罪。

答辩要点：合同诈骗犯罪是目的犯，必须以行为人具有非法占有的目的为构成要件。《刑法》第 224 条规定了合同诈骗罪的五种情形:（1）以虚构的单位或者冒用他人名义签订合同的;（2）以伪造、变造、作废的票据或者其他虚假的产权证明作担保的;（3）没有实际履行能力，以先履行小额合同或者部分履行合同的方法，诱骗对方当事人继续签订和履行合同的;（4）收受对方当事人给付的货物、货款、预付款或者担保财产后逃匿的;（5）以其他方法骗取对方当事人财物的。行为人是否具有非法占有之目的，可以从以下几个方面进行分析:（1）行为人是否具有签订、履行合同的条件，是否创造虚假条件;（2）行为人在签订合同时有无履约能力;（3）行为人在签订和履行合同过程中有无诈骗行为;（4）行为人在签订合同后有无履行合同的实际行为;（5）行为人对取得财物的处置情况，是否有挥霍、挪用及携款潜逃等行为。

·本案中，行为人在签订合同时无履行能力，在获取湖北某公司提供的履约保证金后，小部分款项被其用于购买车辆和偿还个人债务，大部分款项被其直接支取现金，资金被其转移后去向不明，导致无法追还，亦反映其主观上具有非法占有之目的。故行为人的行为符合《刑法》第 224 条第（五）项规定的情形，应当以合同诈骗罪追究刑事责任。行为人申请成立公司后，该公司并无其他业务，只以本案涉及的事实投资为主要活动，故对行为人以该公司名义实施的上述行为依法应当认定为其个人犯罪。

[**参考案例**:《刑事审判参考》2010 年总第 76 集第 646 号]

9. 辩方提出：行为人以非法占有为目的，利用甲公司授权其为代理人的职务便利，将收取的货款据为己有，数额巨大，其行为构成职务侵占罪，而非合同诈骗罪。

答辩要点：合同诈骗罪是以非法占有为目的，在签订、履行合同的过程中，骗取对方当事人财物，数额较大的行为。

本案的焦点：一是行为人是否属于甲公司的工作人员；二是行为人是否具有非法占有为目的主观目的；三是行为人实施的诈骗行为是否在履行合同过程中。综上所述，行为人的行为构成合同诈骗罪。理由如下：

（1）行为人不属于甲公司的工作人员。诈骗犯罪的主体是一般主体，而职务侵占罪的主体是特殊主体，只限于公司、企业或其他单位中的人员。在以骗取的方式实施诈骗、职务侵占时，二者容易产生混淆。因此，本案准确定性的第一个关键点在于行为人是否属于甲公司的工作人员。职务是一项由单位分配给行为人为单位所从事的一种持续的、反复进行的工作，担任职务应当具有相对稳定性的特点，而非单位临时一次性地委托行为人从事某项事务。本案中，行为人仅系甲公司临时一次性授权的、仅负责市民中心工程空调配件的跟踪及业务洽谈的代理人，故行为人在甲公司并无职务，不属于该公司的工作人员，其身份不符合职务侵占罪主体特征，不能认定其行为构成职务侵占罪。

（2）行为人具有非法占有的主观故意。行为人在甲公司授权其为代理人，并与其签订经销协议后，因之前其投资失败、经营亏损等原因，萌生了非法占有甲公司货款的犯罪故意。行为人在甲公司不知情的情况下，违背甲公司的授权，私刻印章，伪造了甲公司委托其个人经营的乙公司为代理人的法人代表授权书，并以乙公司名义与承接市民中心工程空调安装工程项目的4家公司签订合同。后行为人又利用甲公司对其的信任，骗取甲公司向该4家公司供货，并将该4家公司收货后支付给乙公司的货款据为己有，并用于还债、投资经营及个人开销等，在甲公司多次要求其向客户催款的情况下，行为人始终用各种理由予以搪塞。为了拖延时间，其还伪造了一份市民中心工程建设指挥部与甲公司的"市民中心工程买卖合同"交予甲公司。当该虚假事实被揭穿后，行为人自知无法再隐瞒下去，便关闭手机逃匿。行为人的上述行为充分表明，其主观上具有非法占有的故意。

（3）行为人实施诈骗的行为是在履行合同的过程中。按照相关法律规定，依法成立的合同对双方当事人均具有法律约束力，当事人应当按照合同约定履行自己的义务，不得擅自变更或解除合同。在行为人与甲公司签订的经销协议书中，对行为人经销甲公司的各类产品的基价、销售报酬等均作了约定，且明确行为人为甲公司的经销商，负责甲公司的经销业务，对外应以甲公司的合同与客户签约,并按甲公司指定账户进行货款结算。但行为人在协议明确约定对外应以甲公司的合同与客户签约的情况下,仍以乙公司名义,分别与承接市民中心工程空调安装工程项目的4家公司签订了合同。后又在协议明确约定应按甲公司指定账户进行货款结算的情况下,示意4家公司将货款汇到其个人经营的乙公司账上。可见,行为人的诈骗行为始终是在履行合同的过程中实施的。

综上所述,行为人的行为以非法占有为目的,在履行其与甲公司的经销协议过程中,采用虚构事实、隐瞒真相的方法,骗取甲公司的财产,数额特别巨大,其行为构成合同诈骗罪。

[**参考案例**]:《刑事审判参考》总第81集第716号]

10. 辩方提出:甲医院以非法占有为目的,在履行医保合同过程中,采取"小病大医""空挂床位"等手段,多开、虚开治疗项目和治疗费用,骗取医保资金和民政救助资金数额巨大,甲医院构成保险诈骗罪。

答辩要点:单位犯罪是指公司、企业、事业单位、机关、团体等法定单位,经单位集体研究决定或由有关负责人员代表单位决定,为本单位谋取利益而故意实施的,或不履行单位法律义务、过失实施的危害社会的而由法律规定应负刑事责任的行为。单位犯罪具有以下特征:(1)单位犯罪的主体是企业、事业单位、机关、团体,这是单位犯罪的主体特征;(2)单位犯罪必须是在单位主体的意志支配下实施的,在主观上出于故意或过失,并具有为本单位谋取非法利益的心态;(3)单位犯罪必须由刑法分则或分则性条文明确规定。如果刑法分则没有对某种具体犯罪设立单位犯罪条款,即使行为符合单位犯罪的条件,也不能按单位犯罪处理。本案是以单位名义实施为单位谋取利益的单位犯罪行为。

本案不构成保险诈骗罪。《刑法》第198条第2项和第3项的规定"投保人、被保险人或者受益人对发生的保险事故编造虚假的原因或者夸大损失的程度,骗取保险金的;投保人、被保险人或者受益人编造未曾发生的保险事故,骗取保险金的"构成保险诈骗罪。医疗保险是社会保险而不是商业保险,医疗机构虽然是"虚开医药费,还假借他人之名编造虚假病历,诈骗医疗保险金",但医疗机构既不是医疗保险合同上的被保险人和受益人也不是投保人,所以医疗机构不可能构成保险诈骗罪的单独犯。

本案符合合同诈骗罪的犯罪构成。其一,定点医疗机构与医疗保险事业管理中心签订的服务协议在性质上应属民事合同。医保资金管理机构是劳动保障行政部门的下属事业单位,仅被授权对医保统筹基金进行筹集和管理,不包括对定点医院的行政管理权。劳动保障行政部门负责医疗机构定点资格的审定和管理,行使对其服务和管理情况的监督检查和处罚等行政管理权。医保资金管理机构只是就医疗服务相关内容、医疗费用的支付与结算等内容与定点医院签订协议。定点医院取得劳动保障行政部门的许可后，依协议对参保者进行医疗，医保资金管理机构按时足额与定点医院结算医疗费用，医保资金管理机构只是一个具体的办事部门，就单纯的医保统筹基金进行管理和支付，对定点医院的这种管理是一种纯事务性管理，不带有行政管理的性质，双方是种平等的交易关系，不存在一方将自己的意志强加给另一方，协议对双方具有法律约束力，双方均有变更或解除合同的权利，这是一种民事法律关系，属民事合同范畴。其二，在主体上根据《刑法》第224条、第231条的规定单位可以构成合同诈骗罪。其三，在犯罪客体上，定点医院骗取医保基金，既损害了参保人的财产所有权，同时又扰乱了正常的医疗保险工作秩序，医疗保险工作秩序显然是属于市场秩序的范畴。其四，在客观方面，定点医疗机构在履行合同过程中，以非法占有为目的，虚构事实，隐瞒真相，骗取了广大参保人员及其单位所缴纳的交由医保资金管理机构进行保管和代行支付的医疗保险金，符合合同诈骗罪的客观要件。

本案中，甲医院定点医院为非法占有医保基金，利用与医保处签订的协议，采用非法手段，骗取医保基金，数额巨大，严重损害了参保人的财产所有权，扰乱了正常的医疗保险工作秩序，甲医院的行为已构成合同诈骗罪。

[**参考案例**：（2011）涪法刑初字第 26 号判决书]

11. 辩方提出：行为人重复出售房屋的行为属于民事欺诈行为，不构成刑事犯罪。

答辩要点："一房多卖"在行为特征上与《刑法》第224条规定的合同诈骗罪的特征极为相似，即在签订、履行合同过程中，骗取对方当事人财物。对于"一房多卖"行为的定性，最关键的是看行为人主观上是否具有"非法占有的目的"。如果能够认定行为人具有"非法占有的目的"，应定合同诈骗罪；如果不能认定，即使被告人采取欺骗手段，也应按民事欺诈处理。行为人将门面房卖出后，又隐瞒该房已被卖出的真相，与多人签订卖房合同，收取被害人购房款，属于典型的"一房多卖"。

"非法占有的目的"必须要由外部的客观事实来进行分析，才能判断行为人是否具有非法占有的目的。要综合以下几个方面把握，才可以推定行为人是否具有非法占有的目的：行为人在签订合同时是否有实际履行能力；行为人是否采用了虚构事实、隐瞒真相的欺诈手段；行为人在签订合同后是否如约履行合同或为履行合同积极努力；行为人对于对方给付的财物如何处置；行为人未能履行合同义务的原因；行为人在违约后的表现等。如果行为人根本没有履行合同的能力或者故意夸大自己履行合同的能力，骗取对方当事人的信任与自己签订合同，合同签订后又不积极努力设法创造履约条件履行合同以避免对方经济损失的，对这种情况就应推定行为人具有非法占有的目的。本案中，行为人在与被害人签订房屋买卖合同时，就已经明知自己将某小区临街五号楼9号、10号门面房两次重复售给他人，根本没有履行合同能力，仍然隐瞒事实，第三次将该房出售给被害人，且所得房款用于其他项目周转，没有按协议将房屋如期交付买受人使用，其非法占有的目的十分清楚。行为人以非法占有为目的，利用合同的形式骗取被害人钱财，数额特别巨大，应认定为合同诈骗罪。

[**参考案例**:(2009)焦刑一终字第67号]

第七章 挪用公款罪及贿赂类犯罪庭审辩论攻防要点

一、挪用公款罪

1. 辩方提出：二行为人主观上没有非法占有公款的故意，客观上也没有实施占为己有的行为，行为人的行为构成挪用公款罪。

答辩要点：挪用公款罪与贪污罪是具有不同社会危害性的两种犯罪。对于此两种犯罪，主要存在以下几方面的区别：（1）两者对犯罪客体，即公共财产权的侵犯程度不同。挪用公款罪只侵犯公款的占有、使用和收益权，而贪污罪侵犯的是公共财产所有权中的占有、使用、收益、处分权四种权能。（2）两者主观故意的内容不同。挪用公款罪的主观故意是暂时占有并使用公款，打算以后予以归还；而贪污罪的主观故意是非法占有公共财物，不准备归还。（3）两者的行为方式不同。挪用公款罪的行为表现为擅自决定动用本单位公款，虽然有时也采取一些欺骗手段，但一般不采用侵吞、盗窃、骗取手段。在挪用公款案件中，行为人通常会在账面上留下痕迹，甚至会留下借款凭证，没有平账举动，因而通过查账能够发现公款被挪用的事实；而贪污罪在客观上表现为使用侵吞、盗窃、骗取等方法将公共财物据为己有，由于行为人往往采取销毁、涂改、伪造单据、账目等手段，故在现实生活中难以发现公共财物已经被非法侵吞。

本案中二被告人罗某某与张某某均为某公司工作人员，利用职务之便，将甲公司本应支付乙公司（国有资产公司）的99.2万元转入被告人张某某的个人银行账户，二被告人并无对该笔款的去向在乙公司账目上进行记账、挂账，后二被告人将该款私分并占为己有。二人归案后亦对其共同实施了上述犯罪事实的行为供认不讳，综合本案事实，足以证实二被告人主观上具有非法占有涉案公款99.2万元的目的，客观上利用职务之便，实施了对涉案公款侵吞、不归还某公司的行为，因此，行为人的行为符合贪污罪的构成要件，已构成贪污罪。

[参考案例：（2016）粤16刑终2号]

2. 辩方提出： 被告人刘某某的行为不构成挪用公款罪，首先被告人刘某某只是使用了公款，没有与他人共谋挪用公款，其次吕某某作为单位负责人，为了本单位利益，决定将公款借给刘某某使用，不应以挪用公款罪定罪处罚，故被告人刘某某亦不构成挪用公款罪共犯。

答辩要点： 根据1998年最高人民法院《关于审理挪用公款案件具体应用法律若干问题的解释》，"挪用公款给他人使用，使用人与挪用人共谋，指使或者参与策划取得公款的，以挪用公款罪的共犯论处。"根据该条规定，公款使用人如果在公款挪用之前就有共谋行为的，哪怕不具备国家工作人员身份，依然构成挪用公款的共犯；公款使用人在国家工作人员已经完成公款挪用行为后，在资金使用中才知悉是公款的，不构成挪用公款罪的共犯。

本案中，被告人在公款挪用之前即明知所借40万元为公款，仍向国家工作人员提议借款归其个人使用，使挪用公款的目的得以实现。被告人与国家工作人员属于事先共谋，参与策划取得挪用款，其行为构成挪用公款罪。

[**参考案例：**（2010）驻刑二终字第99号（刘某某挪用公款罪）]

3. 辩方提出： 被告人晋某某挪用的是同一笔公款，不应累计计算。

答辩要点： 挪用公款的数额，与挪用公款不退还是两个不同的概念。对于同一笔公款反复挪用，不退还的数额不超过该笔公款的总额；挪用的数额则要根据主客观一致的原则判断被告人实施独立挪用行为的次数进行累计计算。

本案中，被告人挪用公款17万元用于经营活动1天后归还，一周后再次将17万元公款长期挪用给他人进行经营活动，至案发时仍有5万元公款未能归还。虽然被告人对公款只造成5万元不能退还的损失，但是从行为上看，被告人实施了两次独立的挪用公款行为，且不属于以旧还新，分别独立构成挪用公款罪，数额应当累计计算。

[**参考案例：**（2009）济中刑终字第1号（晋某某挪用公款罪）]

4. 辩方提出： 刘某某的行为是按照领导安排将公款转存，其对领导的决定没有拒绝的理由，因此不能认定其犯挪用公款罪。

答辩要点： 刘某某的行为构成挪用公款罪。国家工作人员对于上级提出的明显违法，甚至犯罪的决定，应当予以拒绝履行，否则构成共同的犯罪。

本案中，被告人身为公司财务人员，公款的管理规则自应清楚。对公司经理指示违法转出公款的命令，应当予以拒绝，否则客观上为他人挪用公款犯罪提供了帮助，被告人主观上明知犯罪而参与，构成挪用公款罪的共犯。

[**参考案例：**（2010）济中刑终字第48号（刘某某挪用公款罪）]

5. 辩方提出： 根据产权交易合同的约定，在工商变更登记手续完成前，丙公司所产生的经营性盈亏仍由乙公司按原持股比例享有或承担，据此，在丙公司工商登记变更前,范某某的主体身份应认定为公司工作人员而非国家工作人员,其挪用公司资金的行为性质应认定为挪用资金罪。

答辩要点:2010年"两高"《关于办理国家出资企业中职务犯罪案件具体应用法律若干问题的意见》规定,"企业注册登记中的资金来源与实际出资不符的,应根据实际出资情况确定企业的性质"。工商注册登记不能对抗实际股权投资情况。

本案中,被告人受委派在非国有公司中从事管理工作。委派公司被国有公司收购,被告人虽然没有被重新任免,但已属于国有公司派出和管辖。工商登记变更手续的滞后并不影响公司性质的转变,不能对抗国有公司实际参与管理和经营的客观事实,也不影响被告人属于受国有公司委派从事公务的身份认定。此时被告人利用职务便利挪用被委派的国有出资企业资金的行为构成挪用公款罪。

[**参考案例**:(2010)沪一中刑终字第938号(范某某挪用公款罪)]

6. 辩方提出:将公款存入银行并购买理财产品不属于挪用公款,但将部分利息非法占有,属于贪污行为。被告人的行为应构成贪污罪。

答辩要点:被告人挪用公款进行理财,属于挪用公款进行盈利活动,理财所得的利息属于挪用公款的非法所得。公款理财所得的利息,不属于贪污罪评价的对象。一方面,该部分利息并不是公款自然产生的孳息,而是通过理财这一经营所得的收益,其附属于经营活动;另一方面擅自理财不是合法的国有资产投资行为,投资的风险与收益不由国家承担,也不为国家所控,故不属于国家资产的当然组成部分。

本案中,被告人挪用公款2000余万元,获取15万余元非法所得,应评价为挪用公款罪,而不应评价为贪污罪。

[**参考案例**:(2016)豫14刑终270号(苏某某挪用公款罪)]

7. 辩方提出:周某某没有打招呼要水库借公款给某公司,即便打了招呼,也非个人决定,且未谋取个人利益,并不是利用职务便利挪用公款。

答辩要点:2003年《全国法院审理经济犯罪案件工作座谈会纪要》规定:"国有单位领导利用职务上的便利指令具有法人资格的下级单位将公款供个人使用的,属于挪用公款行为,构成犯罪的,应以挪用公款罪定罪处罚。"

本案中,水库管理所作为水利局的二级单位,虽然具有独立法人资格,但水库管理所的人事任免由水利局党委研究推荐,报组织部考察。被告人作为水利局局长,对水库人事任免和财务管理具有决定权,两者是上下级关系。

被告人对水库管理所负责人的职务任免存在制约关系,其虽以一种带商量的语气向下级单位提出借款要求,但从其特定的上下级关系来理解,应当认定为指令。

指令具有法人资格的下级单位将公款供个人使用,其本质仍属"个人决定以单位名义将公款供个人使用",如果查实被指令者按指令实施了"将公款供个人使用"的行为,实现了指令者的意图,尽管被指令者的行为不一定符合全国人民代表大会常务委员会《关于第三百八十四条第一款的解释》所规定的挪用公款"归个人使用"的情形,也不影响对指令者的挪用公款行为认定。因此被告人成立挪用公款罪。

[**参考案例:**(2015)邵中刑二终字第90号(周某某挪用公款罪)]

8. 辩方提出:被告人决定以单位名义挪用公款为其他单位使用,并收受公款使用单位的财物,应以受贿罪和挪用公款罪从一重处罚。被告人沈某某挪用公款罪、受贿罪数罪并罚存在重复评价。

答辩要点:被告人的行为属于个人决定以单位名义将公款供其他单位使用,谋取个人利益,视为挪用公款归个人使用。谋取个人利益,并不要求所谋取的利益一定得到实现,只要挪用人在出借公款时,与使用人约定或者向使用人提出相应的谋利要求即可构成。因此利益的实现(财物的收受)并不是此种类型挪用公款罪的构成要件。从受贿的角度看,受贿罪的实行行为收受财物,"为他人谋取利益"是主观的超过要素,并不需要利益的具体实现。同时认定挪用公款罪和受贿罪,并未重复评价。根据1998年最高人民法院《关于审理挪用公款案件具体应用法律若干问题的解释》的规定,如果同时构成挪用公款和受贿罪,应当数罪并罚。

[**参考案例:**(2017)渝01刑终444号(沈某某挪用公款罪)]

二、受贿罪

1. 辩方提出:被告人楼某某履行的职责是法律事务,属于劳务,故被告人楼某某不具有国家工作人员主体身份。

答辩要点:首先,楼某某是某集团公司的工作人员。被告人楼某某所在的法律顾问室是某集团公司的内设组织,根据集团公司的安排开展工作。法律顾问室及楼某某与集团公司之间是上下级的管理关系,而不是基于合同约定产生的平等委托关系。其次,楼某某是从事公务的国家工作人员。某集团公司是国有企业,根据《刑法》第93条第2款的规定,国有公司中从事公务的人员,以国家工作人员论。楼某某在该集团公司担任法律顾问,对公司重大经营决策提出法律意见和对公司法律事务工作进行监督管理,其意见的提出,会对公司的经营、国有资产的保值、增值产生重大影响,从事的是具有行政管理事务的工作人员,因此属于从事公务的国家工作人员。再次,楼某某是利用国家工作人员的职务便利为他人谋利。楼某某在对大厦项目顺利成交、及时融资等方面积极配合,是通过行使行政管理事务的职权得以实现的,属于利用职务上的便利为他人谋利。最后,楼某某收受1万元的行为构成受贿罪。本案案发在2011年,根据当时受贿罪的立案追诉标准,收受1万元贿赂,已经构成犯罪;即使时至今日,结合楼某某还有其他受贿事实,按照2016年《关于办理贪污贿赂刑事案件适用法律若干问题的解释》第15条规定,多次受贿未经处理的,累计计算受贿数额,对该1万元受贿行为也应作为犯罪事实一并予以追诉。

[**参考案例**:(2011)杭拱刑初字第15号刑事判决书(楼某某受贿罪)]

2. 辩护提出:根据《刑法》第385条之规定,受贿罪的主体必须是国家工作人员,赵某某系村民小组长,不属于农村基层组织人员,不符合受贿罪的主体。赵某某收到款后,给其他村民出具收条,其行为也不符合受贿罪的表现形式,不构成受贿罪。

答辩要点:村民小组是村民委员会下设的从事自治管理、生产经营的组织,属于村基层组织,事实上也会在一定情形下协助人民政府工作。第一,从全国人大常委会《关于〈中华人民共和国刑法〉第九十三条第二款的解释》看,用的是"村民委员会等村基层组织人员",由字面解释可以得出,这里的村基层组织并不限于村民委员会,因为该解释规定中有"等"这种未尽兜底性表述用语。第二,从该立法解释出台的背景看,针对的是当时司法机关反映比较突出、亟待解决的村党支部、村委会、村经联社、经济合作社等掌管村经济活动的组织人员发生问题的情况,因为这些组织中的人员在农村中掌握一定权力、可能从事协助政府从事行政管理工作,所以立法解释采取了"村民委员会等村基层组织人员"的表述。第三,该立法解释之所以将此类人员在一定情况下认定为"其他依照法律从事公务的人员",其主要根据就在于其从事了协助政府从事行政管理工作,也即从事了一定公务,而不是其具有何种身份。从现实情况看,我国农村的基层组织比较多,除村党支部、村委会、村经联社、经济合作社、农工商联合企业外,还有团支部、民兵排、村民小组和各种协会等,上述各种组织均可能在一定情形下协助政府从事行政管理工作,而这种情形下与村党支部、村委会等组织人员协助政府从事行政管理工作在性质上并无本质不同,理应同等视为从事公务。第四,司法实践中,事实上已将农村村民小组组长及工作人员纳入了村基层组织人员范围。1996年最高人民法院《关于村民小组组长利用职务便利非法占有公共财物行为如何定性问题的批复》规定:"对村民小组组长利用职务上的便利,将村民小组集体财产非法占为己有,数额较大的行为,应当依照刑法第二百七十一条第一款的规定,以职务侵占罪定罪处罚。"依此批复的精神,显然已将村民小组视为一种法律上的实体,究其性质而言应属于村基层组织,而其组长、副组长及其工作人员,也就理应评价为村基层组织人员。

判断村民小组组长及其工作人员是否属于"其他依照法律从事公务的人员",关键应从其是否"依照法律从事公务"这一国家工作人员的本质属性来考察,这是《刑法》第93条第2款作此规定的根据,而不能简单地从外在身份来判断。根据我国宪法规定,村民委员会并非我国的政权组织,也不是基层政权的派出机构,而是一个基层群众自治组织。村民小组是村民委员会下设的从事自治管理、生产经营的组织。在实际工作中,村民委员会除将自治管理职权交由下设的村民小组等组织行使外,还经常将协助人民政府的某些行政管理工作直接交由村民小组等下设的组织来具体完成。村民小组等在具体承担这些工作时,实际上被赋予了相应的行政管理权能,村民小组组长等工作人员由此所进行的活动就是在以人民政府的名义,依法执行职务的活动。这种情形下,村民小组工作人员理应是"其他依照法律从事公务的人员",这并不是对《刑法》的扩张解释。

本案中,被告人保管的是政府征用村土地补偿款,由县财政打到乡财政,再打到村里,由村民小组长发放到被征地户手中。被告人利用保管该款的职务便利,以须调整土地为由,长期不予发放,在征地户许诺给其好处费的情况下,才予以发放,其行为符合受贿罪的构成要件。

[**参考案例:**(2014)延刑初字第270号(赵某某受贿罪)]

3. 辩方提出:被告人是某临时性协调机构的工作人员,不是从事公务,不是受贿罪的主体

答辩要点:《中华人民共和国地方各级人民代表大会和地方各级人民政府组织法》第64条规定,"地方各级人民政府根据工作需要和精干的原则,设立必要的工作部门"。地方人民政府作为地方各级国家行政机关,依法设立的非常设性工作部门,都是地方人民政府的组成部分。本案的征地拆迁工作指挥部是地方政府设立的非常设性工作部门,也属于国家机关。

本案中,被告人作为拆迁工作指挥部拆迁工作组组长,在负责协调拆迁户权益,和拆迁户谈定补偿价格、签订征拆补偿协议等方面都具有代表征地拆迁工作指挥部开展协调、管理工作。其工作内容和性质具有对国家公务的组织、领导、经营、管理属性,而不是单纯的民商事行为。因此被告人是在国家机关中从事公务的人员,属于国家工作人员。被告人粟某某身为国家工作人员利用职务便利非法收受他人财物为他人谋取利益,其行为构成受贿罪。

[**参考案例:**(2014)潭中刑终字第95号(粟某某等人受贿罪)]

4. 辩方提出： 被告人收受黄某某等人的财物不属受贿而是受礼、受赠或接受的资助，没有利用职务之便为他们谋利，不构成受贿罪。

答辩要点： 2003《全国法院审理经济犯罪案件工作座谈会纪要》的规定，利用职务上有隶属、制约关系的其他国家工作人员的职权，属于"利用职务上的便利"，而不是"利用职务或地位形成的便利条件"，属于直接受贿，而不是斡旋受贿。

本案中，被告人是在其下属公司与请托人等人的经济往来中违反国家规定收受对方财物归个人所有。被告人利用了主持公司经营管理职务之便，对有隶属、制约关系的下属公司进行指示，通过下属国家工作人员的职务便利，办理请托人请托的事项，也属于被告人利用职务便利为他人谋利，依法应以受贿论（直接受贿）。

[**参考案例：**（1997）湘刑二终字第15号（张某某等人受贿、窝藏赃物罪）]

5. 辩方提出： 本案所涉工程竣工后，请托人还继续送给被告人好处费8万元应予核减，不应认定为受贿犯罪数额。

答辩要点：《刑法》中表述"收受他人财物，为他人谋取利益"，将收受行为置于谋取利益行为之前，这只是表述问题，也是典型的受贿方式，但并不意味着只有先收财物，后谋取利益才是受贿，而先谋取利益后收受财物就不是受贿。受贿的本质是"权钱交易"，是收取他人财物与利用职权为他人谋利进行交易。

判断事后收受财物是不是受贿，须结合被告人的身份，根据主客观一致的原则进行判断。第一种情况，被告人利用职务为他人谋利时具备国家工作人员身份，事后收受财物时也具备国家工作人员身份，主观上也知道这是谋利行为的对价，那么这符合受贿罪的构成要件，成立受贿罪；第二种情况，被告人利用职务便利为他人谋利时具备国家工作人员身份，事后收受财物时因为退休、辞职、开除等原因不具备国家工作人员身份，但在离职前有事后收受财物约定的，那么在利用职权谋利后，还具备国家工作人员身份时，约定离职后收受财物那一刻构成权钱交易的主客观一致，离职后的具体收受财物行为是犯罪实行的一个阶段，被告人也构成受贿；第三种情况，被告人利用职务便利为他人谋利时具备国家工作人员身份，事后收受财物时因为退休、辞职、开除等原因不具备国家工作人员身份，且被告人是在离职后才产生收受财物的意识，其形成"受贿"主客观一致，实施收受财物这一受贿的客观构成要件时，已不符合受贿的主体要件，因此不构成受贿罪。

本案中，被告人的行为属于第一种情形，不论根据2003年《全国法院审理经济犯罪案件工作座谈会纪要》，还是根据2016年《关于办理贪污贿赂刑事案件适用法律若干问题的解释》，均应以受贿罪论处，竣工后收受的8万元也应认定为受贿数额。

[**参考案例**:(2014)干刑初字第46号(谢某某受贿罪)]

6. 辩方提出:被告人收受他人财物的行为属朋友之间的馈赠,不是受贿。

答辩要点:区分国家工作人员收受他人财物是受贿还是接受馈赠,可以从以下几方面条件予以判断:(1)双方关系。根据双方之间有无经济往来及往来次数的多少,判断双方之间是否存在馈赠的基础。(2)经济往来的价款。结合当时当地的习俗和双方的友谊、感情状况,根据经济往来价款的大小,区分是受贿还是馈赠。(3)往来的事由。如果馈赠方基于具体的请托事项给予国家工作人员财物,国家工作人员在接受财物前后有利用职务便利为对方谋取利益的行为的,一般应对双方认定为行贿、受贿关系。

本案中,被告人收受财物的对象均为特定的管理相对人,双方之间的主要是管理者与被管理者的关系,缺乏普通馈赠的基础;被告人利用职务便利,帮助他人承揽工程提供便利,相对人才"馈赠"被告人财物,两者之间存在了逻辑上的因果关系,本质上是种权钱交易的体现;双方缺乏劳务关系,以及缺乏馈赠、借贷关系赖以存在的信任基础,这种单向的"馈赠"实质是种受贿行为。

[**参考案例**:(2013)黔六中刑三终字第62号(彭某某受贿罪、挪用公款罪)]

7. 辩方提出:被告人毋某某收受的本人及亲属生病住院、女儿结婚礼金,属于没有请托事项的感情投资,共计197.3万元、购物卡3.8万元,应从受贿数额中扣除的意见。

答辩要点:2016年最高人民法院、最高人民检察院《关于办理贪污贿赂刑事案件适用法律若干问题的解释》(以下简称《解释》)对国家工作人员利用职务上的便利为请托人谋取利益,受请托之前收受的应计入受贿数额的财物数额予以了明确,即在1万元以上的,应当一并计入受贿数额。该解释对于先感情投资,后提出请托事项的情形,受制于取证上的困难,于是法律拟制先期感情投资超过1万元的,则推定该财物收受行为不是单纯的感情投资,而是变相的受贿行为。

本案中,被告人既有在请托人提出请托事项前多次收受小额钱财的行为,又在请托人提出请托事项后,收受较大数额钱财的行为,前后收受钱财行为具有连续性,彼此之间没有人情往来,且提出请托事项前多次收受财物超过1万元,根据司法解释的规定,应当一并计算为受贿额。

[**参考案例**:(2014)皖刑终字第00104号(毋某某受贿罪)]

8. 辩方提出:被告人逢年过节收受下属的财物,属于正常人情往来,不是受贿。

答辩要点:被告人逢年过节收受下属的财物应区分不同的情况予以认定:

如果下属有谋取职务提拔与调整的请托，被告人予以允诺并收受财物达1万元以上，根据2016年最高人民法院、最高人民检察院《关于办理贪污贿赂刑事案件适用法律若干问题的解释》（以下简称《解释》）规定，构成受贿犯罪；如果下属没有提出请托，被告人收受财物达到3万元以上，根据上述《解释》规定，因可能影响职权行使，视为承诺谋取利益，推定构成受贿犯罪；如果下属提出谋取职务提拔与调整的请托，被告人允诺并收受财物不达到1万元，或者提出非谋取职务提拔与调整的请托，被告人予以允诺并收受财物不到3万元，属于受贿行为，而不是人情往来，虽然不构成受贿犯罪，但依然属于违法行为；如果下属没有提出请托，被告人收受逢年过节的财物不到3万元，则可视为人情往来，不做违法违纪认定。

在上述《解释》视野中，被告人与各行贿人之间除了工作联系，并无深厚的亲情、友情等特殊关系，相互之间也没有大体相互对应的人情往来。被告人逢年过节收受各行贿人财物后，多次为行贿人的工作开展和职务提拔提供方便，实质仍为权钱交易，并非正常的人情往来，相应款物依法应计入受贿数额。

［**参考案例**：（2013）合刑初字第00064号（毋某某受贿罪）］

9.**辩方提出**：第三人免除被告人的债务，但这是正常的经济往来，不属于受贿。免除的债务应认定为40万元，而不应是90万元；免除债务并未被法律规定为受贿的形式之一。

答辩要点：本案中，被告人与杨某某的法律关系分为三个阶段。第一阶段，是被告人向杨某某借90万元买房，这是合法的民事借贷关系。第二阶段，虚构还款记录，实现免除被告人40万元借款的目的，表面上是民事债务免除法律关系，实质是被告人基于利用职务便利为杨某某谋利后，获取杨某某财产性利益的"权钱交易"行为。第三阶段，虚构被告人接受委托，代杨某某理财50万元，表面上是委托理财法律关系，实质事实因虚构而不存在。

免除债务是否可以成为行受贿的内容？2008年《关于办理商业贿赂刑事案件适用法律若干问题的意见》明确规定，贿赂犯罪中的财物包括可以用金钱计算数额的财产性利益。2016年最高人民法院、最高人民检察院《关于办理贪污贿赂刑事案件适用法律若干问题的解释》进一步明确，贿赂犯罪中的"财物"，包括财产性利益，财产性利益包括可以折算为货币的物质性利益，如债务免除等。两个司法解释对于财产性利益的规定是一致的，并不冲突，后者是对前者的细化，因此具有溯及力，可以适用于本案。因此，本案中，杨某某免除债务，被告人实质收受了债务所对应的财产性利益，此时是一种变相的收受财物，双方此时达成了权益交易的行受贿合意，构成受贿罪。

[**参考案例**]：(2012) 宝刑初字第1506号（张某某受贿罪）]

10. 辩方提出：被告人其个人受贿的10万元款项都分发给科室医生了，并没有独自占有使用，不构成受贿罪。

答辩要点：2007年最高法《关于办理受贿刑事案件适用法律若干问题的意见》规定"国家工作人员收受请托人财物后及时退还或者上交的，不是受贿"。该规定本质上是对行为人客观上有收受财物行为时，主观上是否具有受贿目的的推定。在一些特殊场合，行为人主观上没有受贿目的，只是当时确实无法推辞而暂时收下，或者是其他人代收等情形，事后及时退还或上交的，不构成受贿。

本案中，行为人收受钱财后发给科室其他人，并不是一种退还或者上交行为，不符合司法解释规定的不作为受贿罪处理的情形；同时，行为人事后的分发行为，不是对贿赂款的排斥拒绝行为，而是对贿赂款的独立处分行为，反映了收受贿赂时具有受贿的意图。因此，被告人是一种受贿既遂后的赃款处置行为，赃款的具体用途不影响受贿罪的认定。

[**参考案例**]：(2017) 苏0321刑初303号（邓某某受贿罪、单位受贿罪）]

11. 辩方提出：被告人受贿的钱用于公务支出，没有个人占有使用，因此不构成受贿罪。

答辩要点：首先，认定为公务支出，需要具备以下三个条件。第一，公务支出的证据具有确实性，包括相关单据、证人证言、记账凭证等；第二，公务支出的用途具有合法性，违规或违法接待开支，其用途不具有合法性，不能认定为公务支出；第三，公务支出行为具有公开性，即行为人将收受的财物用于公务支出时，应当向本单位有关工作人员说明财物的性质或来源。否则一方面可能将受贿款用于公务支出，另一方面形成单位欠账，随时可以从财务部门报销取回，这种垫付公务支出不是真实的用于公务支出。

其次，认定为公务支出，不等于不构成受贿。2007年《关于办理受贿刑事案件适用法律若干问题的意见》规定"国家工作人员收受请托人财物后及时退还或者上交的，不是受贿"。2016年最高人民法院、最高人民检察院《关于办理贪污贿赂刑事案件适用法律若干问题的解释》进一步明确，国家工作人员出于受贿的故意，收受他人财物后，将赃款赃物用于单位公物支出或者社会捐赠的，不影响受贿罪的认定，但量刑时可以酌情考虑。两个司法解释，都是通过对及时退还、及时上交、及时用于公务支出的表面行为进行分析，认定实质上不具有受贿主观意图，进而根据主客观一致的原则认定不构成受贿罪。如果主观上有收受他人财物的故意，将受贿的财物用于公务支出，不影响受贿罪的构成,只是将此作为一种酌定的量刑情节。

[**参考案例:**(2016)冀01刑终1087号(王某某受贿罪)]

12. 辩方提出: 被告人收受的财物,已退还行贿人,不应认定为受贿。

答辩要点: 主动退还是没有受贿故意的一种表现,但不是所有的主动退还都属于没有受贿故意。第一种情况是,被告人及时退还或上交,收受他人财物并非本人意愿,往往受当时的时间条件限制不得已接收或者"误收",如请托人放下财物即离开,无法追及的;掺杂到正常物品中当时无法发现的等。在发现受贿款时,或者客观障碍条件消除后(如身体病后痊愈),及时退还或上交,反映了主观上没有受贿的故意,不构成受贿罪。第二种情况是,被告人虽未及时退还或者上交,但在收受财物后至案发前的期间内主动退还或者上交的。在该情形下,被告人在接受财物时存在受贿的故意,但经过一定时间段后,因主客观原因等诸多因素的变化,自己主动退还或者上交收受的财物。从法理分析,被告人既具有受贿的故意,又具有受贿的行为,且犯罪过程已经完成,因此,应当构成受贿罪(既遂),至于后面的退还行为,应当视为犯罪后的"退赃",可以作为处罚时的量刑情节,但不能改变已然犯罪的性质。第三种情况是,被告人在接受财物时存在受贿故意,后因自身或者与受贿相关联的人、事被查处,为了掩饰犯罪,才被动退还或者上交的,被告人退还的时间距离接受财物的时间相对较长,距离被正式查处的时间相对较短,被告人对犯罪并没有真实悔意,一般不影响受贿罪的认定和处罚。

本案中,被告人利用职务上的便利,收受他人财物,具有收受他人贿赂的主观故意。被告人辩解没有受贿故意,但退钱时间间隔达两年,其间没有不能退还、无法退还的不可抗力;被告人退钱的时间在2014年底至2015年初,相关人员等人也是在这个时间段相继被查处,因此,是出于害怕犯罪暴露而主动向请托人退还贿赂款,属于上述的第三种情形。被告人有"主动退还"的行为,但不属于2007年《关于办理受贿刑事案件适用法律若干问题的意见》规定的"及时退还"情形,故对其行为应当依法以受贿罪论处。

[**参考案例:**(2016)豫12刑终150号(马某某受贿罪)]

13. 辩方提出: 某被告人作为国家工作人员的特定关系人,没有向国家工作人员转达请托事项,其收受请托人财物的行为,不构成受贿罪。

答辩要点: 虽然2003年《全国法院审理经济犯罪案件工作座谈会纪要》规定,国家工作人员的近亲属构成受贿罪的共犯,都有该近亲属向国家工作人员代为转达请托事项的规定,但该条规定不是增加近亲属(特定关系人)构成共同犯罪的额外构成要件,而是对常态化共同受贿罪的提示性规定。

《刑法》关于共同犯罪的规定,既包括事前的共谋,也包括事中的共谋;既包括参与全部构成要件行为的共犯,也包括参与部分构成要件行为的共犯。只要在犯罪过程中,被告人之间形成了犯意联络,参与了共同犯罪,就构成共犯。就受贿罪而言,只要特定关系人在为他人谋利和收受财物之前,与国家工作人员形成犯意联络,并实施了部分受贿行为,就构成共同受贿罪。

本案中,被告人作为特定关系人明知国家工作人员利用职务便利为请托人谋利,并事先征得了国家工作人员的同意或事后获得了国家工作人员的认可,收受请托人的财物,使与国家工作人员相互合作,完成了"权钱交易"的行为,构成共同受贿罪。

[**参考案例**:(2015)高刑终字第85号(罗某某受贿罪)]

14. 辩方提出:特定关系人收受他人财物,被告人(国家工作人员)知道后要求特定关系人退还,因此主观上没有受贿的故意。至于特定关系人是否实际退还,不影响被告人行为性质的认定。因此,不应认定该辆汽车是受贿财物。

答辩要点:2016年《关于办理贪污贿赂刑事案件适用法律若干问题的解释》规定:特定关系人索取、收受他人财物,国家工作人员知道后未退还或者上交的,应当认定国家工作人员具有受贿故意。司法解释推定国家工作人员具有受贿故意的原因,在于国家工作人员与特定关系人的利益共同性和关系密切性,只有要求国家工作人员明确的要求退回或上交行为,才能体现出主观上排斥贿赂的意图。如果国家工作人员只是简单的要求特定关系人退回或上交,不考虑退回或上交的可能性,也没有继续过问是否已经退回上交,甚至对特定关系人的其他收受财物行为予以默认,表面上看国家工作人员具有排斥贿赂的意识表示,但实质上反应了主观上退与不退无所谓的心态,对收受财物通过行为予以默许,此时依然可以认定国家工作人员具有受贿故意。如果国家工作人员要求特定关系人退回或上交财物,但是特定关系人坚决拒绝退回与上交,甚至通过争吵、要挟等方式抗拒国家工作人员的要求,则可以认为国家工作人员具有明确的排斥贿赂的意图。

本案中,被告人发现特定关系人未按其要求退还财物仍然默许的,表明其对特定关系人收受财物的行为总体上持认可态度,应对这种客观上未退还的不法后果担责,构成受贿罪。

[**参考案例**:(2017)粤08刑终234号(蔡某某受贿罪)]

15. 辩方提出:被告人非法收受他人财物,为他人谋取非法利益,同时又构成其他犯罪的,应只认定一罪,否则会重复评价。

答辩要点:从法理上看,在没有法律规定或者司法解释规定的情况下,被告人的行为触犯了多个犯罪的构成要件,构成数罪,符合《刑法》关于数罪并罚的规定,就应当按照《刑法》第69条第1款的规定实行数罪并罚;从立法、司法趋势上看，自 2010 年《办理国家出资企业中职务犯罪案件具体应用法律若干问题的意见》，到 2016 年《关于办理贪污贿赂刑事案件适用法律若干问题的解释》，受贿犯罪中利用职务便利为他人谋取利益的行为构成渎职罪等犯罪的，与受贿罪数罪并罚；从受贿罪的构成要件看，只要允诺利用职务便利为他人谋取利益，即可构成受贿罪，实际利用职务便利为他人实现了利益，可以另行单独评价，不会造成重复评价。

[**参考案例**：（2009）漯刑三初字第 08 号（姬某某滥用职权罪、受贿罪）]

16. 辩方提出：被告人收受贿赂与帮助逃避处罚有牵连关系，应参照徇私枉法罪的规定，从一重罪处罚。

答辩要点：2016 年《关于办理贪污贿赂刑事案件适用法律若干问题的解释》规定："国家工作人员利用职务上的便利，收受他人财物，为他人谋取利益，同时构成受贿罪和渎职罪的，除刑法另有规定外，以受贿罪和渎职犯罪数罪并罚"。

虽然被告人受贿数额在 1 万元以上不满 3 万元，但被告人滥用职权为他人谋取不正当利益，致使公共财产、国家和人民利益遭受损失，同时其行为造成了恶劣的社会影响，根据《关于办理贪污贿赂刑事案件适用法律若干问题的解释》规定，属于具有"其他较重情节"，构成受贿罪。

被告人作为具有查禁犯罪活动职责的国家机关工作人员，利用职务便利，向犯罪分子通风报信，帮助犯罪分子逃避处罚，构成帮助犯罪分子逃避处罚罪。

只有司法工作人员收受贿赂，同时构成徇私枉法罪，民事、行政枉法裁判罪，执行判决、裁定失职罪，执行判决、裁定滥用职权罪的，根据《刑法》第 399 条的规定，从一重罪处罚。国家机关工作人员收受贿赂，同时构成其他渎职犯罪的，《刑法》没有明确规定，故不属于 2016 年《关于办理贪污贿赂刑事案件适用法律若干问题的解释》确定的数罪并罚原则例外情形。

[**参考案例**：（2016）苏 0324 刑初 867 号（吴某某帮助犯罪分子逃避处罚罪、受贿罪）]

17. 辩方提出：请托人将其行贿给被告人房屋用于抵押贷款，反映了被告人并未实际支配该房屋，故被告人属于受贿未遂。

答辩要点：2007 年《关于办理受贿刑事案件适用法律若干问题的意见》规定："国家工作人员利用职务上的便利为请托人谋取利益，收受请托人房屋等物品的，借用他人名义办理权属变更登记的，不影响受贿的认定。"被告人利用职务上的便利为请托人谋取利益，收受请托人的房产，并将房产过户至自己实际控制公司名下，其行为构成受贿罪。该房产完成交易过户至被告人实际控制的公司名下之日起，受贿已经既遂。

请托人利用为被告人挂名持有的便利,将房产用于抵押,是受贿完成后的事后行为,不影响受贿犯罪及其既未遂形态的认定。

[**参考案例**:(2015)昭化刑初字第00096号(谢某某受贿罪)]

18. 辩方提出:被告人因受贿案被查处,如实供述,并交代了他人的行贿事实,构成立功。

答辩要点:被告人如实供述所犯罪行,须如实供述实施犯罪的全部过程,包括犯罪的预谋、犯罪的实施、赃物的转移、同案犯的参与等情节。只要这些情节没有超出该罪的犯罪构成,则都属于对该罪的如实供述,如果这些犯罪情节又构成本人或其他人的其他犯罪的,不另行构成自首或立功。

贿赂犯罪也具有这样的特点,受贿人的受贿行为和行贿人的行贿行为是对合犯,供述受贿事实,必须交代行贿人的情况;供述行贿事实,同样必须交代受贿人的情况。本案中,被告人犯受贿罪后如实供述所犯罪行,就必须如实交代行贿人的情况,不能另行评价为立功。

[**参考案例**:(2017)鲁1312刑初1号(冯某受贿罪)]

三、单位受贿罪

1. 辩方提出:经单位领导研究决定收受、私分回扣款,是单位受贿。

答辩要点:是否属于单位行为、构成单位犯罪,应从两方面来把握,一是以单位名义实施犯罪,即由单位集体研究决定,或者由单位的负责人或者被授权的其他人员决定、同意;二是为单位谋取利益或者违法所得大部分归单位所有。

本案行为人在业务中收取回扣款,系经单位领导研究决定的,并无争议。但行为人在根据公司决定收取回扣款后,未如实向单位汇报,而是私自分给单位领导,该贿赂款并未归单位所有。因此,本案收受回扣款虽经单位领导集体研究决定,但主观方面不是为了单位利益,而是名为单位、实为单位领导个人谋取私利,故不应认定为单位受贿,应对单位具体参与的人员以个人受贿罪定罪处罚。

[**参考案例**:《刑事审判参考》总第27集第195号]

2. 辩方提出:行为人作为国家机关直接负责的主管人员,利用职务便利索取他人财物部分归单位、部分归个人,只构成一罪。

答辩要点:《刑法》意义上行为个数的确定,应以法律规定为基准。《刑法》第385条规定了受贿罪,同时在第387条规定了单位受贿罪,可见,自然人受贿行为与单位受贿行为在《刑法》中是分别规定的,是两个独立的罪名。

行为人的行为从表面上看,只有索取"赞助费"一个行为。但综合全案看,自一开始行为人便有索取财物部分归个人、部分归单位的主观意图，客观上也实施了让其下属和其弟弟分别收取"赞助费"的行为。应该说，行为人实施了刑法意义上的两个行为：作为国家工作人员利用职务上的便利，索取他人钱款的行为；以及作为国家机关直接负责的主管人员，代表国家机关索取他人钱款，为他人谋取利益的行为。从犯罪构成看，行为人的行为符合受贿罪和单位受贿罪的构成特征，构成数罪，应予以并罚。

[**参考案例**：《刑事审判参考》总第 33 集第 257 号]

四、行贿罪

1. 辩方提出：原判对上诉人骗取国家农机购置补贴款人民币 1432500 元已认定构成诈骗罪，同时又认定骗取补贴款行为属于行贿罪，属于同一行为重复评价。

答辩要点：2012 年《关于办理行贿刑事案件具体应用法律若干问题的解释》规定，"行贿人谋取不正当利益的行为构成犯罪的，应对与行贿罪实行数罪并罚"。行贿人通过行贿的手段，谋取骗取国家财产的不正当利益，又构成犯罪的，按照法律规定，应当并罚。

[**参考案例**：（2018）苏 01 刑终 251 号]

2. 辩方提出：行为人是为他人而非为自己谋取不正当利益而行贿，其行为不构成行贿罪。

答辩要点：谋取不正当利益不能等同于将不正当利益据为己有，只要是不正当利益与行贿款之间形成相互交易的因果联系，就体现了行贿罪的"以钱买权"的特征，至于不正当利益是行贿人自己享有，还是特定关系人享有，不影响行贿罪的构成。

本案中，各业主为自己违法加层的建筑不受处罚而委托行为人行贿，且其中多名业主系行为人的近亲属，故行贿人是包括行为人在内的一个整体，行为人为该整体的特定关系人谋取不正当利益而行贿，本质上是种"以钱买权"的行为，可以认定为行贿罪。

[**参考案例**：（2013）城刑初字第 584 号]

3. 辩方提出：行为人的企业是凭借自身实力中标，而不是通过行贿中标，未谋取不正当利益，不构成行贿罪。

答辩要点：2008 年"两高"《关于办理商业贿赂刑事案件适用法律若干问题的意见》规定："在招标投标、政府采购等商业活动中，违背公平原则，给予相关人员财物以谋取竞争优势的，属于'谋取不正当利益'。"所以谋取不正当利益包括两种情况：一是本不具备获取某种利益的条件，通过行贿而取得该利益；二是需要经过竞争才可能取得的利益，为了使自己有优于他人的机会而给予国家工作人员财物以获得帮助。

本案中，相关证据证明，行为人通过行贿，与该县主要负责人打招呼。相关职能部门为了确保行为人中标，不仅将国道工程项目进行拆分，而且利用权力影响投标资格审查部门和评标的评委的审查工作，实际形成了在该次招投标中的不正当竞争优势，属于谋取了不正当利益，行为人构成行贿罪。

[**参考案例：**（2018）黔 04 刑终 60 号]

4. 辩方提出： 行为人跟合伙人之间的资金给付是民事行为，不是共同行贿行为。

答辩要点： 判断行为人的行为是民事合作中的资金往来，还是共同实施行贿行为，不能仅看民事往来的表面，更应从主客观一致的角度认定资金转移的实质。

本案中，行为人与合伙人事先约定，由合伙人将工程造价的 6% 送给国家工作人员作为行贿款打点关系，确保获取工程。双方在主观上达成了共同的行贿意图，客观上对资金的调配、送出进行了分工。行为人将资金给付合伙人是调集行贿资金，合伙人将资金送给有关国家工作人员是实行行贿行为，两者前后联系，共同完成行贿行为。因此，行为人的行为与合伙人成立共同行贿罪。

[**参考案例：**（2018）黔 04 刑终 60 号]

5. 辩方提出： 行为人送给国家工作人员钱财，是想通过国家工作人员的帮助获得项目，在经营中获得合法的经济利益，国家工作人员并未介绍项目给行为人，所以行为人并未谋取不正当利益，不构成行贿罪。

答辩要点： 谋取不正当利益不同于实现不正当利益。行为人只要有谋取不正当利益的主观目的，给予国家工作人员财物，就构成行贿罪。不正当利益的实现与否，不影响行贿罪的成立。如果谋取的不正当利益实现，并且构成其他犯罪的，根据 2012 年《关于办理行贿刑事案件具体应用法律若干问题的解释》规定，应单独评价，并与行贿罪并罚。

本案中，行为人希望得到国家工作人员的帮助，并获取项目经营权，而送给国家工作人员巨额财物，其目的是通过不正当的手段谋取利益，无论国家工作人员有无实际的谋取利益行为或者所谋取的利益是否实现，均不影响行为人行贿犯罪的成立。

[**参考案例：**（2016）桂 10 刑终 275 号]

6. 辩方提出： 行为人作为公司的法定代表参与具体事务办理，为公司谋取不正当利益而向国家工作人员行贿，系单位行贿。

答辩要点：区别单位行贿与个人行贿，不仅要看行贿行为是否是单位的意志决定的，是不是以单位的名义行贿，还要看单位是否获益。只有单位决定并由行为人代表单位实施，所得的不正当利益归单位所有的行为，才是单位行贿行为。

本案中，行为人虽然以公司的名义与他人签订民房统建项目转让协议，但是在项目的实际建设过程中公司并未出资，项目资金是行为人个人或者通过他人筹集；项目建设中，公司未设置工程账目，往来资金也未入公司账户；项目建成后，行为人并未以公司的名义对外销售，销售协议上加盖的是行为人个人私刻的印章和行为人个人私章，销售收入存入工程项目会计个人账户；项目往来资金、销售收入、行贿资金等均由行为人个人决定、支配。由此可知，在该项目的建设、销售过程中，公司既未出资参与经营管理，也未因该项目获取收益。行为人是以公司为名，行获取个人利益之实，获取的不正当利益是个人利益，不是单位利益，因此行为人的行为属于个人行贿，非单位行贿。

[**参考案例**：（2014）滁刑终字第 00125 号]

五、贿赂犯罪其他罪名

1. 辩方提出：被告人是村党支部书记，在村集体土地出租过程中收受他人贿赂的行为，应当以非国家工作人员受贿罪定罪量刑，不是受贿罪。

答辩要点：被告人是村党支部书记，作为村基层组织的一员，有协助政府进行行政管理的责任，但是如果被告人未利用这种协助履行公务的便利，而是利用其代表村民委员会组织的职务便利条件收受贿赂，其实施犯罪与协助政府工作无关，不构成受贿罪，而构成非国家工作人员受贿罪。

本案中，将土地出租给其他公司使用，不是政府委托村委会开展的一项管理工作，而是村集体自行决定的事项。在此期间，被告人收受公司的贿赂，帮助公司与村委会、村民协调，违背村民、村组织对其职责的信任，构成非国家工作人员受贿罪。

[**参考案例**：（2016）豫 0411 刑初 72 号（熊某某受贿罪）]

2. 辩方提出：被告人不是国家工作人员，其行为不应受《关于办理受贿刑事案件适用法律若干问题的意见》规范，对被告人不应以犯罪论处。

答辩要点：司法解释是对法律适用过程中的疑难问题进行解释，而不是创设法律规定。对于以交易形式、收受干股等方式进行贿赂的，没有 2007 年《关于办理受贿刑事案件案件适用法律若干问题的意见》，也可以根据受贿的本质属性由司法从业人员作出独立判断，该意见只是"两高"下发的一个指导性文件，系对下级司法机关办理受贿案件时提出一些可操作性的注意事项，而不是针对国家工作人员创设了新的刑法处罚规定。所以，不论是国家工作人员受贿，还是非国家工作人员受贿，都可以根据该意见对实践中的特殊贿赂方式进行独立判断。

本案中，被告人以明显低于市场的价格支付给他人的房款差价，本质上是他人利用职务便利予以谋利的回报，属于一种以交易形式进行权钱交易的贿赂行为，应构成对非国家工作人员行贿罪。

[**参考案例**:（2015）温永刑重字第 2 号（王某某对非国家工作人员行贿罪）]

第八章 渎职类犯罪庭审辩论攻防要点

一、滥用职权罪、玩忽职守罪

1. 辩方提出：被告人是正常履行工作职责，不构成滥用职权罪。

答辩要点：根据最高人民检察院《关于渎职侵权犯罪案件立案标准的规定》，对职权的滥用包括两个方面：（1）超越职权，违法决定、处理其无权决定、处理的事项；（2）违反规定处理公务。所谓"超越职权，违法决定、处理其无权决定、处理的事项"，是指行为人超越法律、法规规定的权限或者授权、委托范围，擅自行使其无权行使的权力，并违法做出决定、处理的行为。该行为有两个特征：一是超越了行为人的职权范围；二是越权行为与其自身的职权具有密切关联性，即本来属于行为人职务上有权处理的事项，但在实体上或者程序上超越了其职务上有权处理的限度。

本案中，被告人作为该区的主要领导，采取先以协议方式内定受让人和土地价格，再以挂牌形式出让的方式进行违规操作，并在请示上级相关部门，相关部门明确表示不能以上述方式出让土地后，仍决定返还部分土地出让金，致使国家利益遭受重大损失，被告人对上述后果负有直接责任，并不仅仅是被告人提出的上述行为只是作为该区主任，响应市政府的号召，完成市政府交办的招商引资任务，其行为超越了其职务上有权处理的限度，已构成滥用职权罪。

[**参考案例**：（2015）鄂刑一终字第00074号]

2. 辩方提出：被告人主体不适格，不具备滥用职权罪的主体身份，不构成此罪。

答辩要点：《刑法》第397条第1款规定，"国家机关工作人员滥用职权或玩忽职守，致使公共财产、国家和人民利益遭受重大损失的，处三年以下有期徒刑或者拘役；情节特别严重的，处三年以上七年以下有期徒刑。本法另有规定的，依照规定。"

2002年12月28日，第九届人大常委会第三十一次会议《关于〈中华人民共和国刑法〉第九章渎职罪主体适用问题的解释》规定："在依照法律、法规规定行使国家行政管理职权的组织中从事公务的人员，或者在受国家机关委托代表国家机关行使职权的组织中从事公务的人员，或者虽未列入国家机关人员编制，但在国家机关中从事公务的人员，在代表国家机关行使职权时，有渎职行为，构成犯罪的，依照刑法有关渎职罪的规定追究刑事责任。"

本案中，被告人虽然不是国家机关工作人员，但属于受国家机关委托代表国家机关行使职权的组织中从事公务的人员，符合滥用职权罪的主体身份，是可以构成滥用职权罪的。

[**参考案例**：一审:（2017）吉刑终36号、二审:（2008）浙刑二终字第6号]

3. 辩方提出：被告人的行为与国家财产重大损失不具有必然的因果关系，不构成滥用职权罪。

答辩要点：滥用职权的行为主要表现为以下几种情况；一是超越职权，擅自决定或处理没有具体决定、处理权限的事项；二是玩弄职权，随心所欲地对事项作出决定或者处理；三是以权谋私、假公济私，不正确地履行职责。滥用职权行为与造成的重大损失结果之间有因果关系，有直接原因，也有间接原因；有主要原因，也有次要原因；有领导者的责任，也有直接责任人员的过失行为。只有当滥用职权行为与造成的严重损害结果之间有必然因果联系的行为才构成滥用职权罪。

本案中被告人身为国家机关工作人员，不正确履行职权，违规为改制企业办理采矿权变更手续，并通过向上级主管部门领导打招呼协调的方式，使改制企业非法获得本属国家所有的采矿权，致使国家财产和利益遭受重大损失，被告人的滥用职权行为与其行为造成的重大财产损失具有必然的因果联系，因而构成滥用职权罪。

[**参考案例**：（2015）云高刑终字第1606号]

4. 辩方提出：被告人的行为已过追诉时效，不构成滥用职权罪。

答辩要点：依据《刑法》第89条第2款，在追诉期限以内又犯罪的，前罪追诉的期限从犯后罪之日起计算。本案中被告人滥用职权行为虽发生较早，但其于滥用职权罪追诉期间又犯受贿罪，故被告人的行为依然构成滥用职权罪。

[**参考案例**：（2015）云高刑终字第1606号]

5. 辩方提出：被告人行为属于工作过失，不构成滥用职权罪。

答辩要点：滥用职权罪与工作失误的界限在于，行为人主观上是否存在罪过。滥用职权罪的行为人对自己超越职权、不正确行使职权以及放弃职守的行为是明知的，对滥用职权可能造成的后果也是能够预见的，但依然滥用职权，积极追求或者放任结果的发生，存在过于自信的过失。而工作失误，一般是由于行为人业务水平不高、工作能力有限，或者因为有关法律、政策规定不明确，致使分工不清、职责不明、制度缺失，进而导致决策不当，没有正确行使职权。

二、玩忽职守罪

1. 辩方提出：被告人的行为已过追诉时效，不构成玩忽职守罪。

答辩要点：玩忽职守行为造成的损失当时没有发生的，应当从危害结果发生之日起计算玩忽职守罪的追诉期限。依据2003年11月13日最高人民法院《全国法院审理经济犯罪案件工作座谈会纪要》，玩忽职守行为造成的重大损失当时没有发生，而是玩忽职守行为之后一定时间发生的，应从危害结果发生之日起计算玩忽职守罪的追诉期限。本案中二被告人的追诉期限应从玩忽职守行为造成危害结果之日起计算，故未超过追诉期限。

[参考案例:（2013）川刑终字第954号]

2. 辩方提出：被告人的行为与造成国家重大财产损失之间没有因果关系。

答辩要点：玩忽职守罪在客观方面体现为不履行或不正当履行法定职责，情节严重的行为。玩忽职守行为与造成的严重损害结果之间只有存在必然因果联系的，才能认定构成玩忽职守罪。

本案中被告人认为其审批新世纪商业步行街国有土地使用权出让的过程是行政审批过程，没有证据表明其出审批的依据错误，且已依照程序召开县长办公会讨论决定《出让方案》，不应承担因玩忽职守造成国家重大损失的主要责任。但依据县级以上人民政府负责土地管理工作的相关规定，被告人对下级上报的《出让方案》负有审批、把关的职责。而被告人身为国家工作人员，在履行职务过程中，严重不负责任，不认真审核，对《出让方案》的危害后果没有预见或凭经验应当预见而轻信能够避免，主观上有过失，客观上造成国家重大经济损失的后果，构成玩忽职守罪。

[参考案例:（2012）桂刑经终字第20号]

三、故意泄露国家秘密罪、过失泄露国家秘密罪

1. 辩方提出：对被告人所复制的材料是否属于"国家秘密"，辩护方提出意见。

答辩要点：《刑法》第398条第1款规定："国家机关工作人员违反保守国家秘密法的规定，故意或者过失泄露国家秘密，情节严重的，处三年以下有期徒刑或者拘役；情节特别严重的，处三年以上七年以下有期徒刑。"因此，故意泄

露国家秘密罪的犯罪对象是国家秘密，根据《中华人民共和国保守国家秘密法》第2条和第9条的规定，所谓"国家秘密"是关系国家安全和利益，依照法定程序确定，在一定时间内只限一定范围的人员知悉的事项。政党的秘密事项中符合前款规定的，属于国家秘密。

本案中被告人作为辩护律师在法院复制的案件材料不属于国家秘密。根据《刑事诉讼法》第40条的规定，辩护律师在人民检察院审查起诉阶段可以查阅、摘抄、复制本案的案卷材料。当案件移送到法院后，这些材料是否还属于国家秘密则取决于该案件是否属于涉及国家秘密的案件，或者该材料是否确定并标明密级和保密期以及法院系统的现行保密规定。

本案中被告人作为辩护律师，代理的只是一起普通的贪污案件，并非涉及国家秘密的案件，故被告人在法院复制的案件证据材料不属于国家秘密，其让犯罪嫌疑人亲属查阅的行为不构成该罪。

[**参考案例**：刑事审判参考总第28集第210号]

2. 辩方提出：被告人对该罪名的主体是否适格，辩护人提出不同意见。

答辩要点：从该罪的犯罪主体方面来分析，犯罪主体是国家机关工作人员以及因故知悉国家秘密的非国家机关工作人员。

本案中被告人作为辩护律师，根据《中华人民共和国律师法》的规定，是"为社会提供法律服务的执业人员"，并非国家机关工作人员，更不属于检察部门保密规定所约束的本系统的国家秘密的知悉人员，且法院系统的保密规定亦未将案件证据材料确定为国家秘密，本案被告人自然没有将案件证据材料作为国家秘密加以保守的义务。一审法院将辩护律师认定为负有特定义务的国家机关工作人员，显然是错误的。

[**参考案例**：刑事审判参考总第28集第210号]

四、徇私枉法罪

1. 辩方提出：对被告人的行为是否符合徇私枉法罪中"徇私利""徇私情"的认定存在疑问。

答辩要点：根据《刑法》第399条的规定，所谓"徇私利"，是指行为人徇私利，即为了个人利益，贪图钱财、权钱交易、以案谋私。所谓"徇私情"，是指行为人为了照顾私情、隐情、袒护亲友，或者泄私愤报复等。根据《刑法》规定，徇私枉法、徇情枉法既是本罪的主观动机，也是本罪的法定要件。根据2003年《全国法院审理经济犯罪案件工作座谈会会议纪要》精神和最高人民法院、最高人民检察院《关于办理渎职刑事案件适用法律若干问题的解释（一）》

第 2 条第 2 款规定，徇私舞弊型渎职犯罪的"徇私"应理解为徇个人私情、私利，国家机关工作人员为了本单位的利益，实施滥用职权行为，应当依照滥用职权罪定罪处罚。对于实践中少数司法单位为了单位利益而枉法办案的情形，且经过集体研究，以单位名义作出的，以滥用职权罪追究相关责任人的刑事责任。

本案中被告人刘某某在担任派出所所长期间，对查获的三起涉案人员众多、赌资巨大的赌博案件进行违法处理，将查获的涉案赌资款非法存入私自开设的本单位账户，以奖励、加班费、信息费等名义违规发放，其行为严重违背了职责要求，属于滥用职权，社会影响恶劣。但刘某某擅自决定将应当立案而未立案的赌博案件进行违法处理，其主要目的是单位利益，而非个人利益。依据以上规定，刘某某的行为应当以滥用职权罪定罪处罚。

[**参考案例**：（2015）铜中刑终字第 00113 号]

2. 辩方提出：如何认定徇私枉法罪中的"情节严重"？

答辩要点：根据《刑法》第 399 条的规定，司法工作人员徇私枉法、徇情枉法，对明知是无罪的人而使他受到追诉、对明知是有罪的人而故意包庇不使他受追诉，或者在刑事审判活动中故意违背事实和法律作枉法裁判的，构成徇私枉法罪。本罪的本质特征是司法工作人员刑事诉讼行为的枉法性。"徇私枉法、徇情枉法"具体表现为三种行为：一是对明知是无罪的人而使他受追诉。通常是指负有侦查、检察职责的司法工作人员知道或者应当知道他人是无罪的，仍然为徇私情、私利，采取伪造、隐匿证据或者其他隐瞒事实、违背法律的手段，以追究刑事责任为目的对其进行立案、侦查（含采取强制措施）和起诉。二是对明知是有罪的人而故意包庇不使他受追诉。通常是指司法工作人员对明知有犯罪事实需要追究刑事责任的人，采取伪造、隐匿、毁灭证据或者其他隐瞒事实、违背法律的手段，故意包庇使其不受立案追究，或者在立案后，故意违背事实和法律，应该采取强制措施而不采取强制措施，或者虽然采取强制措施，但无正当理由中断侦查或者超过法定期限不采取任何措施，实际放任不管，以及违法撤销、变更强制措施，致使犯罪嫌疑人、被告人实际脱离司法机关侦控等行为。故意包庇不使其被追究刑事责任的事实，既可以是全部犯罪事实，也可以是部分犯罪事实；既可以是构成犯罪的事实，也可以是从重处罚的事实。三是在刑事审判活动中，故意违背事实和法律作枉法裁判的。这是指在刑事审判活动中故意违背事实和法律，作出枉法判决、裁定，即有罪判无罪、无罪判有罪，或者重罪轻判、轻罪重判的情形。

徇私枉法罪是行为犯，一般不以是否发生行为人所追求的后果为条件，只要行为人在刑事诉讼过程中实施了上述其中的一种徇私枉法或者徇情枉法行为，且不属于"情节显著轻微危害不大的"情形,应当认定构成犯罪,"处五年以下有期徒刑或者拘役";对于徇私枉法行为"情节严重的,处五年以上十年以下有期徒刑;情节特别严重的,处十年以上有期徒刑"。由此看出,徇私枉法罪的成立,是不以"情节严重"为必要条件的。"情节严重"和"情节特别严重"只是本罪加重处罚的情节,直接影响着对行为人犯徇私枉法罪的量刑。虽然刑法和有关司法解释没有规定徇私枉法"情节严重"和"情节特别严重"的具体情形,但参照审判实践经验,对于刑法规定的情节犯和情节加重犯,一般应当从行为人的手段是否恶劣、后果是否严重、是否造成恶劣社会影响等方面综合分析认定。就徇私枉法罪而言,对于因行为人的徇私枉法或者徇情枉法行为,致使无辜的人被追究刑事责任,或者使已经构成犯罪的人逃脱了刑事追究,或者重罪轻判、轻罪重判,严重损害社会主义法制尊严的,应当根据具体犯罪事实、性质、情节和对于社会的危害程度认定为徇私枉法"情节严重"或者"情节特别严重"。

本案中,被告人身为依法履行查处犯罪、保护公民合法权益职责的公安局局长,明知犯罪嫌疑人陈某某盗窃价值 2.26 万元公私财物的行为属于盗窃犯罪行为,犯罪嫌疑人张某某、孙某某以勒索财物为目的绑架他人的行为属于绑架犯罪行为,应当追究刑事责任,但其利用职务上的便利,徇私将犯罪嫌疑人陈某某释放,致使盗窃犯罪分子陈某某暂时逃脱法律追究;指使他人伪造证据,开具假医院证明,徇私对不具备法定条件的犯罪嫌疑人张某某、孙某某取保候审,致使绑架犯罪分子张某某、孙某某实际脱离了司法机关的侦控。无论从被告人徇私枉法所包庇的对象、行为手段,还是从所造成的后果来看,都应当属于徇私枉法"情节严重"或者"情节特别严重"。

[**参考案例**:刑事审判参考总第 31 集 237 号]

五、民事、行政枉法裁判罪

1. **辩方提出**:对被告人成立枉法裁判罪主观故意的认定存疑。

答辩要点:审判人员的特殊身份和职务需要决定了其在审判工作中具备较高的认知能力。本罪的主观故意,应综合认定。对于明显违背法律规定应当履行的义务而枉法裁判的,如应当回避而故意不回避、毁灭和伪造证据、私自会见当事人及其代理人、收受贿赂、歪曲隐瞒事实等;对于明显违背司法职业常识而枉法裁判的,如对事实简单、证据清楚、法律关系明确的案件作出错误判决、故意剥夺当事人诉讼权利,明显违背证据规则认定事实,明显违背法律规定适用法律等,对于明显违背社会道德观念而枉法裁判的,如违背诚实信用、公共秩序和善良风俗原则作枉法裁判的行为，均具有枉法裁判的主观故意。

2. 辩方提出：对合议庭成员共同成立民事枉法裁判罪的认定存疑。

答辩要点：实践中，绝大多数民事案件的裁判是由合议庭作出的，能否由合议庭成员共同构成民事枉法裁判罪，应区分情况而定。对于合议庭成员共同接受案件一方当事人吃请、送礼、说情等，具有共同犯罪的故意而集体违背事实和法律枉法裁判的，应以共同犯罪追究责任；对于合议庭成员政治素质差、原则性不强或者碍于同志、同事情面，明知案件承办法官实施枉法裁判，却明确表示支持承办法官的错误决定，应认为与承办法官具有共同的犯罪故意，构成共同犯罪；对于合议庭成员责任心不强，没有全程参加庭审，评议案件走过场，在合议笔录上签名草率，致使合议庭审判成了独任审判，应由枉法裁判者个人承担罪责，其他合议庭成员由于主观上无犯罪的故意，不能以共犯论。

3. 辩方提出：对下级法官执行上级违法命令的行为，辩护意见认为不构成枉法裁判罪。

答辩要点：根据《公务员法》第54条之规定，公务员执行公务时，认为上级的决定或者命令有错误的，可以向上级提出改正或者撤销该决定或者命令的意见；上级不改变该决定或者命令，或者要求立即执行的，公务员应当执行该决定或命令，执行的后果由上级负责，公务员不承担责任；但是，公务员执行明显违法的决定或者命令的，应当依法承担相应的责任。据此，对于下级法官对上级违法命令提出过异议而上级强行要求执行或者要求立即执行的，即使下级法官违背事实和法律作出了民事枉法裁判，与上级法官不构成共同犯罪；对于下级法官所接受的上级命令、指令，严重违反法律程序，所要求作出的裁判严重违背案件事实和法律，仍依命令、指令枉法裁判构成犯罪的，应以共同故意犯罪处理。

4. 辩方提出：被告人的枉法调解行为不构成枉法裁判罪。

答辩要点：法院调解是人民法院依照法律规定行使审判权的一种方式，是人民法院的一种诉讼活动。所谓法院调解，是指当事人双方在人民法院审判人员的主持下，通过平等协商的方法达成协议，并由人民法院以法律文书的形式对协议内容予以确认，以解决民事权益争议的诉讼活动和结案方式。枉法调解是指具有审判职责的审判人员在调解的过程中，故意违背事实和法律，做有损当事人正当、合法权益的调解行为。调解书与判决书、裁定书一样，具有同等的法律效力。可见，枉法裁判中的裁判不仅指裁定和判决，还包括调解。对于徇私舞弊，弄虚作假，隐瞒或者伪造案件有关证据或者采取胁迫手段强迫当事人调解，情节严重的行为，应当追究行为人的刑事责任，因此被告人的行为成立枉法裁判罪。

六、执行判决、裁定失职罪；执行判决、裁定滥用职权罪；枉法仲裁罪

1. **辩方提出**：被告人不具备执行资格，因此不构成本罪。

答辩要点：根据全国人大常委会《关于〈中华人民共和国刑法〉第九章渎职罪主体适用问题的解释的规定》，虽未列入国家机关工作人员编制但在国家机关中从事公务的人员，在代表国家机关行使职权时，有渎职行为，构成犯罪的，依照《刑法》关于渎职罪的规定追究刑事责任。可见，对于不具备相应资格的执行人员或临时人员，在代表人民法院行使执行职责的过程中有失职行为的，应以执行判决、裁定失职罪追究其刑事责任。

2. **辩方提出**：判断认定执行判决、裁定滥用职权罪罪与非罪的界限存疑。

答辩要点：本罪罪与非罪的界限主要从三个方面来界定：一是是否在执行判决、裁定活动中，凡是与判决、裁定的执行有关的活动都属于"在执行判决、裁定活动中"。二是是否存在滥用职权情形，违法采取诉讼保全措施或强制执行措施。三是是否致使当事人或者其他人的利益遭受重大损失，这里的利益是指财产利益。虽然行为人存在滥用职权情形，但未造成当事人或其他人的利益遭受重大损失，亦不构成犯罪。

3. **辩方提出**：执行人员在执行过程中同时触犯非法拘禁罪或非法搜查罪，因此不构成执行判决、裁定滥用职权罪。

答辩要点：执行人员在执行的过程中为了达到违法执行的目的，实施非法拘禁或非法搜查的行为，其手段和方法又触犯了其他犯罪的，属于目的和手段的牵连犯罪，应以执行判决、裁定滥用职权罪论处。对于行为人在执行判决、裁定中滥用职权的行为未达到立案标准规定的条件，但符合非法拘禁、非法搜查立案标准的，则应以非法拘禁罪或非法搜查罪定罪处罚。

七、私放在押人员罪

1. **辩方提出**：被告人的行为成立失职致使在押人员脱逃罪，而非私放在押人员罪。

答辩要点：私放在押人员罪，是指司法工作人员私放在押的犯罪嫌疑人、被告人或罪犯的行为。主观构成要件为故意，即明知是在押的犯罪嫌疑

人、被告人、罪犯,明知自己的私放行为会使犯罪嫌疑人、被告人、罪犯逃避监管,破坏国家的羁押机能,并且希望或放任这种结果发生。其客观构成要件包括作为与不作为,且与司法人员的职务具有关联性。具体可分为五种情形:(1)私自将在押的犯罪嫌疑人、被告人、罪犯放走;(2)授意、指使、强迫他人将在押的犯罪嫌疑人、被告人或罪犯放走;(3)伪造、变造有关法律文书、证明材料,以使在押的犯罪嫌疑人、被告人、罪犯逃跑或被释放;(4)为私放在押的犯罪嫌疑人、被告人、罪犯,故意向其通风报信、提供条件,指使在押的犯罪嫌疑人、被告人、罪犯脱逃;(5)明知罪犯脱逃而故意不阻拦、不追捕。结合本案的具体情况,被告人应成立私放在押人员罪。

2. 辩方提出:被告人主体不适格,不构成私放在押人员。

答辩要点:根据2001年3月2日最高人民检察院《关于工人等非监管机关在编监管人员私放在押人员和失职致使在押人员脱逃行为适用法律问题的解释》(高检发释字〔2001〕2号),工人等非监管机关在编监管人员在被监管机关聘用受委托履行监管职责的过程中私放在押人员的,应当依照《刑法》第400条第1款的规定,以私放在押人员罪追究刑事责任。

结合本案,被告人王某某在任西安龙某保安服务有限公司(以下简称"龙某公司")安保人员期间,负责协助西安市公安局在某宾馆看管被监视居住的犯罪嫌疑人马某某。王某某在2015年5月被龙某公司应聘后,龙某公司对其进行了岗位培训,且被告人王某某亦看管过犯罪嫌疑人马某某,被告人王某某在主观上对马某某系犯罪的人是明知的。被告人王某某在同案犯陈某某告知其欲放走马某某的计划后,陪同陈某某购买了作案工具,帮助犯罪嫌疑人马某某逃匿,且在案发后分得赃款12万元,其在共同犯罪中起着积极作用。被告人王某某系受公安机关委托,履行看管犯罪嫌疑人职责的人员,私放在押的犯罪嫌疑人,其行为构成私放在押人员罪。

[**参考案例**:(2017)陕01刑终87号]

3. 辩方提出:被告人的行为应认定为玩忽职守罪,不构成私放在押人员罪。

答辩要点:玩忽职守罪是指国家机关工作人员玩忽职守,致使公共财产、国家和人民利益遭受重大损失的行为。构成要件包括三个要素:一是行为主体必须为国家机关工作人员;二是有玩忽职守行为;三是致使公共财产、国家和人民利益遭受重大损失。其责任形式为过失,客观方面体现为不履行或不正当履行法定职责,情节严重的行为。

私放在押人员罪,是指司法工作人员私放在押的犯罪嫌疑人、被告人或罪犯的行为。主观构成要件为故意,即明知是在押的犯罪嫌疑人、被告人、罪犯,明知自己的私放行为会使犯罪嫌疑人、被告人、罪犯逃避监管,破坏国家的羁押机能，并且希望或放任这种结果发生。

结合本案，原审被告人张某甲身为大同市矿区看守所看守警察，应当知道在押人员张某某不符合释放条件，仍利用监管职务之便利，擅自将在押人员张某某带出监区，明知在押人员监管档案中没有人民法院出具的任何法律文书，释放在押人员张某某不符合法律规定，仍要求同案被告人马某某给在押人员张某某办理释放手续，致使其监管对象在押人员张某某脱离监管；上诉人马某某在人民法院尚未结案且并未收到任何执行法律文书，明知释放在押人员张某某不符合法律规定，仍擅自开具释放证明，致使在押人员张某某脱离监管，其行为均已构成私放在押人员罪，而非玩忽职守罪。

[**参考案例：**（2017）晋02刑终44号]

4. 辩方提出： 对私放在押人员罪既遂与未遂的认定存疑。

答辩要点： 该罪既遂与未遂的标准，应以被私放的人员是否摆脱了监管机关和监管人员的控制为标准。对于在设置警戒线的场所私放在押人员的，以被私放者是否超越警戒线为准，如果被私放者超过警戒线的，即使其之后又被抓获，行为人也构成本罪既遂；反之，则构成未遂。对于在未设置警戒线的场所私放在押人员的，以被私放者是否脱离监管人的控制范围为准，被私放者已经脱离监管人员控制范围的，行为人构成本罪既遂；反之，属于未遂。对于在押解途中私放在押人员的，如果被私放者已经逃离至不能被及时抓获的地方，则行为人成立本罪既遂；如果被私放者未来得及走远就被有关人员及时抓获，行为人就属于本罪既遂。

5. 辩方提出： 司法工作人员"临时私放"或者"短期私放"在押人员，被临时私放的在押人员及时返回监管场所的，不构成私放在押人员罪。

答辩要点： 根据《刑法》规定，私放在押人员属于行为犯，只要司法工作人员实施私放在押人员的行为已经完成，就符合私放在押人员罪的犯罪构成。至于私放时间的长短、在押人员是否返回监管场所等情形，只是量刑因素，对于犯罪构成无任何影响。

6. 辩方提出： 私放的在押人员后来被法院宣判无罪，被告人不构成私放在押人员罪。

答辩要点： 如果被私放的在押人员后来被法院宣判无罪的，并不影响私放在押人员罪的构成。本罪的犯罪对象是"在押人员"，《刑法》并未明确规定是"有罪人员"，无论私放对象是否有罪，只要其属于在押状态，负有监管职责的司法工作人员就无权擅自将其释放。

八、失职致使在押人员脱逃罪

辩方提出：对于判断认定被告人失职致使在押人员脱逃罪与非罪的界限存疑。

答辩要点：本罪属于结果犯，造成严重后果才构成犯罪，即失职致使在押人员脱逃，造成严重后果，所谓"严重后果"，一般是指致使重要的犯罪嫌疑人、被告人或者罪犯逃脱的；致使多名在押人员脱逃的；由于犯罪嫌疑人、被告人的脱逃致使案件的侦查、起诉、审判收到严重影响的；在押人员脱逃后打击报复举报人、控告人、证人等或继续犯罪，危害社会的；等等。后果特别严重的，构成结果加重犯。所谓造成"特别严重后果"，是指造成多名重要犯罪嫌疑人、被告人或者罪犯脱逃；犯罪嫌疑人、被告人或者罪犯脱逃后继续犯罪，给社会造成特别严重危害的。

九、徇私舞弊减刑、假释、暂予监外执行罪

1. 辩方提出：对行为人受贿后徇私舞弊减刑、假释、暂予监外执行的行为是否应数罪并罚存疑。

答辩要点：受贿行为与对不符合条件的罪犯予以减刑、假释、暂予监外执行的行为，是两个独立的行为，并不存在牵连关系。对于受贿数额达不到追诉条件的行为，应以徇私舞弊减刑、假释、暂予监外执行罪一罪论处，受贿行为应作为量刑情节在裁判时予以考虑；对于受贿数额达到追诉标准的，则应以受贿罪及徇私舞弊减刑、假释、暂予监外执行罪进行数罪并罚。

2. 辩方提出：对徇私舞弊减刑、假释、暂予监外执行罪既遂与未遂的界限存疑。

答辩要点：徇私舞弊减刑、假释、暂予监外执行罪是行为犯。只要行为人实施了徇私舞弊对不符合减刑、假释、暂予监外执行条件的罪犯报请、裁定、决定减刑、假释、暂予监外执行的行为，即视为既遂，即使罪犯实际上并没有得到减刑、假释、暂予监外执行，也依法构成本罪。

十、徇私舞弊不移交刑事案件罪

1. 辩方提出：构成徇私舞弊不移交刑事案件罪，行为人不移交的案件必须是刑事案件，即必须是实际已构成犯罪的案件。被告人未移交的犯罪嫌疑人尚未被人民法院判决有罪，因而不构成本罪。

答辩要点：根据《刑法》规定，本罪的犯罪对象是"应当移交司法机关追究刑事责任的案件"。这里的"刑事案件"不限定为"经法院判决有罪的案件"，要求的仅是进行实体上的预断，即是否涉嫌构成犯罪，而并未要求必须对此作出有罪的生效判决为前提。根据《行政执法机关移送涉嫌犯罪案件的规定》第3条，只能由行政执法机关按照已发现的违法事实所涉及的金额、违法事实的情节、违法事实造成的后果等，根据《刑法》关于破坏社会主义市场经济秩序罪、妨害社会管理秩序罪等的规定和最高人民法院、最高人民检察院关于破坏社会主义市场经济秩序罪、妨害社会管理秩序罪等的司法解释以及最高人民检察院、公安部关于经济犯罪案件的追诉标准等实体规范，进行预断，看是否涉嫌构成犯罪。如果涉嫌构成犯罪，该行政执法机关及其执法人员就负有应当移送的义务。并非必须经过法院判决，一些情节轻微或证据不足的案件，检察机关有权作出不起诉决定，从而终结诉讼程序。可见，应当移交司法机关追究刑事责任的案件，是指有证据证明原案已经涉嫌犯罪，其危害性已经不是行政法规所能调整，而行政执法人员明知这一事实，却徇私舞弊不向司法机关移交。至于该案件进入刑事诉讼程序后，检察机关是否起诉，法院是否作出有罪判决，不影响本罪的成立。

本案中辩方提出被告人丁某某徇私舞弊不移交刑事案件一案，在上坝村及其有关责任人员涉嫌犯滥伐林木罪一案尚未审结之前，终究只是涉嫌犯罪，并未依法定程序正式被确定有罪，因而不构成徇私舞弊不移交刑事案件罪的理由是不成立的。认定徇私舞弊不移交刑事案件罪不以未移交的犯罪嫌疑人已被生效判决确定有罪为前提。

[**参考案例**：《刑事审判参考》总第31集第237号]

2. 辩方提出：徇私舞弊不移交刑事案件罪，必须是"情节严重"方能构成。

答辩要点：行政执法人员徇私舞弊未予移交的刑事案件中的犯罪嫌疑人应"可能判处三年以上有期徒刑"应当理解为，是指该犯罪嫌疑人所涉嫌的犯罪依法应当适用的法定刑档次，而不是指实际判处的刑罚。如果该犯罪嫌疑人所涉嫌的犯罪应当适用的量刑档次在有期徒刑三年以上，但因其具有自首、立功等情况减轻处罚致实际判处的刑罚低于三年有期徒刑，不影响徇私舞弊不移交刑事案件罪的构成。司法机关在办理徇私舞弊不移交刑事案件过程中，只要根据已经掌握的事实，依据相应的刑事实体规范，足以判定徇私舞弊"未予移交的案件"已经涉嫌构成犯罪，且其犯罪嫌疑人有可能被判处三年以上有期徒刑的，即可对徇私舞弊不移交刑事案件行为人进行刑事追究，而不需要等待该"未移交的案件"的审结。

结合本案，一审判决时，检察机关已以被告人犯滥伐林木罪向法院提起公诉，起诉书指控上坝村滥伐林木数为552.195立方米。按有关法律规定滥伐林木500多立方米已远远超过数额巨大标准并可能判处三年以上七年以下有期徒刑，据此，一审法院作出判决认定丁某某犯徇私舞弊不移交刑事案件罪是正确的。

[参考案例:《刑事审判参考》总第31集237号]

3. 辩方提出：对涉案公安人员徇私舞弊不移交刑事案件行为的定性存疑。

答辩要点：公安机关不仅具有行政执法权，而且具有相关刑事司法权。对于在刑事案件中具有侦查、监管职责的公安人员，在履行职责时徇私舞弊，使有罪的人不受刑事追诉，应以徇私枉法罪追究刑事责任；对于履行行政执法职责的公安人员，在行政执法时徇私舞弊，对应当追究刑事责任的不移交司法机关，应以徇私舞弊不移交刑事案件罪定罪处罚。

十一、滥用管理公司、证券职权罪

辩方提出：证券交易所的工作人员不能成为滥用管理公司、证券职权罪的主体。

答辩要点：证券交易所是提供证券集中竞价交易场所的不以营利为目的的法人，它本身并非证券管理部门。一般而言，证券交易所的工作人员不能构成本罪。但根据《证券法》第43条第2款和第50条第2款的规定，国务院证券监督管理机构可以授权证券交易所依照法定条件和法定程序核准股票、公司债券上市申请。因此，证券交易所根据国务院证券监督管理机构的授权，核准股票、公司债券上市申请时，应当认为其在履行证券监督管理职责，具有证券管理的职权。若其工作人员徇私舞弊，对不符合法律规定条件的股票、公司债券上市申请予以核准，致使公共财产、国家和人民利益遭受重大损失的，应以本罪论处。

十二、徇私舞弊不征、少征税款罪

1. 辩方提出：被告人徇私舞弊不征、少征税款罪事实未达到立案标准，故不构成本罪。

答辩要点：根据2006年7月26日最高人民检察院《关于渎职侵权犯罪案件立案标准的规定》，徇私舞弊不征、少征税款罪是指税务机关工作人员徇私舞弊，不征、少征应征税款，致使国家税收遭受重大损失的行为。当国家税收损失累计达10万元以上的应予立案。

结合本案，被告人刘某某在担任地方税务局局长期间，利用职务便利，为谋取非法利益，不向应纳税单位征收税款 528016.04 元，已远远超过本罪的立案标准 10 万元，给国家税收造成特别重大损失，故构成徇私舞弊不征税款罪。

[参考案例：（2014）甘刑二终字第 21 号]

2. 辩方提出： 被告人的行为同时符合滥用职权、受贿和徇私舞弊少征税款罪，应当以一罪定罪处罚。

答辩要点： 行为人因贪污钱财、收受贿赂，甚至是主动索取贿赂，并利用职权便利徇私舞弊，对明知是应征的税款不征或少征，致使国家税收遭受重大损失的，原则上应以数罪并罚。如果受贿数额达不到受贿罪立案标准，则以徇私舞弊不征、少征税款罪一罪论处，受贿情节作为量刑情节；如受贿数额达到了受贿罪的立案标准，则应以受贿罪和徇私舞弊不征、少征税款罪数罪并罚。

结合本案，被告人曹某某在征收税收工作中，既有滥用职权、受贿，又有徇私舞弊不征、少征税款行为，分别造成国家重大损失，该行为分别符合《刑法》第 397 条、第 385 条和第 404 条之规定，依法应构成滥用职权罪、受贿和徇私舞弊少征税款罪；最高人民法院、最高人民检察院《关于办理渎职刑事案件适用法律若干问题的解释》第 3 条"国家机关工作人员实施渎职犯罪并收受贿赂，同时构成受贿罪的除另有规定外，以渎职罪和受贿罪数罪并罚"，故被告人的行为应定一罪的意见与法不符，故不成立。

[参考案例：（2016）浙 10 刑终 971 号]

3. 辩方提出： 被告人行为构成偷税罪，不构成徇私舞弊不征、少征税款罪。

答辩要点： 根据《刑法》第 404 条、第 201 条的规定，徇私舞弊不征、少征税款罪，是指税务机关的工作人员徇私舞弊，不征或者少征税款，致使国家税收遭受重大损失的行为。偷税罪，是指纳税人、扣缴义务人故意违法税收法规、采取伪造、变造、隐匿、擅自销毁账簿、记账凭证、在账簿上多列支出或者不列、少列收入、经税务机关通知申报而拒不申报或者进行虚假的纳税申报的手段，不缴或者少缴应缴纳税款，情节严重的行为。可见，对于税务工作人员在偷税犯罪工程中予以积极地帮助，如出谋划策、传授偷税方法、共同伪造虚构减免税款的条件，同时自己假装不知，不履行其法定纳税职责，不征、少征应征税款的，应以偷税罪共犯论处；对于在偷税人犯罪过程中并没有给予积极地帮助，而只是对偷税人的违法犯罪采取放任的态度，为徇私情私利，不征、少征应征税款的，应构成徇私舞弊不征、少征税款罪。

十三、徇私舞弊发售发票、抵扣税款、出口退税罪

辩方提出：税务机关工作人员与他人通谋而徇私舞弊发售发票的，不构成徇私舞弊发售发票、抵扣税款、出口退税罪。

答辩要点：对于税务机关工作人员与纳税人通谋，彼此达成共同的犯罪故意，共同策划，由偷税犯罪行为人在账簿上多列进项税额或者不列、少列销项税额，进行虚假纳税申报，或者假报出口，而税务机关工作人员采取徇私舞弊发售发票、抵扣税款、出口退税的手段，帮助其掩盖真相，并予以抵扣税款或者予以出口退税的，则税务机关工作人员成立偷税罪的共犯，其徇私舞弊发售发票、抵扣税款、出口退税行为尚不构成犯罪的，以偷税罪共犯论处；徇私舞弊发售发票、抵扣税款、出口退税行为造成国家税收的重大损失而成立犯罪的，属于两罪竞合，择一重罪论处。

十四、违法提供出口退税凭证罪

辩方提出：对被告人违法提供出口退税凭证中受贿行为的认定存疑。

答辩要点：税务机关工作人员违法提供出口退税凭证，往往与受贿行为交织在一起。对于行为人收受、索取的贿赂达不到《刑法》第385条规定的受贿罪立案标准，不构成受贿罪的，应以违法提供出口退税凭证罪定罪处罚，受贿、索贿情节作为量刑情节予以考虑；对于行为人受贿、索贿的行为构成受贿罪的，则应以受贿罪、违法提供出口退税凭证罪数罪并罚。

第九章　涉税类犯罪庭审辩论攻防要点[1]

一、逃税罪

1. 辩方提出：根据相关法律规定未下达追缴通知书，或未处罚先移送司法机关的，公安司法机关无权对其进行刑事处理。

答辩要点：辩护人提出的，对公安司法机关受理案件存在程序先后的抗辩，并无法律依据。行政处罚前置并不否定"未罚就不能移送公安司法机关"。理由如下：

一是相关规范性文件未否定这一做法。《中共中央办公厅、国务院办公厅转发国务院法制办等部门〈关于加强行政执法与刑事司法衔接工作的意见〉的通知》（中办发〔2011〕8号）规定："行政执法机关在移送案件时未作出行政处罚决定的，原则上应当在公安机关决定不予立案或者撤销案件、人民检察院作出不起诉决定、人民法院作出无罪判决或者免于刑事处罚后，再决定是否给予行政处罚。"相关精神也体现在《国家税务总局关于印发〈全国税务稽查规范（1.0版）〉的通知》（税总发〔2016〕170号）。由此可见，这条行政处罚前置的规定不等于未作行政处罚决定就不能移送公安司法机关。

二是最高法判例进行了明确。最高人民法院行政审判庭编的《中国行政审判指导案例》（第1卷）的第14号案例，确定了一个裁判规则：税务机关将案件移送司法机关追究刑事责任后一般不宜再对行政行为人作出行政处罚。这点在最高人民法院《关于司法机关对当事人虚开增值税专用发票罪立案之后刑事判决之前，税务机关又以同一事实以偷税为由对同一当事人能否作出行政处罚问题的答复》得到体现。

结合本案例，黄某某被关押期间，新宁县地方税务局于2012年9月28日向其送达限缴税款通知书和税务行政处罚决定书，限于2012年10月9日前补缴逃税税款、滞纳金及罚款。审判机关认为《刑法》第201条第4款并未明确规定行政处罚是对逃税罪刑事立案的前置程序，故公安机关决定对其立案并不

---

[1] 文后附相关罪名一览。

违反法律规定。行为人被税务机关告知行政处罚决定当时是否被采取强制措施，不影响其履行行政处罚决定或行使诉讼权利，而其至今仍未补缴税款和滞纳金、接受行政处罚，原判以逃税罪追究其刑事责任符合法律规定。这一判决体现了行政处罚前置并不否定"未罚就不能移送公安司法机关"的原则。

[**参考案例:**（2013）邵中刑二终字第63号]

2. 辩方提出: 行为人实施逃税行为后，接受税务机关的行政处罚，补缴税款并缴纳罚款、滞纳金的，不应再追究其逃税罪的刑事责任。

答辩要点: 根据最高人民检察院、公安部《关于公安机关管辖的刑事案件立案追诉标准的规定（二）》第57条第2款"纳税人在公安机关立案后再补缴应纳税款、缴纳滞纳金或者接受行政处罚的，不影响刑事责任的追究"的规定，对补缴税款、罚款、滞纳金阻却刑事处罚的时间节点做了规定。基于司法成本、法律严肃性等考量，刑事立案是刑事诉讼的开始，在此之后的任何阶段补缴行为都不能阻却刑事责任。

本案中，税务机关在公安机关刑事立案后从被告某公司账户扣款，扣划凭证以"营业税税款滞、城市维护建设税税款滞"的项目开出，一方面，国家税收的弥补来源国家强制力的划扣，侧面印证了行为人主观上不履行纳税义务；另一方面，即便是行为人在刑事立案之后补缴的，可以作为事发认罪态度酌情予以考虑撤销案件、不起诉或者免于处罚等，但也并非排除刑事处罚。

[**参考案例:**（2016）粤20刑再6号]

3. 辩方提出: 行为人有实际经营活动，违反国家发票管理法规，从第三人处非法购买虚开的增值税专用发票用作进项抵扣凭证，进行虚假的纳税申报，逃避缴纳税款数额巨大，应当构成逃税罪，而非虚开增值税专用发票罪。

答辩要点: 本案是关于如实代开后抵扣税款的行为是逃税罪还是虚开增值税专用发票罪的一起典型案件。本案中，原审被告人周某某、许某某购进煤炭后，为了将煤炭卖出，需要大量的增值税专用发票，而在私人手中购买煤炭，这些卖煤炭散户无法提供增值税专用发票，在这种情况下，周某某、许某某通过中间人马某某从第三人鄱某某（另案处理）手中以出钱购买的形式多次购买增值税专用发票。一审被告人判处逃税罪，二审判处虚开增值税专用发票罪。

公诉人认为，根据最高人民法院印发《关于适用〈惩治虚开、伪造和非法出售增值税专用发票犯罪的决定〉的若干问题的解释》的通知（以下简称《决定》）第一大点第一项第（3）："进行了实际经营活动，但让他人为自己代开增值税专用发票"属于虚开增值税专用发票的行为，《决定》最后一项"利用虚开的增值税专用发票抵扣税款或者骗取出口退税的，应当依照《决定》第一条的规定定罪处罚"，即应当认定为虚开增值税专用发票罪。根据上述规定，当事人在存在真实经营的情况下，让他人代开增值税专用发票，属于虚开行为，后将非法购买来的发票用于抵扣税款，应当以虚开增值税专用发票罪认定。

[**参考案例**：（2013）娄中刑二终字第60号]

4. 辩方提出：当事人与地方政府签定有关税费减免的优惠政策，该部分税费不应当计入逃税数额。

答辩要点：辩护人认为，当事人周某主张与泗城镇人民政府签订的《招商引资协议书》约定"虹瑞公司可享受本县有关税费减免的优惠政策"，构成逃税罪的处罚阻却事由。除正当防卫、紧急避险法定违法阻却事由外，还存在被害人的承诺、法令行为、行政许可、正当业务行为等其他公认的违法阻却事由。本案是否构成违法阻却事由，需要考虑以下两点：一是做出税费减免的权利机关是谁？需要经过何种流程？二是出现税收争议时，税收缴纳与争议复议之间的先后顺序问题。

针对第一点，公诉人认为，根据《中华人民共和国税收征管法》第33条第2款之规定，地方各级人民政府违反法律法规，擅自作出的减税、免税决定无效，税务机关不得执行，并向上级税务机关报告。如须申报减免税收，应当依据相关流程依法依规申请，以本案土地使用税减免为例，根据《中华人民共和国城镇土地使用税暂行条例》第6条、第7条，需要减免的，应由省级税务机关审核后，报国家税务机关批准方能生效。回到本案，周某某与当地政府签订减免土地使用税的协议未履行上述规定，减免无效。

针对第二点，公诉人认为，根据《中华人民共和国税收征收管理法》第88条，明确了对税收争议的救济程序，前提必须是无条件先缴纳税款或者提供相应担保。本案中，泗县地方税务局向周某某送达的《税务事项通知书》，明确了上述规定要求，在此情况下仍然不予缴纳应当视为逃税。综上，周某某上诉理由不予采纳。

[**参考案例**：（2017）皖13刑终592号]

二、抗税罪

辩方提出：被告人已按照税务机关要求缴纳税款，虽缴纳过程中言语不当，但情节轻微，不构成抗税罪。

答辩要点：抗税罪客观要件具体行为包括暴力、威胁等手段，其中威胁程度应当与暴力的危害程度相当才更为符合本罪的客观行为。本案中，税务机关工作人员在送达催缴通知书过程中，被告人扬言不缴税款、带几个小弟接税务局局长的小孩放学,虽然话语廖廖几句,但从威胁的对象、时间、目的等方面综合考虑,公诉人认为,这些话语使得税务机关执法人员产生担心甚至是精神恐惧,现实可能性已经出现,实质产生了强制作用。故,被告人的行为构成抗税罪。

[参考案例:(2014)南刑二初字第00015号]

三、逃避追缴欠税罪

1. 辩方提出:被告公司并无隐匿、转移财产逃避追缴欠税的行为,税务机关没有穷尽法律手段进行追缴,不构成犯罪。

答辩要点:辩护人认为当事人无逃避追缴行为,且税务机关怠于履行税收征管职责,故不构成逃避追缴欠税罪。公诉人认为,控辩双方均应当围绕本罪构成要件进行证据审查。一是催缴节点的客观行为,诸如转移账户资金、瞒报、隐匿可支配收入、抵押、质押,以及是否申请延期缴纳等行为是否存在,审查上述行为,并结合催缴执法过程进行综合判断。二是税务机关追缴行为的具体措施。根据税收征管法律法规,税务机关有权冻结扣划账户、扣押查封拍卖财产,甚至行使代位权、撤销权以实现税收强制征收,具体何种措施应当由税务机关根据实际情况选择,并无明确规定要求税务机关"穷尽手段"追缴欠税,而应当建立在追缴可行性基础上予以判断。

本案中,被告某公司在收到税务机关税务事项通知书、欠缴税款告知书后,不仅没有申请延期缴纳,而且还以签订商品房买卖合同的形式抵押公司所有的商铺给他人,将获利转到私人账户,致使税务机关无法追缴欠税5053630.53元;此外,与被告某公司虽同为赵某某的关联公司某力公司,虽然某力公司名下有资产,在未经法定代表人赵某某授权的情况下,即便某公司欠税款,在处置某力公司资产过程中也不必然代某公司清缴,税务机关也无法律授权对某力公司的资产进行查封抵税,故本案中税务机关执法程序合法有效。综上,被告某公司逃避追缴税款,税务机关在法律授权范围内履行了追缴法定职责,其构成本罪。

[参考案例:(2016)川14刑终117号]

2. 辩方提出:虽然当事人仅缴纳少部分税款,系因当事人无缴税能力,其逃税行为并不明显,且指控当事人采用转移或者隐匿财产的手段无证据支持。

答辩要点:纳税义务人欠缴应纳税款,采取转移或者隐匿财产的手段,致使税务机关无法追缴欠缴的税款,数额在1万元以上10万元以下的,构成逃避追缴欠税罪。本案中,辩护人主张当事人尽个人最大限度补缴税款,属于逃税情节轻微的抗辩理由显然不能成立。公诉人认为，入罪情节不同于量刑情节。本案中，被告人刘某某通过虚构交易合同降低交易金额，企图实现减轻纳税义务的不法目的，在税务机关多次催缴后，其仅补缴 5 万元并逃匿，致使国家税收 124 万余元的实际损失，符合本罪的构成要件；其中 5 万元的补缴金额予以扣除，并在量刑中予以体现。此外，辩护人辩称逃税行为不明显也显然与事实不符。被告人实施了伪造合同的具体行为、案发后逃匿，叠加逃匿后个人经济能力有限造成了国家税收损失挽回不能，逃避追缴行为明显造成了实际损害，行为性质属于本罪客观行为，辩护人的辩护意见不成立。

[**参考案例:** (2016) 豫 1628 刑初 80 号]

3. 辩方提出: 根据税款优先原则，应该对于查封冻结的财产优先执行税款，由于税务机关未及时收缴冻结资产，造成补缴不能，并非上诉人故意逃避税款。

答辩要点: 所谓税款优先原则，是指税款的征收入库不受其他一般债权行使的限制，优先于无担保债权。辩护人主张，行为人有可被扣押充抵所逃税款的资产，由于各种原因，加上税务机关怠于行使职权造成当事人财产被转移或者强制执行，过程中行为人无任何逃避的行为，无逃避的主观故意。

公诉人认为，导致税收流失这一危害结果即便存在多个原因，也并不阻却犯罪构成，仅仅是酌定量刑情节。本案中，一方面，税务机关认真履行了税务检查、下达稽查税务处理决定书、税务检查结果明细表、限期缴纳税款通知书等法定义务，税务执法过程并无不当、违法之处；另一方面，辩护人辩称的资产，实际上既有税务机关没有掌握的以房抵债部分，还有法院以生效判决的形式确定所有权发生转移的土地、房屋资产部分，上述全部资产均不符合税权优先原则相关规定。故，由于被告人自身原因，主观上有逃避追缴税款的故意，客观上导致国家税收实际损失的危害后果，构成逃避追缴欠税罪。

[**参考案例:** (2016) 吉 08 刑终 3 号]

四、骗取出口退税罪

1. 辩方提出: 上诉人与他人系挂靠关系，相关流程、材料系他人提供，真实性不知，故不能认定上诉人具有骗取出口退税的主观故意。

答辩要点: 骗取出口退税罪系故意犯罪，主观上要求犯罪嫌疑人具有骗取国家出口退税款的故意。辩护人主张，当事人之间存在挂靠关系、上诉人对真实情况不清楚。公诉人以为辩护人提出不能成立，理由如下：

一是挂靠关系是否真实存在。实践中，利用涉案企业作为进出口公司可以申请退税的资质，为他人提供挂靠服务较为常见，挂靠有两种表现形式，一种是存在挂靠委托关系，收取挂靠费；另一种是将实质挂靠关系通过包装转化成为特许公司内部员工、子公司等形式，如本案就属于后者这种情形。

二是挂靠代理过程是否有明显异常行为。这些异常行为包括未见到出仓单据、入仓单据、物流单据、未见到货物等，本案中上述单据及货物不仅没有见到，相反，相关单据系上诉人自己伪造，主观上明知被代理人骗税的可能性就较为明显。

三是上诉人作为代理方，是否尽到审慎审查义务。客观上，被代理人基于保护上下游客户资源等方面的考虑，不会过多披露交易内容。对此，结合最高人民法院《关于审理骗取出口退税刑事案件具体应用法律若干问题的解释》第六条，当事人办理退税申请过程中，需要尽到基本审慎审查义务，如通过海关核查出口货物、核实退税发票等真实性。本案共有305份用于骗取退税的增值税专用发票均系伪造，上诉人未能核实，没有尽到审慎义务。综上，上诉人代理过程中，伪造申请退税全部材料，应当认定其主观上具有骗取出口退税的故意。

[**参考案例**：（2016）闽04刑终138号]

2. 辩方提出：上诉人申报退税货物中，部分货物是真实存在的，应在骗取退税的犯罪数额中予以扣除。

答辩要点：实践中，利用高报、伪报以及混合循环出口等方式的复合型骗税手法。本案中，上诉人黄某某伙同他人采取鸭毛与鸭绒混合，"以次充好"伪报为鸭绒进行出口并申报退税。辩护人主张，申报货物中包含真实鸭绒，这部分的退税应当从犯罪数额中扣除。公诉人认为，要客观审查部分货物与其他货物之间的关系，具体分析。如，完全作为独立的货物出口并如实进行申报，即便随后的其他货物存在"以次充好"等骗取税款情形，也不能将该部分货物的退税款纳入犯罪数额；反之，如本案，上诉人等人精心设计装箱货物的摆放顺序，将鸭毛与鸭绒混合后放于集装箱中部，在集装箱内部放置鸭毛，靠近集装箱门口处使用鸭绒来应付海关等部门的抽检，真实的鸭绒目的在于掩盖"以次充好"的犯罪手段，实现伪报、高报进而骗取税款的犯罪目的，属于犯罪成本而非真实合法货物。因此，辩护人的抗辩意见不予采纳。

[**参考案例**：（2016）沪刑终72号]

3. 辩方提出：当事人非公司决策人员，仅按照公司规定业务流程开展工作，主观上即没有共谋故意、客观上也无实际获取占有退税款，不应当认定为犯罪。

答辩要点：本案争议焦点是涉案人员的行为是否属于正当业务行为，能否成为违法阻却性事由。实践中，财务出纳、报关员、公司司机等主张自己无决策权、固定工资，如其对犯罪行为不知情，对相关犯罪事实无共谋，不应当作犯罪处理。反之，要根据其在共同犯罪中所起作用大小，结合其职务高低、行为所在的环节、对骗取退税结果的作用力大小等因素综合考量。本案中，上诉人潘某某代表原审被告单位某公司与上诉人刘某某等人具体联系相关业务，明知刘某某所在公司从未安排人员核实过相关出口业务真实性，在"三不见"的情况下，仍代表公司帮助刘某某提供空白单证，假报出口，自行制作外贸合同、形式发票、装箱单、出口货物明细单等出口货物备案资料，其行为完全超出了正常业务行为，明知刘某某等人有骗取出口退税的故意，仍然实施假报出口的行为。因此，辩护人的主张不能成立。

[**参考案例**：（2015）常刑二终字第 1 号]

4. 辩方提出：某公司代替小出口商缴税并退税，目的在于做大出口规模，向银行融资，没有造成国家税款损失，就不构成犯罪。

答辩要点：本案中，某公司通过不正当途径获得他人出口货物的信息后，在非法炒单配货中介配合下将这些货物假报为本公司货物出口，由于真正出口商家不符合申报退税的条件、不能申报退税，因此某公司才可以利用关联公司开出销售发票作为进项，然后向国家税务机关申请退税，其结果必然增加国家退税款的支出。

本案属于典型的配票借货出口骗税。所谓借货出口骗税，是指当事人在获取进项增值税专用发票后，利用一些不具有出口资质的加工企业或内贸企业需要出口货物的情况，提出通过支付好处费或免费代理出口等方式，借用这些企业的货物进行出口骗税的犯罪行为。主要特征包括：当事人搭建骗税平台，并负责虚开进项增值税专用发票用于骗税；真实的货主提供没有增值税专用发票的货物，且不需要退税（否则有骗税共犯嫌疑）；具有真实的货物出口，并有境外真实的外商支付外汇，被告人在结汇后利用该资金进行虚开犯罪的资金走账。企业出口商品之后申请退税应当以此前已经按规定缴纳增值税为前提，否则不能申请退税。

[**参考案例**：（2017）粤刑终 1507 号]

5. 辩方提出：本案属委托出口，非自营出口，上诉人不承担出口货物的收货、质量、结汇等风险责任，对货物交易是否真实不知情，主观上不具有骗取退税的故意。

答辩要点：根据国家有关进出口货物的相关规定，自营出口系外贸公司买下商品再出口；委托出口系由委托人自行联系货源，自行生产或买断货物，委托外贸公司以委托人名义申报出口、收取货款、外汇核销和出口退税，支付一定的代理费。实践中，辩护人常常针对委托出口出现上述无罪抗辩，本案具有典型性。公诉人认为，需要重点审查两点：

一是上诉人有无违反"四自三不见"的情形。根据《关于进一步规范外贸出口经营秩序切实加强出口货物退（免）税管理的通知》（国税发〔2006〕24号）等规定，明令禁止外贸企业以"四自三不见"。

二是如存在上述情形，是否存在明知后者共谋故意。外贸企业从事"四自三不见"业务，属于行政法上明确禁止、应当受到行政处罚的行为。违反"四自三不见"业务后，是否构成骗取出口退税罪并判处刑罚，要严格按照犯罪构成要件进行判断。根据最高人民法院《关于审理骗取出口退税刑事案件具体应用法律若干问题的解释》第6条规定："有进出口经营权的公司、企业，明知他人意欲骗取国家出口退税款仍违反国家有关进出口经营的规定，允许他人自带客户、自带货源、自带汇票并自行报关，骗取国家出口退税款的，依照刑法第二百零四条第一款（骗取出口退税罪）、第二百一十一条（单位犯罪）的规定定罪处罚。"

本案中，上诉人李某某即违反"四自三不见"，还为他人提供加盖本公司公章的空白外汇核销单、委托报关协议、虚假合同，甚至还与他人持有、使用私刻公司合同章制作虚假合同。作为长期从事外卖业务的上诉人，完全明知他人系骗税仍然提供帮助，理应构成骗取出口退税罪。

[参考案例：（2016）闽07刑终140号]

五、虚开增值税专用发票、用于骗取出口退税、抵扣税款发票罪

1. 辩方提出： 上诉人为了虚增公司业绩而虚开增票，不是以偷、骗税为目的的，故应当认定为无罪或免予刑事处罚。

答辩要点： 根据《2001年最高人民法院答复福建省高级人民法院请示的泉州市松苑锦涤实业有限公司等虚开增值税专用发票一案》中，该案被告单位不以抵扣税款为目的，而是为了显示公司实力以达到与外商谈判中处于有利地位而虚开增值税发票。据此，最高人民法院答复认为，该公司的行为不构成犯罪。该请示案例中，上诉人仅仅非法购买了增值税专用发票，且未抵扣税款造成国家税款流失。本案中，上诉人及其辩护人断章取义，辩称虚开仅仅是为了虚增业绩，事实上，上诉人虚开的增值税专票的销项税通过开具虚假的农产品采购凭证用于抵扣，进而造成了国家税收的流失，其行为构成了虚开增值税专用发票罪。

[参考案例：（2016）赣07刑终219号]

2. 辩方提出：被告人有真实交易存在，找他人为自己代开增值税专用发票不是虚开行为，不应当认定为犯罪。

答辩要点：有真实交易行为，让他人替自己代开增票是否构成犯罪，一直以来争议较大，需要仔细甄别，如本案历经一审、二审和再审，最终认定被告人崔某某无罪。公诉人认为，针对有真实交易的代开抵税入罪与否问题，需要认真审查以下两点：

一是具有骗取抵税的主观故意。评价虚开用于抵扣税款罪，主观上必须要有虚开用于骗取抵税的故意，如果仅仅是出于增加公司业绩等目的，不符合本罪的主观故意；此外，还要考虑是否存在帮助他人骗取抵税的故意；

二是造成国家税款流失。本罪侵犯的客体为发票管理秩序，并非一旦虚开就要构罪，否则虚开增值税专用发票最高无期徒刑的刑罚，明显罪责刑不相适应，因此还要造成国家税款流失这一客观危害结果，否则不构成本罪。

本案中，崔某某为了降低开票费用，在真实业务存在的情况下，让第三方替自己虚开，主观上不是为了骗取抵扣税款、客观上没有实施抵扣税款行为，而山东某新型面料股份有限公司抵扣的11余万元也并非国家税款的流失，因此评价崔某某构成虚开用于抵扣税款发票罪不妥。至于开票费用差，并非属于抵扣税款造成国家税收的流失数额，因为崔某某通过第三方公司开具给山东某公司的金额是客观真实的。由于该笔费用差金额数额较小，不应当作为犯罪处理。总体而言，对崔某某的处理结果是准确的。

[**参考案例**：（2017）鲁02刑再2号]

3. 辩方提出：第三方发货完全是符合市场经济条件下法律允许的经营模式，使得货物流与资金流、票据流不一致，进而否定存在真实交易，认定出具增值税专用发票的行为系虚开是错误的。

答辩要点："货物流、资金流、票据流"三流一致是较为典型、正常的市场交易表征。此类行为容易判定，难点是存在三方或多方交易主体，辩护人主张存在"转售"所以"三流"不一致。

本案中，公诉人认为：一是真实交易要有正常资金流向，符合市场交易习惯。某甲公司辩解称系从某乙公司加价后转售给某丙公司，而实际上，涉案货物资金系某乙先打给某丙，然后某丙再将该笔货款打回某乙，造成是支付货物对价的假象，从而解决某乙公司财务平账的问题。因此，从真实的资金流可以判断涉案交易行为虚假。二是判断国家税收是否流失。事后的补缴税款作为量刑情节而非定罪情节已成为共识，某乙公司既让某丙公司为自己虚开了进项增值税、还为某甲虚开了销项增值税，某乙公司申报抵扣308万余元，某甲抵扣84万余元，倘若本案按照真实交易，由某丙公司直接销售给某甲，并开具增值税专用发票，某甲按规定进行抵扣，先后合法与非法交易对比，国家税收流失的部分就在于某乙公司部分，因此实质上造成了严重危害后果。三是辩护人援引2004年《全国法院经济犯罪案件审判工作座谈会纪要》作为抗辩理由不充分。该份纪要显示不宜认定为虚开增值税专用发票罪的三种情形：（1）为虚增营业额、扩大销售收入或者制造虚假繁荣，相互对开或环开增值税专用发票的行为；（2）在货物销售过程中，一般纳税人为夸大销售业绩，虚增货物的销售环节，虚开进项增值税专用发票和销项增值税专用发票，但依法缴纳增值税并未造成国家税款损失的行为；（3）为夸大企业经济实力，通过虚开进项增值税专用发票虚增企业的固定资产，但并未利用增值税专用发票抵扣税款，国家税款亦未受到损失的行为。归类发现，符合上述三种行为方式必须满足两点：没有骗税目的、依法纳税（或没有抵扣）且没有造成国家税收流失。最高人民法院公布的第二批保护产权和企业家合法权益典型案例之张某某虚开增值税专用发票案有所体现。本案中，某乙公司主动抵扣了税款有明显的骗税目的，申报抵扣税款造成了国家税收流失，明显不符合上述两点。

[参考案例：（2016）宁刑终34号]

4. 辩方提出：上诉人的犯罪数额应当按照虚开的增值税销项发票已抵扣税款来确立，定罪量刑。

答辩要点：根据2018年8月27日最高人民法院印发《关于虚开增值税专用发票定罪量刑标准有关问题的通知》（法〔2018〕226号），虚开税款数额5万元以上，应当依法定罪处罚，从这条规定能看到，影响虚开增值税专用发票罪的数额因素是虚开的税款数额。虚开税款数额是行为人虚开增值税专用发票上对应的数额，还有一个概念是骗取国家税款数额，指行为人已经向税务机关申报抵扣并实际获得的税款数额。而且在任何虚开增值税专用发票案件中，虚开税款数额与骗取国家税款数额这两个法定量刑情节是缺一不可的，是相辅相成的关系，行为人只要达到了规定的虚开税款数额，即达到立案追诉标准。本案中，上诉人刘某某开税额共计7850141.94元，已认证抵扣6份，共计抵扣税款957327.5元，以虚开税额作为犯罪数额定罪量刑。

[参考案例：（2018）湘03刑终8号]

5. 辩方提出：上诉人系受两家公司业务员蒙骗，善意取得虚开的增值税发票。

答辩要点：根据《国家税务总局关于纳税人善意取得虚开的增值税专用发票处理问题的通知》（国税发〔2000〕187号），属于善意取得需要满足以下几点：一是存在真实的交易，二是专用发票注明的销售方名称、印章、货物数量、金额及税额等全部内容与实际相符，三是行为人并不知道出票方开具的专票系以非法手段获得的。

本案中，公诉人认为在案证据可以证实开票方除为他人虚开增值税专用发票，并未经营其他实业，而其等在收到所谓"货款"也是扣除手续费后就将余款还回受票公司。虽然上诉人辩称受对方公司业务员"黄锡榜"、负责货物入库的仓管员"王小菊"蒙骗，但既不能提供该二人个人身份信息及相关证据，侦查机关通过人口信息系统也查实无上述二人的存在，上诉人辩解不能成立。因此，上诉人的辩护人提出与事实不符，不予采纳。

[参考案例:（2015）浙温刑终字第708号]

6. **辩方提出**：上诉人听从公司安排，按照正常程序向国税部门申领增值税专用发票，直到案发才知道公司存在虚开增值税专用票的行为，其没有虚开增值税专用发票的主观故意。

答辩要点：涉案公司雇用或者临时聘用财务人员，专门安排其向税务机关申领增值税专用发票，对此类人员是否定罪、定何罪存在一定争议。本案中，公诉人认为，一是上诉人实施了虚开专票的具体客观行为，上诉人邹某某与公司其他财会人员，按照上级指示实施如录凭证、申购发票、开发票等虚开增值税专用发票犯罪相关行为；二是上述行为不符合财务规则、办事流程等，如帮助公司申领发票获利明显较多，未见公司货物但开票数量较多等；三是区分共同犯罪中的地位和作用，上诉人具有主动犯罪、听从他人指使的情节，客观准确提出量刑意见。

[参考案例:（2017）粤刑终530号]

六、虚开发票罪

1. **辩方提出**：公司通过没有业务往来的劳务派遣公司开具发票是为了解决做账问题，没有偷逃税款的故意，不应认定为犯罪。

答辩要点：虚开发票罪属于情节犯，不论行为人出于何种动机，达到何种目的，事后是否补缴税款，只要虚开发票的数额达到情节严重，即构成本罪。本案中，公诉人认为，根据《发票管理办法》第22条"为他人、为自己开具与实际经营业务情况不符的发票、让他人为自己开具与实际经营业务情况不符的发票、介绍他人开具与实际经营业务情况不符的发票都是虚开发票行为"，从该规定可以看出，即使有实际经营业务，如果发票的开票人与受票人与业务情况不符，那么其仍然会被认定为虚开发票。根据2011年11月14日最高人民检察院、公安部《关于公安机关管辖的刑事案件立案追诉标准的规定（二）的补充规定》的规定，100份或者40万元等情形达到入罪标准。上诉人王某某、王某甲通过与本公司没有业务往来的劳务派遣公司虚开金额 280 余万元，属于虚开发票的行为，达到了入罪标准，构成本罪。

[参考案例:（2018）新 01 刑终 38 号]

2. 辩方提出：现行法律没有对虚开发票罪中"情节特别严重"作出具体规定，原审判决认定上诉人的犯罪行为"情节特别严重"没有法律依据，违反了罪刑法定的原则。

答辩要点：本罪存在"情节严重""情节特别严重"两档不同规定，法定刑升档没有明确法律、司法解释的规定。公诉人认为，需要结合在案证据，评估其社会危害性程度大小：一是以第一档标准为基准。本罪的入罪标准之一是虚开发票 100 份或者 40 万元，那么在考虑情节特别严重时，需要结合该档标准，不能过于接近，否则区分度不明显造成刑罚不当。二是综合考虑《刑法》其他条款类似规定。如单位犯罪与个人犯罪，一般是 5∶1 的关系，再如以盗窃罪，考虑到各地根据本地经济情况，相关标准不统一，但综合来看认定 10∶1 没有多大争议。

本案中，上诉人葛某甲、葛某乙分别虚开增值税普通发票累计达到 9799 万余元、8150 万余元，均超过 40 万元标准的 200 倍以上，而且多次向多家单位虚开增值税普通发票，终审法院判决认定为犯罪情节特别严重，即不超一般公众的法律预期，量刑也适宜，辩护人的主张不能成立。

[参考案例:（2018）苏 01 刑终 188 号]

3. 辩方提出：上诉人通过虚开普票进而实现偷逃税款的目的，逃税罪免予刑事处罚，则虚开发票罪就不应当再被追究。

答辩要点：公诉人认为，本案关键在于上诉人的行为是否属于牵连犯。除想象竞合犯外，科刑的一罪还包括牵连犯，即手段行为和目的行为分别构成异种罪名，属于数罪但不并罚，前提是均构成犯罪。本案中，上诉人在无销售商品或提供服务的情况下，要求他人为自己虚开票面金额 750 余万元的发票，违反了发票管理秩序，侵害了《刑法》第 205 条之一虚开发票罪所保护的法益，其手段行为构成虚开普通发票罪。同时，其还利用该虚开的普通发票隐瞒了其实际取得的销售收入，偷逃企业所得税等税款 22 万余元，属于《刑法》第 201 条规定的逃税行为，其手段行为与目的行为分别构成逃税罪与虚开发票罪。现在逃税罪符合免予刑事处罚条件，故本案不符合牵连犯条件，即本案上诉人只构成虚开发票罪。因此，辩方人主张不予采纳。

[参考案例:（2013）渝五中法刑终字第 438 号]

4. 辩方提出：上诉人马某某与他人存在真实业务往来，且已经补缴税款，无虚开发票罪实行行为，不构成犯罪。

答辩要点：司法实践中，非正规开具发票的行为主要分成三个类型：真票假开、假票真开和假票假开。本案就属于假票假开型，即发票本身以及发票所记载的内容都是虚假的情形。就本案，公诉人认为：一是虚开发票罪侵犯的法益是税收征管秩序，上诉人指使原审被告人张某某虚开了一张金额77万余元的假发票；二是代为开票的虚开中，上诉人作为受票方，其与代为出票方之间没有真实业务关系，接受的发票用作成本费，抵扣公司当期利润，实际造成了国家税款流失，应当认定为虚开发票罪。

[参考案例：（2015）青刑二终字第117号]

5. 辩方提出：利用从他人购买空白假发票，对外虚开不构成虚开发票罪犯罪。

答辩要点：本案涉及虚开发票罪、出售非法制造发票罪的区分。实践中，二罪行为模式存在较大区别，前罪往往包含为自己虚开、为他人虚开、让他人为自己虚开、介绍他人虚开，后罪则表现为通过排版技术制造空白发票、通用机打发票等，然后出售，一般较好区分。但是，二者也存在部分重合。本案中，上诉人从他人处购买空白虚假普通发票，根据购票方需求填录金额、日期、出票单位等信息后出售，行为模式与出售非法制造的发票罪有类似，公诉人认为，但差别也较为明显，表现为上诉人在为他人虚开的概括故意下，实施了购买空白假发票、填写发票、出售发票等一系列行为，其中出售行为包含在虚开行为内，被虚开所吸收，应该认定为虚开发票罪。

[参考案例：（2013）浙温刑终字第906号]

七、伪造、出售伪造的增值税专用发票罪

1. 辩方提出：上诉人是按照印刷厂实际出资人安排负责工厂的工作，且参与程度不深，应当认定为伪造、出售伪造的增值税专用发票罪从犯。

答辩要点：本罪涉案人员系发票类犯罪的上游犯罪，且涉案人员较多、分工较细，从制造假发票、联系买家、送货等众多环节，此类案件被告人辩解主从犯地位也相应较多，因此判断主从犯就显得较为重要。需要考虑以下几个方面：一是本罪关键行为是假发票的制作，二是考虑主从犯的一般特点。本案中，证人、同案均指认，上诉人系本案非法印制、出售犯罪的组织者，且负责联系买家、组织印制发票、发放工资等工作，在犯罪过程中起到主要作用，应当认定为主犯。

[参考案例：（2015）粤高法刑二终字第201号]

2. 辩方提出：涉案发票的清点存在程序合法性的瑕疵，多次清点的鉴定结论在品种和数量方面存在的差异较大，且上述疑点一审判决无法予以补正或者作出合理的解释而导致不能排除来源疑点，故该清点鉴定依法不能作为定罪证据，应予以排除。

答辩要点：根据伪造、出售伪造的增值税专用发票罪相关司法解释，伪造增值税专用发票100份、500份、1000份以上的，属于"数量较大""数量巨大""数量特别巨大"。制售假发票犯罪过程中，存在多种类发票、大数量发票、成品或者半成品发票等，清点过程成为当事人及其辩护人关注的焦点。公诉人认为，需要关注以下几个方面：一是清点程序是否合法，有无合理怀疑，如提取、保管、清点全程录音录像等；二是清点方法科学有效，发票种类、清点工具、去重等因素需要甄别区分，其中人工清点要优于称重。本案历经4次清点计算，其中第三次清点，对于成品直接根据编号计算数量，不能排除编号重复或缺漏的可能，得出的数据可能与实际情况不符；对于半成品用称重的方法计算发票的数量，但并没有说明称量工具的情况，每张发票、每种发票称量所得的重量。第四次清点，人工逐一清点、去除重复、全程录音录像、有见证人在场，准确的计算出发票的数量。这一作法具有较强的真实性，最终也被二审法院予以采纳。

[**参考案例：**（2016）粤13刑终493号]

八、非法出售增值税专用发票罪

1. 辩方提出：被告人出售增值税专用发票25份，刚刚达到刑事立案标准，但不属于数量巨大。

答辩要点：非法出售增值税专用发票罪的定罪量刑标准包括份数、票面金额，二者为选择关系，以处罚较重者为先。本案中，被告人非法出售增值税专用发票的份数虽然不多，但票面金额累计2875000元，已经达到并且超过了数量巨大的标准，故依法应当按照数量巨大的标准对其定罪处罚。

[**参考案例：**（2014）海刑初字第646号]

2. 辩方提出：被告人骗取增值税专用发票的过程应当认定为诈骗罪而非非法出售增值税专用发票罪。

答辩要点：出售增值税专用发票案件，行为人往往存在虚构身份、伪造材料从而骗取或者收购具备一般纳税人资格的公司，然后再以公司名义骗取增值税专用发票，随后将上述票据出售给他人。公诉人认为，诈骗行为与出售行为系手段与目的关系，应当认定为非法出售增值税专用发票罪。理由如下：一是非法出售增值税专用发票罪是违反国家发票管理规定，故意非法出售、购买增值税专用发票的行为。《中华人民共和国税收征管管理法》第21条规定：税务机关是发票的主管机关，负责发票印制、领购、开具、取得、保管、缴销的管理和监督；国家税务总局《增值税专用发票使用规定》第3条规定：一般纳税人应通过增值税防伪税控系统（以下简称防伪税控系统）使用专用发票。使用，包括领购、开具、缴销、认证纸质专用发票及其相应的数据电文；第7条规定：一般纳税人凭《发票领购簿》、IC卡和经办人身份证明领购专用发票。从上述规定可以看出，该罪名保护的是增值税专用发票的管理制度，即税务机关是增值税专用发票的专营单位，其他任何单位及个人不能对外销售增值税专用发票；二是根据前述《增值税专用发票使用规定》第12条规定：一般纳税人销售货物或者提供应税劳务可汇总开具专用发票。本案中，行为人为避免被追究刑事责任，事实上使用了欺骗手段，将骗取的增值税专用发票出售给他人，违反了增值税专用发票管理规定，构成本罪。

[**参考案例:**（2015）绍越刑初字第113号]

九、非法购买增值税专用发票、购买伪造的增值税专用发票罪

辩方提出： 上诉人的行为应为购买伪造的增值税专用发票罪，且属从犯，量刑过重。

答辩要点： 针对定性，实践中存在是虚开增值税专用发票罪、非法购买增值税专用发票罪之间巨大争议。辩护人往往主张以行为人系非法购买增值税专用发票罪，而非让他人为自己虚开增值税专用发票犯罪。区分两罪，关键在于购买方是否为主动提起让他人为自己虚开的犯罪故意，与出票方形成共同犯罪。如，各虚开增值税专用发票的单位、直接责任人、介绍人，在各自参与的虚开增值税发票行为中，有共同的犯罪故意，相互配合实施犯罪行为，应当认定为共同犯罪。

本案中，再审上诉人吴某某，在得知多家公司有购买增值税专用发票需求后，主动与"票黄"联系并提供受票方相关开票信息，后收取一定开票费转卖给相关公司。整个过程，吴某某系虚开犯罪的信息联络人、开票犯意提起人，与自称"票黄"的开票人系共同犯罪。此外，二罪在犯罪数额认定上也不相同。根据最高人民法院《关于适用〈全国人民代表大会常务委员会关于惩治虚开、伪造和非法出售增值税专用发票犯罪的决定〉的若干问题的解释》，非法购买增值税专用发票或者购买伪造的增值税专用发票25份以上或者票面额累计10万

元以上的，应当依法定罪处罚。非法购买真、伪两种增值税专用发票的，数量累计计算，不实行数罪并罚。

[**参考案例**：黔南刑再终字第 5 号]

十、非法制造、出售非法制造的用于骗取出口退税、抵扣税款发票罪

1. 辩方提出：被告人没有实施伪造或者擅自制造发票的行为，非法制造发票必须具备印刷设备、发票专用纸张、荧光油墨及监制印章等专用工具和物品，但本案没有这些证据；其与发票的出售人素不相识，二人不存在"伙同"或"共谋"的基础，也没有共同的犯罪故意，故，不构成非法制造发票罪。

答辩要点：发票犯罪中，仅增值税专用发票类犯罪买卖双方均构成犯罪，系对合犯，分别构成非法出售增值税专用发票罪、非法购买增值税专用发票罪等，而针对增值税专用发票以外的其他发票，除了依据共同犯罪理论入罪外，买票人不能认定为买票犯罪（持有伪造的发票犯罪除外）。故，被告人及其辩护人常常以没有共谋作为抗辩的理由。为此，公诉人认为，针对普通发票，需要综合以下几个方面来准确定性：一是制造发票的犯意是否由行为人提出；二是制造发票的金额、主体、日期等是否由行为人提供。如果符合上述两种行为，可以根据共同犯罪理论定罪量刑。本案中，两被告人虚增汽车的发票金额，将需要开具发票的金额和单位名称等信息，通过微信告知对方定制发票，由对方据此出具发票，属于共同伪造发票的犯罪行为，虽然不构成非法制造用于抵扣税款发票罪，但构成非法制造发票罪。

[**参考案例**：（2018）苏 1283 刑初 78 号]

2. 辩方提出：上诉人不知道涉案发票是伪造的，亦未在帮忙代开过程中赚到利润，上诉人亦是被"卜某"诈骗，故上诉人无罪。

答辩要点：实践中，居间介绍买卖普通发票犯罪，存在未获利、误以为涉案发票为真等情形，对此，公诉人认为，一律认定为非法出售发票罪，理由如下：一是非法出售发票罪不以非法占有、获利为目的，犯罪行为侵犯了国家发票管理秩序；二是非法出售的发票包含真发票和假发票，根据主客观相统一原则，如不知道发票为假，定非法出售发票罪，如（可能）知道为假，定出售非法制造的发票罪。如本案，张某某明知发票供需双方的购销需求仍为其居间介绍，帮助实现钱款交接和发票所有权转移，意图因此从发票需求方处谋求工程承揽，其行为侵犯了国家发票管理制度，已构成非法出售发票罪。

[**参考案例**：（2016）辽 02 刑终 63 号]

3. 辩方提出：上诉人系受约购人引诱，实施了非法出售发票的行为，请求法庭对其从轻处罚。

答辩要点：这是涉及对受"犯意引诱"实施具有社会危害性行为的犯罪嫌疑人、被告人处理的问题。行为人本没有实施出售发票犯罪的主观意图，而是在他人（特情）诱惑和促成下形成犯意，进而实施犯罪的属于"犯意引诱"。对因"犯意引诱"实施出售犯罪的行为人，根据罪刑相适应原则，处刑时可予以更大幅度的从宽处罚或者免予刑事处罚。本案中，上诉人在武某某引诱下，约购45000元的北京市出租汽车发票，为了满足武某某要求，上诉人主动在首都机场找到一名出售发票的人，在与对方商谈价格和数量后，遂要求武某某提供需要购买发票的具体信息，并将购买发票的钱款转账到其个人的银行账户，其取现后再交给出售发票的人，抽取500元作为利润，原审法院判决其有期徒刑6个月，罚金人民币1万元，量刑适当。

[**参考案例：**（2015）一中刑终字第2849号]

十一、持有伪造的发票罪

1. 辩方提出：发票是供货商提供的，行为人在案发前并不知道发票是伪造的，其不构成持有伪造的发票罪。

答辩要点：本罪主观需要明知持有的发票系假票，否则不能认定构成本罪。实践中，行为人常常辩解称他人赠与、路边拾得等，造成认定的困难。公诉人认为，需要从以下几个方面予以审查认定：一是发票的真伪需要鉴定；二是发票来源、发票载明的交易是否真实；三是行为人供述与辩解。发票是经营活动过程中，所开具和收取的业务凭证，只有业务发生了才能有发票。发票记载的内容反映发票来源，调取开票方相关证人证言、税务机关出具的真伪说明、行为人是否发布出售信息、行为人前科情况等，综合以上证据来推定行为人主观上是否明知其持有的发票真伪。本案中，上诉人黄某某与上海某商贸有限公司不存在业务关系，上诉人却使用该公司的发票报销工程账目，在没有相反证据情况下，完全可以推定黄某某主观上是明知持有的发票是虚假，构成持有伪造的发票罪。

[**参考案例：**（2016）晋08刑终444号]

2. 辩方提出：上诉人持伪造的发票已不能再使用，造成的负面影响较小，后果轻微，原判量刑过重。

答辩要点：本罪是以持有的发票份数或票面金额作为定罪量刑的标准，持有伪造的发票扰乱了国家发票管理制度，偷逃税款数额及给国家和社会造成负面影响的大小作为定罪量刑的标准，辩护人主张的辩称假发票不能使用作为出罪理由，不能成立。公诉人认为，如果可以查明上诉人持有这些伪造发票的目的，就可以按照出售非法制造的发票罪、逃税罪等相关的罪名来进行查处，反之构成本罪。本案上诉人陈某某持有伪造的发票份数共计499份，已达到数量较大在无法查清被告人持有此类假发票的目的情况下，可以以持有伪造的发票罪来定罪量刑。

[**参考案例**：（2014）兰刑二终字第78号]

附：

序号	《刑法》法条	罪名	票种	真/假票	标准	量刑档	备注
1	第205条	虚开增值税专用发票、用于骗取出口退税、抵扣税款发票罪	增值税专票除专票外，具有出口退税、抵扣税款功能的发票	真	虚开的税款：5万元	3年以下有期、拘役，并处罚金	1. 单位犯罪 2. 虚开行为：为他人虚开、为自己虚开、让他人为自己虚开、介绍他人虚开行为之一
					虚开的税款：50万元	3—10年有期，并处罚金	
					虚开的税款：250万元	10年以上有期、无期，并处罚金（没收财产）	
2	第205条之一	虚开发票罪	增值税普票普通发票	真、假	情节严重：100份、40万元；5年2次以上虚开行政处罚	2年以下有期、拘役、管制，并处罚金	单位犯罪
					其他特别严重	2—7年有期，并处罚金	

续表

序号	《刑法》法条	罪名	票种	真/假票	标准	量刑档	备注
3	第206条	伪造、出售伪造的增值税专用发票罪	增值税专票	假	20份、票面10万元	3年以下有期、拘役或者管制，并处罚金	1.单位犯罪 2.标准栏为单一行为标准，如伪造和出售，标准降低：60份、30万元；300份、200万元 3."变造"参照适用
					100份、票面50万元	3—10年有期，并处罚金	
					（其他三种情形）	10年以上有期、无期，并处罚金	
4	第207条	非法出售增值税专用发票罪	增值税专票	真	20份、票面10万元	3年以下有期、拘役或者管制，并处罚金	该条处罚标准参照第206条伪造、出售伪造的增值税专用发票罪
					100份、票面50万元	3—10年有期，并处罚金	
					（其他三种情形）	10年以上有期、无期，并处罚金	
5	第208条	非法购买增值税专用发票购买伪造的增值税专用发票	增值税专票	真假	500份、票面250万元（其他四种情形）	5年以下有期、拘役，并处或单处	

续表

序号	《刑法》法条	罪名	票种	真/假票	标准	量刑档	备注
6	第209条	非法制造、出售非法制造的用于骗取出口退税、抵扣税款发票罪	除专票外,具有出口退税、抵扣税款功能的发票		制造和出售的追诉标准一致: 50份、票面40万元(增值税普票); 100份、票面40万元(普通发票)	3年以下有期、拘役、管制,并处罚金 3—7年,并处罚金 7年以上,并处罚金	
		非法制造、出售非法制造的发票罪	除了增值税专票、骗取退税、可抵扣发票之外			2年以下有期、拘役、管制,并处或单处罚金 2—7年有期,并处罚金	
		非法出售用于骗取出口退税、抵扣税款发票罪	除专票外,具有出口退税、抵扣税款功能的发票	真		3年以下有期、拘役、管制,并处罚金 3—7年,并处罚金 7年以上,并处罚金	
		非法出售发票罪	除了骗取退税、可抵扣发票之外	真		2年以下有期、拘役、管制,并处或单处罚金 2—7年有期,并处罚金	

续表

序号	《刑法》法条	罪名	票种	真/假票	标准	量刑档	备注
7	第211条之一	持有伪造的发票罪	全部发票	假	数量较大：50份、票面20万元（增值税专票）；100份、票面40万元（抵扣的其他发票）；200份、票面80万元（其他发票）		单位犯罪
					数量巨大	二年以上七年以下有期徒刑，并处罚金	

第十章 黄赌类犯罪庭审辩论攻防要点

一、赌博罪;开设赌场罪

(一)需要说明的问题

1.赌博罪和开设赌场罪规制在第六章"妨害社会管理秩序罪"中的第一节"扰乱公共秩序罪"中,其侵犯的法益是以劳动或其他合法行为取得财产这一国民健全的经济生活方式与秩序。①

2.认定赌博罪需要注意以下要点:

(1)犯罪行为人在主观上要求具有营利目的。

这也是为什么根据最高人民法院、最高人民检察院《关于办理赌博刑事案件具体应用法律若干问题的解释》②第9条规定:"不以营利为目的,进行带有少量财物输赢的娱乐活动,以及提供棋牌室等娱乐场所只收取正常的场所和服务费用的经营行为等,不以赌博论处"的原因。

所谓以营利为目的,其主要方式有:

①行为人通过自己参赌的方式获得财产性利益;

②行为人通过让他人参赌、帮助他人的赌博行为、组织赌博的行为等方式,从中以入场费、手续费、下线会员赌博抽成等方式获得财产性利益。

(2)刑法处罚的赌博行为,其在客观方面的表现形式只有两类,一是聚众赌博,二是以赌博为业。

根据《关于办理赌博刑事案件具体应用法律若干问题的解释》第1条,以下行为属于赌博行为:

①组织3人以上赌博,抽头渔利数额累计达到5000元以上的;

②组织3人以上赌博,赌资数额累计达到5万元以上的;

---

① 张明楷:《刑法学》(第4版),法律出版社2011年版,第948页。
② 法释〔2005〕3号,2005年5月13日实施。

③组织3人以上赌博，参赌人数累计达到20人以上的；

④组织中华人民共和国公民10人以上赴境外赌博，从中收取回扣、介绍费的。

（3）所涉行为应是赌博行为，即参赌后的结果应该是偶然的、带有不确定性。

虽然最高人民法院《关于对设置圈套诱骗他人参赌又向索还钱财的受骗者施以暴力或暴力威胁的行为应如何定罪问题的批复》[1]中答复："行为人设置圈套诱骗他人参赌获取钱财，属赌博行为，构成犯罪的，应当以赌博罪定罪处罚。"但是需要注意的是，答复中行为人是诱骗他人参与的仍是赌博行为。如果诱骗他人参与的是形式上看似赌博，但实际上这种"赌博"后的结果并不是偶然的、不符合赌博特征的，则应当认定为诈骗罪。[2]

3.所谓开设赌场罪简单来说是指经营赌场的行为，其关键是如何认定"经营赌场"的问题。所谓经营赌场，通常表现为赌博提供专门场所、提供用于赌博的工具、筹码、资金等的行为。传统的赌博方式很明显，就是在固定的房屋内，以纸牌、骰子、转盘等赌博常用工具为载体经营的赌场的。

如果经营赌场的行为发生在网络等虚拟空间，则依据最高人民法院、最高人民检察院、公安部所做的《关于办理网络赌博犯罪案件适用法律若干问题的意见》[3]予以认定。

首先，根据《关于办理网络赌博犯罪案件适用法律若干问题的意见》，利用互联网、移动通讯终端等传输赌博视频、数据，组织赌博活动，具有下列情形之一的，即属于"开设赌场"行为：

①建立赌博网站并接受投注的；

②建立赌博网站并提供给他人组织赌博的；

③为赌博网站担任代理并接受投注的；

④参与赌博网站利润分成的。

其次，《关于办理网络赌博犯罪案件适用法律若干问题的意见》还规定，明知是赌博网站，而为其提供下列服务或者帮助的，属于开设赌场罪的共同犯罪。

①为赌博网站提供互联网接入、服务器托管、网络存储空间、通讯传输通道、投放广告、发展会员、软件开发、技术支持等服务，收取服务费数额在2万元以上的；

---

[1] 法复〔1995〕8号，1995年11月16日。

[2] 张明楷：《刑法学》（第4版），法律出版社2011年版，第948页。

[3] 公通字〔2010〕40号，2010年8月31日实施。

②为赌博网站提供资金支付结算服务，收取服务费数额在 1 万元以上或者帮助收取赌资 20 万元以上的；

③为 10 个以上赌博网站投放与网址、赔率等信息有关的广告或者为赌博网站投放广告累计 100 条以上的。

至于对"明知"的认定，若行为人有以下行为之一的，就认定为行为人是"明知"的：

①收到行政主管机关书面等方式的告知后，仍然实施上述行为的；

②为赌博网站提供互联网接入、服务器托管、网络存储空间、通讯传输通道、投放广告、软件开发、技术支持、资金支付结算等服务，收取服务费明显异常的；

③在执法人员调查时，通过销毁、修改数据、账本等方式故意规避调查或者向犯罪嫌疑人通风报信的；

④其他有证据证明行为人明知的。

最后，开设赌场罪的主体是赌场的经营者和提供主要帮助者，仅仅把赌场当成一种工作场地，通过为之提供简单的劳动服务来换取一般的工资报酬的，例如，赌场的餐饮服务人员、清洁服务人员、望风或安保服务人员等，若其在赌场中起到的作用较小，情节轻微，可以不按照开设赌场罪的共犯论处。

（二）庭审攻防要点实例

1. 辩方提出：被告人梁某某等三人在酒店等租用的场地上摆设了几台具有射幸性质的电子游戏机，其行为不应认定为开设赌场罪。

答辩要点：所谓开设赌场罪是指经营赌场的行为。这种行为主要表现形式为赌场经营者通过提供场所、提供用于赌博的工具、提供进行赌博必要的服务的方式，为进行赌博者提供相对稳定的能够进行赌博的空间，从而达到吸引越来越多的人参与赌博活动的目的。因此，这种行为的危害性比一般的赌博犯罪更大，这也是为什么《刑法修正案（六）》将原本与一般赌博罪规制在一起的经营赌场的行为单独分立，作为一种单独的犯罪予以明确规制，且将《刑法》从原来的 3 年有期徒刑提高到 10 年有期徒刑的原因。

本案中，梁某某等三人为通过租用场地的方式为开展赌博行为提供了空间场所（与是否租用无关），并在场所中摆放了用于进行赌博活动的工具——电子游戏机。与此同时，雇用刘某某等人维护和维修赌博机、上分记账，这些均表明梁某某等三人是在经营赌博场所。即，被告人梁某某等三人为赌博提供场所、提供工具和必要的服务，让人们能够参与赌博活动，其行为显然构成开设赌场罪。

[参考案例：（2010）扶刑初字第 23 号判决书]

2. 辩方提出：被告人陈某某等6人并不参与网络赌场盈利分红，只是领取工资报酬为网络赌场的运行提供帮助，其行为显著轻微，可以不追究刑事责任。

答辩要点：开设赌场罪的主体应该是赌场的经营者和提供主要帮助者，仅仅把赌场当成一种工作场地，通过为之提供简单的劳动服务来换取一般的工资报酬的，例如，赌场的餐饮服务人员、清洁服务人员、望风或安保服务人员等，若其在赌场中起到的作用较小，情节轻微，可以不按照开设赌场罪的共犯论处。但需要注意的是，这并不意味着"领取工资报酬"就等于在开设赌场中起到的作用较少。

本案中，虽然陈某某等6被告人只是领取工资报酬，并不参与赌场盈利分红，但这些行为人的客观行为，对于本案中网络赌场的运营和存续起着重要作用。例如，被告人陈某某主要负责发展代理商和下线会员，在此过程中，陈某某不仅在控制通过其参与到赌博人员的输赢款的结算，而且如果没有陈某某给代理商或下线会员提供账户和密码这些人就不能参与到网络赌博当中；被告人陈某甲负责网络赌场中网络赌球部分的日常管理，属于赌场的管理人员；被告人简某某负责对赌博输赢进行记账，为赌场的有序经营提供重要保障；被告人陈某乙专门负责赌场的信用卡结算业务，对用信用卡支付赌资的参赌人员提供专门服务，也属于赌场管理人员；而被告人彭某某、王某某则专门负责赌场的现金结算业务，与被告人陈某甲一样，也属于赌场管理人员。因此，上述6被告人在赌场经营中起着关键作用，或者分管会员发展，或者分管赌场中的一项专门赌局的维护，又或者分管赌场正常经营或维持中的重要且必不可少的业务，因此与是否参与赌场盈利分红无关，均在开设赌场行为中起到重要的帮助作用，应认定为开设赌场罪的共犯，可以按照从犯予以处理。

与本案类似的萧某某开设赌场案中，被告人萧某某经营的谷中城公司专门为网络赌博网站"乐天堂"提供资金结算服务。虽然谷中城公司与"乐天堂"网站是相互独立的，谷中城公司也只是基于对"乐天堂"提供服务而获得报酬并不参与因经营赌博网站而获得的分红，但由于谷中城公司在赌博网络的资金流环节上的占据了分工，为网络赌场的开设与经营提供了重要帮助，因此被告人萧某某的属于开设赌场罪的共犯。基于其在赌场经营中的作用，认定萧某某为共同犯罪中的从犯。

[**参考案例**：陈某某等赌博案——《中国刑法典型案例研究.第二卷.危害公共安全与妨害社会管理秩序犯》第296页]

3. 辩方提出：被告人黄某某等人以营利为目的，设置圈套、诱骗他人参赌，纠集多人进行赌博，属于《刑法》规定的聚众赌博，构成赌博罪而非诈骗罪。

答辩要点：根据最高人民法院《关于对设置圈套诱骗他人参赌又向索还

钱财的受骗者施以暴力或暴力威胁的行为应如何定罪问题的批复》，行为人设置圈套诱骗他人参赌获取钱财，属赌博行为，构成犯罪的，应当以赌博罪定罪处罚。但是在该批复中需要注意的是，行为人实施欺瞒的手段，是为了让被害人参与赌博，之后行为人基于被害人进行赌博的行为获得财产性利益。即，该《批复》所针对的行为仍是行为人通过他人的赌博行为而获利的行为，只不过该行为人为了让他人赌博而采取了设置圈套、诱骗等手段。即，仍属于通过让别人参赌从而获得财产性利益，侵犯的法益仍然是国民健全的经济生活方式与秩序。

但是，如果行为人以非法占有他人财产为目的，把自己能够操控结果的、并不具有射幸性质的游戏谎称为"赌博"，用这种虚假赌博欺骗那些想进行赌博的人，使得被害人认为自己是赌博的输方进而自愿交付财产的，满足诈骗罪的构成要件，应认定为诈骗罪。即，仍属于通过欺骗他人从而获得财产性利益，侵犯的法益仍然是他人的财产权。

诚然，虽然将赌博称之为射幸行为，但实际生活中不夹杂一点骗术的赌博是极为少见的，因此一定要慎重认定上文中提到的所谓"虚假赌博"。而认定"虚假赌博"的关键在于行为人在整个所谓射幸活动中夹杂的骗术对输赢结果的影响程度以及行为人的主观目的。

如果行为人只是为了扩大自己在射幸活动中赢钱的概率而夹杂骗术，且这种程度的骗术尚不能达到控制射幸活动输赢结果的程度，其想赢钱主要还是依赖运气和赌博技巧的话，这仍未偏离赌博行为的蛇形本质，不能将其认定为"虚假赌博"。

但是，如果行为人出于非法占有他人财产的目的，其在射幸活动中夹杂的骗术足以控制赌博过程和输赢结果，使得整个活动不再具有射幸性质，而是属于人为操控性，就能将其认定为"虚假赌博"。

本案中被告人黄某某与袁某某，因欠赌债需要用钱，遂一起共谋设计了先让他人参与赌局，再通过打假牌的方式控制牌局，从而达到能够一次性的非法占有他人大量钱财目的的犯罪计划。二人做出的具体分工是由黄某某引诱被害人参赌，袁某某联系打假牌的人，其他三名被告人刘某甲、刘某乙、方某某，则在明知黄某某和袁某某之犯罪意图的情况下，也为了分得犯罪利益而参与进来，一起实施打假牌的行为。

随后被告人黄某某将被害人姚某某以一起商量买卖煤矿事宜为由约出来吃饭，并以一起玩玩为由邀约参赌。在姚某某称自己没有带足够的钱出来时，被告人刘某某、方某某对姚某某谎称是经营煤炭生意的老板，跟姚某某一样都是出来吃个饭，身上也没带钱，但仍可以先一起玩。在姚某某逐渐诱骗至赌局之后，被告人黄某某又假意与姚某某合占一股，姚某某碍于黄某某系公安局领导身份的影响，即便期间有多次不想参加的想法，但因不敢得罪黄某某而只能继续参加。在姚某某输掉十几万元真的想停手之际，黄某某又鼓动说玩新玩法，最终在 5 被告人合谋打假牌，人为控制牌局，造成姚某某必然输钱的结果，致使姚某某最终输掉五十余万元，事后 5 人对此进行分赃。

可见，本案中 5 被告人是在非法占有他人财产目的的支配下，设计了自己操控牌局结果的牌局，由于这种牌局已经没有了作为赌博本应有的射幸性质，因此这完全是名为赌局实为骗局的圈套，并用此欺骗被害人，使得被害人产生了是自己运气不佳的错误认识，进而对自己的钱财进行了处分，这完全符合诈骗罪的行为特征，而非赌博罪。

[**参考案例**：《最高人民法院公报案例》2007 年第 8 期：四川省泸县人民检察院诉黄某某、袁某某等诈骗案]

4. 辩方提出：被告人利用香港"六合彩"开奖信息，在庄家与投注者之间进行竞猜对赌，属于未经国家允许擅自发行、销售彩票的行为，根据《关于办理赌博刑事案件具体应用法律若干问题的解释》第 6 条，应认定为非法经营罪。

答辩要点：组织他人对香港播出的"六合彩"的开奖进行竞猜的行为，属于组织他人进行聚众赌博，并非在发行彩票，因此应当认定为赌博罪而非非法经营罪。

发行、销售彩票属于国家机关的专营范围，其目的是通过彩票的发行或销售，达到社会资源再分配的目的。彩票的发行或销售收益，主要用于返奖和通过政府用于公益事业。但是，彩票毕竟带有一定的射幸性质，因此其发行或销售一定要适度，需要政府对其发行和销售进行管制和调控，因此国家对彩票的发行和销售，通过采用行政许可制来予以管控。所以，未经许可擅自发行、销售彩票的行为势必会影响正常的社会经济秩序，满足非法经营罪的构成要件。

因擅自发行、销售彩票而构成的非法经营罪和赌博罪之间的区别主要在于：在擅自发行、销售的彩票的非法经营罪中，行为人的主观目的是想通过发行、销售彩票，在中间获得返奖金额或发行费用。通常来讲行为人与拥有行政许可的彩票发行机构具有关联，并利用这种关联，采用非法途径和方法发行、销售彩票。简单来说，因擅自发行、销售彩票而构成的非法经营罪中行为人的主观目的，是想通过销售"彩票"这种商品来盈利，仍属于一种经营行为，只是其销售的途径和方法是非法的，从而侵犯了社会正常经济秩序这一法益，属于扰乱市场秩序罪范畴。

相比之下，赌博罪中行为人的主观目的并不是想通过发行、销售"彩票"

这种商品来获利,而是要么自己直接参与射幸活动盈利,要么通过其他人的射幸活动参与来获利。因此其侵犯的法益是国民健康的经济与生活秩序,属于妨害社会管理秩序罪范畴。

本案中,被告人廖某某在每期香港"六合彩"开奖前,通过组织、宣传等方式,诱骗他人就开奖结果下注竞猜,并根据竞猜结果结算输赢。廖某某与香港"六合彩"不存在任何关联,其并不是在非法销售"彩票"这种商品,而是就彩票结果设置了输赢赌局,仍属于通过射幸行为非法盈利的行为,因此满足赌博罪的构成要件,不能将此认定为在擅自发行、销售彩票,进而认定为非法经营罪。

[**参考案例:**(2013)赣中刑一终字第 34 号:廖某某赌博案]

二、聚众淫乱罪;引诱未成年人聚众淫乱罪

1. 辩方提出: 被告人邹某某组织的所谓性派对全是男性参加,没有女性,不能构成聚众淫乱罪。

答辩要点: 聚众淫乱是指多人聚集在一起进行淫乱活动的行为。《刑法》之所以规制本罪,是因为这种行为既违反了基于基本伦理秩序构建的社会秩序,同时也侵害了有关性的行为非公开化的社会秩序。① 所以认定聚众淫乱罪的关键既不在于是否异性之间的淫乱行为,也不在于淫乱活动中是否包含性交行为。即便全是同性之间,进行包括手淫、口淫、鸡奸以及其他激发性欲、性兴奋、满足性欲的淫乱行为,只要侵犯到了上述法益,就能构成聚众淫乱罪。

本案中,虽然被告人邹某某组织的性派对中没有女性、全是男性,但其作为性派对的主要负责人,为多人进行聚众淫乱行为提供场所以及用于淫乱活动的各种用品,在被警方抓获时就有 10 人在进行淫乱活动,其行为满足聚众淫乱罪的构成要件。

[**参考案例:** 参见中国法院网报道《男子组织青年"同志"派对聚会 因淫乱领刑一年》,载 http://www.chinanews.com/news/2006/2006-05-19/8/732089.shtml,最后访问日期:2018 年 9 月 9 日。]

2. 辩方提出: 在控方指控的 3 起聚众淫乱活动中,在第一次活动中被告人甲只是在观看被告人乙和丙的性行为,其并没有参与其中,也没有组织、策划或指挥这一起活动,因此不能认定为聚众淫乱罪。

答辩要点: 是否发生性行为不影响聚众淫乱性质的认定,只要其行为因为

---

① 张明楷:《刑法学》(第 4 版),法律出版社 2010 年版,第 947 页。

众人参与，从而侵害了构成基本社会秩序的伦理秩序、影响了把性认定为私密的非公开化的社会认可，就构成聚众淫乱行为。

本案中的证据能够证明甲主动提议进行聚众淫乱行为，并在乙与丙进行性交行为时在旁观看，因为身体上的原因生殖器无法勃起才未能与丙进行性行为，这些均表明甲是聚众淫乱活动的组织者，甲乙丙3人具有聚众淫乱的共同故意，且客观上在两人进行性行为时在旁观看的行为属于淫乱行为，侵犯了《刑法》通过设置聚众淫乱罪来加以保护的正常的社会公共秩序这一法益，因此构成聚众淫乱罪。

[**参考案例：**（2017）皖1525刑初17号]

三、组织卖淫罪；强迫卖淫罪；协助组织卖淫罪及引诱、容留、介绍卖淫罪；引诱幼女卖淫罪

（一）相关法条

第三百五十八条　[**组织卖淫罪；强迫卖淫罪；协助组织卖淫罪**]组织、强迫他人卖淫的，处五年以上十年以下有期徒刑，并处罚金；情节严重的，处十年以上有期徒刑或者无期徒刑，并处罚金或者没收财产。

组织、强迫未成年人卖淫的，依照前款的规定从重处罚。

犯前两款罪，并有杀害、伤害、强奸、绑架等犯罪行为的，依照数罪并罚的规定处罚。

为组织卖淫的人招募、运送人员或者有其他协助组织他人卖淫行为的，处五年以下有期徒刑，并处罚金；情节严重的，处五年以上十年以下有期徒刑，并处罚金。

第三百五十九条　[**引诱、容留、介绍卖淫罪；引诱幼女卖淫罪**]引诱、容留、介绍他人卖淫的，处五年以下有期徒刑、拘役或者管制，并处罚金；情节严重的，处五年以上有期徒刑，并处罚金。

引诱不满十四周岁的幼女卖淫的，处五年以上有期徒刑，并处罚金。

（二）罪名应对实例

1. 辩方提出：被告人戴某某只是每月领2000元工资的受雇用人员，在卖淫场所经营中起到的是次要作用，不应定组织卖淫罪，应认定为协助卖淫罪。

答辩要点：组织卖淫是以一个极其复杂的一系列活动的集合体，是指以招募、雇用、强迫、引诱、容留等手段，有计划、有组织的控制多人从事卖淫的

活动。① 由于其活动的复杂程度，通常需要以团伙形式作案，自然会形成在团伙中发挥主要作用的人员和发挥次要作用的人员。加上《刑法》第358条用第4款将"协助组织卖淫罪"单独列出，使得在司法实践中有不少司法工作者认为在卖淫团伙中发挥主要作用的构成"组织卖淫罪"，而发挥次要作用的构成"协助组织卖淫罪"。但是这种理解是对法律规定的误读。

无论是从《刑法》第358条对组织卖淫罪和协助卖淫罪的规定，还是从共犯理论中实行犯和非实行犯的区分来看，上述两个罪名的关键区别不在于行为人在组织卖货活动所发挥作用的大小，而是在于其在组织卖淫活动中的具体分工。即，两罪的区分在于行为人"做了什么样的事"，而非行为人"是什么身份的人"。

就实践来看，为解决组织卖淫活动的复杂性，卖淫团伙通常表现出比较明显且固定的分工形态，主要分为：第一，经营和管理卖淫活动；第二，从事卖淫活动；第三，为卖淫活动的进行提供基础保障和后勤服务。因此，就卖淫活动的组织来讲，只存在第一类分工和第三类分工。参与第一类分工的人员，主要做的事情就是策划、组织、管理卖淫活动、指派卖淫人员或决定卖淫行为的是否进行等。而参与第三类分工的人员，其主要职责就是为第一类分工的有效、有序执行提供保障，例如给执行第一类分工的人员充当保镖、打手、管账人，为其招募、运送人员、安排住宿等。也就是说，第一类分工是组织卖淫活动的实行行为，而第三类分工是为组织卖淫活动实行行为提供帮助行为的非实行行为。

组织卖淫的实行行为和非实行行为都构成组织卖淫活动的共犯，但《刑法》则用第358条第4款，把这种非实行行为单独规制为独立犯罪，从而实现了"非实行行为的实行化"②，或称为"帮助犯的正犯化"③。也就是说，如果《刑法》没有单独规制本罪，那么属于第三类分工的非实行行为应当认定为属于第一类分工的共犯行为，按照第一类分工所构成的"组织卖淫罪"的共犯处罚。但是《刑法》考虑到组织卖淫活动对社会良好秩序与风尚的严重侵害程度，将组织卖淫活动的非实行活动单独定罪，避免这些犯罪行为人以实行行为人的从犯身份得到与其罪行不相当的过轻处罚，导致刑罚畸轻现象，因此将其单独定罪。④

综上，与行为人在组织卖淫活动或团伙中是什么身份、发挥作用的大小无关，区分组织卖淫罪和协助卖淫罪的关键在于行为人在组织卖淫活动或在卖淫团伙中具体做的是什么事情，承担什么分工。如果做的是卖淫活动的组织和管

---

① 李少平主编：《刑法案典》，人民法院出版社2016年版，第2008页。
② 李少平主编：《刑法案典》，人民法院出版社2016年版，第2009页。
③ 张明楷：《刑法学》（第4版），法律出版社出版2011年版，第1023页。
④ 张明楷：《刑法学》（第4版），法律出版社出版2011年版，第1023页。

理类活动，则构成组织卖淫活动的实行犯（正犯），构成组织卖淫罪。如果做的是给上述组织卖淫活动的实行犯提供帮助的事情，则构成协助组织卖淫罪。

本案中被告人戴某某直接参与卖淫事项，参与了卖淫场所规则的制定，其所承担的职责是组织卖淫女在该浴场内向他人卖淫的管理者，因此属于组织卖淫活动的实行犯，构成组织卖淫罪。

[**参考案例**：(2008) 善刑初字第 3 号]

2. 辩方提出：本案中卖淫人员是自己过来的，被告人经营的洗浴中心只是为卖淫者提供了场所，不存在招募和雇佣行为，应认定为容留卖淫罪，而不是组织卖淫罪。

答辩要点：组织卖淫行为会自然而然地包含引诱、容留、介绍卖淫的行为。其中，容留卖淫罪中的容留需要注意以下两点：

第一，容留卖淫罪中的场所是指行为人为卖淫活动提供能够实施卖淫行为的场所，这种场所可以是长期的，也可以是短期的；可以是自有的，也可以是别人的；可以是房屋形式，也可以是车辆、船舶等形式；可以是静止的，也可以是移动的。即，只要是能够实施卖淫活动的空间上的场所，都可以成为容留卖淫行为的场所。

第二，所谓容留，实施容留的人和被容留的人之间不存在控制、从属和接受调度的关系。具体在卖淫活动中，这种容留的关系主要表现为卖淫人员与行为人之间除了容留场所的来去之外，就其他事项——例如何时卖淫、向何人卖淫、怎么卖淫、具体费用等——不需要获得行为人的同意，即行为人对卖淫活动只是提供场所和与场所相关的其他帮助，与卖淫人员之间不存在任何控制、调动等隶属关系。

本案中，被告人经营的洗浴中心对内部卖淫人员制定了严格的管理规定，不仅设定了每次卖淫活动的价格，还要求卖淫人员每天向洗浴中心缴纳场地费。而且还规制了卖淫活动的进行方式，例如卖淫后人员的工号牌要移到最后以便进行轮号制等。这些均表明洗浴中心和卖淫人员之间是一种管理和被管理的关系，完全符合"组织"这种行为的所有特征，因此被告人的行为完全符合组织卖淫罪的构成要件。

[**参考案例**：(2008) 善刑初字第 3 号]

3. 辩方提出：被告人只是将房屋出租出去的房东而已，因此不构成容留他人卖淫罪。

答辩要点：容留他人卖淫罪中，就所谓容留的场所，其实并没有太大的要求，只要是能够实施卖淫活动的空间上的场所，都可以成为容留卖淫行为的场所。因此，出租房本身能够成容留他人卖淫的空间场所。因此，本案的关键点在于房屋出租人是否在明知承租人在进行卖淫活动的情况下，还继续给其提供房屋，从而给卖淫人员提供了进行卖淫活动之空间。如果出租人明知承租人在进行卖淫活动，而仍将房屋出租给承租人，那么就客观上给承租人开展卖淫活动提供了空间，从而其将房屋出租给承租人这个行为，就成为了助长嫖娼活动的行为，严重侵犯了社会良好秩序，构成容留卖淫罪。

当然，在法律实践中要根据案件事实来判断出租人对承租人的卖淫行为是否明知这一要件，既不能轻信被告人的辩解从而放纵犯罪，也不能对主观明知进行不当的推定，过分扩大出租人的管理上的注意义务，以免造成打击面过大的问题，应当结合全案证据，进行准确的分析与认定。

本案中两名被告人在将房屋出租给承租人们的初期，确实有可能不知道承租人利用其房屋进行卖淫活动，但经过一段时间之后，就应该认定为两名被告人对此犯罪活动的开展是知晓的：

第一，两名被告人居住的地方和承租人们承租的地方在地理位置上不仅相邻，而且共享一个院子，在这样的情况下两名被告人经常看到多名陌生男子出入承租人们承租的房屋，且并不是长期居住，而是短期逗留。与此同时，两名被告人和承租人们平时经常接触，其中多名承租人长期在承租房屋内进行卖淫活动，两名被告人对此已经耳闻目睹，在侦查阶段的供述中提及"她们应该是卖淫的"。

第二，两名被告人出租给卖淫人员的租金明显高于其他承租人。对此，被告人供述称："考虑到有风险，故抬高房价。"

第三，多名承租人的证言均表明，无论是从事卖淫活动的承租人还是没有从事卖淫活动的承租人，均证明出租人对卖淫人员在出租房内从事卖淫活动是明知的。

第四，民警早在案发前分两次提醒过两名被告人在其出租的房屋内有卖淫活动，要求出租人对出租房屋加强监管，但两名被告人却将民警的提醒当成耳旁风，并未采取任何坚强监管或试图加强监管的努力。

综上，两名被告人是在明知承租人在承租房屋内从事卖淫活动的情况下，仍将房屋出租给承租人，给卖淫人员从事卖淫活动提供了空间上的保障和便利，助长了嫖娼行为的泛滥，违背了公序良俗，严重侵犯了社会正常管理秩序，因此构成容留他人卖淫罪。

[**参考案例：**（2007）二中刑终字第 01966 号刑事判决]

4. 辩方提出：被告人组织同性之间的性交易，这不构成组织卖淫罪。

答辩要点：卖淫不仅仅指异性之间的性交易，而且也包括同性之间的性交易行为，这已经是在我国刑法实践中达成的共识。且随着时代发展，性自主权等性相关权利不是异性之间的相对权利,而是作为一个人本应享有的权利的观念被越来越多的人所接受,人们对"淫秽"的认知也得到了较为普遍的扩展,形成了社会较为普遍的社会共识。

而综观我国法律实践中之所以把同性之间的性交易也认定为卖淫,其法律依据主要在于全国人大常委会1991年开始实施、在2009年予以修正的《关于严禁卖淫嫖娼的决定》[①](以下简称《决定》)和最高人民法院、最高人民检察院1991年12月1日印发的《关于执行〈全国人民代表大会常务委员会关于严禁卖淫嫖娼的决定〉的若干问题的解答》(以下简称《解答》)。[②] 在最高法和最高检的解答中,就"怎样认定组织他人卖淫罪?"中规定"根据《决定》第1条第1款的规定,组织他人卖淫罪,是指以招募、雇佣、强迫、引诱、容留等手段,控制多人从事卖淫的行为"。即,没有将"卖淫"仅限于异性之间的性交易。

虽然上述《解答》在2013年1月4日,基于最高人民法院、最高人民检察院《关于废止1980年1月1日至1997年6月30日期间制发的部分司法解释和司法解释性质文件的决定》已经失效,但失效依据是"制定依据已被刑法吸收,刑法对相关问题已有规定"。这表明《解答》中的相关规定并不是不再适用了,而是已经被我国现行刑法相关规定给吸收了,也可以理解为《解答》中的内容已经成为我国刑法理论和实践中的一部分,因此同性之间的性交易也构成卖淫是无须进一步讨论的问题。

5. 辩方提出:被告人戴某某的行为跟被告人赵某某的行为一样,都是行政处罚中的介绍嫖娼的行为,既然认定被告人赵某某系介绍嫖娼行为,那么就不能认定被告人戴某某构成介绍卖淫罪。

答辩要点:在介绍卖淫罪中所谓"介绍",通常是指在卖淫者和嫖客之间牵线搭桥、沟通撮合,使卖淫嫖娼得以实现的行为,俗称"拉皮条"[③]。如果在意欲卖淫者与卖淫场所的管理者之间进行介绍,也属于介绍他人卖淫。

介绍卖淫的行为人和介绍嫖娼的行为人一样,都是在嫖客和卖淫者之间起到中间媒介的作用。但两者之间的关键区别在于,行为人是否就介绍嫖客一事与卖淫者达成约定。

介绍卖淫行为人与卖淫者之间,就介绍嫖客一事是有联络的,这种联络的表现形式是多种多样,有的是通过介绍嫖客来获得介绍费,或者甚至专门受雇

---

① 主席令第18号,2009年8月27日发布,2009年8月27日实施(现行有效)。
② 法发〔1992〕42号、高检会〔1992〕36号,1991年12月11日实施(现已失效)。
③ 胡云腾主编,《刑法案典》,人民法院出版社2016年版,第2014页。

于卖淫者将介绍嫖客当成一种工作或职业。但不管其形式如何，其行为本质都是就介绍嫖客一事与卖淫者达成约定，即触犯介绍卖淫罪的行为人同意给卖淫者介绍嫖客。至于介绍卖淫行为人与卖淫者之间是否存在这种约定，可以根据两者之间是否存在较为密切的关系来判断。如果双方存在一定的利益联系，或者拥有固定或经常性的联系，那么就可以怀疑两者之间存在较为密切的关系。

相比之下，介绍嫖娼行为人并没有与卖淫者就介绍嫖客一事达成任何形式的约定，不存在意思联络，只是把自己知道的卖淫信息提供给意欲进行嫖娼行为的行为人。这种卖淫信息可以是基于自己曾经的嫖娼经历，也可以是自己通过网络或从他人那里得知而来的。值得注意的是，虽然介绍嫖客的行为人并没有与卖淫者就介绍嫖客行为有意思联络或者存在约定，但若其与介绍卖淫行为人存在类似的意思联络或约定，也应当属于介绍卖淫行为，且根据其具体情形，认定为介绍卖淫罪的从犯，或者也可能单独认定为介绍卖淫罪。

本案中，被行政处罚的赵某某系因嫖娼而受到行政处罚的公司经理姜某某的驾驶员，姜某某让赵某某给自己及生意伙伴刘某某找嫖娼资源，赵某某于是找到了其做生意的朋友，即本案的被告人戴某某寻求嫖娼信息。戴某某表示愿意帮助姜某某，并邀请赵某某一同去美容院找卖淫人员。在赵某某拒绝后，戴某某就自己去了美容院，找到其认识的米某某，经米某某介绍将两名卖淫人员带出，并将她们送到了姜某某和刘某某所在酒店。事后戴某某将两名卖淫人员送回米某某的美容店，并从赵某某处收受了嫖资，姜某某则将嫖资还给了赵某某。不难看出，本案中赵某某在主观上没有介绍和帮助他人卖淫的故意，在客观行为上也没有与卖淫方或者组织卖淫方就介绍嫖客一事达成任何约定，因此赵某某的行为只是一种介绍嫖娼的行为。相比之下，虽然被告人戴某某并没有因介绍嫖客的行为而收受任何利益，但戴某某不仅主动找到了卖淫地点美容店，并找到能介绍卖淫人员的米某某，并为卖淫人员的卖淫行为提供了"上门服务"性质的一整套的帮助，这些客观行为已经远远超出了仅仅是介绍嫖娼的程度，而是就嫖客与卖淫者之间起到了牵线搭桥、积极沟通撮合的作用，且正因为其这种作用，使得卖淫行为得以实现。因此被告人戴某某的行为应认定为介绍卖淫罪。

[**参考案例**：《检察日报》第 3981 期]

6. 辩方提出：被告人林某某只是在网络上发布嫖娼信息，不知道嫖客是否前往了卖淫地点，因此属于介绍卖淫未遂。

答辩要点：犯罪的未遂与否，首先要判断所谓"介绍卖淫罪"在行为犯、结果犯和目的犯中属于哪一类型。而这很容易判断，根据《刑法》具体条款的设计，该罪是很明显的行为犯，以介绍卖淫行为为犯罪成立的构成要件。

那么问题就变成了行为人的既遂与否如何判断的问题了。对于行为犯既遂与否的理解，我国刑法界主要有两种观点。一种认为只要实行终了《刑法》分则中所规定的某种实行行为，就构成行为犯，而以张明楷老师为代表的另一种观点认为"行为犯是行为与结果同时发生的犯罪"。[1] 本书更倾向于张明楷老师的观点，而且基于张明楷老师对此问题的进一步阐述，其上述观点可以更准确地阐述为：行为犯是行为与法益侵害结果同时发生的犯罪。

但不论依据哪一种观点，本案中被告人林某某的行为显然是构成介绍卖淫罪既遂的。

首先按照第一种观点，被告人既然实行终了《刑法》第359条规制的介绍卖淫行为，那就构成本罪了。即，按照第一种观点，被告人林某某利用电脑登录网络在网络上制作出能通过互联网广为传播的卖淫信息等行为已经构成着手，而在该信息通过互联网传输出去时行为已经终了。在整个过程中不存在《刑法》第23条所规制的"已经着手实行犯罪，由于犯罪分子意志以外的原因而未得逞的，是犯罪未遂"相应情形，因此构成犯罪既遂。

而第二种观点在第一种观点基础上，即在认定被告人林某某介绍卖淫行为已经实行终了的前提已经满足的情况下，进一步判断在互联网上发布卖淫信息的行为是否侵犯了"介绍卖淫罪"所相应的法益。《刑法》之所以规制介绍卖淫行为，是因为该行为促使了卖淫嫖娼活动的泛滥，进而侵犯了社会良好风俗、影响了社会管理秩序。因此，其侵犯法益的关键不在于是否产生嫖娼结果，而是在于助长了嫖娼这种严重影响社会良好秩序之行为的泛滥。而本案中被告人的行为显然是严重侵害了相应法益，所以即便按照第二种观点，也构成介绍卖淫罪既遂。

至于对在互联网上发布淫秽信息行为按照刑法予以处罚的依据主要来自《全国人大常委会关于维护互联网安全的决定》[2]，其第3条规定，为了维护社会主义市场经济秩序和社会管理秩序，对有下列行为之一，构成犯罪的，依照刑法有关规定追究刑事责任："……（五）在互联网上建立淫秽网站、网页，提供淫秽站点链接服务，或者传播淫秽书刊、影片、音像、图片。"其第5条规定，利用互联网实施本决定第1条、第2条、第3条、第4条所列行为以外的其他行为，构成犯罪的，依照刑法有关规定追究刑事责任。

[**参考案例**：《刑事审判参考》总第27集第193号案例]

---

[1] 张明楷：《刑法学》（第4版），法律出版社2011年版，第326页。
[2] 2000年12月28日起实施，2009年8月27日修改。

四、制作、贩卖、传播淫秽物品罪

(一) 相关法条

第三百六十三条 [制作、复制、出版、贩卖、传播淫秽物品牟利罪;为他人提供书号出版淫秽书刊罪] 以牟利为目的,制作、复制、出版、贩卖、传播淫秽物品的,处三年以下有期徒刑、拘役或者管制,并处罚金;情节严重的,处三年以上十年以下有期徒刑,并处罚金;情节特别严重的,处十年以上有期徒刑或者无期徒刑,并处罚金或者没收财产。

为他人提供书号,出版淫秽书刊的,处三年以下有期徒刑、拘役或者管制,并处或者单处罚金;明知他人用于出版淫秽书刊而提供书号的,依照前款的规定处罚。

第三百六十四条 [传播淫秽物品罪;组织播放淫秽音像制品罪] 传播淫秽的书刊、影片、音像、图片或者其他淫秽物品,情节严重的,处二年以下有期徒刑、拘役或者管制。

组织播放淫秽的电影、录像等音像制品的,处三年以下有期徒刑、拘役或者管制,并处罚金;情节严重的,处三年以上十年以下有期徒刑,并处罚金。

制作、复制淫秽的电影、录像等音像制品组织播放的,依照第二款的规定从重处罚。

向不满十八周岁的未成年人传播淫秽物品的,从重处罚。

第三百六十五条 [组织淫秽表演罪] 组织进行淫秽表演的,处三年以下有期徒刑、拘役或者管制,并处罚金;情节严重的,处三年以上十年以下有期徒刑,并处罚金。

第三百六十六条 [单位犯本节规定之罪的处罚] 单位犯本节第三百六十三条、第三百六十四条、第三百六十五条规定之罪的,对单位判处罚金,并对其直接负责的主管人员和其他直接责任人员,依照各该条的规定处罚。

第三百六十七条 [淫秽物品的范围] 本法所称淫秽物品,是指具体描绘性行为或者露骨宣扬色情的诲淫性的书刊、影片、录像带、录音带、图片及其他淫秽物品。

有关人体生理、医学知识的科学著作不是淫秽物品。

包含有色情内容的有艺术价值的文学、艺术作品不视为淫秽物品。

(二) 罪名及应对实例

1. 辩方提出:被告人制作并运营的淫秽网站并未施行会员收费制,应构成传播淫秽物品罪,控方以广告收入来认定被告人牟利故意的指控不成立,不应认定为传播淫秽物品牟利罪。

答辩要点:传播淫秽物品牟利罪和传播淫秽物品罪的主要区别,可参看下方表格:

不同点	传播淫秽物品罪	传播淫秽物品牟利罪
主观方面	明知是淫秽物品而故意传播	以牟利为目的故意传播淫秽物
客观方面	传播行为+情节严重	传播行为

其中,无论是传播淫秽物品罪还是传播淫秽物品牟利罪,就存在淫秽物品传播行为是一致的[①],两罪的根本区别,一是在于传播淫秽物品牟利罪需要行为人的主观状态是以牟利为目的而传播淫秽物品;二是传播淫秽物品罪的行为人不需要存在牟利目的,只要明知是淫秽物品而予以传播即达到主观方面构成要件,但是在客观方面上,要求传播淫秽物品罪达到"情节严重"的程度。

运营淫秽网站的情形想准确定罪,需要解决三个问题:第一,运营淫秽网站是否属于《刑法》中所规制的传播淫秽物品的行为;第二,运营淫秽网站达到何种规模才能构成刑事处罚的程度;第三,赚取广告收入能否认定为牟利。

首先,运营淫秽网站属于《刑法》中所规制的传播淫秽网站的行为。

全国人大常委会《关于维护互联网安全的决定》[②]第3条规定:"三、为了维护社会主义市场经济秩序和社会管理秩序,对有下列行为之一,构成犯罪的,依照刑法有关规定追究刑事责任:……(五)在互联网上建立淫秽网站、网页,提供淫秽站点链接服务,或者传播淫秽书刊、影片、音像、图片。"因此,本案中行为人运营淫秽网站本身,如果达到一定程度,应该予以刑事处罚。

其次,本案中运营淫秽网站的规模达到了应予刑事处罚的程度。

最高人民法院、最高人民检察院《关于办理利用互联网、移动通讯终端、声讯台制作、复制、出版、贩卖、传播淫秽电子信息刑事案件具体应用法律若干问题的解释(一)》[③](以下简称《解释(一)》)第1条、第3条和《关于办理利用互联网、移动通讯终端、声讯台制作、复制、出版、贩卖、传播淫秽电子信息刑事案件具体应用法律若干问题的解释(二)》[④](以下简称《解释(二)》)的规定第1条、第2条规定:利用互联网、移动通讯终端(包括网络

---

① 张明楷:《刑法学》(第4版),法律出版社2011年版,第1032页。
② 2000年12月28日实施,2009年8月27日修改,现行有效。
③ 法释〔2004〕11号,2004年9月3日发布,2004年9月6日实施,现行有效。
④ 法释〔2010〕3号,2010年2月2日发布,2010年2月4日实施,现行有效。

聊天室、论坛、即时通讯软件、电子邮件等）传播淫秽电子信息，达到一定程度（参看下方整理的表格）的，应以传播淫秽物品牟利罪或者传播淫秽物品罪来处罚。

	传播淫秽物品牟利罪构罪标准①	传播淫秽物品罪构罪标准②
第一类：含有一般的淫秽信息	①视频文件20个以上； ②音频文件100个以上； ③图片、文章、短信、期刊200件以上； ④实际被点击数1万次以上； ⑤注册会员200人以上； ⑥收取广告费、会员注册费或其他费用，违法所得1万元以上； ⑦数量或数额未达到上述六项中标准，但分别达到其中两项以上标准一半以上的； ⑧造成严重后果。	①传播淫秽物品牟利罪第一类①至⑤项标准2倍以上； ②数量分别达到传播淫秽物品牟利罪第一类①至⑤项中两项以上标准的； ③造成严重后果的。
第二类：含有不满14周岁未成年人的淫秽信息③	①构成传播淫秽物品牟利罪标准第一类中①至⑥项各数额或数量标准一半以上的； ②构成传播淫秽物品牟利罪标准第一类中①至⑥项各数额或数量标准，但分别达到其中两项以上标准造四分之一以上的（即第二类①至⑥各项标准的一半以上）； ③造成严重后果。	与传播淫秽物品牟利罪第一类标准一致。

最后，利用淫秽网站赚取广告收入应当认定为牟利。

在上述的《解释（一）》的第1条、第3条，以及《解释（二）》的第1条、第3条，都把"收取广告费"作为构罪情形之一。并且，《解释（二）》第7条规定，明知是淫秽网站，以牟利为目的，通过投放广告等方式向其直接或间接提供资金，或者提供费用结算服务达到一定程度的，也应认定为传播淫秽物品牟利罪的共同犯罪。这些均表明，如果行为人存在赚取广告收入的行为，那么可以认定为其存在牟利的故意。

---

① 《关于办理利用互联网、移动通讯终端、声讯台制作、复制、出版、贩卖、传播淫秽电子信息刑事案件具体应用法律若干问题的解释（一）》第1条。

② 《关于办理利用互联网、移动通讯终端、声讯台制作、复制、出版、贩卖、传播淫秽电子信息刑事案件具体应用法律若干问题的解释（一）》第2条。

③ 《关于办理利用互联网、移动通讯终端、声讯台制作、复制、出版、贩卖、传播淫秽电子信息刑事案件具体应用法律若干问题的解释（二）》第1条第2款；第2条。

本案中，被告人何某某和杨某某在互联网上建立了共 6 个色情网站，刊载淫秽图片 7200 余幅、淫秽小说 94 篇、淫秽小电影 2 部，为了牟取非法利益，两被告人利用上述色情网站为国外公司做广告，先后收到汇款 519.28 美元。两被告人收取广告费的行为，并结合两被告人的供述，应认定两被告人系以牟利为目的运营的淫秽网站，且其具体情形满足《解释（一）》第 1 款之规定，因此应当认定为传播淫秽物品牟利罪。

[**参考案例**：《刑事审判参考》总第 19 集第 120 号]

2. 辩方提出：被告人每次均与一人进行网络裸聊，因此不具备传播性，并且网络裸聊是一种行为并非物品，不符合《刑法》中所规定的"淫秽物品"。因此，根据"法无明文规定不为罪"原则，被告人以牟利为目的与多数人进行网络裸聊的行为不应当认定为传播淫秽物品牟利罪。

答辩要点：《刑法》之所以在分则第六章"妨害社会管理秩序罪"中用第九节规制"制作、贩卖、传播淫秽物品罪"这一类罪名，就是因为该章节中所规制的行为，都违背了性的私密性，从而具备了刑法上的可罚性。这也是为什么《刑法》第 363 条将制作、复制、出版、贩卖、传播等行为一起整合为一个选择性罪名，规制了"制作、复制、出版、贩卖、传播淫秽物品牟利罪"的原因。也就是说，第 363 条规定的罪名是选择性罪名，"行为人实施上述行为之一的，即可成立该罪；同时实施上述行为的，也只认定为一罪，不实行数罪并罚。"[①] 即，判断本案被告人是否触犯第 363 条，首先要判断行为人以牟利为目的实施的行为，是否违背了性的私密性，进而再讨论刑法所规制的"淫秽物品"应该如何理解的问题。

首先，被告人以牟利为目的与多数人进行网络裸聊的行为违背了性的私密性，具备刑法上的可罚性。

关乎两性的信息本身是在人类生存和繁衍上必不可少的东西，成年男女以私密的方式采取的与性相关的行为或互相提供性相关的信息，这些都是人类作为哺乳动物这一类生物的本性，是无可厚非的行为，即不具备刑法上的可罚性。这也是为什么法律不用刑法去处罚购买淫秽书刊或浏览淫秽网站之人员的原因。最为典型的例子就是夫妻或情侣二人购买大量的淫秽书籍和影像在私密空间内观看，这种行为不用刑罚予以规制。

但合法的两性信息的特点在于私密性，性的私密性本身是构建人们当代社会和文明制度的基石之一，是形成现代社会秩序的基本道德，性的非私密性或者公开，会引发普通人们的性羞耻心和厌恶感，无端挑起人们性欲进而为正常

[①] 张明楷：《刑法学》（第 4 版），法律出版社 2011 年版，第 1030 页。

的社会秩序添加不稳定因素。因此违背性私密性，就等于违背了公序良俗，侵害了正常的社会管理秩序，就具备刑法上的可罚性（这也是聚众淫乱罪以及本问所讨论的制作、贩卖、传播淫秽物品类罪名的根本的理论依据）。

基于此，即便行为人在网络上提供淫秽内容或信息，但如果这种提供不具有一定的公然性的话，就不能用刑法予以规制。例如夫妻、情侣或者即便是陌生人之间，如果仅仅是为了填补彼此的精神上或肉体上的空虚，从而在网络上利用网络聊天工具一对一的进行裸聊，即裸聊的对象并不是不特定的或公然的，那么这就属于公民私德范畴，并不具备可罚性。反之，如果网络裸聊的对象是不特定的，不仅超出了两性之间基于生理需求或繁衍后代为目的而进行性相关活动的目的，而且其行为方式也相当于破坏了性的私密性，因此就违背了公序良俗，侵害了正常的社会管理秩序、具备了刑法上的可罚性。

其次，通说[①]认为应当从从立法目的出发，可以对"淫秽物品"进行适当的扩大理解，其认定重点应放在"淫秽性"上，而不是所谓"物品"的载体属性上，因此将网络裸聊认定为"淫秽物品"并非违反罪行法定原则。

随着社会和科学技术的发展，《刑法》对"淫秽物品"的认定外延是随之扩展的。在1979年的《刑法》中，所谓"淫秽物品"仅仅是指淫书、淫画两类，这是当时最为常见的淫秽信息附着载体。

后来随着淫秽影片、录像带、录音带等出现，发现体现淫秽内容和信息的载体除了书籍和画面之外还有其他表现形似，于是在1990年全国人大常委会通过《关于惩治走私、制作、贩卖、传播淫秽物品的犯罪分子的决定》，把淫秽影片、录像带、录音带等新型的淫秽信息载体纳入"淫秽物品"范畴，并被1997年《刑法》所吸收。

此后，又由于网络和通讯技术的发展，使得淫秽信息的载体更是变得多种多样。为此，人大常委会在2000年通过了《关于维护互联网安全的决定》，在此基础上2004年的《解释（一）》则把"淫秽物品"的外延扩大到了承载淫秽信息的视频文件、音频文件、电子刊物、图片、文章、短信息等互联网、移动通信终端电子信息和声讯台语音信息。而此后2010年的《解释（二）》的出台更是在全方位上切断了淫秽信息通过网络和通讯载体进行传播的利益链条。

即，我国刑法对"淫秽物品"的认定始终持了发展的观点，秉持着把握立法目的释法、执法的态度，认为《刑法》分则设定第六章第九节的立法目的

[①] 参见《刑事审判参考》2010年第4集（总第75集）第641号，方某某传播淫秽物品牟利案

在于规制和保护性相关信息的私密性，惩治的是非私密的性信息——即淫秽信息——而不是性信息的载体。这就好比刚开始根据刑法的相关法律法规，盗窃罪的对象仅限于有形财产，后来随着社会和科技的发展，其认定对象扩大到了他人的电话号码、网银密码甚至网络游戏中的虚拟货币等无形财产，其关键不在于财产的表现形式是有形还是无形，而是在于是否具备财产性。

也就是说，通说认为以牟利为目的与多数人进行网聊是一种呈现出来的淫秽信息，而非淫秽信息载体，而对于刑法中规定的"淫秽物品"应做符合立法目的的合理解释，将"淫秽物品"解释成淫秽信息，而不是仅仅把对其的认定限于信息载体。

通说的这种说法符合《刑法》的立法目的，是用发展的眼光看问题，而且是以实事求是的精神执法、释法的做法，其论述具有合理性，可以充分予以借鉴和认可。

在此基础上，检方认为，鉴于网络的性质和其运营方式，向不特定人群的网络裸聊本身，就是一种淫秽信息载体，即不用对"淫秽物品"做任何扩大解释。众所周知所谓网络就是一个庞大的数字连接空间，任何在网络空间中传播和呈现的信息都是数字的转化结果。在这个意义上，裸聊本身是一种行为，但是裸聊的行为想进入网络，就要求相应行为先转化成一系列数据进入网络空间，并在网络空间里以数字形式存在并传播，其呈现出来的是网络对相应数据的显现处理。因此，基于牟利的裸体聊天这种淫秽行为在网络上成为数据，该数据基于数据转化的呈现技术体现在其他网络接收设备器上时，在这一阶段上的网络数据储存和传输空间就是一种淫秽信息的载体。在网络上这种数据空间载体是客观存在的，只是这种数据空间是无法用有形物体来呈现而已。即，网络数据空间这种无形的信息载体，仍然属于物品，所以以牟利为目的与多人进行网络裸聊就是一种"淫秽物品"。

综上，本案中被告人以牟利为目的，先是在网络上公开发布可与之进行有偿的网络裸聊的信息以吸引不特定的人员与之进行网络聊天，在裸体的情况下按照聊天对方的要求摆出各种姿势和做类似性交行为，这充分破坏了社会对性私密性的要求，破坏了社会管理秩序，应当按照《刑法》第363条之规定予以处罚，且其行为方式主要为传播，因此应当认定为传播淫秽牟利罪。

[**参考案例**：刑事审判参考总第75集第641号案例]

3. 辩方提出：被告人唐某某编写的手机网站建站程序不应认定为淫秽物品，因此对被告人不能认定为制作、贩卖淫秽物品牟利罪。

答辩要点：《刑法》规制"淫秽物品"是因为淫秽信息通过"物品"这种载

体所表现出来，因此归根结底刑法所规制的是物品带有的"淫秽性"，至于其内容表现出的载体形式并不影响对"淫秽物品"的认定。这也是为什么1979年《刑法》时只是把淫书、淫画两类认定为"淫秽物品"，而到了现在通过《解释（一）》和《解释（二）》等解释和决定，把视频、音频、短信、邮件等多种形式都认定为"淫秽物品"的原因。①

对于"淫秽性"，国家新闻出版署的《关于认定淫秽及色情出版物的暂行规定》②第2条具有一定的借鉴意义。其第2条规定，淫秽出版物的具体内容包括以下七个方面：（1）淫亵性地具体描写性行为、性交及其心理感受；（2）公然宣扬色情淫荡形象；（3）淫亵性地描述或者传授性技巧；（4）具体描写乱伦、强奸或者其他性犯罪的手段、过程或者细节，足以诱发犯罪的；（5）具体描写少年儿童的性行为；（6）淫亵性地具体描写同性恋的性行为或者其他性变态行为，或者具体描写与性变态有关的暴力、虐待、侮辱行为；（7）其他令普通人不能容忍的对性行为的淫亵性描写。

本案中，被告人唐某某编写手机网站建站程序行为本身并不违法，但被告人在编写完程序之后，在程序中添加了淫秽色情小说的文字内容，使得这些淫秽的文字内容能够以网页形式在网络终端呈现出来，并可以通过手机网络进行传播。而这就把WAP手机网站的建站程序带有了淫秽性，成为了淫秽信息加以呈现出来的具体载体，自然应当认定为是"淫秽物品"。鉴于被告人是为了牟利而制作这种程序，且通过实施贩卖行为非法获利1万元以上，满足《解释（一）》中规定的构罪数额③，因此应当按照制作、贩卖淫秽物品牟利罪予以处罚。

[**参考案例**：《刑事审判参考》总第78集第664号案例]

4. 辩方提出：被告人李某某通过电子邮件或聊天软件给他人有偿提供了淫秽视频网页链接，现有法律法规未对此类行为进行规制，因此不能认定为贩卖淫秽物品牟利罪。

答辩要点：所谓网页链接是一种链接网络数据空间上相应信息的渠道，使

---

① 关于淫秽物品认定的更具体的分析，参看本节第2个攻防要点的"辩方提出：被告人每次均与一人进行网络裸聊，因此不具备传播性，并且网络裸聊是一种行为并非物品，不符合刑法中所规定的'淫秽物品'。因此，根据'法无明文规定不为罪'原则，被告人以牟利为目的与多数人进行网络裸聊的行为不应当认定为传播淫秽物品牟利罪。"

② 新出办字第1512号，1988年12月27日发布，1988年12月27日实施，现行有效。

③ 关于《解释（一）》和《解释（二）》规定的传播淫秽物品牟利罪构罪标准，参看本节第1个攻防要点的"辩方提出：被告人制作并运营的淫秽网站并未施行会员收费制，应构成传播淫秽物品罪，控方以广告收入来认定被告人牟利故意的指控不成立，不应认定为传播淫秽物品牟利罪。"

用者通过点击链接就可以得到链接对应的数据信息，因此链接到淫秽视频的网页链接就是在提供淫秽视频信息。与此同时，《解释（一）》第4条专门规制了提供淫秽信息网页链接的行为："明知是淫秽电子信息而在自己所有、管理或者使用的网站或者网页上提供直接链接的，其数量标准根据所链接的淫秽电子信息的种类计算"。

本案中被告人开设淘宝网店，并以每笔30元至39元的价格将淫秽视频压缩文件链接通过电子邮件或聊天软件提供给他人的做法，表面上与《解释（一）》第4条规制的情形有所不同，但实质都是一样的。所谓经营淘宝网店就是借助淘宝网络平台通过网络开展的经营行为，其网店的页面和信息都是经营者自己设计和管理的，因此其网络店铺就属于自己管理或使用的网页。

并且，《解释（一）》第4条的立法目的在于，对行为人利用自己经营的网页把淫秽信息链接提供给不特定多数人，使得淫秽信息得以在社会上传播，破坏性的私密性进而侵害社会管理秩序的行为予以刑事处罚。而本案中被告人将网页链接提供给不特定多数人的行为就符合《解释（一）》第4条的立法目的，过于局限在"在网页上直接提供"这种字眼是一种机械释法，偏离了立法目的，是一种不成熟的释法表现。因此将被告人的行为认定为贩卖淫秽物品牟利罪是适当的。

因此，在确定量刑时也应适用《解释（一）》第4条，根据所链接的淫秽电子信息的种类计算。由于被告人的所有链接都指向326部淫秽视频压缩文件，因此对淫秽物品的数量应认定为这326部淫秽视频，根据《解释（一）》第1条和第2条，属于贩卖淫秽物品牟利罪中的情节严重，在3年以上10年以下量刑范围中根据具体案情予以判断。

[**参考案例**：《刑事审判参考》总第78集第666号]

5. 辩方提出：（1）既然被告人把在其电脑中储藏的淫秽视频导入手机储存卡之后将储存卡销售给他人牟利，那么其淫秽物品的数量应当只计算其出售的储存卡内的数量，其电脑中的淫秽物品数量不应计入犯罪数量；（2）本案在计算淫秽物品数量时，应当适用最高人民法院《关于审理非法出版物刑事案件具体应用法律若干问题的解释》，而非《关于办理利用互联网、移动通讯终端、声讯台制作、复制、出版、贩卖、传播淫秽电子信息刑事案件具体应用法律若干问题的解释（一）》。

答辩要点：本案中被告人陈某某作为手机维修网点的经营者，以30元的价格从自己的电脑给顾客李某某的手机存储卡内复制淫秽视频文件254个，在公安机关对其进行抓获时在其电脑主机内查获淫秽视频文件346个。其给来店顾客有偿提供复制淫秽物品的行为，构成复制、贩卖淫秽物品牟利罪是毋庸置疑的。

而其贩卖的淫秽物品数量,之所以要按照被告人电脑中储存的淫秽物品数量来计算的原因,主要在于该电脑是放置在其经营场所的,是被告人把淫秽视频提供给他人以牟利的主要工具。由此可以合理推定,被告人储存在该电脑上的淫秽物品,其核心功能并不是用于个人观赏,而是其为了牟利目的,准备提供给他人的淫秽物品的一部分。与此同时,此类犯罪具有高度的隐秘性,不仅难以发现也很难监管。由于手机网点经营者和顾客之间就通过手机储存卡复制淫秽物品一事存在合意,所以既不会有人举报,也不会轻易承认。而且通常开设在闹市区的手机维修网点,其面向不特定的大量流动人群,这不仅加大了对此类行为的监管难度,而且也反映出了此类行为严重的社会危害性。因此,综合考虑到此类犯罪行为的具体特征和社会危害性,量刑时应按照犯罪行为人电脑中的淫秽物品数量加以认定。

至于对淫秽物品数量的认定,应当适用最高人民法院《关于审理非法出版物刑事案件具体应用法律若干问题的解释》[①](以下简称《非法出版物解释》)第8条[②]的相关规定,而非《解释(一)》。两者的主要区别在于《非法出版物解释》中所规定的淫秽物品倾向于较为典型的以实体物品(淫秽影碟、淫秽扑克、书刊、

---

① 法释[1998]30号,1998年12月17日发布,1998年12月23日实施,现行有效。

② 最高人民法院《关于审理非法出版物刑事案件具体应用法律若干问题的解释》第8条:以牟利为目的,实施刑法第三百六十三条第一款规定的行为,具有下列情形之一的,以制作、复制、出版、贩卖、传播淫秽物品牟利罪定罪处罚:(一)制作、复制、出版淫秽影碟、软件、录像带五十至一百张(盒)以上,淫秽音碟、录音带一百至二百张(盒)以上,淫秽扑克、书刊、画册一百至二百副(册)以上,淫秽照片、画片五百至一千张以上的;(二)贩卖淫秽影碟、软件、录像带一百至二百张(盒)以上,淫秽音碟、录音带二百至四百张(盒)以上,淫秽扑克、书刊、画册二百至四百副(册)以上,淫秽照片、画片一千至二千张以上的;(三)向他人传播淫秽物品达二百至五百人次以上,或者组织播放淫秽影、像达十至二十场次以上的;(四)制作、复制、出版、贩卖、传播淫秽物品,获利五千至一万元以上的。

以牟利为目的,实施刑法第三百六十三条第一款规定的行为,具有下列情形之一的,应当认定为制作、复制、出版、贩卖、传播淫秽物品牟利罪"情节严重":(一)制作、复制、出版淫秽影碟、软件、录像带二百五十至五百张(盒)以上,淫秽音碟、录音带五百至一千张(盒)以上,淫秽扑克、书刊、画册五百至一千副(册)以上,淫秽照片、画片二千五百至五千张以上的;(二)贩卖淫秽影碟、软件、录像带五百至一千张(盒)以上,淫秽音碟、录音带一千至二千张(盒)以上,淫秽扑克、书刊、画册一千至二千副(册)以上,淫秽照片、画片五千至一万张以上的;(三)向他人传播淫秽物品达一千至二千人次以上,或者组织播放淫秽影、像达五十至一百场次以上的;(四)制作、复制、出版、贩卖、传播淫秽物品,获利三万至五万元以上的。

以牟利为目的,实施刑法第三百六十三条第一款规定的行为,其数量(数额)达到前款规定的数量(数额)五倍以上的,应当认定为制作、复制、出版、贩卖、传播淫秽物品牟利罪"情节特别严重"。

画册等）为表现形式的淫秽信息载体，而《解释（一）》种规定的淫秽物品主要是指在互联网、移动通讯终端、声讯台等平台或途径中呈现出来的淫秽信息载体。

本案中被告人将淫秽信息复制在手机内存卡上并贩卖，相应的淫秽视频并没有接入到网络或移动数据空间，而是以含有淫秽视频的实体物品形式存在，因此更倾向于《非法出版物解释》中所规制的淫秽影碟，所以在对其量刑时应适用《非法出版物解释》而非《解释（一）》。

[**参考案例**：《刑事审判参考》总第78集第665号案例]

6. 辩方提出：涉案网站的浏览淫秽电子信息的点击数计算不准确。

答辩要点：根据《解释（一）》第1条第1款第（四）项规定，制作、复制、出版、贩卖、传播的淫秽电子信息，实际被点击数达到一万次以上成为了触犯刑法第363条的标准之一。因此准确计算浏览淫秽电子信息的点击数在定罪量刑上具有重要意义。

在计算点击数时，以下几类明显虚增和不正常的点击数应当予以排除：

第一，计数方式存在问题的。由于网页开发者可以设置计数方式，例如可以设置点击数的起始数字，或者可以将点击数增长方式设定为倍数增长等，因此在计算点击数时，首先要确定好网页基本的计数方式是否存在问题。

第二，行为人自己点击的数量。为了让自己的网页在搜索排名上靠前、增加点击量扩大影响力等原因，行为人自己点击网页或服务链接的现象普遍存在。这种自我点击虽然也有一定的危害性，但该行为本身并不设计淫秽信息的传播，因此应当在计算点击数时候予以排除。本案中鉴定机构认为，同一设备对同一页面非以正常浏览方式高密集度访问的，例如通过同一互联网IP地址在24小时内向同一网页发送页面请求50次以上，则视为是行为人进行的测试性的自我点击。

第三，确实能够予以证明的无效点击。所谓点击数应当指实际点击数，对于确有证据证明是无效点击的数量，应当予以排除。例如，有人通过恶意程序或者出于其他目的，在短时间内疯狂点击的相应的淫秽信息，导致点击数量不正常的剧增，从点击者的IP来源和时间能判断出这种点击是无效或恶意点击时，相应的点击数量应当予以排除。但此时也应当注意到网吧、公司、酒店等人群很多但公用一个IP的情形。

[**参考案例**：《刑事审判参考》总第78集第669号案例]

7. 辩方提出：虽然鉴定结论提出淫秽网页点击数超过了传播淫秽物品某罪中"情节严重"的标准，但被告单位存在自行点击的情况且该数量无法确定，在这种情况下根据有利于被告人原则不应当认定"情节严重"。

答辩要点：运营淫秽网站的经营者为了增加自己被搜索的可能性或者在接受移动公司服务中避免被末尾淘汰，所以存在着自行点击的行为。虽然这种行为导致其淫秽信息更容易被搜索和长期存在，也是具有社会危害性的行为，但这并未造成向他人的直接传播，因此若确能查清经营者的自行点击数量，应在总的网页点击数中予以扣除。但是仍需要具体案情具体分析。

以本案为例，虽然本案的确不能查清楚被告单位自行点击的确切或大致数量，但是这并不影响认定"情节严重"，理由在于：

第一，由于技术受限，鉴定机构所做出的点击量鉴定报告只是针对案发当月 2007 年 4 月的，鉴定的点击数量为 79598 次。但是被告单位利用互联网传播淫秽物品是从 2006 年底开始的，到被侦查机关控制的 2007 年 4 月为止，该行为一直没有停止过。而且从被告单位的财务收入看，其从 2007 年 1 月至 4 月的各收入差距不大，表明这四个月的业务量应该是相差无几的。如此一来，如果稍微激进一些，将点击量认定为近 20 万次也不是没有合理性。在这种仅一个月的点击量就超出点击 5 万次以上"情节严重"标准近 3 万次的状态认定为"情节严重"，这显然已经非常合理，充分体现了有利于被告人的原则。

第二，综合考虑被告单位的收入和支出，其自行点击的数量必定有限。被告单位对网页的自行点击，每点击一次需要向移动通信公司支付 2 元，因此如果自行点击过多，反而会让被告单位入不敷出，显然是违背常理的。

综上，结合本案实际情况，将本案中被告人传播淫秽物品牟利行为认定为"情节严重"不仅合情合理，而且充分体现了有利于被告人原则。在这种情况下反而不予认定该情节，那才叫有失公允。

[**参考案例**：《刑事审判参考》总第 79 集第 691 号案例]

8. 辩方提出：被告人高某某、陈某某在网络群组上上传的淫秽视频数量较少，且现在已经退群，因此不能认为陈某某传播淫秽物品罪。

答辩要点：《解释（二）》第 3 条明确规定，利用互联网建立主要用于传播淫秽电子信息的群组，成员达 30 人以上或者造成严重后果的，对建立者、管理者和主要传播者，依照《刑法》第 364 条第 1 款的规定，以传播淫秽物品罪定罪处罚。虽然此类行为是在网络群组这种相对限定的小范围内传播淫秽信息，但是不容忽视的是组建此类群组的途径是公开的，不特定的任何人都能搜索到这类群组并加入进来，并群体性的讨论和分享淫秽信息，这种行为本身就是侵犯了性的私密性，是对公序良俗的侵犯，进而侵害了良好的社会秩序，从而具备了可罚性。

但与此同时，也要充分注意到此类行为与把淫秽信息通过互联网等途径直接予以大面积公布的行为仍有一定的差别。因此，对该条款的理解和适用，应重点把握以下三点：第一，建立的网络群组主要用于传播淫秽电子信息；第二，该网络群组的成员数量达到30人以上，或者造成严重后果；第三，处罚网络群组的建立者、管理者和主要传播者。

第一，建立的网络群组主要用于传播淫秽电子信息。对这一点的判断，需要综合分析相应网络群组的历史聊天记录、群内讨论的主要话题、群组的公告内容、加入群组时所用的申请语或准许加入程序、共享资源的主要类型、是否经常组织或要求群组上传淫秽电子信息等。所以，虽然群组平常的聊天内容中带有淫秽信息或者言语，但是这些只是诸多聊天话题或内容中的一小部分或间歇性出现的内容，就不能将其认定为主要用于传播淫秽电子信息而设定的网络群组。

第二，网络群组的成员数量达到30人以上，或者造成严重后果。可见，对于通过网络群组传播淫秽物品的数量认定标准，是有别于《解释（二）》第2款的用互联网传播淫秽物品数量认定标准的。这是因为在网络群组中传播淫秽物品的范围还只是限于网络群组内部成员，所以对此类行为侵害社会秩序程度的认定，应该有别于那种在网络上将淫秽信息完全予以公开的行为。对于此部分，需要注意以下两点问题：

（1）群组成员数量达到30人是法定的最低要求，但并不要求侦查机关在现实中能够找到与之匹配的30人，只需要按照网络群组中显示的数量认定即可。结合通常的网络群组加入实践，人们通常不会用重复的账号加入同一个群组来获得网络群组内资源或参与活动，而且让侦查机关查找到匿名的网络环境中确定与之相匹配的现实中的人员不仅有侦查上的难度，最重要的该罪处罚的是主要的组织者、群组建立者和传播者的情况下，找其他群组成员是没有必要的，是司法资源的一种浪费。当然，如果有证据明确证明确实群组内成员是同一个人重复注册，那么是可以减掉相应数额的。

（2）对于加入了群组，但中途退群，或加入后并不活跃，基本属于下线状态的人数，也应当计入群组成员数量当中。因为刑法要处罚的是淫秽信息的传播行为，这些人无论是中途退群，还是在群内并不活跃，该网络群组的创建者、组织者和主要传播者已经通过该网络群组把淫秽信息传播给了这些退群或并不活跃的人员，刑法应予处罚的行为已经完成，对社会秩序法益的侵害已经完成，自然要把这些人员的数量计入网络群组人群中的数量当中。

第三，处罚对象是网络群组的建立者、管理者和主要传播者。群组建立者给群组内淫秽信息的交流提供了平台，且对群组解散、成员的加入和去留都拥有绝对的决定权。而就群组管理和运营来说，管理者的权限与群组相似，可以对群组内分享的图片、视频、文字、公告等进行管理、发布，并设置分享权限等。因此即便群组建立者和管理者不在群组内发布淫秽信息，他们对该群组的运行起着至关重要的作用，因此应当予以处罚。而主要传播者作为传播淫秽信息的主要成员，自然应当受到刑事处罚，这是毋庸置疑的。

本案中被告人所在的网络群组内的淫秽视频资源主要是由被告人高某某和陈某某所上传，因此与二人是否还留在群组内无关，属于在网络群组内传播淫秽信息的主要传播者，应当按照传播淫秽物品罪予以处罚。

[参考案例]：《刑事审判参考》总第78集第670号案例】

9. 辩方提出：被告人为了个人欣赏将他人性交的视频上传至个人网络博客的行为不应认定为传播淫秽物品罪。

答辩要点：个人网络博客上的内容除非设置仅个人可见，那么其内容就是在网络上公开的，是不特定的任何人都可以通过内容搜索或网页浏览来加以观看的。被告人将与他人性交的视频上传至博客、且并不设定仅个人可见的行为，已经是把该视频内容接入整个互联网当中，供该信息在互联网中加以传播，这已经充分破坏了性的私密性进而构成淫秽信息，进而侵害了社会的公序良俗和良好的管理秩序。同时，由于该视频的点击量达到3万次超过了《解释（一）》第3条所规定的2万次，且被告人并没有牟利目的，因此构成传播淫秽物品罪。至于被告人此后把视频删除的行为，是犯罪既遂后的事后行为，不能将其认定为犯罪中止。

对于被告人要挟被害人若支付30万元人民币就删除该视频的行为，其行为构成敲诈勒索罪，应与传播淫秽物品罪数罪并罚。鉴于被告人因意志以外因素未能获得该笔钱款，敲诈勒索罪部分应以未遂予以处理。

[参考案例]：《刑事审判参考》总第78集第672号案例】

10. 辩方提出：被告人张某某出于出售淫秽物品牟利的目的买进淫秽物品，但尚未卖出就被查货的行为，应当认定为传播淫秽物品牟利罪未遂。

答辩要点：被告人张某某在货运站内领取其妻伍某某联系购买并从广州发送至北京的2996张淫秽光盘，当场被抓获归案。因此，对于被告人张某某已经着手实施犯罪是没有异议的，而对于这种情况是否属于犯罪既遂，则要先分析贩卖淫秽物品牟利罪是在行为犯、结果犯和目的犯中属于哪一类型。而这很容易判断，根据刑法具体条款的设计，该罪是很明显的行为犯。但对于行为犯的既遂与否的判断，我国刑法界主要有两种观点。一种认为只要实行终了刑法分则中所规定的某种实行行为，就构成行为犯，而以张明楷老师为代表的另一种观点认为"行为犯是行为与结果同时发生的犯罪"。[1] 公诉界更倾向于张明楷老

---

[1] 张明楷：《刑法学》（第4版），法律出版社2011年版，第326页。

师的观点,而且基于张明楷老师对此问题的进一步阐述,其上述观点可以更准确的阐述为:行为犯是行为与法益侵害结果同时发生的犯罪。

如果用实行终了来判断行为犯的既遂理论来分析本案被告人的行为,则会演变成如何理解"贩卖"的问题。而就如何理解"贩卖"本身我国刑法学界一直存在分歧,最为典型的是对立观点就在于王作富老师和张明楷老师。王作富老师认为贩卖必须是买进后再卖出以获取利润,而张明楷老师认为所谓贩卖是指"有偿转让淫秽物品的行为",认为即使捡到淫秽物品后再出卖,也成立贩卖。① 不管采用哪一种观点,用实行终了来判断行为犯的既遂理论下,本案被告人的行为都应当认定为贩卖淫秽物品牟利未遂。根据王作富老师的观点,本案中被告人只是实施了买进行为,但尚未实施出售行为,因此不能将此行为认定为完整的贩卖,属于一种贩卖的未遂状态。而依据张明楷老师的观点,贩卖淫秽物品的重点在于"转让",本案被告人显然未完成转让行为,因此应当认定为未遂。

与此同时,如果用张明楷老师的行为犯是行为与法益侵害结果同时发生的犯罪理论来分析本案,也应当认定为本案被告人的行为属于犯罪未遂。

前文已述,《刑法》之所以在分则第六章"妨害社会管理秩序罪"中用第九节规制"制作、贩卖、传播淫秽物品罪"这一类罪名,就是因为该章节中所规制的行为,都违背了性的私密性,从而具备了刑法上的可罚性。这也是为什么刑法第 363 条将制作、复制、出版、贩卖、传播等行为一起整合为一个选择性罪名,规制了"制作、复制、出版、贩卖、传播淫秽物品牟利罪"的原因。即,无论是制作、复制、出版还是贩卖,刑法之所以要处罚这些行为的原因在于这些行为都起到了传播淫秽物品的作用,因为传播行为从而存在了侵犯公序良俗,进而侵害了社会良好管理秩序。

而本案中被告人的行为只是购进了淫秽物品,还未把淫秽物品传播出去,也就谈不上对该罪名条款所要保护之法益的侵害,因此虽然有行为但尚未达到行为所对应的法益侵害,因此应认定为未遂。

---

① 张明楷:《刑法学》(第 4 版),法律出版社 2011 年版,第 1030 页以及第 142 页脚注。

第十一章　其他金融类犯罪庭审辩论攻防要点

一、非法吸收公众存款罪

1. 辩方提出：被告人非法吸收公众存款的金额只应按所拿的会主钱和让利钱来计算,作会员参与他人组织的会,得会金额要减去得会前已付出的会钱。

答辩要点：非法吸收公众存款侵犯的客体国家的金融管理秩序。被告人作为"经济互助会"的会主,组织众多不特定会员按一定规则进行运转,其对造成未得会款会员的全部损失都应当承担责任,以每个会中未得会款会员累计应出支付给会主的会款金额认定,相对更合理,更符合判定被告人犯罪行为扰乱金融秩序造成的危害程度;从他人为会主组织的"经济互助会"中标得会款,未得会款前支出的会款,只是为之后可以得到更多会款而采取的手段,其非法吸收存款的方式与作会主非法吸收公众存款的方式是一样的,非法吸收金额不应扣减。

[**参考案例**:(2016)浙0305刑初7号]

2. 辩方提出：基金会的副理事长不构成非法吸收公众存款罪。

答辩要点：非法吸收公众存款侵犯的客体是国家的金融管理秩序。客观方面表现为行为人实施了非法吸收或变相吸收公众存款的行为。非法吸收公众存款是指行为人违反国家法律、法规的规定,在社会上以存款的方式公开吸收公众资金的行为。具体包含两种情况:一是行为人不具有吸收存款的主体资格而吸收公众存款;二是行为人虽然具有吸收存款的主体资格,但其所采用的方法是违法的。"变相吸收公众存款"是指行为人不是以存款的名义而是通过其他形式吸收公众资金,从而达到吸收公众存款的目的的行为。行为人只要具备上述两种行为之一,即具备本罪的行为要素。

本案中,平顶山市湛河区某商贸合作基金会未经中国人民银行批准,自1998年7月13日国务院247号令发布后,仍向社会不特定对象吸收资金,非法吸收公众存款500万元以上,数额巨大,且至今仍有近500万元不能兑付,给储户造成重大损失,其行为侵犯国家的金融管理制度,严重扰乱了金融秩序,已构成非法吸收公众存款罪。被告人系基金会的副理事长，基于其在基金会中的地位和作用，应属于其他直接责任人员，且在公开场合宣传该基金会，扩大了该基金会的影响，扰乱了金融秩序，被告人对此负有不可推卸的责任，亦应以非法吸收公众存款罪追究其刑事责任。

[**参考案例**：（2010）平刑终字第 17 号]

3. 辩方提出：武安市某洗煤有限公司等 3 公司的涉案行为不符合最高人民法院司法解释中对非法吸收公众存款罪关于向社会公开宣传的要件，且所吸收的资金未用于转贷牟利，不构成非法吸收公众存款罪。

答辩要点：最高人民法院《关于审理非法集资刑事案件具体应用法律若干问题的解释》第 1 条规定，"向社会公众（包括单位和个人）吸收资金的行为，同时具备下列四个条件的，除刑法另有规定的以外，应当认定为刑法第一百七十六条规定的'非法吸收公众存款或者变相吸收公众存款'：（一）未经有关部门依法批准或者借用合法经营的形式吸收资金；（二）通过媒体、推介会、传单、手机短信等途径向社会公开宣传；（三）承诺在一定期限内以货币、实物、股权等方式还本付息或者给付回报；（四）向社会公众即社会不特定对象吸收资金。未向社会公开宣传，在亲友或者单位内部针对特定对象吸收资金的，不属于非法吸收或者变相吸收公众存款。"第 2 条规定，"实施下列行为之一，符合本解释第一条第一款规定的条件的，应当依照刑法第一百七十六条的规定，以非法吸收公众存款罪定罪处罚：（一）不具有房产销售的真实内容或者不以房产销售为主要目的，以返本销售、售后包租、约定回购、销售房产份额等方式非法吸收资金的；（二）以转让林权并代为管护等方式非法吸收资金的；（三）以代种植（养殖）、租种植（养殖）、联合种植（养殖）等方式非法吸收资金的；（四）不具有销售商品、提供服务的真实内容或者不以销售商品、提供服务为主要目的，以商品回购、寄存代售等方式非法吸收资金的；（五）不具有发行股票、债券的真实内容，以虚假转让股权、发售虚构债券等方式非法吸收资金的；（六）不具有募集基金的真实内容，以假借境外基金、发售虚构基金等方式非法吸收资金的；（七）不具有销售保险的真实内容，以假冒保险公司、伪造保险单据等方式非法吸收资金的；（八）以投资入股的方式非法吸收资金的；（九）以委托理财的方式非法吸收资金的；（十）利用民间'会'、'社'等组织非法吸收资金的；（十一）其他非法吸收资金的行为。"

被告人以 3 家公司为依托，面向社会非法吸收公众存款，主要口头宣传存放利息、被告人要求他人介绍亲朋好友存钱、经人介绍等方式，可以认定被告人韩某某采取口口相传的方式对外广泛宣传，以高息为诱饵吸收公众存款的行为。其行为符合可以认定韩某某采取口口相传的方式对外广泛宣传，以高息为诱饵吸收公众存款的行为。其行为符合最高人民法院《关于审理非法集资刑事案件具体应用法律若干问题的解释》中关于行为公开性的规定。至于所吸收的资金是否用于转贷牟利并非认定非法吸收公众存款行为的要件。

[参考案例:（2015）邯市刑终字第191号]

4.辩方提出: 银行中间人办理业务，应认定为是带客户办理银行贴息存款业务，没有非法吸收公众存款的故意。

答辩要点: 李某某、方某某、陆某某互为印证的供述证实，在通过中间人介绍客户办理该业务时，已告知中间人该业务不是银行的合规业务而是银行个别领导私下操作，身为中间人的各被告人亦供认知道该业务不是银行正规业务、客户资金被实际转入个人账户，且该业务办理的场所均不在银行之内、支付的利息远超银行正常利率水平，故作为中间人的各被告人足以认识到该业务的非法性质，符合非法吸收公众存款罪的主观构成要件。

[参考案例:（2016）浙刑终562号]

5.辩方提出: 作为中间人的各被告人只介绍的是自己的亲朋好友，没有向公众吸收存款。

答辩要点: 在案证据证明作为中间人的各被告人为赚取好处费而向李某某、方某某、陆某某等人介绍客户办理上述虚构的业务，但对介绍的客户身份、范围并未作限定，并非仅限于本人亲友，集资对象具有不特定性，符合向社会公众非法集资的构成特征。

[参考案例:（2016）浙刑终562号]

6.辩方提出: 原判认定被告人非法吸收公众存款的数额错误，应扣除其本人直系亲属的存款和已付利息。

答辩要点: 原判认定宋某某非法吸收公众存款数额时已扣除其本人直系亲属的存款数额；根据最高人民法院《关于审理非法集资刑事案件具体应用法律若干问题的解释》第3条"非法吸收或变相吸收公众存款的数额，以行为人所吸收的资金全额计算"的规定，已付利息依法不予扣除。

[参考案例:（2016）豫刑终509号]

7.辩方提出: 被告人所吸收的资金自己未占有，不应承担刑事责任。

答辩要点: 最高人民法院《关于审理非法集资刑事案件具体应用法律若干问题的解释》第1条规定，"向社会公众（包括单位和个人）吸收资金的行为，同时具备下列四个条件的，除刑法另有规定的以外，应当认定为刑法第一百七十六条规定的'非法吸收公众存款或者变相吸收公众存款'：（一）未经有关部门依法批准或者借用合法经营的形式吸收资金；（二）通过媒体、推介会、传单、手机短信等途径向社会公开宣传；（三）承诺在一定期限内以货币、实物、股权等方式还本付息或者给付回报;(四)向社会公众即社会不特定对象吸收资金。未向社会公开宣传,在亲友或者单位内部针对特定对象吸收资金的,不属于非法吸收或者变相吸收公众存款。"第2条规定,"实施下列行为之一,符合本解释第一条第一款规定的条件的,应当依照刑法第一百七十六条的规定,以非法吸收公众存款罪定罪处罚:(一)不具有房产销售的真实内容或者不以房产销售为主要目的,以返本销售、售后包租、约定回购、销售房产份额等方式非法吸收资金的;(二)以转让林权并代为管护等方式非法吸收资金的;(三)以代种植(养殖)、租种植(养殖)、联合种植(养殖)等方式非法吸收资金的;(四)不具有销售商品、提供服务的真实内容或者不以销售商品、提供服务为主要目的,以商品回购、寄存代售等方式非法吸收资金的;(五)不具有发行股票、债券的真实内容,以虚假转让股权、发售虚构债券等方式非法吸收资金的;(六)不具有募集基金的真实内容,以假借境外基金、发售虚构基金等方式非法吸收资金的;(七)不具有销售保险的真实内容,以假冒保险公司、伪造保险单据等方式非法吸收资金的;(八)以投资入股的方式非法吸收资金的;(九)以委托理财的方式非法吸收资金的;(十)利用民间'会'、'社'等组织非法吸收资金的;(十一)其他非法吸收资金的行为。"

郭某某作为河南某实业有限公司的业务经理,为获取以吸收资金额为计提基础的业务提成,对社会公众积极宣传,诱使多名群众将资金存入河南某实业有限公司,且其发展下线业务员,提高自己所在业务组吸收资金的总业绩,从而使自己获得公司奖励。其行为符合非法吸收公众存款罪的构成要件,依法应负刑事责任。

[**参考案例**:(2016)豫刑终509号]

8. 辩方提出:原判认定王某某、樊某某、冯某某非法吸收公众存款数额错误,不应对组内其他业务人员吸收的存款数额承担刑事责任。

答辩要点:王某某、樊某某、冯某某均为业务经理,3人不仅个人积极对外吸收存款,以获得业务提成,还发展业务人员,鼓励业务人员多吸收资金,并以业务人员吸收资金总额作为本人业务组的业绩,以此从公司获得奖励。故上诉人王某某、樊某某、冯某某作为业务经理,应对其业务组内其他业务人员非法吸收的公众存款数额承担刑事责任。

[**参考案例**:(2016)豫刑终509号]

9. 辩方提出:某公司实施的粮食代存代储行为并非吸收公众存款的金融行为,亦未进行公开宣传,属合法的粮食购销行为,不符合非法吸收公众存款罪的构成要件。

答辩要点:某公司开展粮食代存代储业务及社会借款行为,属于非法变相吸收或吸收公众资金。

第一，其开展的粮食代储代存行为实质为变相吸收资金。粮食代储代存，顾名思义，应以粮食为仓储标的，保管人代为储存粮食，期满后存粮户提取粮食并支付存储费用。而某公司的代储代存业务，吸收粮食后自行变卖而非储存保管，所得资金挪作他用而非当即支付存粮户；存粮户可择期定价、到期领取粮款而非原先储存的粮食，亦无须支付存储费用，故行为实质为以吸收实物的方式变相吸收资金。

第二，某公司非法变相吸收或吸收公众资金的行为，同时具备非法性、公开性、利诱性和社会性4个必要特征。某公司的经营范围仅为农副产品购销、化肥销售等业务，并不包括吸收资金或借用合法经营的形式吸收资金；利用印制、散发宣传材料及口口相传等形式进行公开宣传；以仓储免费、择期定价、入库价保底，优惠价购买化肥，提前支取可能遭受损失，以及高额利息等方式实施利诱；粮食代储代存业务涉及1068名粮农，借款涉及114名周边农户及社会人员，吸收资金对象众多。

依据最高人民法院《关于审理非法集资刑事案件具体应用法律若干问题的解释》第1条第1款、第2条第（四）项的规定，某公司的前述行为应以非法吸收公众存款论处。

[**参考案例**：（2013）皖刑终字第00252号]

10. 辩方提出：被告人向亲友和同事的借款不应认定为非法吸收公众存款。

答辩要点：最高人民法院《关于审理非法集资刑事案件具体应用法律若干问题的解释》第1条规定，"违反国家金融管理法律规定，向社会公众（包括单位和个人）吸收资金的行为，同时具备下列四个条件的，除刑法另有规定的以外，应当认定为刑法第一百七十六条规定的'非法吸收公众存款或者变相吸收公众存款'：（一）未经有关部门依法批准或者借用合法经营的形式吸收资金；（二）通过媒体、推介会、传单、手机短信等途径向社会公开宣传；（三）承诺在一定期限内以货币、实物、股权等方式还本付息或者给付回报；（四）向社会公众即社会不特定对象吸收资金。未向社会公开宣传，在亲友或者单位内部针对特定对象吸收资金的，不属于非法吸收或者变相吸收公众存款。"第2条规定，"实施下列行为之一，符合本解释第一条第一款规定的条件的，应当依照刑法第一百七十六条的规定，以非法吸收公众存款罪定罪处罚：（一）不具有房产销售的真实内容或者不以房产销售为主要目的，以返本销售、售后包租、约定回购、销售房产份额等方式非法吸收资金的；（二）以转让林权并代为管护等方式非法吸收资金的；（三）以代种植（养殖）、租种植（养殖）、联合种植（养殖）等方式非法吸收资金的；（四）不具有销售商品、提供服务的真实内容或者不以销售商品、提供服务为主要目的,以商品回购、寄存代售等方式非法吸收资金的;(五)不具有发行股票、债券的真实内容,以虚假转让股权、发售虚构债券等方式非法吸收资金的;(六)不具有募集基金的真实内容,以假借境外基金、发售虚构基金等方式非法吸收资金的;(七)不具有销售保险的真实内容,以假冒保险公司、伪造保险单据等方式非法吸收资金的;(八)以投资入股的方式非法吸收资金的;(九)以委托理财的方式非法吸收资金的;(十)利用民间'会'、'社'等组织非法吸收资金的;(十一)其他非法吸收资金的行为。"

方某某等人未经有关部门依法批准,通过口口相传的途径,承诺在一定期限内还本付息或给予回报的形式非法吸收公众存款,其非法吸收公众存款的对象既包括亲友和同事,也包括亲友和同事以外的人。向其亲友和同事以"借款"为名,支付明显高于银行同期存款利息,扰乱国家金融秩序的行为,与向亲友和同事以外的人非法吸收公众存款的行为相一致,应认定亦系非法吸收公众存款行为。

[**参考案例**:(2017)黔刑终 472 号]

二、伪造、变造金融票证罪

1. 辩方提出:被告人姚某某与信用社签订了聘用协议,协助信用社吸收存款,应视为信用社的工作人员,储户将存款交与姚某某后,即视为存款已存入信用社,姚某某伪造金融票证仅是一种手段,目的是截留信用社资金,其行为不构成伪造金融票证罪。

答辩要点:2012 年 10 月 5 日,巨野县信用合作联社与巨野县某镇某村民委员会签订合同,由信用联社在某村布设农民金融自助服务终端,由某村自行选聘农村金融自助服务终端管理员。

同日某镇某村民委员会与姚某某签订合同,聘姚某某为农民金融自助服务管理员,姚某某通过操作自动终端为村民办理存取款,被告人姚某某收取储户存款后截留,用于归还欠款、购买彩票及生活支出,非法制造假存单给储户,主观上具有牟取非法利益的目的,客观上实施了伪造金融票证的行为,符合伪造金融票证罪的构成要件。

[**参考案例**:(2014)菏刑二终字第 149 号]

2. 辩方提出:上诉人陈某某提出其与张某某、马某某、宛某某等人合作伪造信用卡属于信用卡诈骗罪,而非伪造金融票证罪的意见。

答辩要点:依照《刑法》第 177 条以及最高人民法院、最高人民检察院《关于办理妨害信用卡管理刑事案件具体应用法律若干问题的解释》第 1 条的规定，复制他人信用卡、将他人信用卡信息资料写入磁条介质、芯片或者以其他方法伪造信用卡的，以伪造金融票证罪定罪处罚。上诉人陈某某所提该项意见缺乏法律依据。

[参考案例：（2015）穗中法刑二终字第 179 号]

三、妨害信用卡管理罪

1. 辩方提出：被告人成立妨害信用卡管理罪的犯罪中止。

答辩要点：依据《刑法》第 177 条之一的规定，妨害信用卡管理罪的目的是保护金融秩序的健康发展，该罪惩处的是危害金融秩序的犯罪行为，且该罪属于行为犯，即只要被告人实施了该行为即构成犯罪且为既遂，如果使用该批信用卡，则构成信用卡诈骗罪。

[参考案例：（2015）黔高刑二终字第 131 号]

2. 辩方提出：被告人骗领的是借记卡，不是信用卡，不构成妨害信用卡管理罪。

答辩要点：根据全国人民代表大会常务委员会关于《刑法》有关信用卡规定的解释，《刑法》规定的"信用卡"，是指由商业银行或者其他金融机构发行的具有消费支付、信用贷款、转账结算、存取现金等全部功能或者部分功能的电子支付卡。根据该解释借记卡也属于刑法规定的信用卡。

[参考案例：（2012）西刑二终字第 00184 号]

3. 辩方提出：被告人是受张某某雇用而参与办理银行卡，对所办卡的用途并不知情，不知道自己的行为会触犯法律，不构成妨害信用卡管理罪。

答辩要点：被告人伙同原审被告人张某某冒用他人身份证件办理银行卡，并从中获取相应报酬，其对各自的行为违反金融机构的规定应是明知的，并应知道所办多张银行卡不是用于正常用途，故其行为构成妨害信用卡管理罪。

[参考案例：（2017）陕 05 刑终 8 号]

4. 辩方提出：被告人陈某某没有注册公司出售，仅是代办机构，银行卡也不是其办理的，不构成妨害信用卡管理罪。

答辩要点：最高人民检察院、公安部《关于公安机关管辖的刑事案件立案追诉标准的规定（二）》第 30 条："妨害信用卡管理案（刑法第一百七十七条之一第一款）妨害信用卡管理，涉嫌下列情形之一的，应予立案追诉：（一）明知是伪造的信用卡而持有、运输的；（二）明知是伪造的空白信用卡而持有、运输，数量累计在十张以上的；（三）非法持有他人信用卡，数量累计在五张以上的；（四）使用虚假的身份证明骗领信用卡的；（五）出售、购买、为他人提供伪造的信用卡或者以虚假的身份证明骗领的信用卡的。违背他人意愿，使用其居民身份证、军官证、士兵证、港澳居民往来内地通行证、台湾居民来往大陆通行证、护照等身份证明申领信用卡的，或者使用伪造、变造的身份证明申领信用卡的，应当认定为'使用虚假的身份证明骗领信用卡'。"

上诉人陈某某无视国家法律，非法持有他人信用卡，数量较大，其行为已构成妨害信用卡管理罪。

[**参考案例**：（2016）粤 03 刑终 57 号]

5. 辩方提出：上诉人称原审认为其使用虚假身份证明骗取信用卡系适用法律错误。

答辩要点：根据最高人民法院、最高人民检察院《关于办理妨害信用卡管理刑事案件具体应用法律若干问题的解释》第 2 条第 3 款的规定，"……使用其居民身份证、军官证、士兵证、港澳居民往来内地通行证、台湾居民往来大陆通行证、护照等身份证明申领信用卡的……"该解释表明对"身份证明"仅应理解为上述列举及同其相当的身份证明，不能将狭义的身份证明扩大解释为包括收入证明、资信证明等广义的身份证明。

故原审认为被告人行为属于使用虚假身份证明骗取信用卡数量巨大，属于适用法律错误。被告人在向中国银行申请涉案的 13 张信用卡时，使用了该 13 人的真实居民身份证件，仅是在公司任职及收入方面进行了虚假证明。且该 13 人事后进行了激活和确认，原审认定违背该 13 人意愿骗取信用卡的证据不足。但被告人非法持有他人信用卡数量较大，其行为构成妨害信用卡管理罪。

[**参考案例**：（2017）豫 15 刑终 517 号]

6. 辩方提出：被告人携带银行卡的目的是掩饰、隐瞒他人犯罪所得，故其携带 12 张银行卡的行为与其使用另外两张工商银行卡、建设银行卡购买黄金和取现的行为具有牵连关系，依法应以一罪从重处罚，其携带 12 张银行卡的行为不应再以妨害信用卡管理罪定罪处罚。

答辩要点：辩护理由成立，被告人不构成妨害公诉罪。其行为构成掩饰、隐瞒他人犯罪所得罪。

[**参考案例**：（2018）豫 16 刑终 118 号]

7. 辩方提出：被告人的行为不构成妨害信用卡管理罪。

答辩要点：《刑法》第 177 条之一第 3 款：……使用虚假的身份证明骗领信用卡的。法条明文规定，并未对数量进行规定，只要使用虚假的身份骗领信用卡，即构成犯罪。

被告人在办理了涉案姓名为"苏某"的居民身份证后，持该身份证在中国银行申领了银行卡一张,其客观上实施了以虚假的身份证明申领行用卡的行为,构成妨害信用卡管理罪。

[参考案例:(2018)粤01刑终784号]

8. 辩方提出:被告人在工商银行办理的信用卡没有领取和激活,不属于骗领,不应认定为犯罪行为。

答辩要点:妨害信用卡管理罪侵犯的法益包括信用卡管理秩序。发卡行接受李某某申请,审核通过并通知其领卡后,其犯罪行为已经既遂,是否实际领取不影响其犯罪行为的认定。

[参考案例:(2017)辽06刑终102号]

9. 辩方提出:被告人到银行开户时使用的他人身份证是真实的,不是伪造的虚假证件,不构成妨害信用卡管理罪。

答辩要点:最高人民法院、最高人民检察院《关于办理妨害信用卡管理刑事案件具体应用法律若干问题的解释》第2条规定:"违背他人意愿,使用他人居民身份证申领信用卡的,应当认定为刑法第一百七十七条之一第一款第(三)项规定的'使用虚假的身份证明骗领信用卡'。"被告人违背他人意愿,使用他人居民身份证申领信用卡15张,数量巨大,其行为均已构成妨害信用卡管理罪。

[参考案例:(2015)宣中刑终字第00246号]

10. 辩方提出:被告人提出涉案的35张银行卡均是办卡人自愿交付给他,原判认定其非法持有他人信用卡的依据不足。

答辩要点:被告人以费用全包,并支付一定报酬的方式,带领多人到大陆办理银行卡,办卡人办得银行卡后再将卡交付给被告人。该行为实质上是一种买卖银行卡的行为,违反了信用卡的相关规定,侵犯了国家对信用卡的管理制度。因此,无论出卖并交付银行卡是否出自办卡人的本人意愿,都不能成为陈某某购买及持有他人银行卡的合法性依据,应认定为非法持有他人信用卡,构成妨害信用卡管理罪。

[参考案例:(2017)闽07刑终277号]

四、窃取、收买、非法提供信用卡信息罪

1. 辩方提出:被告人窃取信用卡信息系信用卡诈骗的手段。

答辩要点:原审被告人周某某窃取二十余条信用卡信息后,仅有一条信息用于伪造信用卡实施诈骗,其余二十余条信息未用于信用卡诈骗。周某某窃取信用卡信息实质是信用卡诈骗的犯罪预备行为,该行为具备了窃取信用卡信息

罪的构成要件，应以窃取信用卡信息罪定罪处罚。

[参考案例：（2016）浙 06 刑终 305 号]

2. 辩方提出： 被告人只有非法提供信用卡的行为，不构成收买信用卡信息罪。

答辩要点： 被告人出于按贷款额度比例抽取报酬的目的是向他人招募办理信用卡，且在招募他人办理信用卡时均有承诺办卡人可以获得贷款报酬及领取额外路费，办卡人受此利益诱惑办理信用卡后将卡片等相关资料交由两上诉人，属于收买信用卡行为的表现，构成收买信用卡信息罪。

[参考案例：（2017）闽 05 刑终 1437 号]

3. 辩方提出： 上诉人窃取的 6 条信息并非完整的信用卡信息，不能全部计入其犯罪数额中。

答辩要点： 最高人民法院、最高人民检察院《关于办理妨害信用卡管理刑事案件具体应用法律若干问题的解释》第 3 条规定："行为人窃取、收买、非法提供他人信用卡信息资料，足以伪造可进行交易的信用卡，或者足以使他人以信用卡持卡人名义进行交易的，以窃取、收买、非法提供信用卡信息罪定罪处罚。"

窃取信用卡信息罪的既遂，除要求行为人实际窃取得到信用卡信息外，还要求行为人窃取得到的信用卡信息需达到足以伪造可进行交易的信用卡或足以使他人以信用卡持卡人名义进行交易程度。

本案中，上诉人利用赖某某改造的 POS 机窃取的 6 条信用卡信息经侦查实验证实均足以伪造成可进行交易的信用卡，即上述 6 条信息均为完整信息，应计入犯罪数额。

[参考案例：（2016）闽 05 刑终 1565 号]

4. 抗诉理由： 于某某的行为构成收买、非法提供信用卡信息罪，原审判决认定于某某的行为构成非法获取公民个人信息罪，属认定事实错误、定性错误和适用法律错误，量刑畸轻，应当依法改判的抗诉意见。

答辩要点： 根据在案证据，无法准确区分哪 42 条是于某某以 40 元卖给"信息"的，哪 500 条是于某某以 250 元向袁某某购买的，导致这些银行卡的真实有效性无法核实，证据没有排他性。

指控于某某收买、非法提供的银行卡信息能够达到"足以伪造可进行交易的信用卡，或者足以使他人以信用卡持卡人名义进行交易。"的证据不足。根据"两高"《关于办理妨害信用卡管理刑事案件具体应用法律若干问题的解释》第 3 条的规定，于某某的行为不构成收买、非法提供信用卡信息罪。原审被告人于某某违反国家规定，非法获取公民个人信息，并将部分信息非法提供给他人，其行为侵犯了公民个人信息的安全,情节严重。因其犯罪行为发生在 2015 年 11 月 1 日实施的《刑法修正案(九)》之前,根据"从旧兼从轻"的原则,对其应适用 2009 年《刑法修正案(七)》的规定,以非法获取公民个人信息罪定罪处罚。

[参考案例:(2017)鄂 28 刑终 67 号]

五、内幕交易、泄露内幕信息罪

1. 辩方提出:本案已于 2016 年 1 月 12 日召开处罚听证会,在行政处罚程序没有走完的情况下不应启动刑事程序。

答辩要点:刑事诉讼程序与行政处罚程序是两种不同性质的程序,亦产生不同的法律后果。刑事诉讼程序由司法机关根据非法行为的危害程度、社会后果等独立判断是否启动,不受该行为是否已受到行政处理的影响。故本案行政处罚程序是否终结不影响刑事诉讼的进行。

[参考案例:(2016)鲁 05 刑初 14 号]

2. 辩方提出:2013 年 9 月 30 日前,刘某某仅仅是与满某某达成投资收购的初步意向,也未得到某能源公司的认可,该意向不能称之为动议、计划或方案,故此时该意向不能称为内幕信息,亦不应当从 9 月底起算敏感期,从 2013 年 11 月 6 日起算更为合适,被告人不构成泄露内幕信息罪。

答辩要点:关于内幕信息敏感期的形成时间,最高人民法院、最高人民检察院《关于办理内幕交易、泄露内幕信息刑事案件具体应用法律若干问题的解释》第 5 条规定:"内幕信息敏感期"是指内幕信息自形成至公开的时间。

《证券法》第 67 条第 2 款所列"重大事件"的发生时间,第 75 条规定的"计划""方案"以及《期货交易管理条例》第 85 条第(十一)项规定的"政策""决定"等的形成时间,应当认定为内幕信息形成之时。

影响内幕信息形成的动议、筹划、决策或者执行人员,其动议、筹划、决策或者执行初始时间,应当认定为内幕信息的形成之时。

内幕信息的公开,是指内幕信息在国务院证券、期货监督管理机构指定的报刊、网站等媒体披露。

影响内幕信息形成的动议、筹划、决策或者执行人员,其动议、筹划、决策或者执行初始时间,应当认定为内幕信息的形成之时。

本案中,被告人满某某作为某石油董事长,为某公司收购合作公司,根据刘某某证言和被告人满某某的供述,在 9 月底前,经过多次磋商,双方已就加拿大投资达成初步协议,只是对持股比例需要进一步协商,故被告人满某某属于影响内幕信息形成的动议、筹划、决策人员。

至于合作最后能否成功，某能源如何看待某公司、某石油2013年10—11月在加拿大的调研、谈判，不影响被告人满某某动议、筹划、决策人员身份的认定。

因此，满某某获得对外投资信息的时间为2013年9月底，该时间应当认定为内幕信息的形成之时。辩护人所提应认定11月6日为动议、筹划的初始时间的意见不能成立，不予采纳。

[参考案例：(2016)鲁05刑初14号]

3. **辩方提出**：本案所涉某股份的对外投资收购资产的信息不是《证券法》所规定的公司重大投资行为和重大的购置财产的决定，不应认定为内幕信息。

答辩要点：《证券法》第75条规定，证券交易活动中，涉及公司的经营、财务或者对该公司证券的市场价格有重大影响的尚未公开的信息为内幕信息。

根据法律规定，公司的重大投资行为和重大的购置财产的决定、公司分配股利或者增资的计划以及国务院证券监督管理机构认定的对证券交易价格有显著影响的其他重要信息都属于内幕信息。本案中，某股份出资收购某油气和某能源属于公司的重大投资行为，属于法律规定的内幕信息，并且证监会已做出了某股份对外投资收购资产的信息为内幕信息的认定。辩护人将内幕信息仅仅等同重大资产重组的辩护意见与法律不符，内幕信息包括重大资产重组但并不仅限于重大资产重组。

[参考案例：(2016)鲁05刑初14号]

4. **辩方提出**：某股份依据公开信息判断还是利用内幕信息交易存疑，且构成犯罪数额计算的问题存疑。

答辩要点：判断行为人是利用内幕信息还是依据其他进行交易，关键看促使行为人作出交易决定的因素中有无内幕信息的影响。

只要行为人获取的内幕信息对促使其交易决定具有一定影响，即帮助其在一定程度上确信从事相关交易必定获得丰厚回报，就应当认定行为人是利用内幕信息从事内幕交易。

本案中，孙某某关注某股份，是基于内幕信息，买入某股份并不断加大仓位是基于内幕信息，甚至满某某在加拿大考察谈判期间遥控指挥孙某某取回270余万元集资款也全部买入某股份，也是基于对内幕信息的了解程度。

从被告人孙某某使用的两个股票账户分析，在2013年10月23日至2014年1月20日期间资金量异常放大，并不断转入资金且仅买入某股份一只股票，所买入的某股份绝大部分在内幕信息公开后卖出，两个账户资金变化及交易某股份的时间与内幕信息形成、变化、公开的时间高度吻合。

被告人孙某某及其辩护人所提依据公开信息和自己的判断交易某股份的辩解、辩护意见不足以解释孙某某交易行为的异常，且即使公开信息和行为人自己的判断在交易时起到一定作用，亦不影响对孙某某利用内幕信息从事内幕交易的认定。

[**参考案例**:（2016）鲁05刑初14号]

5. 辩方提出：陈某某投资某环保股票的动因系基于自己的分析判断；从时间吻合程度和交易背离程度来看，不能推断出陈某某实施了内幕交易行为；陈某某开通融资融券功能与是否存在内幕交易的犯罪事实不具有关联性。

答辩要点：从陈某某股票投资的交易情况来看，在购入某环保之前，其雇用朱某某作为操盘手进行其他股票的炒卖确实获得了一定收益，但从在案证据来看，其从其他股票上获取的收益正是建立在对投资的股票所属行业的熟悉程度以及听取朱某某的建议的基础上，且股票建仓采取的交易手法并非短时间全仓购买。

而陈某某在投资某环保股票时，在朱某某明确表示不看好某环保的情况下，不仅将股票账户内的股票全部卖出，违背原来的交易习惯短时间全仓购买某环保，甚至还融资全仓购买某环保。

虽然在这个过程中，陈某某对某环保做过一定程度的了解，但是从其购入某环保的时间节点来看，其炒卖某环保的时间与某环保2012年度高送转利润分配内幕信息的形成、变化、公开时间基本一致，结合其具有利用刺探手段获取该内幕信息的行为，以及在该内幕信息敏感期内，与内幕信息知情人频繁联系，足以认定其实施了内幕交易行为。

[**参考案例**:（2015）浙杭刑初字第78号]

6. 辩方提出：中国证监会出具的《认定函》不能作为证据被采信。

答辩要点：中国证监会是国务院证券监督管理机构，依法行使监督管理全国证券期货市场、维护证券期货市场秩序的行政职能。

《刑法》对内幕信息、知情人员的范围，规定为"依照法律、行政法规的规定确定"。

《证券法》赋予中国证监会对内幕信息、知情人员等的认定权。

最高人民法院、最高人民检察院、公安部、中国证监会《关于整治非法证券活动有关问题的通知》规定，对非法证券活动是否涉嫌犯罪，由公安机关、司法机关认定；公安机关、司法机关认为需要有关行政主管机关进行性质认定的，行政主管机关应当出具认定意见。

人民法院对中国证监会出具的认定意见具有审核采信权。

中国证监会在法定职权范围内，对本案内幕信息、价格敏感期起止日期、杜某某系内幕信息知情人员等出具的认定意见，是根据法律授权作出的专业认定，符合客观实际和法律规定，具有证明力。

[参考案例：(2011) 锡刑二初字第 0002 号]

7. 辩方提出： 被告人杜某某、刘某某不是证券交易内幕信息知情人，不构成内幕信息交易罪。

答辩要点： 杜某某作为某集团总会计师，是参与某公司重大资产重组审批环节的相关人员，在某公司股票价格敏感期内、重组信息披露前负有保密义务，禁止利用该内幕信息进行内幕交易。

杜某某因职务关系知悉了某所欲通过收购、重组借壳上市及能够准确判断被重组对象的关键信息，并根据该信息进行股票交易，确系证券交易内幕信息知情人员。

刘某某作为内幕信息知情人员杜某某的配偶，从杜某某处获悉内幕信息，并在内幕信息的敏感期内从事与内幕信息有关的证券交易，且泄露该内幕信息，违反了股票交易应遵循的公开、公平和诚实、信用的原则，破坏了国家对证券交易的管理制度，侵犯了投资者的合法权益，属非法获取证券交易内幕信息的人员。

[参考案例：(2011) 锡刑二初字第 0002 号]

8. 辩方提出： 被告人杜某某、刘某某并未利用内幕信息，不构成内幕信息交易罪。

答辩要点： 根据《证券法》规定，内幕信息是指证券交易活动中，涉及公司的经营、财务或者对该公司证券的市场价格有重大影响的尚未公开的信息，包括持有公司 5% 以上股份的股东或者实际控制人，其持有股份或者控制公司的情况发生较大变化；公司股权结构的重大变化等重大事件信息。

本案中，杜某某从某所罗某某等人处获悉并告知刘某某，再由刘某某转告赵某某等人的信息，具有真实性和秘密性。

首先，从参与主体和内容看，某公司资产重组涉及控股 31.33% 的股东转让股权，属于持有公司 5% 以上股份的股东，持有股份、控制公司的情况发生变化的重大事件；由某所受让股权，拟成为第一大股东，属于公司股权结构的重大变化。上述事项均是法定的内幕信息；其次，从时间上看，2009 年 3 月 6 日的《合作框架》是该内幕信息的第一次书面化，虽有双方对洽谈重组方案几易其稿、不断完善的过程，但所涉某所受让某公司国有股并成为该公司第一大股东和实际控制人的内容始终被保留，即某所重组某公司借壳上市的工作已展开，该重组信息始终是真实的；再次，从知情范围看，自 2009 年 3 月 6 日双方形成《合作框架》初稿，到4月20日某公司发布停牌公告、向社会公开披露重大资产重组事项前，该内幕信息的知悉人控制在很小的范围内，因而具有秘密性，完全符合内幕信息尚未公开的法定要求；最后，从影响力看，因某公司于停牌期间发布一系列公告信息，在2009年5月22日复牌交易后，某公司股票连续涨停，充分说明资产重组事项对该股票价格的重大影响。

因此，中国证监会关于某公司与某县政府商谈重组某公司并形成合作框架，该事项在公开披露前属于内幕信息，价格敏感期为2009年3月6日至4月20日的认定意见，有事实和法律依据。

[参考案例：（2011）锡刑二初字第0002号]

9. 辩方提出： 被告人杜某某、刘某某无主观犯意，无共同合谋、利用内幕信息进行股票交易，不构成内幕交易罪共同犯罪。

答辩要点： 杜某某知悉某所收购、重组某公司的信息后，随即将该信息泄露给刘某某，经合谋后大量调集资金，共同通过家庭实际控制的多个股票交易账户积极从事某公司股票交易，获取非法利益。

被告人杜某某因担心其交易记录被发现，还抛售部分以自己股票交易账户购买的某公司股票，并将其顾虑告知刘某某。

该事实有其本人供述笔录、股票交易账户交易明细资料及刘某某供述笔录等证据在卷佐证，足以认定。

上述行为反映被告人杜某某、刘某某已意识到该信息的秘密性，和对股票价格具有的重大影响，主观上具有利用该内幕信息非法获利的明确故意。

二被告人分工协作，相互配合，应当认定构成内幕交易的共同犯罪。

[参考案例：（2011）锡刑二初字第0002号]

10. 辩方提出： 被告人杜某某、刘某某提出买入某公司股票之时未意识到自己的行为是内幕交易犯罪。

答辩要点： 行为人实施行为时是否意识到犯罪，反映行为人主观恶性程度，可在量刑时酌情考量，至于行为人对其行为的法律性质和法律后果存在认识上的错误，不影响司法机关对其行为性质的判定。

[参考案例：（2011）锡刑二初字第0002号]

六、利用未公开信息交易罪

辩方提出： 《刑法》第180条第4款未规定利用未公开信息交易罪有"情节特别严重"的情形，从法条文义、立法本意和"有利于被告人"的司法理念来看，原审裁判理解法律正确；马某某具有自首、积极全额退赃并足额缴纳罚金等从轻、减刑处罚情节，原审裁判量刑适当，对马某某适用缓刑符合罪刑相适应原则；目前能查阅到的所有案例均依法按"情节严重"量刑，为保障司法统一、维护司法权威、彰显司法公正，应依法驳回最高人民检察院抗诉。

答辩要点:《刑法》第180条第4款援引法定刑的情形，应当是对第1款全部法定刑的引用，即利用未公开信息交易罪应有"情节严重""情节特别严重"两种情形和两个量刑档次。

（1）从立法目的上理解，由于我国基金、证券、期货等领域中，利用未公开信息交易行为比较多发，行为人利用公众投入的巨额资金作后盾，以提前买入或者提前卖出的手段获得巨额非法利益，将风险与损失转嫁到其他投资者，不仅对其任职单位的财产利益造成损害，而且严重破坏了公开、公正、公平的证券市场原则，严重损害客户投资者或处于信息弱势的散户利益，严重损害金融行业信誉，影响投资者对金融机构的信任，进而对资产管理和基金、证券、期货市场的健康发展产生严重影响。为此，《刑法修正案（七）》新增利用未公开信息交易罪，并将该罪与内幕交易、泄露内幕信息罪规定在同一法条中，说明两罪的违法与责任程度相当。

利用未公开信息交易罪也应当适用"情节特别严重"。从法条文意理解，首先，《刑法》第180条第4款中的"情节严重"是入罪条款，最高人民检察院、公安部《关于公安机关管辖的刑事案件立案追诉标准的规定（二）》对利用未公开信息交易罪规定了追诉的情节标准，说明该罪需达到"情节严重"才能被追诉。利用未公开信息交易罪属情节犯，立法要明确其情节犯属性，就必须借助"情节严重"的表述，以避免"情节不严重"的行为入罪。其次，本条款中"情节严重"并不兼具量刑条款的性质，刑法条文中大量存在"情节严重"兼具定罪条款及量刑条款性质的情形，但无一例外均在其后列明了具体的法定刑，《刑法》第180条第4款中"情节严重"之后，并未列明具体的法定刑，而是参照内幕交易、泄露内幕信息罪的法定刑，因此本款中的"情节严重"仅具有定罪条款的性质，而不具有量刑条款的性质。

（2）从立法技术上理解，援引法定刑是指对某一犯罪并不规定独立的法定刑，而是援引其他犯罪的法定刑作为该犯罪的法定刑。

《刑法》第180条第4款援引法定刑的目的是避免法条文字表述重复，并不属于法律规定不明确的情形。

综上，《刑法》第180条第4款虽然没有明确表述"情节特别严重"，但是根据本条款设立的立法目的、法条文意及立法技术，应当包含"情节特别严重"的情形和量刑档次。

法条没有重复表述不等同法律没有明确规定。

在法律已有明确规定的情况下，应当适用该法律规定，而不再适用有利于被告人的原则。

基于上述对《刑法》第180条第4款援引法定刑的理解，在明确利用未公开信息交易罪有"情节严重""情节特别严重"两种情形和两个量刑档次的前提下，本案应对马某某的行为是否属于情节特别严重予以评价。

目前虽然没有关于利用未公开信息交易罪"情节特别严重"认定标准的专门规定，但鉴于刑法规定利用未公开信息交易罪是参照内幕交易、泄露内幕信息罪的规定处罚，最高人民法院、最高人民检察院《关于办理内幕交易、泄露内幕信息刑事案件具体应用法律若干问题的解释》将成交额达250万元以上、获利75万元以上等情形认定为内幕交易、泄露内幕信息罪"情节特别严重"的标准，利用未公开信息交易罪也应当遵循相同的标准。

马某某利用未公开信息进行交易活动，累计成交额达人民币10.5亿余元，非法获利人民币达1912万余元，已远远超过上述标准，且在案发时属全国查获的该类犯罪数额最大者，参照最高人民法院、最高人民检察院《关于办理内幕交易、泄露内幕信息刑事案件具体应用法律若干问题的解释》，马某某的犯罪情节应当属于"情节特别严重"。

综上，最高人民检察院对《刑法》第180条第4款援引法定刑的理解及原审被告人马某某的行为属于犯罪情节特别严重的抗诉意见正确，应予采纳；辩护人的辩护意见不能成立，不予采纳。

[参考案例：（2015）刑抗字第1号]

七、违法发放贷款罪

1. 辩方提出：常某某（平遥县某信用社原副主任）、范某某（平遥县某信用社信贷员）发放贷款未违反相关规定，未造成重大损失，不构成违法发放贷款罪。

答辩要点：根据商业银行法等相关法律规定，贷款应当对借款人的借款用途、偿还能力、还款方式等情况进行严格审查，还应当实行审贷分离、分级审批等制度。

本案中，原审被告人常某某、范某某作为贷款人，在发放贷款前即已明知史某某要借名贷款，在发放贷款中除允许史某某借名贷款外，还实施了为规避信用社的审批制度，将史某某贷款拆分发放等行为，其行为违犯了上述相关法律规定。

另在贷款发生后,某信用社已采取了必要的措施,即与史某某签订还款协议。

而根据史某某在贷款后的潜逃行为及其在被提起公诉时的个人财产状况和签订还款协议后的履行情况等,截至目前史某某仅归还了贷款的极少部分,其实际已丧失偿还巨额贷款的能力,应认定造成特别重大损失,故对原审二被告人及其辩护人所提上述意见无法律依据。

[**参考案例:**(2016)晋07刑终63号]

2. 辩方提出: 上诉人的行为并未违反"国家规定",且一审对造成损失的数额认定事实不清,证据不足。

答辩要点:《商业银行法》《贷款通则》等法律法规对有关信贷管理作出了明确规定,依法应对借款人是否符合有关贷款的条件进行严格审查,所以上诉人明知他人是冒名贷款而予以经办、审批发放的行为违反了国家规定,且至立案时造成没有全部归还的逾期冒名贷款数额达到构成犯罪的损失标准,故该上诉理由和辩护意见不能成立。

3. 辩方提出: 被告人李某乙亲属李某丙于2014年3月19日向李某乙贷款账户偿还本金及利息30万元,至此,涉案两笔贷款造成的损失为32万余元,未达到法定的重大损失标准。

答辩要点: 根据最高人民检察院、公安部《关于公安机关管辖的刑事案件立案追诉标准的规定(二)》第42条规定,银行或者其他金融机构及其他工作人员违反国家规定发放贷款,涉嫌下列情形之一的,应予立案追诉:(1)违法发放贷款,数额在100万元以上的;(2)违法发放贷款,造成直接经济损失数额在20万元以上的。

本案中,侦查机关立案时涉案两笔贷款未归还数额超过20万元,属造成重大损失,构成违法发放贷款罪。案发后,李某甲亲属向李某乙贷款账户偿还30万元,属于退赔行为,可酌情从轻处罚,原审已予认定。故对该上诉理由和辩护意见不予采纳。

八、吸收客户资金不入账罪

辩方提出: 被告人贾某某应以吸收客户资金不入账罪定罪,并免予刑事处罚。

答辩要点: 被告人贾某某虚构拉存款顶任务的事实,使被害单位某置业产生错误认识,先后分两次将80万元转入被告人贾某某指定的账户,被告人贾某某将该笔钱用于偿还其个人债务,被告人贾某某的行为完全符合诈骗罪的构成要件。

吸收客户资金不入账罪的客观要件是指银行或者其他金融机构对公营或个人存款户的入款或存款，只单方面地发给入款户或储户一张存单，不纳入上报中国人民银行和国家财政的银行会计核算，而仅将其另入法定会计账册以外的本单位"小金库"账册上。

本案中，被告人贾某某以拉存款顶任务的名义，骗取某置业 80 万元后，并未给某置业出具存单，也未将钱存入被告人所在的农村信用社某某分社的"小金库"账册，而是将该笔钱转到其个人名下，用于偿还个人债务，其虚构事实，非法占有他人财物的故意明显，不能仅因其银行工作人员的特定身份认定其不构成诈骗罪而构成他罪。

[参考案例：（2016）鲁 0321 刑初 150 号]

九、洗钱罪

1. 辩方提出：原审被告人揭某甲的行为不构成洗钱罪。

答辩要点：揭某甲在明知其女儿揭某乙因涉嫌犯罪正被公安机关立案侦查，其应当知道揭某乙银行账户内股票卖出套现的 123 万元中有很大一部分甚至全部系揭某乙违法犯罪所得，仍然予以掩饰、隐瞒，数额达 55 万元。

从主观方面看，揭某甲明知掩饰、隐瞒的款项系揭某乙受贿所得。揭某甲否认主观明知的情况下，可以也应当通过刑事推定认定其主观是否明知。

首先，揭某甲明知上述款项系揭某乙违法犯罪所得。在公安机关立案侦查期间，揭某甲将揭某乙账户内股票卖出套现 123 万元这一明显与揭某乙正常收入不相符的资金全部转移并藏匿，由此可以推定其的主观明知。

其次，揭某甲明知上述款项系揭某乙受贿所得。明知不意味着确定知道，确定性认识和可能性认识均应纳入明知范围。结合揭某乙车管所民警的公职身份以及刑拘前后揭某甲在揭某乙家中居住的事实，从一般社会常识和揭某甲的认知出发，揭某甲知道或应当知道上述款项极有可能与揭某乙的受贿行为有关。

综上，揭某甲对掩饰、隐瞒的款项系受贿赃款显然具有可能性认识，即可以认定为主观明知。

从客观行为看，揭某甲采用了金融化手段使得非法所得收入合法化。洗钱罪要求行为人借助一定的金融手段或非金融手段来实现对犯罪所得及收益的转换，有一个类似交易、兑换等的转换过程，即需要资金形式的"转换"。《刑法》第 191 条明确规定，提供资金账户是洗钱罪的客观行为之一。由此可见，与单纯的提供藏匿地点等物理意义上的窝藏、转移行为不同，将现金转换为他人名下的银行卡等因涉及资金形式的转换，属于洗钱罪的客观行为。

本案中，揭某甲将揭某乙的股票卖出，并将相关现金转移至自己的银行卡内再取现，显然采用金融化手段转换资金形式，使得非法所得收入合法化。

从客体上看，揭某甲的行为严重侵害了金融秩序。本案中，揭某甲在司法机关对揭某乙已立案查处的情况下，通过卖出股票、存入银行等方式掩饰、隐瞒揭某乙犯罪及收益的来源和性质。其犯罪行为不仅严重侵害了司法秩序，而且严重对抗了金融机构关于客户尽职调查和可疑交易检测的反洗钱监管要求，严重侵害了金融秩序。

综上，原审被告人揭某甲的行为构成洗钱罪。

[**参考案例**：（2017）赣01刑终92号]

2. 辩方提出：胡某某的行为构成洗钱罪，不构成挪用资金罪。

答辩要点：2009年11月4日最高人民法院《关于审理洗钱等刑事案件具体应用法律若干问题的解释》第4条规定：《刑法》第191条、第312条、第349条规定的犯罪，应当以上游犯罪事实成立为认定前提。上游犯罪尚未依法裁判，但查证属实的，不影响《刑法》第191条、第313条、第349条规定的犯罪的审判。上游犯罪事实可以确认，因行为人死亡等原因依法不予追究刑事责任的，不影响《刑法》第191条、第312条、第349条规定的犯罪的认定。上游犯罪事实可以确认，依法以其他罪名定罪处罚的，不影响《刑法》第191条、第312条、第349条规定的犯罪的认定。本条所称"上游犯罪"，是指产生《刑法》第191条、第312条、第349条规定的犯罪所得及其收益的各种犯罪行为。

办案林某甲、林某乙的证言和胡某某的供述印证证实，2015年底、2016年初，林某甲因涉嫌金融犯罪被上网通缉，急需用钱以缓解被众多债权人索债的情势，林某甲或通过林某乙多次向胡某某强调，对于指控洗钱犯罪的1500万元，即胡某某挪用于其他投资项目，未果而退还的1500万元，须汇给林某甲用于偿还债务。因此，林某甲对这笔钱的准备如何使用是十分明确的，就是用于还债，并不具有掩饰、隐瞒其来源和性质的故意。胡某某对此也是非常清楚，无论是汇给林某甲控制的公司700万元，还是汇到自己的关联公司800万元，都不具有帮助林某甲掩饰、隐瞒资金来源和性质的主观故意。

另外，这1500万元已认定是胡某某挪用的资金，是某科技公司的合法财物，通过政府账户的一进一出，并未能改变资金性质。而洗钱罪的犯罪对象是特定上游犯罪的犯罪所得，是非法财物，与挪用资金罪的犯罪对象在资金性质上有本质区别。故胡某某及辩护人提出胡某某没有洗钱的犯罪故意，以及辩护人提出指控涉案1500万元构成洗钱罪，在资金性质认定上与挪用资金罪存在逻辑混乱的辩护意见，与查明的事实和法律相符，应予采纳。

[**参考案例**：（2017）浙 03 刑初 115 号]

3. 辩方提出：被告人韩某甲的行为构成洗钱罪的事实不清、证据不足，理由在于：一是被告人韩某甲一开始不清楚汇入其账户的 2337 万元的资金来源，且倪某某公司的破产管理人和公安机关一开始也不清楚该笔资金的来源，因而作为普通公民的被告人韩某甲更无法明知该笔资金的来源；二是被告人韩某甲于 2013 年 7 月 13 日乘坐飞机回到绍兴后，听到倪某某跑路的传言，只能推定被告人韩某甲知道倪某某在外面有借款，无法推定其明知倪某某的借款是集资诈骗犯罪所得。

即使公诉机关的指控成立，但指控的洗钱犯罪数额有误，被告人的犯罪金额应当是 155 50 万元，属于情节轻微，建议免于刑事处罚。

答辩要点：洗钱罪中的"犯罪所得及其产生的收益"，是指犯罪分子通过毒品犯罪、黑社会性质的组织犯罪、恐怖活动犯罪、走私犯罪、贪污贿赂犯罪、破坏金融管理秩序犯罪和金融诈骗犯罪等上游犯罪直接获得的赃款、赃物，以及将上述赃款、赃物进行处理后得到的收益。

同时，上游犯罪事实成立尚未依法裁判，但查证属实的，不影响对行为人洗钱犯罪的审判。

首先，被告人韩某甲账户收到涉案钱款时，其并未获知倪某某被追债和潜逃的事实，公诉机关也没有指控此阶段其主观上有洗钱的犯罪故意，此时其将一笔 200 万元转给许某某的行为不符合洗钱罪的犯罪构成要件，该笔 200 万元不宜计入被告人韩某甲的洗钱犯罪数额。

其次，倪某某经营的"飞泰公司"以提供虚假增值税专用发票的方式从银行贷款 800 万元，该行为属于骗取贷款的犯罪行为，虽然该行为尚未被依法裁判，但不影响对该笔 800 万元属于破坏金融管理秩序犯罪所得的认定。即其中被转入被告人韩某甲银行账户的 295 万元属于破坏金融管理秩序犯罪所得。

最后，被告人韩某甲在洗钱犯罪故意支配下实施的将资金转入陈某某、韩某甲、韩某乙、韩某丙、倪某某等多人账户的行为已经侵犯了洗钱罪的保护法益，相应的转账数额均应计入被告人韩某甲的洗钱犯罪数额。至于被告人韩某甲转账的钱款最终汇入了律师事务所或已被韩某乙转给了倪某某等情形，均不影响被告人韩某甲行为的定性。

综上，被告人韩某甲的洗钱犯罪数额应当是 1490 万元扣除其在北京取现、转账的合计 647.50 万元、扣除许某某取现的 200 万元，应认定为 642.50 万元。

被告人韩某甲明知是金融诈骗和破坏金融管理秩序犯罪所得，通过转账、取现等方式掩饰、隐瞒其来源和性质，其行为已构成洗钱罪。

[参考案例：(2016)浙0603刑初638号]

4. 辩方提出：（1）胡某某夫妇投入煤矿的大部分资金来源于银行贷款，被告人主观上不清楚收到的投资款是胡某某夫妇的违法所得，公诉机关也没有确实充分的证据证明被告人在2009年11月前已明知胡某某夫妇涉嫌非法吸收公众存款罪。（2）被告人只是作为股份代持者，按照实际拥有者的指令将涉案股份转移给卢某某等部分债权人，并非隐瞒掩饰违法财产的来源与性质，不符合洗钱罪的客观方面。（3）洗钱罪侵犯的客体是国家金融管理秩序，本案中被告人的行为侵犯的客体只是除卢某某等人外的其他债权人的财产权，并非国家金融管理秩序。

答辩要点： 首先，周某甲夫妇投入煤矿的部分资金虽直接来源于招商银行的贷款，但不能据此认定周某甲夫妇占有的煤矿股份不属于犯罪所得及收益。

理由如下：

（1）货币是种类物，其来源、性质在流通过程中会发生置换、混同。

正如周某甲所陈述，不管是银行贷款还是民间借款，所有的资金一直在运转，无法分清某笔款项的真正属性。

本案中招商银行放贷给温州某电子有限公司的贷款是用来置换该公司欠浦发银行的过渡性贷款，胡某某擅自挪作煤矿投资后又通过向民间借款等方式偿还浦发银行的该笔贷款，接着又用周转的资金偿还招商银行的部分贷款。这种拆东墙补西墙的资金运转方式，使得原投入煤矿的资金性质发生了变化。（2）周某甲夫妇非法吸收公众存款的数额高达4.4亿余元，造成2.8亿余元未能偿还，而两人分两次共投资煤矿2000余万元，其中第二次投资煤矿的960万元，发生在非法吸收公众存款期间。（3）被告人吴某某与周某甲夫妇是关系亲密的亲戚，其对周某甲夫妇通过民间借贷融资用于资金周转的情况在2009年之前就知晓，在周某甲因涉嫌非法吸收公众存款罪被立案侦查后，被告人吴某某应当认识到其代持的涉案煤矿股份可能属于犯罪所得及其收益。

根据以上三点分析，现有证据不能排除涉案的煤矿股份属于犯罪所得及其收益的可能性。

其次，洗钱罪的犯罪对象是特定上游犯罪的所得及其收益，要求被告人主观上对此是明知的，但明知不仅指确实知道，确定性认识和可能性认识均属于明知范畴。

本案现有证据可以证实被告人吴某某在知道周某甲因涉嫌犯非法吸收公众存款罪被立案侦查后，向司法机关隐瞒周某甲夫妇持有煤矿股份的事实并协助转移该股份，根据该客观事实可推定被告人吴某某主观上明知涉案的某煤矿股份系非法吸收公众存款罪的犯罪所得及其收益。

综上分析，对辩护人提出的被告人吴某某不符合洗钱罪主观要件的意见，不予采纳。

关于辩护人提出被告人吴某某的行为不符合洗钱罪的客观要件及未侵犯洗钱罪保护的国家金融管理秩序客体的意见检方认为，洗钱罪虽然规定在破坏社会主义市场经济秩序罪该章中的破坏金融管理秩序罪一节，但其侵犯的客体是复杂客体，既包括国家金融管理秩序，也包括司法机关的正常活动，其行为方式既包括通过银行类金融机构实施的洗钱行为，也包括以买卖、投资、虚构交易、买卖彩票、赌博等方式实施的洗钱行为。

本案中被告人吴某某向公安机关隐瞒周某甲夫妇占有煤矿股份的事实，并通过倒签合同的方式，将涉案煤矿股份转让给卢某某等人还清债务，后各方又隐瞒股份转让之事，从而掩饰、隐瞒煤矿股份属于非法吸收公众存款犯罪的所得及其收益事实，该行为应符合洗钱罪的行为方式，且侵犯了司法机关的正常活动，符合洗钱罪的客观构成要件。

[参考案例:（2013）温乐刑初字第1427号]

5. 辩方提出：被告人佘某甲并不知道佘某乙从事非法吸收公众存款。

答辩要点：卷内有证人刘某丁的证言，证明佘某乙开办某投资公司，她和佘某乙的父母、兄弟姐妹都知道。从客观上讲，佘某甲与佘某乙系亲兄弟关系，且有认知能力，佘某甲给佘某乙提供资金账户，佘某乙给其大额的打款，明显与其职业、收入状况不符的，而佘某甲对这些款的来源、性质不闻不问是不符合常理的，也是未尽到审查义务的。

根据最高人民法院《关于审理洗钱等刑事案件具体应用法律若干问题的解释》的规定，协助近亲属或者其他关系密切的人转换或者转移与其职业或者财产状况明显不符的财物的，予以认定被告人明知系犯罪所得及其产生的收益。故被告人辩解他当时的观点不成立。

[参考案例:（2015）横刑初字第00140号]

6. 辩方提出：被告人尹某某主观上不明知涉案财产系违法所得。

答辩要点：根据最高人民法院《关于审理洗钱等刑事案件具体应用法律若干问题的解释》第1条规定："'明知'应当结合被告人的认知能力，接触他人犯罪所得及其收益的情况，犯罪所得及其收益的种类、数额，犯罪所得及其收益的转换、转移方式以及被告人的供述等主、客观因素进行认定。具有下列情形之一的，可以认定被告人明知系犯罪所得及其收益，但有证据证明确实不知道的除外：（一）知道他人从事犯罪活动，协助转换或者转移财物的；（二）没有正当理由，通过非法途径协助转换或者转移财物的；（三）没有正当理由，以明显低于市场的价格收购财物的;(四)没有正当理由,协助转换或者转移财物,收取明显高于市场的'手续费'的;(五)没有正当理由,协助他人将巨额现金散存于多个银行账户或者在不同银行账户之间频繁划转的;(六)协助近亲属或者其他关系密切的人转换或者转移与其职业或者财产状况明显不符的财物的;(七)其他可以认定行为人明知的情形。"

被告人将《刑法》第191条规定的某一上游犯罪的犯罪所得及其收益误认为《刑法》第191条规定的上游犯罪范围内的其他犯罪所得及其收益的,不影响《刑法》第191条规定的"明知"的认定。

经查实,本案被告人尹某某作为完全刑事责任能力人及窦某甲妻子身份,与窦某甲同住一室,明知窦某甲属低保人员,月收入不足千元,还会吸食毒品,却在短短三个多月时间里,帮助窦某甲取现5万余元,该收益明显与窦某甲的正常收入不符,且公安机关从窦某甲家中、柴火间内查获毒品若干,有尹某某的供述、窦某甲的证言、扣押决定书、现场查获的毒品称重照片、称重笔录及毒品检验鉴定报告等证据予以证实,足以认定尹某某主观上明知。

尹某某辩称帮窦某甲转账时不知是毒资,与查明的事实及法律规定不符,不予采信。

[参考案例:(2017)赣0802刑初226号]

第三编 刑事诉讼结构、证据、程序庭审辩论攻防要点

第一章　刑事诉讼结构

1. 辩方提出公诉人应回避的答辩。

答辩要点：如辩方在庭前会议中提出申请公诉人回避，应分情况答辩：（1）申请理由不符合《刑事诉讼法》第29条、第30条所列回避的情形，根据最高人民法院《关于适用〈中华人民共和国刑事诉讼法的解释〉》第31条的规定，建议法庭当庭驳回，继续审理，且辩方无权申请复议。（2）申请理由符合《刑事诉讼法》第29条、第30条所列回避的情形，公诉人应建议法庭延期审理或休庭，同时向法庭说明待检察长作出决定后再答复。

如辩方在庭审中提出申请公诉人回避，应根据《关于全面推进以审判为中心的刑事诉讼制度改革的实施意见》关于"控辩双方对管辖、回避、出庭证人名单等事项提出申请或者异议，可能导致庭审中断的，人民法院可以在庭前会议中对有关事项依法作出处理，确保法庭集中、持续审理"的规定，向法庭说明辩方对公诉人申请回避的问题应在庭前会议中提出，庭前会议中辩方未提出回避而当庭提出回避申请的参照庭前会议回避的答辩要点答辩；对于庭前会议中已经解决的且无新的回避理由的，应向法庭说明辩方不能在庭审中再次申请回避。

2. 关于辩方认为其诉讼地位从属于被告人的答辩。

答辩要点：根据《刑事诉讼法》第37条、第34条的规定，辩护人是接受犯罪嫌疑人、被告人及其法定代理人或者近亲属的委托，或者接受法院的指定，帮助犯罪嫌疑人、被告人行使辩护权，以维护其合法权益的人。辩护人的责任是根据事实和法律，提出证明犯罪嫌疑人、被告人无罪、罪轻或者减轻、免除其刑事责任的材料和意见，维护犯罪嫌疑人、被告人的合法权益。可见，辩护人具有独立的诉讼地位，属于法定的刑事诉讼参与人，而不从属于犯罪嫌疑人、被告人。在法庭上当辩护人发表不同于被告人的意见时，公诉人应提醒法庭向被告人核实是否同意辩护人的意见，如果被告人坚持自己的意见，法庭应以被告人意见为准。

3. 被告人当庭拒绝辩护人为其辩护的答辩。

答辩要点：根据《刑事诉讼法》第45条"在审判过程中，被告人可以拒绝辩护人继续为他辩护，也可以另行委托辩护人辩护"、最高人民法院《关于适用

《中华人民共和国刑事诉讼法〉的解释》第45条"被告人拒绝法律援助机构指派的律师为其辩护,坚持自己行使辩护权的,人民法院应当准许。属于应当提供法律援助的情形,被告人拒绝指派的律师为其辩护的,人民法院应当查明原因。理由正当的,应当准许,但被告人须另行委托辩护人;被告人未另行委托辩护人的,人民法院应当在三日内书面通知法律援助机构另行指派律师为其提供辩护"之规定,应当视情况分别处理:

(1)被告人当庭拒绝辩护人为其辩护,并表示不再另行委托辩护人而进行自行辩护的,法庭应予准许。法庭不准许的,公诉人应提请法庭准许。

(2)被告人当庭拒绝辩护人为其辩护,并表示需另行委托辩护人或需法庭另行为其指定辩护人的,法庭也应予准许并决定延期审理后为被告人另行指定辩护人。法庭未准许并决定延期审理后为被告人另行指定辩护人,公诉人应提请法庭准许并决定延期审理后为被告人另行指定辩护人。

(3)如果被告人再次当庭拒绝重新委托的辩护人或指定的辩护律师为其辩护的,若被告人是成年人,法庭应予准许,但被告人不得再另行委托辩护人,法院也不再另行指定辩护律师,被告人可自行辩护。如果被告人是盲、聋、哑、限制行为能力的人、开庭审理时不满十八周岁的未成年人或者可能被判处无期徒刑、死刑的人,法庭应不予准许。若法庭处置违反上述规定,公诉人应提请法庭注意按照上述规定操作。

4. 辩方庭审中强化被告人的诉讼权利,并弱化被告人义务的答辩。

答辩要点:《刑事诉讼法》第9条、第11条、第14条等有关规定,刑事诉讼被告人享有以下权利:有权用本民族语言文字进行诉讼;有权进行无罪辩解和法庭最后陈述,被侦查机关第一次讯问后或者采取强制措施之日起,有权请律师提供法律咨询、代理申诉控告、申请取保候审,公诉案件自移送审查起诉之日起,有权委托辩护人,遇到法定情形,有权获得指定辩护,有权拒绝辩护人继续辩护或者另行委托辩护人;有权申请回避;有权拒绝回答司法人员提出的与本案无关的问题,有权核对讯问笔录;有权参加法庭调查和法庭辩论,有权申请新的证人到庭、调取新的物证,有权申请重新鉴定;有权对司法人员侵犯其诉讼权利和人身侮辱的行为提出控告。刑事诉讼被告人承担的诉讼义务主要有:对于司法人员提出的与本案有关的问题,要如实回答;对于司法机关依法采取的强制措施以及检查、搜查、扣押等强制性措施,应予以合作;不得伪造、毁灭证据;按时出席法庭审判,遵守法庭纪律。因此,被告人享有诉讼权利的同时也应履行诉讼义务,不能一味强化被告人诉讼权利而不履行诉讼义务。

5. 辩方提出出庭公诉人不属于具有案件管辖权的检察院检察官的答辩。

答辩要点：根据《人民检察院刑事诉讼规则（试行）》第6条"在刑事诉讼中，最高人民检察院领导地方各级人民检察院和专门人民检察院的工作，上级人民检察院领导下级人民检察院的工作。检察长统一领导检察院的工作"之规定，检察机关上下级属于领导与被领导的关系，最高人民检察院领导地方各级人民检察院和专门人民检察院的工作。检察权由检察机关独立行使，而不是由检察官独立行使。检察一体化原则决定了检察职能具有相互相协助性、检察官之间和检察院之间具有职务上可承继、转移和代理性等特点。公诉人出庭只要公诉人符合法定的任职条件，并经派员出席法庭通知书派遣，不存在《刑事诉讼法》所规定的回避情形，就可以出庭支持公诉。

6. 辩方提出证人资格异议的答辩。

答辩要点：根据《刑事诉讼法》第62条的规定，凡是知道案件情况的人，都有作证的义务。生理上、精神上有缺陷或者年幼，不能辨别是非、不能正确表达的人，不能作证人。因此证人资格不取决于当事人或者证人本人的意思，也不能由司法机关任意指定和选择，而是由知道案件情况这个特殊事实所决定。即使生理上、精神上有缺陷或者年幼，但能够辨别是非、能够正确表达的人，也具有证人资格。所以证人只能是知道的案件情况的自然人，不能被代替、指定或更换。

7. 公诉案件中代理意见与公诉意见出现矛盾时，代理人认为应以其意见为准的答辩。

答辩要点：根据《刑事诉讼法》第34条的规定，公诉案件的被害人及其法定代理人或者近亲属，附带民事诉讼的当事人及其法定代理人，自案件移送审查起诉之日起，有权委托诉讼代理人。代理人根据被代理人的意志在被代理人授权范围内进行诉讼。根据《刑事诉讼法》第5条、第169条的规定，凡需要提起公诉的案件，一律由人民检察院审查决定。人民法院依照法律规定独立行使审判权，人民检察院依照法律规定独立行使检察权，不受行政机关、社会团体和个人的干涉。因此，如果讼代理人的代理意见与公诉意见不一致时，公诉人根据《人民检察院刑事诉讼规则（试行）》第347条之规定，在法庭辩论中认真听取被害人、诉讼代理人意见，并阐明检察机关的意见和理由，由法庭最后做出采信哪种意见的裁决。

8. 辩方提出发回重审的一审案件应更换原审公诉人的答辩。

答辩要点：《刑事诉讼法》第239条规定原审人民法院对于发回重审的案件应当另行组成合议庭，但未对原审公诉人更换问题作出规定。所以，发回重审的一审案件更换原审公诉人没有法律依据。此外，发回重审的案件要么是原审程序违法，要么是原判认定的事实不清、证据不足，原审人员因先入为主而无法实现发回重审目的，因此应更换审判人员。但公诉机关代表国家追诉犯罪的基本立场并不因案件发回重审而发生改变，公诉人是否更换不影响检察机关的追诉职能，也不会产生程序不公正问题、不影响案件的实体裁判。

9. 辩护人提出被告人责任能力或年龄意见的答辩。

答辩要点：根据《中华人民共和国刑事诉讼法》第198条、最高人民法院《关于执行〈中华人民共和国刑事诉讼法〉若干问题的解释》第178条之规定，刑事责任能力是指行为人对自己行为的辨认能力与控制能力。被告人、辩护人向法庭提出被告人责任能力或年龄意见的目的是有利于被告人减轻或免除处罚，一般情况下辩护人在举证阶段还会向法庭提供材料，以证明被告人为限制责任能力的人或无责任能力的人，或因年龄问题不具有刑事责任能力，或具有法定从轻、减轻情节。公诉人应运用现有证据证实能够认定被告人相应刑事责任能力及年龄，并在举证、示证时出示相关证据后以证据小结方式再次论证被告人具有刑事责任能力及年龄。若现有证据证明力弱于被告人或辩护人提交的证明材料，公诉人应建议法庭延期审理，并核实被告人或辩护人提交的相关证据，根据核实的情况再作出决定。

第二章 刑事诉讼证据

1. 职务犯罪案件中的被告人提出侦查机关对其讯问手续不到位、取证程序不合法，如何应对？

答辩要点： 立案之前取得的犯罪嫌疑人笔录，如反贪部门对初查对象的询问笔录，本身可以直接作为刑事案件的证据使用，但如果取证的程序不到位，如存在纪委检察联合办案、长期限制对象的人身自由等情况，则应当使用立案后的讯问笔录。

依据：《人民检察院刑事诉讼规则》第169条规定：进行调查核实，可以采取询问、查询、勘验、检查、鉴定、调取证据材料等不限制被调查对象人身、财产权利的措施。不得对被调查对象采取强制措施，不得查封、扣押、冻结被调查对象的财产，不得采取技术侦查措施。

2. 被告人提出在侦查阶段受到了刑讯逼供或诱供，如何应对？

答辩要点： 如果被告人所述情况并不属实，公诉人应当出示、宣读有关诉讼文书、侦查或审查起诉活动笔录，以澄清事实，并明确指出被告人所述并不客观。同时公诉人应向被告人表明恶意诬陷、诽谤司法人员将应承担的法律责任。

如果被告人所述客观且有证据证实，公诉人应当庭表明不将上述被告人供述材料作为指控犯罪的证据，但是认定被告人的犯罪事实并不仅仅依据被告人的供述，而是依据有关证据，虽然在侦查、起诉阶段取得的被告人供述属于非法证据，不能用于指控犯罪，但并不影响认定被告人的犯罪事实。

依据：《人民检察院刑事诉讼规则》第405条：在法庭审理中，对案件的程序事实存在争议的，应当出示、宣读有关诉讼文书、侦查或审查起诉活动笔录。

《刑事诉讼法》第55条：对一切案件的判处都要重证据，重调查研究，不轻信口供。只有被告人供述，没有其他证据的，不能认定被告人有罪和处以刑罚；没有被告人供述，证据确实充分的，可以认定被告人有罪和处以刑罚。

最高人民法院《关于执行〈中华人民共和国刑事诉讼法〉若干问题的解释》第61条规定："严禁以非法的方法收集证据。凡经查证确实属于采用刑讯逼供或者威胁、引诱、欺骗等非法的方法取得的证人证言、被害人陈述、被告人供述，不能作为定案的根据。"

《人民检察院刑事诉讼规则》第341条：人民检察院在审查起诉中发现有应当排除的非法证据，应当依法排除，同时可以要求监察机关或者公安机关另行指派调查人员或者侦查人员重新取证。必要时，人民检察院也可以自行调查取证。

3. 被害人出庭陈述发生了变化，如何应对？

答辩要点：公诉人应当对被害人进行发问，通过发问找出其当庭所做陈述与其以往陈述的矛盾所在，并要求被害人对矛盾的地方予以解释，以向法庭澄清事实，同时宣读其在侦查阶段、审查起诉阶段所作陈述的笔录及其他证人的证言。因被害人的陈述发生变化需要补充侦查或者补充提供证据的，公诉人应当要求法庭延期审理。

依据：《人民检察院刑事诉讼规则》第426条规定：法庭审理过程中遇有下列情形之一，公诉人应当要求法庭延期审理：

（一）发现事实不清、证据不足，或者遗漏罪行、遗漏同案犯罪嫌疑人，需要补充侦查或者补充提供证据的。

《人民检察院刑事诉讼规则》第406条第5款：证人进行虚假陈述的，应当通过发问澄清事实，必要时还应当宣读证人在侦查、审查起诉阶段提供的证言笔录或者出示、宣读其他证据对证人进行询问。

4. 辩护人向法庭出示其调取的被害人或被害人提供的证人证言，如何应对？

答辩要点：如果辩护人不具有律师资格，应提醒法庭注意辩护人无权调取被害人或被害人提供的证人的证言，根据规定对其调取的证据不予采纳。

如果辩护人具有律师资格，但调取被害人或被害人提供的证人的证言未经人民检察院或者人民法院许可，亦应提醒法庭注意辩护人无权调取被害人或被害人提供的证人的证言，根据规定对其调取的证据应不予采纳。

如果辩护人具有律师资格，调取被害人或被害人提供的证人的证言也经人民检察院或者人民法院许可，而其调取的被害人或被害人提供的证人的证言与公诉机关提供的证言证明内容不一致，影响案件定性，需要补充侦查，复核证据的。公诉人应要求延期审理。

依据：《中华人民共和国刑事诉讼法》第43条第2款：辩护律师经人民检察院或者人民法院许可，并且经被害人或者其近亲属、被害人提供的证人同意，可以向他们收集与本案有关的材料。

《人民检察院刑事诉讼规则》第420条规定了法庭审理过程中遇有下列情形之一的，公诉人应当要求法庭延期审理：发现事实不清、证据不足，或者遗漏罪行、遗漏同案犯罪嫌疑人，需要补充侦查或者补充提供证据的。

5. 辩护人申请的被害人或者被害人提供的证人出庭作证，如何应对？

答辩要点：如果法庭准许被害人、被害人提供的证人出庭作证，公诉人应当按照审判长确定的顺序发问。公诉人应当首先要求证人就其所了解的与案件有关的事实进行连贯陈述，然后对证人发问，证人不能连贯陈述的，公诉人可直接发问，对证人发问应针对证言中有遗漏、矛盾、模糊不清和有争议的内容，并着重围绕与定罪量刑紧密相关的事实进行。证人进行虚假陈述的，公诉人应当通过发问澄清事实，必要时还应当宣读证人在侦查、审查起诉阶段提供的证言笔录或者出示、宣读其他证据对证人进行询问。

依据：《刑事诉讼法》第197条第1款：法庭审理过程中，当事人和辩护人、诉讼代理人有权申请通知新的证人到庭，调取新的物证，申请重新鉴定或者勘验。

《人民检察院刑事诉讼规则》第406条：证人在法庭上提供证言，公诉人应当按照审判长确定的顺序向证人发问。公诉人应当首先要求证人就其所了解的与案件有关的事实进行连贯陈述。证人连贯陈述后，公诉人经审判长许可，可以对证人发问。

证人不能连贯陈述的，公诉人也可以直接发问。

对证人发问，应当针对证言中有遗漏、矛盾、模糊不清和有争议的内容，并着重围绕与定罪量刑紧密相关的事实进行。

证人进行虚假陈述的，应当通过发问澄清事实，必要时还应当宣读证人在侦查、审查起诉阶段提供的证言笔录或者出示、宣读其他证据对证人进行询问。

当事人和辩护人、诉讼代理人对证人发问后，公诉人可以根据证人回答的情况，经审判长许可，再次对证人发问。

6. 证人在出庭作证过程中翻证，如何应对？

答辩要点：公诉人应告知证人要如实地提供证言，强调如果有意作伪证或者隐匿罪证要负的法律责任。证人翻证进行虚假陈述时，公诉人应当通过发问澄清事实，必要时还应当宣读证人在侦查、审查起诉阶段提供的证言笔录或者出示、宣读其他证据对证人进行询问。若出现法律规定的情况时可申请法庭延期审理。

依据：《人民检察院刑事诉讼规则》第406条第5款：证人进行虚假陈述的，应当通过发问澄清事实，必要时还应当宣读证人在侦查、审查起诉阶段提供的证言笔录或者出示、宣读其他证据对证人进行询问。

《人民检察院刑事诉讼规则》第420条：法庭审理过程中遇有下列情形之一

的，公诉人应当要求法庭延期审理：（一）发现事实不清、证据不足，或者遗漏罪行、遗漏同案犯罪嫌疑人，需要补充侦查或者补充提供证据的；（三）发现遗漏罪行或者遗漏同案犯罪嫌疑人，虽不需要补充侦查和补充提供证据，但需要提出追加或者变更起诉的。

7. 被害人、证人出庭过程中提出原来的证言系非法取证违心陈述，如何应对？

答辩要点：如果当庭能判断被害人、证人所述并不真实、客观，应向法庭出示、宣读有关诉讼文书、侦查或者审查起诉活动笔录，说明取证的程序符合法律规定，以进一步澄清事实，说明原证真实、客观。

如果当庭不能判断，公诉人应建议延期审理。

依据：《人民检察院刑事诉讼规则》第405条：在法庭审理中，对案件的程序事实存在争议的，应当出示、宣读有关诉讼文书、侦查或者审查起诉活动笔录。

第420条：法庭审理过程中遇有下列情形之一的，公诉人应当要求法庭延期审理：（一）发现事实不清、证据不足，或者遗漏罪行、遗漏同案犯罪嫌疑人，需要补充侦查或者补充提供证据的。

8. 辩护人提供的调查材料与案件原有证人证言发生重大变化，如何应对？

答辩要点：如果有证据证实辩护人提交的证据不真实、客观，应通过质证对辩护人提交的证据予以批驳，并可以通过出示其他证据进一步澄清事实。如果不能在庭审阶段判明辩护人所提交证据的客观真实性，而该证据有确实影响到案件的定罪量刑的，应建议法庭延期审理，对证言进行重新复核和补充其他证据。

依据：《人民检察院刑事诉讼规则》第420条：法庭审理过程中遇有下列情形之一的，公诉人应当要求法庭延期审理：（一）发现事实不清、证据不足，或者遗漏罪行、遗漏同案犯罪嫌疑人，需要补充侦查或者补充提供证据的。

9. 公诉人要求传唤的被害人、证人未能传唤到庭，如何应对？

答辩要点：对于不影响案件审理的，公诉人应当宣读被害人、证人的书面陈述、证言。对证人证言有异议，且该证人证言对案件定罪量刑有重大影响，人民法院认为证人有必要出庭作证的，证人应当出庭作证。

依据：最高人民法院《关于执行〈中华人民共和国刑事诉讼法〉若干问题的解释》第138条：对指控的每一起案件事实，经审判长准许，公诉人可以提请审判长传唤证人、鉴定人和勘验、检查笔录制作人出庭作证，或者出示证据，宣读未到庭的被害人、证人、鉴定人和勘验、检查笔录制作人的书面陈述、证言、鉴定结论及勘验、检查笔录；被害人及其诉讼代理人和附带民事诉讼的原告人及其诉讼代理人经审判长准许，也可以分别提请传唤尚未出庭作证的证人、鉴定人和勘验、检查笔录制作人出庭作证，或者出示公诉人未出示的证据，宣读未宣读的书面证人证言、鉴定结论及勘验、检查笔录。

第139条：控辩双方要求证人出庭作证，向法庭出示物证、书证、视听资料等证据，应当向审判长说明拟证明的事实，审判长同意的，即传唤证人或者准许出示证据；审判长认为与案件无关或者明显重复、不必要的证据，可以不予准许。

《刑事诉讼法》第193条规定：经人民法院通知，证人没有正当理由不出庭作证的，人民法院可以强制其到庭，但是被告人的配偶、父母、子女除外。

10. 出庭证人因为紧张而表述不清，如何应对？

答辩要点：适用询问证人的规定，如果出现叙述无序的情况，公诉人可以直接发问，围绕案情进行，必要时让证人直接回答"是"或者"不是"。

依据：《人民检察院刑事诉讼规则》第406条：证人在法庭上提供证言，公诉人应当按照审判长确定的顺序向证人发问。公诉人应当首先要求证人就其所了解的与案件有关的事实进行连贯陈述。证人连贯陈述后，公诉人经审判长许可，可以对证人发问。

证人不能连贯陈述的，公诉人也可以直接发问。

11. 出庭的被害人或者证人所述事实有遗漏、模糊不清或出现矛盾，如何应对？

答辩要点：公诉人应当针对证言中有遗漏、矛盾、模糊不清和有争议的内容，着重围绕与定罪量刑紧密相关的事实进行询问。

依据：《人民检察院刑事诉讼法规则》第406条：证人提供证言，公诉人应当按照审判长确定的顺序向证人发问。公诉人应当首先要求证人就其所了解的与案件有关的事实进行连贯陈述。证人连贯陈述后，公诉人经审判长许可，可以对证人发问。

证人不能连贯陈述的，公诉人也可以直接发问。

对证人发问，应当针对证言中有遗漏、矛盾、模糊不清和有争议的内容，并着重围绕与定罪量刑紧密相关的事实进行。

12. 鉴定人叙述鉴定结论出现矛盾辩方欲推翻鉴定结论，如何应对？

答辩要点：鉴定人在法庭上提供证言，公诉人应当按照审判长确定的顺序向鉴定人发问。若鉴定人在庭上的叙述出现矛盾，被告人、辩护人大做文章，公诉人应当再争取对鉴定人发问，针对叙述中有遗漏、矛盾、模糊不清和有争议的内容，并着重围绕与定罪量刑紧密相关的事实进行询问，以澄清事实,扭转局面。

依据:《人民检察院刑事诉讼规则》第406条:对证人发问,应当针对证言中有遗漏、矛盾、模糊不清和有争议的内容,并着重围绕与定罪量刑紧密相关的事实进行。

当事人和辩护人、诉讼代理人对证人发问后,公诉人可以根据证人回答的情况,经审判长许可,再次对证人发问。

询问鉴定人参照上述规定进行。

13. 被告人或者辩护人申请对原有的鉴定重新鉴定,如何应对?

答辩要点:法庭对于上述申请,应当做出是否同意的决定。如果法庭征求公诉人意见,公诉人应当表态:对原有的鉴定内容已经认真审查,没有重新鉴定的必要。如果法庭同意辩方的意见,并在休庭后进行重新鉴定的,公诉人应当依法进行监督,对新的鉴定结论应当认真审查,发现有违法情况的应当提出纠正意见。

依据:《刑事诉讼法》第197条第1款:法庭审理过程中,当事人和辩护人、诉讼代理人有权申请通知新的证人到庭,调取新的物证,申请重新鉴定或者勘验。

《人民检察院刑事诉讼规则》第415条规定,法庭审理过程中,合议庭对证具有疑问并在休庭后进行勘验、检查、扣押、鉴定和查询、冻结的,人民检察院应当依法进行监督,发现上述活动有违法情况的应当提出纠正意见。

14. 重新鉴定、勘验的材料未经质证就被法庭作为证据采用,如何应对?

答辩要点:法庭审理过程中出现此情况时,公诉人应当即向合议庭提出纠正意见,并要求对新的鉴定、勘验材料进行质证,如果合议庭不采纳公诉人的意见,就作出了判决,则在庭审后发送《纠正违法通知书》,同时向检察长报告,启动抗诉程序。

依据:《人民检察院刑事诉讼规则》第416条规定:人民法院根据律师申请收集、调取的证据或者合议庭休庭后自行调查取得的证据,必须经过庭审辨认、质证才能决定是否作为判决的依据。未经庭审辨认、质证直接采纳为判决依据的,人民检察院应当提出纠正意见;作出判决的,应当依法提出抗诉。

15. 被告人、辩护人要求公诉人对一般人所知晓的常识性事实进行证明,如何应对?

答辩要点:公诉人应当提请法庭注意,被告人、辩护人要求公诉人提出证据证明的事实属于一般人共同知晓的事实,依据法律的规定,一般人共同知晓的常识性事实不必提出证据进行证明。

依据:《人民检察院刑事诉讼法规则》第401条规定:在法庭审理中,下列事实不必提出证据进行证明:(一)为一般人共同知晓的常识性事实;(二)人民法院生效裁判所确认的并且未依审判监督程序重新审理的事实;(三)法律、法规的内容以及适用等属于审判人员履行职务所应当知晓的事实。

16. 被告人、辩护人要求公诉人提供政策性规定,如何应对?

答辩要点:公诉人应向法庭表明,检察机关认定被告人所犯罪行是根据《刑法》的具体规定和有关司法解释。至于案件涉及的相关法律、政策性规定可作为办理案件的参考,政策性规定属于司法人员包括审判人员履行职务所应当知晓的事实,此类规定依法不必向法庭提供。

17. 被告人或者辩护人对物证提出疑问,如何应对?

答辩要点:在审查起诉阶段,应当让犯罪嫌疑人辨认该物证并记明笔录,公诉人在向法庭出示物证时,应首先宣读该物证的提取经过的说明,证明该物证的提取程序合法,再让被告人描述该物证的主要特征,并让其对物证进行辨认,若被告人、辩护人对物证提出疑问,则可宣读其在侦查、审查起诉阶段的笔录,及其他与该物证相关证人的证言,公诉人还应当从物证的来源和所要证明的问题等方面进行分析,对被告人、辩护人提出的疑问进行质辩,如果有必要可宣读有关物证鉴定进一步证明,也可建议合议庭通知负责侦查的人员以及搜查、勘验、检查等活动的见证人出庭陈述有关情况。

依据:《人民检察院刑事诉讼规则》第409条:公诉人向法庭出示物证,应当对该物证所要证明的内容、获取情况作概括的说明,并向当事人、证人等问明物证的主要特征,让其辨认。

第446条:在法庭审理过程中,被告人及其辩护人提出被告人庭前供述系非法取得,审判人员认为需要进行法庭调查的,公诉人可以根据讯问笔录、羁押记录、出入看守所的健康检查记录、看守管教人员的谈话记录以及侦查机关对讯问过程合法性的说明等,对庭前讯问被告人的合法性进行证明,可以要求法庭播放讯问录音、录像,必要时可以申请法庭通知侦查人员或者其他人员出庭说明情况。

审判人员认为可能存在《刑事诉讼法》第54条规定的以非法方法收集其他证据的情形,需要进行法庭调查的,公诉人可以参照前款规定对证据收集的合法性进行证明。

18. 被告人或者辩护人对无法当庭出示的物证要求辨认,如何应对?

答辩要点:对不便搬运、不易保存或者依法已返还被害人的物证,公诉人应当说明情况,并出示物证照片、录像等,让被告人进行辨认或者宣读被告人在侦查阶段、审查起诉阶段的辨认笔录。

依据:《刑事诉讼法》第195条:公诉人、辩护人应当向法庭出示物证,让当事人辨认,对未到庭的证人的证言笔录、鉴定人的鉴定意见、勘验笔录和其他作为证据的文书,应当当庭宣读。审判人员应当听取公诉人、当事人和辩护人、诉讼代理人的意见。

最高人民法院《关于执行〈中华人民共和国刑事诉讼法〉若干问题的解释》第53条:收集、调取的书证应当是原件。只有在取得原件确有困难时,才可以是副本或者复制件。收集、调取的物证应当是原物。只有在原物不便搬运、不易保存或者依法应当返还被害人时,才可以拍摄足以反映原物外形或者内容的照片、录像。

19. 被告人或者辩护人对书证提出疑问,如何应对?

答辩要点:公诉人通过分析出示该书证前,被告人对该书证特征的描述情况和对该书证的辨认情况对被告人、辩护人的质疑进行答辩,同时通过出示、宣读该书证的鉴定结论进一步澄清事实。

依据:《人民检察院刑事诉讼法规则》第409条:宣读书证应当对书证所要证明的内容、获取情况作概括的说明,向当事人、证人问明书证的主要特征,并让其辨认。对该书证进行技术鉴定的,应当宣读鉴定书。

20. 证人、鉴定人、翻译人员当庭作伪证,如何应对?

答辩要点:当出现上述情况时公诉人可以采取以下措施:(1)讲明证人、鉴定人、翻译人员应如实作证,及作伪证应负的法律责任;(2)通过向证人、鉴定人、翻译人员发问澄清事实;(3)适时宣读证人、鉴定人、翻译人员在侦查、审查起诉阶段的证言,明确询问其证言发生变化的原因;(4)指出证人证言、鉴定人、翻译人员的证言与被告人供述及公诉人出示的其他证据相互矛盾之处。

公诉人对伪证现象应作如下表态:证人或鉴定人或翻译人员方才所做证言无论从自身还是与其他证据之间均存在诸多矛盾之处,违反证据同一性原则,不具有证明力。同时需要指明其违背其向法庭的承诺和保证,做出虚假证言,影响庭审活动的正常进行,待进一步核实后,建议法庭对证人作伪证的行为记录在案并移送有关机关处理。

依据:《刑事诉讼法》第194条:证人作证,审判人员应当告知他要如实地提供证言和有意作伪证或者隐匿罪证要负的法律责任。

《人民检察院刑事诉讼规则》第406条:证人进行虚假陈述的,应当通过发问澄清事实,必要时还应当宣读证人在侦查、审查起诉阶段提供的证言笔录或者出示、宣读其他证据对证人进行询问。

21. 被告人或者辩护人对取证程序的合法性提出疑问,如何应对?

答辩要点:公诉人应当出示、宣读有关诉讼文书、侦查或审查起诉活动笔录。说明被告人、辩护人提出的疑问是没有证据予以证实的。

现有证据不能证实取证合法的，应建议延期审理，补充证据。

依据：《人民检察院刑事诉讼规则》第405条：在法庭审理中，对案件的程序事实存在争议的，应当出示、宣读有关诉讼文书、侦查或审查起诉活动笔录。

22. 辩护人或者被告人对搜查、勘验、检查等侦查活动形成的笔录提出异议，如何应对？

答辩要点：公诉人可建议合议庭通知负责侦查的人员以及搜查、勘验、检查活动的见证人出庭陈述有关情况，或者提请法庭通知相关侦查人员出庭，让侦查人员与被告人对质以澄清事实。

依据：《人民检察院刑事诉讼规则》第410条，在法庭审理过程中，被告人及其辩护人提出被告人庭前供述系非法取得，审判人员认为需要进行法庭调查的，公诉人可以根据讯问笔录、羁押记录、出入看守所的健康检查记录、看守管教人员的谈话记录以及侦查机关对讯问过程合法性的说明等，对庭前讯问被告人的合法性进行证明，可以要求法庭播放讯问录音、录像，必要时可以申请法庭通知侦查人员或者其他人员出庭说明情况。

审判人员认为可能存在《刑事诉讼法》第54条规定的以非法方法收集其他证据的情形，需要进行法庭调查的，公诉人可以参照前款规定对证据收集的合法性进行证明。

23. 被告人或者辩护人要求公诉人出示有关被告人无罪或罪轻的证据，如何应对？

答辩要点：公诉人如果掌握此类能够证明被告人无罪或罪轻的证据，公诉人应当依法向法庭出示证据，庭审后将此类证据在3日内移交法院。如果无此材料，公诉人应当向法庭说明情况。如果辩护人提出某份材料事关证明被告人无罪或罪轻，坚持要公诉人出示，而公诉人认为没有必要出示时，可以将材料交由辩护人，由辩护人向法庭举证。

依据：《人民检察院刑事诉讼规则》第399条：在法庭审理中，公诉人应当客观、全面、公正地向法庭提供证明被告人有罪、罪重或者罪轻的证据。

《人民检察院刑事诉讼规则》第414条：在法庭审理过程中，合议庭对证据有疑问或者人民法院根据辩护人、被告人的申请，向人民检察院调取在侦查、审查起诉中收集的有关被告人无罪或者罪轻的证据材料时，人民检察院应当自收到人民法院要求调取证据材料决定书后3日内移交。如果没有此材料，应当向人民法院说明情况。

24. 辩护人对案件起诉后公诉人提供的证据提出异议,如何应对?

答辩要点:公诉人直接告诉辩护人:根据法律规定,在案件起诉后公诉人有权利调查取证。公诉人自行调取的证据符合刑事诉讼"合法性"原则。

依据:《人民检察院刑事诉讼规则》第363条:第三百六十三条在审查起诉期间,人民检察院可以根据辩护人的申请,向监察机关、公安机关调取在调查、侦查期间收集的证明犯罪嫌疑人、被告人无罪或者罪轻的证据材料。

《人民检察院刑事诉讼规则》第362条:对提起公诉后,在人民法院开庭审判前补充收集证据材料,人民检察院应当及时移送人民法院。

25. 辩护人出示公诉人尚未掌握的新材料,如何应对?

答辩要点:公诉人明确指出辩护人庭前调取的证据材料应当在庭审前5日提交法院。根据诉讼公平的原则,公诉人将主要证据庭前移交法院,同时也应提前掌握辩方的证据。辩护人违反这一原则,不应出示。如法庭坚持准予出示,公诉人将对该证据的矛盾之处展开质辩。必要时提请延期审理。

依据:最高人民法院《关于执行〈中华人民共和国刑事诉讼法〉若干问题的解释》第119条第(四)项:通知被告人、辩护人于开庭五日前提供出庭作证的身份、住址、通讯处明确的证人、鉴定人名单及不出庭作证的证人、鉴定人名单和拟当庭宣读、出示的证据复印件、照片。

26. 辩护人提出公诉人在延期审理期间收集的证据系程序违法,如何应对?

答辩要点:公诉人应当通过出示、宣读有关诉讼文书、延期审理期间自行收集证据和进行侦查活动笔录,以澄清事实。同时告知辩护人:《人民检察院刑事诉讼法规则》第422条规定了公诉人在延期审理期间有权收集证据和进行侦查,公诉人所获取的证据是严格依照法律规定的程序取得的,具有充分的法律依据。

依据:《人民检察院刑事诉讼规则》第422条规定:在审判过程中,对于需要补充法庭审判所必需的证据或者补充侦查的,人民检察院应当自行收集证据和进行侦查,必要时可要求公安机关协助。

27. 被告人、辩护人对无实物估价的核价鉴定提出异议,如何应对?

答辩要点:首先应说明法律依据,根据最高人民法院《关于审理盗窃案件具体应用法律若干问题的解释》第5条规定,对于无实物,毁损的评估,应当根据失主、证人的陈述、证言和提供的有效凭证以及被告人的供述,确定原被盗物品的价格。

然后,结合案件失主陈述、证人证言和提供的有效凭证以及被告人的供述进行分析论证,说明该估价或者评估是具有鉴定资格的专门机构,依据本案现有证据情况,按照法定程序进行的,其结论具有法律效力。

如被告人、辩护人对无实物估价或毁损评估提出异议的理由是有客观依据的，应依据我国《刑事诉讼法》第 204 条第 2 款之规定，建议法庭延期审理，对估价鉴定进行复核或者重新鉴定。

依据：《最高人民法院关于审理盗窃案件具体应用法律若干问题的解释》第 5 条第（五）项规定，被盗物品已被销赃、挥霍、丢弃、毁坏的，无法追缴或者几经转手，最初形态被破坏的，应当根据失主、证人的陈述、证言和提供的有效凭证以及被告人的供述，按本条第（一）项规定的核价方法，确定原被盗物品的价值。

《扣押、追缴、没收物品估价管理办法》第 2 条规定，人民法院、人民检察院、公安机关各自管辖的刑事案件，对于价格不明或者价格难以确定的扣押、追缴、没收物品需要估价的，应当委托指定的估价机构估价。

最高人民法院《关于执行〈中华人民共和国刑事诉讼法〉若干问题的解释》第 153 条：在法庭调查过程中，合议庭对于证据有疑问的，可以宣布休庭，对该证据进行调查核实。第 154 条规定，人民法院调查核实证据时，可以进行勘验、检查、扣押、鉴定和查询、冻结。必要时，可以通知检察人员、辩护人到场。

28. 被告人、辩护人对公诉人出示的视听资料合法性提出质疑，如何应对？

答辩要点：公诉人应在出示视听资料时可将在庭前要求侦查机关出具的视听资料的来源、制作过程的说明或相关的讯问笔录向法庭出示以证明其来源合法。或者要求侦查人员出庭对该视听资料的合法性进行说明。

依据：《人民检察院刑事诉讼法规则》第 413 条规定：对于搜查、查封、扣押、冻结、勘验、检查、辨认、侦查实验等侦查活动中形成的笔录存在争议，需要负责侦查的人员以及搜查、查封、扣押、冻结、勘验、检查、辨认、侦查实验等活动的见证人出庭陈述有关情况的，公诉人可以建议合议庭通知其出庭。

29. 公诉人应用多媒体示证，辩护人对该形式提出异议，认为大屏幕上出示的证据可能与实际有出入，如何应对？

答辩要点：公诉人应当出示证据原件或者原物予以澄清。

30. 被告人对证人证言的真实性提出异议，如何应对？

答辩要点：如果出现这种情况，公诉人可以再出示其他证人的证言，以说明该证言的真实性，如果被告人对关键证人的证言有异议，足以影响定罪的，公诉人应当建议法庭传唤该证人到庭与被告人对质。

依据：《人民检察院刑事诉讼规则》第 423 条　人民法院宣告判决前，人民检察院发现被告人的真实身份或者犯罪事实与起诉书中叙述的身份或者指控犯罪事实不符的，或者事实、证据没有变化，但罪名、适用法律与起诉书不一致的，可以变更起诉。发现遗漏同案犯罪嫌疑人或者罪行的，应当要求公安机关补充移送起诉或者补充侦查；对于犯罪事实清楚，证据确实、充分的，可以直接追加、补充起诉。

31. 辩护人就被告人供述中的漏洞及证据相异之处提出事实不清、证据不足，如何应对？

答辩要点：公诉人在庭审前就应当认真查阅案卷材料，针对被告人多次供述中出现的与证据不同之处，在讯问阶段就要着重讯问，让被告人做出明确供述。如果辩护人再就同一问题提出质疑时，公诉人可重申被告人当庭已做出明确供述，用相关证据加以证明，并依据《刑事诉讼法》第55条重证据不轻信口供加以辩驳，指出本案证据已经形成完整的证明锁链，证据确实充分，足以认定被告人实施了起诉书指控的犯罪行为。公诉人要强调，辩护人仅依据被告人多次供述中的某次存在遗漏的供述及证据不同一之处而否定全案是不客观的。

依据：《刑事刑诉法》第55条规定：对一切案件的判处都要重证据，重调查研究，不轻信口供。只有被告人供述，没有其他证据的，不能认定被告人有罪和处以刑罚；没有被告人供述，证据确实、充分的，可以认定被告人有罪和处以刑罚。第50条规定，可以证明案件事实的材料都是证据。证据必须经过查证属实，才能作为定案的根据。

32. 被告人或者辩护人提出新的事实、新的证据，如何应对？

答辩要点：庭审中被告人、辩护人提出新的证据、新的线索，如果现有证据能够予以否定的，公诉人应当庭通过分析有关证据对被告人、辩护人提出新的证据、新的线索予以批驳；如果对起诉书指控的犯罪事实的定性、量刑有影响，现有证据又不能批驳的，公诉人应依照《刑事诉讼法》第204条的规定，建议法庭对该案件延期审理，在对新的证据及查证线索进行核实。根据补查结果，再决定对案件如何处理。

依据：《刑事诉讼法》第204条规定，在法庭审判过程中，遇有下列情形之一，影响审判进行的，可以延期审理：（一）需要通知新的证人到庭，调取新的物证，重新鉴定或者勘验的；（二）检察人员发现提起公诉的案件需要补充侦查，提出建议的。

《人民检察院刑事诉讼规则》第409条：法庭审理过程中遇有下列情形之一的，公诉人应当要求法庭延期审理：（一）发现事实不清、证据不足，或者遗漏罪行、遗漏同案犯罪嫌疑人，需要补充侦查或者补充提供证据的；（三）发现遗漏罪行或者遗漏同案犯罪嫌疑人，虽不需要补充侦查和补充提供证据，但需要提出追加或者变更起诉的。

33. 被害人及其诉讼代理人对公诉人出示的证据有异议，如何应对？

答辩要点：公诉人应当认真听取被害人及其诉讼代理人的意见，并认真审查被害人及其诉讼代理人向法庭提供的材料，如果被害人及其诉讼代理人没有证据向法庭提供，公诉人应当围绕指控被告人的证据，阐明公诉机关的观点和理由。

依据：《人民检察院刑事诉讼规则》第417条：在法庭审理中，经审判长许可，公诉人可以逐一对正在调查的证据和案件情况发表意见，并同被告人、辩护人进行辩论。证据调查结束时，公诉人应当发表总结性意见。

法庭辩论中，公诉人与被害人、诉讼代理人意见不一致的，公诉人应当认真听取被害人、诉讼代理人的意见，阐明自己的意见和理由。

34. 因个别证据有欠缺，被告人或者辩护人提出异议，如何应对？

答辩要点：如果对案件的定罪量刑不起决定作用的证据有欠缺，公诉人应结合其他证据论述起诉书指控的犯罪事实清楚，证据确凿，明确指出该证据对案件的定罪量刑不起决定作用；如果该证据对案件的定罪、量刑起决定作用的，而缺陷的存在又足以影响证据的客观性、关联性、合法性的，应建议法庭延期审理，在补充侦查期间重新取证。

依据：《人民检察院刑事诉讼规则》第406条规定：法庭审理过程中遇有下列情形之一的，公诉人应当要求法庭延期审理：发现事实不清、证据不足，或者遗漏罪行、遗漏同案犯罪嫌疑人，需要补充侦查或者补充提供证据的。

第422条规定：在审判过程中，对于需要补充提供法庭审判所必需的证据或者补充侦查的，人民检察院应当自行收集证据和进行侦查；必要时可以要求公安机关提供协助。

35. 辩护人提出不能以同案犯的口供相互证明作为定案依据，如何应对？

答辩要点：公诉人应明确指出：虽然法律规定仅有同案犯供述，不能认定犯罪事实，但本案除同案犯供述外还有其他证据。公诉人应从同案犯的口供相互印证和口供与其他证据的相互印证方面进行论证。

依据：《刑事诉讼法》第53条规定：对一切案件的判处都要重证据，重调查研究，不轻信口供。只有被告人供述，没有其他证据的，不能认定被告人有罪和处以刑罚；没有被告人供述，证据确实充分的，可以认定被告人有罪和处以刑罚。

36. 庭审中被告人坚持要求被害人或者证人出庭对质，如何应对？

答辩要点：公诉人说明依据《刑事诉讼法》及司法解释的规定，未出庭的证人证言经过当庭查证属实，可以作为定案的依据。

依据：《最高人民法院关于执行〈中华人民共和国刑事诉讼法〉若干问题的

解释》第58条第2款规定：对于出庭作证的证人，必须在法庭上经过公诉人、被害人和被告人辩护人等双方询问、质证，其证言经过审查确实的，才能作为定案的根据，未出庭证人的证言宣读后当庭查证属实的，可以作为定案的依据。

37. 辩护人要求出示公诉人未在庭上出示的证据，如何应对？

答辩要点：如果辩护人提出该请求并得到法庭许可，公诉人应当出示，但同时应当阐明该证据未作为控方证据使用的原因在于不具备证据的客观性、关联性或合法性。

依据：《人民检察院刑事诉讼规则》第399条规定：在法庭审理中，公诉人应当客观、全面、公正地向法庭提供证明被告人有罪、罪重或者罪轻的证据。

38. 辩护人提出公诉人将案件诉至法院后又向公安机关调取的相关证据无效，如何应对？

答辩要点：公诉人应当指出根据《人民检察院刑事诉讼规则》的有关规定，人民检察院对公安机关移送的案件进行审查后，在法院做出判决之前，认为需要补充提供法庭审判所必需的证据的，可以向公安机关调取。

依据：《人民检察院刑事诉讼规则》第340条规定：人民检察院对公安机关移送的案件进行审查后，在法院作出判决之前，认为需要补充提供法庭审判所必需的证据的，可以书面要求公安机关提供。

《人民检察院刑事诉讼规则》第422条第1款规定：在审判过程中，对于需要补充提供法庭审判所必需的证据或者补充侦查的，人民检察院应当自行收集证据和进行侦查；必要时可以要求公安机关提供协助。

39. 休庭后辩护人调查获取的材料与公诉人提供的证据之间发生差异，如何应对？

答辩要点：如果辩护人提供的材料对定罪量刑无影响，公诉人不提异议；如果辩护人提供的材料对定罪量刑有影响的，应建议延期审理，重新取证。

依据：《人民检察院刑事诉讼规则》第406条：法庭审理过程中遇有下列情形之一的，公诉人应当要求法庭延期审理：（一）发现事实不清、证据不足，或者遗漏罪行、遗漏同案犯罪嫌疑人，需要补充侦查或者补充提供证据的；（二）发现遗漏罪行或者遗漏同案犯罪嫌疑人，虽不需要补充侦查和补充提供证据，但需要提出追加或者变更起诉的。

40. 庭审后法院建议公诉机关补充侦查、变更起诉，如何应对？

答辩要点：对于庭审中没有出现新的证据和辩解，或者虽然出现，但对定罪量刑确无影响的，公诉人应当要求人民法院就起诉书指控的犯罪事实依法继续审理，并依法做出裁判。如庭审中出现了新的证据和辩解对定罪量刑确有影响的，法院建议公诉机关提出延期审理的，公诉机关应当对该案进行补充侦查。

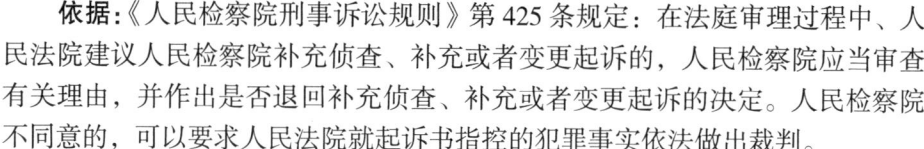

依据:《人民检察院刑事诉讼规则》第 425 条规定:在法庭审理过程中、人民法院建议人民检察院补充侦查、补充或者变更起诉的,人民检察院应当审查有关理由,并作出是否退回补充侦查、补充或者变更起诉的决定。人民检察院不同意的,可以要求人民法院就起诉书指控的犯罪事实依法做出裁判。

41. 以"本案存在非法取证"为由,申请启动非法证据排除程序。

答辩要点:首先提请法庭对辩护人的申请作好两个初步审查:(1)是否符合启动的条件。启动的条件是辩护人必须向法庭提供涉嫌非法取证的人员、时间、地点、方式、内容等相关线索或者证据,若辩护人泛泛而谈,则不符合启动条件。(2)是否符合非法证据的范围,要特别指出瑕疵证据不是非法证据,瑕疵证据是形式不完备的证据,经过补证或者作出合理解释后可以作为证据使用。

如能提供明确线索,则:为了庭审的效率,建议对该证据收集的合法性的调查放在法庭调查结束前一并进行。这并不影响被告人的权利行使。

如提供线索不明确,则:根据最高人民法院《关于适用〈中华人民共和国刑事诉讼法〉的解释》第 96 条规定:当事人及辩护人、诉讼代理人申请人民法院排除以非法方法收集的证据的,应当提供涉嫌非法取证的人员、时间、地点、方式、内容等相关线索或者材料。被告人以及辩护人未提供详细线索,且被告人对其犯罪的事实不予否认,公诉人认为无须启动非法证据排除程序。

42. 询问证人在现场之外的地点应当出示证明文件。

答辩要点:《刑事诉讼法》第 56 条规定:采取暴力、威胁等非法方法收集的证人证言应当予以排除。证人证言并非采取暴力、威胁手段收集的,不属于《刑事诉讼法》第 54 条规定的应当予以排除的证据。

43. 本案被告人和辩护人作无罪辩护,对事实证据存在较大分歧的,对被告人的讯问应当进行全程录音录像。

答辩要点:《公安机关讯问犯罪嫌疑人录音录像工作规定》2014 年 9 月 5 日才开始实施,而本案的立案时间是 2013 年 6 月 6 日,对被告人的讯问并不是必须要进行全程同步录音录像。

44. 辩方提出:侦查人员在提讯过程中存在违反程序的情况,例如提讯证上没有填写讯问时间、提讯证上签名与实际讯问人不一致、还押时间与讯问笔录的结束时间有出入等情况,怀疑证据收集的合法性,申请对相关供述进行合法性调查。

答辩要点:根据《最高人民法院关于适用〈中华人民共和国刑事诉讼法〉的解释》第 82 条的规定:"讯问笔录有下列瑕疵,经补正或者作出合理解释的,可以采用;不能补正或者作出合理解释的,不得作为定案的根据:(一)讯问笔录填写的讯问时间、讯问人、记录人、法定代理人等人有误或者存在矛盾的;

(二)讯问人没有签名的;(三)首次讯问笔录没有记录告知被讯问人相关权利和法律规定的。"

关于提押证人的人员少于实际讯问人员,或者和讯问人员不相符的问题,提押证是进入看守所、提审具体被告人的通行证,本身不属于证据部分。当几个办案人员以团队形式同一批次进出看守所时,提押证只署少数人的名字,在实践中常常出现。当然,并不是说常常出现就是合理的。

关于时间不一致的问题,把被告人从看守所提出以及讯问后还押,都有一个等待的过程。

至于中午已经还押了,下午还在讯问的问题。原因在于一个提押证,在上下午分时段的使用中,被告人中午监号吃饭,看守所便会有还押记录。而提审并没有结束,办案人员下午会继续提审,而下午被告人从监号出来又没有记录,所以会出现书面上反映的上午已还押,下午还有笔录的情况。

45. 辩方提出:讯问笔录上侦查人员没有签名或只有一名侦查人员签名,该笔录应当排除。

答辩要点:根据《最高人民法院〈关于适用中华人民共和国刑事诉讼法〉的解释》侦查人员没有签名或只有一名侦查人员签名的瑕疵证据,只有在公安机关无法补正或者无法作出合理解释的情况下才能排除。检察员认为,笔录在抬头中已经有讯问人和记录人签名,被告人也在核对笔录后签字予以了确认,符合笔录制作要求,可以作为定案的证据。

46. 辩方提出:亲笔供词是侦查人员写好了交由被告人抄写的;及笔录未看就签了字,应当以当庭供述为准。

答辩要点:(1)关于亲笔供词是侦查人员写好了交由被告人抄写的说法不成立。被告人的供述和亲笔供词呈现了案件中许多不为人知的细节,如果是侦查人员写好了让被告人抄的,难道侦查人员未卜先知?这显然不符合常理。

(2)关于被告人称笔录未看就签字的辩解苍白无力。首先,被告人具有一定的文化程度,心智正常,且与案件处理有直接利害关系,对亲笔书写的"以上记录我看过,跟我说的一样"这一句话的含义理当清楚,签了字,表明已看过,并且跟说的一样才签字。结合案卷中的实际情况,我们可以看到,被告人的供述中多份笔录有被告人亲笔修改的痕迹,未看怎么会有修改呢?

如前所述,被告人所称供词是侦查人员写好了自己抄的,以及供述未看签字,实为诡辩。这些供述能够与其他证据相印证,应予以采信,而当庭翻供毫无道理,不足为信。

47. 辩方提出:笔录内容少而讯问时间长的问题,质疑供述的真实性。

答辩要点:辩护人可能很难碰到会见某个当事人,当事人长时间沉默,或者通篇只讲与案件无关的事情等类似情况。但是侦查人员、检察人员的办案实践中，这种情况就比较普遍。辩护人的这种质疑，实质上是将侦查审讯工作当做了书记员的记录工作，理想化审讯工作成为一个简单的问答过程，是对讯问规律的误解。

48. 辩方提出： 部分被告人在卷的供述笔录记载的内容高度一致，甚至直接复制粘贴，有非法取证嫌疑，应予以排除。

答辩要点： 我们所做的每一份笔录，都经过了被告人认真核对，对于同自己的说法有出入的记录，被告人可以补充、改正、附加说明，确认笔录没有错误后签字、捺印，是被告人真实意思的表示。检察环节的讯问笔录可以出示。辩护人应该对被告人××等人在二审检察员讯问的笔录有印象，看看他们修改的痕迹。辩护人因为笔录内容的一致而产生有非法取证的联想，是完全没有根据的。

49. 辩方提出： 被告人在案件中是同案犯罪嫌疑人，为何被告人的笔录多是询问笔录，说明对被告人有利诱和内幕交易，因此被告人供述不能被采信。

答辩要点： 第一，没有证据表明另案被告人供述被利诱的事实与线索。怀疑被告人的供述是受到利诱或存在交易是无根据的猜测。

第二，对被告人采用询问笔录于法有据。在本案侦查、起诉和审判环节，被告人因涉嫌其他重大犯罪正在接受B市公安局立案侦查，故A市公安局未将被告人与本案其他被告人并案侦查、移送起诉于法有据。同时，对外地公安机关侦查的案件当事人，A市公安局根据侦查的需要，可以询问。对被告人的调查在本案采用询问方式，不影响其依然属于本案另案处理的犯罪嫌疑人身份，具有这两种身份也并不矛盾。从证据的取得来看，是具有主体资格的办案机关依职权按法定程序获取的，被告人对每一份言词证据均签字确认，具备合法性。

第三，被告人的笔录反映的内容，具有真实性。被告人先不供述被告人甲参与犯罪，后又指控被告人甲参与犯罪，其供述前后的变化符合审讯由表及里、由浅入深、逐步推进发现事实真相的侦查工作规律，也符合犯罪嫌疑人供述犯罪事实的心理。被告人在法庭上对自己在侦查机关供述的变化历程及原因做出了详细、合理解释。（被告人解释原因有三：一是他与被告人甲有感情；二是担心被告人甲报复，怕说了其家人的生命、财产会受到威胁；三是当初有侥幸心理，认为被告人甲关系硬会保他，现在没希望了，他也只好如实供述了）在被告人甲庭上，被告人当庭接受控辩双方的发问和质证，其当庭的陈述情况与之前的笔录基本内容一致，且有其他证据予以印证。综合全案证据，被告人的证词具有真实性，其证言可以作为定案的依据。

50. 辩方提出：在 ×× 公司招待所进行监视居住不符合法律规定，在此情况下获取的证据不能作为证据使用。

答辩要点： 根据本案的监视居住决定书和 A 市公安局出具的 B 市公安局指定监视居住地点的情况说明，B 市 × × 公司招待所是公安机关指定监视居住的处所，不是专门的办案场所，因此不属于在专门办案场所执行监视居住的情况。

《刑事诉讼法》第 75 条规定："监视居住应当在犯罪嫌疑人、被告人的住处执行；无固定住处的，可以在指定的居所执行。"《公安机关办理刑事案件程序规定》第 108 条进一步规定：固定住处，是指被监视居住人在办案机关所在的市、县内生活的合法住处；指定的居所，是指公安机关根据案件情况，在办案机关所在的市、县内为被监视居住人指定的生活居所。本案侦查初期由 B 市公安局管辖，犯罪嫌疑人在 B 市没有固定居所，因此指定在 B 市的招待所监视居所符合法律规定。

综上，在 × × 公司招待所进行监视居住程序合法，在此期间获取的供述可以作为证据使用。

51. 辩方提出：询问证人地点在宾馆、茶馆等，取证行为违法，应当排除。

答辩要点：《刑事诉讼法》第 124 条规定，侦查人员询问证人，可以在现场进行，也可以到证人所在单位、住处或者证人提出的地点进行，在必要的时候，可以通知证人到人民检察院或者公安机关提供证言。

本案中询问证人的地点出现在宾馆、茶馆有几种情况，第一种是公安机关在询问证人时，向其发出询问通知书，在通知书中已告知询问地点，证人在上面签字同意该地点。第二种是在询问证人的笔录中已向其告知，在此地询问是否同意，也得到证人的同意。第三种是多名证人已出具对询问地点的说明，表明公安机关对其的询问地点是其主动提出的。

辩护人提出，侦查机关关于取证地点的说明晚于取证时间，检方认为并无不妥。《最高人民法院关于适用〈中华人民共和国刑事诉讼法〉的解释》第 77 条明确规定：证人证言的收集程序、方式有瑕疵的，经补正或者作出合理解释的，可以采用。既然是解释和补正，属于后续工作，当然晚于取证时间。

52. 辩方提出：被告人在 A 市期间虽未受到刑讯逼供，但由于在 B 市期间受过刑讯逼供，心里有恐惧和压力，所以所做的供述不是真实的，应予以排除。

答辩要点： 按照辩护人的逻辑，所谓的心理恐惧和压力，是否也持续到了今天的法庭上？那么，今天的供述真不真实？再者，如果存在心理恐惧和压力，带来的后果，究竟是如实地陈述自己的所作所为呢？还是言不由衷地说子虚乌有的事？所以，辩护人说由于心理恐惧和压力而作不真实的陈述本身就是一个伪命题。

如果辩护人坚持提排除申请，可从以下角度答辩：

（1）《刑事诉讼法》第56条明确规定了犯罪嫌疑人、被告人的供述应该被排除的范围限于"采用刑讯逼供等非法方法收集的"供述。对于何为"刑讯逼供等非法方法"，《最高人民法院〈关于适用刑事诉讼法的解释〉》第95条有明确的规定："使用肉刑或者变相肉刑，或者采用其他使被告人在肉体上或者精神上遭受剧烈疼痛或者痛苦的方法，迫使被告人违背意愿供述的，应当认定为刑事诉讼法第五十四条规定的'刑讯逼供等非法方法'。"而上诉理由提到的情况，不属于以上范围。

（2）各被告人在讯问结束后都阅看核对了笔录内容，有的还对笔录记载的部分文字内容进行过认真修改，最后才在笔录上签名、捺印，对笔录记载内容的真实性予以了确认。各被告人都是心智正常的成年人，与案件的事实和处理有着直接利害关系，也都知晓其自己所做的供述关系到本人的切身利益，且将会在日后的法庭审理中作为成呈堂证供，在此情况下其对笔录签字确认，足以说明其对自身供述的认可。

（3）所有讯问材料均符合《刑事诉讼法》的相关程序规定，没有证据表明上述侦查取证活动有违法情况。而且其供述能与本案其他证据相互印证，供述材料具有合法性、客观性和真实性，可以作为定案的证据。一审判决对这些供述予以采用是符合法律规定的。

53. 辩方提出：被告人称受到指供诱供或刑讯逼供。

答辩要点： 对于上诉人所反映的在侦查环节受到刑讯逼供的情况，检察机关高度重视，并进行了认真核实，从目前所调查核实的情况看，没有相关证据证明上述情况的存在。

辩护人必须注意正常讯问与诱供、逼供的本质性区别。在被告人认罪悔罪态度不好的情况下，侦查人员对被告人晓以利害、进行适当的法治宣传教育，是审讯活动的重要内容之一；审讯本身就是严厉的盘问、追问和诘问，侦查人员就被告人供述中明显存在矛盾点提出异议，要求被告人解释和进一步阐述都是正常的讯问，是符合审讯规律的。讯问过程中，采用适当的审讯方式和策略对于避重就轻、不如实供述的被告人是一种审讯技巧，而非辩护人所认为的指供或诱供。

54. 辩方提出：公诉人在讯问被告人或者询问证人时宣读之前的证据存在异议。

答辩要点：《人民检察院刑事诉讼规则》第403条规定：被告人在庭审中的陈述与在侦查、审查起诉中的供述不一致，足以影响定罪量刑的，可以宣读被告人供述笔录，并针对笔录中被告人的供述内容对被告人进行讯问，或者提出其他证据进行证明。

55. 辩方提出：案件侦查环节没有对嫌疑人的每次讯问做到全程同步录音录像，属于违法。

答辩要点：公诉人认为，2013年10月最高人民法院《关于建立健全防范刑事冤假错案工作机制的意见》（以下简称《意见》）第8条的规定实际上包含了两层意思：第一，旨在强调讯问地点的规范性。即除情况紧急必须现场讯问外，对犯罪嫌疑人、被告人的讯问应在规定的办案场所内讯问。如前所述，被告人甲虽提出在A、B市期间曾被刑讯逼供，但其在侦查环节的供述材料一审检察机关、审判机关均未采用，不存在要排除的情况。而本案的其他被告人到A市后均是在法定的羁押场所进行的讯问，不存在讯问地点不合法而不能排除刑讯逼供合理怀疑，需要排除的情形。

第二，该《意见》实质上是对《刑事诉讼法》第56条的再次重申和确认，其立法原意是旨在排除刑讯逼供获取供述。因此，公诉人认为，对《意见》的理解不能超越《刑事诉讼法》的规定，《意见》的本质要求应是不能以刑讯逼供等方法非法取证，按照《刑事诉讼法》的规定应当制作同步录音录像而未制作，且其供述的取得存在刑讯逼供等非法方法行为时，才属于法律规定应当排除的行为。如果仅是形式不完备、取证工作不太规范，但其供述内容客观真实，不违背本人意愿，且与其他证据相印证，就应依法予以采信。本案中，其他各被告人且均已明确表示在A的供述没有被刑讯逼供，在庭前会中也均明确表示不需要申请非法证据排除。故不存在无同步录音录像就无法排除其供述系刑讯逼供取得的合理怀疑的情形。

2013年"六部委"《关于实施刑事诉讼法若干问题的规定》第19条规定，调取讯问犯罪嫌疑人的录音或者录像，是人民检察院、人民法院的权力。

56. 辩方提出：201x年x月x日这份录像里被告人乙的供述与笔录有很大出入，记录员根本没有记录，有直接复制粘贴之前的供述的嫌疑。

答辩要点：（1）检察员逐一核查了被告人乙之前的笔录，并与录像内容进行了仔细核对，发现并非像辩护人所说的录像和笔录有很大出入或者全盘的复制粘贴以前供述的情况。

（2）对于同一问题涉及的同一犯罪事实，被告人的供述与之前的供述无明显差异的情况下，书记员借鉴之前的笔录并无不当。形成笔录后，经过了被告人核对、补充、改正，确认笔录没有错误后应当签字、捺印。这个过程，充分说明该份供述具有真实性。

（3）从当庭播放的同步录音录像里可以看被告人乙的语气平和，流畅自然，这不是受到威胁、恐惧的表现。被告人乙核对讯问笔录花了40多分钟，并做了多达9次修改，说明侦查机关充分保障了其阅读核对笔录的权利。在被告人乙其他的供述中也都能找到阅读后修改笔录的痕迹，这些足以证明侦查机关在调查取证中没有采取非法手段，所获得的证据真实合法。

侦查实践中，制作讯问笔录时侦查人员对犯罪嫌疑人供述内容，一般而言，应尽可能原汁原味记录犯罪嫌疑人供述语言，但犯罪嫌疑人由于语言表达等因素影响，在供述过程中有零碎、颠倒重复的情况，侦查人员在不违背犯罪嫌疑人供述真实意思的前提下，对其供述内容进行适当归纳、整理，是合理合法的。

每一个个体的思维模式、语言文字表达均具有惯性模式和特征，同一侦查人员对犯罪嫌疑人前后数次供述记载过程中，语言文字表达习惯一致均是正常的，也可能存在对于以前笔录的部分借鉴。但该笔录取证程序合法，并交被告人阅读后签字印证予以确认，且得到了其他证据的印证，可以作为证据使用。

57. 辩方提出：在原审申请众多证人出庭作证，法庭并没给出不支持证人出庭的明确理由，却仅仅通知了几个证人出庭，致使案件事实查而不明。

答辩要点：《刑事诉讼法》第192条关于证人出庭的规定是关键证人出庭制度。以及《律师参与刑事诉讼办案规范》第77条的规定，是"重要证人出庭"制度。并不要求本案所有证人出庭作证，所以也不存在所谓的证人出庭不全的问题。

本案所有的证人证言，根据《刑事诉讼法》第61条的规定，经过当庭举证质证，与本案其他证据相互印证，全案证据确实、充分，所谓查而不明不符合客观实际。

58. 辩方提出：辩护人提交的大量证人未被允许到庭，影响本案公正审理。

答辩要点：（1）法庭有通过审查，决定是否通知证人出庭作证的权力。辩护人应当尊重法庭决定。

（2）法庭是否通知证人出庭，通知哪些证人出庭，有充分的法律依据。根据《刑事诉讼法》第192条、《最高人民法院关于适用〈中华人民共和国刑事诉讼法〉解释》第205条的规定，证人证言对定罪量刑有重大影响，法庭认为有必要的，才准许出庭；最高法适用刑诉法解释第203条规定，控辩双方申请证人出庭作证，出示证据，应当说明证据的名称、来源和拟证明的事实。法庭认为有必要的，应当准许；对方提出异议，认为有关证据与案件无关或者明显、不必要，经法庭审查异议成立的，可以不予准许，如果有关证据与案件无关，或者明显重复、不必要，可以不准许出庭。

（3）同时，法律规定了四种情形，在庭审期间身患严重疾病或者行动极为不便的；居所远离开庭地点且交通极为不便的；身处国外短期无法回国的；有其他客观原因，确实无法出庭的。人民法院可以准许证人不出庭。

（4）结合本案，一审庭审前，被告人乙的辩护人申请被告人张某某、刘某甲、刘某乙等证人、另案被告人出庭作证或接受调查。经审查，法庭将认为无必要到庭或因身体原因以及无法联系等客观原因无法出庭作证的情况及时告知了控辩双方。同时，法庭根据控辩护双方申请，结合证人、另案被告人所作陈述对定罪量刑有无重大影响，决定准许某某等9名证人、另案被告人出庭作证或接受调查。二审又通知证人出庭，作证及接受调查的内容涉及组织、领导、参加黑社会性质组织、故意杀人、故意伤害、非法拘禁等对被告人乙定罪量刑有重大影响的事实，对于未到庭的证人及另案被告人的陈述也予以质证，保证了审判的全面性。

辩护人提出由于大量证人未被允许到庭，影响本案公正审理，不符合客观实际与法律规定。

59. 辩方提出：一审开庭所宣读的只是证人的书面证言，属于传闻证据，证人应当出庭作证，当庭接受控辩双方的质证，其证言才真实有效。

答辩要点：传闻证据规则源自英美法系，当前我国尚未确立，当然，很多学者在讨论之中。用尚未确立的证据规则来讨论我们刑事诉讼的具体问题是否妥当值得商榷。本案中应认为证人的书面证言有证明效力。

（1）根据相关法律及解释规定，庭审举证中可以传唤证人出庭作证，也可以宣读未到庭的证人的证言。控辩双方要求证人出庭作证，审判长也可以视情形做出是否准许的决定。证人在符合法定情形的情况下也可以不出庭作证。所以，辩护人提出证人一律应当出庭作证于法无据。

（2）已经宣读了证言的证人可以不出庭，理由是：第一，这些证人均在公诉机关移送法院的证人名单上，并非属于新的证人；第二，这些证人均已由公安机关、检察机关依法全面完整地调取证言，取证程序合法，证人系在完全自愿的意志下提供的证言，其证言具有客观性、关联性和合法性。

60. 辩方提出：庭审中该证人未出庭作证，如果证人在场，证人的说法会有所不同。

答辩要点：庭上宣读的证人证言，均由公安机关、检察机关依法全面完整地调取证言，取证程序合法，证人系在完全自愿的意志下提供的证言，其证言具有客观性、关联性和合法性。

《刑事诉讼法》第192条规定，公诉人、当事人或者辩护人、诉讼代理人对证人证言有异议、且该证人证言对案件定性有重大影响、人民法院认为证人有必要出庭的，证人应当出庭作证。

公诉机关与辩护人的职责不同，决定了公诉机关着重于建立一个完整的证据体系，通过何时、何地、何人、何事、何物、为何、如何七个方面的要素，形成锁链,证实犯罪发生的法律真实,以供法院裁判。公诉机关的所有证据,都是紧密相联的,公诉机关评判证据的标准是全面的,注重合法性、真实性、关联性有机统一。辩护人的职责,是提出犯罪嫌疑人、被告人无罪、罪轻的证据,决定了辩护人会把更多的精力集中在公诉机关提供的证据体系中的某一方面,某一点,以试图击破证据系统。这决定了辩护人对证据的选择,相对片面。

61. 辩方提出:部分被告人一审当庭对其在侦查机关所做供述部分内容的真实性进行了否认,被告人当庭供述与庭前供述不一的,应以当庭供述为准。

答辩要点:(1)我国的证据制度中,被告人的供述不论庭前还是当庭所作,均没有证明效力上的差别。

(2)《刑事诉讼法》规定,证据必须查证属实才能作为定案根据。2010年"两高三部"《关于办理死刑案件审查判断证据若干问题的规定》第22条规定,"被告人庭前供述一致,庭审中翻供,但被告人不能合理说明翻供理由或者其辩解与全案证据相矛盾,而庭前供述与其他证据能够相互印证的,可以采信被告人庭前供述。"本案中,被告人庭前供述与本案其他证据相互印证,而当庭翻供无合理理由、得不到其他证据支持。因此,庭前查证属实的供述应当作为定案根据,当庭无理翻供则不足采信。

62. 辩方提出:部分被告人的前后供述不一致,不具有真实性,这些证据不能采信。

答辩要点:同一被告人的口供,前后在某个细节上不一致的情况很正常。有的案件发生在多年以前,有些细节一开始不是记忆得很清楚,可能需要一个逐渐回忆的过程;有的被告人归案后认罪态度一般,但是随着侦查工作的深入开展,逐渐的承认了部分犯罪事实,到最后完全交代了整个作案过程。因此,供述前后不一致的情况,是符合事物的发展规律,符合侦查过程中取证的客观情况,更是符合经验法则、逻辑法则的。只要供述的内容能够与其他证据相互印证,就应当采信。

63. 辩方提出:证言和证言之间,证言和被告人的供述之间一些细节上供述的不一致。

答辩要点:言词证据在一些小细节上的不一致,这充分反映了言词证据的特点,因为不同的人,由于文化程度不同,经历不同,决定了他们的注意力、判断力和记忆力都是有所不同的,更为重要的是,由于他们在犯罪事件中所担当的角色不同,决定了他们出证时的态度,要求一个人记清楚所有的细节,也确实强人所难。从另一个角度说,言词证据不一致的地方,说明了侦查工作是在自然状况下进行的,侦查人员没有违反法律的规定刻意追求证据的一致性而违反法律的规定,因此,公诉机关采信证据的原则是,在基本核心事实、基本证据吻合的前提下，对这些枝节问题不必达到一致。

刑事案件的办理，从公安机关在侦查阶段的全面取证，到审查起诉阶段的全面审查，再到庭审阶段的举证质证，其实就是一个去伪存真、去粗取精，反复核查检验证据的过程，一审法庭通过庭审调查对被告人供述等言词证据中客观真实的部分予以认定，正是对证据审查判断后予以采信的结果。

64. 辩方提出：判决书只摘录了一份证据中对被告人不利的部分，而没有采信对被告人有利的部分。

答辩要点： 辩护人提出"判决书只摘录了一份证据中对被告人不利的部分，而没有采信对被告人有利的部分"本身就是一个错误的结论。比如：被告人乙非法持有枪支，被告人乙个人供述，自己先后持有过八九支枪，判决书结合在卷其他证据，认定他个人持有5支枪。这究竟是采信了对他有利的部分还是不利的部分？

判决书对证据的摘录标准，不是对被告人有利或是不利，而是客观全面地综合全案证据，在审查全案证据的基础上对证据真实的部分进行了认定。

65. 辩方提出：人民检察院应当向人民法院移送被告人罪轻、无罪的证据。

答辩要点：《刑事诉讼法》第51条：公诉案件中被告人有罪的举证责任由人民检察院承担。《人民检察院刑事诉讼规则》第61条第3款规定：人民检察院提起公诉、应当遵循客观公正原则，对被告人有罪、罪重、罪轻的证据都应当向人民法院提出。如果检察机关认为犯罪嫌疑人无罪，就不会提起公诉了。而罪轻、罪重的证据，公诉机关已全部移送到人民法院。

66. 辩方提出：黑社会性质犯罪不应由大量的同案犯供述相互证明。

答辩要点：（1）刑事诉讼法规定，被告人供述是法定的证据种类。对于涉及犯意的提起、犯罪的指使、策划等过程的证据因其证据亲历性的要求，被告人之间的互相指证必然是最主要的证据。（2）作为黑社会性质组织的成员，同案犯的供述能够直接证明该组织的组织层级、组织纪律和该组织对成员的控制等事实，能够相互印证，证明力强。（3）本案除了被告人供述，还有大量证人证言、书证和物证、鉴定意见等证据相印证，足以认定。

67. 辩方提出：被告人与证人之间是兄弟关系，所以证言不可靠。

答辩要点： 刑事诉讼法关于亲属作证的问题，在第193条有相关规定，指的是强制证人出庭的例外，即被告人的配偶、父母、子女不得强制到庭作证。并没有说亲属之间、兄弟之间就不能相互作证。

被告人和证人的证言是否可以采信，要根据其证明的真实性，和其他证据印证的情况加以判定。被告人在证实杀害被害人时，明确指出同案另一被告人参与了实施，并没有推诿到其他人身上，具有真实性，且证言的主要内容被其他证据所印证，可以采信。

68. 辩方提出： 一审判决书中引用了未质证的被告人乙在B市的供述，要求启动对B市供述的非法证据排除程序。

答辩要点： 经审查，一审判决书引用了被告人乙在B市的一份供述。一审法院引用未经法庭举证质证的证据，违反了证据采信规则，公诉人根据《人民检察院刑事诉讼规则》第446条的规定，提出纠正意见。

69. 辩方提出： 一审判决书使用了未经举证的证据，二审中申请排除非法证据。

答辩要点： 依据刑事诉讼法，未经质证的证据，不得成为定案的根据。一审法院违反证据采信规则，公诉人已经当庭提出纠正意见。公诉机关承担被告人有罪的举证责任，同时享有运用证据、自主出示证据的权利。一审审理中，公诉机关综合全案事实和证据，判断被告人在B市的供述对本案相关事实和情节的认定价值不大，遂不作定案根据向法庭出示。对于检察机关不作定案根据的证据，申请启动非法证据排除，既于法无据又多此一举。

70. 辩方提出： 另案被告人的供述是什么证据。

答辩要点： 公诉人认为，另案被告人的供述与辩解实质上是被告人的供述与辩解。另案被告人，实际是共同犯罪中的共同作案人，不是知道案件情况的第三人。只是基于本案分案审理，才出现了这种提法。

71. 辩方提出： 对证据与被告人缺少关联性的质证意见。

答辩要点： 一审出示的证据均与证实各被告人的犯罪有关，是证据体系的组成部分。只是有的证据对证实某一情节关联性强一些，对证实另一情节关联性弱一些。但是，不能因此否定证据本身的关联性。

72. 辩方提出： 涉案事实中的部分证人的证言没有调取；杀人案件中枪支来源、去向尚未查清；涉案中刀具何处购买，公司账目是否记载买刀具等细节没有查清，因此认为本案的事实不清。

答辩要点： 这涉及证明标准的问题。辩护人的观点，实际上是将基本事实清楚、基本证据确实充分的证明标准拔高到了所有事实清楚、所有证据确实、充分。这是不符合客观规律的。刑事诉讼中的客观事实不可能重现，我们只能通过刑事诉讼程序，收集证据还原已经发生的事实，这种事实也就是法律事实。《刑事诉讼法》第55条第2款规定："证据确实、充分，应当符合以下条件：（一）定罪量刑的事实都有证据证明；（二）据以定案的证据均经法定程序查证属实；（三）综合全案证据，对所认定事实已排除合理怀疑。其中，排除合理怀疑中的'合理怀疑'是一种有根据且任何理性的人都会产生的怀疑，而不可能是任何怀疑。"

因此，刑事诉讼的证明标准并不要求对案件事实的所有细枝末节都达到能够排除合理怀疑，而仅指重要的、关键性的、涉及定罪量刑的事实必须能够排除合理怀疑；它也不意味着在刑事案件中对凡是与案件有关的所有细枝末节都要进行不合理的怀疑，而是强调通过证据所认定的定罪量刑的事实符合客观实际，符合逻辑和经验。这就是我们司法实践长期总结的七何要素：何时、何地、何人、何事、何物、如何、为何。

《人民检察院刑事诉讼规则》第390条第2款"具有下列情形之一的，可以确认犯罪事实已经查清"第（二）项是这样规定的："无法查清作案工具、赃款去向，但有其他证据足以对被告人定罪量刑的。"

73. 辩方提出：重新鉴定或鉴定人出庭。

答辩要点：（1）对原有鉴定已经进行了认真审查，没有重新鉴定的必要。本案的鉴定系侦查机关委托相关部门（或公安机关的专门的法医）进行，这些鉴定机构和鉴定人员都具有相应的资质，且无法鉴定回避事由，其鉴定是依据相关的法律、法规进行的，其意见也符合相关鉴定标准的要求，是合法有效的，可以作为定案的依据。

（2）鉴定人需要出庭的情形：鉴定意见与其他证据材料相反或存在严重分歧，明显存在疑点或严重违反鉴定实施程序。本案的鉴定均不存在上述问题，且其鉴定内容与相关的证据相印证，形成锁链，无须鉴定人予以当庭说明。

答辩实例

1. 辩方提出：存在疲劳审讯，据此获得的供述需要排除。

答辩要点：根据2013年最高人民法院《关于建立健全防范刑事冤假错案工作机制的意见》的第8条规定，采用疲劳审讯方法收集的嫌疑人供述，应当排除。

《刑事诉讼法》第119条第2款、第3款的规定："传唤、拘传持续的时间不得超过十二小时；案情特别重大、复杂，需要采取拘留、逮捕措施的，传唤、拘传持续的时间不得超过二十四小时。不得以连续传唤、拘传的形式变相拘禁犯罪嫌疑人。传唤、拘传犯罪嫌疑人，应当保证犯罪嫌疑人的饮食和必要的休息时间。"何谓必要的休息时间，讯问时间持续多久才算是疲劳审讯，并无其他规范性法律文件予以界定。判断是否存在疲劳审讯应结合讯问笔录、同步录音录像等证据审查嫌疑人接受讯问时精神、身体状况是否正常。如果长时间连续讯问超出合理的限度，没有为犯罪嫌疑人、被告人提供必要的休息时间，使犯罪嫌疑人、被告人遭受难以忍受的痛苦而违背意愿作出供述，就应当认定为疲劳讯问，并依法排除有关供述。

【凌某某受贿、滥用职权上诉案】凌某某被传唤至检察院后自2013年7月11日9：20分开始至7月12日4：55分连续接受近二十个小时的讯问，形成四份讯问笔录。讯问结束后从7月12日5：20分至10：40躺在长沙发上睡觉。经查看同步录音录像，凌某某被讯问时神态自然，应答正常，前四次笔录虽然连续讯问，确有不规范之处，但并未突破《刑事诉讼法》第119条的限制性规定。且讯问笔录中均如实记载了凌某某服药、检查身体等情况。该四份笔录应当作为证据被采信。

[参考案例：(2014)苏刑二终字第0025号]

2. 辩方提出：侦查机关通过疲劳审讯获得的被告人供述属于非法证据，应当排除。

答辩要点：最高人民法院《关于适用〈中华人民共和国刑事诉讼法〉的解释》第95条第1款规定："使用肉刑或者变相肉刑，或者采用其他使被告人在肉体或者精神上遭受剧烈疼痛或者痛苦的方法，迫使被告人违背意愿供述的，应当认定为刑事诉讼法第五十四条规定的'刑讯逼供等非法方法'。"除了传统的吊打、捆绑等暴力手段外，其他足以形成肉体或精神强烈痛苦的罚站、罚跪、冻饿、日晒、雨淋、火烤、强光、噪声、"车轮战"、不准睡眠等方法也属于刑讯逼供方法，而且已经成为非法取证的主要手段。

本案中，前4次讯问笔录和同步录音录像反映，侦查机关采用"轮流审讯"的方式连续讯问吴某某长达30多小时，而且期间没有给予必要休息，属于疲劳审讯。这种疲劳审讯属于一种变相肉刑，对公民基本权利的侵犯程度与刑讯逼供基本相当。这种情况下所作有罪供述不能排除是在精神和肉体遭受痛苦的情况下，违背自己意愿作出的。应当予以排除，不得作为定案依据使用。

[参考案例：《刑事审判参考》总第106集第1141号]

3. 辩方提出：刑讯逼供具有波及力，之后被告人受该刑讯逼供行为影响而作出的重复性供述应当一并排除。

答辩要点："两高三部"《关于办理刑事案件严格排除非法证据若干问题的规定》第5条规定："采用刑讯逼供方法使犯罪嫌疑人、被告人作出供述，之后犯罪嫌疑人、被告人受该刑讯逼供行为影响而作出的与该供述相同的重复性供述，应当一并排除，但下列情形除外：

（一）侦查期间，根据控告、举报或者自己发现等，侦查机关确认或者不能排除以非法方法收证据而更换侦查人员，其他侦查人员再次讯问时告知诉讼权利和认罪的法律后果，犯罪嫌疑人自愿供述的；

（二）审查逮捕、审查起诉和审判期间，检察人员、审判人员讯问时告知诉讼权利和认罪的法律后果,犯罪嫌疑人、被告人自愿供述的。"

[**参考案例**:《刑事审判参考》总第 106 集第 1141 号]

4. 辩方提出:以威胁方法收集的被告人供述应予排除。

答辩要点:"两高三部"《关于办理刑事案件严格排除非法证据若干问题的规定》第 3 条:采用以暴力或者严重损害本人及其近亲属合法权益等进行威胁的方法,使犯罪嫌疑人、被告人遭受难以忍受的痛苦而违背意愿作出的供述,应当予以排除。

刑事诉讼中讯问必然带有一定的高压及强制性,正常的侦查策略和威胁应当区别开来。只有当"威胁"已经严重侵犯公民权利,严重损害司法公正,并足以使当事人作虚假供述时,此种情况下收集的证据就应当予以排除。对于犯罪嫌疑人"以家人要挟"的辩解应当区分不同情况:(1)如家人亲属确实涉嫌相关犯罪,如共同受贿、掩饰、隐瞒犯罪所得等,司法机关对其按照程序采取强制措施有事实、法律依据;(2)如果侦查机关告诉犯罪嫌疑人只要其供述就不追究家人刑事责任,但事后却追究了属于欺诈,达到一定程度可排除;(3)如果因犯罪嫌疑人配合就不追究,属于违法交换,其口供因达不到肉体、精神痛苦的程度而不能当然排除,但因存在交换,其客观性存疑,根据个案具体情况决定是否采信。(4)如果威胁达到严重程度,严重损害本人及其近亲属的合法权益,或者以法律禁止的方法、以社会道德难以容忍的方法进行威胁,则应当认定威胁达到严重程度的,属于《最高人民法院关于适用〈中华人民共和国刑事诉讼法〉的解释》第 95 条关于"其他使被告人在精神上遭受痛苦的方法",认定为《刑事诉讼法》第 50 条规定的"刑讯逼供等方法",据此收集的供述应当排除。

本案中,郑某某辩称侦查人员威胁其不承认受贿就查处其女婿的公司,抓捕其女儿、女婿,威胁内容、时间、地点和实施人员均具体、明确,并得到相关书证、证人证言的证实。具体为郑某某的女儿郑某甲、女婿陈某某于 2011 年 8 月 19 日 15 时被传唤到侦办机关并留置 8 月 20 日 19 时。侦查人员以针对被告人本人及其亲属的重大不利相威胁,产生的精神强制效力达到了严重程度,极大可能导致被告人精神痛苦并违背意志进行供述。对这种"严重损害本人及其近亲属合法权益等进行威胁的方法"获取的供述,应当予以排除。

[**参考案例**:《刑事审判参考》总第 106 集第 1140 号]

5. 辩方提出:未依法对讯问过程进行全程录音录像的讯问笔录应予排除。

答辩要点:《最高人民检察院讯问职务犯罪嫌疑人实行全程同步录音录像的规定》第 2 条规定:讯问犯罪嫌疑人时,应当对每一次讯问的全过程实施不间断的录音、录像。讯问录音、录像是人民检察院在受理侦查职务犯罪案件工作中规范讯问行为、保证讯问活动合法性的重要手段。讯问录音录像应当保持完整，不得选择性录制，不得剪接、删改。

本案中，侦查机关在立案后对王某的讯问笔录，其中没有同步录音录像的2011年4月21日1份、4月22日1份、4月28日1份、4月29日9时30分至11时55分1份、5月4日1份，不符合《最高人民检察院讯问职务犯罪嫌疑人实行全程同步录音录像的规定》第2条的规定，不得作为定案的根据。

[参考案例：《刑事审判参考》总第108集第1166号]

6. 辩方提出：讯问存在指供，据此获得的供述需要排除。

答辩要点： 所谓指供，一般是指犯罪嫌疑人按照侦查人员的意志和指示违背意愿作出的供述。基于趋利避害心理，在没有外界压力情况下，犯罪嫌疑人通常不会按照侦查人员的指示作出自我归罪性供述。

并非所有提示性的讯问都属于指供而必然排除。实践中，有的受贿案件跨度时间长，受贿次数多，涉及众多行贿人，请托事项繁杂，犯罪嫌疑人确实回忆不起来。办案人员通过提示部分事实细节、出示相关证据等方式，促使犯罪嫌疑人交代犯罪事实。分为几种情形，一是出示相关书证如银行转款记录求证收钱事实，因书证是之前已然发生行受贿事实的客观反映，不存在侦查人员假设事实刻意引导的成分，对此不能认定为指供；二是犯罪嫌疑人确实记忆混淆，对此进行提示性发问。但提示内容的有的是枝节问题，有的是前后供述不一致时让其解释。在作出提示后，仍征询犯罪嫌疑人本人意见，在其明确认可情况下才予以记录，讯问结束后并让其核对笔录并签字、捺印，亦不存在指供；三是具有明显的指供、诱供行为取得的口供应予排除。

7. 辩方提出：供述因讯问地点不合法的证据需要排除。

答辩要点：《刑事诉讼法》第85条、第93条规定拘留后应当立即将被拘留人送看守所羁押，至迟不得超过二十四小时。逮捕后，应当立即将被逮捕人送看守所羁押。第118条规定侦查办案人员应当在看守所内进行讯问。故未依照法律规定在办案机关讯问室等办案场所讯问取得的供述，以及犯罪嫌疑人被送交看守所羁押后，未依照法律规定在看守所讯问室讯问取得的供述，应当予以排除。

[参考案例：（2016）苏刑再4号沈某某等三人寻衅滋事案]

8. 辩方提出：立案前的调查笔录不属于证据。

答辩要点： 能够证明案件真实情况的合法材料，都可以被用作证据或者证据辅助材料。侦查机关在初查阶段合法收集的言词材料可以作为证据使用。根据《刑事诉讼法》第110条的规定，人民法院、人民检察院或者公安机关对于报案、控告、举报和自首的材料，应当按照管辖范围，迅速进行审查，认为有犯罪事实需要追究刑事责任的时候，应当立案。最高人民检察院制定的《人民检察院刑事诉讼规则（试行）》对初查作了详细规定。即举报线索的初查由侦查部门进行。可见，侦查机关启动侦查以发现犯罪嫌疑为前提，并不以立案为前提。初查阶段取得的被调查人言词证据材料，符合取证主体和办案程序的相关规定，具有合法性，调查当中无刑讯逼供等非法情形的，可以作为诉讼证据使用。

本案中，由于侦查机关在初查阶段对尹某某采取了疲劳审讯、威胁、辱骂的方式，无法确认侦查机关在初查阶段的取证行为具有合法性，故将此阶段取得的尹某某的言词材料作为非法证据予以排除。

[**参考案例**:《刑事审判参考》总第 101 集第 1040 号]

第三章 刑事诉讼程序

1. 公诉人在庭上发现起诉书有重大失误,如何应对?

答辩要点:如果起诉书中有文字校对等方面的一般性失误,公诉人应当当庭予以口头更正。如果起诉书出现被告人的基本情况、案由、案件事实、起诉的理由错误等足以影响定罪量刑的重大失误,公诉人应当要求休庭,或建议合议庭延期审理。经检察长批准后,变更、追加或者撤回起诉书。

依据:《人民检察院刑事诉讼规则》第406条:法庭审理过程中遇有下列情形之一,公诉人应当要求法庭延期审理:(一)发现事实不清、证据不足,或者遗漏罪行、遗漏同案犯罪嫌疑人,需要补充侦查或者补充提供证据的;(二)发现遗漏罪行或者遗漏同案犯罪嫌疑人,虽不需要补充侦查和补充提供证据,但需要提出追加或者变更起诉的;(三)需要通知开庭前未向人民法院提供名单的证人、鉴定人或者经人民法院通知而未到庭的证人出庭陈述的。

《人民检察院刑事诉讼规则》第426条:变更、追加或者撤回起诉应当报经检察长或者检察委员会决定,并以书面方式在人民法院宣告判决前向人民法院提出。

2. 对被告人随意打断公诉人发言,为自己辩解,如何应对?

答辩要点:被告人应当遵守法庭规则,发言、陈述和辩论,须经审判长许可。被告人在法庭上随意发言,甚至恶意打断公诉人发问,是违反法庭规则的行为,根据《人民法院法庭规则》第19条的规定,应当由法庭予以警告制止。

如果法庭没有警告制止,公诉人可告知被告人:"根据法庭的许可,现在由公诉人发言,被告人如需要为自己辩解,可在公诉人发言后,经法庭许可,再作发言。"如果被告人随后仍然继续打断公诉人发言,影响庭审顺利进行的,公诉人应要求法庭当庭予以警告制止并予以训诫。

如果审判长不予警告制止,或者警告制止仍无效的,公诉人可向法庭建议:鉴于被告人违反法庭规则、继续恶意打断公诉人发言,影响法庭秩序,请法庭休庭。

第19条:审判长或独任审判员对违反法庭纪律的人员应当予以警告;对不听警告的,予以训诫;对训诫无效的,责令其退出法庭;对拒不退出法庭的,指令司法警察将其强行带出法庭。

行为人违反本规则第17条第1款第四项规定的,人民法院可以暂扣其使用的设备及存储介质,删除相关内容。

3. 庭审中,被告人交代出自己其他犯罪事实的,如何应对?

答辩要点: 对被告人主动交代自己其他犯罪事实的行为,公诉人首先应当当庭予以肯定和鼓励;其次,公诉人可向法庭表明:"审判长,鉴于今天开庭审理的是起诉书指控的犯罪事实,被告人所交代的自己的其他犯罪事实,超出了起诉书的指控范围,公诉人建议法庭对本案继续开庭审理。对被告人交代的自己的其他犯罪事实,建议法庭在庭审结束后进行讯问、调查,并将有关材料依法移送有关职能部门处理。"

4. 公诉人发现拟出庭的证人、鉴定人在庭上旁听,如何应对?

答辩要点: 公诉人应当提醒法庭注意,让证人、鉴定人退庭后再行开庭审理,如果法庭不予接受,公诉人应让审判长阻止该证人、鉴定人出庭。待庭审后公诉人提出书面纠违意见。

依据:《最高人民法院关于适用〈中华人民共和国刑事诉讼法〉若干问题的解释》第216条:向证人和鉴定人有专门知识的发问应当分别进行。证人、鉴定人有专门知识的经控辩双方发问或者审判人员询问后,审判长应当告其退庭。证人、鉴定人有专门知识的不得旁听对本案的审理。

5. 依法不公开审理的案件出现了旁听人员,如何应对?

答辩要点: 公诉人应提醒法庭注意依法进行处置,法庭不予处置的,公诉人应停止出庭公诉活动,待退庭后提出书面纠违意见。

依据:《刑事诉讼法》第188条:人民法院审判第一审案件应当公开进行。但是有关国家秘密或者个人隐私的案件,不公开审理;涉及商业秘密的案件,当事人申请不公开审理的,可以不公开审理。

《最高人民法院关于适用〈中华人民共和国刑事诉讼法〉若干问题的解释》第186条:审判案件应当公开进行。案件涉及国家秘密或个人隐私的,不公开公开审理;涉及商业秘密,当事人提出申请的,法庭可以决定不公开审理。不公开审理的案件任何人不得旁听,但法律另有规定的除外。

6. 被告人当庭翻供否认犯罪,如何应对?

答辩要点: 被告人的翻供如果可能影响定罪量刑,公诉人则应当通过宣读被告人原始供述笔录,并针对笔录中被告人的供述内容有针对性地对被告人进行讯问,或者改变讯问套路,针对无理辩解直接提出证据反驳被告人的翻供,向合议庭表明本案"事实清楚,证据确实、充分",足以认定被告人有罪。同时在发表公诉意见时对被告人在法庭上的认罪态度提出酌情从重处罚的量刑建议。

依据：《刑事诉讼法》第 55 条：对一切案件的判处都要重证据，重调查研究，不轻信口供。只有被告人供述，没有其他证据的，不能认定被告人有罪和处以刑罚；没有被告人供述，证据确实充分的，可以认定被告人有罪和处以刑罚。

《人民检察院刑事诉讼规则》第 403 条：被告人在庭审中的陈述与在侦查、审查起诉中的供述一致或者不一致的内容不影响定罪量刑的，可以不宣读被告人供述笔录。

被告人在庭审中的陈述与在侦查、审查起诉中的供述不一致，足以影响定罪量刑的，可以宣读被告人供述笔录，并针对笔录中被告人的供述内容对被告人进行讯问，或者提出其他证据进行证明。

7. 公诉人以普通话发问，被告人却以方言回答，如何应对？

答辩要点：如果该被告人系少数民族，且其使用的方言属于本民族语言的，无论是是否使用普通话回答，公诉人均应首先问其是否要使用本民族语言回答。被告人明确表示庭审中要用本民族语言回答的，公诉人应向法庭提出："审判长，鉴于被告人要求使用本民族语言进行诉讼，请法庭根据法律规定为其提供翻译。"

如果被告人不是少数民族，其使用方言不影响庭审顺利进行，可以允许，如果影响庭审顺利进行，公诉人应区分不同情况予以处理：

（1）如果被告人使用方言只是用语习惯，公诉人可向被告人指出：被告人，如果你能够使用普通话回答问题，应使用普通话回答，以便于法庭全面客观地了解案情。

（2）被告人确实难以用普通话进行回答，公诉人在讯问后，可用普通话复述被告人的回答内容，并由被告人当庭确认。

8. 聋、哑被告人、少数民族被告人提出侦查阶段被讯问时无人翻译，如何应对？

答辩要点：如果被告人所提情况客观真实，公诉人应首先表明，侦查机关在取得被告人供述时，违反了刑事诉讼法的有关规定，属于非法取得的证据，依据法律的有关规定，公诉人不再将此作为指控被告人犯罪的证据使用，但是认定本案被告人构成犯罪，并不仅仅依据被告人的供述，而主要是依据其他证据，上述证据公诉人将在庭审调查过程中予以出示，并请法庭继续开庭审理。

如果被告人所提情况并不客观真实，公诉人应当当庭出示、宣读侦查机关所制作的有关诉讼文书、侦查活动笔录，以澄清事实。

依据：《刑事诉讼法》第 9 条：各民族公民都有用本民族语言文字进行诉讼

的权利。人民法院、人民检察院和公安机关对于不通晓当地通用的语言文字的诉讼参与人，应当为他们翻译。

9. 辩护人对被告人、被害人、证人诱导性发问，如何应对？

答辩要点：法庭审理中如果出现这种情况，公诉人应当提醒审判长对辩护人的发问予以制止，或者要求法庭对被害人或者证人被诱导后作出的陈述、证言不予采纳。

依据：《人民检察院刑事诉讼规则》第402条规定：辩护人对被告人或者证人进行诱导性讯问、询问以及其他不当讯问、询问可能影响陈述或者证言的客观真实的，公诉人可以要求审判长制止或者要求对该项陈述或者证言不予采纳。

10. 被害人在法庭上反映新的被害事实，如何应对？

答辩要点：如果被害人讲的新的被侵害事实与本案被告人有关，应当建议法庭休庭延期审理，对新的事实进行补充侦查。

如果被害人提供的新的被侵害事实与本案被告人无关，应由法庭记录在案，并对本案事实继续审理。

依据：《刑事诉讼法》第204条规定：在法庭审判过程中，遇有下列情形之一，影响审判进行的，可以延期审理：（一）需要通知新的证人到庭，调取新的物证，重新鉴定或者勘验的；（二）检察人员发现提起公诉的案件需要补充侦查，提出建议的。

《人民检察院刑事诉讼规则》第406条：法庭审理过程中遇有下列情形之一的，公诉人应当要求法庭延期审理：（一）发现事实不清、证据不足，或者遗漏罪行、遗漏同案犯罪嫌疑人，需要补充侦查或者补充提供证据的；（二）发现遗漏罪行或者遗漏同案犯罪嫌疑人，虽不需要补充侦查和补充提供证据，但需要提出追加或者变更起诉的。

11. 辩护人要求同时讯问共同犯罪的被告人进行对质，如何应对？

答辩要点：公诉人应提请法庭不许可辩护人同时讯问，并指出辩护人此举违反刑事诉讼法，再依据《人民检察院刑事诉讼规则》指出讯问共同犯罪案件的被告人、询问证人应当分别进行。

依据：《人民检察院刑事诉讼规则》第402条：讯问共同犯罪案件的被告人、询问证人应当分别进行。

12. 被告人或旁听人员在法庭上对公诉人人身攻击，如何应对？

答辩要点：依照法律的规定审判长应当采取相应措施予以制止，如果审判长未采取相应措施的，公诉人应当及时建议审判长对旁听人员的上述行为予以制止或强行带出法庭。

依据：《刑事诉讼法》第199条：在法庭审判过程中，如果诉讼参与人或者旁听人员违反法庭秩序，审判长应当警告制止。对不听制止的，可以强行带出法庭；情节严重的，处以一千元以下的罚款或者十五日以下的拘留。

对聚众哄闹、冲击法庭或者侮辱、诽谤、威胁、殴打司法工作人员或者诉讼参与人，严重扰乱法庭秩序，构成犯罪的，依法追究刑事责任。

13. 公诉人发现应当对被告人追加起诉或变更起诉，如何应对？

答辩要点：公诉人通过质证发现有新的事实，应当对被告人追加起诉或变更起诉时，应当要求休庭，在向检察长汇报后，视情况建议法庭延期审理。

依据：《人民检察院刑事诉讼规则》第406条，法庭审判过程中遇有下列情形之一的，公诉人可以建议法庭延期审理：

（一）发现事实不清、证据不足，或者遗漏罪行、遗漏同案犯罪嫌疑人，需要补充侦查或者补充提供证据的；

（二）被告人揭发他人犯罪行为或者提供重要线索，需要补充侦查进行查证的；

（三）发现遗漏罪行或者遗漏同案犯罪嫌疑人，虽不需要补充侦查和补充提供证据，但需要补充、追加或者变更起诉的；

（四）申请人民法院通知证人、鉴定人出庭作证或者有专门知识的人出庭提出意见的；

（五）需要调取新的证据，重新鉴定或者勘验的；

（六）公诉人出示、宣读开庭前移送人民法院的证据以外的证据，或者补充、变更起诉，需要给予被告人、辩护人必要时间进行辩护准备的；

（七）被告人、辩护人向法庭出示公诉人不掌握的与定罪量刑有关的证据，需要调查核实的；

（八）公诉人对证据收集的合法性进行证明，需要调查核实的。

14. 法庭建议公诉人补充侦查、补充或变更起诉，如何应对？

答辩要点：人民法院建议公诉人补充侦查、补充或者变更起诉的，公诉人应当审查有关理由，并发表是否补充侦查、补充或者变更起诉的意见。如果法庭审理中，公诉人发现事实不清、证据不足，或者遗漏罪行、遗漏同案犯罪嫌疑人，需要补充侦查或者补充提供证据的；或者发现遗漏罪行、遗漏同案犯罪嫌疑人，虽不需要补充侦查或者补充提供证据，但需要提出追加或者变更起诉的；公诉人应当同意法庭的建议，向法庭提出延期审理的建议。经审查，无须进行补充侦查、补充或变更起诉的，公诉人要求人民法院就起诉指控的犯罪事实依法做出裁判。

依据：《人民检察院刑事诉讼法规则》第425条规定：在法庭审理过程中，人民法院建议人民检察院补充侦查、补充或者变更起诉的，人民检察院应当审查有关理由，并做出是否退回补充侦查、补充或者变更起诉的决定。人民检察院不同意的，可以要求人民法院就起诉指控的犯罪事实依法做出裁判。

《人民检察院刑事诉讼规则》第406条："法庭审理过程中遇有下列情形之一，公诉人应当要求法庭延期审理：（一）发现事实不清、证据不足，或者遗漏罪行、遗漏同案犯罪嫌疑人，需要补充侦查或者补充提供证据的；（三）发现遗漏罪行或者遗漏同案犯罪嫌疑人，虽不需要补充侦查和补充提供证据，但需要提出追加或者变更起诉的。"

15. 在侦查、审查起诉阶段拒不认罪的被告人当庭如实供述，如何应对？

答辩要点：审查案件时，针对被告人拒不交代犯罪事实，公诉人在庭前有针对性的制作出庭计划。被告人如果当庭如实供述。首先，公诉人应根据被告人在法庭上的心理状态和表现，调整讯问策略，针对被告人如实供述进行讯问，讯问时围绕犯罪构成要件进行，在讯问犯罪事实的基础上，对被告人当庭改变供述的动机原因，以及在侦查、审查起诉阶段拒不供述的原因进行讯问。其次，公诉人在举证时，应围绕有关犯罪构成的事实及与量刑轻重有关的其他事实进行，使证据与被告人当庭供述相印证，证实被告人当庭供述的事实是客观真实的。最后，在法庭辩论阶段，结合被告人的供述及证据情况在公诉意见中对被告人的认罪态度做出肯定的评价，说明被告人当庭如实供述犯罪事实表明被告人有悔罪表现，属于我国《刑法》规定的酌定从轻情节。如被告人是主动投案的，并如实供述自己的罪行后又翻供的，应在发表公诉意见时重新认定其为自首。

依据：《人民检察院刑事诉讼规则》第400条：公诉人讯问被告人，询问证人、被害人、鉴定人，出示物证，宣读书证、未出庭证人的证言笔录等应当围绕下列事实进行：（一）被告人的身份；（二）指控的犯罪事实是否存在，是否为被告人所实施；（三）实施犯罪行为的时间、地点、方法、手段、结果，被告人犯罪后的表现等；（四）犯罪集团或者其他共同犯罪案件中参与犯罪人员的各自地位和应负的责任；（五）被告人有无责任能力，有无故意或者过失，行为的动机、目的；（六）有无依法不应当追究刑事责任的情况，有无法定的从重或者从轻、减轻以及免除处罚的情节；（七）犯罪对象、作案工具的主要特征，与犯罪有关的财物的来源、数量以及去向；（八）被告人全部或者部分否认起诉书指控的犯罪事实的，否认的根据和理由能否成立；（九）与定罪量刑有关的其他事实。

《最高人民法院关于处理自首和立功具体应用法律若干问题的解释》第1条第（二）项规定：犯罪嫌疑人自动投案并如实供述自己的罪行后又翻供的，不能认定为自首;但在一审判决前又能如实供述的,应当认定为自首。

16. 法庭委托非权威部门对损伤类案件鉴定,新结论与原鉴定发生了变化,如何应对?

答辩要点:法院委托非权威部门进行鉴定,损伤鉴定结论发生了变化。这样的鉴定活动及结论都是违反法定程序的。损伤类案件的鉴定结论必须是有鉴定资格的专门机构进行鉴定,新的鉴定结论才能作为证据使用。公诉人在质证时,首先,应指出该鉴定部门不具有法律规定的鉴定资格。其次,应指出没有法定资格的部门做出的损伤鉴定结论,不能作为证据使用,没有证明力。最后,针对法院的违法行为及时发出《纠正违法通知书》。

依据:《刑事诉讼法》第146条规定:为了查明案情,需要解决案件中某些专门性问题的时候,应当指派、聘请有专门知识的人进行鉴定。

17. 被告人或者辩护人脱离案件事实和证据,对办案机关、办案人员横加指责、肆意诋毁,如何应对?

答辩要点:公诉人首先应向法庭指出,庭审中辩护人的职责是根据事实和法律,提出证明犯罪嫌疑人、被告人无罪、罪轻或者减轻、免除其刑事责任的材料和意见,维护犯罪嫌疑人、被告人的合法权益。辩护人对办案机关、办案人员的指责和诋毁,是脱离案件事实、证据的辩护,辩护人的辩护意见,已超越了法律规定的辩护人的职责,并提请法庭予以制止。

依据:《刑事诉讼法》第37条规定:辩护人的责任是根据事实和法律,提出证明犯罪嫌疑人、被告人无罪、罪轻或者减轻、免除其刑事责任的材料和意见,维护犯罪嫌疑人、被告人的诉讼权利和其他合法权益。

《最高人民法院关于适用〈中华人民共和国刑事诉讼法〉的解释》第233条规定,法庭辩论过程中,审判长应当充分听取控辩双方的意见,对控辩双方与案件无关、重复或者指责对方的发言应当提醒、制止。

18. 起诉书已经认定被告人有自首情节,但在庭审中被告人翻供拒不认罪,如何应对?

答辩要点:公诉人应首先向被告人讲明,自首构成的条件,以及其当庭翻供对能否认定其构成自首的影响及其法律后果,通过当庭阐明法律规定,争取被告人能够如实供述。如被告人仍然翻供、拒不认罪,公诉人应当通过宣读被告人原始供述笔录,并针对笔录中被告人的供述内容有针对性地对被告人进行讯问,或者提出其他证据进行证明,本案"事实清楚,证据确实、充分",足以认定被告人有罪。同时在发表公诉意见时应对被告人的当庭认罪态度提出明确意见,向法庭讲明,被告人虽然主动投案,但其当庭翻供,不能如实供述自己的罪行,其行为不符合自首的条件,不应认定为自首。并同时对被告人的认罪态度予以评价，请法庭在量刑时予以考虑。

依据：《最高人民法院关于处理自首和立功具体应用法律若干问题的解释》第 1 条第二项规定：犯罪嫌疑人自动投案并如实供述自己的罪行后又翻供的，不能认定为自首；但在一审判决前又能如实供述的，应当认定为自首。

《人民检察院刑事诉讼规则》第 403 条：被告人在庭审中的陈述与在侦查、审查起诉中的供述一致或者不一致的内容不影响定罪量刑的，可以不宣读被告人供述笔录。

被告人在庭审中的陈述与在侦查、审查起诉中的供述不一致，足以影响定罪量刑的，可以宣读被告人供述笔录，并针对笔录中被告人的供述内容对被告人进行讯问，或者提出其他证据进行证明。

19. 被告人交代其他犯罪事实或检举揭发他人犯罪，如何应对？

答辩要点：被告人交代的犯罪事实如果系与本案有关的犯罪事实，并且影响定罪量刑的，公诉人应直接建议法庭延期审理。

被告人检举他人犯罪事实如果与本案无关，公诉人应当立即阻止被告人表述检举内容，建议法庭休庭，休庭时让书记员记录被告人检举的具体内容，肯定被告人检举他人犯罪的行为，并表明能否认定为立功有待查证属实。然后继续开庭审理。庭审结束后将检举材料交本院控申举报中心，由控申部门转相关机关处理。

依据：《人民检察院刑事诉讼规则》第 160 条，人民检察院办理直接立案侦查的案件，移送审查逮捕、审查起诉的，按照本规则第一百五十二条至第一百五十四条的规定办理。

《人民检察院刑事诉讼规则》第 406 条，法庭审理过程中遇有下列情形之一的，公诉人应当要求法庭延期审理：（一）发现事实不清、证据不足，或者遗漏罪行、遗漏同案犯罪嫌疑人，需要补充侦查或者补充提供证据的。

20. 法庭根据被告人、辩护人的申请向公诉机关调取在侦查、审查起诉中收集的有关被告人无罪或罪轻的证据材料，如何应对？

答辩要点：公诉人应当在人民法院出具调取证据材料决定书 3 日内移交。如果没有上述材料的应当向人民法院说明情况。

依据：《人民检察院刑事诉讼规则》第 414 条："在法庭审理过程中，合议庭对证据有疑问或人民法院根据辩护人、被告人的申请，向人民检察院调取在侦查、审查起诉中收集的有关被告人无罪或者罪轻的证据材料时，人民检察院应当自收到人民法院要求调取证据材料决定书后三日内移交。如果没有此材料，应当向人民法院说明情况。"

21. 被告人在庭上突然提出自己具有自首、立功等情节，如何应对？

答辩要点：被告人的自首、立功情节与本案有关并且影响对被告人量刑的，公诉人应建议法庭延期审理，对该情节进行补充侦查。对被告人揭发、检举他人犯罪事实且与本案无关的，应建议法庭继续审理，表明被告人揭发、检举的其他犯罪事实的行为待有关部门查证属实后再予以认定。

依据：《人民检察院刑事诉讼规则》第406条规定：法庭审理过程中遇有下列情形之一的，公诉人应当要求法庭延期审理：发现事实不清、证据不足，或者遗漏罪行、遗漏同案犯罪嫌疑人，需要补充侦查或者补充提供证据的。

22. 公开审理案件时辩护人提出涉及国家秘密或者个人隐私的证据，如何应对？

答辩要点：公诉人应当提请审判长注意，涉及国家秘密或者个人隐私的证据不能够在公开开庭审理时使用，请审判长制止。如确与本案有关，提请审判长将本案转为不公开审理。

依据：《最高人民法院关于适用〈中华人民共和国刑事诉讼法〉的解释》第235条，审判长宣布法庭辩论终结后，合议庭应当保证被告人充分行使最后陈述的权利。被告人在最后陈述中多次重复自己的意见的，审判长可以制止。陈述内容蔑视法庭、公诉人，损害他人及社会公共利益，或者与本案无关的，应当制止。

在公开审理的案件中，被告人最后陈述的内容涉及国家秘密、个人隐私或者商业秘密的，应当制止。

23. 辩护人或者被告人提出与个人隐私有关的材料，如何应对？

答辩要点：公诉人应具体分析，辩护人、被告人提出的问题与本案无关的，应当让法庭制止其出示材料，与案件定罪量刑有关的材料，应提请法庭转为不公开审理。

依据：《刑事诉讼法》第188条：人民法院审判第一审案件应当公开进行。但是有关国家秘密或者个人隐私的案件，不公开审理；涉及商业秘密的案件，当事人申请不公开审理的，可以不公开审理。

24. 公诉人在发表观点时出现口误，如何应对？

答辩要点：公诉人在法庭上出现口误，应及时纠正；若出现其他失误，公诉人应及时做出反应，可以通过重申加以纠正，做出正确表述。对于被告人、辩护人仍然抓住不放的，公诉人应提请法庭对被告人、辩护人的重复发言予以制止。

依据：《最高人民法院关于适用〈中华人民共和国刑事诉讼法〉的解释》第233条规定，法庭辩论过程中，审判长应当充分听取控辩双方的意见，对控辩双方与案件无关、重复或者指责对方的发言应当提醒、制止。

25. 法庭调查、质证的情况与答辩提纲不相符，如何应对？

答辩要点： 公诉人应做出适当调整，对于一些不影响定罪的量刑情节，可根据庭审情况予以认定说明。对于被告人的一些不符合事实的辩解及辩护人对证据提出的异议，应在公诉意见和答辩中加以综合论述驳斥，指出公诉人出示的证据已形成一个完整的证据锁链，证据确实充分，足以证实指控的犯罪事实，被告人的辩解与事实不符，不能成立。再次论述辩护人对证据的质疑不能影响证据的证明效力。

依据：《人民检察院刑事诉讼规则》第 403 条：被告人在庭审中的陈述与在侦查、审查起诉中的供述不一致，足以影响定罪量刑的，可以宣读被告人供述笔录，并针对笔录中被告人的供述内容对被告人进行讯问，或者提出其他证据进行证明。

26. 辩护人就某一事实、证据反复表达辩护观点，如何应对？

答辩要点： 公诉人应向审判长表明：被告人（或辩护人）的辩护观点，经法庭调查后证实不能成立，公诉人在公诉意见和答辩意见中也对此进行了充分的阐述，鉴于被告人（或辩护人）仍坚持辩护观点，公诉人再强调以下意见（围绕起诉书指控综述）。然后对该辩护观点进行驳斥。如辩护人在下一轮答辩中仍重复该问题，公诉人应提请合议庭对辩护人的重复发言予以制止。

依据：《最高人民法院关于适用〈中华人民共和国刑事诉讼法〉的解释》第 233 条规定，法庭辩论过程中，审判长应当充分听取控辩双方的意见，对控辩双方与案件无关、重复或者指责对方的发言应当提醒、制止。

27. 辩论阶段辩护人的辩护观点不明确或脱离案件事实发表辩护观点，如何应对？

答辩要点： 审判长应提醒辩护人明确辩护观点，如审判长没有提醒，公诉人应提醒辩护人明确辩护观点，围绕已经证明的案件事实进行辩护，然后公诉人再有针对性的答辩。

依据：《律师参与刑事诉讼办案规范（试行）》第 114 条：律师的辩护发言应观点鲜明，论点突出，结构合理，逻辑严谨。同时应用词准确，脉络清晰，语言流畅。切忌重复啰唆，含混不清，逻辑混乱；第 115 条：律师的辩护意见要尽量全面、完整，既包括事实方面，也包括法律方面；既包括定罪方面，也包括量刑方面。要充分运用证据，说服法庭采纳或重视自己的意见。

28. 公诉人对辩护人的辩护观点、论点、针对的问题归纳不准确不全面，辩护人指责公诉人误答、漏答，如何应对？

答辩要点： 公诉人应坚持自己是代表国家支持公诉的主导地位，以起诉书

第三编 刑事诉讼结构、证据、程序庭审辩论攻防要点

指控的内容为中心,进一步阐述起诉书指控被告人犯罪是依据案件事实和有关法律规定。公诉人发表意见应当围绕起诉书指控被告人的犯罪事实,指明辩护人辩护观点不明确,表述不清。待辩护人进一步明确辩护观点后,再进行有针对的答辩。

29. 辩护人指责公诉人误答而合议庭不作表态,如何应对?

答辩要点:公诉人应表明已就本案相关问题进行的全面阐述。并根据辩护人指出的漏答、误答的内容,进行客观分析,认为确实需要驳斥的,作有针对性的答辩。

30. 法庭辩论过程中旁听人员对公诉人的发言喝彩,如何应对?

答辩要点:法庭辩论过程中,出现旁听人员为公诉人的公诉意见、答辩而喝彩(或者喝倒彩)或为辩护人的辩护发言喝彩的行为是违反法庭秩序的行为,如果审判长未及时制止,公诉人应及时提醒审判长注意维持法庭秩序。

依据:《刑事诉讼法》191条规定:在法庭审判过程中,如果诉讼参与人或旁听人员违反法庭秩序,审判长应该警告制止。

31. 多名辩护人辩护的共同犯罪案件,公诉人对部分辩护人的辩护观点归纳不准或混淆,如何应对?

答辩要点:应首先进一步阐述乙方立场,就记载准确的辩护观点进行答辩,对不准或混淆的辩护观点不予答辩,或要求辩护人进一步明确辩护意见,待辩护人再次表明观点后进行答辩。

32. 被告人、辩护人认可有罪指控,但在自首、立功等量刑情节上与公诉人持不同观点,如何应对?

答辩要点:是否具有自首、立功表现涉及量刑轻重,公诉人应依据法律规定和案件证据情况,阐明被告人不符合自首、立功的条件,表明控方的观点。并提请法庭就现有证据情况,依法予以客观认定。

33. 共同犯罪案件的被告人或者辩护人对起诉书认定主从犯提出异议,如何应对?

答辩要点:公诉人应根据《刑法》关于共同犯罪的理论,结合法庭调查中各被告人的供述,各自在犯罪中的作用,运用证据阐明各被告人在共同犯罪中的地位,客观地认定各自的地位。如果是一般临时起意的共同犯罪,认为其在犯罪中的地位是一样的,不分主从犯。如果是有组织的共同犯罪就应综合考虑被告人在犯罪中所出的地位及作用来认定主从犯。

34. 法庭辩论中公诉人发现本案有新的事实,如何应对?

答辩要点:公诉人应建议法庭宣布暂停辩论,恢复法庭调查。若新的事实影响到案件定罪量刑的,应建议法庭延期审理。

依据：《人民检察院刑事诉讼规则》第406条：法庭审理过程中遇有下列情形之一的，公诉人应当要求法庭延期审理：（一）发现事实不清、证据不足，或者遗漏罪行、遗漏同案犯罪嫌疑人，需要补充侦查或者补充提供证据的；（三）发现遗漏罪行或者遗漏同案犯罪嫌疑人，虽不需要补充侦查和补充提供证据，但需要提出追加或者变更起诉的。

35. 被告人在最后陈述阶段提出了新的事实或者证据，如何应对？

答辩要点：公诉人应当建议法庭恢复法庭调查和法庭辩论。若新的事实影响到案件定罪量刑的，应建议法庭延期审理。

依据：《人民检察院刑事诉讼规则》第406条，法庭审判过程中遇有下列情形之一的，公诉人可以建议法庭延期审理：

（一）发现事实不清、证据不足，或者遗漏罪行、遗漏同案犯罪嫌疑人，需要补充侦查或者补充提供证据的；

（二）被告人揭发他人犯罪行为或者提供重要线索，需要补充侦查进行查证的；

（三）发现遗漏罪行或者遗漏同案犯罪嫌疑人，虽不需要补充侦查和补充提供证据，但需要补充、追加或者变更起诉的；

（四）申请人民法院通知证人、鉴定人出庭作证或者有专门知识的人出庭提出意见的；

（五）需要调取新的证据，重新鉴定或者勘验的；

（六）公诉人出示、宣读开庭前移送人民法院的证据以外的证据，或者补充、变更起诉，需要给予被告人、辩护人必要时间进行辩护准备的；

（七）被告人、辩护人向法庭出示公诉人不掌握的与定罪量刑有关的证据，需要调查核实的；

（八）公诉人对证据收集的合法性进行证明，需要调查核实的。

36. 共同犯罪案件的辩护人为其他被告人辩护，如何应对？

答辩要点：公诉人应提醒审判长阻止这种行为，指出辩护人不可以为其他被告人辩护，让辩护人明确自己应当为那个被告人辩护。

依据：《律师参与刑事诉讼办案规范（试行）》第6条：律师不得同时接受同一案件两名以上犯罪嫌疑人、被告人或者被害人的委托，参与刑事诉讼活动。

37. 辩护人对公诉人发表的观点进行指责、嘲笑、讽刺，如何应对？

答辩要点：公诉人应指出辩护人的行为是不当的，提醒辩护人遵守法庭纪律，遵守相关的执业纪律。

如果辩护人当庭对公诉机关及公诉人横加指责、肆意诋毁进行人格侮辱，公诉人应向法庭阐明，公诉人依据《刑事诉讼法》第189条之规定，受本院指派，以国家公诉人的身份出席法庭，支持公诉，辩护人对办案机关、办案人员横加指责、肆意诋毁是对检察机关、检察人员的侮辱，侵犯了检察人员的人格权。提请法庭予以制止。

依据：《律师参与刑事诉讼办案规范（试行）》第117条：律师的辩护发言是依据事实和法律向法庭陈述自己的意见和观点，不能直接诘问控诉方。

《律师参与刑事诉讼办案规范（试行）》第118条：律师发表辩护意见应重事实，讲道理。要有良好的文化修养和风度，尊重对方的人格尊严。不能讽刺、挖苦、谩骂、嘲笑对方，不能随意插话或对对方指手画脚，不能攻击法庭。

38. 辩护人认为本案事实不清、证据不足，被告人不构成犯罪，但又要求法庭对被告人从轻、减轻处罚，如何应对？

答辩要点：公诉人应当从逻辑学的角度对其予以驳斥。定罪是前提，量刑是结果，定罪的基础必须是事实清楚、证据确凿，若事实不清，证据不足，既不能定罪更无从量刑。辩护人既然否定被告人构成犯罪的前提，又何从要求法庭对其从轻、减轻量刑？相反，公诉人应进行具体分析、论证，明确阐明本案事实清楚、证据确凿，足以认定。对于是否具备法定或酌定的对被告人从轻、减轻处罚的情节也应表述清楚。

依据：《人民检察院刑事诉讼规则》第399条规定：在法庭审理中，公诉人应当客观、全面、公正地向法庭提供证明被告人有罪、罪重或者罪轻的证据。

39. 休庭后法官调取的证据与公诉证据发生了重大变化，如何应对？

答辩要点：法院承办人庭后取证，如调取的证据与公诉机关列举证据发生重大变化，法官应当告知检察人员和辩护人，公诉人应根据证据变化情况，要及时进行复核，查明证据变化的原因，尽可能做好证据的固定工作，把矛盾点和疑点解决在开庭质证之前，做好应对准备。

依据：《刑事诉讼法》第209条规定：人民检察院发现人民法院审理案件违反法律规定的诉讼程序，有权向人民法院提出纠正意见。

《最高人民法院关于适用〈中华人民共和国刑事诉讼法〉的解释》第258条，人民检察院认为人民法院审理案件违反法定程序，在庭审后提出书面纠正意见，人民法院认为正确的，应当采纳。

40. 因取保候审的被告人在逃，法院建议公诉人撤案，如何应对？

答辩要点：公诉人不应接受法院建议，并说明简要理由，同时建议法院裁定对此案中止审理。

依据：《刑事诉讼法》第206条规定，在审判过程中，有下列情形之一，致使案件在较长时间内无法继续审理的，可以中止审理：（一）被告人患有严重疾病，无法出庭的；（二）被告人脱逃的；（三）自诉人患有严重疾病，无法出庭，未委托诉讼代理人出庭的;(四)由于不能抗拒的原因。中止审理的原因消失后,应当恢复审理。中止审理的期间不计入审理期限。

41. 公诉人提出延期审理的建议但合议庭不同意,如何应对?

答辩要点: 公诉人应当依据《最高人民法院关于适用〈中华人民共和国刑事诉讼法〉若干问题的解释》第 233 条的规定重申延期审理的建议,法庭仍然不同意的,公诉人应在庭审后提出纠正意见。

依据: 《最高人民法院关于适用〈中华人民共和国刑事诉讼法〉若干问题的解释》第 233 条:在庭审过程中,公诉人发现案件需要补充侦查,提出延期审理建议的,合议庭应当同意。但是建议延期审理的次数不得超过两次。第一百八十五条规定,人民检察院认为人民法院审理案件过程中,有违反法律规定的诉讼程序的情况,在庭审后提出书面纠正意见的,人民法院认为正确的,应当采纳。

42. 案件经过两次延期审理,法庭又建议公诉人再次提出延期审理建议,如何应对?

答辩要点: 公诉人应表明,根据刑事诉讼法的规定,公诉人在法庭审理过程中建议延期审理的次数不得超过两次,公诉人已依法申请延期审理两次,故不再申请延期审理。对于该情况法庭可自行决定延期审理。

依据: 《人民检察院刑事诉讼规则》第 421 条:法庭宣布延期审理后,人民检察院应当在补充侦查的期限内提请人民法院恢复法庭审理或者撤回起诉。

公诉人在法庭审理过程中建议延期审理的次数不得超过两次,每次不得超过一个月。

43. 延期审理中发现被告人有其他犯罪,如何应对?

答辩要点: 公诉人在延期审理的期限内又发现被告人其他新罪行,可根据情况,如果新罪行公诉机关能补充侦查完毕的,将遗漏的罪行追加起诉,并重新提请人民法院恢复法庭审理。如果新罪行在延期审理的期限内不能补充侦查完毕的,就已经查明的事实提请人民法院恢复法庭审理。

依据: 《人民检察院刑事诉讼规则》第 421 条规定:法庭宣布延期审理后,人民检察院应当在补充侦查的期限内提请人民法院恢复法庭审理或者撤回起诉。

第 415 条规定:在审判过程中,对于需要补充提供法庭审判所必需的证据或者补充侦查的,人民检察院应当自行收集证据和进行侦查;必要时可以要求公安机关提供协助。

第 423 条规定:在人民法院宣告判决前,人民检察院发现被告人的真实身份或者犯罪事实与起诉书中叙述的身份或者指控犯罪事实不符的,或者事实、证据没有变化，但罪名、适用法律与起诉书不一致的，可以变更起诉；发现遗漏的同案犯罪嫌疑人或者罪行可以一并起诉和审理的，可以追加、补充起诉。

44. 法院裁定不同意公诉机关撤回起诉，如何应对？

答辩要点：法庭裁决不准予公诉人撤回起诉时庭审应继续进行。庭后公诉人应依法对法院不同意撤回起诉的裁决提出抗诉并应当通过原审人民法院提出抗诉书，同时将抗诉书抄送上一级人民检察院。

依据：《人民检察院刑事诉讼法规则》第583条规定：人民检察院依法对人民法院的判决、裁定是否正确实行监督，对人民法院确有错误的判决、裁定应当依法提出抗诉。

45. 案件无罪判决后，在抗诉期内获取被告人新的犯罪证据，如何应对？

答辩要点：案件无罪判决后，在抗诉期内获取被告人犯罪新的证据时应当提出抗诉。并将能认定被告人有罪的新证据移送上级检察机关。

依据：《人民检察院刑事诉讼法规则》第584条规定：人民检察院认为同级人民法院的一审判决、裁定有下列情形之一的，应当提出抗诉：……（二）有确实、充分证据证明有罪而判无罪，或者无罪判有罪的。

46. 刑事自诉案件的被害人申请公诉机关对法院判决提出抗诉，如何应对？

答辩要点：告知其可用书状或口头直接向上一级法院上诉。

依据：《刑事诉讼法》第227条规定：被告人、自诉人和他们的法定代理人，不服地方各级人民法院第一审的判决、裁定，有权用书状或者口头向上一级人民法院上诉。被告人的辩护人和近亲属，经被告人同意，可以提出上诉。

附带民事诉讼的当事人和他们的法定代理人，可以对地方各级人民法院第一审的判决、裁定中的附带民事诉讼部分，可以提出上诉。

47. 被害人申请公诉机关对法院判决提出抗诉，如何应对？

答辩要点：如果被害人申请公诉机关对法院判决提出抗诉的期限是在自收到判决书的5日以内，检察机关应在收到请求的5日以内，做出是否抗诉的决定，并答复请求人。如果被害人申请公诉机关对法院判决提出抗诉时判决已发生法律效力，可以建议其向法院或检察院提出申诉。

依据：《刑事诉讼法》第229条规定：被害人及其法定代理人不服地方各级人民法院第一审的判决的，收到判决书后的5日以内，有权请求人民检察院提出抗诉。人民检察院自收到被害人及其法定代理人请求后的5日以内，做出是否抗诉的决定，并答复请求人。《刑事诉讼法》第252条规定：当事人及其法定代理人、近亲属，对已经发生法律效力的判决、裁定，可以向法院或检察院提出申诉，但是不能停止判决、裁定的执行。

48. 辩方提出：以"出庭公诉人未在起诉书上署名"为由，认为某公诉人在审理过程中没有出庭资格。

答辩要点：《人民检察刑事诉讼规则》第390条规定，公诉案件，应当由人民检察院派员以国家公诉人的身份出席法庭，公诉人的范围包括检察长、检察员或经检察长批准代行检察员职务的助理检察员。某某系本院的检察员，在已接受本院指派的情况下，作为公诉人当然具备出庭资格。

49. 辩方提出：法院超期羁押，检察院未履行法律监督职责。

答辩要点：阐明已经充分注意到审理期限的问题，在审限届满之前就已经到法院了解了本案的审限情况，得知法院已层报最高人民法院批准延长审理期限，已经履行了监督职责。

50. 辩方提出：在事实、证据没有变化的情况下，变更起诉没有依据。

答辩要点：（1）《人民检察院刑事诉讼规则》第423条规定，在人民法院宣告判决前，人民检察院发现被告人的真实身份或者犯罪事实与起诉书中叙述的身份或者指控犯罪事实不符的，或者事实、证据没有变化，但罪名、适用法律与起诉书不一致的，可以变更起诉。

（2）《最高人民法院关于适用〈中华人民共和国刑事诉讼法〉的解释》第243条，也赋予了人民检察院在案件起诉至法院后仍具有变更起诉的权利。

（3）检察院以××号起诉书将被告人某某起诉到某人民法院后，在法院开庭审理前，发现被告的犯罪事实与起诉书指控的犯罪事实不符，罪名、适用法律与起诉书不一致，本着对法律负责、对被告人负责的精神，根据以上法律的相关规定，进行了变更起诉。

51. 辩方提出：变更起诉后的罪名与变更前的罪名所指控的是同一性质的行为。

答辩要点：两个罪名的构成要件不同，当然不属同一性质的行为，此问题涉及此罪彼罪，属辩论观点，不属于对证据"三性"的质证，待辩论阶段公诉人将会对此问题作充分阐述。

52. 辩方提出：检察机关为什么到现在才撤回对被告人的起诉？

答辩要点：某市人民法院至今尚未开庭审理本案，根据《人民检察院刑事诉讼规则》第424条的规定，在人民法院宣告判决前，人民检察院可以撤回起诉。

53. 辩方提出：被告人被撤回起诉后，是否可以变更强制措施，予以取保候审？

答辩要点：被告人虽然已从法院撤回起诉，但并不符合《刑事诉讼法》第67条取保候审的条件。此外，根据《人民检察院刑事诉讼规则》第87条的规定，对被告人不宜取保候审。

答辩要点：《人民检察院刑事诉讼规则》第424条，对撤回起诉的处理有明确的规定。被告人有更为严重的刑事犯罪，证据确实、充分，已经另案起诉。

54. **辩方提出：** 被告人的行为之前已经受过行政处罚，根据"一事不再罚"原则，不应以刑法予以重复评价。

答辩要点：根据《中华人民共和国行政处罚法》第7条、第28条规定，违法行为构成犯罪的，应当依法追究刑事责任，不得以行政处罚代替刑事处罚；违法行为构成犯罪的，人民法院判处拘役或者有期徒刑的，行政机关已经给予当事人行政拘留的，应当依法折抵相应刑期。此规定说明，行政责任与刑事责任是竞合适用的情形，行政处罚不影响被告人刑事法律责任的追究，不能因为已经对被告人进行了行政处罚，而放弃追究被告人的刑事责任。

55. **辩方提出：** 为何其他地方的司法机关对某被告人的行为仅作出行政处罚、未认定为犯罪，而某市司法机关却要作为犯罪处理。

答辩要点：公诉人指控被告人"多次在公共场所起哄闹事，引起群众围观，造成公共场所秩序严重混乱，情节严重"，而非偶犯，其行为已经符合寻衅滋事罪的构成要件。且行政处罚不能代替刑事处罚，为何要作为犯罪处理，在刚才有关"一事不再罚"的回应中公诉人已经充分阐明了观点，在此不再赘述。

56. **辩方提出：** 从立案侦查到法院开庭审理期间，被告人的罪名为何不断变更，其理由与法律依据是什么。

答辩要点：从案件的侦查、审查起诉再到法庭审理，案件事实、证据有一个不断完善、清晰的过程，公诉人对事实的认定、罪名的确定，有所变更是正常的，也是合乎法律规定的。至于最终会依据刑法的哪些条款对被告人进行定罪量刑，应当经法庭审理进行确认。

57. **辩方提出：** 公诉人如提出并未听取辩护人的意见，为何在起诉书中载明听取了辩护人的意见。

答辩要点：在审查起诉阶段，公诉人分别于×年×月×日、×年×月×日先后两次在某市人民检察院办公室接待辩护人，并将听取意见的情况作了记录，各辩护人均在记录上签名，证明公诉机关已经充分听取辩护人的意见。

58. **辩方提出：** 被告人反映自己被同监号人员殴打致伤系公安人员指使。

答辩要点：公诉人的职责是出席法庭支持公诉并对审判活动进行监督，被告人及辩护人提出的这一控告与本案定罪量刑没有必然关联，公诉人将会按照法律程序向检察院监所部门反映。

如看守所对被告人在监号被殴打一事出具情况说明，则：

某市公安局看守所对被告人被同监号人员殴打一事出具了情况说明，该说明证实被告人因琐事与同监号的某某发生纠纷,后相互殴打致伤。也就是说被告人在监号被人打伤并非受公安人员指使。

59. 辩方提出:合议庭庭审违法,公诉人应当履行法律监督职责。

答辩要点:尽管《刑事诉讼法》第8条规定,人民检察院依法对刑事诉讼实行法律监督。《人民检察院刑事诉讼规则》第571条规定,出席法庭的检察人员发现法庭审判违反法律规定的诉讼程序,应当在休庭后及时向检察长报告,提出纠正意见的,应当在庭审后提出。

60. 辩方提出:变更起诉决定书没有告知辩护人及被告人,没有听取辩护人意见。

答辩要点:根据《人民检察院刑事诉讼规则》第426条:变更、追加、补充或者撤回起诉应当报经检察长或者检察委员会决定,并以书面方式在人民法院宣告判决前向人民法院提出。检察机关已经报经检察长决定,并以变更起诉决定书的书面方式向某市人民法院提出。

61. 辩方提出:本案分案处理不合法。

答辩要点:第一,现实需要。本案犯罪嫌疑人人数众多(40人),涉嫌罪名广(近20个罪名),犯罪起数多的案件(60多起),分案审理,有利于保障各被告人及其辩护律师充分行使辩护权和其他诉讼权利,有利于突出法庭审理重点,也有利于查明犯罪事实,提高庭审效率。

第二,法律依据。最高人民法院关于本案指定管辖的意见函中明确将本案分案进行了指定管辖,具有法律效力,这也是本案分案处理的法律依据。

第三,实际情况。在一审庭审中,法庭根据被告人及其辩护人的申请,先后传唤N名另案被告人及证人出席本庭,接受被告人和辩护人的询问和质证,接受被告人和辩护人的询问和质证,最大限度保障了各被告人的权利,不存在因为分案审理,剥夺被告人法定诉讼权利的情形。对于未到庭的证人及另案被告人的陈述也予以质证,最大限度保障了各被告人的权利。

62. 辩方提出:分案审理导致另案被告人没有全部到庭、剥夺了其对另案被告人质证权,要求另案被告人出庭问题。

答辩要点:公诉人认为,上诉人的该要求于法无据,也没有必要。理由如下:

(1)本案一审开庭时已累计有N名(某案N1名,另一宗案N2名)另案被告人或证人、被害人亲属分别出庭,基本满足了被告人相关诉求、已充分体现了对被告人相关诉讼权利的尊重和保障。

(2)对质不是被告人的法定诉讼权利。《最高人民法院关于适用〈中华人民共和国刑事诉讼法的解释〉》第 199 条规定："讯问同案审理的被告人，应当分别进行。必要时，可以传唤同案被告人等到庭对质。"据此，申请传唤同案被告人是否到庭对质不是被告人享有的诉讼权利，而是法庭的法定职权。同时，同案被告人对质，也不是法庭审理必经的法定程序，而是合议庭庭审调查根据是否"必要"所享有的自由裁量权，不存在所谓剥夺被告人对质权的问题。

（3）根据最高人民法院《关于适用中华人民共和国刑事诉讼法的司法解释》第 323 条规定和司法实践，二审开庭与一审开庭在审理方式和重点上均有不同，二审开庭主要是针对一审判决有争议的部分进行补充性、复核性调查，重点在于对法律适用的论证、说理，而非全案复制一审庭审。

（4）《刑事诉讼法》第 195 条规定，对于未到庭的证人，应当宣读其书面证言。一审公诉人当庭宣读未到庭的同案被告人的供述是符合法律规定。且上述未到案的另案被告人供述，均已在一审法庭上经过了控辩双方的质证，没有侵害到本案中各被告人的权益。

63. 法庭讯问阶段，辩护人要求对另案被告人出庭对质，如何应对？

答辩要点：鉴于一审已对某被告人的供词进行过充分质证，且证明的内容与其他证据相互印证。公诉人认为无须进一步对质。建议二审法院对上诉人的该要求不予支持。

64. 辩方提出：侦查人员对上诉人首次讯问时，没有告知有权委托律师作为辩护人，也没有通过法律援助机构为上诉人指派律师，剥夺了上诉人获取律师辩护的权利。

答辩要点：经查证，发现 × 年 × 月 × 日，侦查人员在首次讯问被告人甲时履行了法定告知义务，并有被告人甲在告知书中签名予以证实（见案卷 × 第 NY），辩护人所述与本案事实不符。

至于被告人乙是否可以被判处无期徒刑或死刑的问题，存在事实查证情况和判断问题，也决定着在什么情况下，在什么阶段为其指定辩护人的问题。对此，《刑事诉讼法》第 35 条第 3 款规定"犯罪嫌疑人、被告人可能被判处无期徒刑、死刑，没有委托辩护人的，人民法院、人民检察院、公安机关应当通知法律援助机构指派律师为其提供辩护"。这说明在法院、检察和公安环节均可为被告人通知律师为其辩护，而又不单单限定于侦查环节，其中的主要问题是能否判明犯罪嫌疑人、被告人可能被判处死刑或无期徒刑，在公安侦查环节，难以判明某犯罪嫌疑人是否可能判处无期徒刑或死刑的情况是经常存在的。公安机关在未判明被告人乙可能被判处的刑罚时，未通知律师为其辩护，并不违法。而本案在检察院、法院环节，被告人乙均得到了律师的帮助，符合《刑事诉讼法》第35条的规定，不存在剥夺被告人乙获取律师辩护权利的问题。

65. 辩方提出：原审连续开庭，剥夺上诉人法定休息的权利。

答辩要点：公诉人注意到，本案一审庭审从20××年×月×日开始至×月×日结束，其间×月×日至×日×下午没有开庭。也就是说，法庭给予3天半的休息时间。区分时段，分别是×天庭后休×天、再×天半后休×天、然后两天庭后结束。而且，在庭审过程中，法庭也充分保障被告人的休息权，每天庭审的节奏基本都保持在90分钟休庭15分钟，每天的庭审时间没有超过8小时，且中途多次询问被告人是否需要休息，并为被告人提供椅子和水。

辩护人所言"剥夺上诉人法定休息的权利"是什么？是指期间有一个双休日4月12日、13日没有休息吗？我国《宪法》的确有规定，见第43条，"中华人民共和国劳动者有休息的权利。国家发展劳动者休息和休养的设施，规定职工的工作时间和休假制度"。但是，一个双休日没有休息认为剥夺了法定休息权，那么同时被剥夺休息权的，是不是还有法官、检察官和律师？

我国法律规定的办案期限向来连续计算，从未将双休日剔除在外，而且关于庭审的时间，没有限制性规定。辩护人所说原审连续开庭，剥夺上诉人法定休息的权利违背客观事实，也无法律依据。

66. 辩方提出：原审开庭时，上诉人因为公诉人举证太多，无法记忆，要求给予纸笔以便记录，但不予保障，致使上诉人许多证据无法质证。

答辩要点：获得纸笔并不是被告人权利。笔属于硬物，有致伤可能，从安全的角度考虑，法庭是否给被告人提供纸笔应视情形而定。在法庭调查阶段，公诉人每一组证据出示完毕，审判长均询问被告人是否听清楚了，对没听清楚的部分，审判长都要公诉人重复进行宣读，法庭上不仅被告人可以质证，辩护人也可以质证，被告人未记清，辩护人应当记录清楚，这也是辩护人的基本义务，如果说因未记录清楚而影响质证的话，那责任不在审判人员，应在于辩护人。

67. 辩方提出：超范围扣押被告个人财产。

答辩要点：根据最高人民法院、最高人民检察院、公安部、司法部2013年1月19日施行的《关于办理黑社会性质组织犯罪案件若干问题的规定》，第17条规定：根据黑社会性质组织犯罪案件的诉讼需要，公安机关、人民检察院、人民法院可以依法查询、查封、扣押、冻结与案件有关的下列财产：

（一）黑社会性质组织的财产；

（二）犯罪嫌疑人、被告人个人所有的财产；

（三）犯罪嫌疑人、被告人实际控制的财产；

（四）犯罪嫌疑人、被告人出资购买的财产；
（五）犯罪嫌疑人、被告人转移至他人的财产；
（六）其他与黑社会性质组织及其违法犯罪活动有关的财产。

68.（上诉人当庭检举）庭审时，被告人揭发其他的犯罪事实，如何应对？

答辩要点：提请法庭予以制止，因为现在是公开开庭，当庭检举一是不利于对尚未查证的被举报人合法权利的保护，二是容易导致检举内容的泄露，不利于调查。建议上诉人休庭后向法庭提出，同时请书记员记录在案。